Office XP

Guía Visual

Visual

Por

maranGraphics®

y

Office XP Guía Visual

Publicado por
ST Editorial, Inc.
Edificio Swiss Tower, 1er Piso, Calle 53 Este,
Urbanización Obarrio, Panamá, República de Panamá
Apdo. Postal: 0832-0233 WTC
Correo Electrónico: jtrejos@trejos.co.cr
Tel: (507) 264-4984 • Fax: (507) 264-0685

Impreso en Costa Rica por Trejos Hermanos Sucesores, S.A.
Para mayor información acerca de ventas y distribución, comuníquese al
teléfono (507) 264-4984, o por correo electrónico a la siguiente dirección:
jtrejos@trejos.co.cr

Distribuido mundialmente por ST Editorial, Inc.
Distribuidores locales: Infoguía en Puerto Rico; ST Distribución S.A. de C.V. en
México; Distribooks, Inc. en los Estados Unidos; IDG Venezuela en Venezuela;
Instituto Guatemalteco Americano en Guatemala; Belsa en El Salvador,
Honduras y Nicaragua. Representaciones La Misión en Costa Rica.

Declaración de Marcas Registradas

Permisos

Algunos comentarios de nuestros lectores...

"Yo tengo que alabarlos a ustedes y a su compañía por los magníficos productos que han desarrollado. Tengo doce de los libros de la serie Simplificado y Aprenda VISUALMENTE. Fueron fundamentales para ayudarme a superar la dificultad de un curso de computación. Gracias por crear libros fáciles de entender".
-Gordon Justin (Brielle, New Jersey)

"Los felicito por sus esfuerzos y por su éxito. Soy profesor en un programa comunitario de la Biblioteca Dr. Eugene Clark en Lockhart, Texas. Sus libros Aprenda VISUALMENTE son increíbles y los uso en mis clases de computación. ¡A todos mis estudiantes les encanta!"
-Michele Schalin (Lockhart, Texas)

"Gracias por ayudar a las personas como yo a aprender sobre computadoras. La familia Maran sencillamente es lo que el médico me recetó. Gracias, gracias, gracias".
-Carol Moten (New Kensington, PA)

"Me gustaría aprovechar esta oportunidad para enviar mis cumplidos a maranGraphics por crear estos libros magníficos. Gracias por hacerlos sencillos. Continúen con el buen trabajo".
-Kirk Santoro (Burbank, California)

"Les escribo para extenderles mis agradecimientos y me aprecio por sus libros. Son sencillos, fáciles de entender y directos al punto. Continúen con el buen trabajo".
-Seward Kollie (Dakar, Senegal)

"¡Vaya fantásticos libros que han producido! Felicidades a ustedes a su equipo. Se merecen el premio Nobel en la categoría de enseñanza de la computación. Gracias por ayudarme a entender las computadoras".
-Bruno Tonon (Melbourne, Australia)

"Con el paso del tiempo, he comprado varios de su serie de libros "Lea menos, aprenda más". Para mí, son LA mejor forma de aprender lo que sea fácilmente".
-José A. Mazón (Cuba, New York)

"Fui introducido a maranGraphics hace alrededor de cuatro años y ¡USTEDES SON LA COSA MÁS GENIAL QUE LE HA PASADO A LOS LIBROS DE COMPUTACIÓN¡"
-Glenn Nettleton (Huntsville, Alabama)

"¡Cumplidos para el jefe! ¡Sus libros son extraordinarios! ¡O, simplemente digan que tienen un nivel Extra-Ordinario en relación con el resto! ¡GRACIAS GRACIAS GRACIAS! por crear estos libros".
-Christine J. Manfrin (Castle Rock, Colorado)

"Soy una abuela que fue convencida por su nieto de once años a formar parte de la era de la informática. Me encontré desesperadamente confundida y frustrada hasta que descubrí la serie Visual. No es que sea una experta ahora, pero conozco muchísimo más de lo que sabría de otro modo. ¡Gracias!"
-Carol Louthain (Logansport, IN)

"Gracias, gracias, gracias... por facilitar mi entrada en el mundo de la alta tecnología. Ahora tengo cuatro de sus libros. Los recomiendo a cualquiera que este en el nivel principiante. Ahora... ¡si tan solo tuvieran uno para programar videograbadoras, me completarían el día!
-Gay O Donnell (Calgary, Alberta, Canadá)

"¡Son maravillosos! Estoy en deuda con ustedes."
-Patrick Baird (Lacey, Washington)

En **maranGraphics**, creemos en producir grandes libros de computación simultáneamente.

Cada libro de maranGraphics utiliza el proceso ganador

de un premio que hemos desarrollado a lo largo de

los últimos 25 años. Utilizando este proceso, organizamos capturas de pantalla, texto e ilustraciones en una forma que le facilita aprender los nuevos conceptos y tareas.

Dedicamos horas decidiendo la mejor manera de realizar cada tarea, ¡de manera que no tenga que hacerlo usted! Nuestras pantallas e instrucciones claras y fáciles de seguir le llevan a través de cada tarea desde el principio hasta el final.

Nuestras ilustraciones detalladas lo llevan de la mano con el texto para reforzar la información. Cada ilustración es una obra de amor ¡algunas toman hasta una semana de trabajo!

Deseamos agradecerle

la adquisición de lo que creemos son los mejores libros de computación que el dinero puede comprar. Esperamos que disfrute al leer nuestro libro, así como nosotros lo hicimos al crearlo.

Sinceramente,

La Familia Maran

Por favor escríbanos al sitio web en:

www.maran.com

Créditos

Autor:
Ruth Maran

Directores de Desarrollo de Copias:
Wanda Lawrie
Cathy Lo

Editores de Pruebas:
Stacey Morrison
Roderick Anatalio

Consultores Técnicos:
Paul Whitehead
Joel Desamero

Director del Proyecto:
Judy Maran

Índices:
Teri Lynn Pinsent

Editores:
Norm Schumacher
Faiza Jagot
Luis Lee

Edición y Captura de Pantallas:
Teri Lynn Pinsent

Diseño e Ilustraciones:
Treena Lees
Steven Schaerer
Suzana G. Miokovic

Ilustradores:
Russ Marini
Paul Baker

Artista de Pantalla e Ilustrador:
Darryl Grossi

Coordinador de Permisos:
Jennifer Amaral

Vicepresidente de Publicaciones de Hungry Minds:
Richard Swadley

Director de Publicaciones Tecnológicas de Hungry Minds:
Barry Pruett

Apoyo Editorial del Grupo de Publicaciones Tecnológicas Hungry Minds:
Jennifer Dorsey
Sandy Rodrigues
Lindsay Sandman

Post Producción:
Robert Maran

Edición al Español

Director del Proyecto:
Joaquín Trejos

Editora:
Karina S. Moya

Edición Gráfica:
Alexander Ulloa

Traducción y Corrección de Estilo:
Sergio Arroyo

Reconocimientos

Gracias al dedicado personal de maranGraphics, incluyendo a Jaime Bell, Cathy Benn, Janice Boyer, Francisco Ferreira, Peter Grecco, Jenn Hillman, Sean Johannesen, Michelle Kirchner, Wanda Lawrie, Treena Lees, Frances Lea, Jill Maran, Maxine Maran, Robert Maran, Sherry Maran, Judy Maran, Russ Marini, Emmet Mellow, James Menzies, Steven Schaerer, Raquel Scott, Jimmy Tam, Roxanne Van Damme, Paul Whitehead y Kelleigh Wing.

Por último, a Richard Maran que concibió el formato gráfico fácil de usar de esta guía. Gracias por su inspiración y orientación.

Para la edición en español agradecemos a todo el equipo de Trejos Hermanos Sucesores, S.A. y a ST Editorial.

Tabla de Contenidos

Tabla de Contenidos

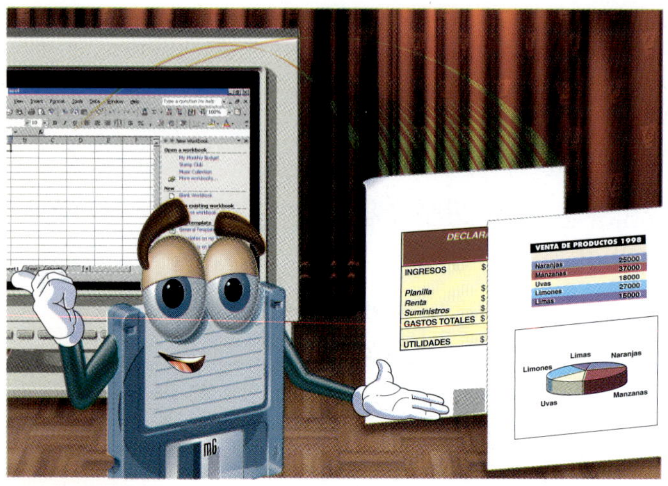

USAR EXCEL

4) Usar Fórmulas y Funciones

5) Formatear una Hoja

6) Imprimir una Hoja

7) Trabajar con Gráficos

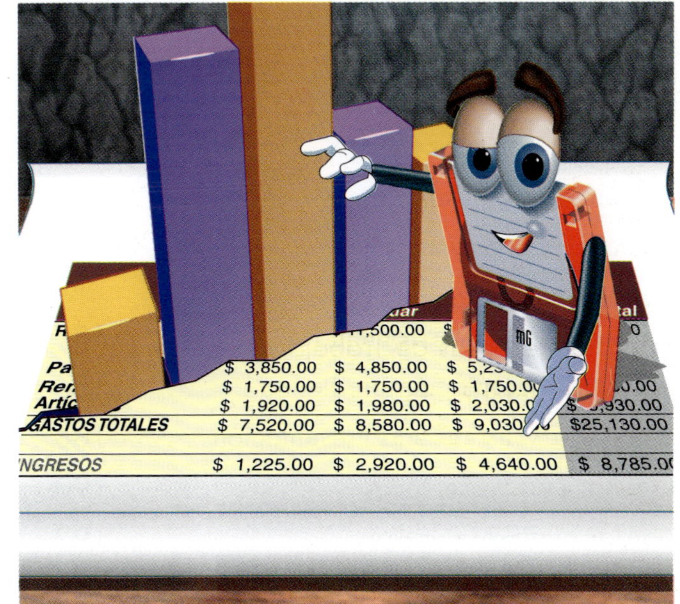

Tabla de Contenidos

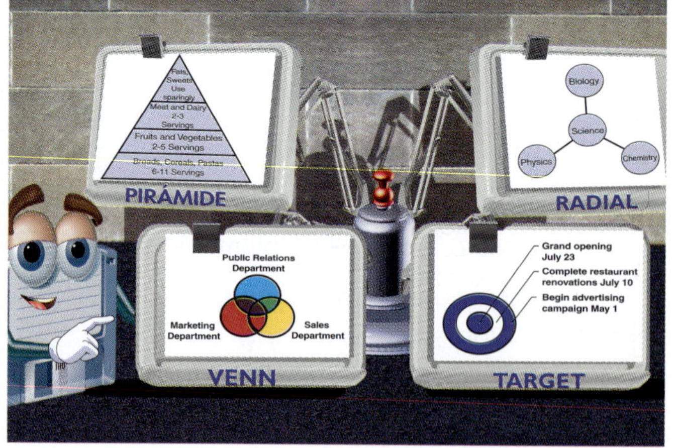

USAR ACCESS

Tabla de Contenidos

USAR OUTLOOK

1) Intercambiar Correo Electrónico

2) Administrar la Información

USAR RECONOCIMIENTO DE VOZ

1) Usar Reconocimiento de Voz

MICROSOFT OFFICE Y LA INTERNET

1) Microsoft Office y la Internet

Microsoft® Office XP es un grupo de programas que se pueden utilizar para realizar varias tareas.

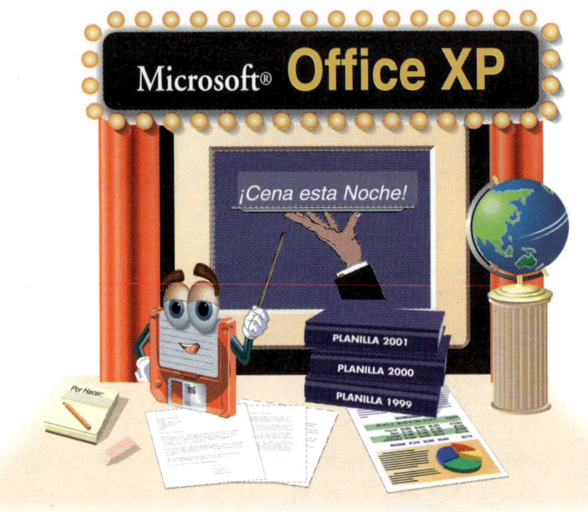

Todos los programas de Microsoft Office XP tienen un diseño común y funcionan de manera similar. Una vez que haya aprendido a usar un programa, fácilmente aprenderá a usar los otros.

Word

Word es un programa procesador de palabras que se puede usar para crear rápida y eficientemente documentos tales como cartas, memorandos y reportes. Word ofrece muchos elementos que facilitan la edición y la elaboración de formatos especiales para sus documentos.

Excel

Excel es un programa que le permite organizar y analizar información, como finanzas o reportes de ventas. Excel también puede ayudarle a crear tablas de colores para presentar información de manera atractiva.

PowerPoint

PowerPoint es un programa que le ayuda a planear, organizar y diseñar presentaciones profesionales. Se pueden agregar a las presentaciones objetos tales como fotos, cuadros y diagramas, para darles a estas un mayor interés desde el punto de vista visual.

Access

Access es un programa de bases de datos que le permite almacenar y administrar grandes cantidades de información personal o de un negocio, como órdenes de compra, gastos o direcciones. Usted puede usar Access para crear bases de datos con tablas, formularios, listas y reportes.

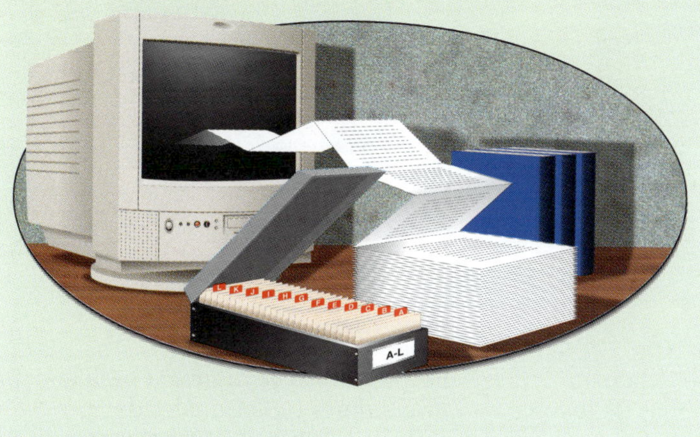

Outlook

Outlook es un programa para administrar información que le permite intercambias mensajes de correo electrónico y administrar información, incluyendo citas, contactos, tareas y notas.

Reconocimiento de voz

El reconocimiento de voz que ofrece Microsoft Office XP le permite usar la voz para introducir texto en un programa de Office. También puede usar la voz para elegir comandos de un menú o de la barra de herramientas.

Microsoft Office y la Internet

Cada programa de Office proporciona elementos que le permiten tomar ventaja de Internet. Puede crear hipervínculos en un archivo de Office para vincular el archivo a una página Web. También puede salvar archivos de Office como páginas Web, lo cual le permite colocar sus archivos en Internet.

Hay varias ediciones disponibles de Microsoft® Office XP.

Las ediciones disponibles de Microsoft Office XP son Standard, Professional y Developer. Cada edición contiene una combinación diferente de programas.

Standard

Esta edición es útil para los usuarios que necesitan los programas básicos de Office para llevar a cabo tareas cotidianas.

Professional

Esta edición está diseñada para los usuarios que, además de los programas típicos de Office, necesitan una base de datos.

Developer

Esta edición esta diseñada para los diseñadores profesionales de software. Office XP Developer incluye herramientas para construir y administrar aplicaciones y sitios Web basados en Office.

PROGRAMAS	EDICIONES DE MICROSOFT OFFICE XP		
	Standard	Professional	Developer
Word	✓	✓	✓
Excel	✓	✓	✓
PowerPoint	✓	✓	✓
Access		✓	✓
Outlook	✓	✓	✓
FrontPage			✓
Developer Tools			✓
SharePoint Team Services			✓

FrontPage es un programa que se puede usar para crear y publicar páginas Web. Developer Tools es una colección de programas útiles para diseñadores de software. SharePoint Team Services ayuda a los usuarios a compartir información y trabajar juntos en proyectos, a través de una red.

USAR EL MOUSE

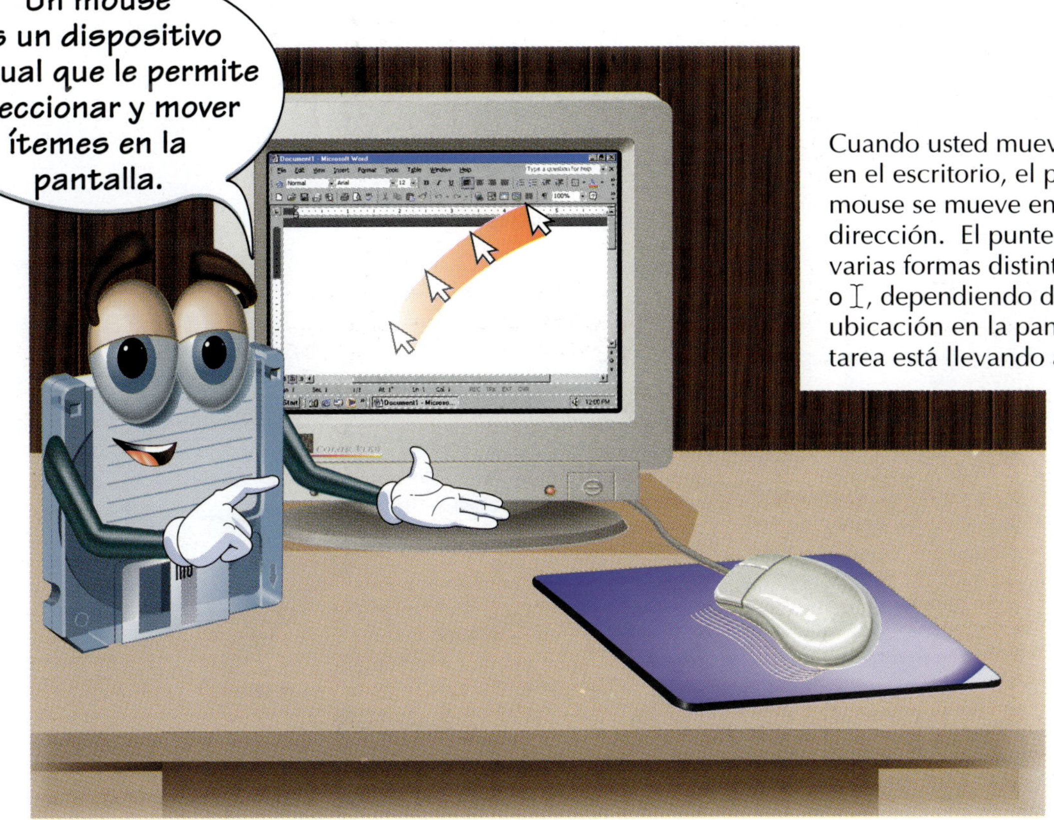

Cuando usted mueve un mouse en el escritorio, el puntero del mouse se mueve en la misma dirección. El puntero asume varias formas distintas, como o I, dependiendo de su ubicación en la pantalla y que tarea está llevando a cabo.

Descanse su mano sobre el mouse, use la palma y dos de sus dedos para mover el mouse en el escritorio. Use los dedos índice y anular para presionar los botones.

ACCIONES DEL MOUSE

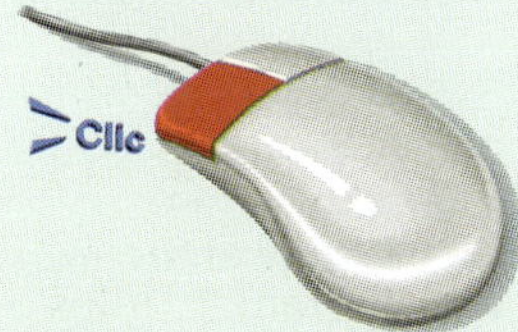

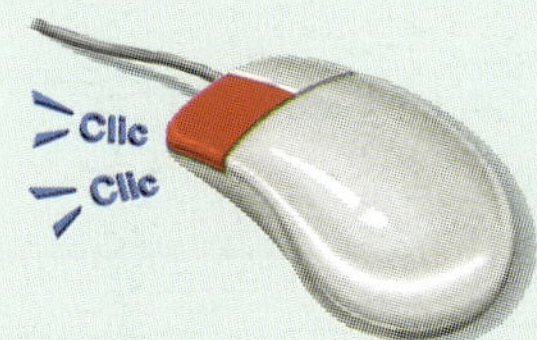

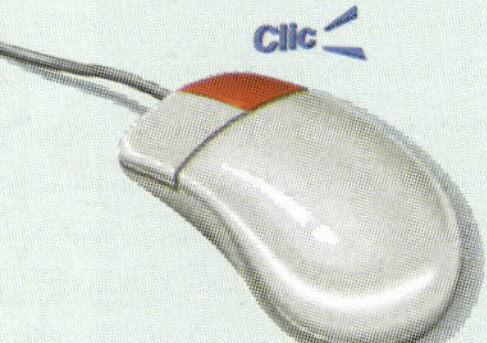

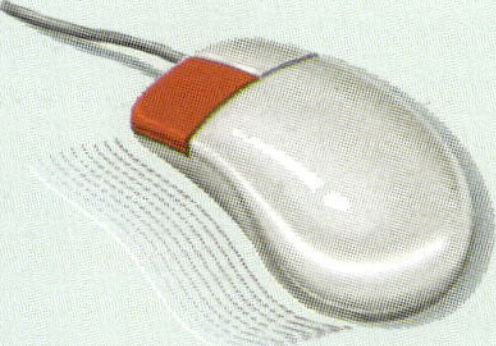

Hacer clic

Presione y suelte el botón izquierdo del mouse.

Hacer doble clic

Rápidamente, presione y suelte el botón izquierdo del mouse dos veces.

Hacer clic derecho

Presione y suelte el botón derecho del mouse.

Arrastrar

Coloque el cursor del mouse sobre un objeto de la pantalla y, luego, presione el botón izquierdo. Mientras lo presiona, mueva el mouse hacia el lugar donde desee colocar el ítem y suelte el botón.

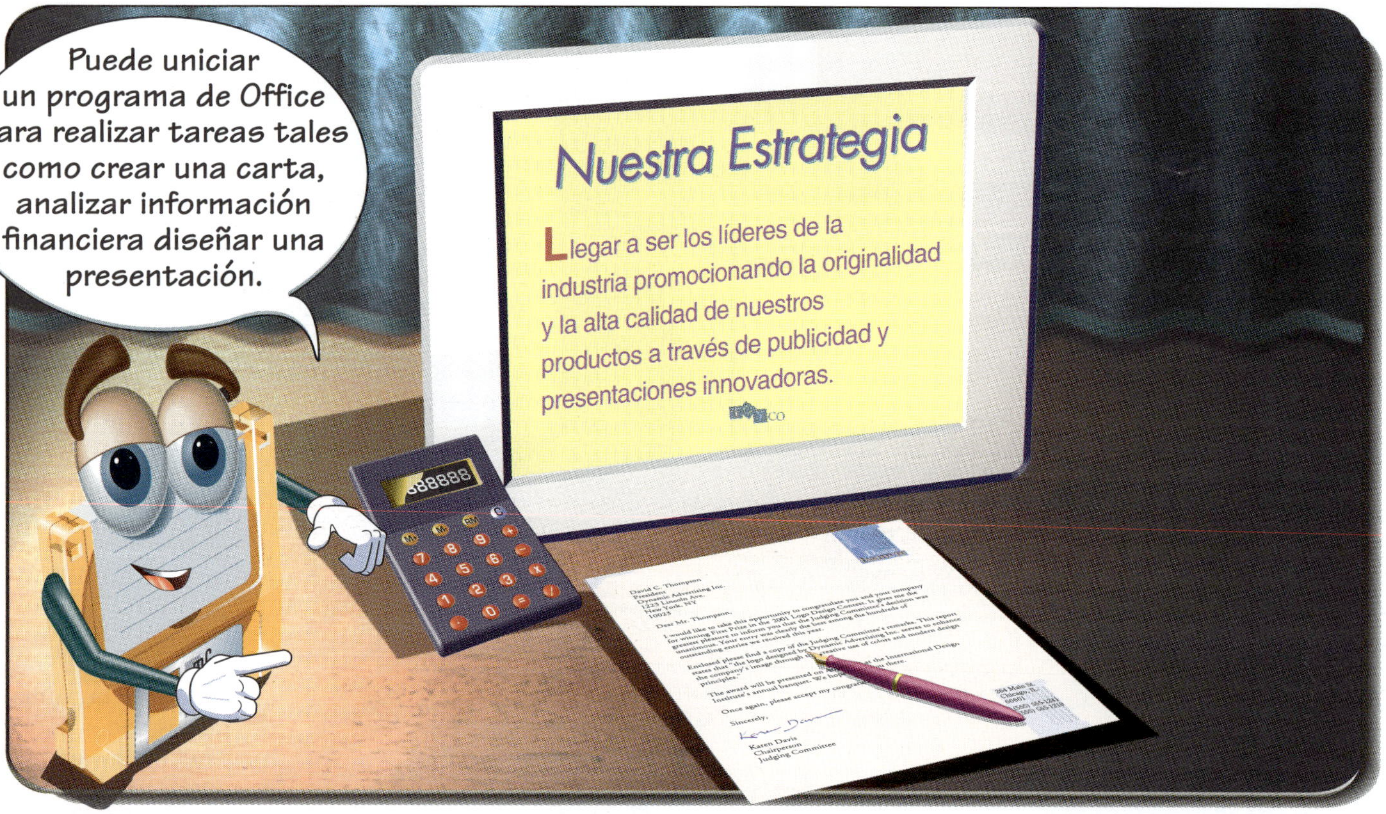

INICIAR UN PROGRAMA

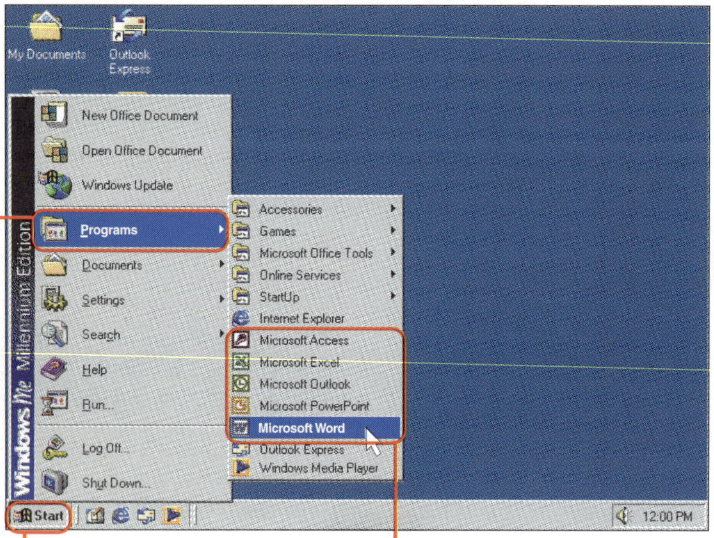

1 Haga clic en **Start**. (Inicio).

2 Haga clic en **Programas**.

3 Haga clic en el programa que desea iniciar.

■ El programa aparece en su pantalla.

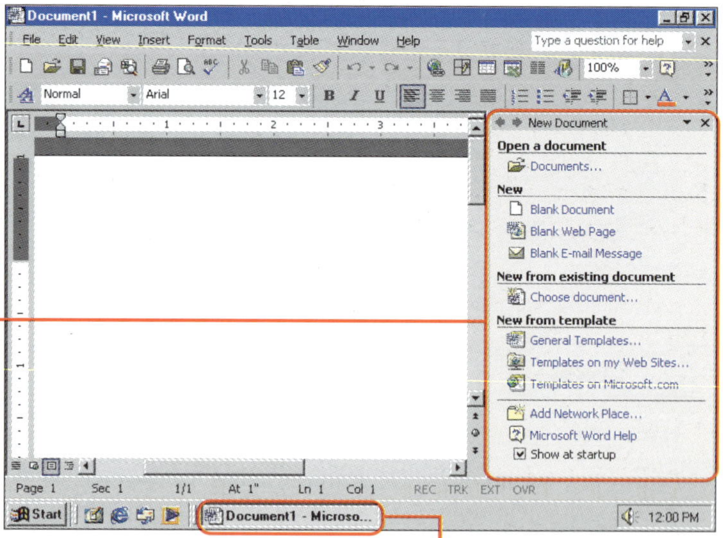

■ Un panel de tareas aparece, permitiéndole realizar rápidamente tareas comunes. Para más información acerca de su uso, vea la página 12.

■ El botón de ese programa aparece en la barra de tareas.

SALIR DE UN PROGRAMA

Siempre debería salir de todos los programas antes de apagar la computadora.

SALIR DE UN PROGRAMA

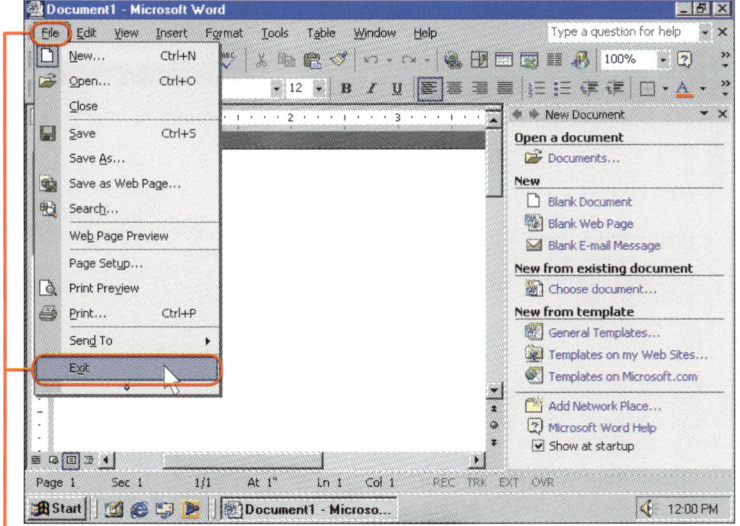

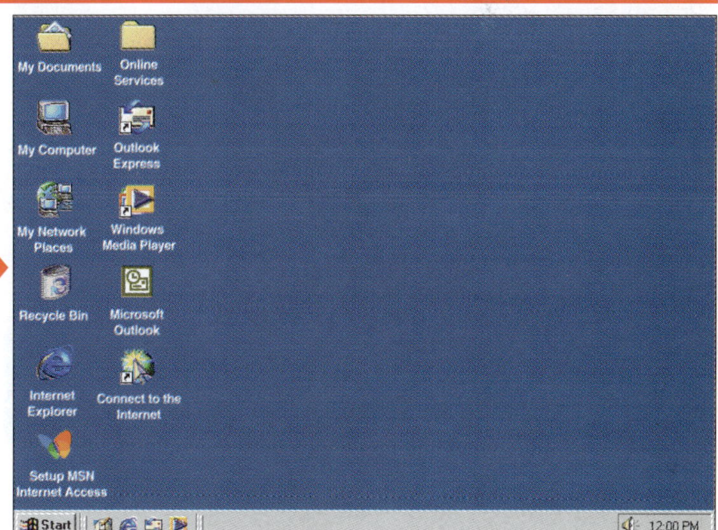

1 Haga clic en **File** (Archivo).

2 Haga clic en **Exit** (Salida) para apagar el programa.

Nota: Si Exit no aparece en el menú, coloque el mouse sobre la parte inferior del menú, para observar todas las opciones disponibles.

■ El programa desaparece de la pantalla.

■ El botón del programa desaparece de la barra de tareas.

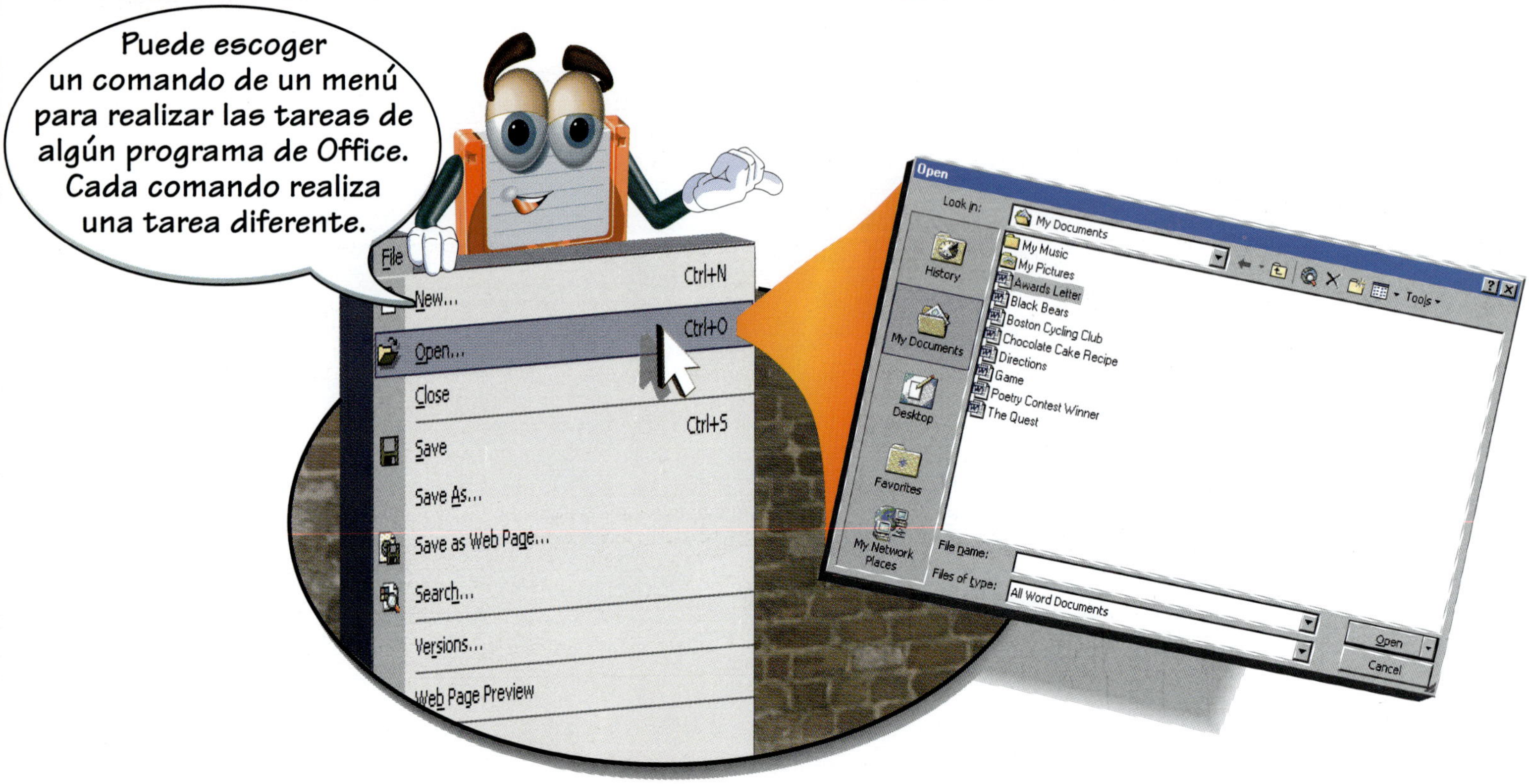

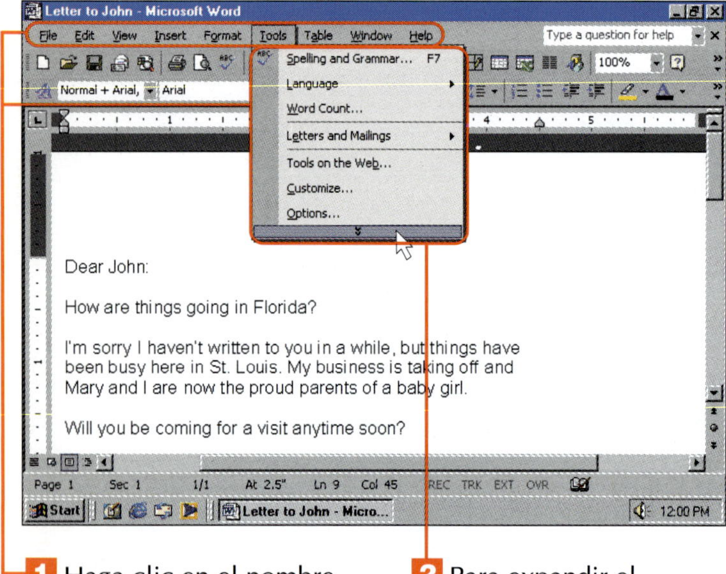

SELECCIONAR COMANDO USANDO UN MENÚ

SELECCIONAR COMANDO USANDO UN MENÚ

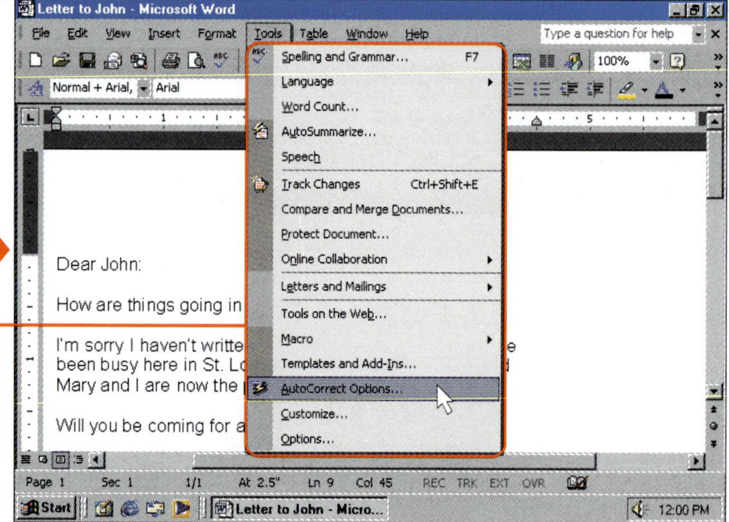

1 Haga clic en el nombre del menú que desea observar.

■ Una versión corta del menú aparece, mostrando los comandos más usados.

2 Para expandir el menú y observar todos los comandos, coloque el ⇖ del mouse sobre ¥.

*Nota: Si no realiza el paso **2**, el menú alargado aparecerá automáticamente después de unos cuantos segundos.*

■ El menú alargado aparece, mostrando todos los comandos.

3 Haga clic en el comando que desea usar.

■ Para cerrar un menú sin elegir comandos, haga clic fuera del menú.

¿Cómo puedo hacer que un comando aparezca en la versión corta del menú?

Cuando seleccione algún comando de un menú alargado, este es agregado automáticamente a la versión corta del menú. La próxima vez que aparezca el menú corto, el comando que había seleccionado aparecerá.

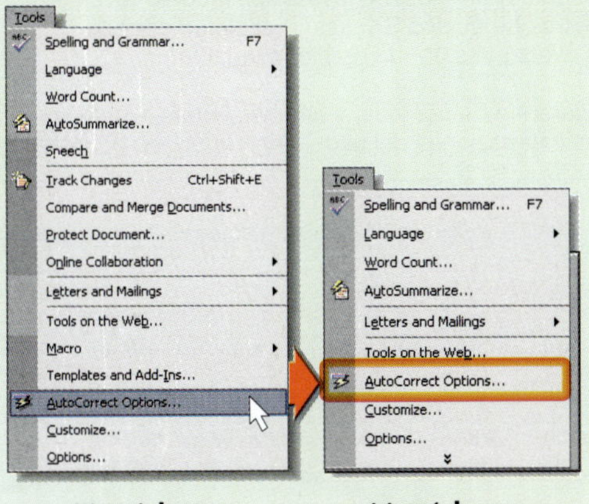

Menú largo　　　**Menú breve**

¿Por qué algunos comandos del menú aparecen opacos?

Los comandos que aparecen opacos no están disponibles. Debe realizar una tarea específica para poder seleccionarlos. Por ejemplo, en Word, debe seleccionar texto antes de que los comandos Cut y Copy estén disponibles.

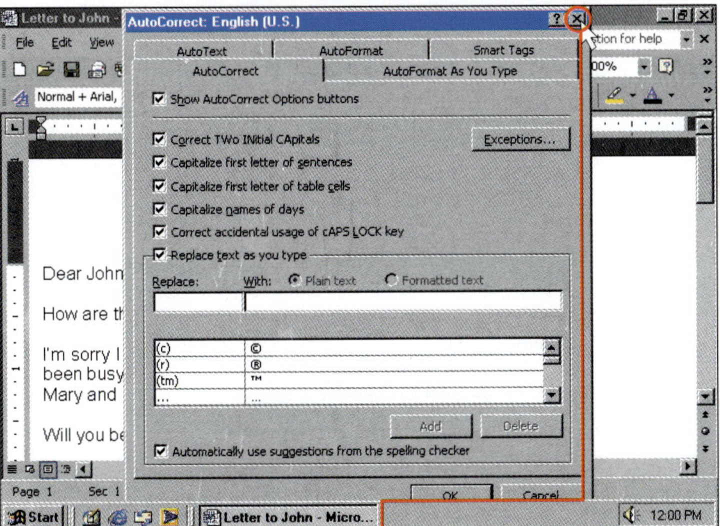

■ Un cuadro de diálogo o una tabla de tareas aparece si el comando elegido contiene tres puntos (...).

Nota: Para más información sobre las tablas de tareas, vea la página 12.

4 Seleccione las opciones que desea usar en el cuadro de diálogo o en la tabla de tareas.

■ Para cerrar el cuadro de diálogo o la tabla de tareas sin elegir opciones, haga clic en ☒.

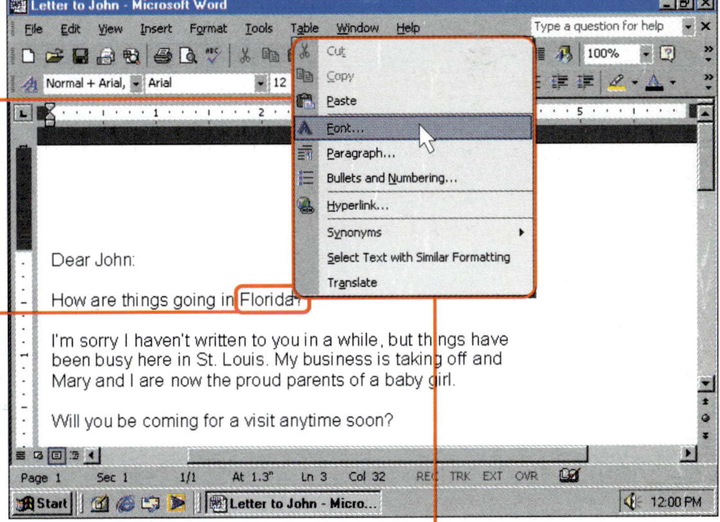

USO DE LOS MENÚS DE ACCESO RÁPIDO

1 Haga clic derecho en el ítem que desea cambiar.

■ Para cerrar el menú sin elegir comandos, haga clic fuera de él.

2 Haga clic en el comando que desea usar.

■ Para cerrar el menú sin elegir comandos, haga clic fuera de él.Para cerrar el menú sin elegir comandos, haga clic fuera de él.

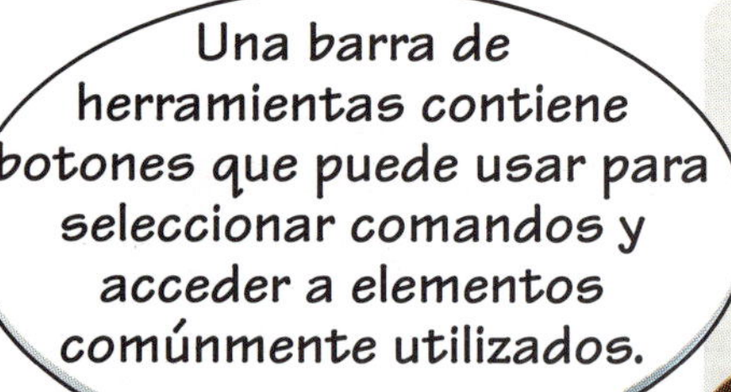

Cuando inicie por primera vez algunos de los programas de Office, los botones más usados aparecen en cada barra de herramientas. Conforme trabaje con un programa, las barras de herramientas cambian para eliminar los botones que use menos y mostrar los que si son utilizados.

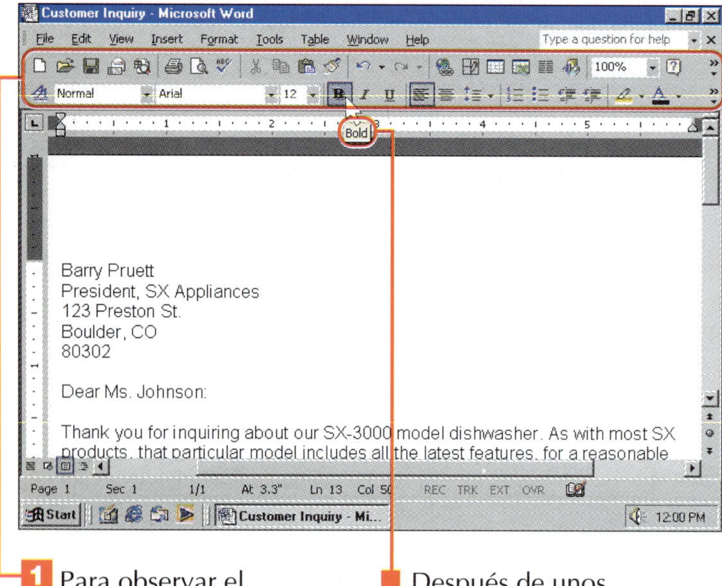

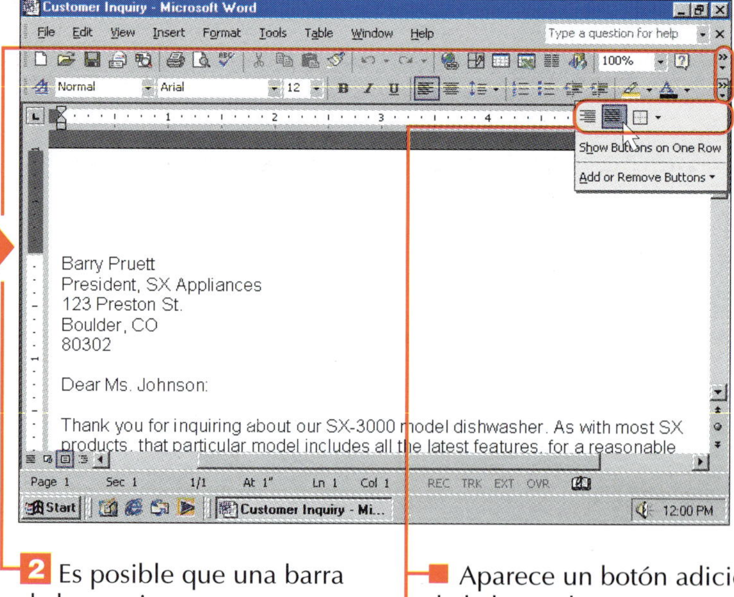

1 Para observar el nombre del botón de la barra de herramientas, coloque el ▢ del mouse sobre el botón.

■ Después de unos cuantos segundos, el nombre del botón aparece en un cuadro amarillo. El nombre del botón puede ayudarle a determinar la tarea que realiza.

2 Es posible que una barra de herramientas no sea capaz de mostrar todos sus botones. Haga clic en ▢ para observar sus botones adicionales.

■ Aparece un botón adicional de la barra de tareas.

3 Para usar el botón de una barra de herramientas para elegir un comando, haga clic en el botón.

MOSTRAR U OCULTAR UNA BARRA DE HERRAMIENTAS

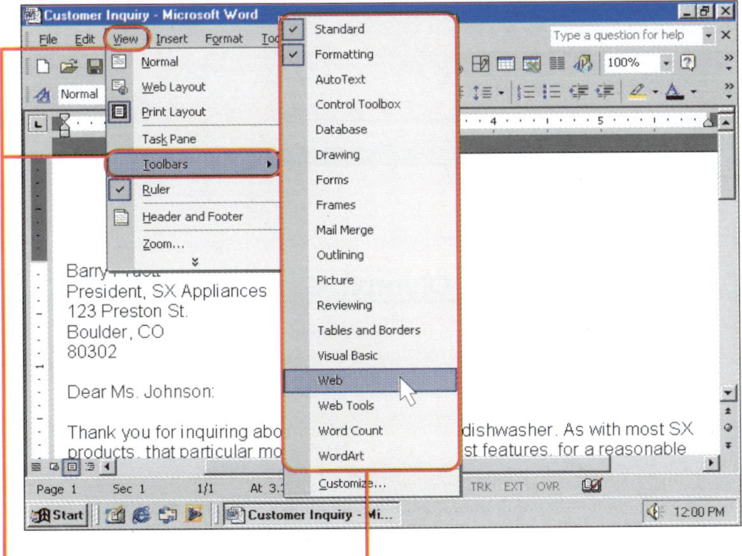

Cuando utilice por primera vez un programa de Office, una o más barras de tareas aparecerán automáticamente en la pantalla. Puede elegir cuales aparecerán basado en las tareas que realiza más a menudo.

MOSTRAR U OCULTAR UNA BARRA DE HERRAMIENTAS

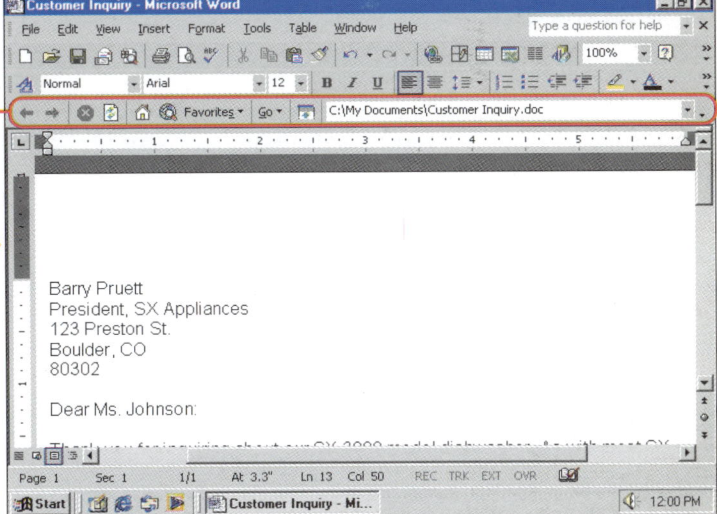

1 Para mostrar u ocultar una barra, haga clic en **View** (Ver).

2 Haga clic en **Toolbars**. (Barra de Herramientas)

- Una lista de las barras de herramientas aparece. Una señal de verificación (✓) junto al nombre de la barra de herramientas le indicará que la barra actualmente aparece en la pantalla.

3 Haga clic en el nombre de la barra que desee mostrar u ocultar.

- El programa muestra u oculta la barra de herramientas que seleccionó.

USAR LOS PANELES DE TAREAS

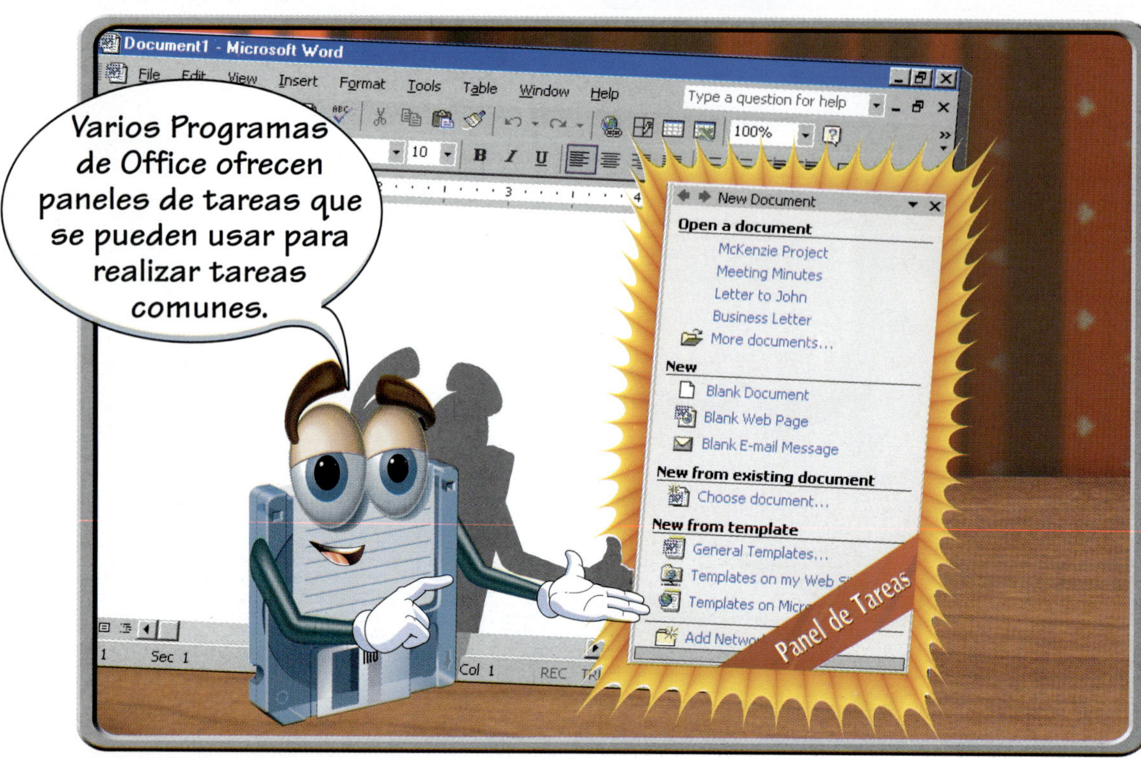

Usted puede mostrar u ocultar un panel de tareas en cualquier momento. Cuando inicie un programa de Office o cuando realice una tarea, un panel de tareas puede aparecer automáticamente.

USAR LAS TABLAS DE TAREAS

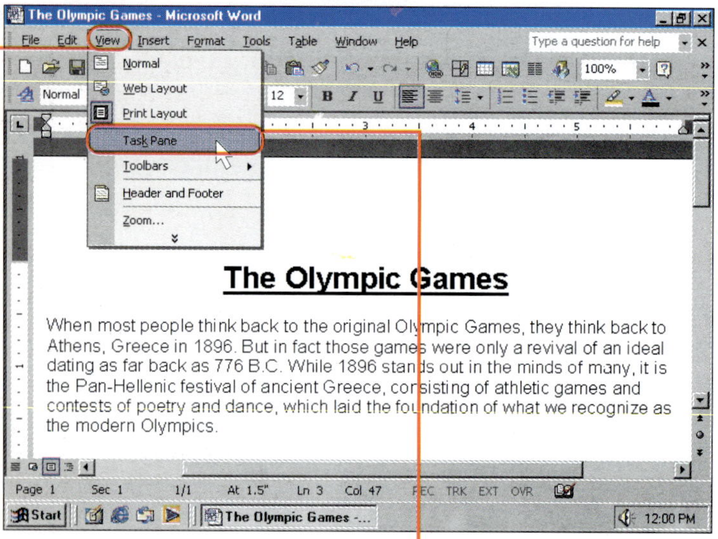

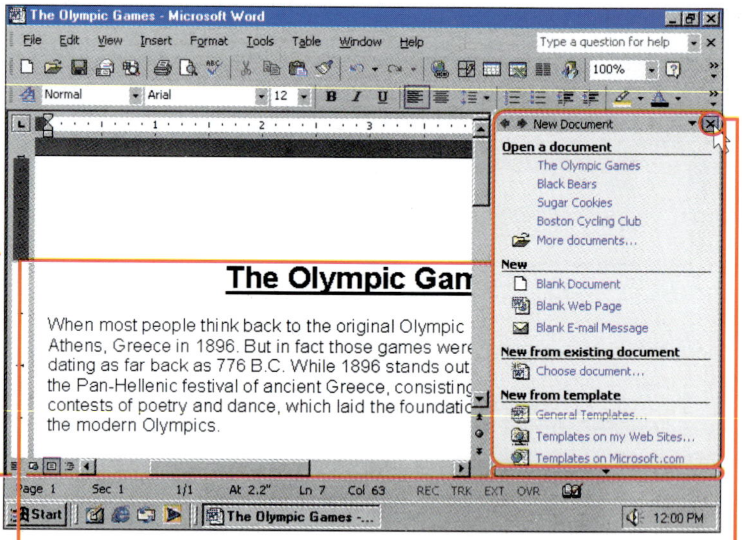

MOSTRAR U OCULTAR LAS TABLAS DE TAREAS

1 Haga clic en **View** (Ver).

*Nota: En Access, necesitará hacer clic en **Barras de tareas** antes de realizar el paso **2**.*

2 Haga clic en **Panel de tareas.**

Nota: Si el panel de tareas no aparece en el menú, coloque el ↖ del mouse sobre el botón del menú para observar todas las opciones.

■ El panel de tareas aparece o desaparece.

■ Puede hacer clic en ▲ o en ▼ para revisar toda la información del panel.

■ Para ocultar rápidamente el panel de tareas, en cualquier momento, haga clic en ☒.

¿Cuáles paneles de tareas están disponibles en Office?

Los paneles que puede utilizar dependen de los programas de Office en que está trabajando. Algunos paneles de tareas comunes están listadas aquí.

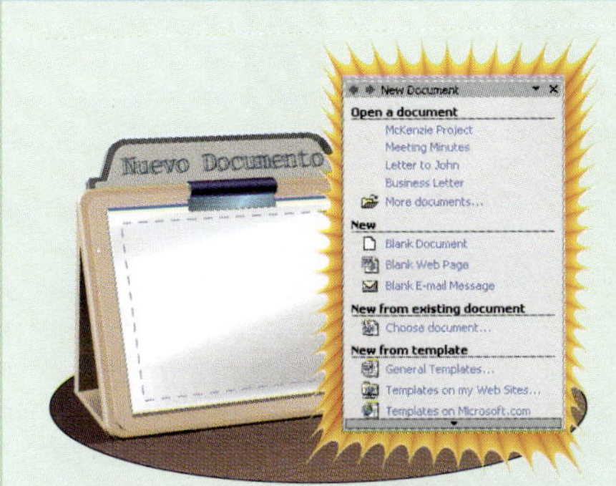

Nuevo

Le permite realizar tareas como crear un nuevo documento y abrir un archivo.

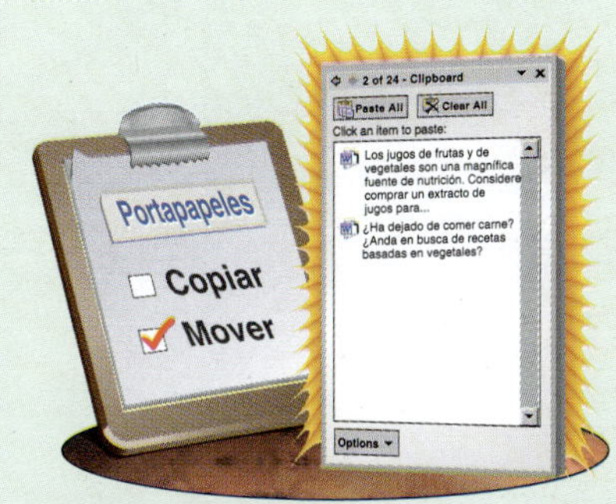

Portapapeles

Muestra cada ítem que ha seleccionado para mover o copiar.

Buscar

Le permite buscar archivos en la computadora.

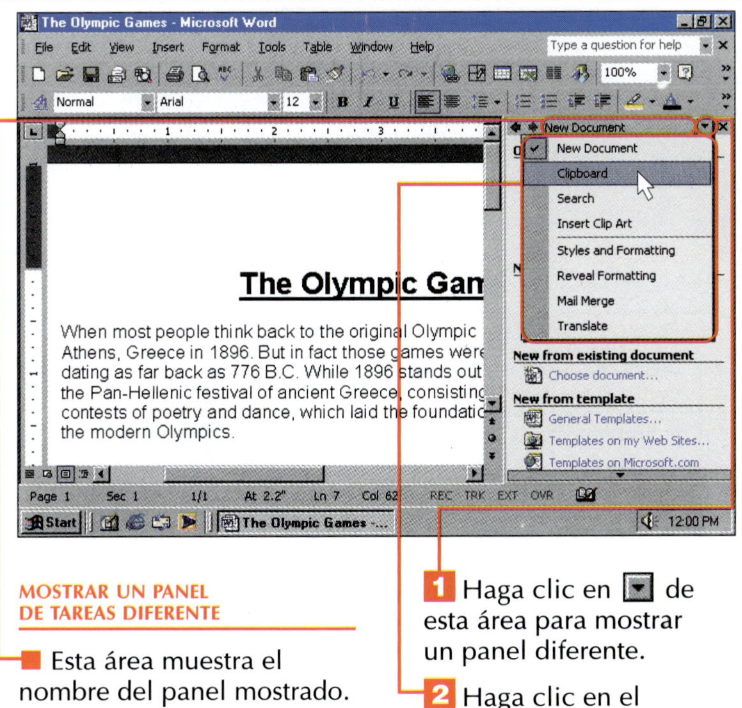

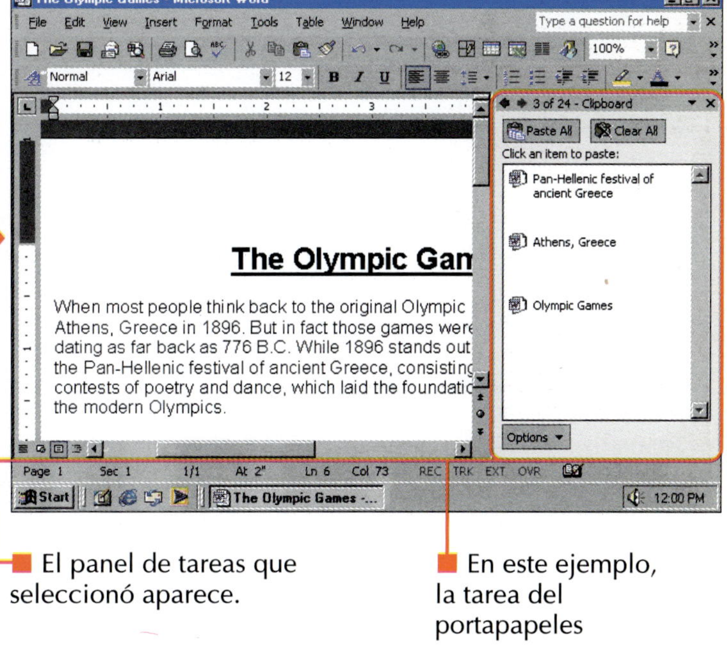

MOSTRAR UN PANEL DE TAREAS DIFERENTE

■ Esta área muestra el nombre del panel mostrado.

1 Haga clic en ▼ de esta área para mostrar un panel diferente.

2 Haga clic en el panel de tareas que desea mostrar.

■ El panel de tareas que seleccionó aparece.

■ En este ejemplo, la tarea del portapapeles aparece.

BUSCAR UN ARCHIVO

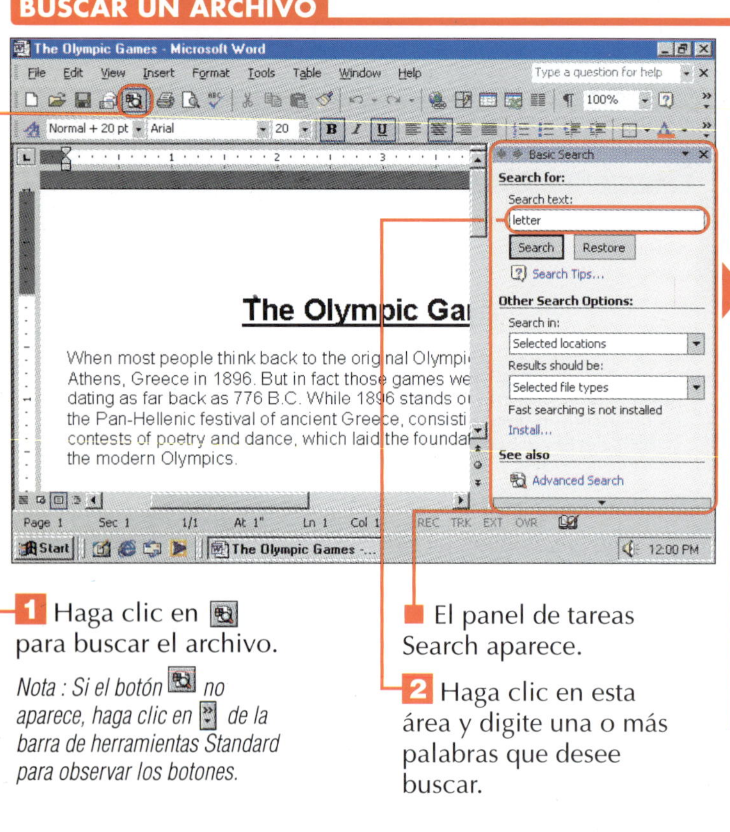

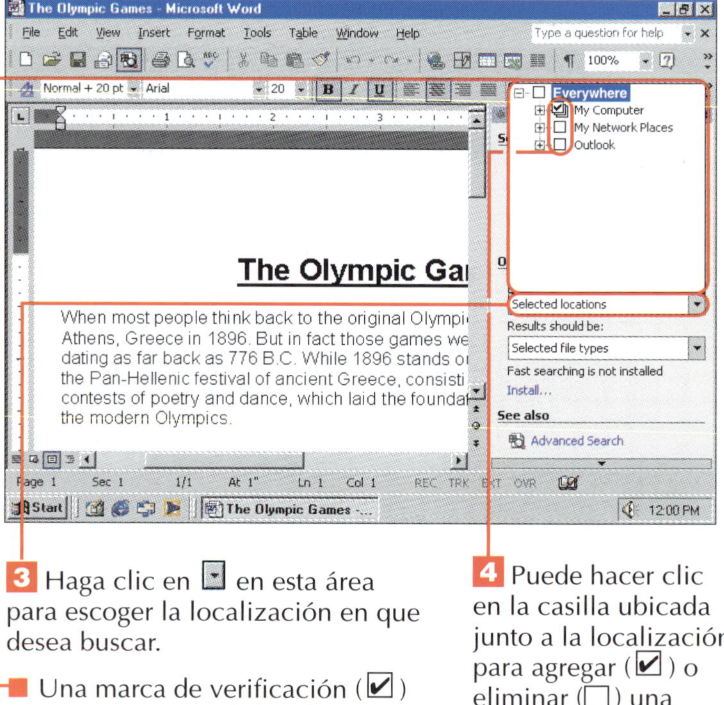

1 Haga clic en 🔍 para buscar el archivo.

Nota : Si el botón 🔍 no aparece, haga clic en » de la barra de herramientas Standard para observar los botones.

■ El panel de tareas Search aparece.

2 Haga clic en esta área y digite una o más palabras que desee buscar.

3 Haga clic en ▾ en esta área para escoger la localización en que desea buscar.

■ Una marca de verificación (✔) aparece junto a cada localización que el programa de Office buscará.

Nota: De manera predeterminada, el programa de Office buscará en todas las unidades y carpetas de su computadora.

4 Puede hacer clic en la casilla ubicada junto a la localización para agregar (✔) o eliminar (☐) una marca de verificación.

5 Para cerrar la lista de localizaciones, haga clic fuera de ella.

¿El programa de Office cómo usará las palabras que especifico para buscar archivos?

El programa de Office buscará las palabras especificadas en el contenido y en el nombre de los archivos. Cuando busque archivos, el programa de Office buscará varias formas de las palabras. Por ejemplo, si busca "correr", encontrará términos como "corrida" y "corriendo".

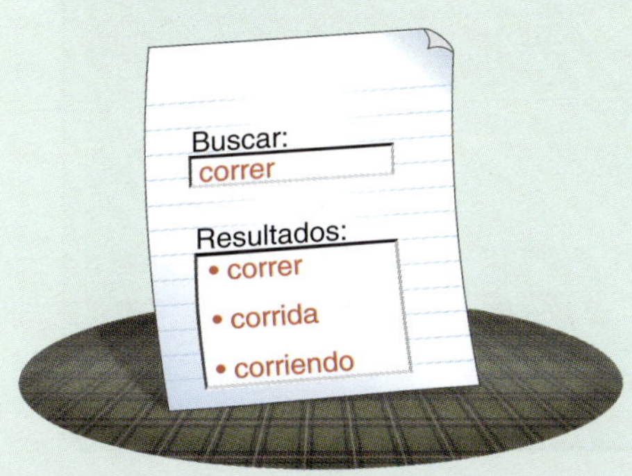

Cuando selecciono las localizaciones y tipos de archivos que deseo buscar, ¿cómo puedo mostrar más ítemes?

Cada ítem que aparece con un signo de más (⊞) contiene ítemes ocultos. para mostrarlos, haga clic en el signo (⊞) junto al item (⊞ cambia a ⊟). Para ocultar los ítemes de nuevo, haga clic en signo de menos (⊟) ubicado junto al ítem.

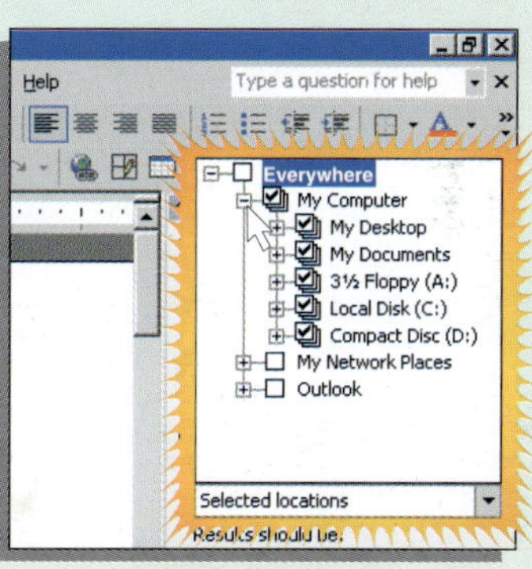

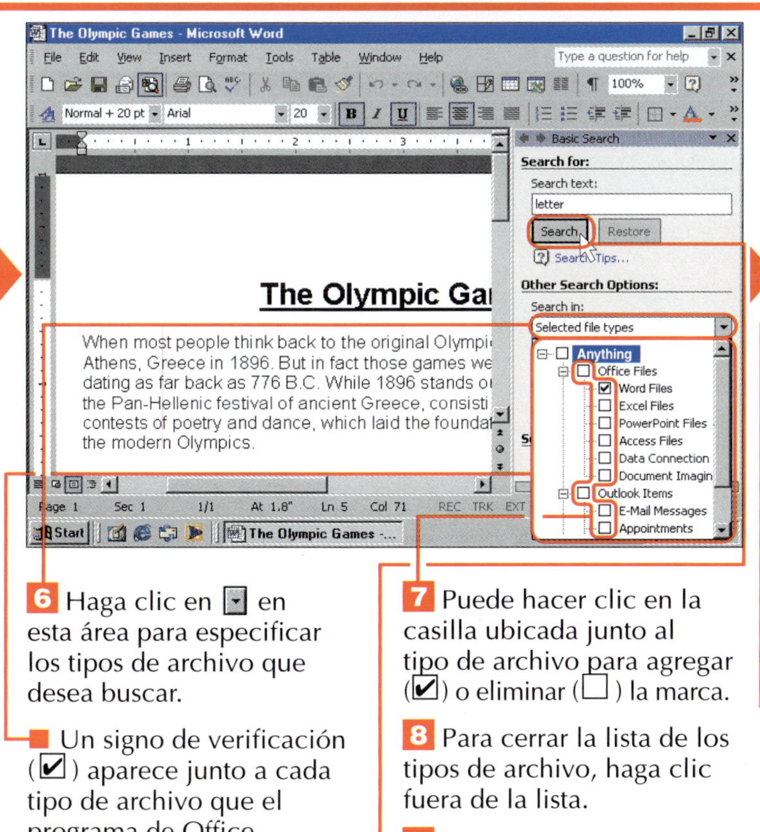

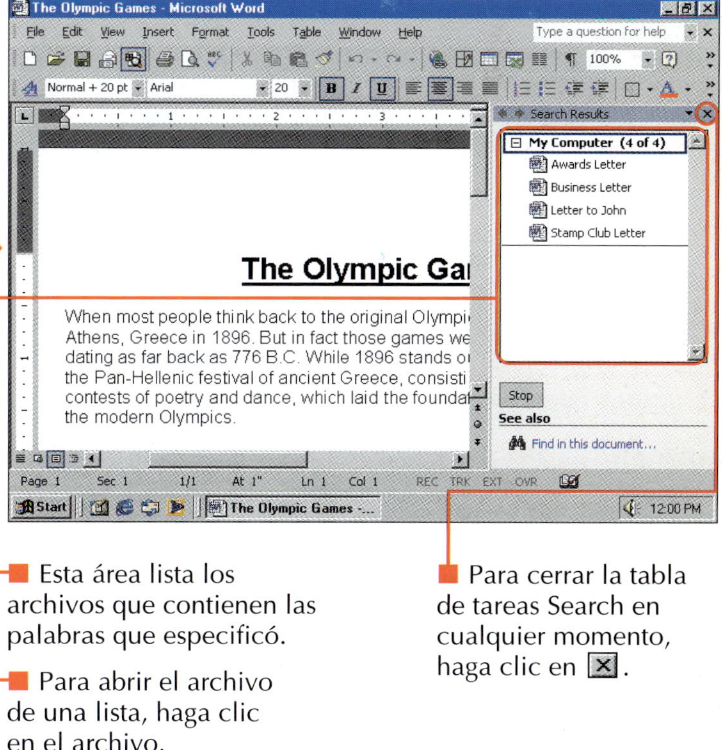

6 Haga clic en ▾ en esta área para especificar los tipos de archivo que desea buscar.

■ Un signo de verificación (✔) aparece junto a cada tipo de archivo que el programa de Office buscará.

7 Puede hacer clic en la casilla ubicada junto al tipo de archivo para agregar (✔) o eliminar (☐) la marca.

8 Para cerrar la lista de los tipos de archivo, haga clic fuera de la lista.

9 Haga clic en **Search** para iniciar la búsqueda.

■ Esta área lista los archivos que contienen las palabras que específicó.

■ Para abrir el archivo de una lista, haga clic en el archivo.

■ Para cerrar la tabla de tareas Search en cualquier momento, haga clic en ☒.

BUSCAR UN ARCHIVO

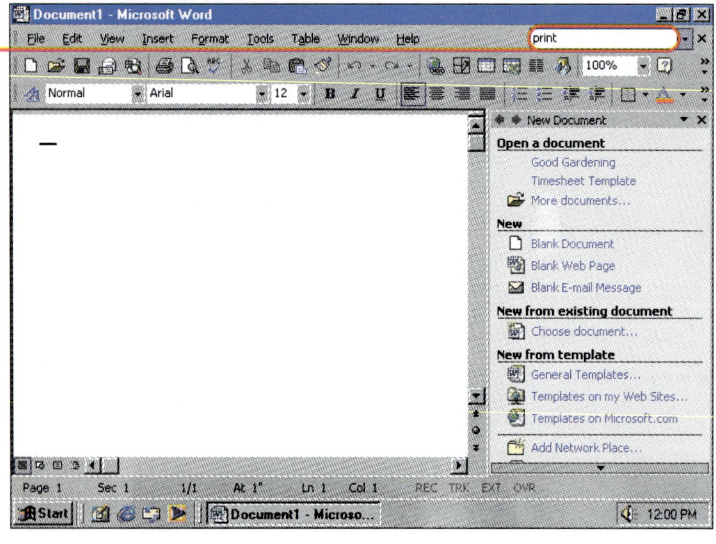

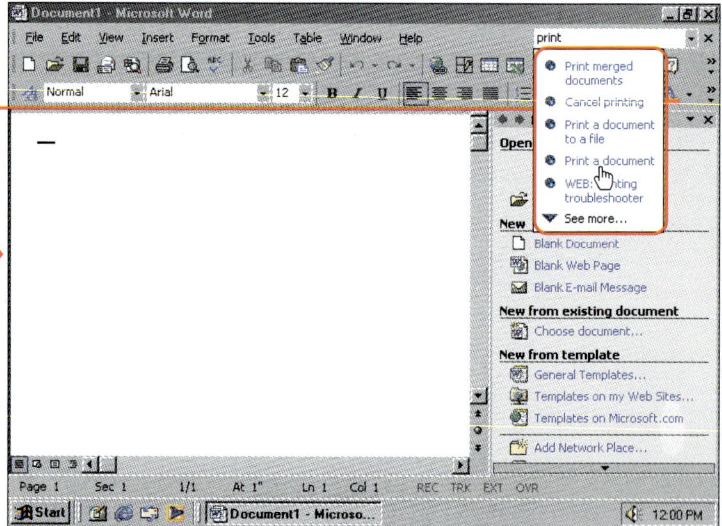

1 Haga clic en esta área y digite la tarea de la cual desea obtener información. Luego, presione la tecla **Enter**.

■ La lista de los temas de ayuda relacionados aparece.

2 Haga clic en el tema de ayuda de interés.

Nota: Si el tema de ayuda que necesita no aparece en la lista, puede hacer clic en **See more** *para poder ver temas adicionales.*

¿De qué otras maneras puedo obtener ayuda?

En la ventana Microsoft Help, puede usar los siguientes botones para obtener información de ayuda.

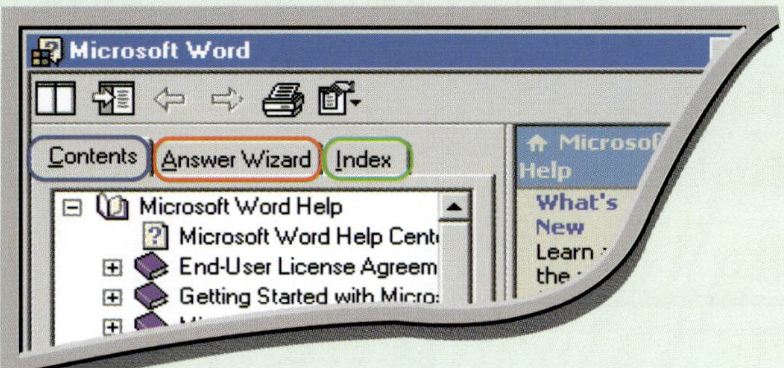

Índice

Puede digitar una palabra de interés o hacer doble clic en alguna palabra de la lista alfabética de los temas de ayuda. Una lista de temas de ayuda relacionados aparecerá.

Contenido

Puede hacer doble clic en el ícono de un libro (📖) o de una página (📄) para explorar a través del contenido de la ayuda de Microsoft.

Asistente de respuestas

Puede digitar una pregunta sobre algún tema de interés. Una lista de temas relacionados con su pregunta aparece.

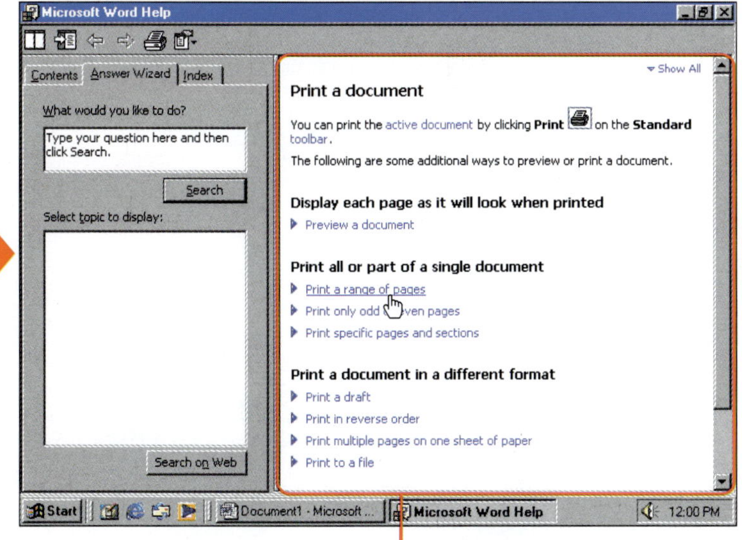

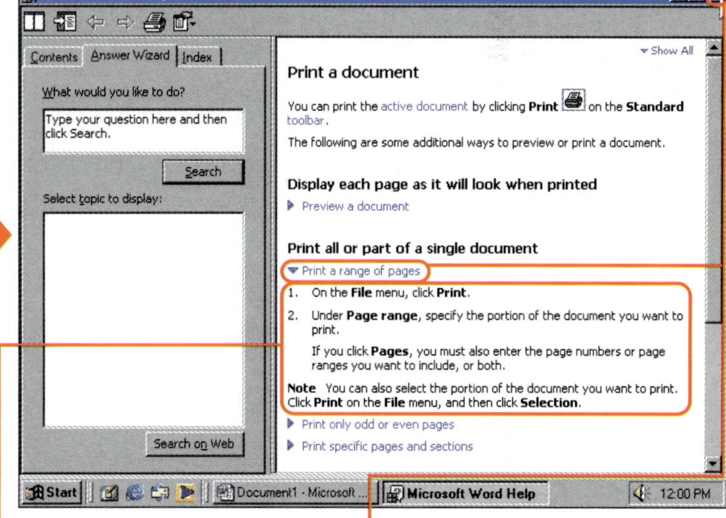

■ La ventana de Microsoft help aparece.

Nota: Para maximizar la ventana de Microsoft Help, de modo que llene su pantalla, haga clic en 🔲 en la esquina superior derecha de la ventana.

■ Esta área muestra información sobre el tema de ayuda que seleccionó.

■ Para mostrar información adicional de una palabra o frase que aparezca a colores, haga clic en el texto.

■ La información adicional aparece.

Nota: Al seleccionar una palabra o frase a colores, se!mostrará información tal como definición, sugerencias o una lista de pasos.

■ Para ocultar de nuevo la información, haga clic sobre la palabra o frase a colores.

3 Cuando termine de revisar la información de ayuda, haga clic en ☒ para cerrar la ventana de ayuda de Microsoft.

BENJAMÍN EL HAMBRIENTO 1328 C. Principal, Seattle, WA., 98119

Gran Celebración de Apertura

El Restaurante Benjamín el Hambriento tendrá una celebración de apertura este sábado, a partir de las 12 p.m. hasta las 8 p.m.

Traiga a toda su familia y aproveche las grandes ofertas en esta fecha tan especial.
¡Los niños menores de 12 años comen gratis!

Venga y vea de lo que puede disfrutar en Benjamín el Hambriento: buena comida, excelente precio e increíble servicio al cliente.

Benjamín Robles

Benjamín Robles
Gerente, Restaurante Benjamín el Hambriento

USAR WORD

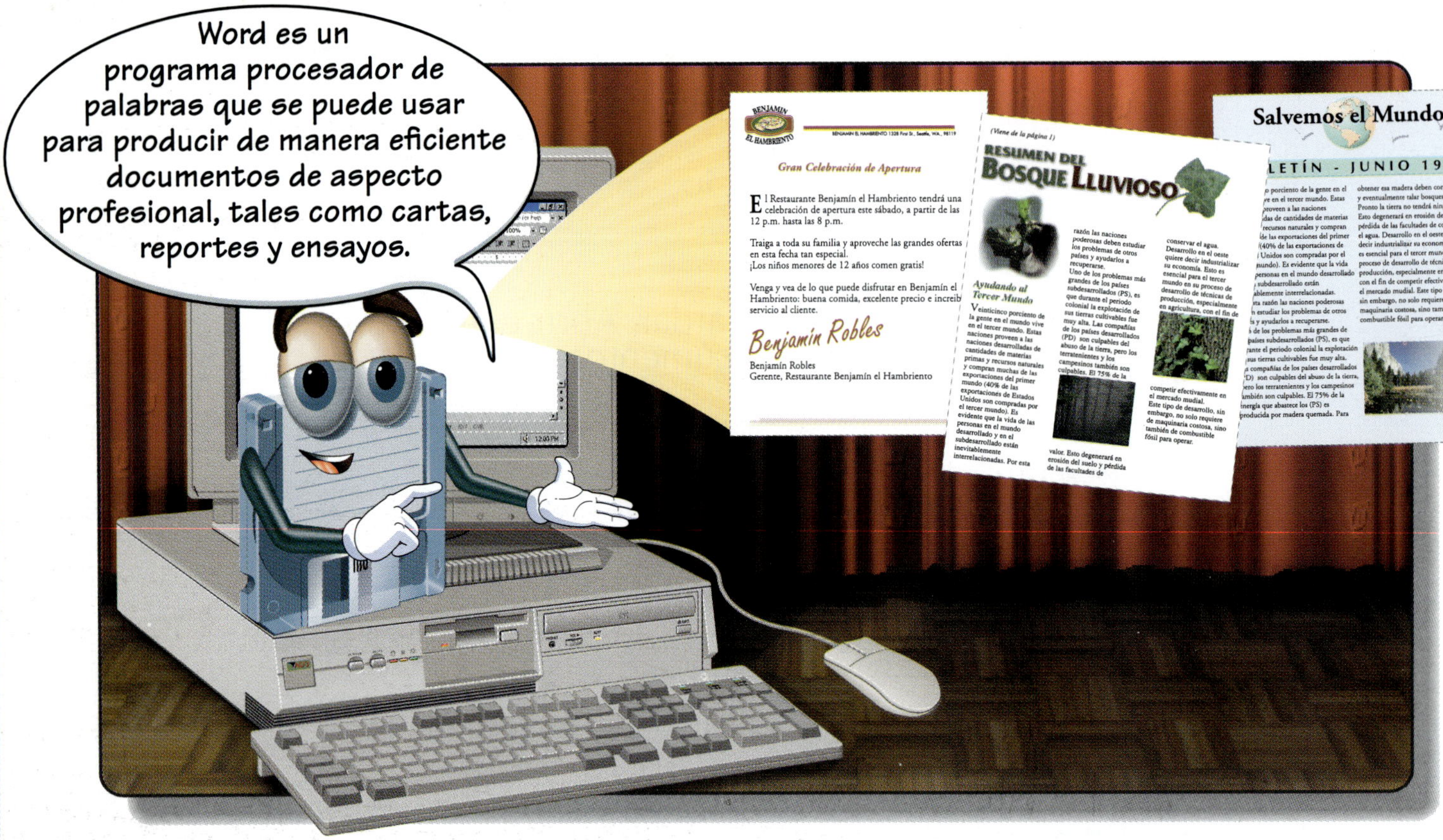

Editar

Word ofrece muchos elementos que le ayudarán a ahorrar tiempo cuando edite un documento. Puede agregar o borrar texto, reacomodar párrafos y revisar la ortografía y la gramática. Word recuerda los últimos cambios que ha hecho en un documento, de manera que pueda deshacerlos.

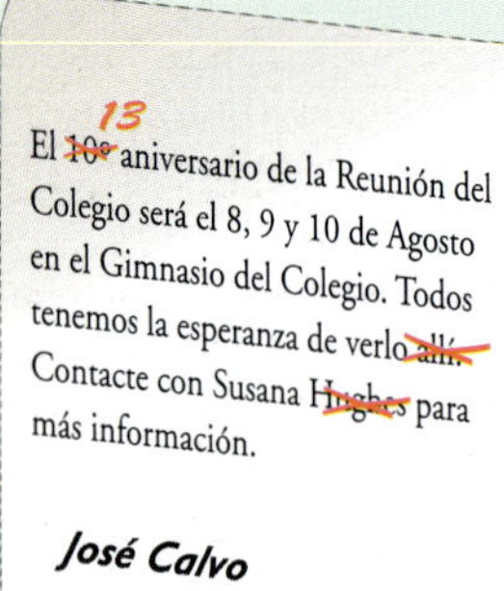

Formatear

Puede formatear un documento para mejorar su apariencia. Puede usar diversos tamaños de fuentes, estilos y colores para hacer que el texto importante sobresalga. También puede agregar números de páginas, cambiar los márgenes y usar viñetas para separar los ítemes de una lista.

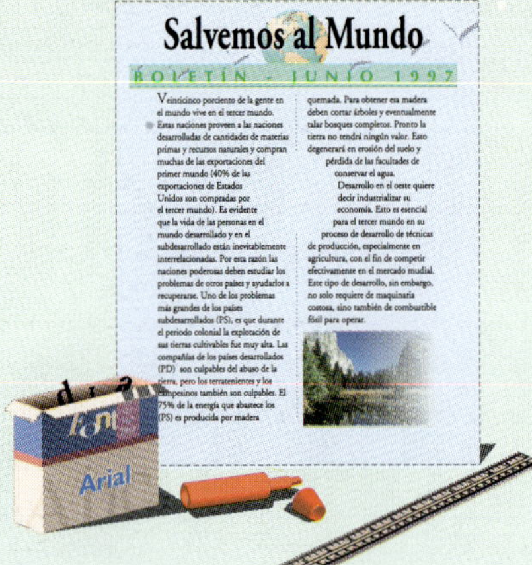

Crear tablas

Se puede crear tablas para mostrar de manera eficaz la información de un documento. Puede usar uno de los diseños incluidos en Word para mejorar la apariencia de una tabla.

LA CIUDAD DE SEATTLE • LA CIUDAD DE SEATTLE
Oficina del Ayuntamiento, 1328 C. Principal, Seattle, WA 98119

Comunicado de Prensa
De: Oficina del Gobernador
Para: Toda la Prensa

GOBERNADOR FELICITA A EMPRESAS LOCALES

Las donaciones corporativas de comida, ropa y materiales de construcción para ayudar a las víctimas de la pasada inundación fueron realmente impresionantes, anunció el Gobernador James Moore el día de hoy.

"Estoy sumamente conmovido por la generosidad de los negocios de nuestra comunidad", dijo Moore. "Es un verdadero ejemplo de espíritu comunitario."

Compañía	Donativo	Cantidad
Panadería "El Bollito"	Pan	200 bollos
Dulcería "Caramelo"	Tarros de galletas	425
Telas Ajax S.A.	Sudaderas	125
Zapato ABC	Zapatos	85 pares
Depósito de maderas	Leña	5 contenedores
Ferretería Rojas	Clavos	900 libras

"Gracias a esos actos de humanidad, nuestra ciudad está en la vía rápida a la recuperación", dijo Moore. "Es un momento de orgullo en nuestra historia."

Para más información
Contacte a: Susan Nelson, Oficina del Gobernador
Teléfono: (555) 555-4512

LA CIUDAD DE SEATTLE • LA CIUDAD DE SEATTLE

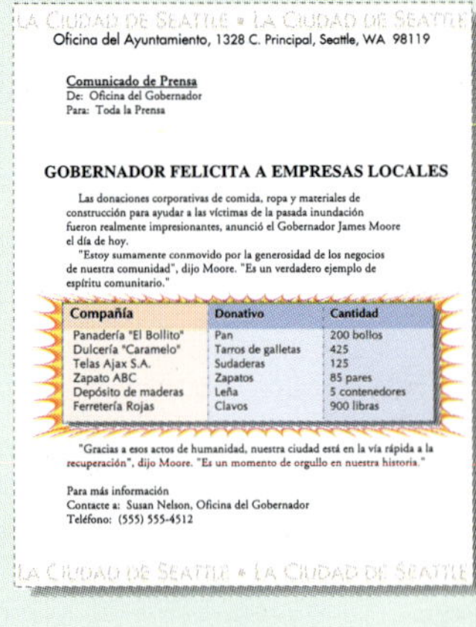

La ventana de Word presenta muchos ítemes que puede usar para crear y trabajar con sus documentos.

La barra de títulos

Muestra el nombre del documento expuesto.

La barra de menús

Proporciona acceso a listas de comandos disponibles y muestra una área donde puede digitar una pregunta para obtener información de ayuda.

La barra de herramientas estándar

Contiene botones que puede usar para escoger comandos comunes, como Save y Print.

La barra de herramientas de formato

Contiene botones que puede usar para escoger comandos comunes del formato, como Negrita e Itálica.

Regla

Le permite cambiar la configuración de las tabulaciones y sangrías de sus documentos.

El cuadro de tareas

Contiene vínculos que puede seleccionar para realizar tareas comunes, como abrir o crear un documento.

Punto de inserción

La línea intermitente de la pantalla que indica donde aparecerá el texto que mecanografía

Las vistas del documento

Proporciona acceso a cuatro vistas diferentes de los documentos.

Barras de desplazamiento

Le permite explorar sus documentos.

La barra de estado

Proporciona información sobre el área del documento mostrado en la pantalla y la posición del punto de inserción.

Página 1

La página mostrada en la pantalla.

Sec 1

La sección del documento mostrado en la pantalla.

1/1

La página mostrada en la pantalla y el número total de páginas del documento.

At 1"

La distancia desde la parte superior de la página hasta el punto de inserción.

Ln 1

El número de líneas del margen superior hasta el punto de inserción.

Col 1

El número de caracteres desde el margen izquierdo hasta el punto de inserción, incluyendo espacios.

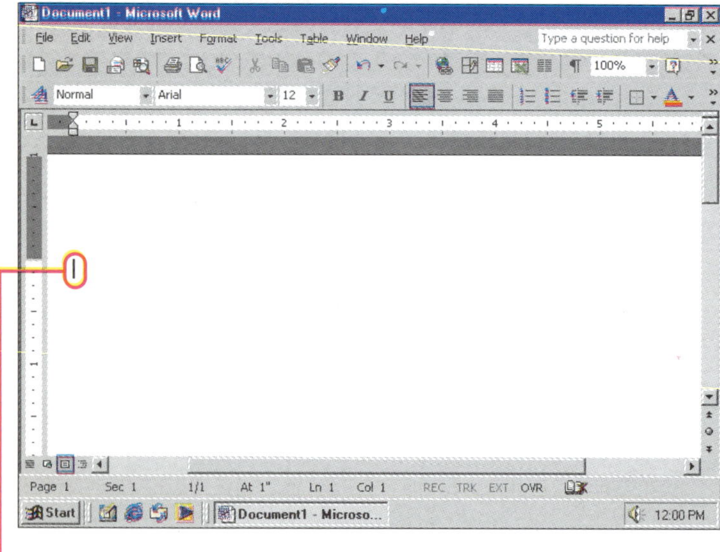

INTRODUCIR TEXTO

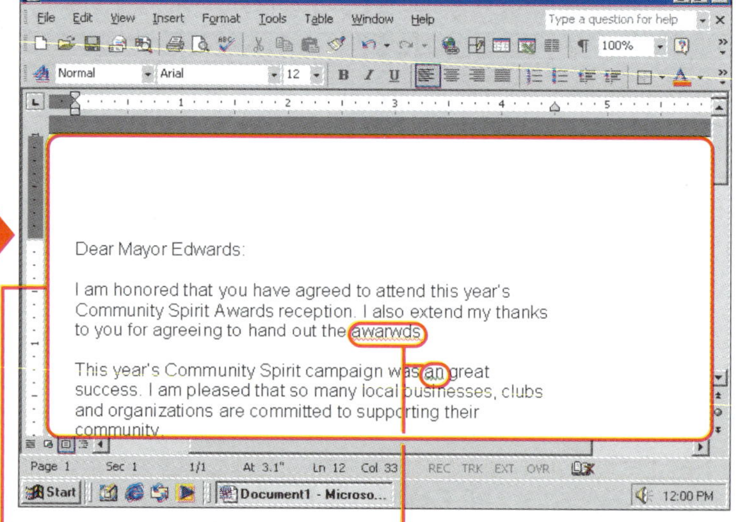

■ El texto que digita aparecerá en el sitio de la pantalla donde el punto de la inserción brilla intermitentemente.

1 Digite el texto de su documento.

Nota: En este libro, la fuente de texto se varió a Arial para hacer los ejemplos más fáciles de leer. Para cambiar la fuente de texto, vea la página 62.

■ Cuando usted alcanza el final de una línea, Word automáticamente continúa el texto en la siguiente línea. Usted solo necesita presionar la tecla `Enter` cuando desea iniciar un párrafo nuevo.

■ Word automáticamente subraya las palabras mal escritas en rojo y los errores de gramática en verde. El subrayado no aparecerá cuando imprima su documento. Para corregir palabras mal escritas y errores de gramática, vea la página 50.

¿Puedo introducir texto en cualquier parte de mi documento?

El elemento Click and Type de Word le permite introducir texto en cualquier lugar de su documento. Haga doble clic en el lugar donde desea introducir el texto y luego digítelo. El elemento Click and Type solo están disponibles en las vistas de Impresión y de Web. Para cambiar las vistas, vea la página 28.

¿Por qué aparece un rectángulo azul bajo algunas palabras?

El rasgo Autocorrección de Word automáticamente corrige errores comunes de ortografía conforme digite. Un rectángulo azul (▬) aparece debajo del texto que se ha corregido, permitiéndole cambiar las opciones de la corrección.

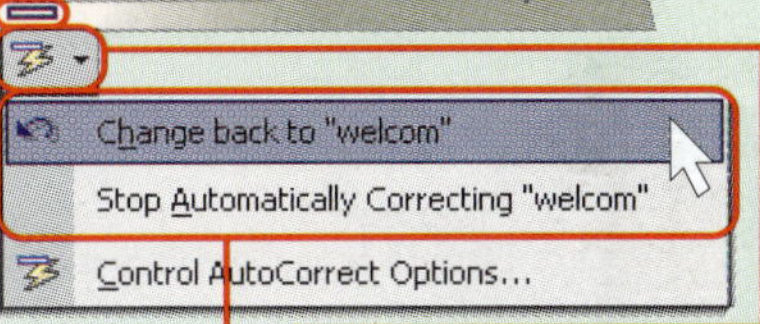

1 Coloque el mouse I sobre el rectángulo azul para observar los botones de las Opciones de la autocorrección ( ).

2 Haga clic en el botón de Opciones de Autocorrección para observar una lista de opciones.

3 Haga clic en la opción que desee usar.

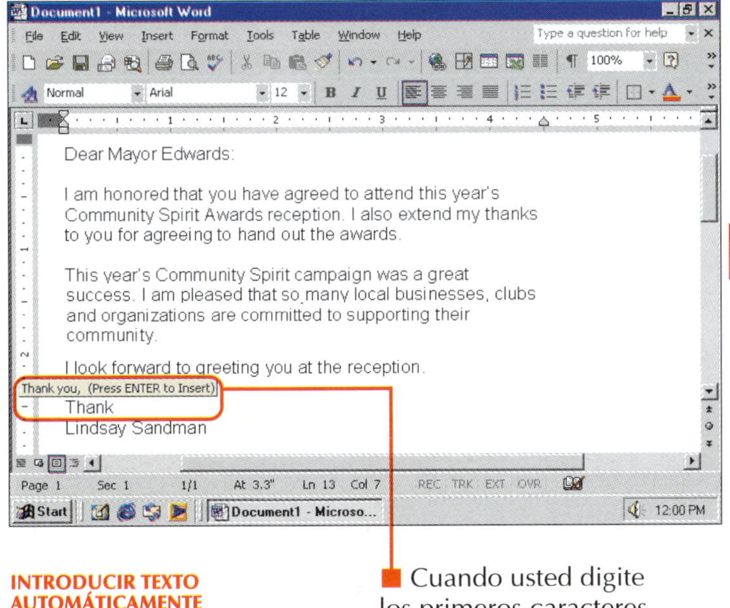

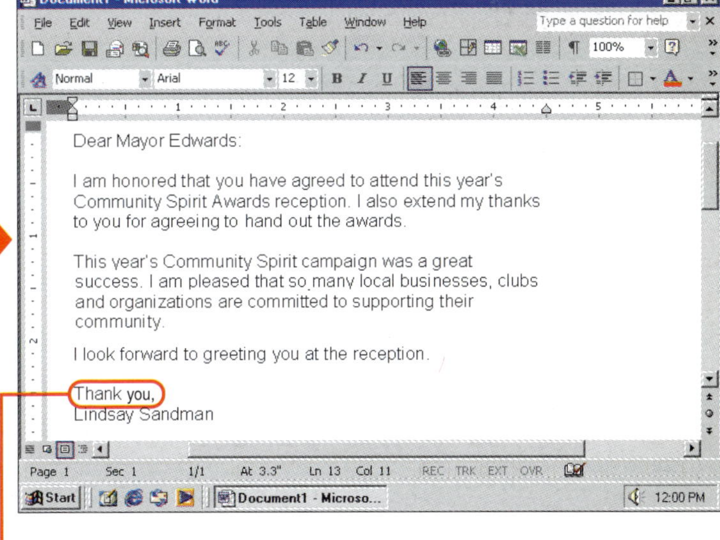

INTRODUCIR TEXTO AUTOMÁTICAMENTE

■ El elemento AutoText de Word le ayuda rápidamente a introducir palabras comunes y frases.

■ Cuando usted digite los primeros caracteres de una palabra común o frase, aparecerá un cuadro amarillo mostrando el texto.

1 Para insertar el texto, presione la tecla Enter.

■ Para ignorar el texto, continúe digitando.

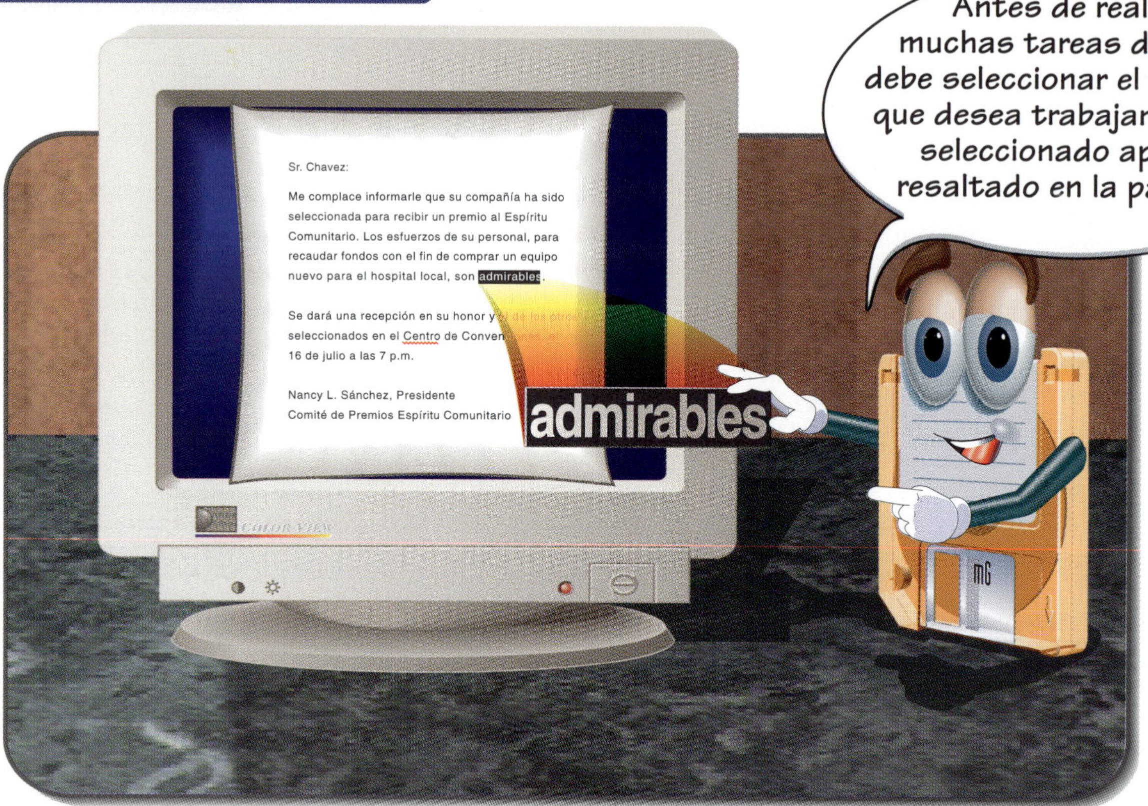

SELECCIONAR TEXTO

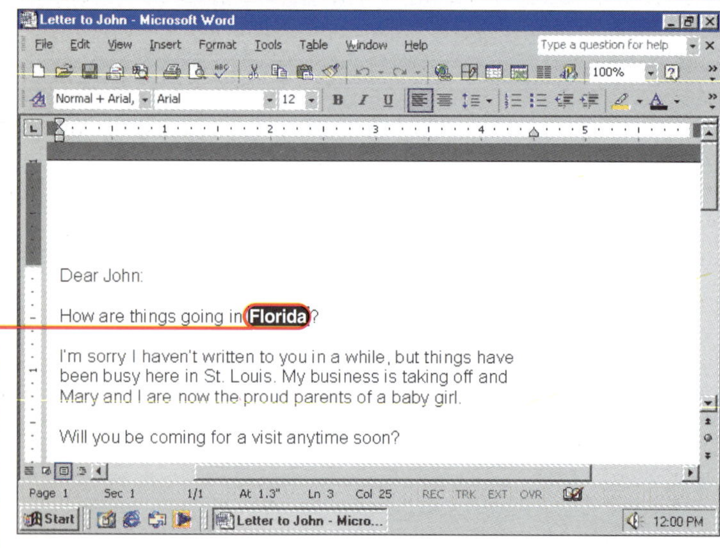

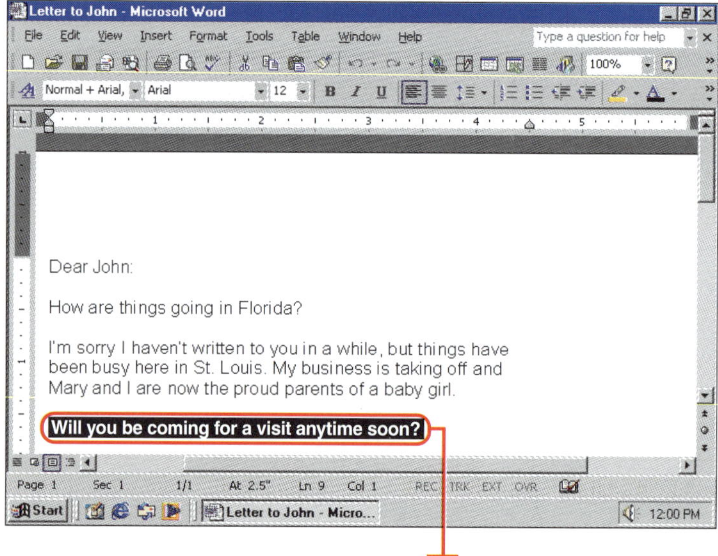

SELECCIONAR UNA PALABRA

1 Haga doble clic en la palabra que desee seleccionar.

■ Para cancelar la selección de un texto, haga clic fuera del área seleccionada.

SELECCIONAR UNA FRASE

1 Presione la tecla **Ctrl**.

2 Todavía sujetando la tecla **Ctrl** haga clic en la frase que desea seleccionar.

¿Cómo selecciono todo el texto de mi documento?

Para seleccionar rápidamente todo el texto de su documento, presione la tecla `Ctrl` y luego la tecla `A`.

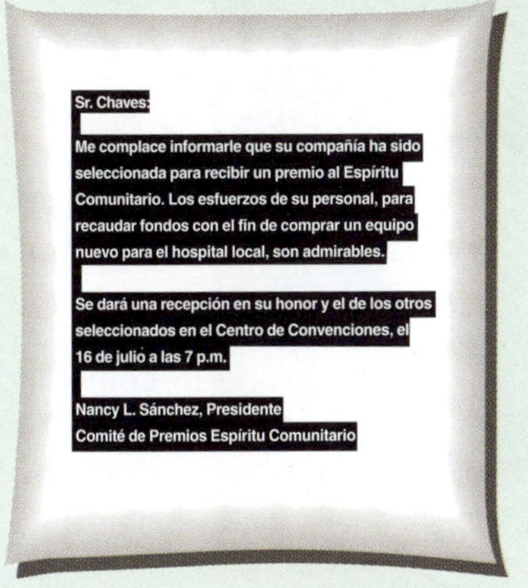

¿Puedo seleccionar áreas múltiples del texto de mi documento simultáneamente?

Sí. Para seleccionar áreas múltiples de texto, presione la tecla `Ctrl` conforme seleccione cada área.

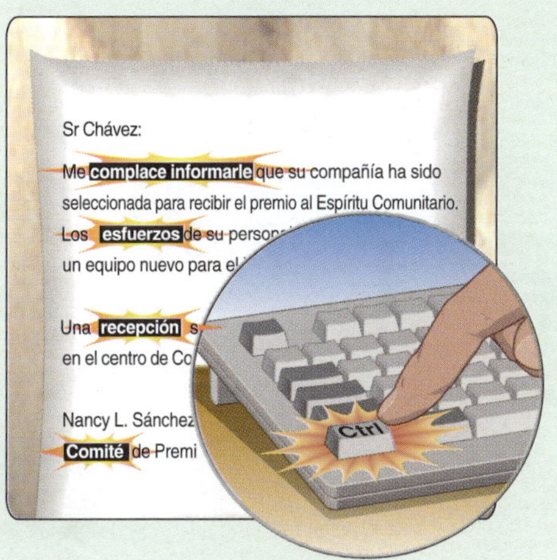

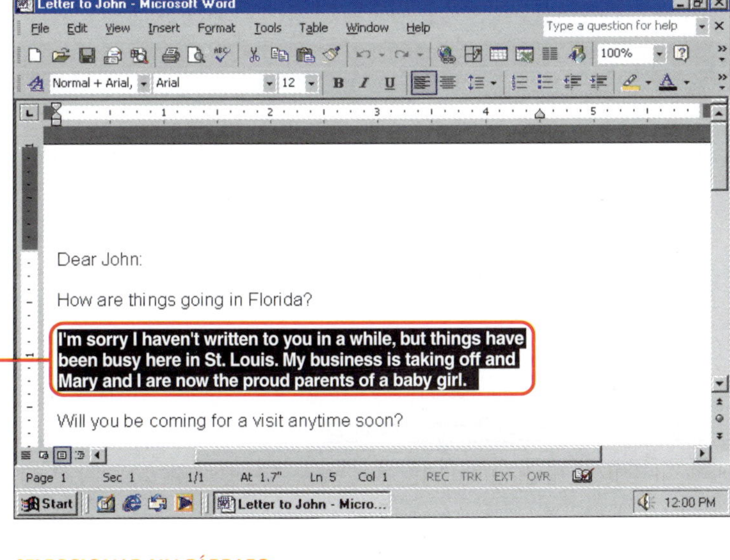

SELECCIONAR UN PÁRRAFO

1 Coloque el mouse I sobre el párrafo que desea seleccionar y, rápidamente, haga clic **tres** veces.

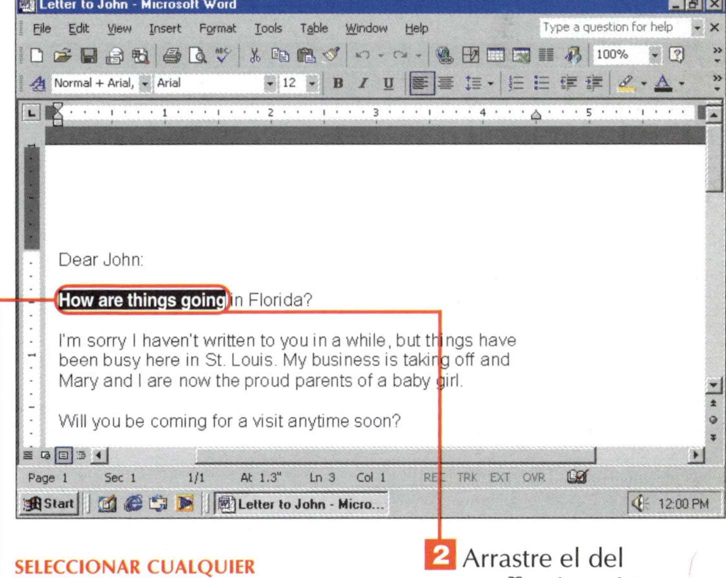

SELECCIONAR CUALQUIER CANTIDAD DE TEXTO

1 Coloque el mouse I sobre la primera palabra que usted quiere seleccionar.

2 Arrastre el del mouse I sobre el texto que desea seleccionar.

Si su documento contiene mucho texto, es posible que la pantalla de su computadora no pueda mostrar todo el texto de inmediato. Debe desplazarse a través de su documento para ver sus otras partes.

MOVERSE A TRAVÉS DE UN DOCUMENTO

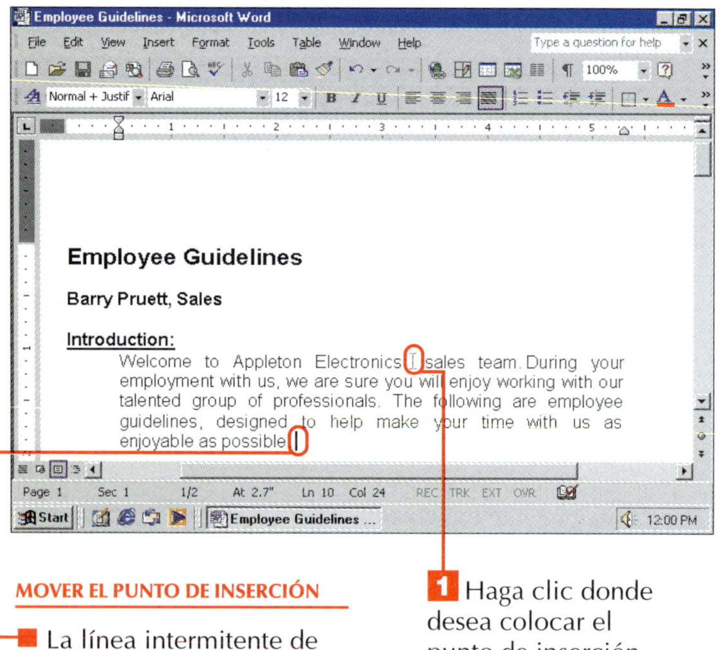

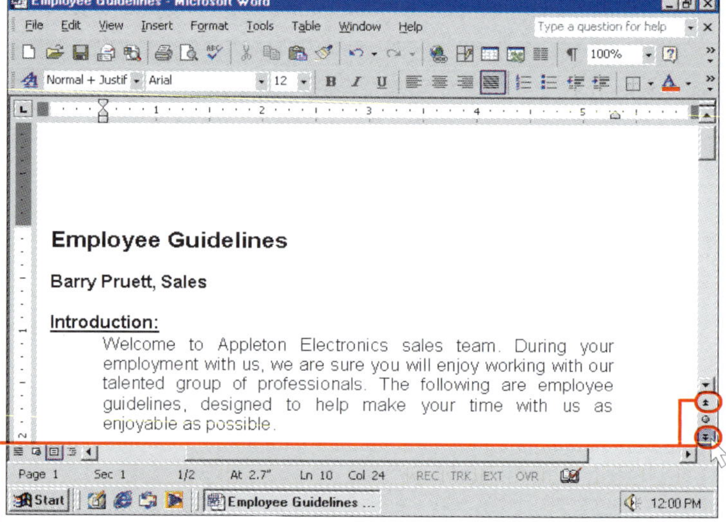

MOVER EL PUNTO DE INSERCIÓN

■ La línea intermitente de su pantalla, llamado el punto de inserción, indica donde aparecerá el texto que digitará.

1 Haga clic donde desea colocar el punto de inserción.

DESPLEGAR LA PÁGINA PREVIA O SIGUIENTE

1 Haga clic en uno de los siguientes botones.

± Mostrar página previa

∓ Mostrar la siguiente página

¿Cómo puedo usar mi teclado para moverme a través de un documento

Puede presionar las teclas ←, →, ↑ o ↓ para moverse a través de un documento de línea en línea o de carácter en carácter. Puede presionar las teclas `Page Up` o `Page Down` para moverse a través de un documento de pantalla en pantalla.

¿Cómo uso un mouse de rueda para desplazarme a través de mi documento?

Un mouse de rueda tiene una rueda entre los botones izquierdo y derecho. Mover esta rueda le permite desplazarse rápidamente a través de su documento. El IntelliMouse de Microsoft es un ejemplo popular de un mouse de rueda.

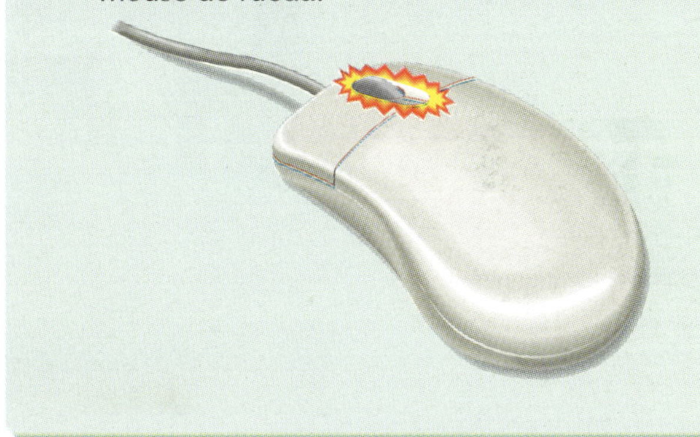

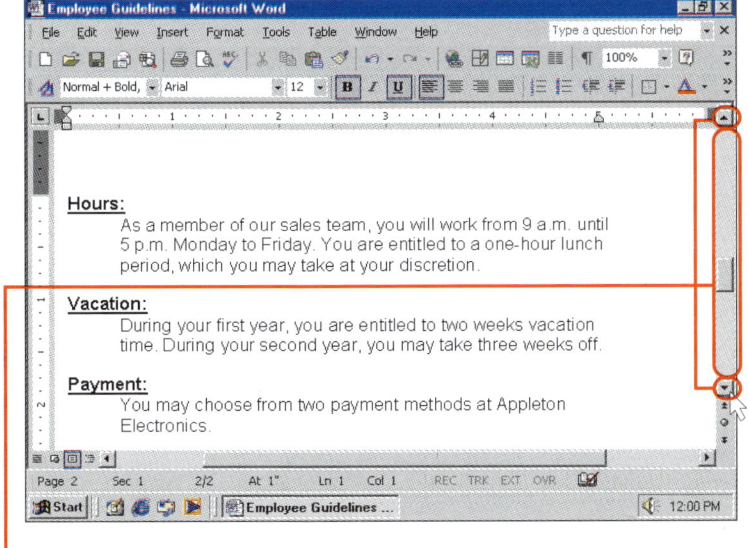

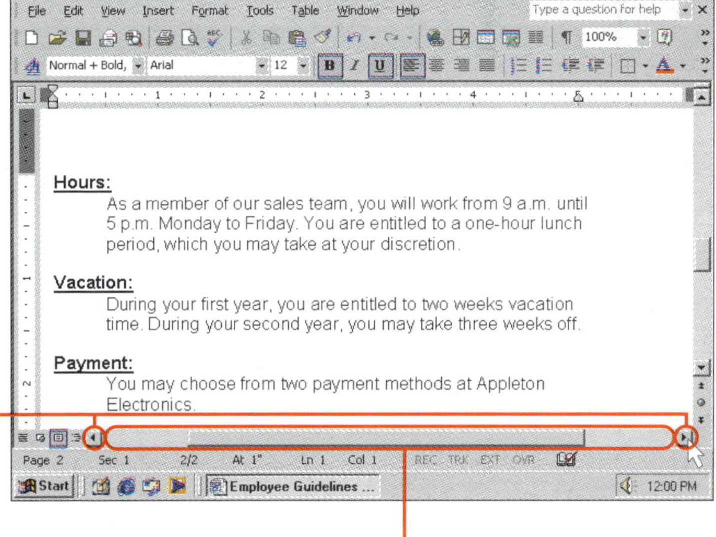

DESPLAZARSE HACIA ARRIBA O ABAJO

1 Para desplazarse hacia arriba o abajo, haga clic en ▲ o ▼.

■ Para desplazarse rápidamente hacia arriba o abajo, arrastre el cuadro de desplazamiento a lo largo de la barra.

■ La ubicación del cuadro de desplazamiento indica cual parte del documento está observando. Para ver la parte central del documento, arrastre el cuadro hasta la mitad de la barra.

DESPLAZARSE HACIA LA IZQUIERDA O LA DERECHA

1 Para desplazarse a la izquierda o a la derecha, haga clic en ◄ o en ►.

■ Para desplazarse rápidamente hacia la izquierda o la derecha, arrastre el cuadro de desplazamiento a lo largo de la barra.

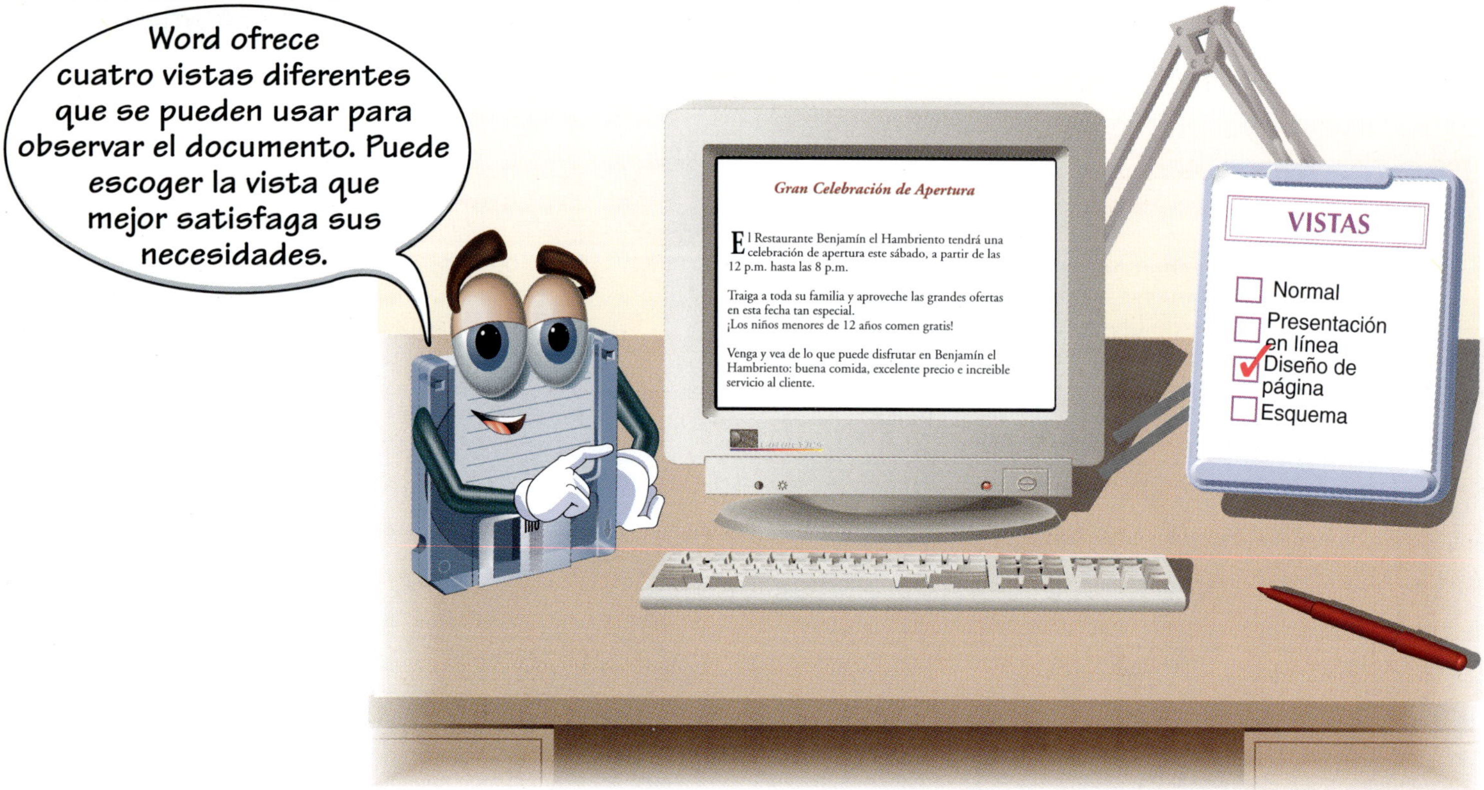

CAMBIAR LA VISTA DE UN DOCUMENTO

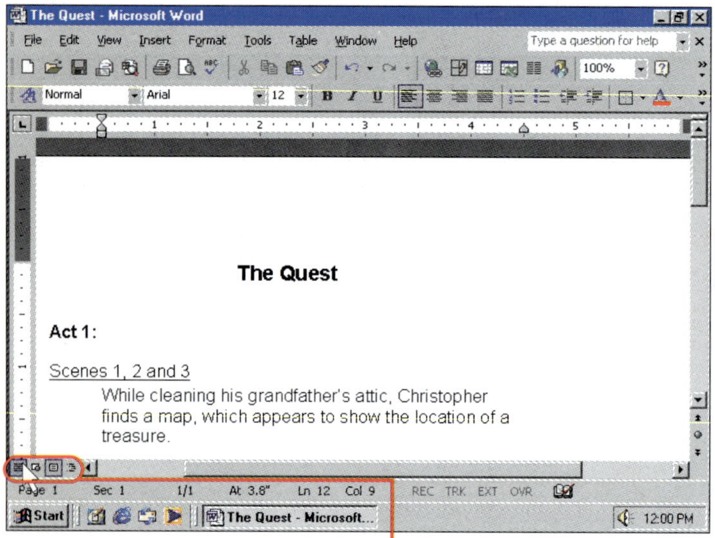

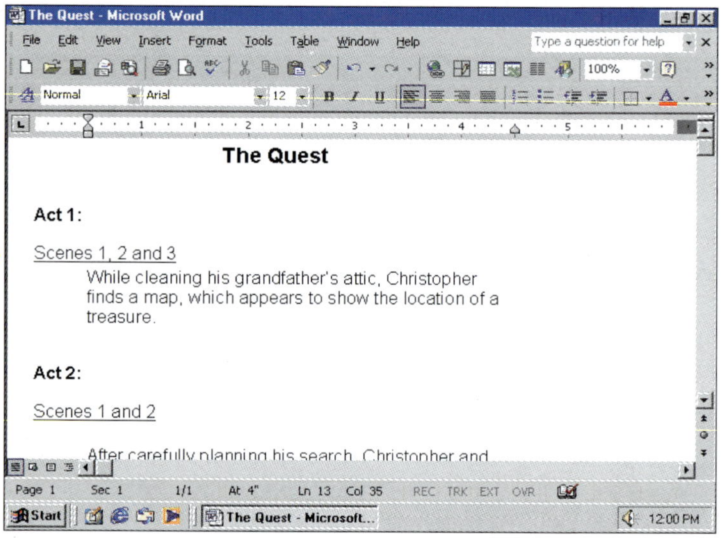

■ Cuando usted inicia Word por primera vez, los documentos aparecerán en vista de impresión.

1 Para cambiar la vista de su documento, haga clic en uno de los siguientes botones.

- Normal
- Vista Diseño Web
- Vista Diseño de Impresión
- Vista Esquema

■ Su documento aparece en la vista que seleccionó.

VISTAS DE DOCUMENTOS

Vista normal

La vista Normal simplifica el diseño de su documento para que rápidamente pueda introducir, editar y formatear texto. Esta vista no muestra ciertos elementos de su documento, como los números de márgenes y de página.

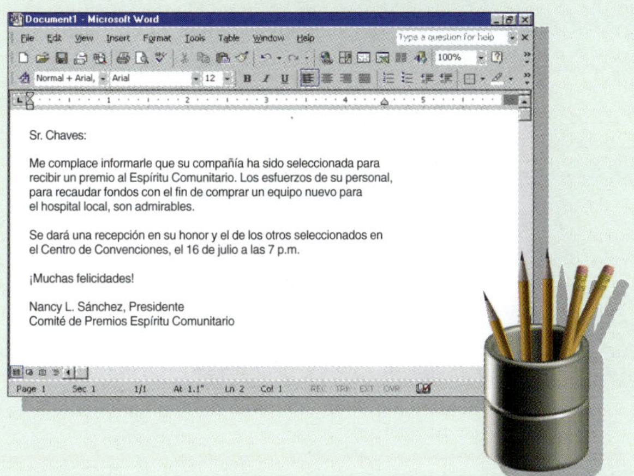

La vista de diseño Web

Trabajar en la vista del Diseño de Web es útil cuando se crea una página Web o un documento que solo se tiene intención de mirar en la pantalla de una computadora.

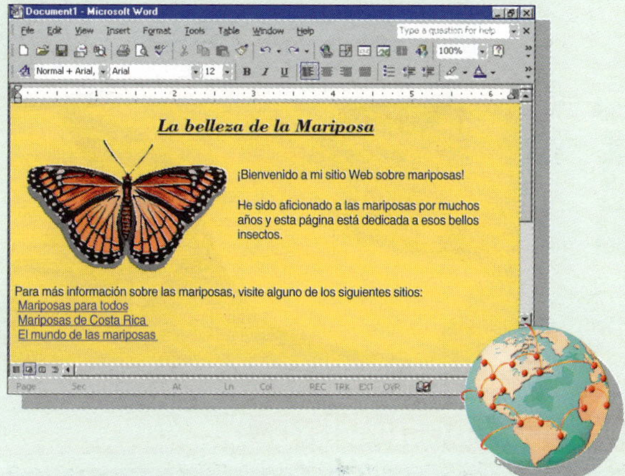

La vista diseño de impresión

Puede trabajar en la vista de diseño de impresión cuando quiera ver cómo aparecerá su documento en una página impresa. Esta vista muestra todos los elementos de su documento, como los números de márgenes y de página.

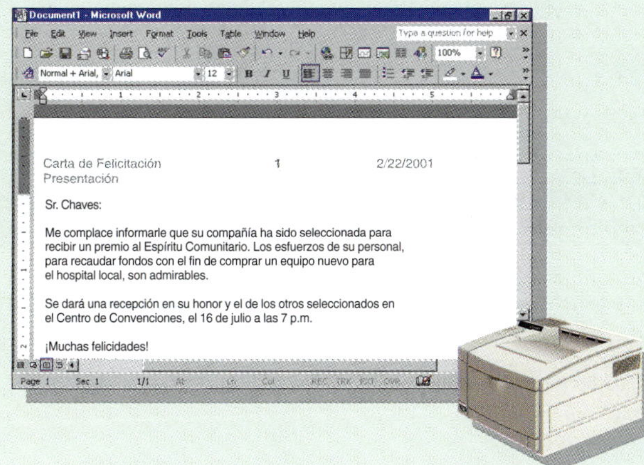

La vista de esquema

La vista de esquema es útil cuando desee revisar y trabajar con la estructura de su documento. Esta vista le permite desarmar un documento para ver sólo los titulares o dilatar uno para ver todos los encabezados y el texto. La vista de esquema es útil al trabajar con documentos muy extensos.

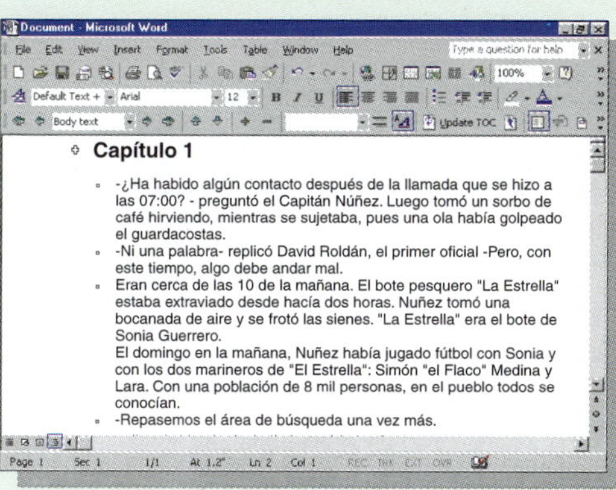

GUARDAR UN DOCUMENTO

Regularmente, debe guardar los cambios que hace en un documento para evitar perder su trabajo.

GUARDAR UN DOCUMENTO

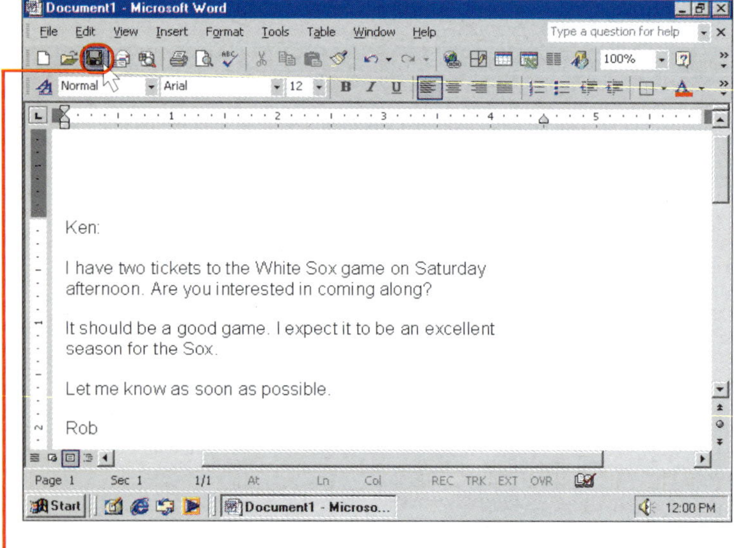

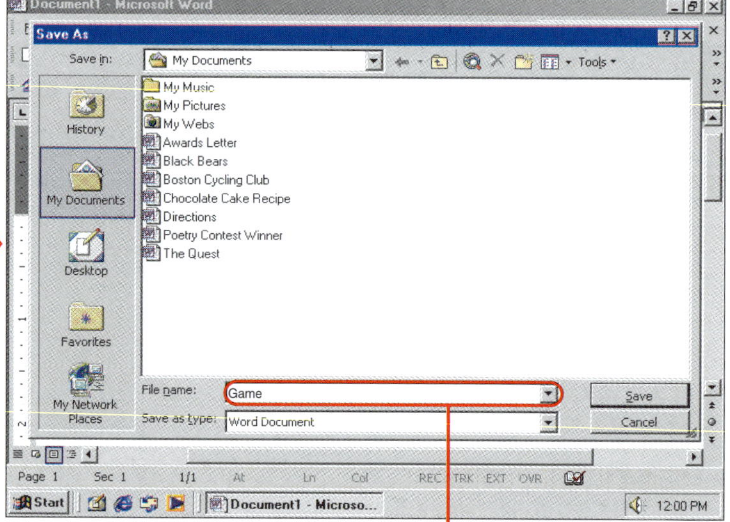

1 Haga clic en 🖫 para guardar su documento.

Nota: Si 🖫 no aparece, haga clic ⁑ en la barra de herramientas Standard para mostrar todos los botones.

■ La ventana de diálogo Save As aparece.

Nota: Si previamente había guardado su documento, entonces la ventana de diálogo Save As no aparecerá pues ya había puesto nombre al documento.

2 Digite un nombre para el documento.

¿Cuáles son las localizaciones comúnmente usadas a las que pueso acceder?

History

Provee acceso a los documentos y carpetas con los que ha trabajado recientemente.

My Documents

Provee un lugar conveniente para almacenar un documento.

Desktop

Le permite almacenar un documento en el escritorio de Windows.

Favorites

Provee un lugar para almacenar aquellos documentos que usa frecuentemente.

My Network Places

Le permite almacenar un documento en su red.

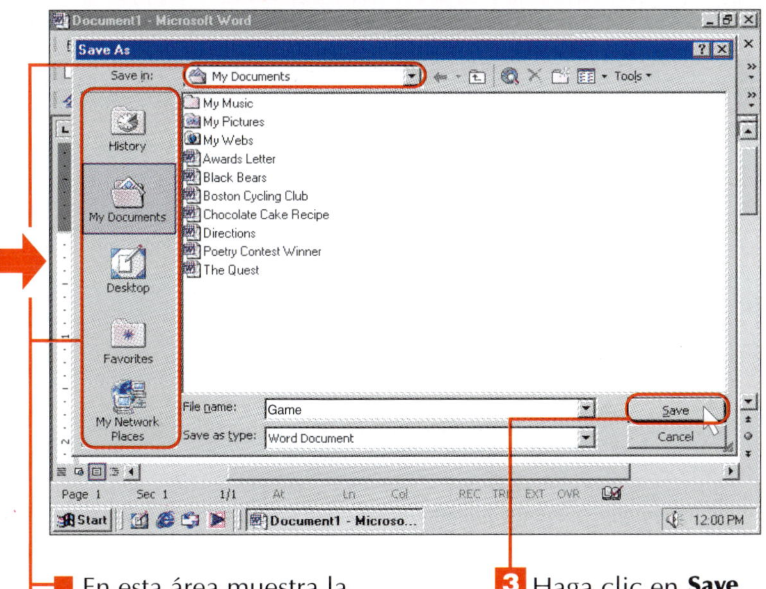

CLOSE A DOCUMENT

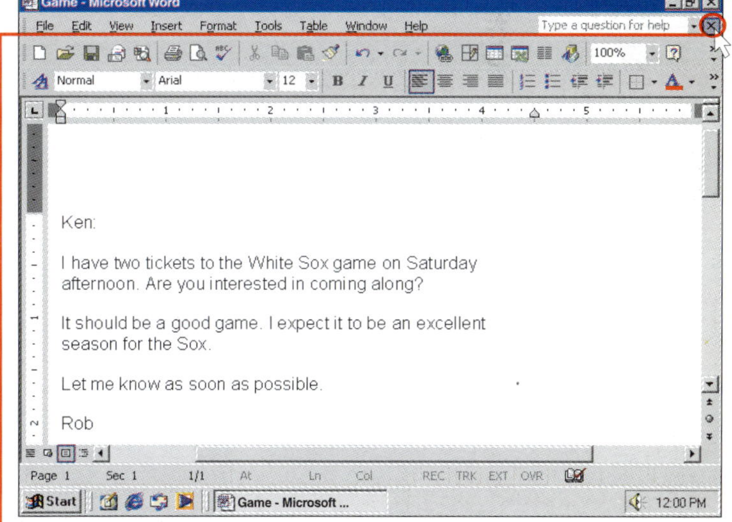

■ En esta área muestra la localización donde Word guardará su documento. Puede hacer clic en esta área para cambiar la localización.

■ Esta área le permite acceder a las localizaciones más usadas. Puede hacer clic en una localización para guardar su documento allí.

3 Haga clic en **Save** para guardar el documento.

■ Word guarda su documento.

1 Cuando termine de trabajar con un documento, hace clic en ⊠ para cerrarlo.

■ El documento desaparece de su pantalla.

ABRIR UN DOCUMENTO

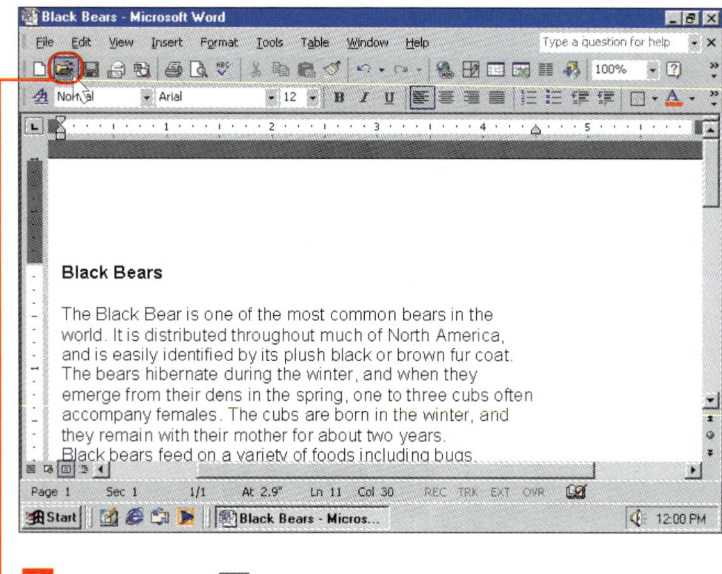

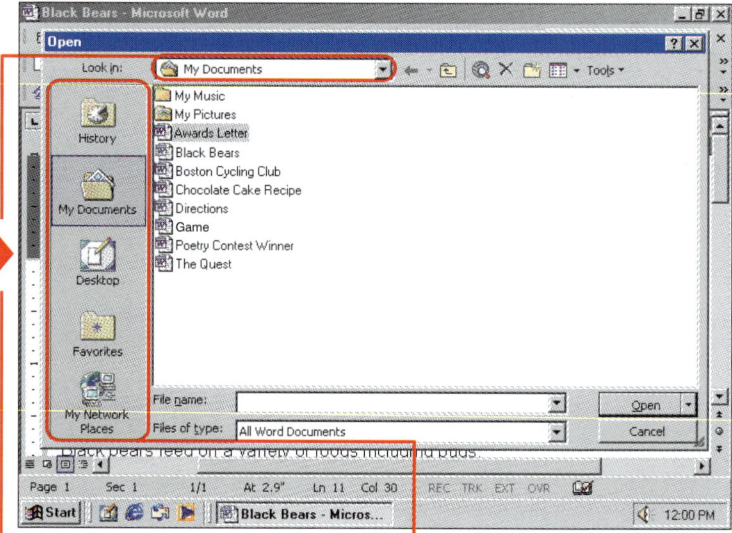

1 Haga clic en 📄 para abrir un documento.

Nota: Si 📄 no aparece, haga clic 》 sobre la barra de herramientas Standard para mostrar todos los botones.

■ La ventana de diálogo Open aparece.

■ Esta área muestra la localización de los documentos mostrados. Puede hacer clic en esta área para cambiar la localización.

■ Esta área le permite acceder a los documentos de las localizaciones más usadas. Puede hacer clic en una localización para observar los documentos almacenados en ella.

Nota: Para información sobre las localizaciones comúnmente usadas, vea la parte superior de la página 31.

¿Cómo puedo abrir rápidamente los documentos con los que he trabajado recientemente?

Word recuerda los nombres de los últimos cuatro documentos con los que ha trabajado. Puede usar uno de los siguientes métodos para abrir rápidamente cualquiera de estos documentos.

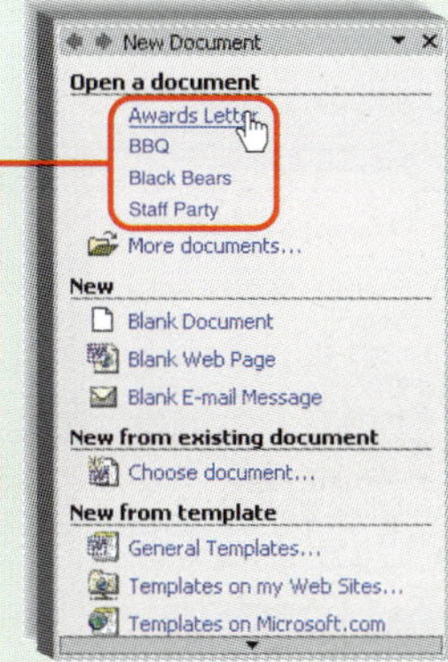

Usar el Panel de Tareas

El cuadro de tarea New Document aparece cada vez que inicie Word. Para mostrar el cuadro de tarea New Document, vea la página 12.

1 Haga clic en el nombre del documento que quiere abrir.

Usar el Menú de File (Archivo)

1 Haga clic en **File** (Archivo).

2 Haga clic en el nombre del documento que desea abrir.

Nota: Si los nombres de los últimos cuatro documentos con los que ha trabajado no aparecen, coloque el mouse en el punto inferior del menú para observar todos los nombres.

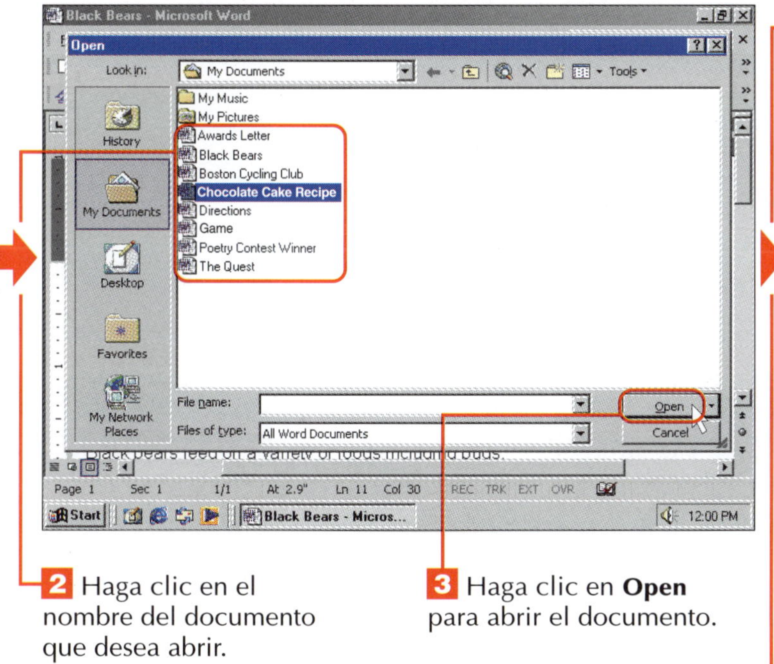

2 Haga clic en el nombre del documento que desea abrir.

3 Haga clic en **Open** para abrir el documento.

■ El documento se abre y aparece en la pantalla. Ahora puede revisar y hacer cambios en el documento.

■ Esta área muestra el nombre del documento abierto.

■ Si ya tenía un documento abierto, el documento nuevo aparece en una ventana nueva de Microsoft Word. Puede hacer clic en los botones de la barra de tareas para cambiar entre los documentos abiertos.

Esto le permite confirmar que el documento se imprimirá de la forma que desea.

VER UN DOCUMENTO ANTES DE IMPRIMIRLO

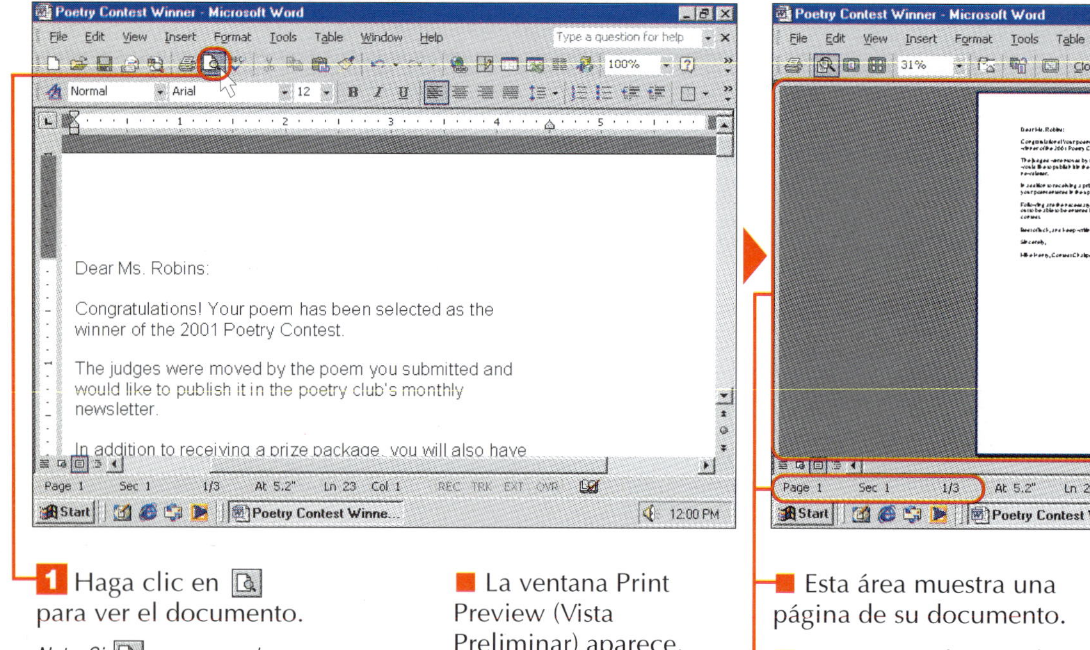

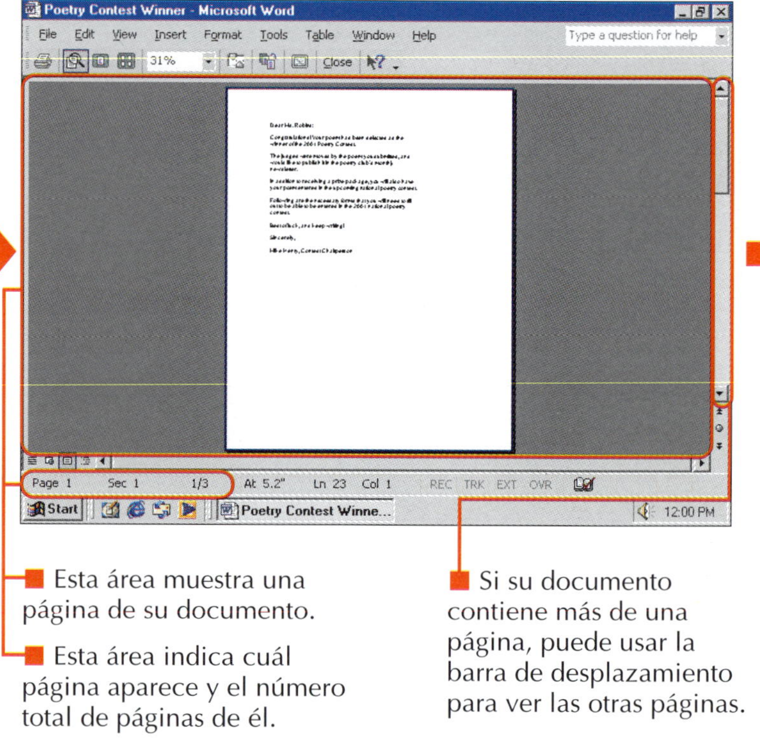

1 Haga clic en 🔍 para ver el documento.

Nota: Si 🔍 no aparece, haga clic en ❯❯ de la barra de herramientas Standard para observar los botones.

■ La ventana Print Preview (Vista Preliminar) aparece.

■ Esta área muestra una página de su documento.

■ Esta área indica cuál página aparece y el número total de páginas de él.

■ Si su documento contiene más de una página, puede usar la barra de desplazamiento para ver las otras páginas.

¿Puedo editar mi documento en la ventana Print Peview?

Sí. Si el ⌶ del mouse se ve como cuando se halla sobre el documento, puede editarlo. Si el mouse se ve como ⊕ o ⊖ cuando se halla sobre su documento, puede aumentar o reducir el tamaño de la página que aparece en su pantalla. Para cambiar la apariencia del mouse, haga clic en el botón Magnifier (⊕).

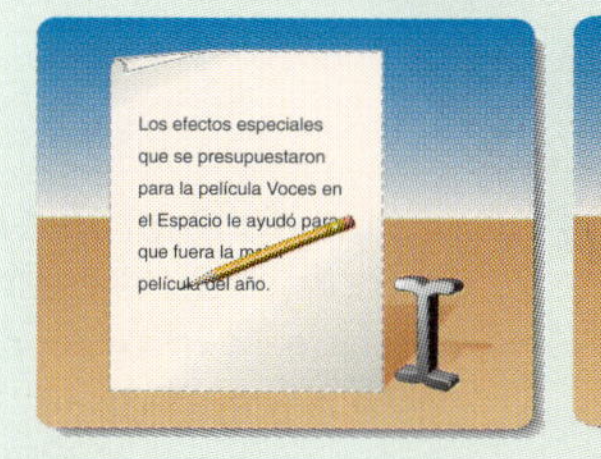
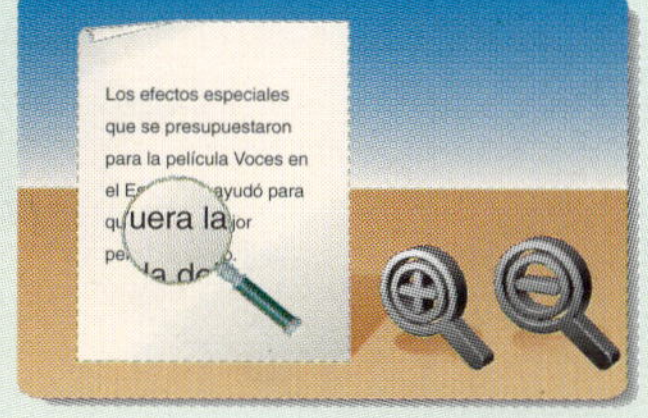

¿Puedo encoger el texto en mi documento para que calce en una página menos?

Si la última página de su documento contiene solo algunas líneas de texto, entonces Word puede encoger el texto de su documento para que las últimas líneas se ajusten a la página previa. En la ventana Print Preview, haga clic en el botón Shrink to Fit (⊞) para encoger el texto del documento.

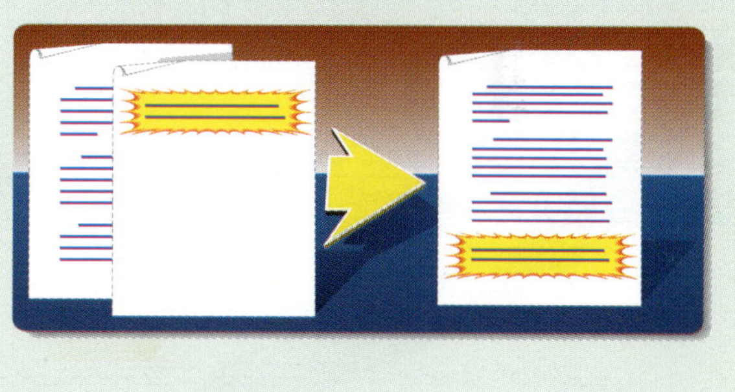

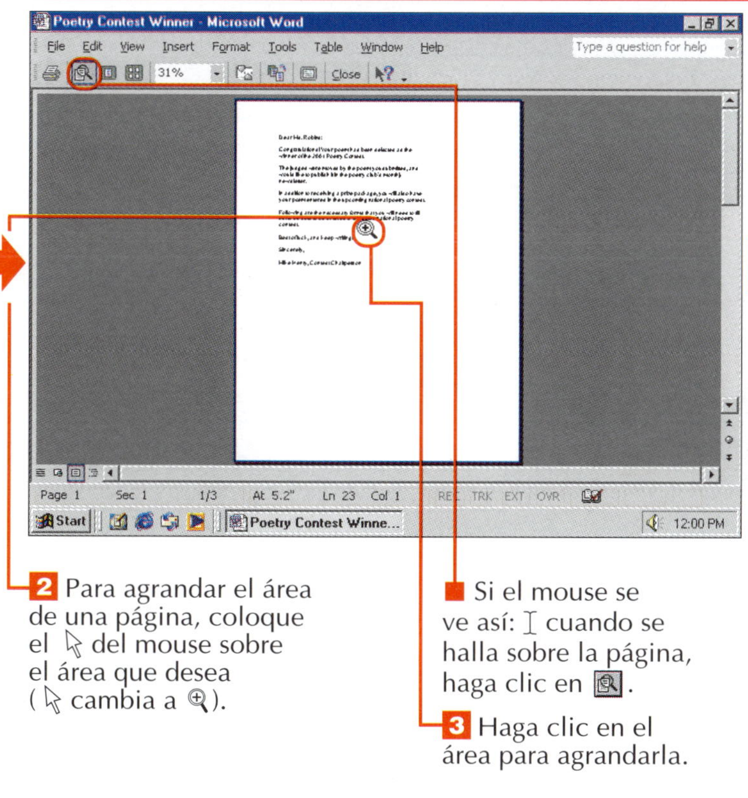

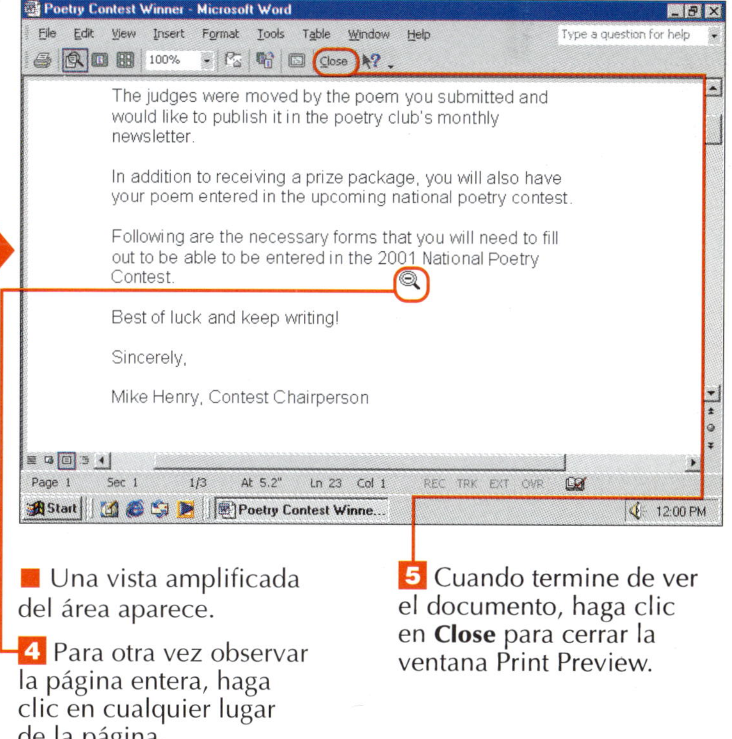

2 Para agrandar el área de una página, coloque el ⍽ del mouse sobre el área que desea (⍽ cambia a ⊕).

■ Si el mouse se ve así: ⌶ cuando se halla sobre la página, haga clic en ⊕.

3 Haga clic en el área para agrandarla.

■ Una vista amplificada del área aparece.

4 Para otra vez observar la página entera, haga clic en cualquier lugar de la página.

5 Cuando termine de ver el documento, haga clic en **Close** para cerrar la ventana Print Preview.

IMPRIMIR UN DOCUMENTO

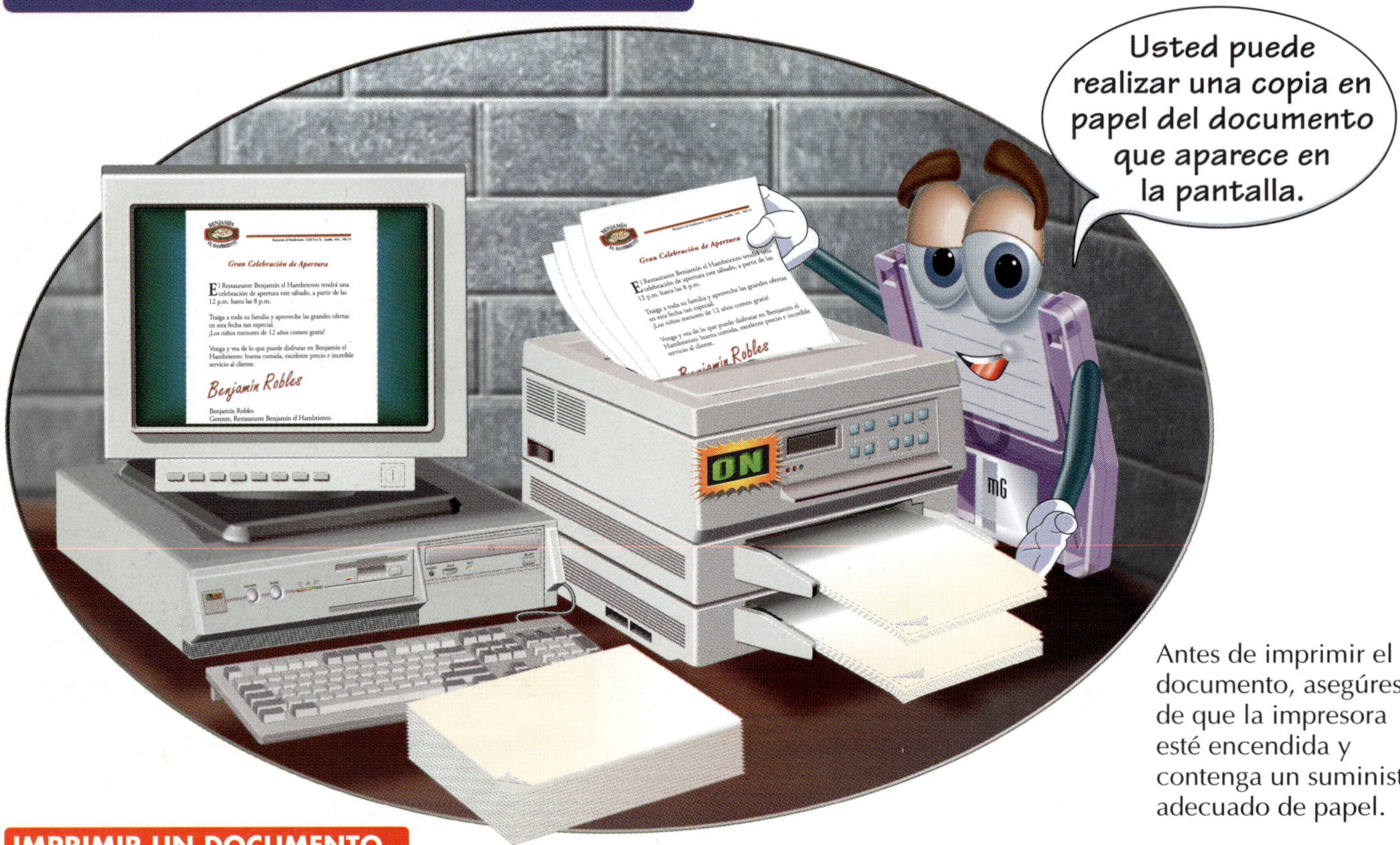

Antes de imprimir el documento, asegúrese de que la impresora esté encendida y contenga un suministro adecuado de papel.

IMPRIMIR UN DOCUMENTO

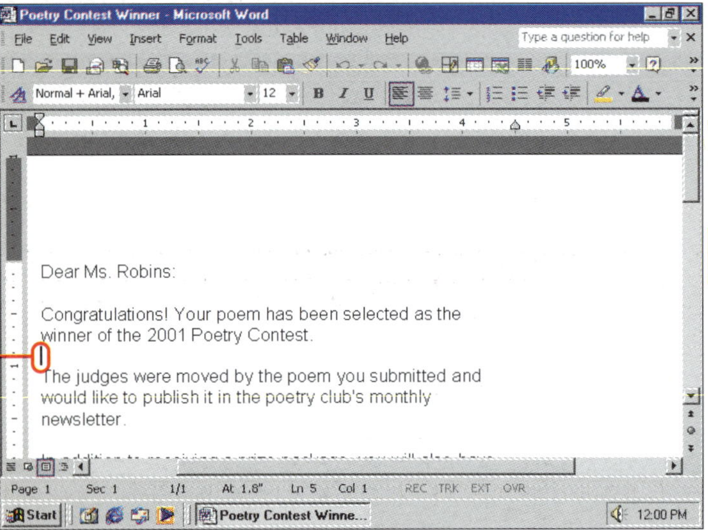

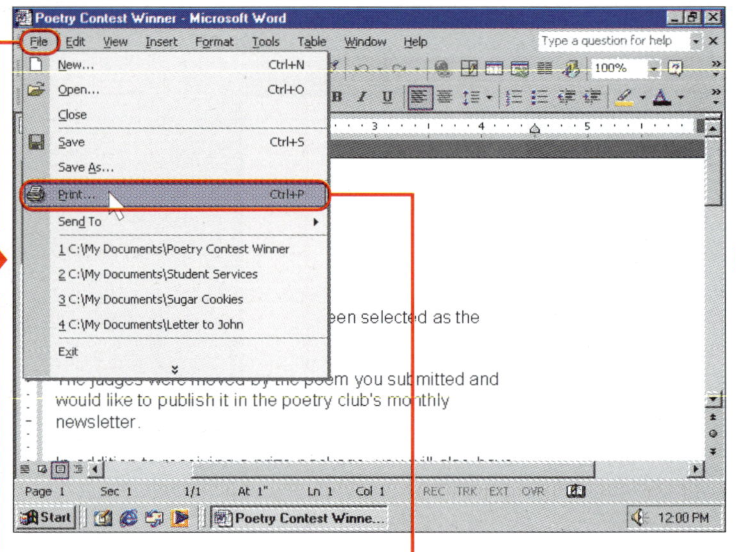

1 Haga clic en cualquier parte del documento o página que quiere imprimir.

■ Para imprimir sólo una parte del texto del documento, selecciónelo. Para seleccionar texto, vea la página 24.

2 Haga clic en **File** (Archivo).

3 Haga clic en **Print** (Imprimir).

■ La ventana de diálogo Print aparece.

¿Cuál opción de impresión debe usar?

Todo

Imprime cada página del documento.

La página actual

Imprime la página que contiene el punto de inserción.

Páginas

Imprime las páginas que usted especifica.

Selección

Imprime el texto que seleccionó.

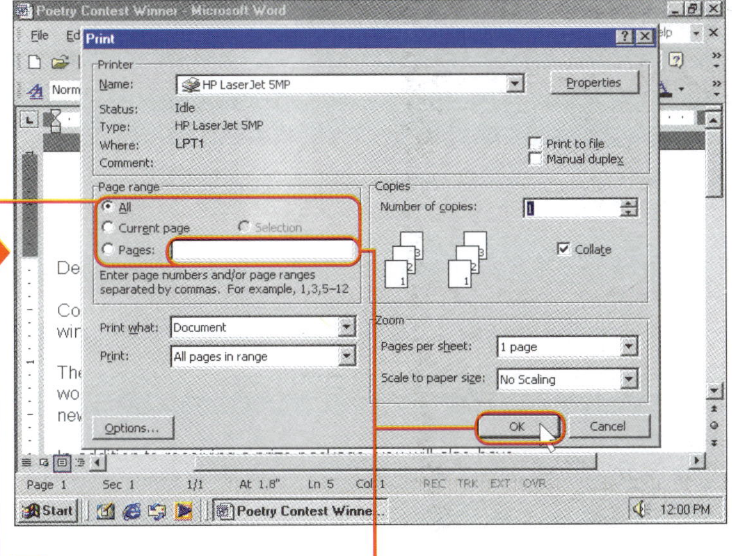

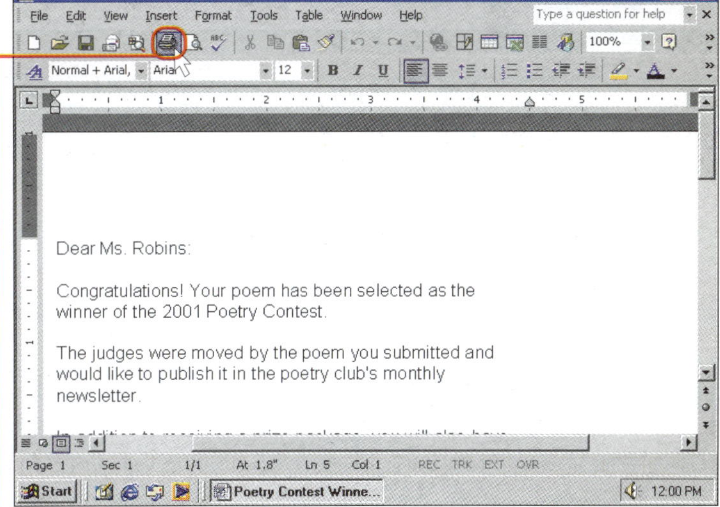

4 Haga clic en la opción de impresión que quiere usar (○ cambia a ◉).

Nota: Para más información de las opciones de impresión, vea la parte superior de esta página.

■ Si seleccionó **Páginas** en el paso **4**, digite en esta área las páginas que quiere imprimir (por ejemplo: 1,3,5 ó 2-4).

5 Haga clic en **OK**.

IMPRIMA RAPIDAMENTE UN DOCUMENTO ENTERO

1 Haga clic en 🖨 para imprimir rápidamente el documento entero.

Nota: Si 🖨 no aparece, haga clic en ▸ de la barra de herramientas Standard para observar los botones.

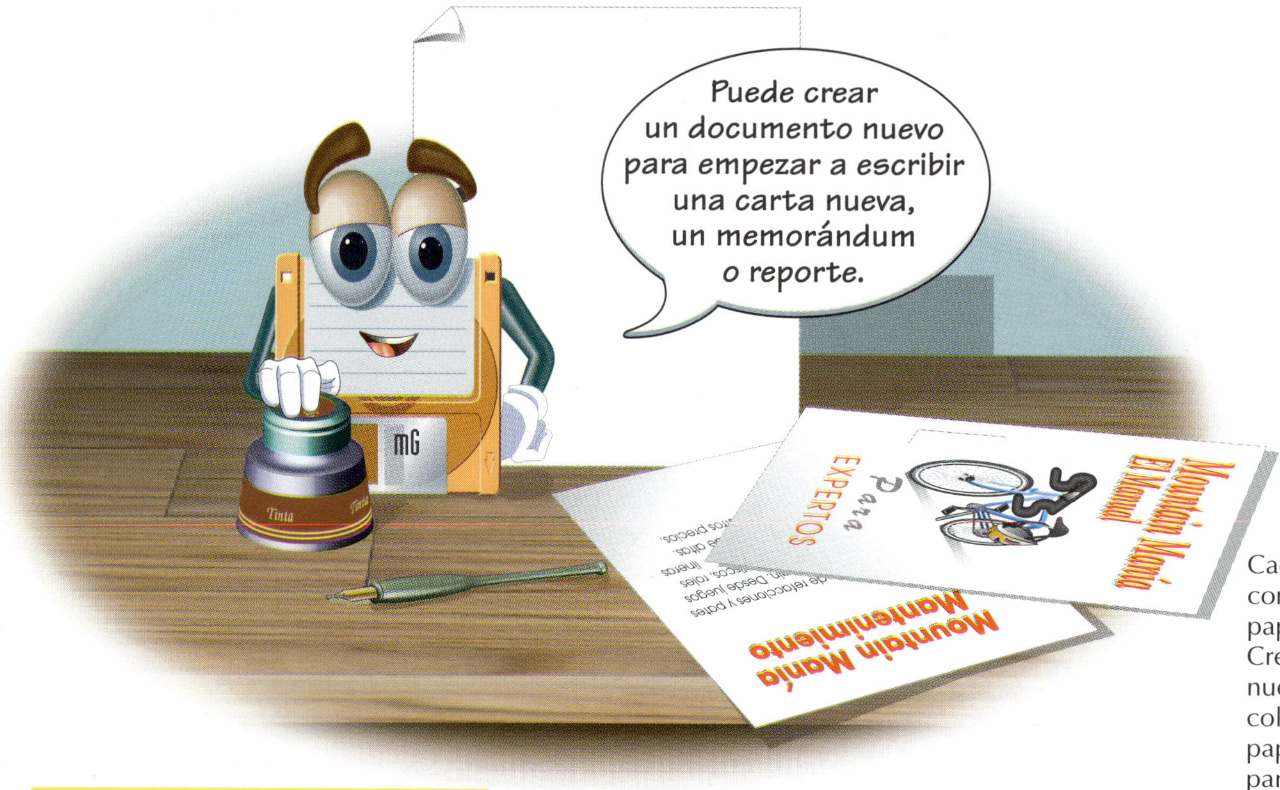

Cada documento es como una hoja de papel separada. Crear un documento nuevo es como colocar una hoja de papel nueva en la pantalla.

CREAR UN DOCUMENTO NUEVO

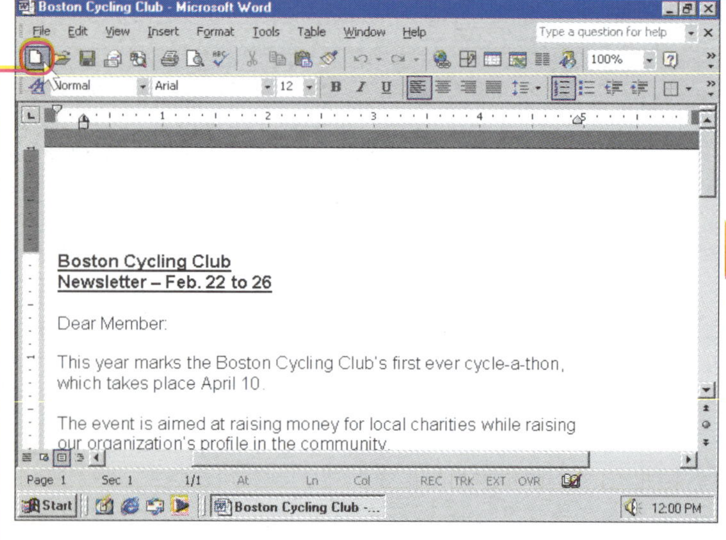

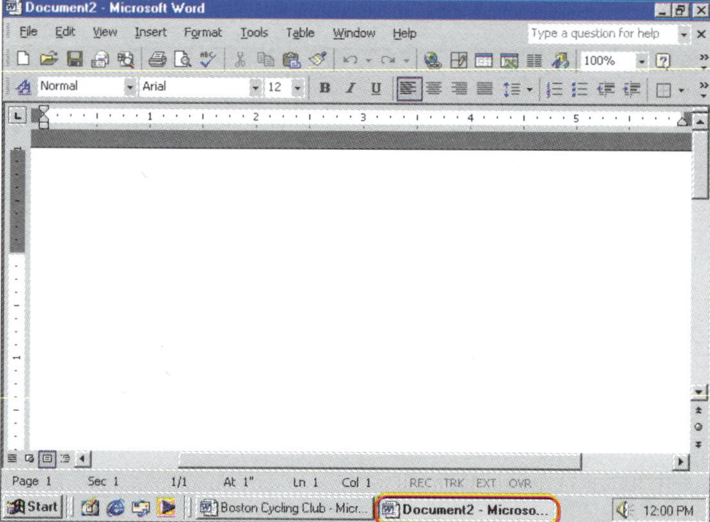

1 Haga clic en  para crear un documento nuevo.

Nota: Si no aparece, haga clic en de la barra de herramientas Standard para observar los botones.

■ El documento nuevo aparece en una ventana nueva de Microsoft Word.

■ Aparece un botón del documento nuevo en la barra de tareas.

CAMBIAR ENTRE LOS DOCUMENTOS

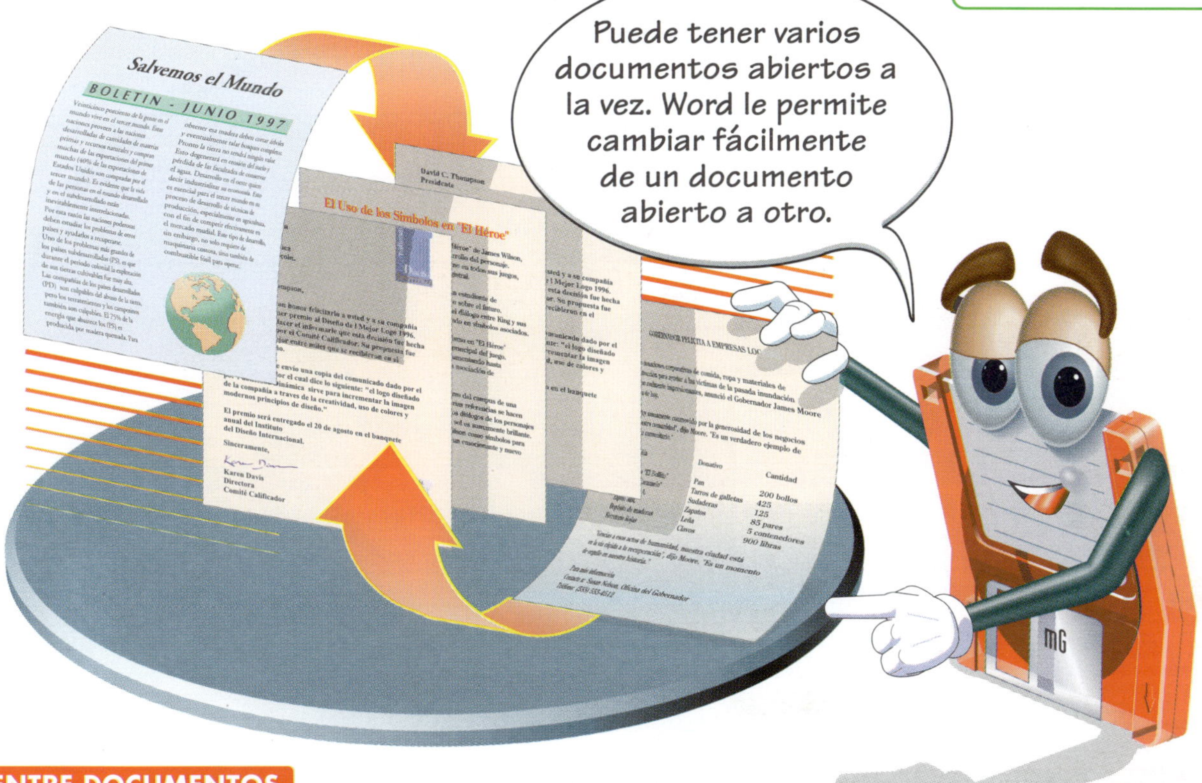

CAMBIAR ENTRE DOCUMENTOS

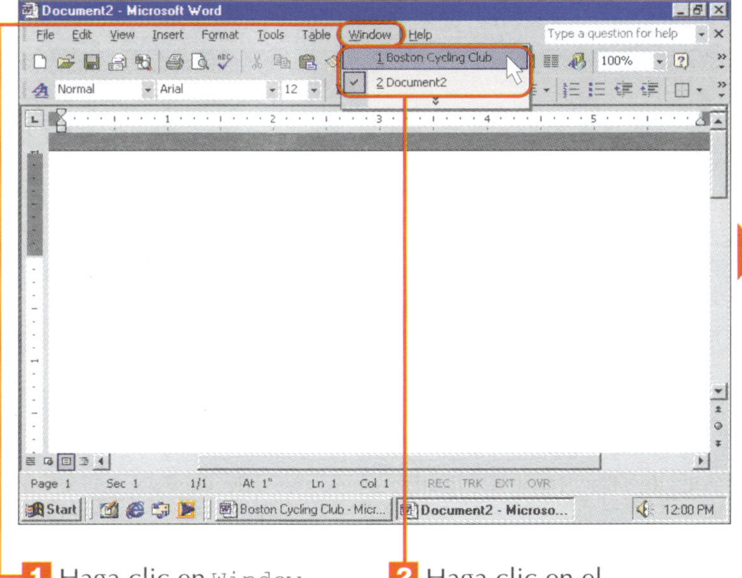

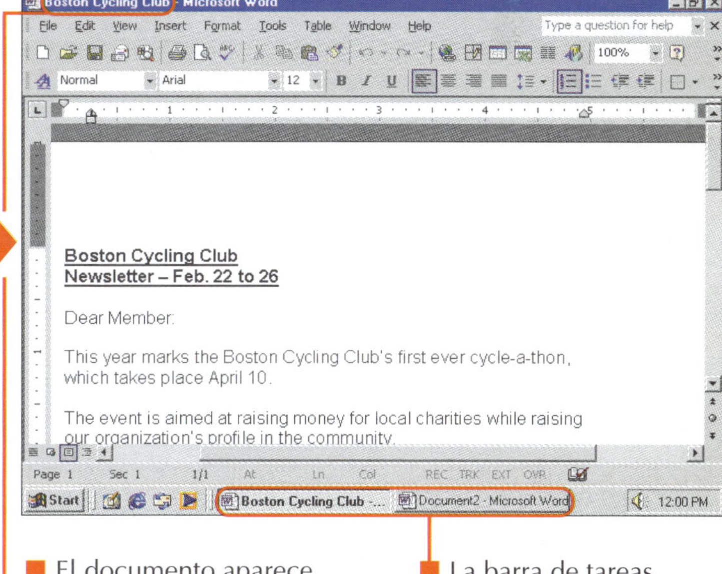

1 Haga clic en `Window` para observar la lista de todos los documentos que tiene abiertos.

2 Haga clic en el nombre del documento al que quiere cambiar.

■ El documento aparece.

■ Esta área muestra el nombre del documento abierto.

■ La barra de tareas muestra un botón para cada documento abierto. Usted también puede hacer clic en los botones de la barra de tareas para cambiar entre los documentos abiertos.

39

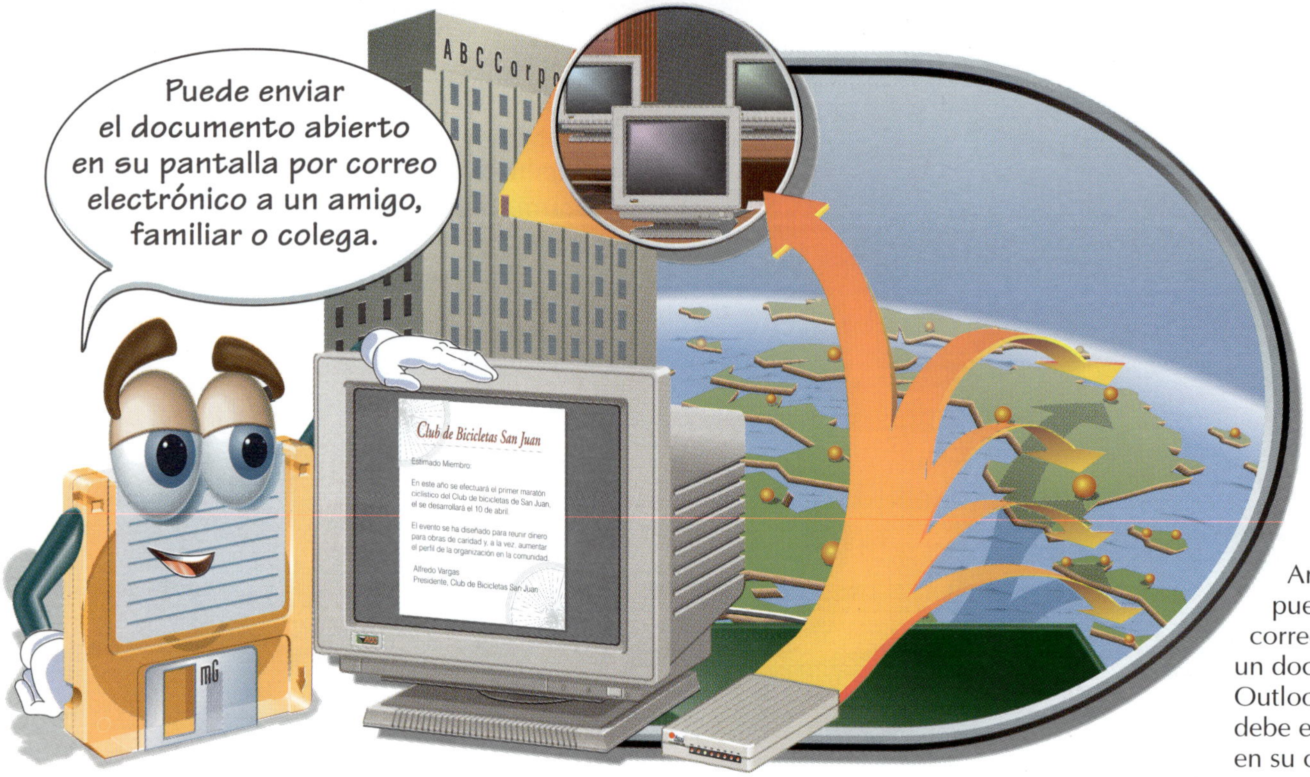

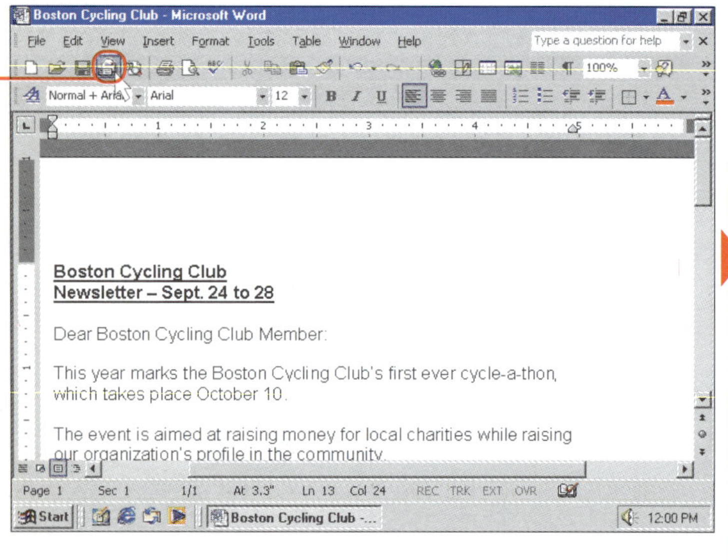

Antes de que pueda enviar por correo electrónico un documento, Outlook de Microsoft debe estar instalado en su computadora.

ENVIAR UN DOCUMENTO POR CORREO ELECTRÓNICO

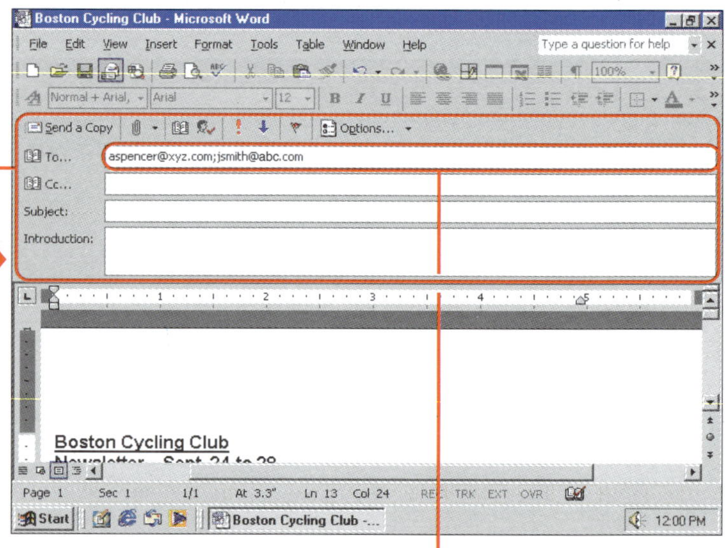

1 Haga clic en 📧 para enviar por correo electrónico el documento abierto.

Nota: Si 📧 no aparece, haga clic en ⚡ de la barra de herramientas Standard para observar los botones.

■ Una área aparece para que ponga la dirección del mensaje.

2 Haga clic en esta área y digite la dirección de correo electrónico de cada persona a quien desea enviar el mensaje. Separe cada dirección con un punto y coma (;).

¿Cómo puedo poner la dirección de un mensaje de correo electrónico?

Para

Envía el mensaje a cada persona que se especifique.

Carbon Copy (Cc)

Envía una copia del mensaje a las personas que no estén directamente involucradas pero que estarían interesadas en el mensaje.

¿Por qué debo incluir una introducción a un documento que envío a través de correo electrónico?

Incluir una introducción le permite brindar al receptor del mensaje información adicional sobre el documento. Por ejemplo, el receptor puede requerir de instrucciones o de una explicación del contenido del documento.

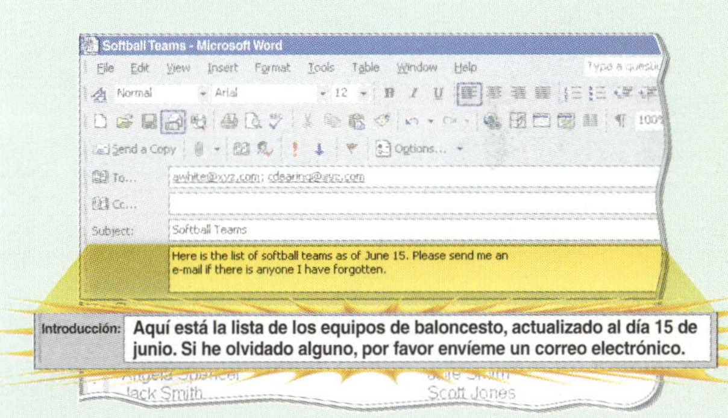

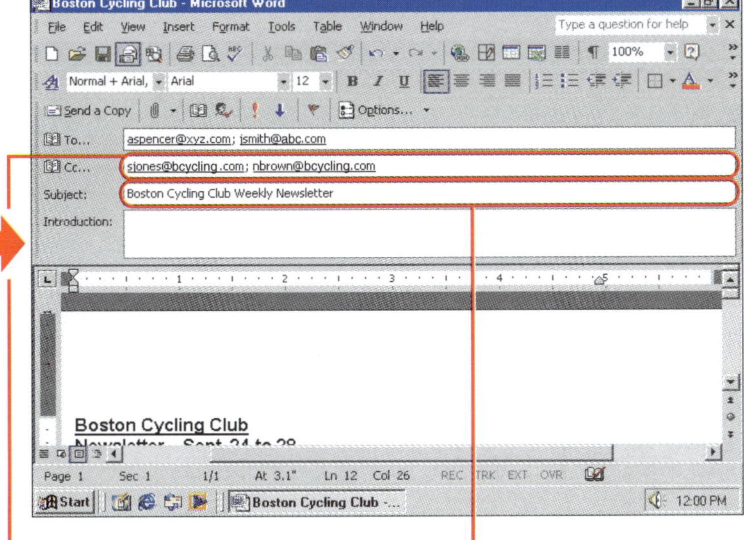

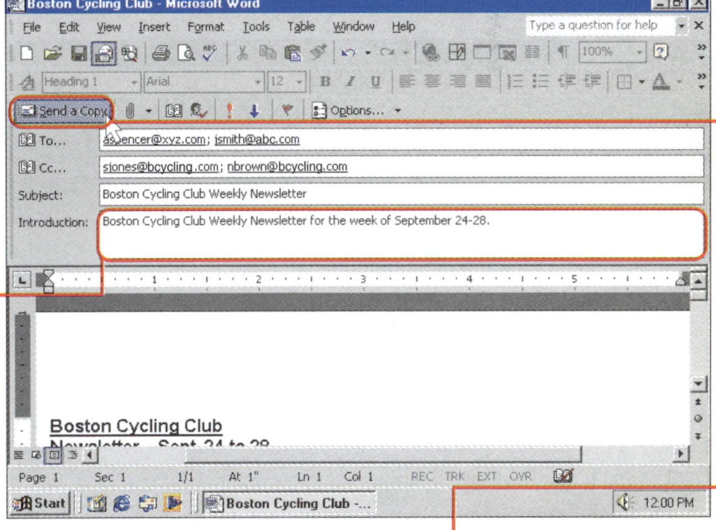

3 Para enviar una copia del mensaje, haga clic en esta área y digite la dirección de correo electrónico de cada persona a quien desee enviar el documento. Separe cada dirección con un punto y coma (;).

4 Haga clic en esta área y digite un tema para el mensaje.

Nota: Si un tema ya existe, puede arrastrar el I del mouse sobre el tema existente y luego puede digitar un tema nuevo.

5 Para incluir una introducción para el documento que envía en el mensaje, haga clic en esta área y digite la introducción.

6 Haga clic en **Send a Copy** para enviar el mensaje.

INSERTAR Y BORRAR TEXTO

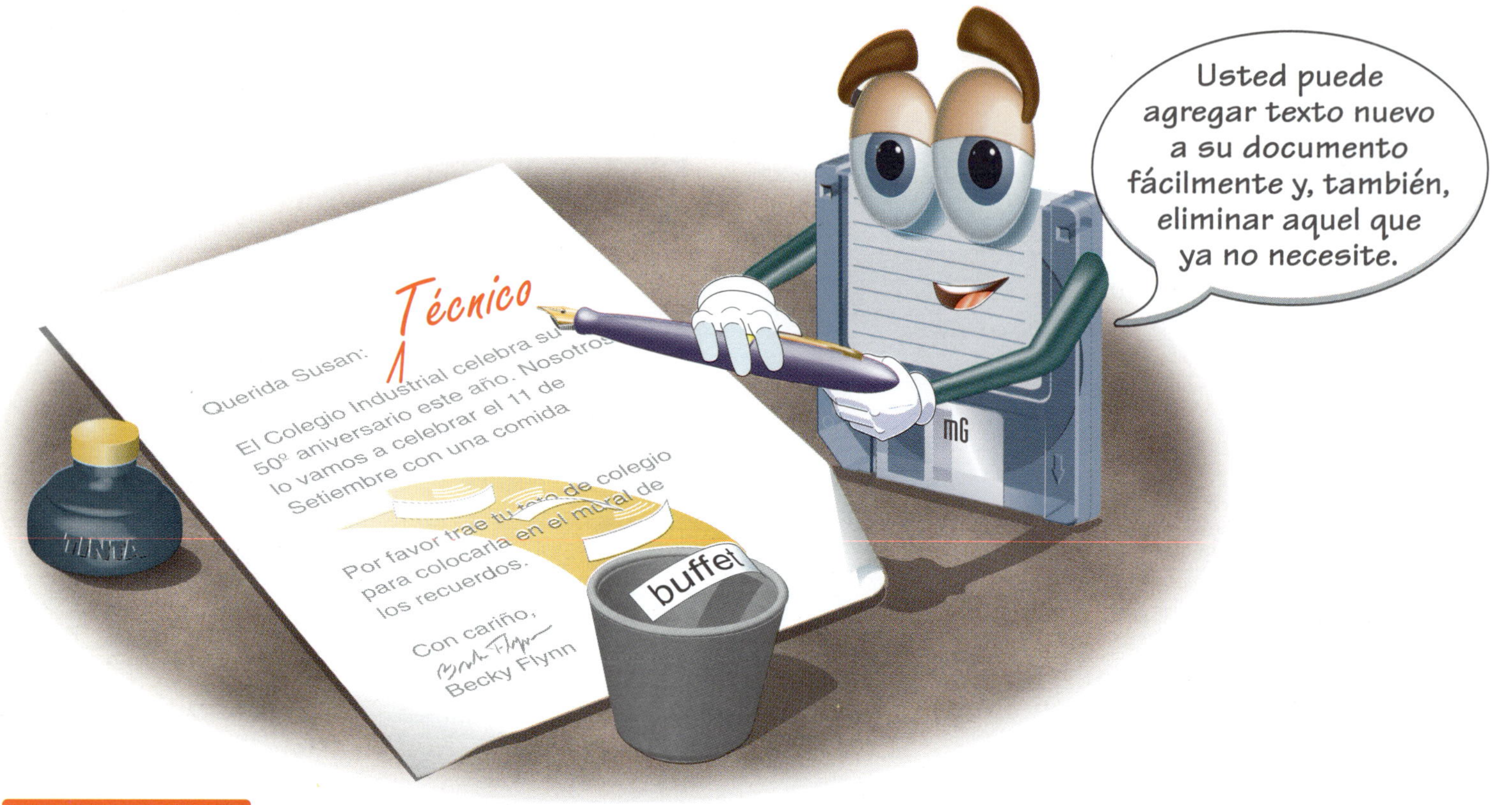

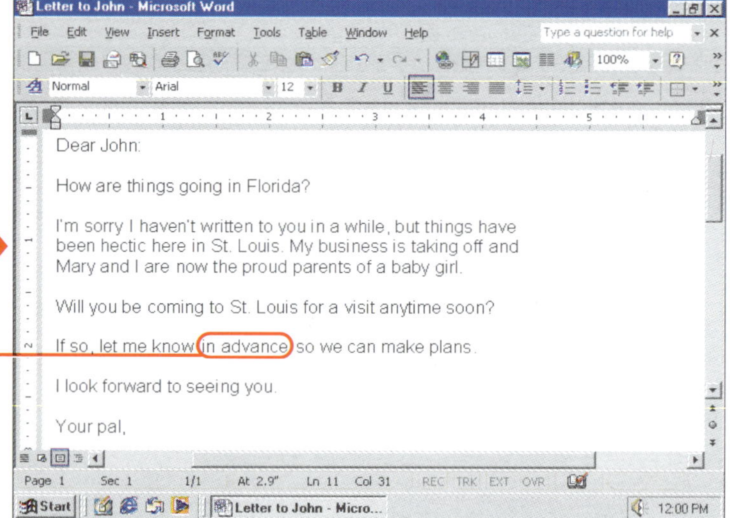

INSERTAR TEXTO

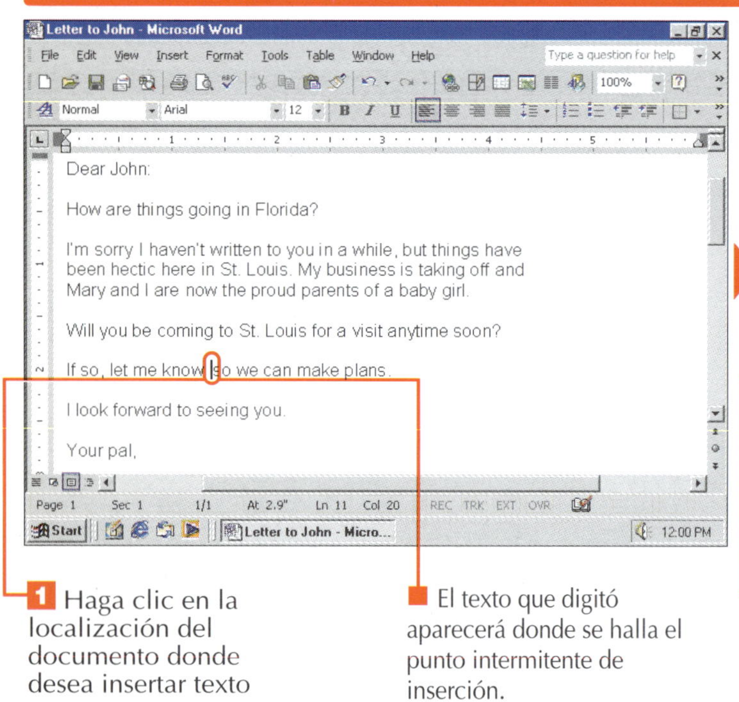

1 Haga clic en la localización del documento donde desea insertar texto nuevo.

■ El texto que digitó aparecerá donde se halla el punto intermitente de inserción.

Nota: Puede presionar las teclas ←, →, ↑ o ↓ para mover el punto de inserción un carácter o una línea hacia cualquier dirección.

2 Digite el texto que desea insertar. Para insertar un espacio vacío, presione la tecla Spacebar.

■ Las palabras ubicadas a la derecha del nuevo texto se mueven hacia delante.

¿Cómo puedo insertar símbolos que no aparecen en el teclado?

Cuando digite alguno de los siguientes grupos de caracteres, Word automáticamente reemplazará los caracteres con un símbolo.

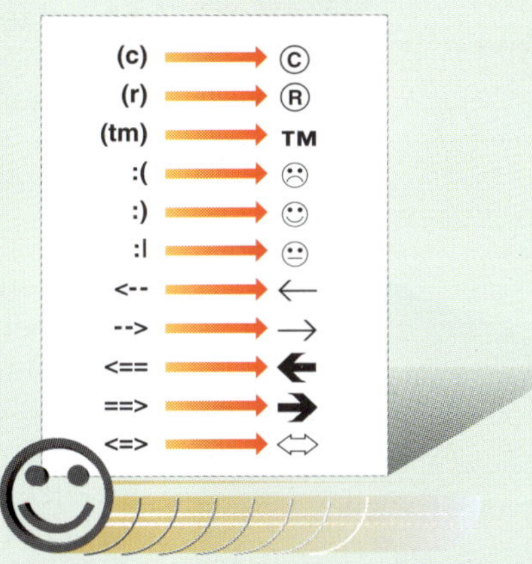

¿Por qué el texto existente en mi documento desaparece cuando inserto el nuevo texto?

Es posible que tenga activado el elemento de sobrescribir, el cual reemplaza el texto existente con el texto que digita. Cuando la sobreescritura esté activada, en la parte inferior de la pantalla aparecerá en negrita el indicador de estado **OVR** (o "SOB", en español). Para desactivar la función, presione la tecla **Insert**.

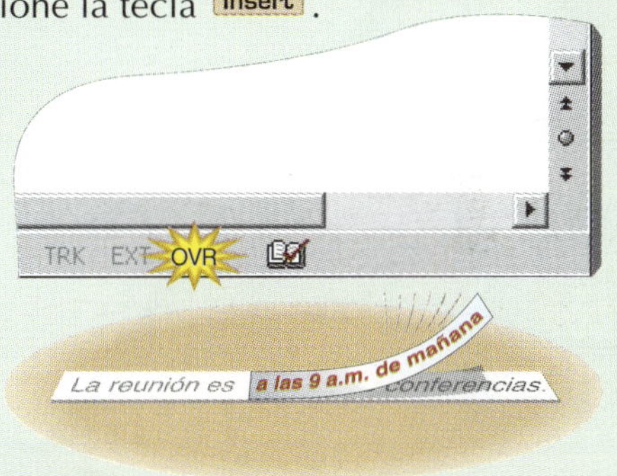

ELIMINAR TEXTO

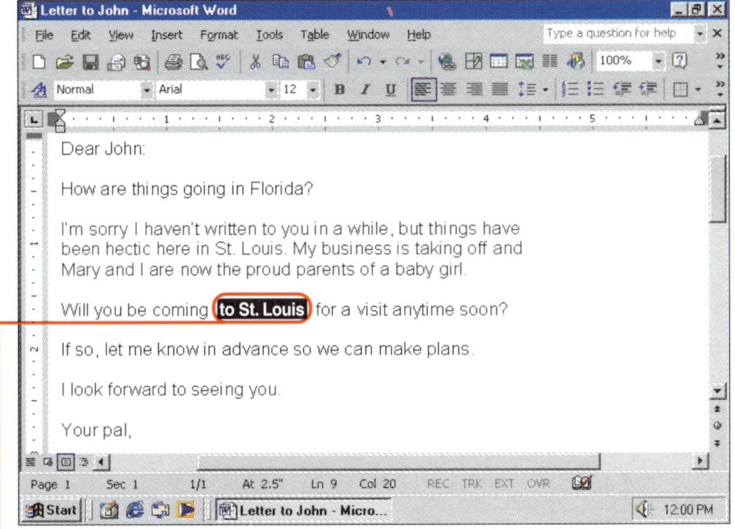

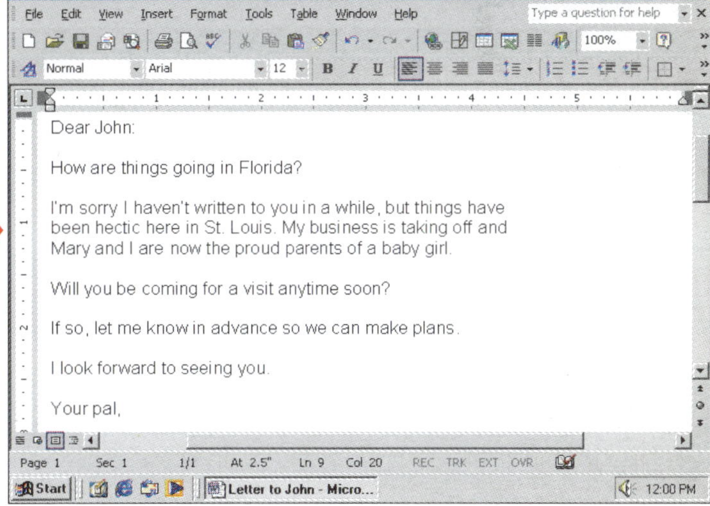

1 Seleccione el texto que desea borrar. Para seleccionar texto, vea la página 24.

2 Presione la tecla **Delete** para eliminar el texto.

■ El texto desaparece. El texto restante de la línea o del párrafo se mueve para llenar el espacio vacío.

■ Para borrar un solo símbolo, haga clic a la derecha de este y presione la tecla **Backspace**. Word borra el carácter ubicado a la izquierda del punto de inserción.

MOVER O COPIAR TEXTO

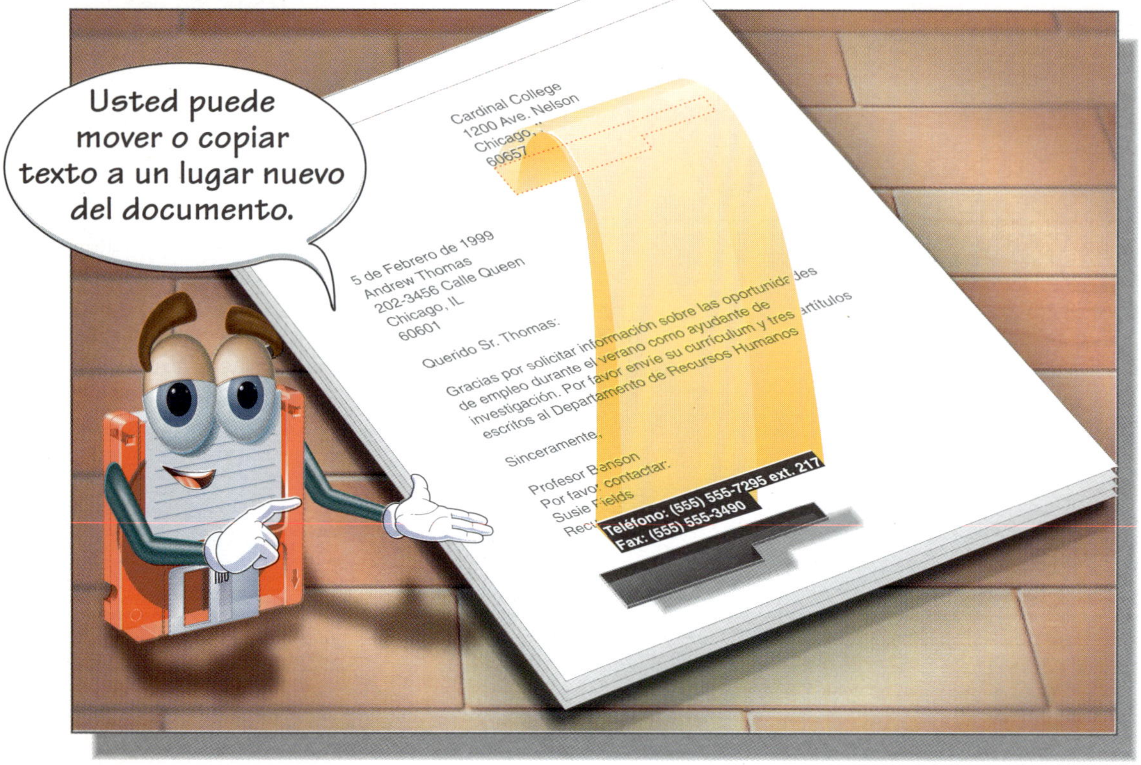

Mover texto le permite reacomodarlo en el documento. Cuando mueva texto, este desaparece de su ubicación original.

Copiar textos le permitirá repetir información de su documento sin necesidad de digitarla de nuevo. Cuando copie textos, estos se encontrarán tanto en las localización original como en la nueva.

MOVER O COPIAR TEXTO

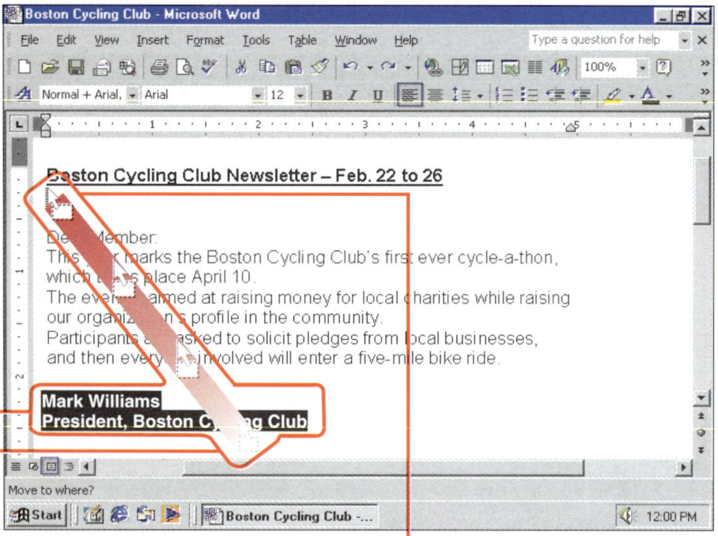

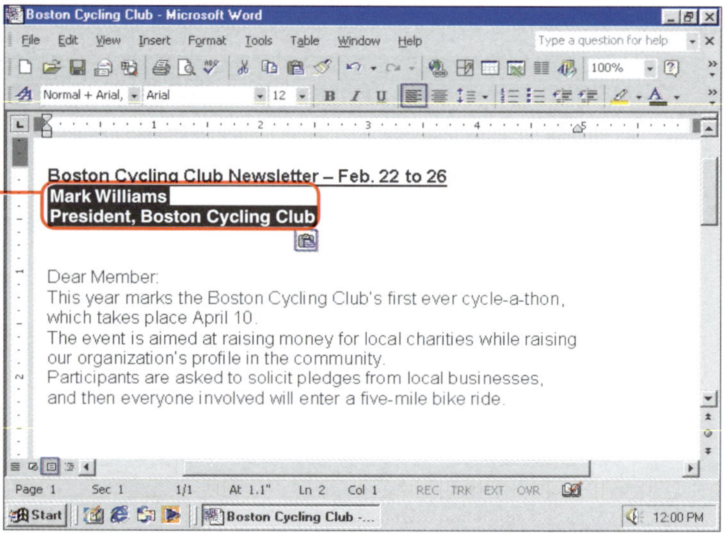

ARRASTRAR Y SOLTAR

1 Seleccione el texto que desea mover para seleccionar el texto, vea la página 24.

2 Ubique el I del mouse sobre el texto seleccionado. (I cambia a ↖).

3 Para mover el texto, arrastre el ↖ del mouse hacia donde desea ubicarlo.

Nota: El texto aparecerá en el sitio de la pantalla donde coloque el cursor punteado.

■ El texto se traslada hasta su nueva localización.

■ Para copiar texto, realice los pasos del **1** al **3**, presione la tecla **Ctrl** mientras realiza el **3**.

¿Cómo puedo usar el panel de tareas Clipboard (Portapapeles) para mover o copiar textos?

El panel de tareas Clipboard (Portapapeles), muestra los últimos 24 ítemes que ha escogido mover o copiar. Para colocar el ítem del portapapeles en su documento, haga clic en la localización de este donde desee que el ítem aparezca y luego haga clic sobre el ítem en el panel de tareas. Para más información sobre las tablas de tareas, vea la página 12.

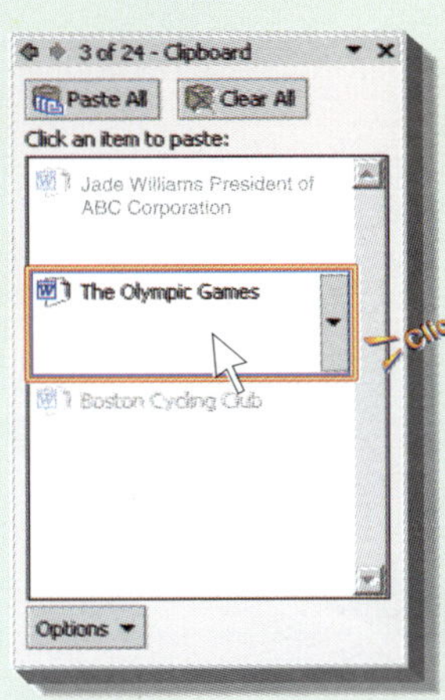

¿Por qué el botón Paste Options (Opciones de pegado) (📋) aparece cuando muevo o copio textos?

Este botón (📋) le permite cambiar el formato del texto que ha movido o copiado. Por ejemplo, puede escoger mantener intacto el formato original del texto o cambiarlo para que se ajuste al formato del texto del nuevo destino.

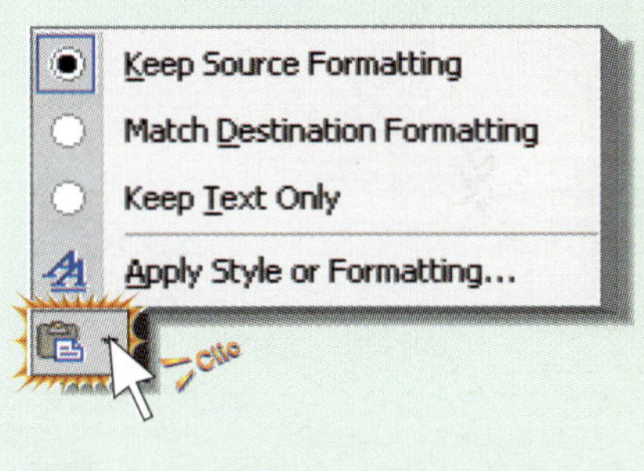

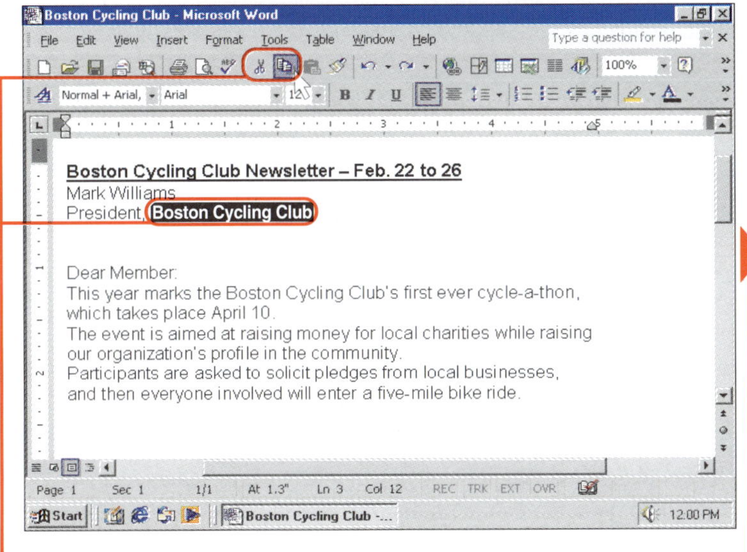

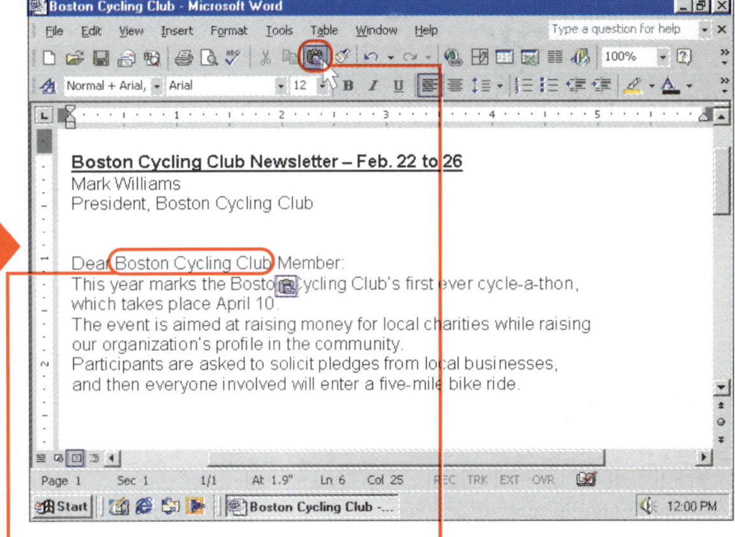

USAR LOS BOTONES DE LA BARRA DE HERRAMIENTAS

1 Seleccione el texto que quiere mover o copiar. Para seleccionar texto, vea la página 24.

2 Haga Clic en uno de los siguientes botones.

✂ Mover texto

📋 Copiar texto

■ El panel de tareas Clipboard puede aparecer. Para usar el panel de tareas Clipboard, vea la parte superior de esta página.

Nota: Si el botón que quiere no está desplegado, haga clic 🔽 en la barra de tareas Standard para desplegar todos los botones.

3 Haga clic en la ubicación donde quiere colocar el texto.

4 Haga clic 📋 en la ubicación donde quiere colocar el texto.

Nota: Si 📋 no es desplegados, haga clic 🔽 en la barra de tareas Standard para mostrar todos los botones.

■ El texto aparece en la nueva ubicación.

El comando Undo (Deshacer) puede cancelar los últimos cambios de edición y formato.

DESHACER CAMBIOS

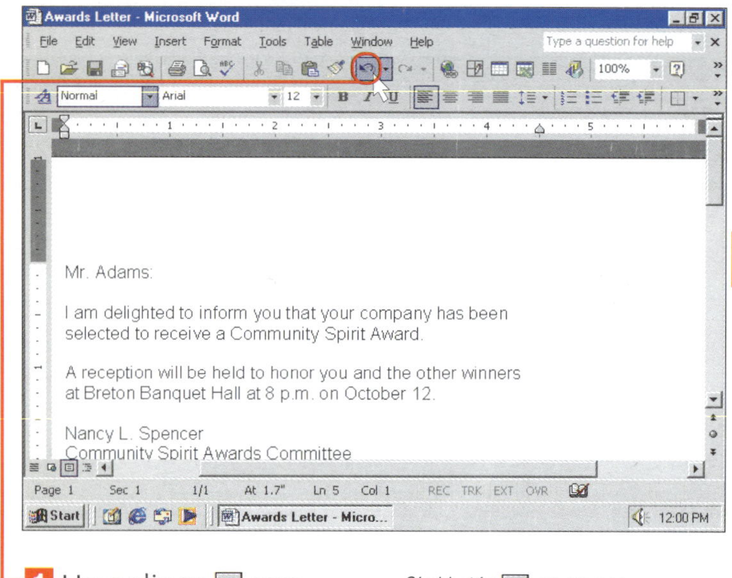

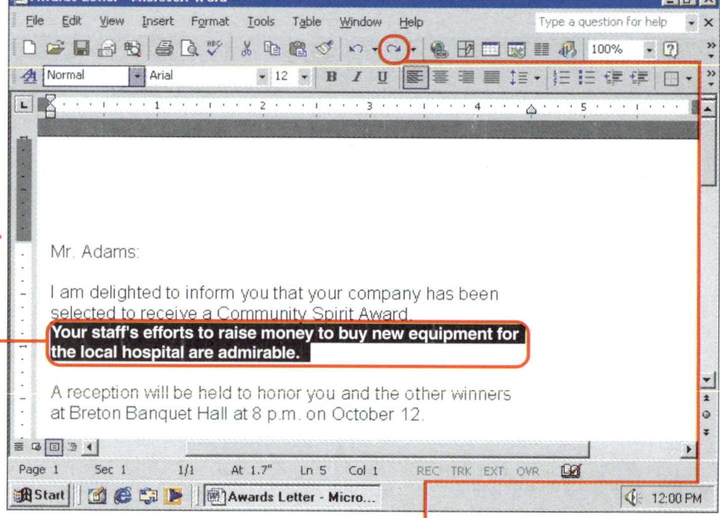

1 Haga clic en ⟲ para deshacer el último cambio que haya hecho en el documento.

Si el botón ⟲ no aparece, haga clic en ⟩ de la barra de herramientas Standard (Estándar) para observar los botones.

■ Word cancela el último cambio hecho en su documento.

■ Puede repetir el paso **1** para cancelar los cambios previos realizados.

■ Para revertir los resultados hechos con el elemento Undo (Deshacer), haga clic en ⟳.

Si el botón ⟳ no aparece, haga clic en ⟩ de la barra de herramientas Standard (Estándar) para observar los botones.

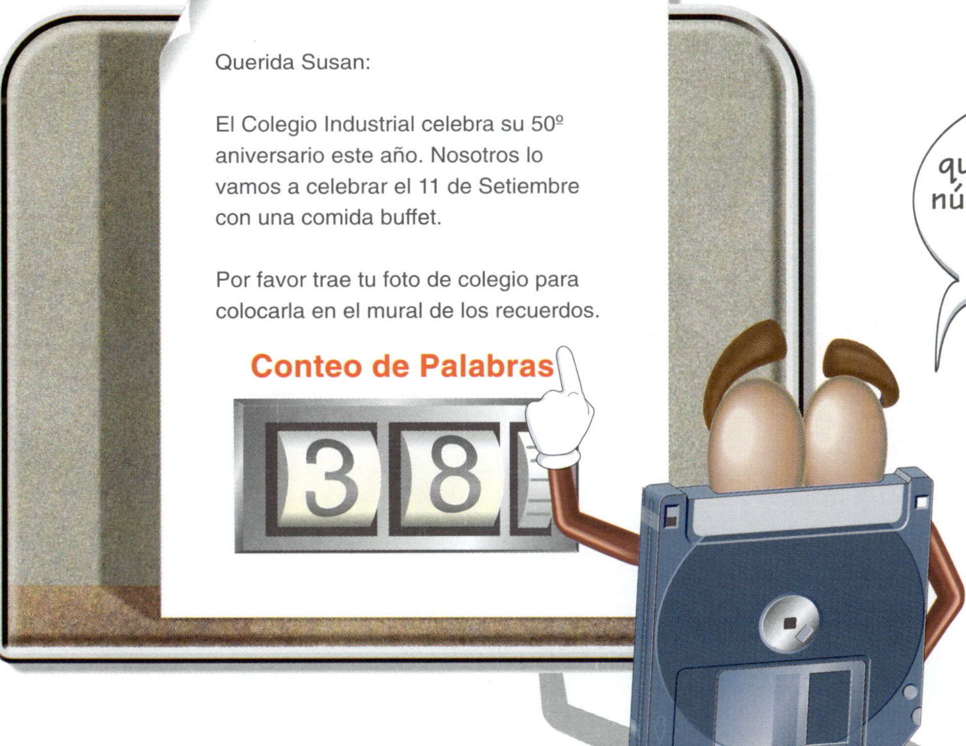

Cuando se cuenta el número de palabras de su documento, Word además cuenta el número de páginas, caracteres, párrafos y líneas de su documento.

CONTAR LAS PALABRAS DE UN DOCUMENTO

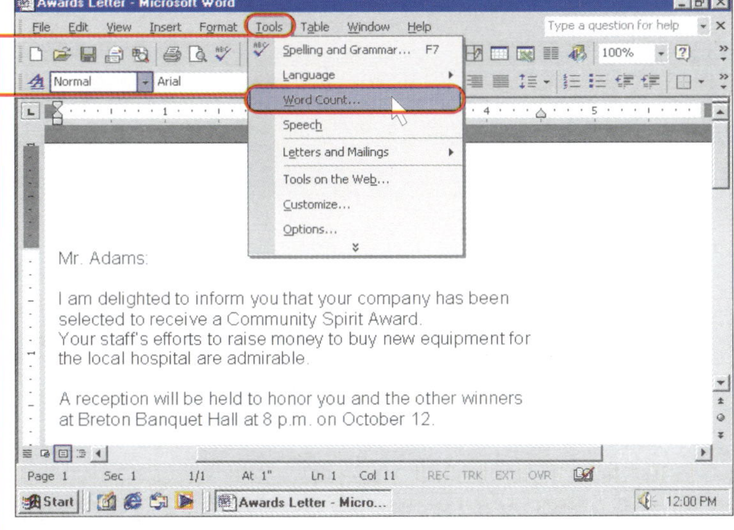

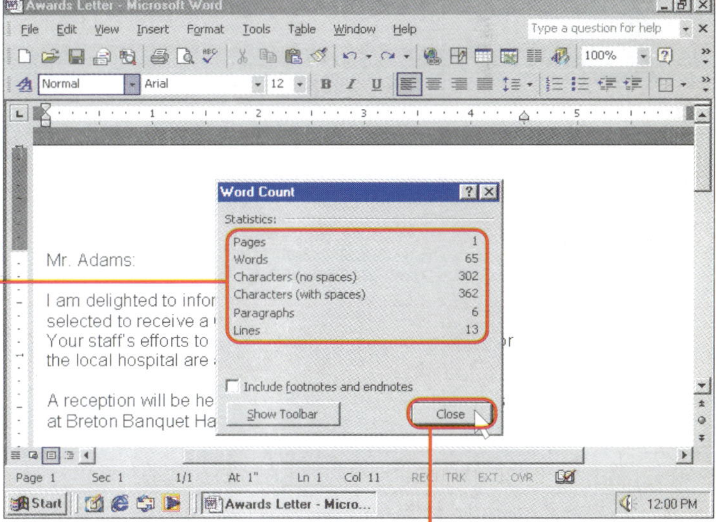

1 Haga clic en **Tools** (Herramientas).

2 Haga clic en **Word Count** (Contar palabras).

Nota: Para contar el número de palabras en solo una parte del documento, seleccione el texto antes de realizar el paso 1. Para seleccionar texto, vea la página 24.

■ El cuadro de diálogo de Word Count (Contar palabras) aparece.

■ Esta área muestra el número total de páginas, palabras, caracteres, párrafos y líneas de su documento.

3 Cuando termine de revisar la información, haga clic en **Close** (Cerrar) para cerrar el cuadro de diálogo de Word Account (Contar palabras).

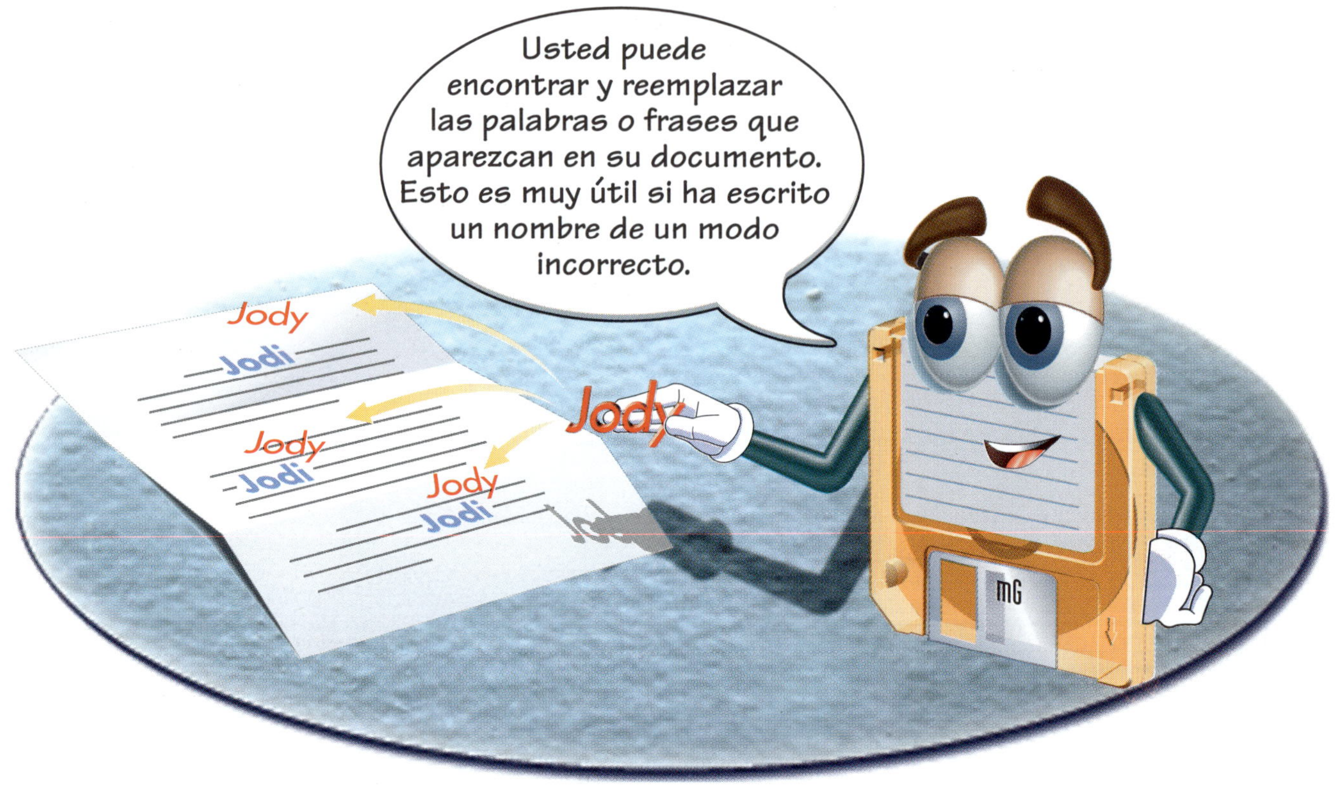

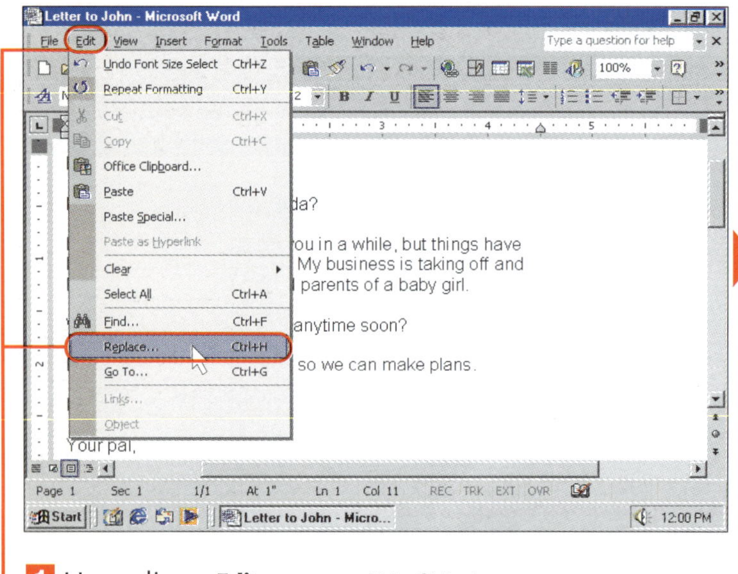

ENCONTRAR Y REEMPLAZAR TEXTO

ENCONTRAR Y REEMPLAZAR TEXTO

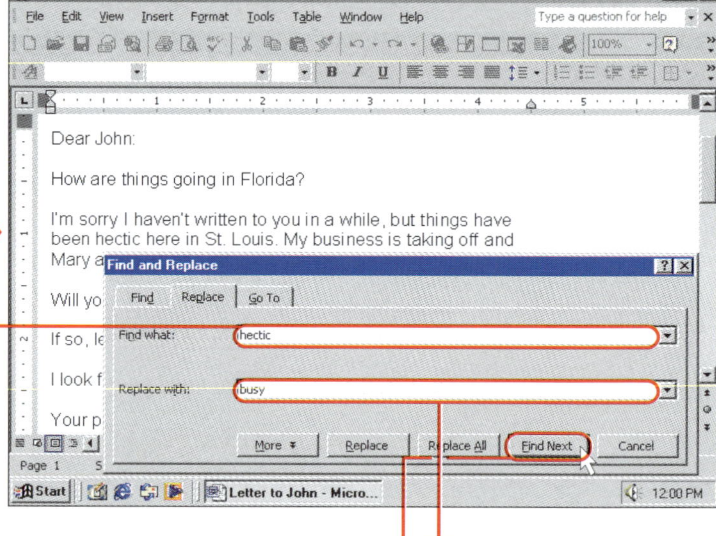

1 Haga clic en **Edit** (Edición).

2 Haga clic en **Replace** (Reemplazar).

Nota: Si Replace no aparece en el menú, coloque el ↖ del mouse en la parte inferior del menú, para observar todas sus opciones.

■ El cuadro de diálogo Find and Replace (Buscar y Reemplazar) aparece.

3 Digite el texto que desea encontrar.

4 Haga clic en esta área y digite el texto que desea usar para reemplazar el que digitó en el paso **3**.

5 Haga clic en **Find Next** (Buscar siguiente) para empezar la búsqueda.

¿Cómo puedo escribir texto rápido con el elemento Find and Replace (Buscar y reemplazar)?

Puede digitar una forma breve de una palabra o frase, como UN, a lo largo de todo el documento. Luego, puede usar el elemento Find and Replace (Buscar y reemplazar) para reemplazar la forma breve con la palabra o la frase completa, por ejemplo: Universidad Nacional.

¿Puedo encontrar texto en mi documento sin reemplazarlo?

Sí. Puede usar la característica Find and Replace para localizar texto. Para ello, realice los pasos del **1** al **3** descritos abajo; y, luego, el paso **5** hasta que encuentre el texto. para cerrar el cuadro de diálogo, presiones la tecla Esc .

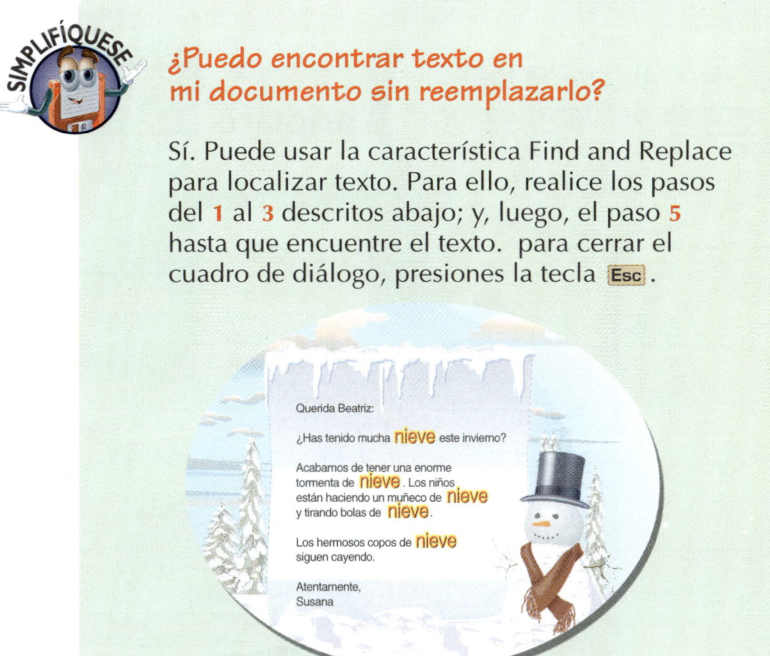

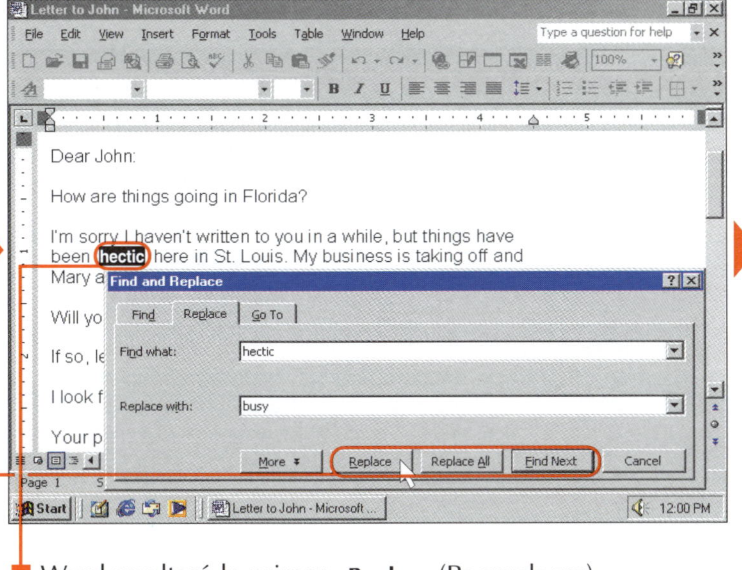

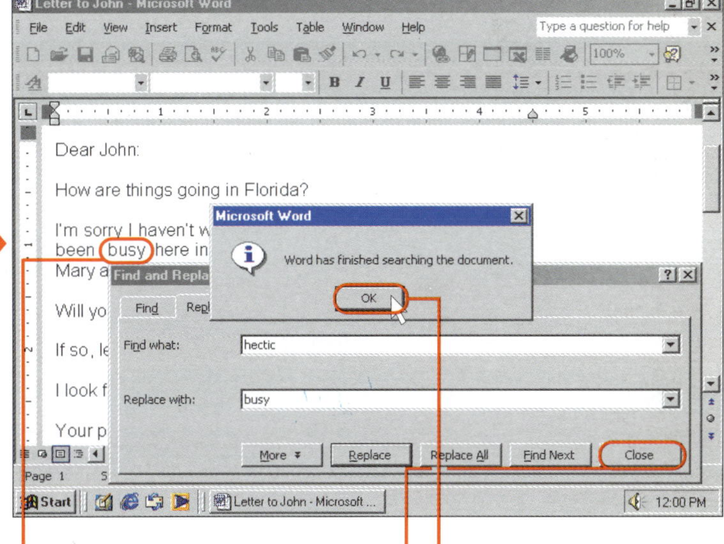

■ Word resaltará la primer palabra coincidente que encuentre.

6 Haga clic en una de las siguientes opciones

Replace (Reemplazar)- Reemplazará la palabra

Replace All (Reemplazar todos)-Reemplazará todas las palabras que coincidan con la que digitó en el paso 3.

Find Next (Buscar siguiente)- Ignorará esta palabra.

■ En este ejemplo, Word reemplazará la palabra y buscará la siguiente que coincida.

7 Reemplace o ignore las palabras coincidentes hasta que aparezca un cuadro de diálogo informándole que la búsqueda está completa.

8 Haga clic en **OK** (Aceptar) para cerrar el cuadro de diálogo.

9 Haga clic en **Close** (Cancelar) para cerrar el cuadro de diálogo Find and Replace (Buscar y reemplazar).

Word compara cada palabra de su documento con las palabras de su diccionario. Si una palabra no existe en el diccionario, se considera que es un error ortográfico.

Word no encontrará palabras bien escritas pero en un contexto erróneo; por ejemplo, "Mi sobrina acaba de cumplir tos años". Así que debe revisar sus documentos con mucho cuidado para encontrar este tipo de errores.

REVISAR LA ORTOGRAFÍA Y LA GRAMÁTICA

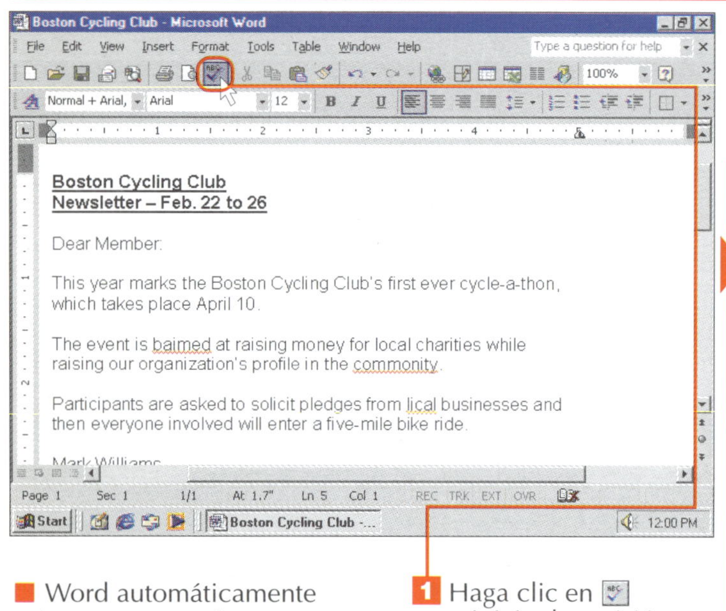

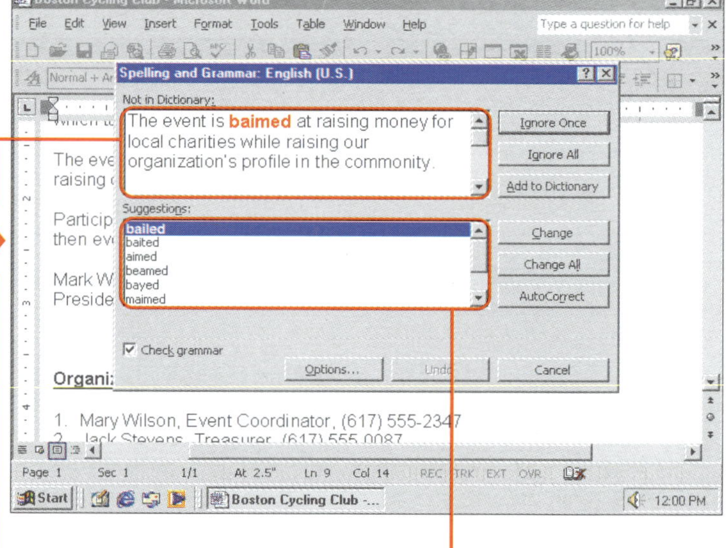

■ Word automáticamente subraya con rojo los errores ortográficos y, con verde los gramaticales. El subrayado no aparecerá cuando imprima el documento.

1 Haga clic en el botón para iniciar la revisión ortográfica y gramatical del documento.

Si el botón no aparece, haga clic en de la barra de herramientas Standard (Estándar) para observar todos los botones.

■ El cuadro de diálogo de ortografía y gramática aparece si Word encuentra un error en el documento.

■ Esta área muestra la primer palabra mal escrita o el primer error gramatical.

■ Esta área muestra sugerencias para corregir el error.

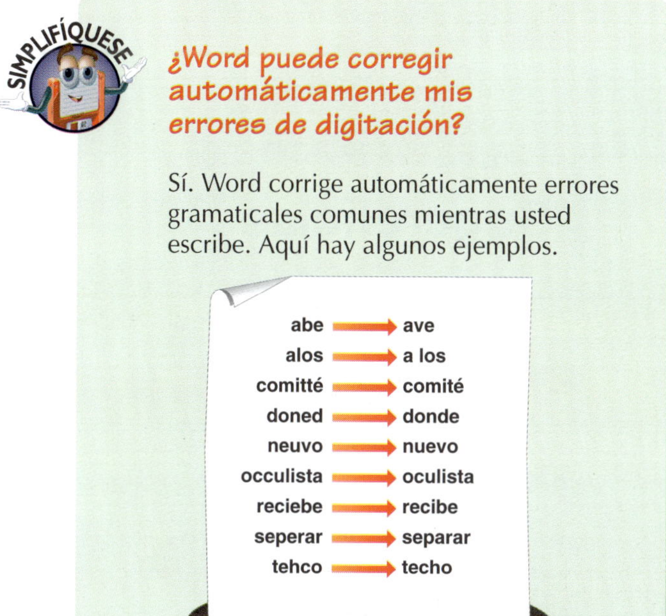

¿Word puede corregir automáticamente mis errores de digitación?

Sí. Word corrige automáticamente errores gramaticales comunes mientras usted escribe. Aquí hay algunos ejemplos.

abe ➡ ave
alos ➡ a los
comitté ➡ comité
doned ➡ donde
neuvo ➡ nuevo
occulista ➡ oculista
reciebe ➡ recibe
seperar ➡ separar
tehco ➡ techo

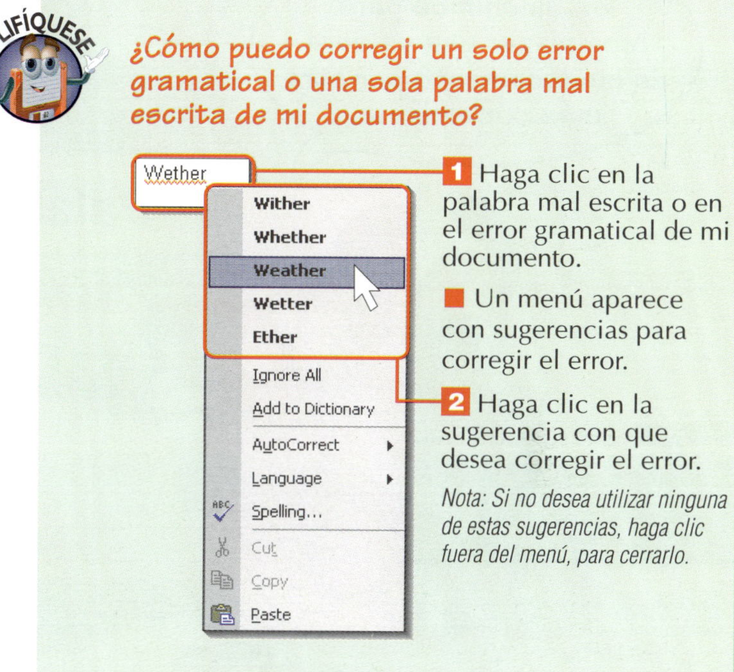

¿Cómo puedo corregir un solo error gramatical o una sola palabra mal escrita de mi documento?

1 Haga clic en la palabra mal escrita o en el error gramatical de mi documento.

■ Un menú aparece con sugerencias para corregir el error.

2 Haga clic en la sugerencia con que desea corregir el error.

Nota: Si no desea utilizar ninguna de estas sugerencias, haga clic fuera del menú, para cerrarlo.

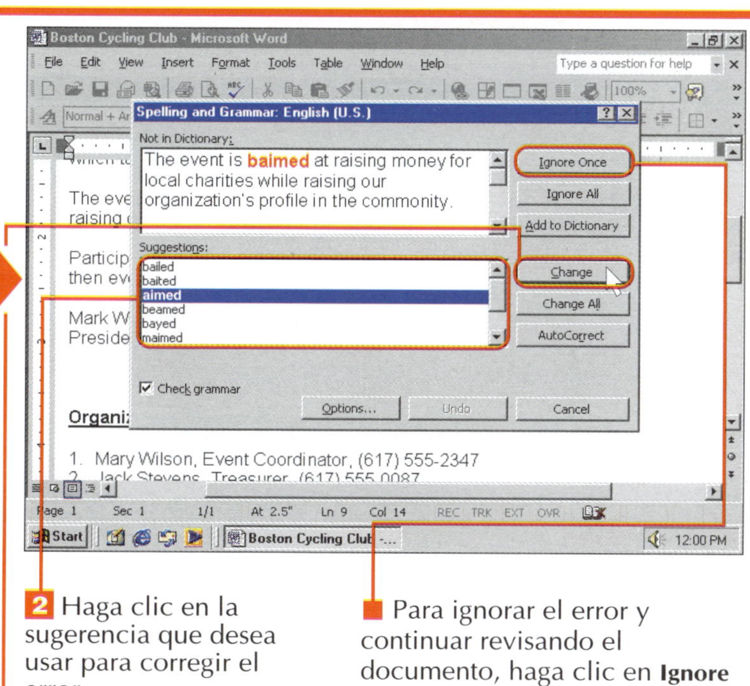

2 Haga clic en la sugerencia que desea usar para corregir el error.

3 Haga clic en **Change** (Cambiar) para corregir el error de su documento.

■ Para ignorar el error y continuar revisando el documento, haga clic en **Ignore Once** (Omitir una vez).

*Para ignorar este error y todas sus demás apariciones en el documento, haga clic en **Ignore All** (Omitir todas) o **Ignore Rule** (Omitir regla). El nombre del botón depende de si se trata de un error gramatical o un error ortográfico.*

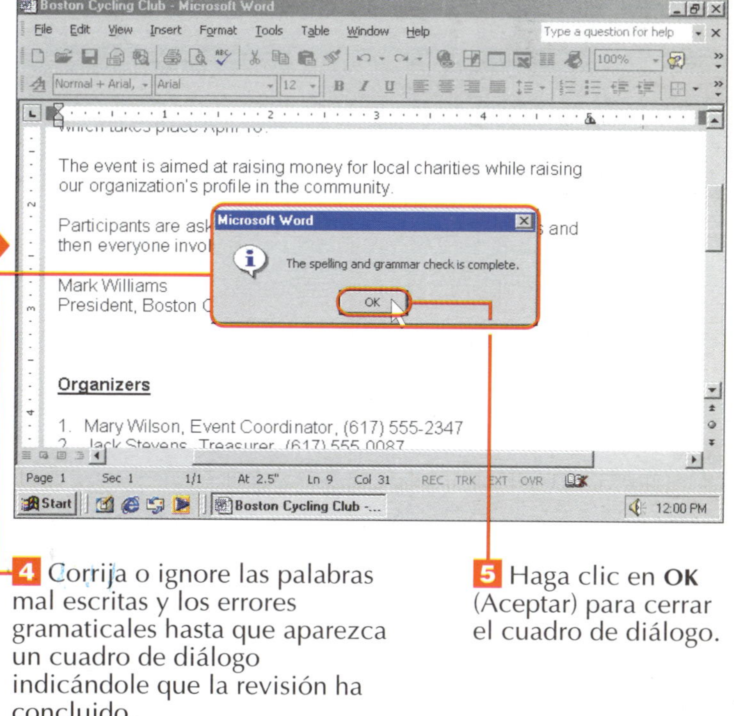

4 Corrija o ignore las palabras mal escritas y los errores gramaticales hasta que aparezca un cuadro de diálogo indicándole que la revisión ha concluido.

5 Haga clic en **OK** (Aceptar) para cerrar el cuadro de diálogo.

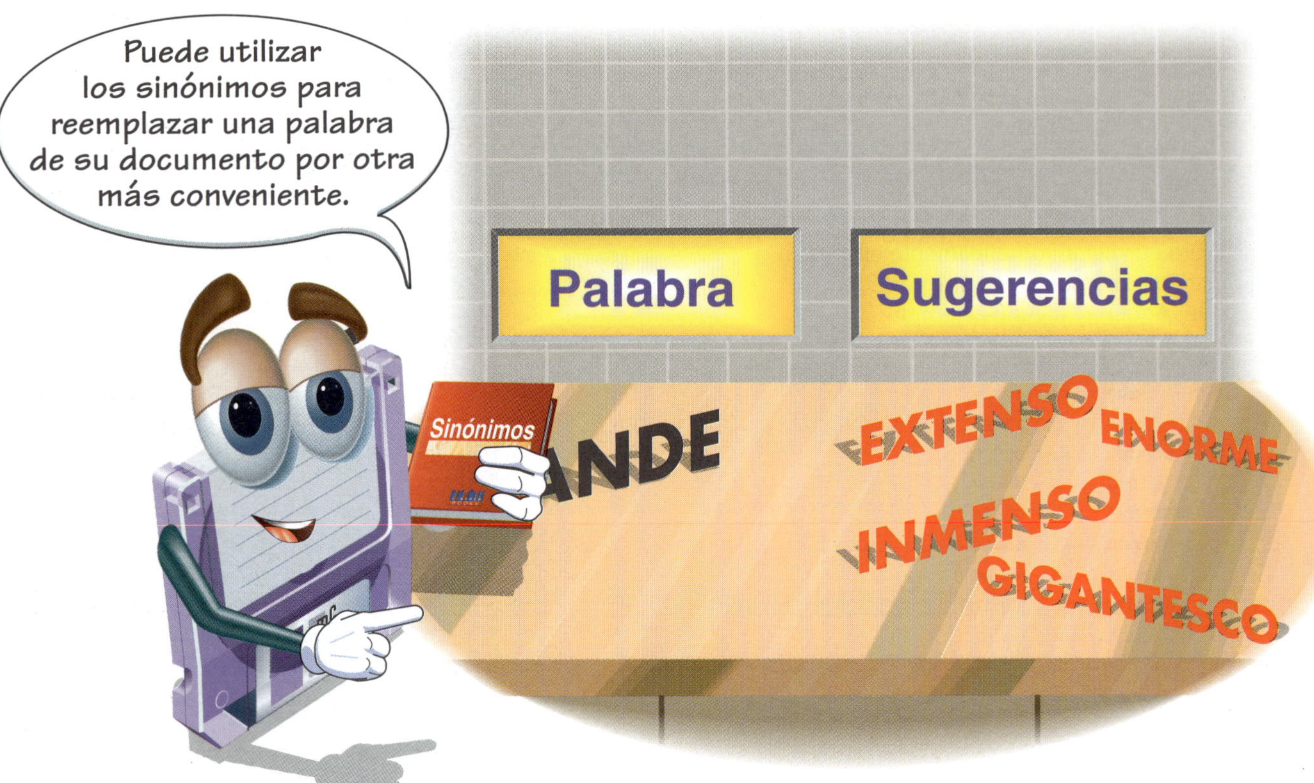

USAR LOS SINÓNIMOS

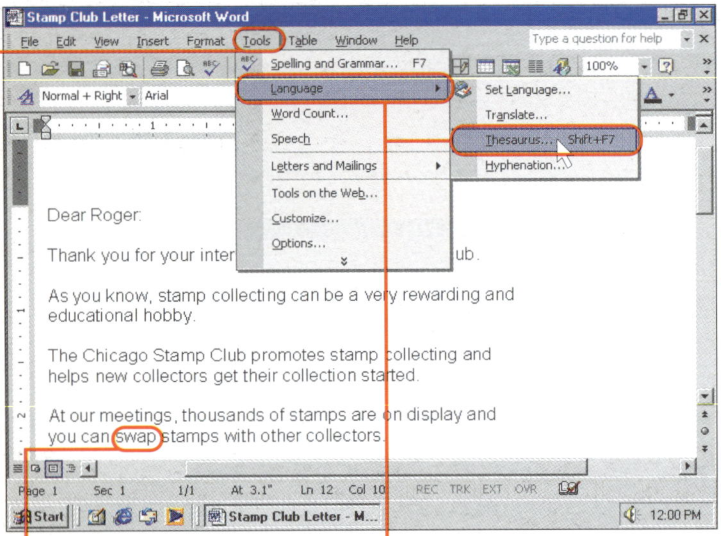

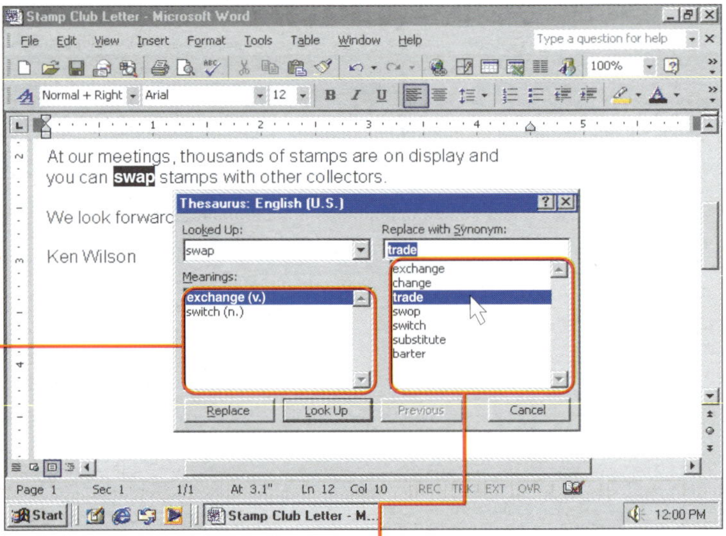

1 Haga clic en la palabra que desea reemplazar por otra.

2 Haga clic en Tools (Herramientas).

3 Haga clic en Language (Idioma).

4 Haga clic en Thesaurus (Sinónimos).

■ El cuadro de diálogo Thesaurus (Sinónimos) aparece.

5 Haga clic en el significado más apropiado de la palabra.

■ Esta área muestra las palabras que comparten el significado que ha seleccionado.

6 Haga clic en la palabra que desea usar en su documento.

¿Para qué usar los sinónimos?

Mucha gente usa los sinónimos para reemplazar una palabra que aparezca repetidamente en un documento. Reemplazar las palabras muy repetidas puede ayudarle a agregar variedad a su escritura y hacer sus documentos más profesionales. También puede usar los sinónimos para encontrar una palabra que explique más claramente un concepto.

¿Qué pasa si el cuadro de diálogo de sinónimos no muestra la palabra que deseo usar?

Puede buscar sinónimos de las palabras mostradas en el cuadro de diálogo de sinónimos para encontrar una palabra más adecuada.

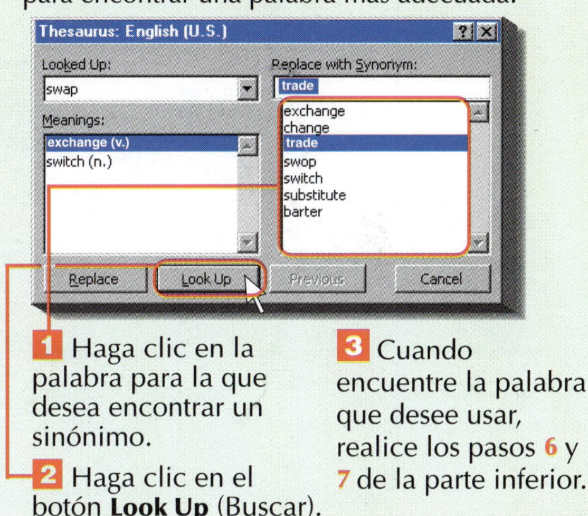

1 Haga clic en la palabra para la que desea encontrar un sinónimo.

2 Haga clic en el botón **Look Up** (Buscar).

3 Cuando encuentre la palabra que desee usar, realice los pasos **6** y **7** de la parte inferior.

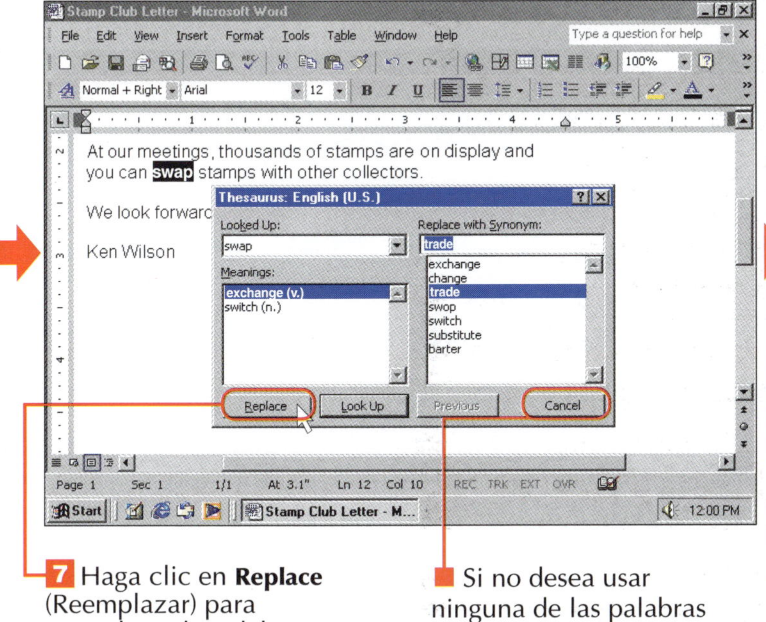

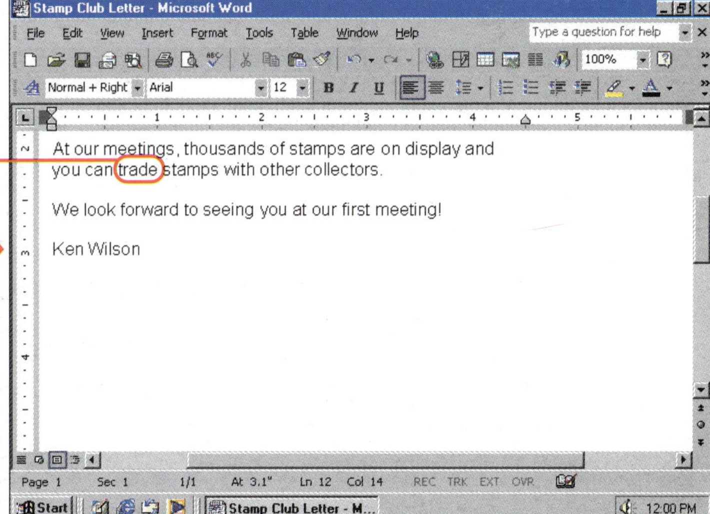

7 Haga clic en **Replace** (Reemplazar) para reemplazar la palabra de su documento con la palabra seleccionada.

■ Si no desea usar ninguna de las palabras que muestra el cuadro de sinónimos, haga clic en **Cancel** (Cancelar) para cerrar el cuadro.

■ La palabra que seleccionó reemplaza la palabra de su documento.

Puede usar las etiquetas inteligentes para, rápidamente, realizar tareas con Word. Un indicador inteligente es una información, tal como una fecha o una dirección, la cual Word reconoce y etiqueta.

Las etiquetas inteligentes le permiten realizar acciones como programar una reunión para una fecha o mostrar un mapa con alguna dirección.

Puede cambiar las opciones de las etiquetas inteligentes para especificar el tipo de información que desea que Word reconozca y etiquete como una etiqueta inteligente.

USAR LAS ETIQUETAS INTELIGENTES

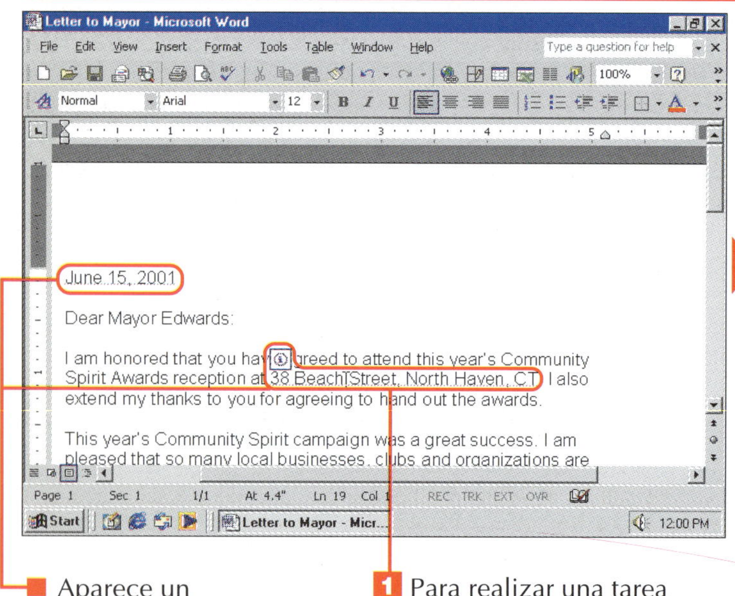

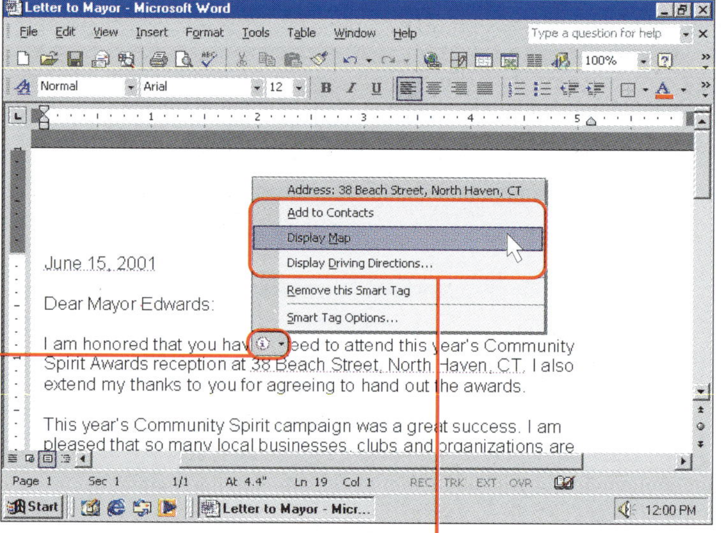

■ Aparece un subrayado punteado color púrpura debajo del texto que Word ha etiquetado como un indicador inteligente.

1 Para realizar una tarea usando un indicador inteligente, coloque el I del mouse sobre el texto del indicador. El botón Smart Tag Actions (Acciones de la etiqueta inteligente) (⊡) aparece.

2 Haga clic en el botón Smart Tag Actions (Acciones de la etiqueta inteligente) para observar una lista de acciones que puede realizar usando las etiquetas inteligentes.

3 Haga clic en la acción que desee realizar.

¿Cómo puedo desactivar el indicador inteligente que Word asignó para la información digitada en mi documento?

Realice los pasos **1** y **2** en la página 54 para observar la lista de las acciones de las etiquetas inteligentes. Luego, haga clic en **Remove this Smart Tag** (Eliminar esta etiqueta inteligente) para desactivar esa etiqueta.

¿Se pueden cambiar de otro modo las opciones de las etiquetas inteligentes?

Mientras trabaje con un indicador inteligente, puede hacer clic en Smart Tag Options (Opciones de etiquetas inteligentes) de la lista de acciones de la etiqueta para observar rápidamente el cuadro de diálogo de **AutoCorrect** (Autocorrección). Luego realice los pasos **4** y **5** descritos abajo, para cambiar las opciones del indicador inteligente.

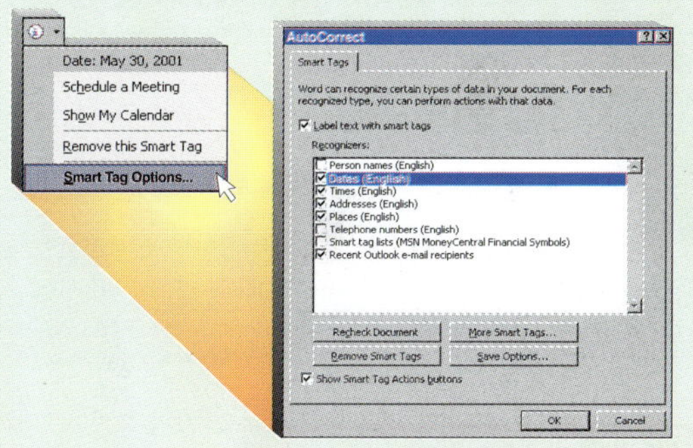

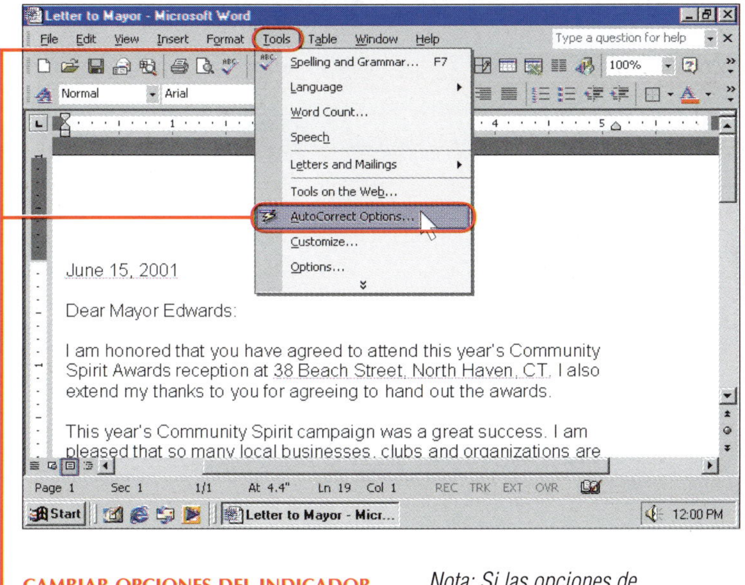

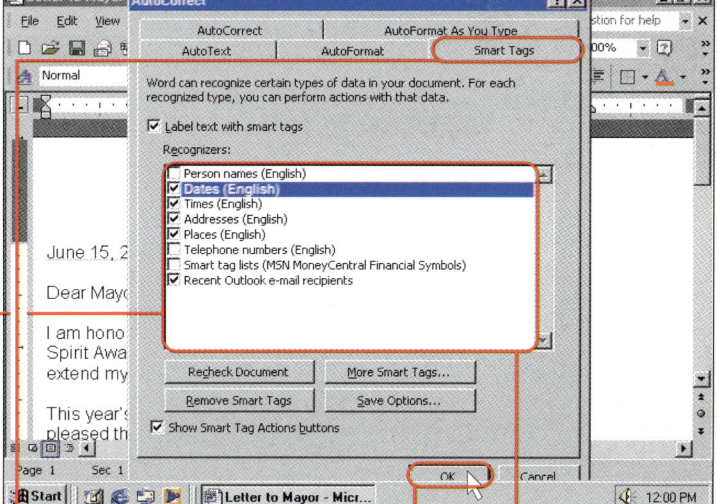

CAMBIAR OPCIONES DEL INDICADOR

1 Haga clic en **Tools** (Herramientas).

2 Haga clic en **AutoCorrect Options** (Opciones de Autocorrección).

Nota: Si las opciones de Autocorrección no aparecen en el menú, coloque el ⌖ del mouse sobre la parte inferior de este para mostrar todas sus opciones.

■ Aparece el cuadro de diálogo Autocorrección

3 Haga clic en el botón de **Smart Tags** (Etiquetas inteligentes) para observar los tipos de información que Word puede etiquetar como etiquetas inteligentes.

■ Las etiquetas inteligentes normalmente están activadas en todos los tipos de información que muestren una marca de verificación (✔).

4 Puede hacer clic en la casilla ubicada junto al tipo de información para activar las etiquetas (✔) o desactivarlas (☐).

5 Haga clic en OK (Aceptar) para confirmar sus cambios.

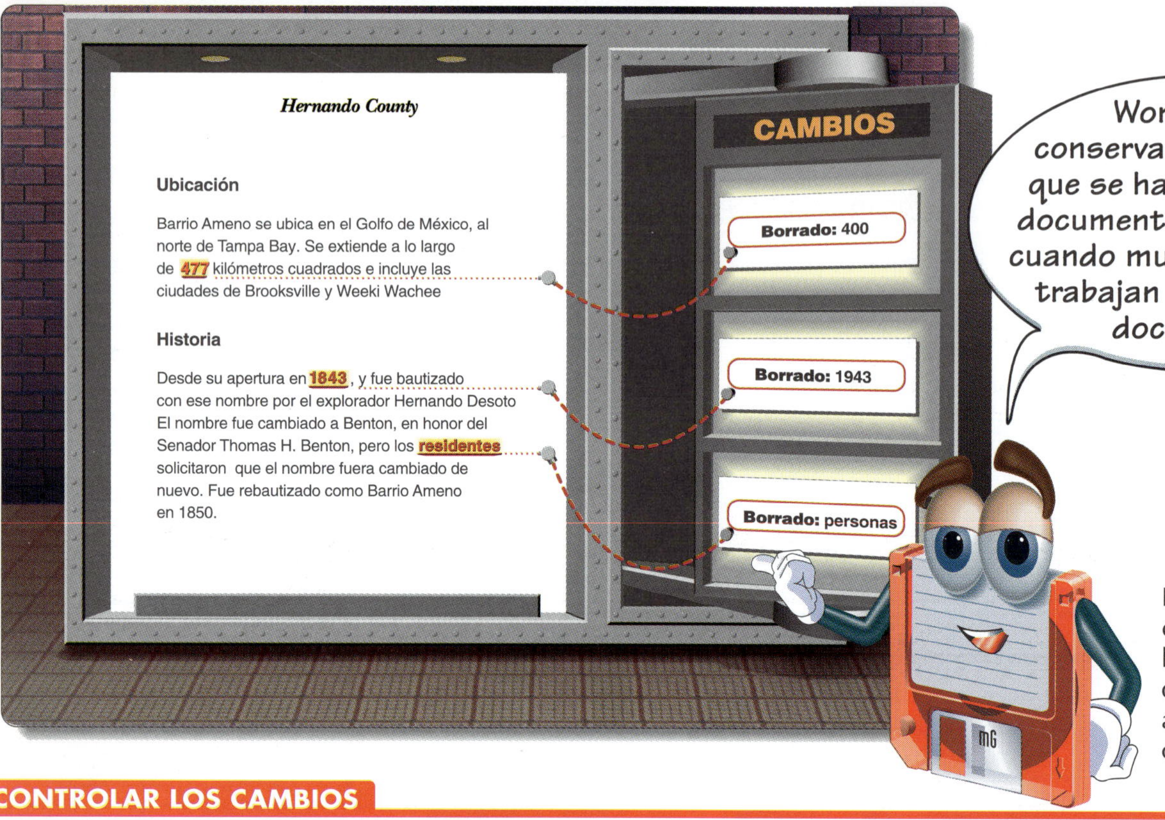

Puede revisar los cambios que se han hecho en un documento y elegir si aceptará o rechazará cada cambio.

CONTROLAR LOS CAMBIOS

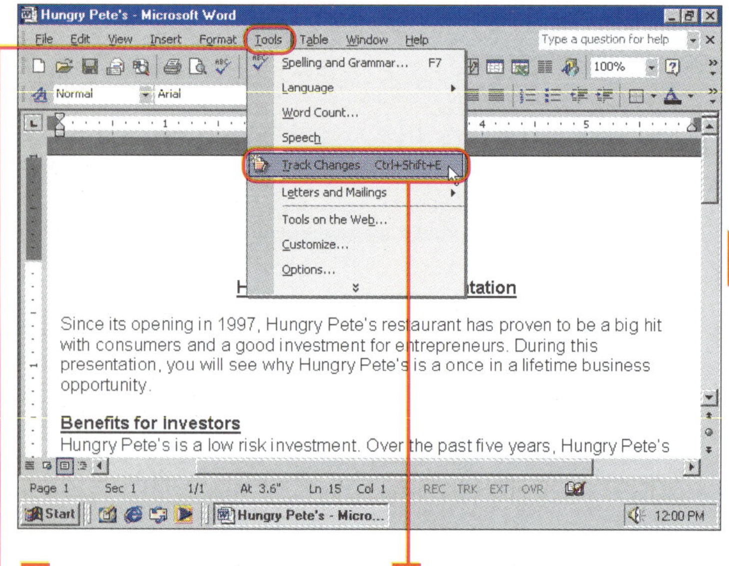

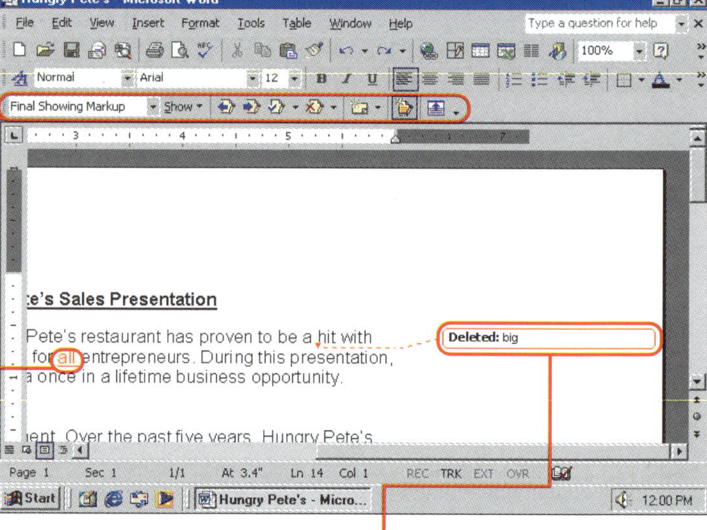

1 Para conservar los cambios de su documento, haga clic en **Tools** (Herramientas).

2 Haga clic en **Track Changes** (Control de cambios).

Nota: Si Track Changes (Control de cambios) no aparece, coloque el del mouse sobre la parte inferior del menú para observar todas las opciones.

■ La barra de herramientas Reviewing (Revisión) aparece.

3 Ahora puede hacer cambios en los documentos. Word conservará los cambios que haga.

■ El texto que agregue al documento aparecerá subrayado en color.

■ Cuando elimine texto del documento, Word indicará el cambio utilizando una barra de marcas en el margen del documento.

■ Es posible que necesite usar la barra de desplazamiento para poder observar la barra que indica los textos eliminados.

SIMPLIFÍQUESE

Las barras de marcas no aparecen en el margen de mi documento. ¿Qué anda mal?

El texto que ha borrado solo aparece en las barras de marcas cuando su documento está abierto en la vista de diseño de impresión o de Web. Cuando su documento está visualizado en la vista normal o de esquema, el texto borrado aparece en el cuerpo del documento, tachado y a colores. Para más información sobre cambiar la vista de un documento, vea la página 28.

SIMPLIFÍQUESE

¿Cómo dejo de controlar los cambios?

Haga clic en el icono en cualquier momento para detener el control de los cambios de su documento.

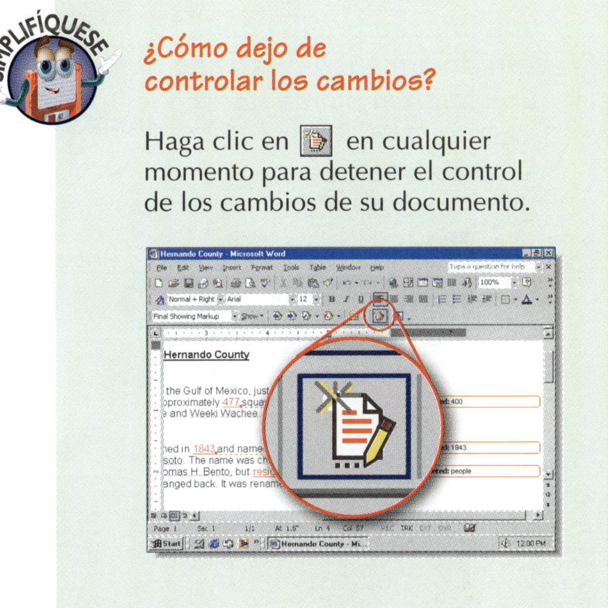

CONTROLAR LOS CAMBIOS

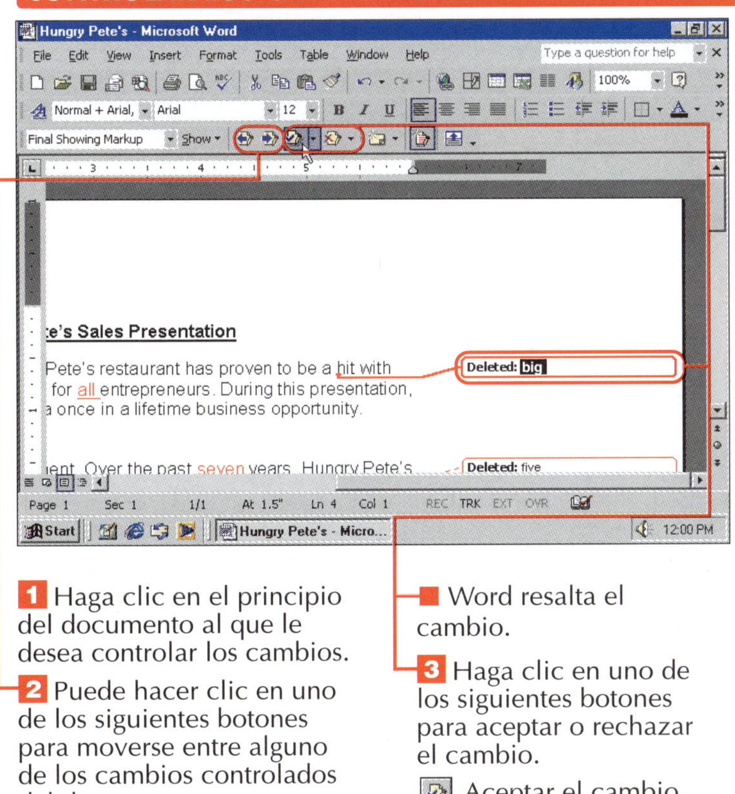

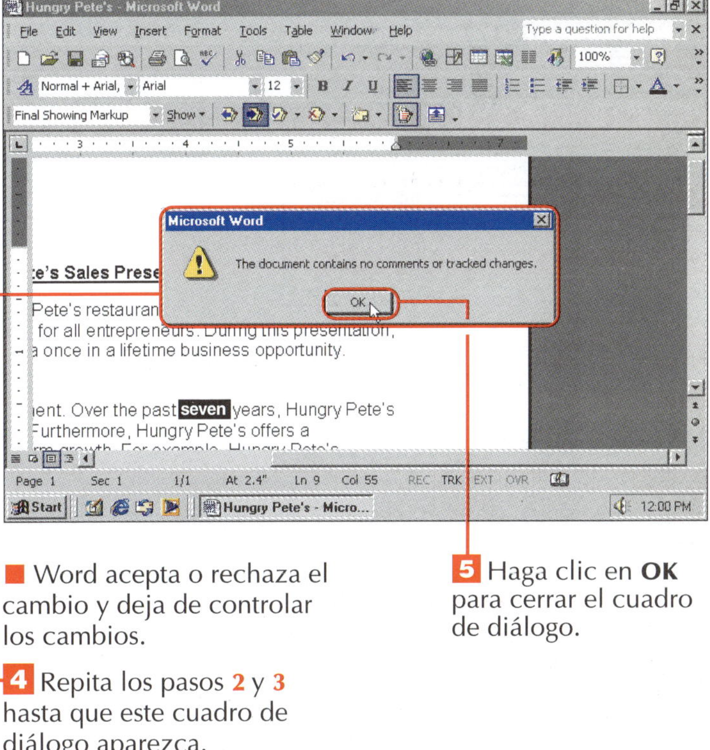

1 Haga clic en el principio del documento al que le desea controlar los cambios.

2 Puede hacer clic en uno de los siguientes botones para moverse entre alguno de los cambios controlados del documento.

Previo

Siguiente

■ Word resalta el cambio.

3 Haga clic en uno de los siguientes botones para aceptar o rechazar el cambio.

Aceptar el cambio.

Rechazar el cambio.

■ Word acepta o rechaza el cambio y deja de controlar los cambios.

4 Repita los pasos **2** y **3** hasta que este cuadro de diálogo aparezca.

5 Haga clic en **OK** para cerrar el cuadro de diálogo.

AGREGAR UNA IMAGEN PREDISEÑADA

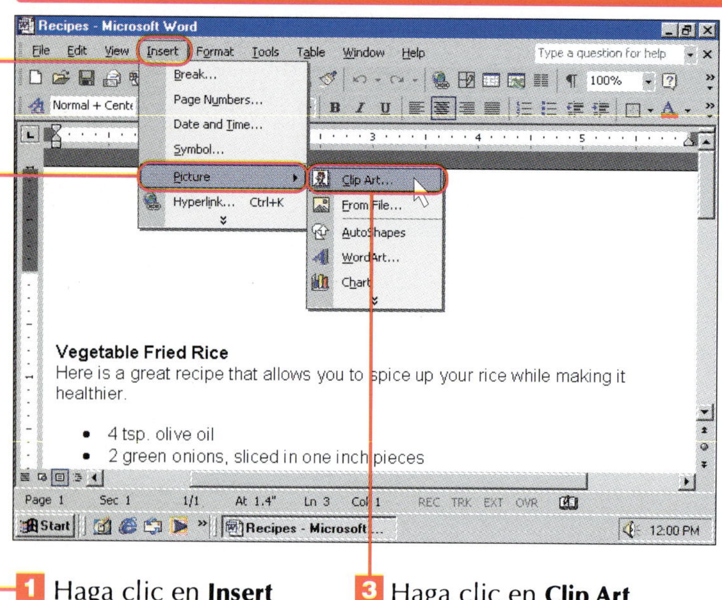

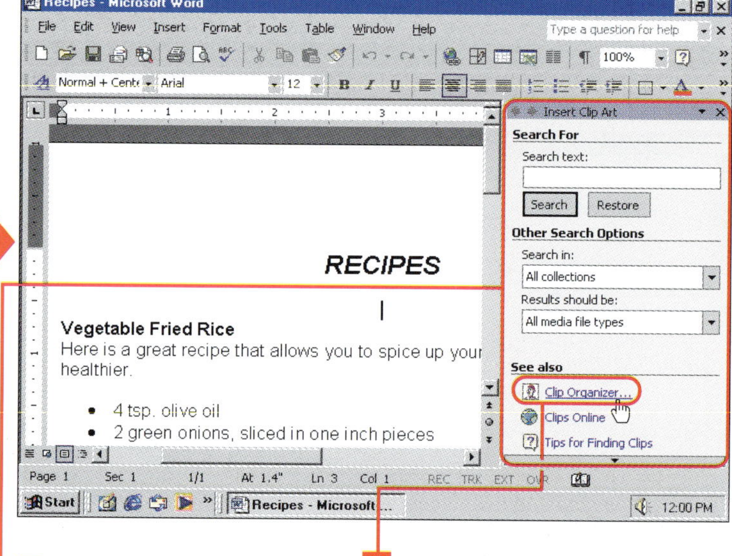

1 Haga clic en **Insert** (Insertar).

2 Haga clic en **Picture** (Imagen).

3 Haga clic en **Clip Art** (Imágenes prediseñadas)

*Nota: La primera vez que agregue una imagen prediseñada a un documento, el cuadro de diálogo Add Clips to Organizer (Agregar clips a la galería) aparece. Haga clic en **Now** (Ahora), en el cuadro de diálogo para catalogar los archivos como de imágenes, de sonido y de video en su computadora.*

■ El panel de tareas Insert Clip Art (Insertar imagen prediseñada) aparece.

4 Haga clic en **Clip Organizer** (Galería multimedia) para ver los archivos de imágenes, de sonidos y de videos.

■ La ventana Microsoft Clip Organizer (Galería multimedia) aparece.

¿La Galería multimedia cómo acomodará mis archivos de imágenes, de sonido y de video?

La galería acomoda sus archivos de medios en tres carpetas principales.

Mis colecciones

Muestra los archivos de medios que usted ha especificado como favoritos y, además, los que venían incluidos en Windows de Microsoft.

Colecciones de Office

Muestra los archivos de medios que venían en Office de Microsoft.

Colecciones Web

Muestra los archivos de medios que están disponibles en el sito Web de Microsoft y otros sitios Web asociados con Microsoft.

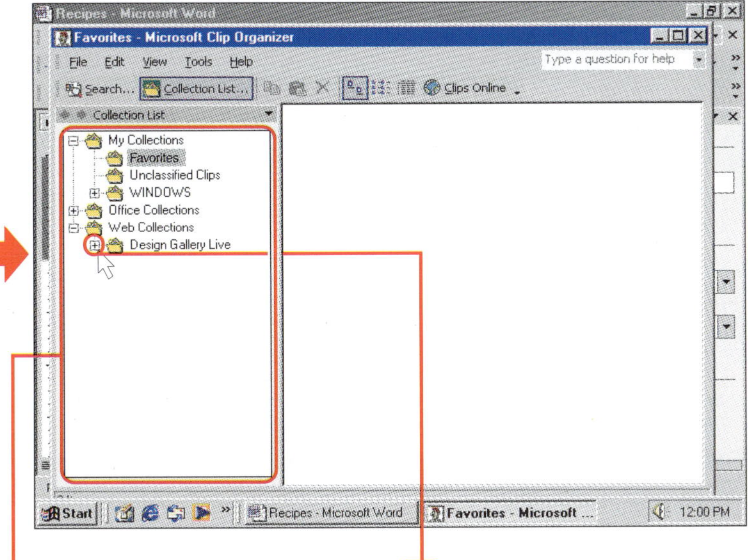

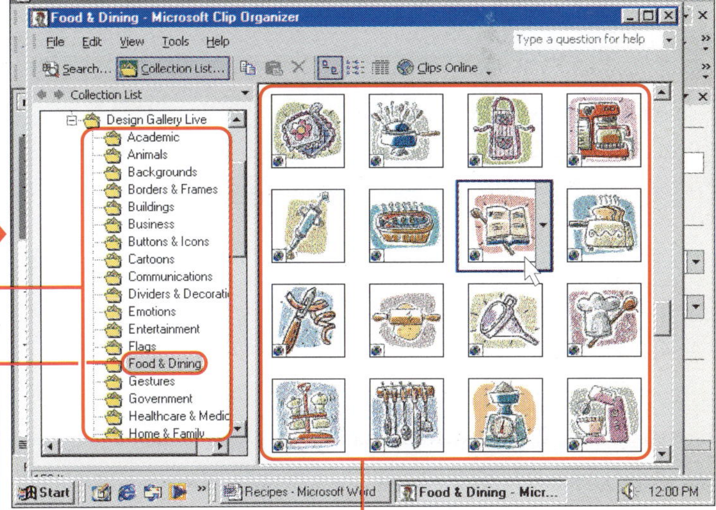

■ Esta área lista las carpetas que contengan archivos de imágenes, de sonido y de video que puede agregar a su documento.

■ Una carpeta que muestre un signo (⊞) contiene carpetas ocultas.

5 Para mostrar las carpetas ocultas dentro de otra carpeta, haga clic en el signo de más (⊞) ubicado junto a la carpeta (⊞ cambia a ⊟).

Nota: Debe estar conectado a Internet para ver el contenido de la carpeta Colecciones Web.

■ Las carpetas ocultas aparecen.

Nota: Para ocultar de nuevo las carpetas dentro de otra carpeta, haga clic en el signo de menos (⊟) ubicado junto a la carpeta.

6 Haga clic en alguna carpeta de interés.

■ Esta área muestra el contenido de la carpeta que seleccionó.

7 Haga clic en la imagen que desea agregar a su documento.

CONTINÚA ➡

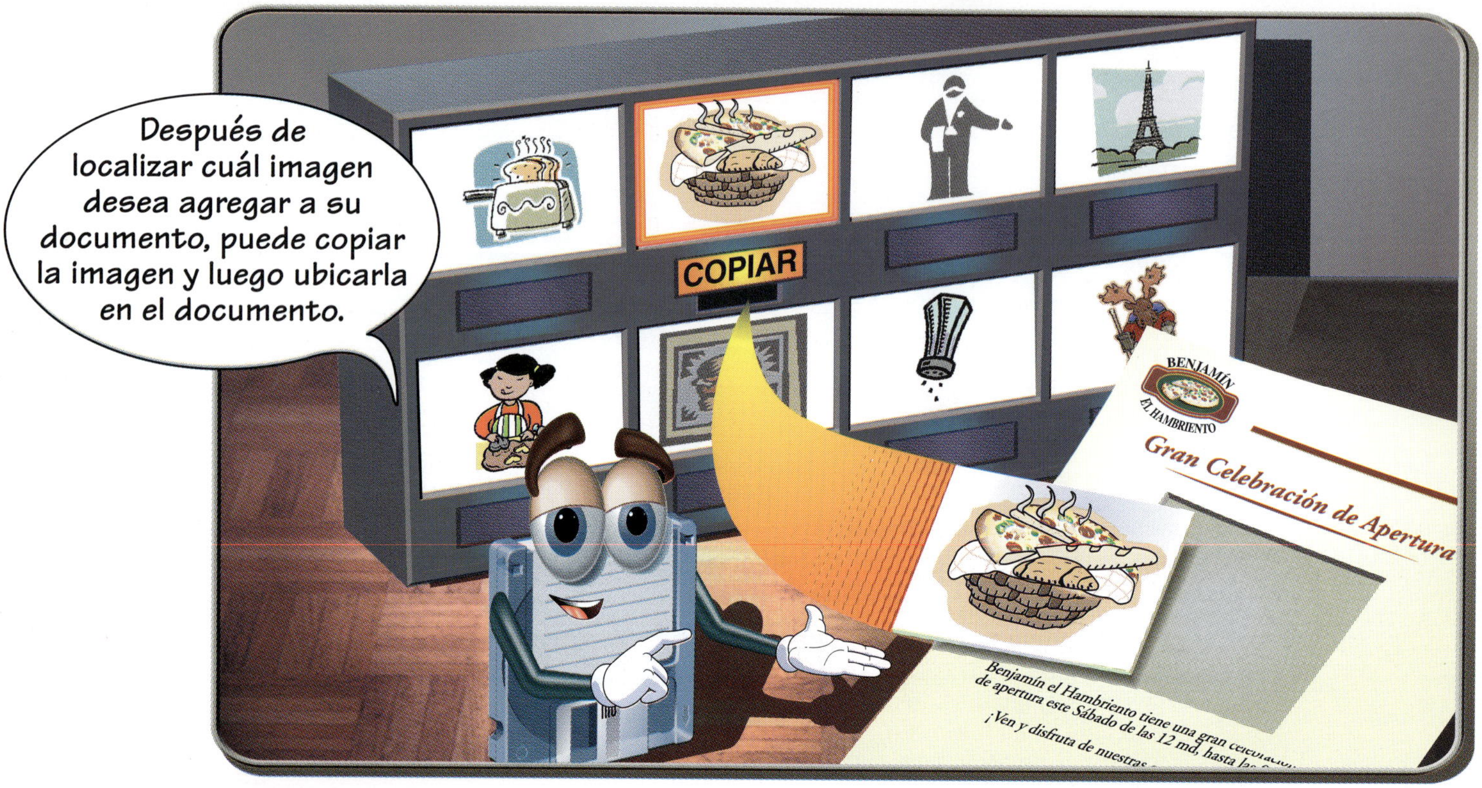

AGREGAR UNA IMAGEN PREDISEÑADA (CONTINÚA)

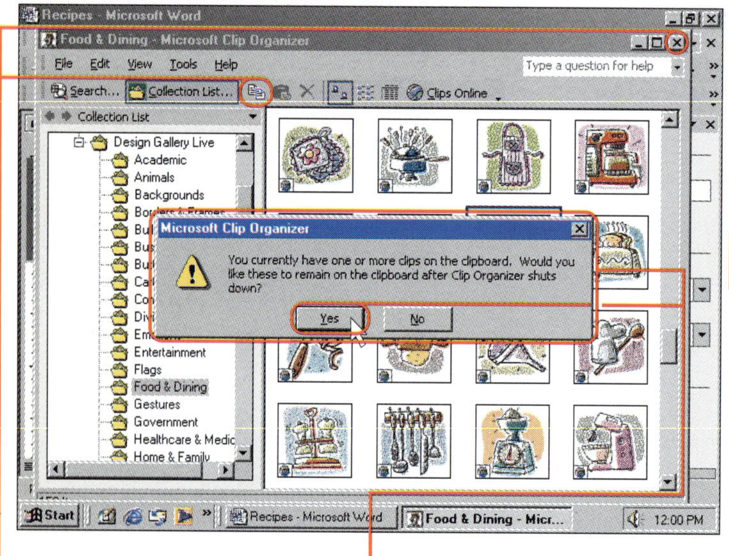

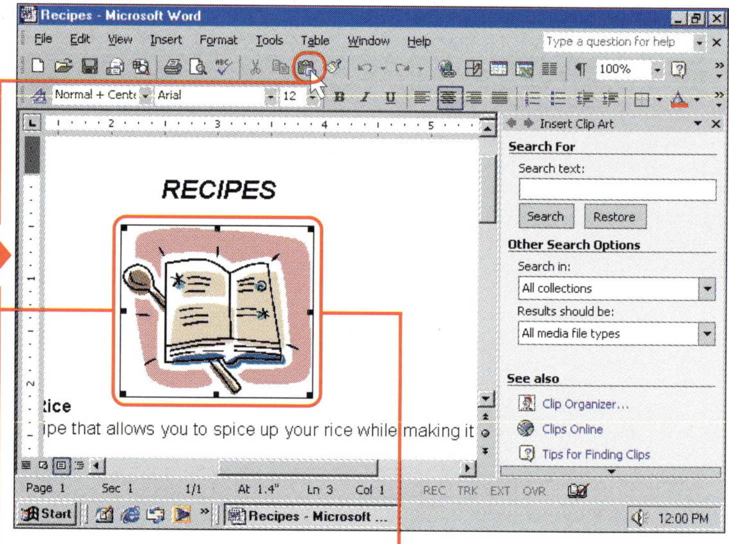

8 Haga clic en ⬚ para copiar la imagen seleccionada.

9 Haga clic en ⬚ para cerrar Microsoft Clip Organizer (Galería multimedia de Microsoft).

■ Aparece un cuadro de diálogo, indicándole que tiene una o más imágenes prediseñadas en el portapapeles.

Nota: El portapapeles, temporalmente, guarda la información que ha elegido mover o copiar.

10 Haga clic en Yes (Sí) para mantener la imagen en el portapapeles.

11 Haga clic en la localización de su documento donde desea agregar la imagen.

12 Haga clic en ⬚ para ubicar la imagen en el documento.

■ La imagen aparece en el documento.

Nota: Para cambiar el tamaño de la imagen, vea la parte superior de la página 61.

■ Para borrar la imagen, haga clic en la imagen y, luego, presione la tecla Delete .

¿Cómo le cambio el tamaño a una imagen prediseñada?

1 Haga clic en la imagen a la que le desea cambiar el tamaño. Unos cuadrados (■) aparecerán alrededor de la imagen.

2 Coloque el del mouse sobre uno de los cuadrados (cambia a ↘, ↗, ↕ o ↔).

3 Arrastre el cuadrado hasta que la imagen tenga el tamaño deseado.

■ Una línea punteada mostrará el nuevo tamaño.

¿Dónde puedo obtener más imágenes prediseñadas?

Puede comprar colecciones de imágenes prediseñadas en las tiendas de computación. Muchos sitios Web, como www.allfree-clipart.com y www.noeticart.com, también ofrecen imágenes prediseñadas que puede utilizar en sus documentos.

SEARCH FOR A CLIP ART IMAGE

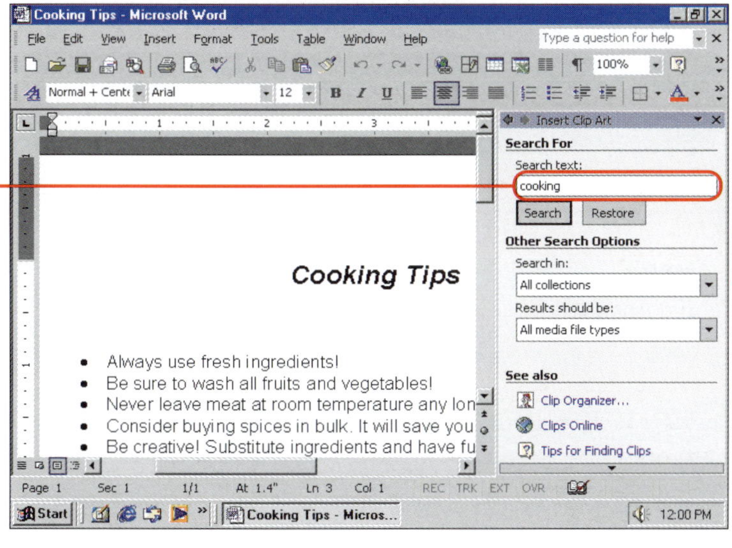

Puede buscar una imagen prediseñada especificando una o más palabras de interés.

1 Haga clic en esta área y, luego, digite una o más palabras que describan la imagen prediseñada que desea encontrar. Luego, presione la tecla Enter.

Nota: Si el panel de tareas Insert Clip Art (Insertar imagen prediseñada) no aparece, realice los pasos del 1 al 3 de la página 58 para mostrar el panel.

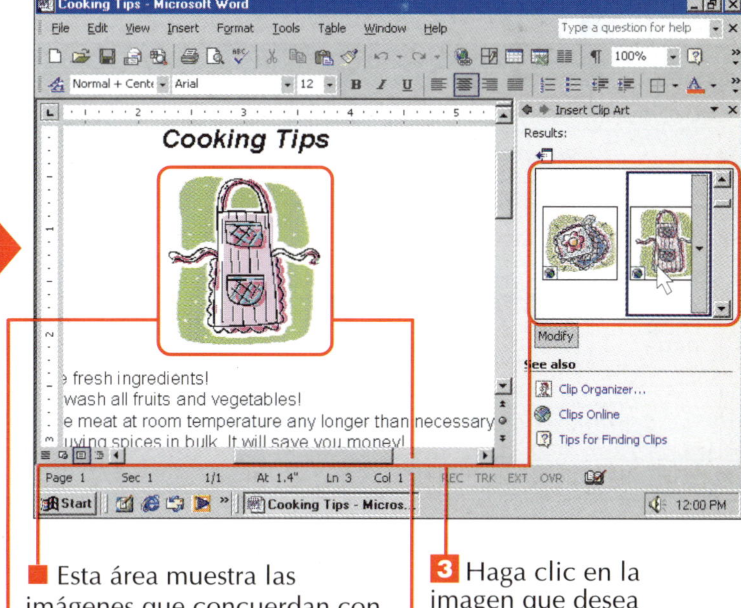

■ Esta área muestra las imágenes que concuerdan con las palabras que usted digitó.

2 Haga clic en localización de su documento donde desea agregar una imagen.

3 Haga clic en la imagen que desea agregar a su documento.

■ La imagen aparece en su documento.

Nota: Para cambiar el tamaño de la imagen, vea la parte superior de esta página.

61

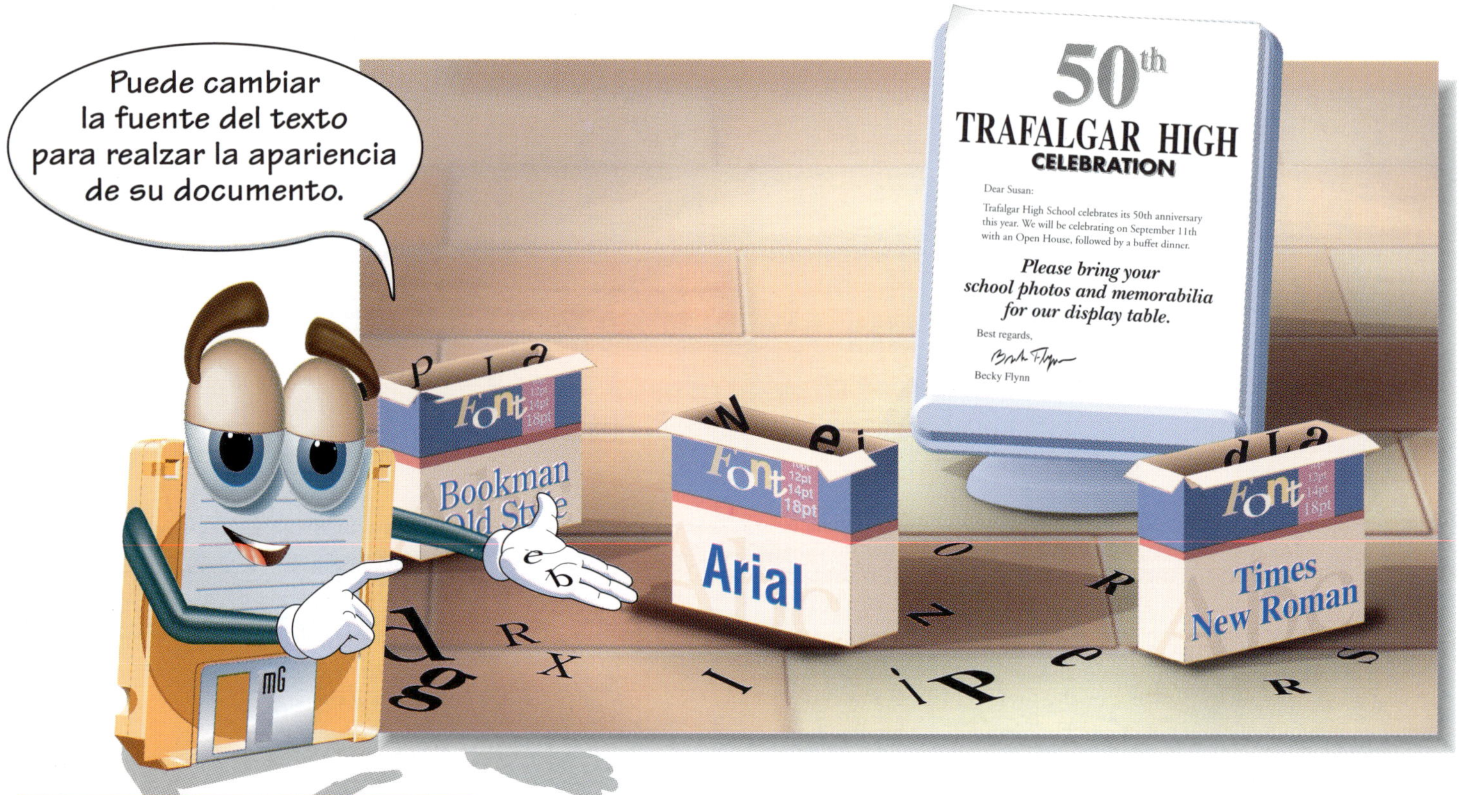

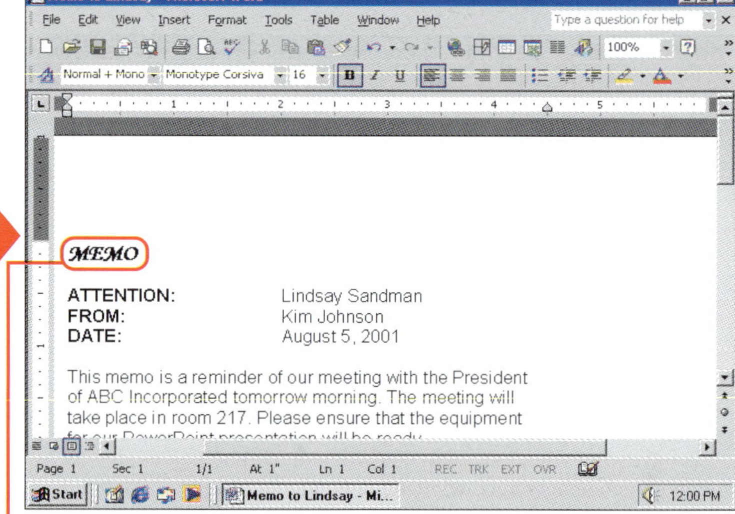

CAMBIAR LA FUENTE DEL TEXTO

CAMBIAR LA FUENTE DEL TEXTO

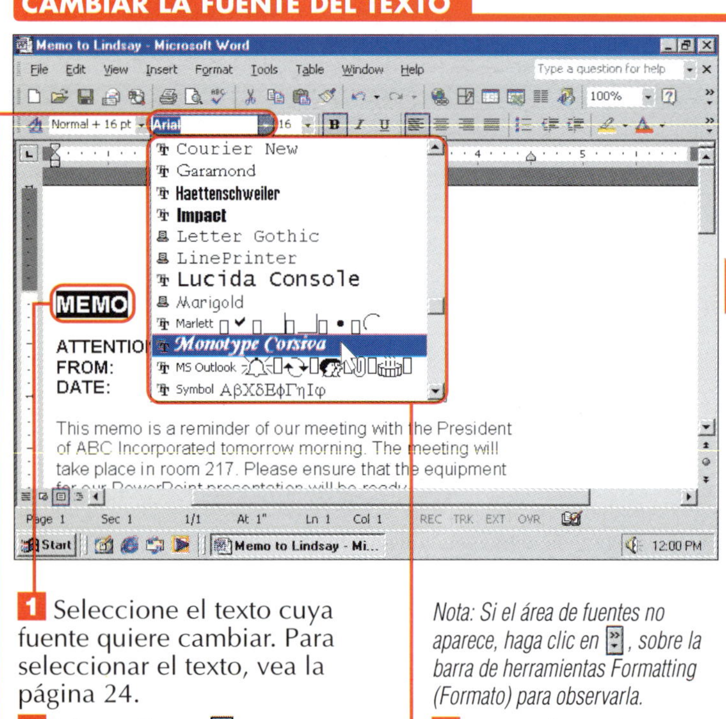

1 Seleccione el texto cuya fuente quiere cambiar. Para seleccionar el texto, vea la página 24.

2 Haga clic en ▾, en esta área para observar una lista de las fuentes disponibles.

Nota: Si el área de fuentes no aparece, haga clic en », sobre la barra de herramientas Formatting (Formato) para observarla.

3 Haga clic en la fuente que quiere usar.

Nota: Word muestra las fuentes que ha usado más recientemente en lo alto de la lista.

■ El texto que seleccionó aparece con la fuente nueva.

■ Para cancelar la selección de texto, haga clic fuera del área seleccionada.

CAMBIAR EL TAMAÑO DEL TEXTO

El texto más grande es más fácil de leer, pero el más pequeño le permite acomodar más información en una página.

CAMBIAR EL TAMAÑO DEL TEXTO

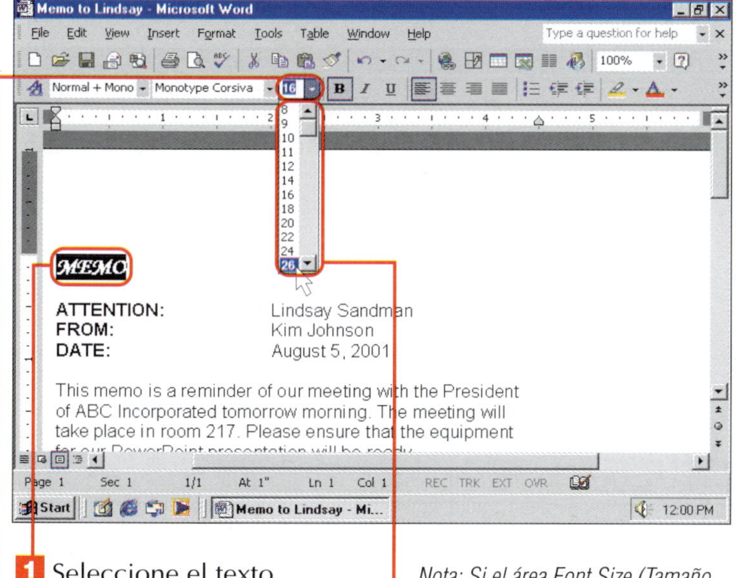

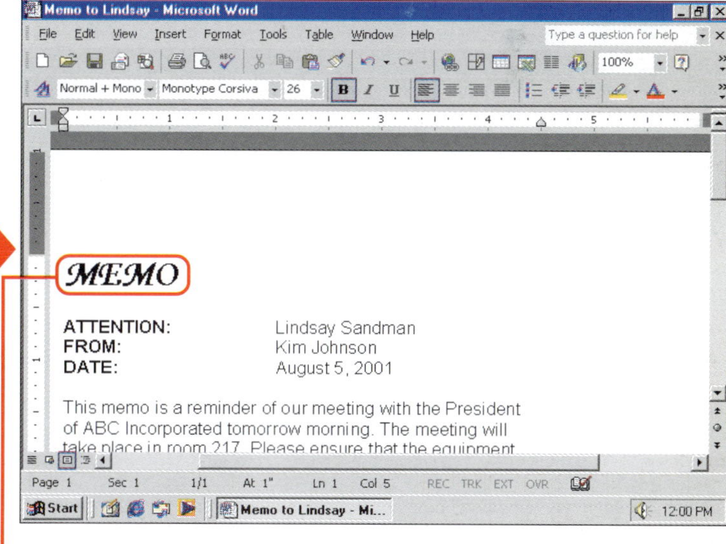

1 Seleccione el texto que quiere cambiar a un tamaño nuevo. Para seleccionar texto, vea la página 24.

2 Haga clic en esta área ▾ para observar la lista de los tamaños disponibles.

Nota: Si el área Font Size (Tamaño de la fuente) no aparece, entonces haga clic en ▸, sobre la barra de herramientas Formatting (Formato).

3 Haga clic en el tamaño que quiere usar.

■ El texto que usted seleccionó aparece con el tamaño nuevo.

■ Para deseleccionar texto, haga clic fuera del área seleccionada.

CAMBIAR EL COLOR DEL TEXTO

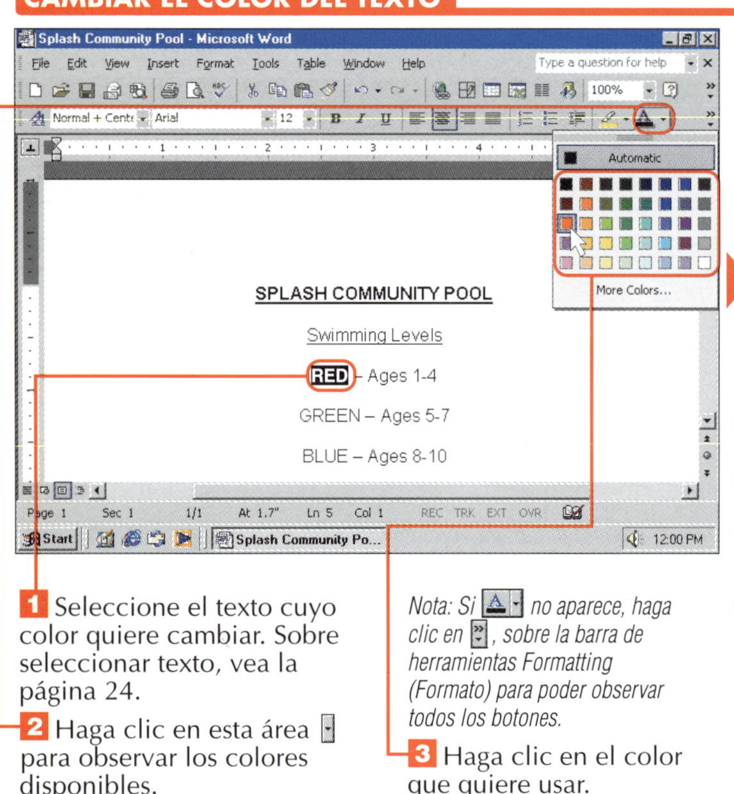

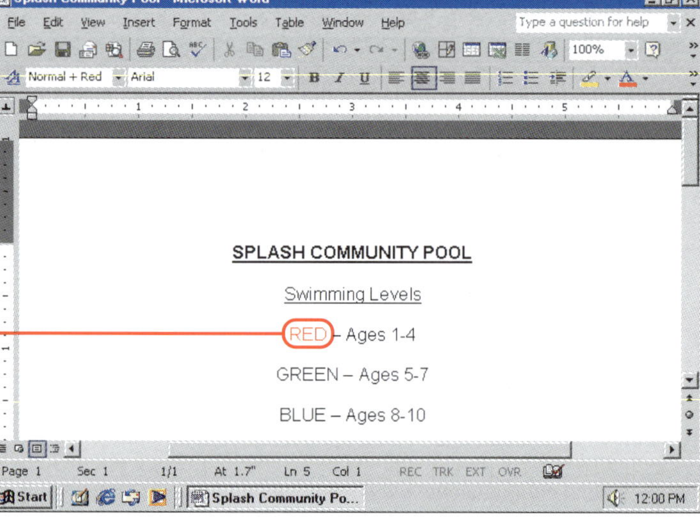

1 Seleccione el texto cuyo color quiere cambiar. Sobre seleccionar texto, vea la página 24.

2 Haga clic en esta área para observar los colores disponibles.

Nota: Si no aparece, haga clic en, sobre la barra de herramientas Formatting (Formato) para poder observar todos los botones.

3 Haga clic en el color que quiere usar.

■ El texto aparece del color que seleccionó.

■ Para cancelar la selección del texto, haga clic fuera del área seleccionada.

■ Para devolver texto a su color original, repita los pasos del **1** al **3**, seleccionando **Automatic** (Automático) en el paso **3**.

RESALTAR TEXTO

Si tiene intención de imprimir su documento en una impresora blanco y negro, use un resalte ligero para que pueda leer fácilmente el texto impreso.

RESALTAR TEXTO

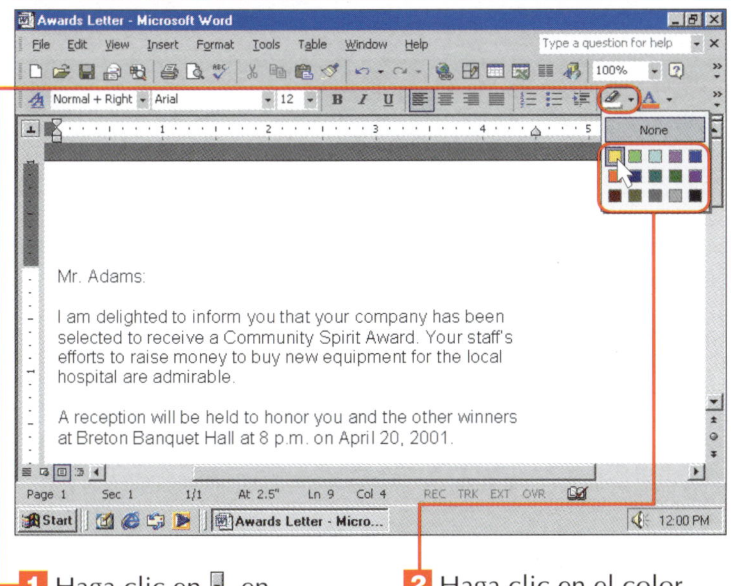

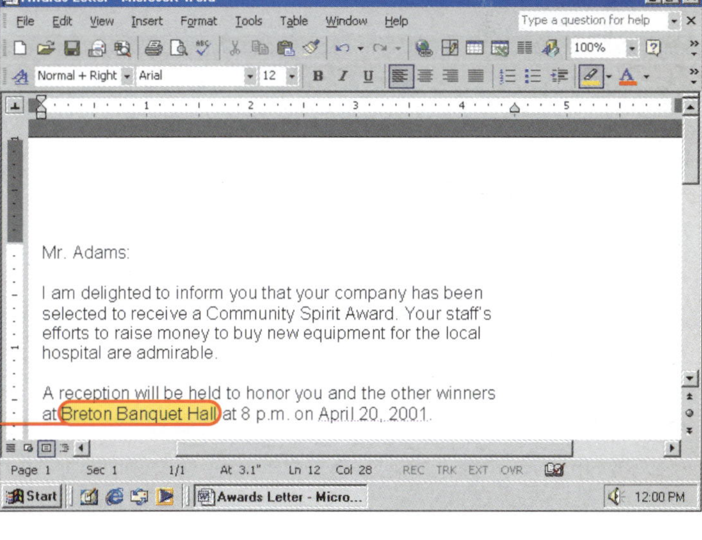

1 Haga clic en ▾, en esta área para observar los colores de resalte disponibles.

Nota: Si el botón no aparece, haga clic en ▸▸ de la barra de herramientas de Formatting (Formato) para observar todos los botones.

2 Haga clic en el color de resalte que quiere usar.

■ El I del mouse cambia a cuando está sobre su documento.

3 Seleccione cada área de texto que quiera resaltar. Para seleccionar texto, vea la página 24.

■ El texto que selecciona aparece resaltado.

4 Cuando usted termine de resaltar texto, presione la tecla Esc.

■ Para eliminar el resaltado de un texto, repita del paso **1** al **4**, escoja (Ninguno) en el paso **2**.

NEGRITA, ITALICA O SUBRAYADO

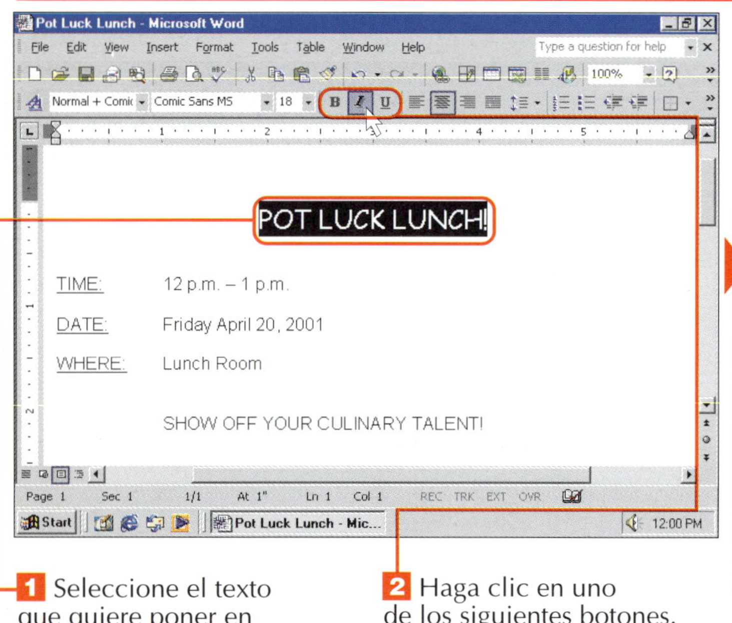

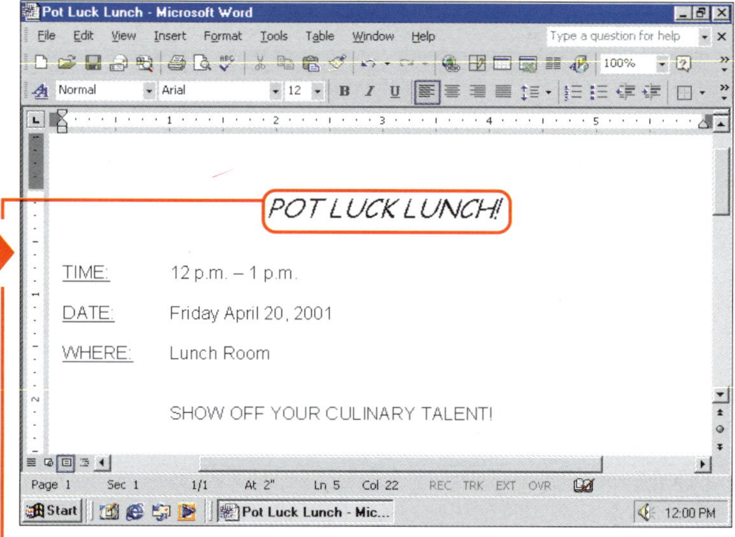

1 Seleccione el texto que quiere poner en negrita, itálica o con subrayado. Para seleccionar texto, vea la página 24.

2 Haga clic en uno de los siguientes botones.

B Negrita

I Itálica

U Subrayado

Nota: Si el botón no aparece, haga clic en las de la barra de herramientas de Formatting (Formato) para mostrar todos los botones.

■ El texto que seleccionó aparece con el estilo nuevo.

■ Para cancelar la selección del texto, haga clic fuera del área seleccionada.

■ Para eliminar el estilo subrayado, en negrita o en itálica, repita los pasos **1** y **2**.

COPIAR FORMATO

Puede que desee copiar el formato de un texto para hacer que todos los encabezados o las palabras importantes de su documento se vean igual.

COPIAR FORMATO

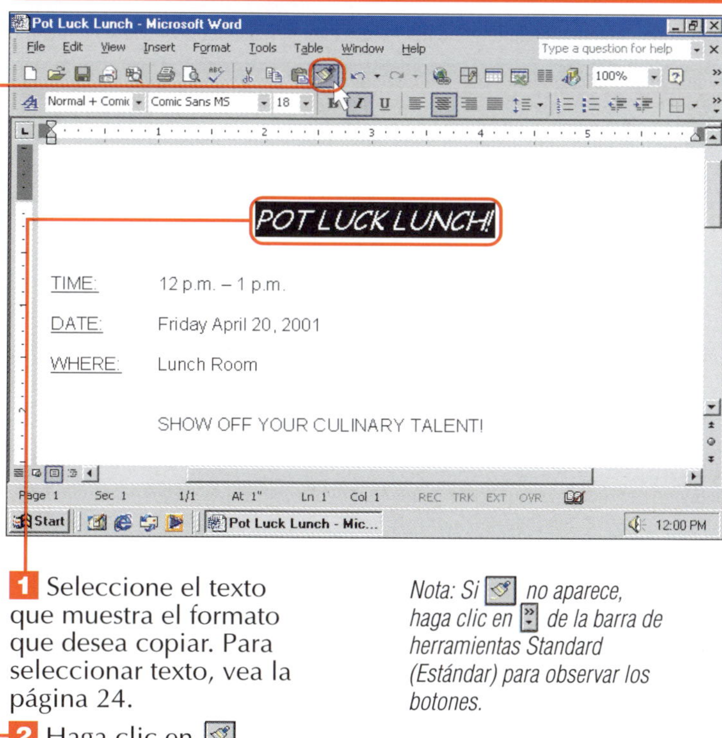

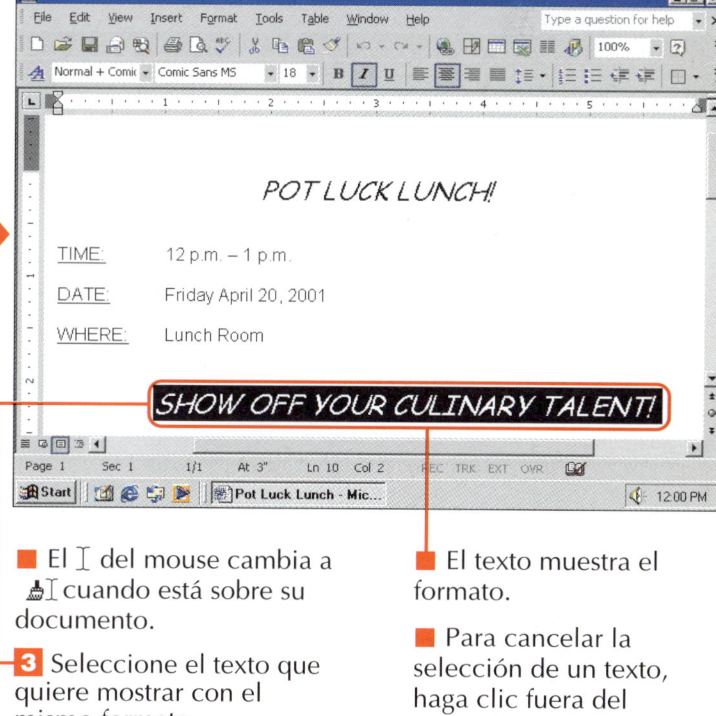

1 Seleccione el texto que muestra el formato que desea copiar. Para seleccionar texto, vea la página 24.

2 Haga clic en para copiar el formato del texto.

Nota: Si no aparece, haga clic en de la barra de herramientas Standard (Estándar) para observar los botones.

■ El I del mouse cambia a I cuando está sobre su documento.

3 Seleccione el texto que quiere mostrar con el mismo formato.

■ El texto muestra el formato.

■ Para cancelar la selección de un texto, haga clic fuera del área seleccionada.

Las listas de viñetas son útiles para ítems sin un órden particular, como los elementos en una lista de compras. Las listas numeradas son útiles ara elementos en un orden específico, como instrucciones en una receta.

CREAR UNA LISTA NUMERADA O CON VIÑETA

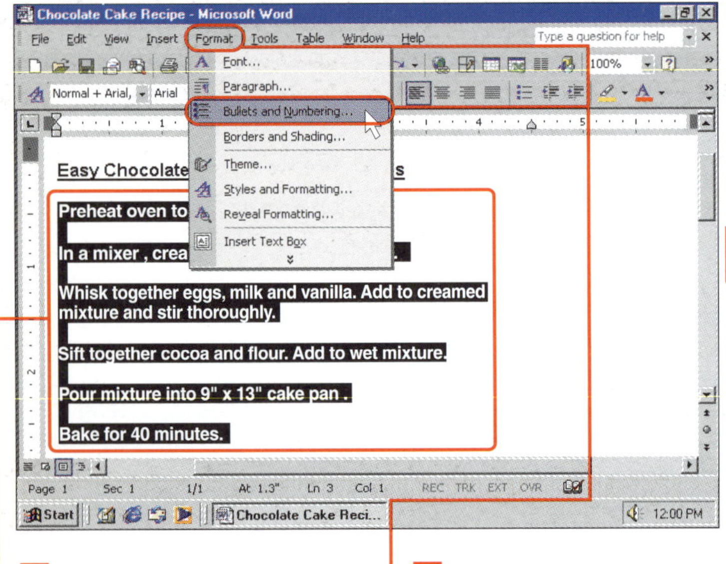

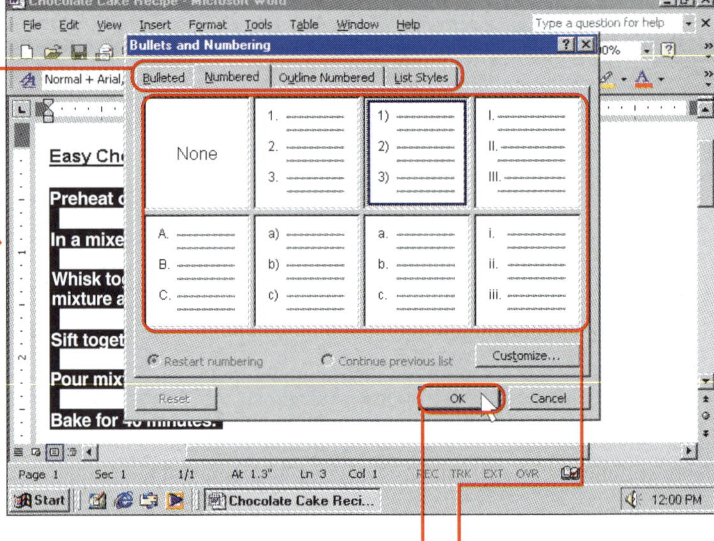

1 Seleccione el texto que quiere mostrar como una lista marcada con viñetas o numerada. Para seleccionar texto, vea la página 24.

2 Haga clic en **Format** (Format).

3 Haga clic en **Bullets and Numbering** (Números y viñetas).

■ La ventana de diálogo Bullets and Numbering (Números y viñetas) aparece.

4 Haga clic en el botón del tipo de lista que quiere crear.

5 Haga clic en el estilo que quiere usar.

6 Haga clic en **OK** (Aceptar) para confirmar su selección.

¿Cómo puedo crear una lista numerada o marcada con viñetas mientras estoy digitando?

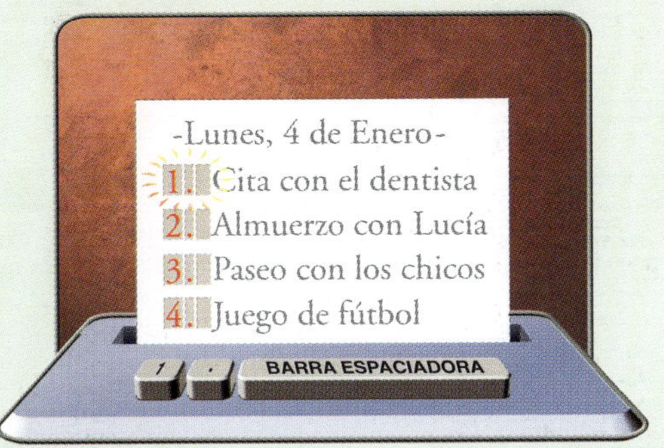

1 Digite * para crear una lista marcada con viñetas o digite **1.** para crear una lista numerada. Luego presione la barra espaciadora.

2 Digite el primer ítem de la lista y luego presione la tecla **Enter** .

■ Word automáticamente agrega un punto o un número para los siguientes ítemes.

3 Repita el paso **2** para cada ítem de la lista.

4 Para finalizar la lista, presione la tecla **Enter** dos veces.

Nota: Cuando usted crea una lista numerada o con viñetas mientras está digitando, el botón AutoCorrect Options (Opciones de autocorrección) aparece. Puede hacer clic en él para especificar que no desea que Word cree listas con viñetas o numeradas mientras vaya tecleando.

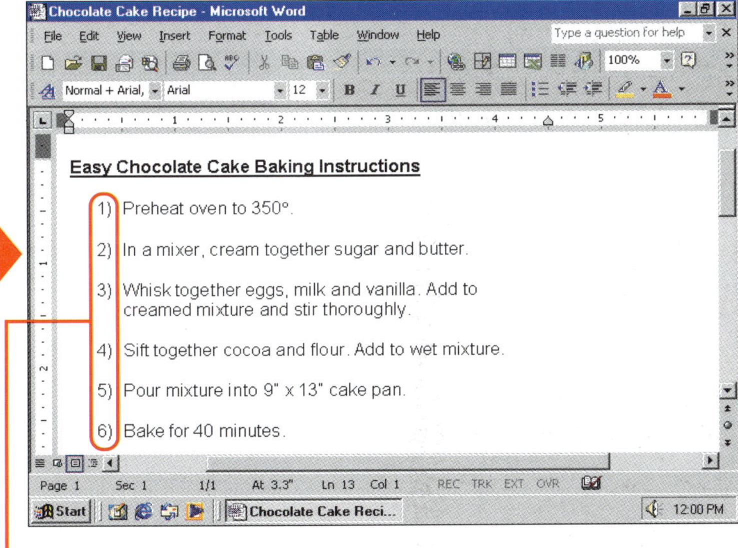

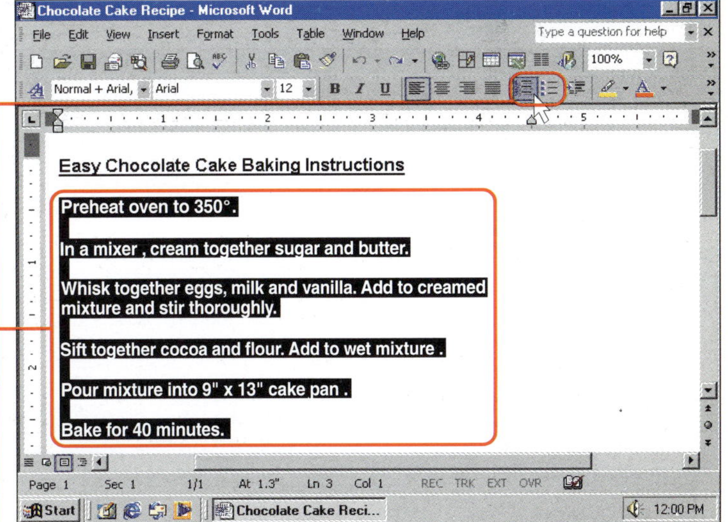

■ Una viñeta o un número aparece delante de cada ítem de la lista.

■ Para cancelar la selección del texto de la lista, haga clic fuera del área seleccionada.

■ Para eliminar los números o viñetas de una lista, repita los pasos del **1** al **6**, seleccionando **None** (Ninguno) en el paso **5**.

CREAR UNA LISTA

1 Seleccione el texto que desea mostrar como una lista numerada o con viñetas. Para seleccionar texto, vea la página 24.

2 Haga clic en alguno de los siguientes botones

▤ Agregar números

▤ Agregar viñetas

Nota: Si el botón que desea no aparece, haga clic en ⬚ , en la barra de herramientas Formatting, para mostrar todos los botones.

CAMBIAR EL ALINEAMIENTO DEL TEXTO

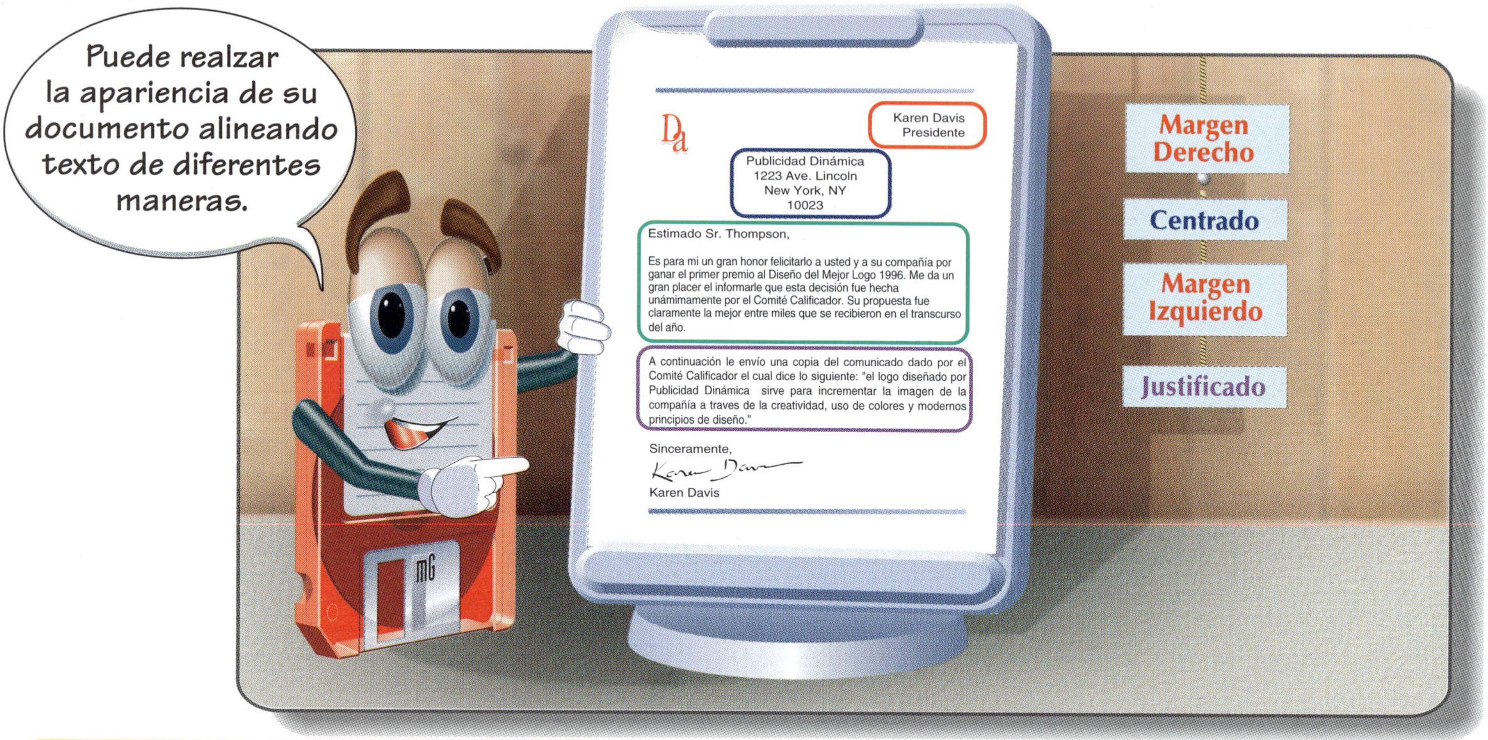

CAMBIAR EL ALINEAMIENTO DEL TEXTO

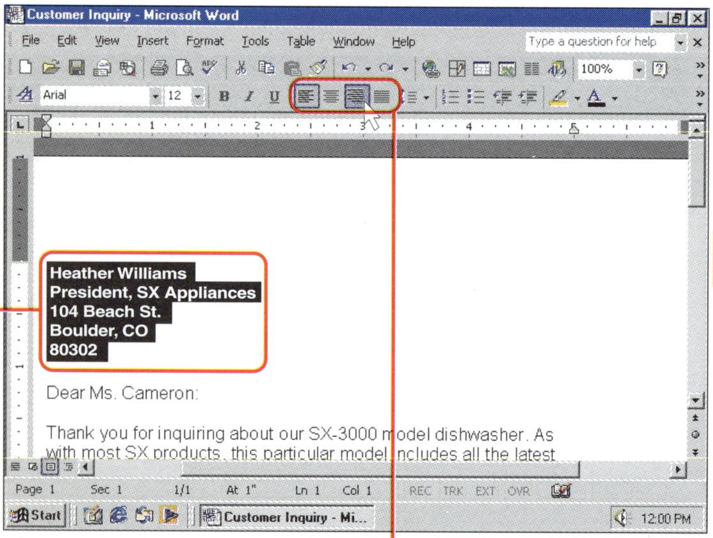

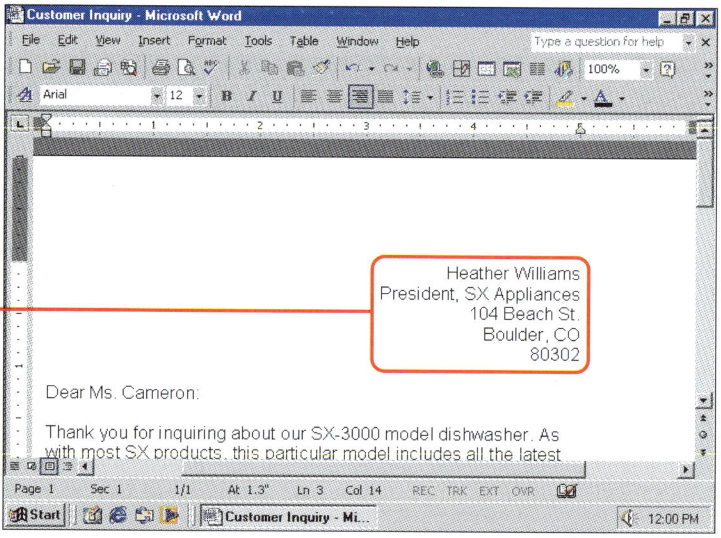

USAR LOS BOTONES DE LA BARRA DE HERRAMIENTAS

1 Seleccione el texto que quiere alinear de modo diferente. Para seleccionar texto, vea la página 24.

2 Haga clic en uno de los siguientes botones.

- Alinear a la izquierda
- Centrado
- Alinear a la derecha
- Justificado

Nota: Si el botón no aparece, haga clic en » de la barra de herramientas de Formatting (Formato) para mostrar todos los botones.

- El texto muestra la nueva alineación.

- Para cancelar la selección del texto, haga clic fuera del área seleccionada.

¿Puedo usar alineaciones diferentes dentro de una sola línea de texto?

Puede usar el elemento Click and Type (Hacer clic y digitar) para varios tipos de alineación en una misma línea de texto. Por ejemplo, en una misma línea de un documento, usted puede alinear a la izquierda su nombre y hacia la derecha, la fecha.

No puedo usar el elemento Click and Type (Hacer clic y digitar) para alinear texto. ¿Qué está mal?

El elemento Click and Type (Hacer clic y digitar) está sólo disponible en los diseños de Impresión y de Web. Para cambiar la vista de su documento, vea la página 28.

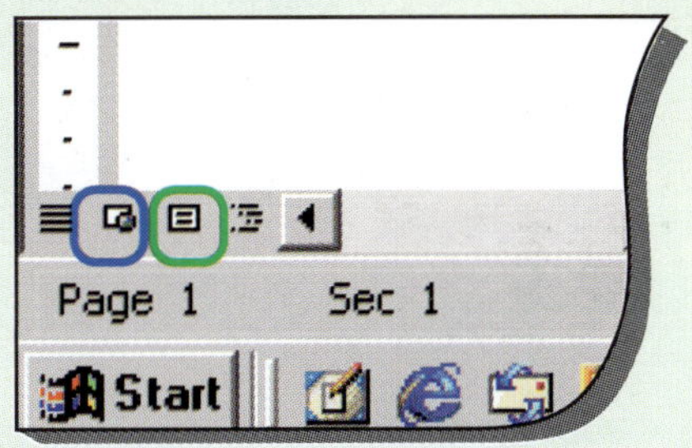

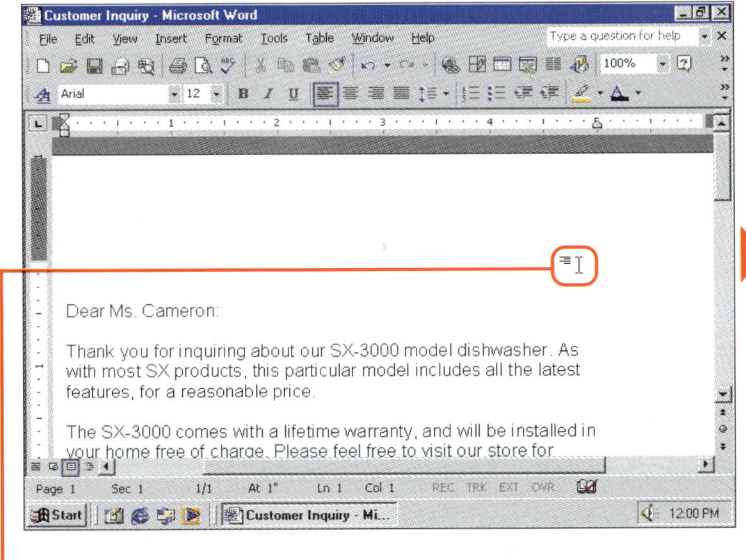

USAR CLICK AND TYPE (HACER CLIC Y DIGITAR)

1 Coloque el mouse I donde quiere que el texto aparezca. La apariencia del I del mouse indica cómo alineará Word el texto.

I⁼ Alinear a la izquierda

I Centrado

⁼I Alinear a la derecha

Nota: Si la apariencia del I del mouse no cambia, haga clic donde desee agregar texto.

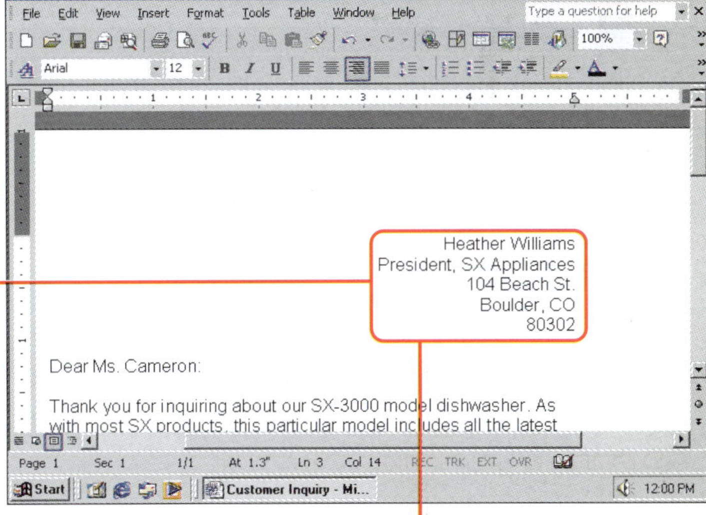

2 Haga doble clic en el lugar para colocar el punto de inserción.

3 Digite el texto que quiere agregar.

PONER SANGRÍA A LOS PÁRRAFOS

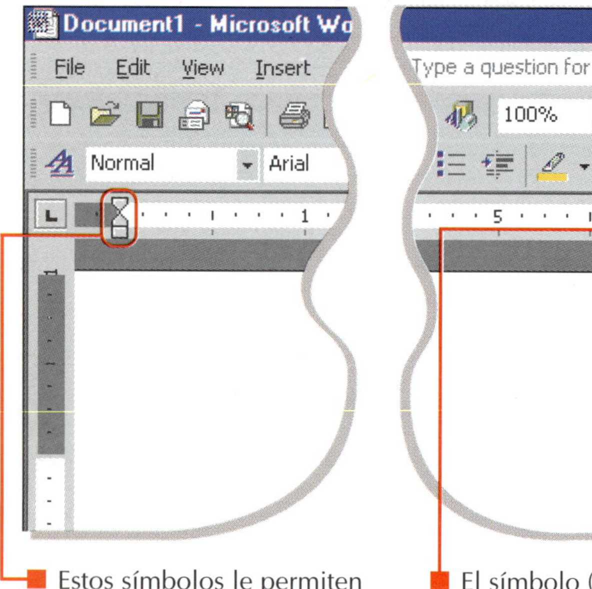

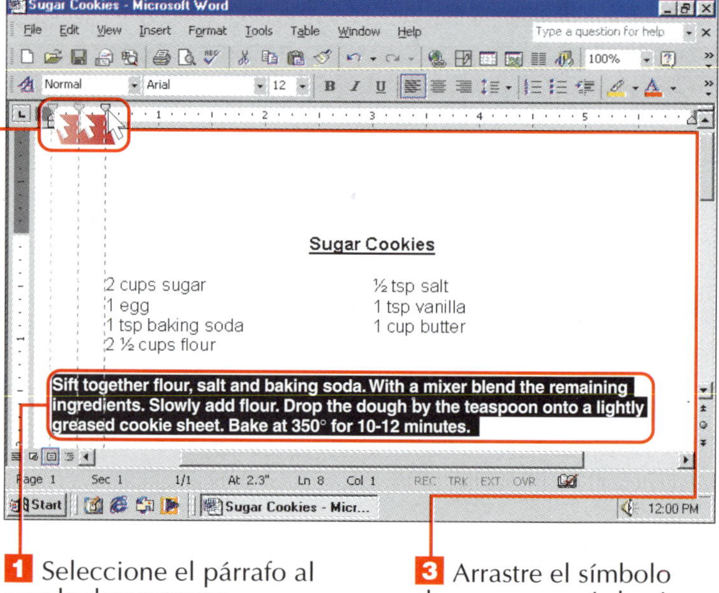

■ Estos símbolos le permiten poner sangría al borde izquierdo de un párrafo.

▽ Poner sangría a la primera línea

△ Poner sangría a todo menos a la primera línea

▢ Poner sangría a todas las líneas

■ El símbolo (△) le permite poner sangría en el borde derecho de un párrafo.

1 Seleccione el párrafo al que le desea poner sangría. Para seleccionar texto, vea la página 24.

2 Coloque el mouse sobre el símbolo de poner sangría que quiere usar.

3 Arrastre el símbolo de poner sangría hacia una nueva posición de la regla.

■ Una línea punteada muestra la posición nueva de la sangría.

¿Cuáles tipos de sangría puedo crear?

Poner sangría en la primera línea

Pone sangría solo a la primera línea de un párrafo. Este tipo de sangría se usa a menudo para marcar el inicio de los párrafos en cartas y documentos profesionales.

Sangría colgante

Pone sangría a todo menos a la primera línea de un párrafo. Este tipo de sangría es útil cuando se crea un glosario o una bibliografía.

Poner sangría a ambos lados

Poner sangría a los lados izquierdo y derecho de un párrafo es útil cuando quiere ubicar un texto, como una cita, apartado del resto del texto de su documento.

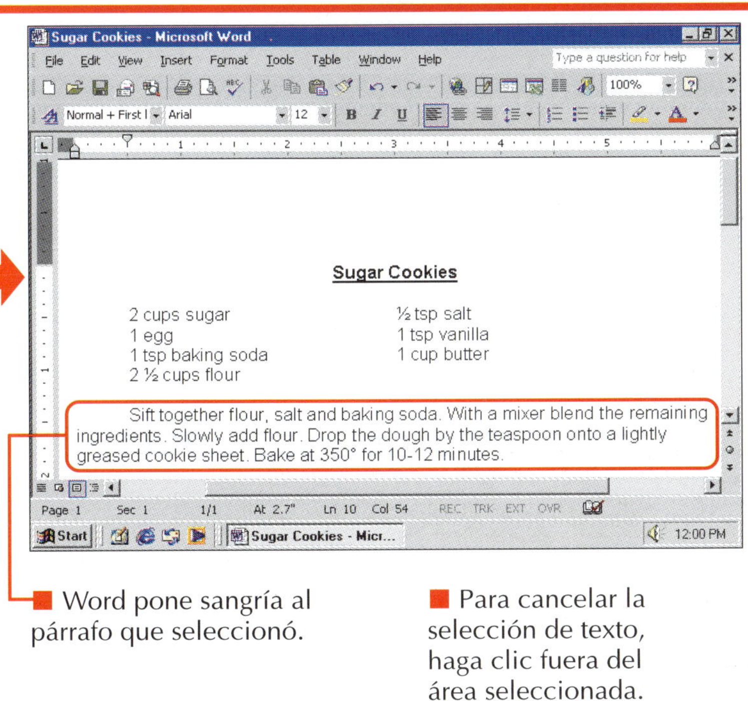

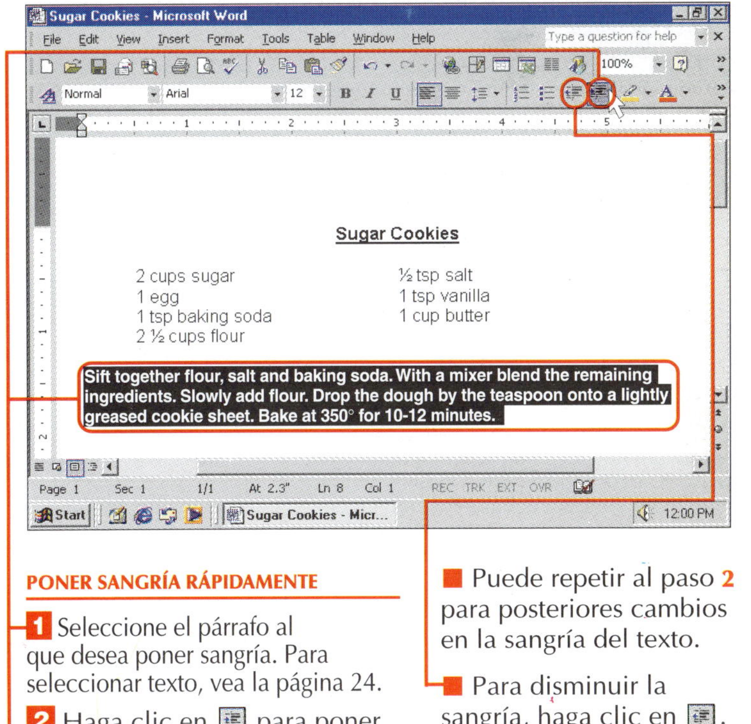

■ Word pone sangría al párrafo que seleccionó.

■ Para cancelar la selección de texto, haga clic fuera del área seleccionada.

PONER SANGRÍA RÁPIDAMENTE

1 Seleccione el párrafo al que desea poner sangría. Para seleccionar texto, vea la página 24.

2 Haga clic en 🔲 para poner sangría al borde izquierdo del párrafo.

Nota: Si 🔲 el botón no aparece, haga clic en 🔲 de la barra de herramientas de Formatting (Formato) para mostrar todos los botones.

■ Puede repetir al paso **2** para posteriores cambios en la sangría del texto.

■ Para disminuir la sangría, haga clic en 🔲.

CAMBIAR LAS TABULACIONES

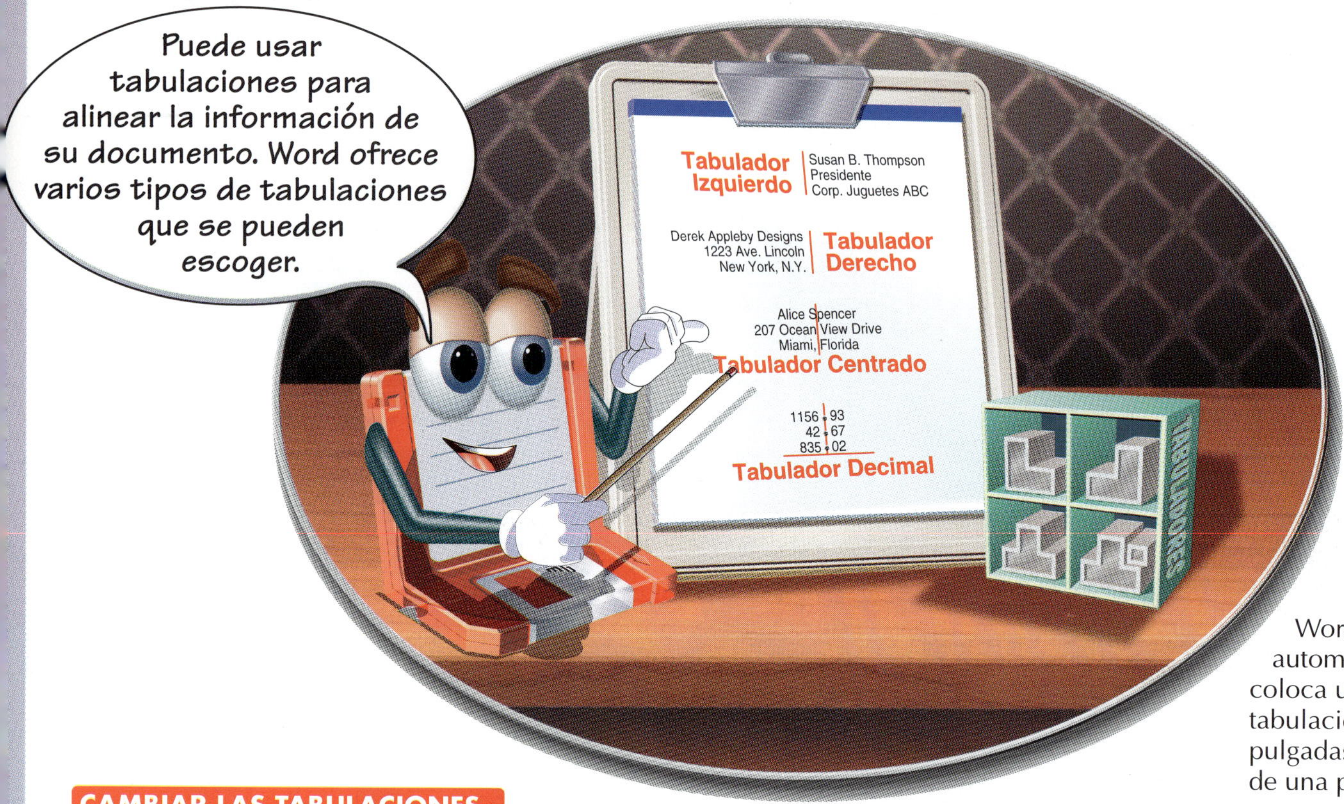

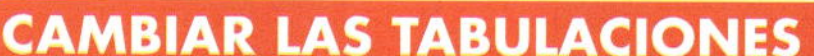

Word automáticamente coloca una tabulación cada 0.5 pulgadas a lo largo de una página.

CAMBIAR LAS TABULACIONES

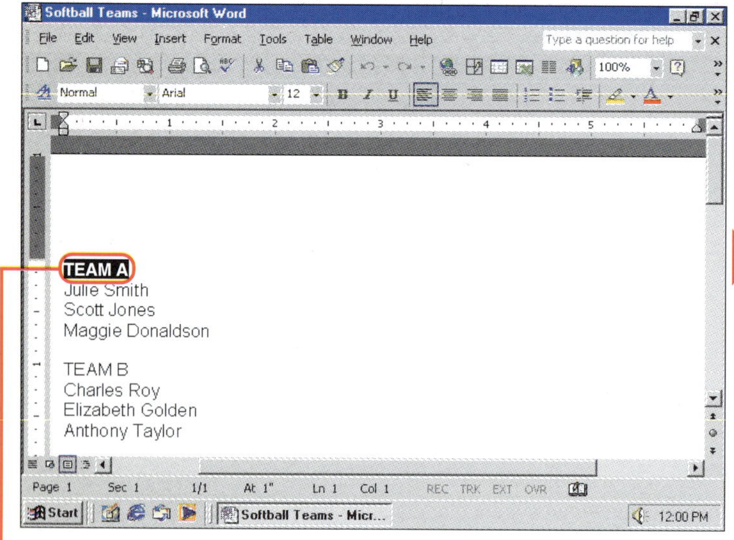

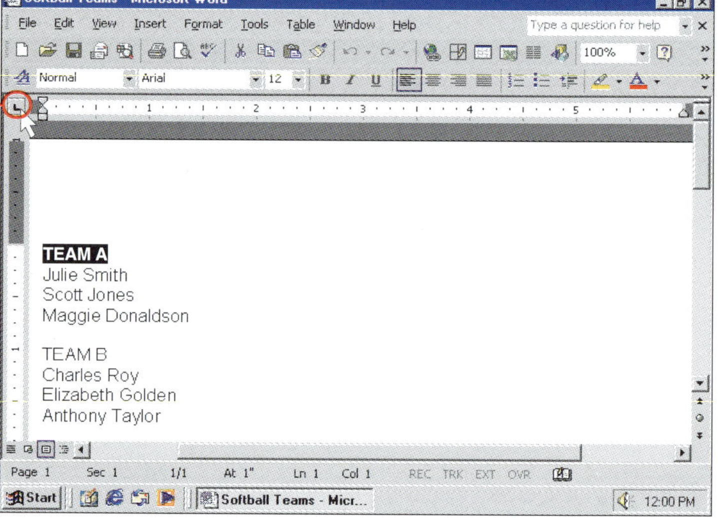

AGREGAR UNA TABULACIÓN

1 Seleccione el texto en el que desea usar la nueva tabulación. Para seleccionar texto, vea la página 24.

■ Para agregar una tabulación al texto que está a punto de digitar, haga clic en el lugar del documento donde desea empezar a digitarlo.

2 Haga clic en esta área hasta que aparezca el tipo de tabulación que desea agregar.

- Tabulación izquierda
- Tabulación centrada
- Tabulación derecha
- Tabulación decimal

SIMPLIFÍQUESE

¿Cómo puedo mover una tabulación?

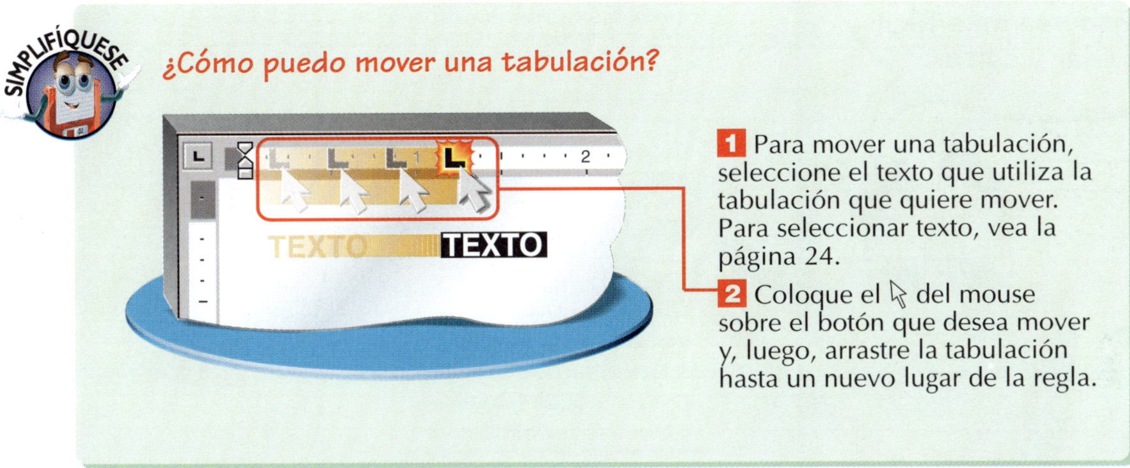

1 Para mover una tabulación, seleccione el texto que utiliza la tabulación que quiere mover. Para seleccionar texto, vea la página 24.

2 Coloque el ⇖ del mouse sobre el botón que desea mover y, luego, arrastre la tabulación hasta un nuevo lugar de la regla.

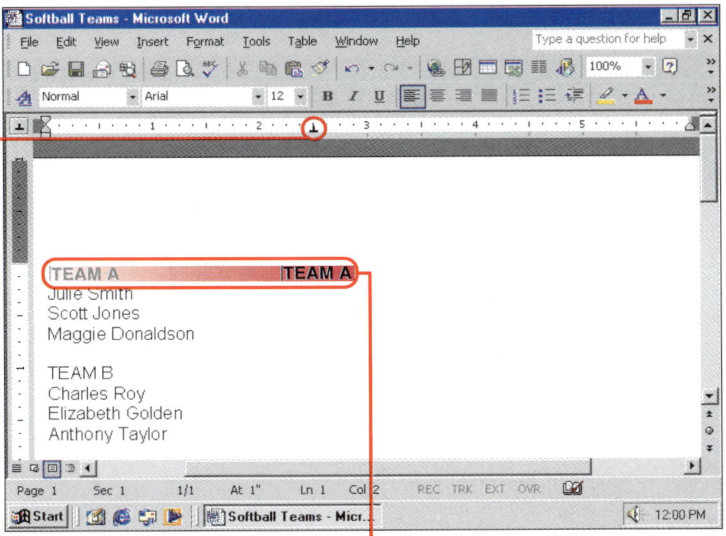

3 Haga clic en la mitad inferior de la regla donde quiere agregar la tabulación.

■ La nueva tabulación aparece en la regla.

USAR UNA TABULACIÓN

1 Haga clic en el inicio de la línea que quiere tabular. Presione la tecla Tab .

■ El punto de inserción y el texto que le sigue se trasladan hacia la tabulación que usted ha fijado.

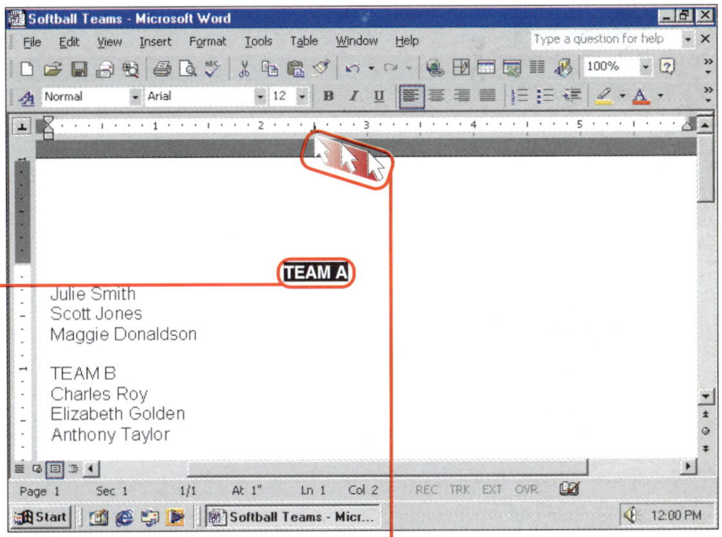

ELIMINAR UNA TABULACIÓN

1 Seleccione el texto que utiliza la tabulación que quiere eliminar. Para seleccionar texto, vea la página 24.

2 Coloque el mouse ⇖ sobre la tabulación y, luego, arrástrela hacia abajo de la regla.

■ La tabulación desaparece de la regla.

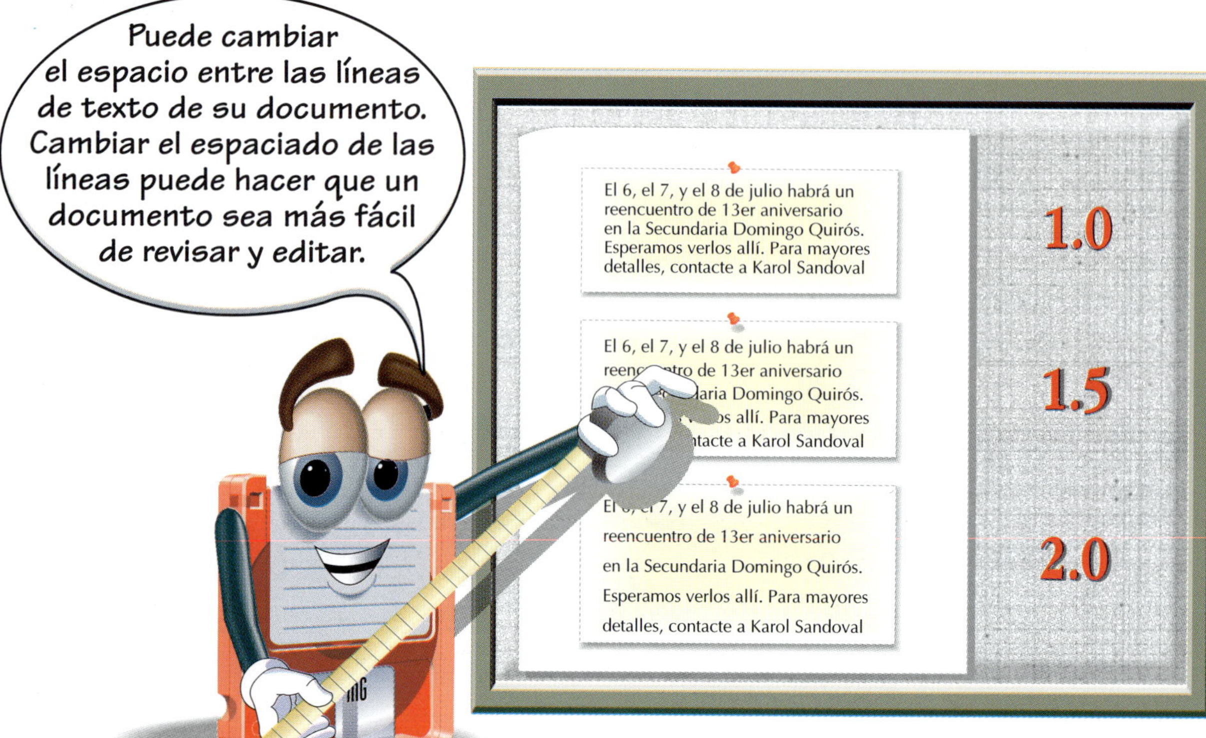

CAMBIAR EL ESPACIADO DE LAS LÍNEAS

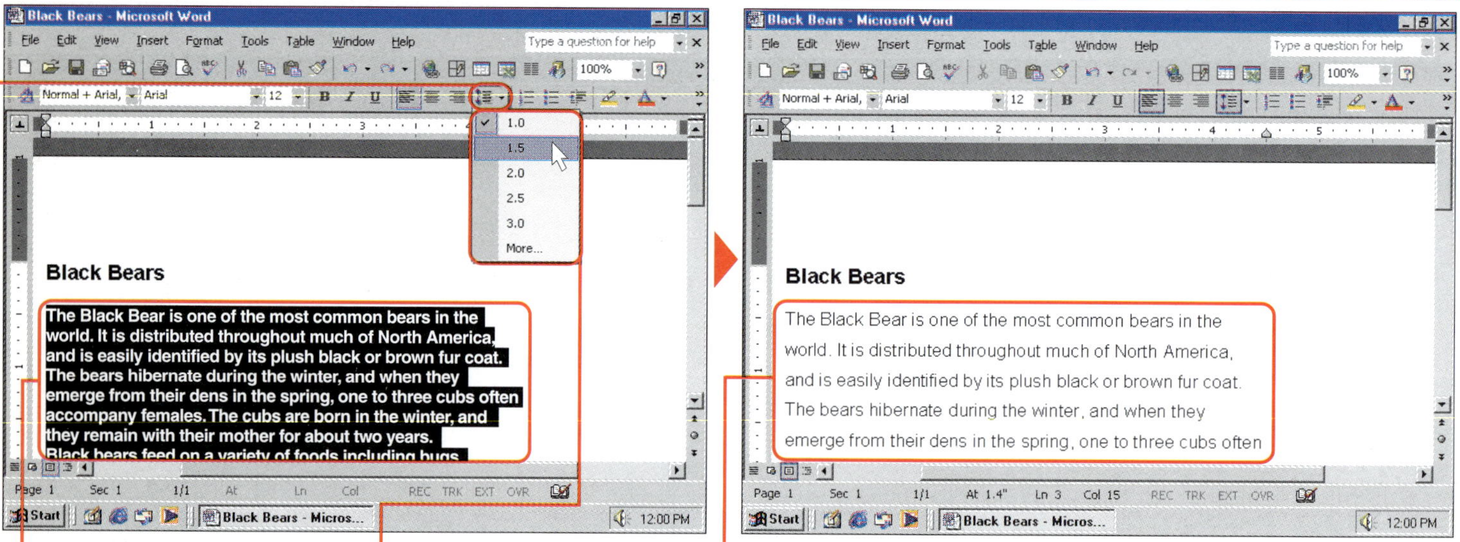

1 Seleccione el texto en el cual quiere usar un espaciado de líneas diferente. Para seleccionar texto, vea la página 24.

2 Haga clic en ▾ , en este área, para mostrar a ostentar las opciones disponibles de espaciado de líneas.

Nota: Si [icono] no aparece, haga clic en [icono] en la barra Formatting.

3 Haga clic en la opción del espaciado de líneas que quiere usar.

■ El texto aparece con el espaciado de líneas que seleccionó.

■ Para cancelar la selección del texto, haga clic fuera del área seleccionada.

ELIMINAR EL FORMATO DE UN TEXTO

ELIMINAR EL FORMATO DE UN TEXTO

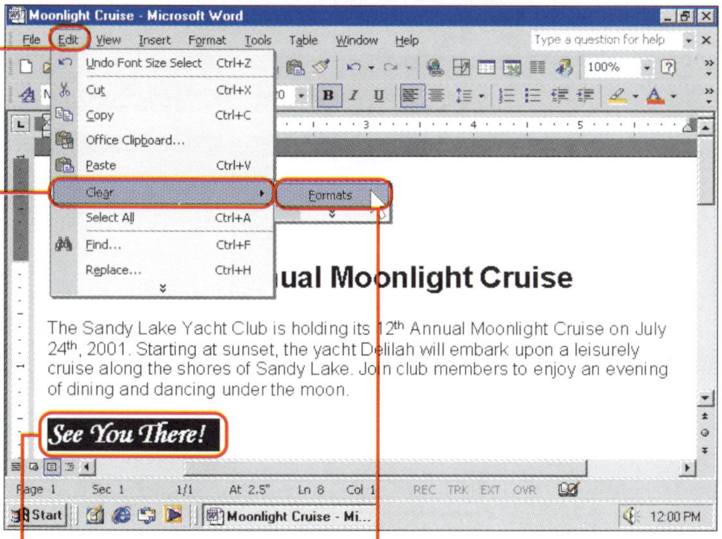

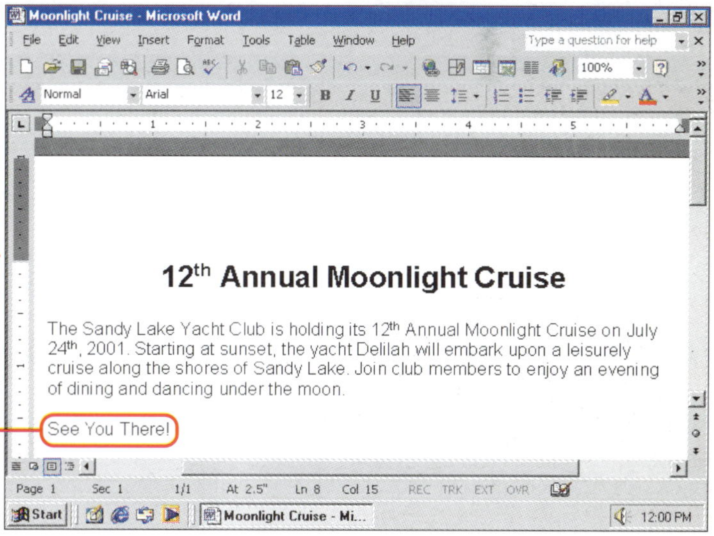

1 Seleccione el texto cuyo formato que quiere eliminar. Para seleccionar texto, vea la página 24.

2 Haga clic en **Edit** (Edición).

3 Haga clic en **Clear** (Borrar).

Nota: Si Clear (Borrar) no aparece en el menú, coloque el mouse sobre la parte inferior del menú, de modo que se puedan observar todas las opciones de este.

4 Haga clic en **Formats** (Formatos).

■ El formato desaparece del texto.

■ Para cancelar la selección del texto, haga clic fuera del área seleccionada.

Insertar un salto de página es útil cuando se quiere que un encabezado aparezca en la parte superior de una página nueva.

INSERT A PAGE BREAK

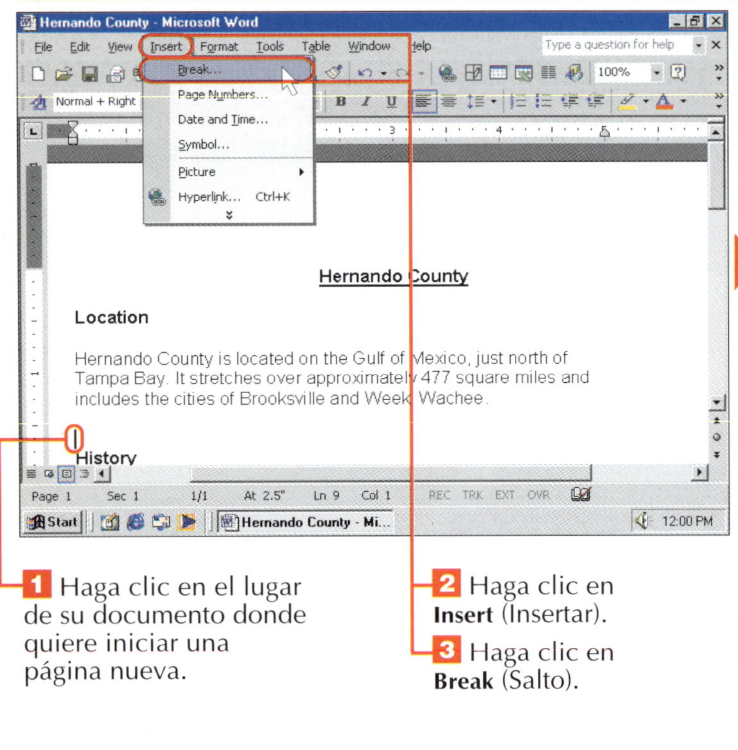

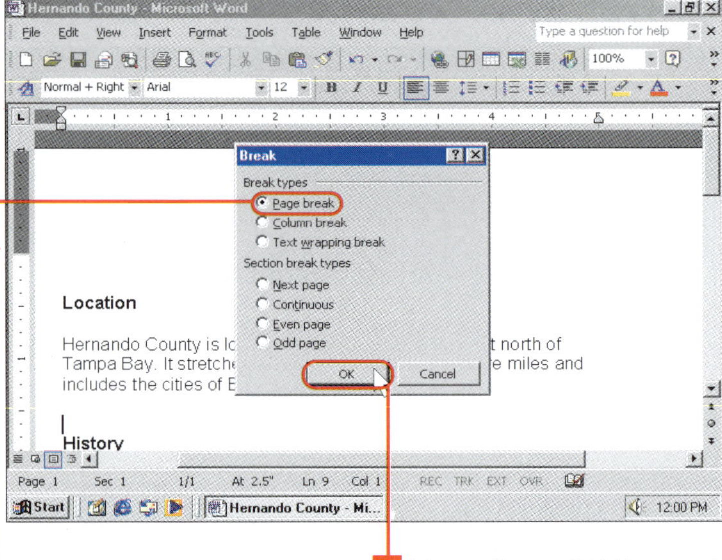

1 Haga clic en el lugar de su documento donde quiere iniciar una página nueva.

2 Haga clic en **Insert** (Insertar).

3 Haga clic en **Break** (Salto).

■ La ventana de diálogo Break (Salto) aparece.

4 Haga clic en esta opción para agregar un salto de página a su documento (○ cambia a ⊙).

5 Haga clic en OK (Aceptar) para confirmar su selección.

■ Word agrega el salto de página a su documento.

¿Word inserta saltos de página automáticamente?

Cuando usted llena una página de información, Word automáticamente inicia una página nueva insertando un salto de página.

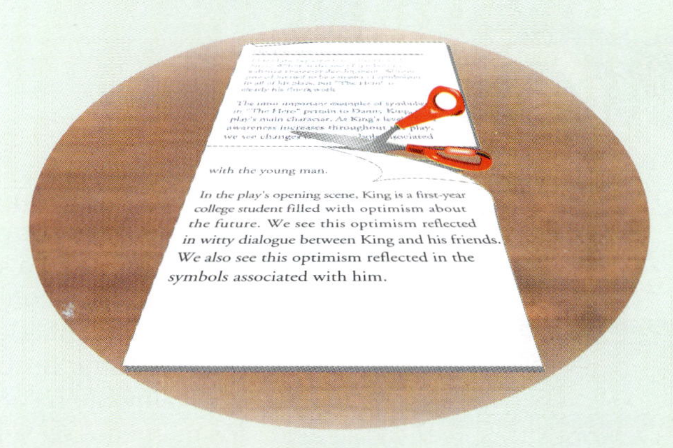

¿Cómo puedo insertar rápidamente un salto de página?

1 Haga clic en el lugar de su documento donde quiere insertar un salto de página.

2 Para insertar un salto de página, presione la tecla `Ctrl` y, luego, presione la tecla `Enter`.

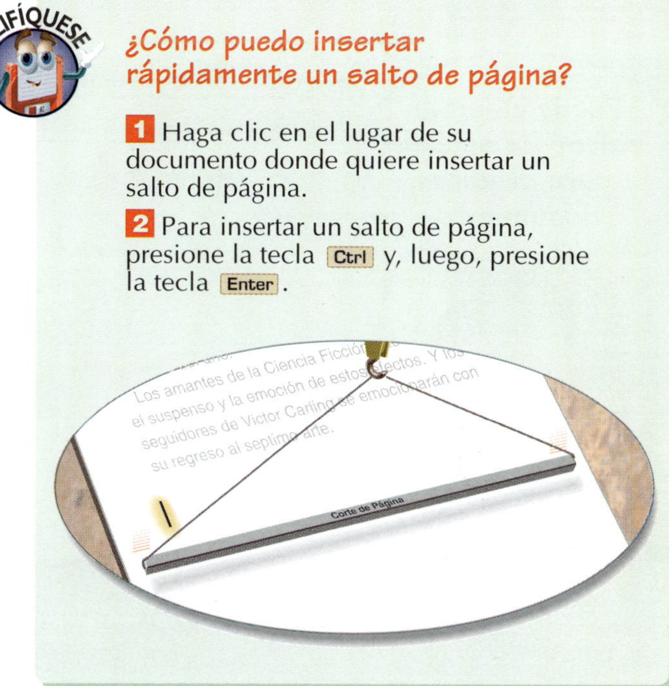

DELETE A PAGE BREAK

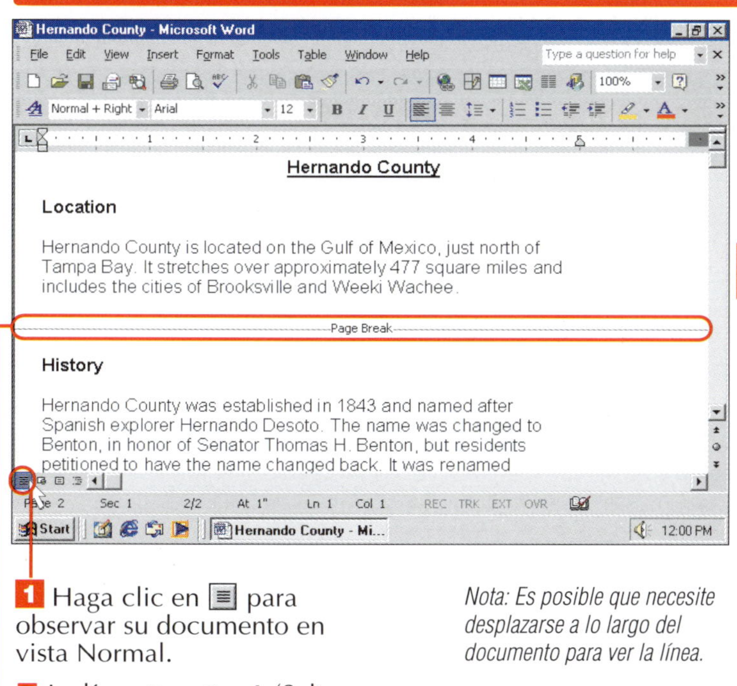

1 Haga clic en ▤ para observar su documento en vista Normal.

■ La línea **Page Break** (Salto de página) muestra dónde acaba una página y dónde empieza otra. La línea no aparecerá cuando imprima el documento.

Nota: Es posible que necesite desplazarse a lo largo del documento para ver la línea.

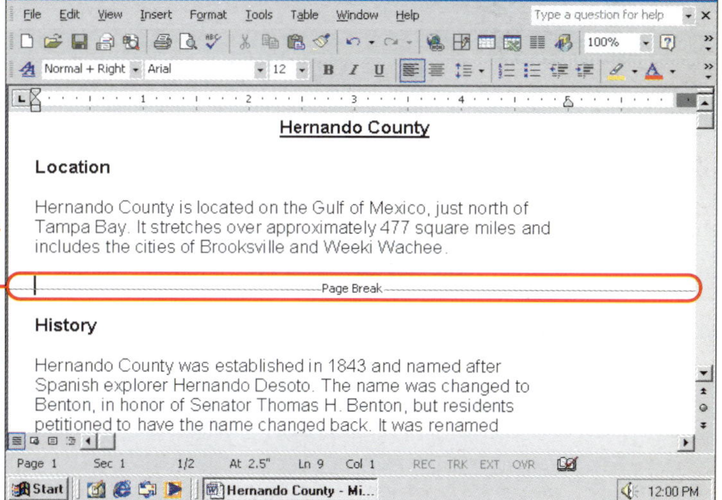

2 Haga clic en la línea de **Page Break** (Salto de página).

3 Presione la tecla `Delete` para eliminar el salto de página.

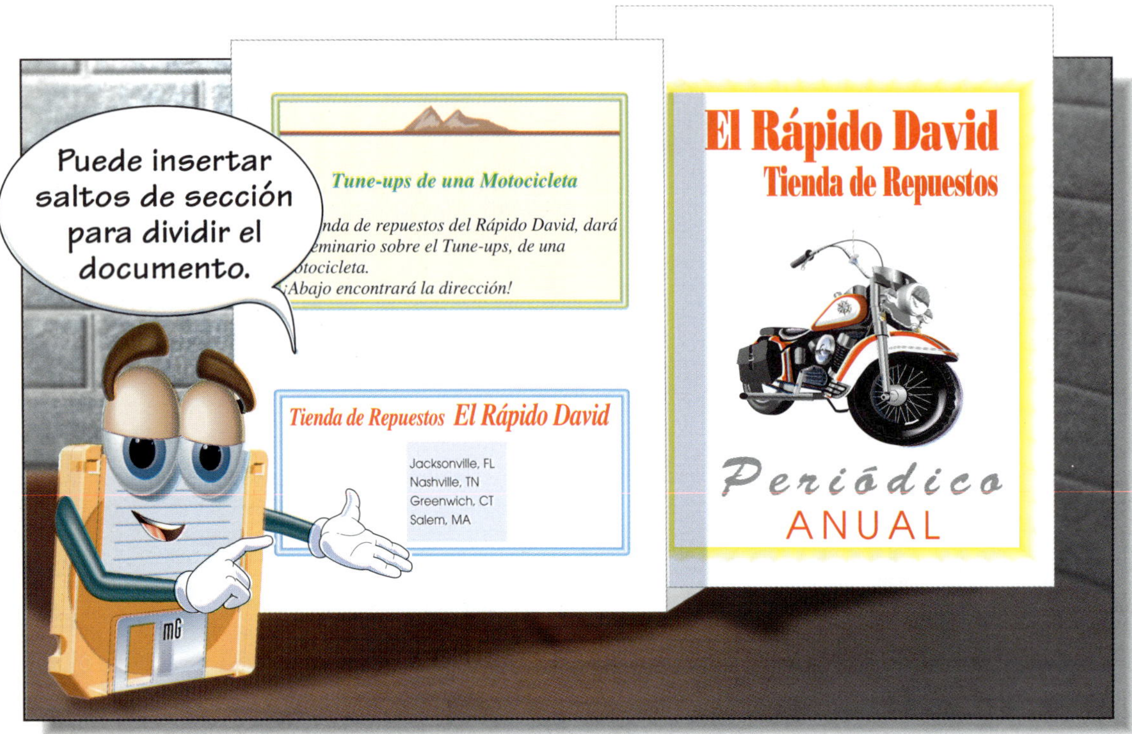

Dividir en secciones el documento le permite aplicar formatos a solo partes de su documento. Por ejemplo, puede querer centrar texto verticalmente o cambiar los márgenes de solo una parte de su documento.

INSERTAR UN SALTO DE SECCIÓN

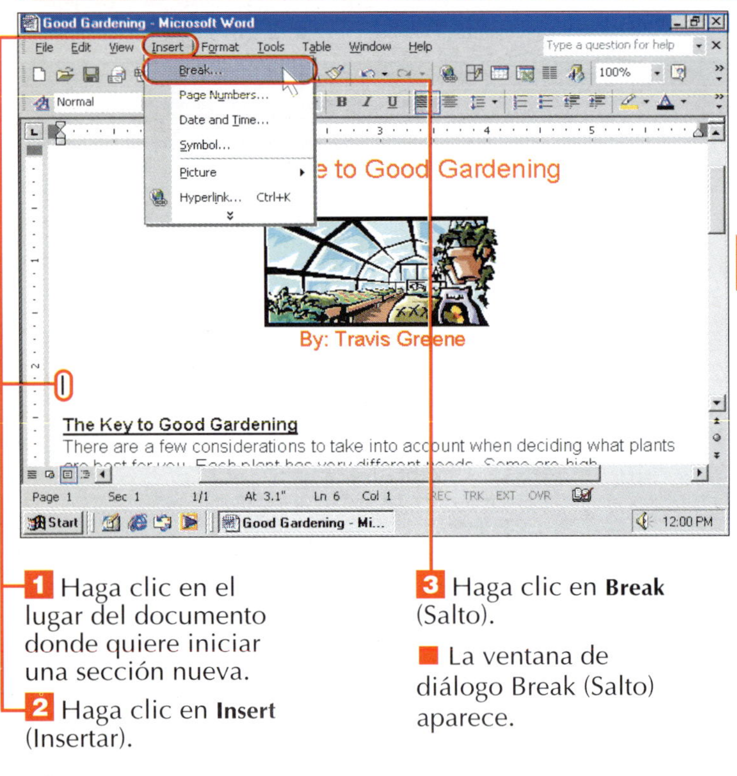

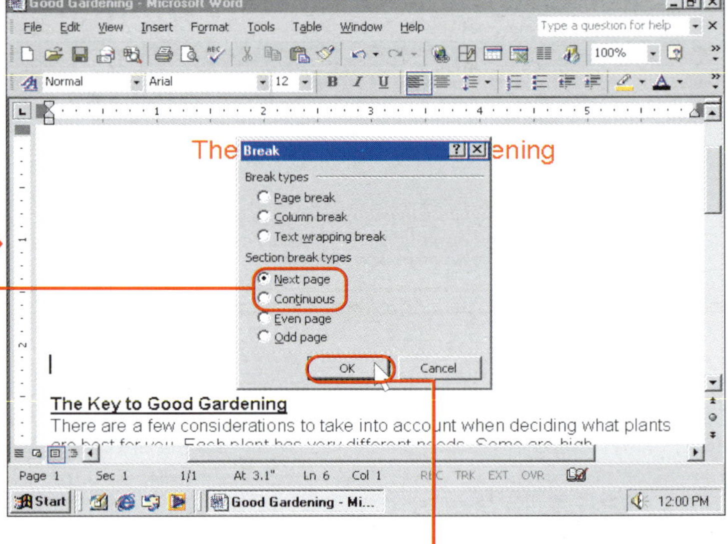

1 Haga clic en el lugar del documento donde quiere iniciar una sección nueva.

2 Haga clic en **Insert** (Insertar).

3 Haga clic en **Break** (Salto).

■ La ventana de diálogo Break (Salto) aparece.

4 Haga clic en el tipo de salto de sección que quiere agregar (○ cambia a ⦿).

Next page (Página siguiente) Comienza una sección nueva en una página nueva.

Continuous (Continuo)- Comienza una sección nueva en la página actual.

5 Haga clic en **OK** (Aceptar) para confirmar su selección.

■ Word agrega el salto de sección a su documento.

¿Cuando suprima un salto de sección cambiará la apariencia de mi documento?

Cuando suprima un salto de sección, el texto ubicado encima del salto asumirá la apariencia del texto ubicado debajo de este. Por ejemplo, si cambia los márgenes del texto debajo de un salto de sección, el texto ubicado encima del salto también mostrará los márgenes nuevos cuando lo suprima.

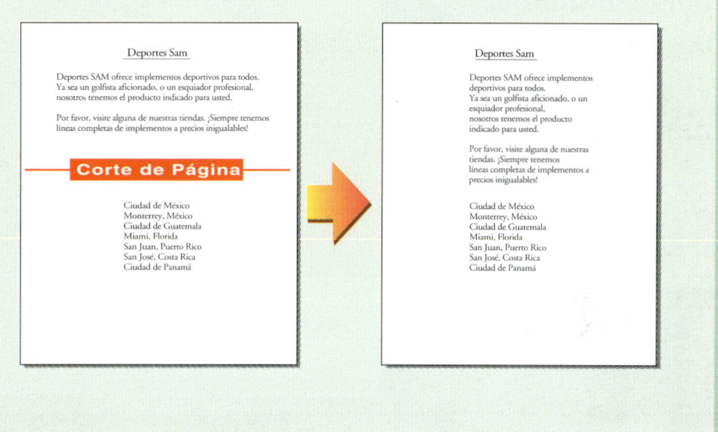

ELIMINAR UN SALTO DE SECCIÓN

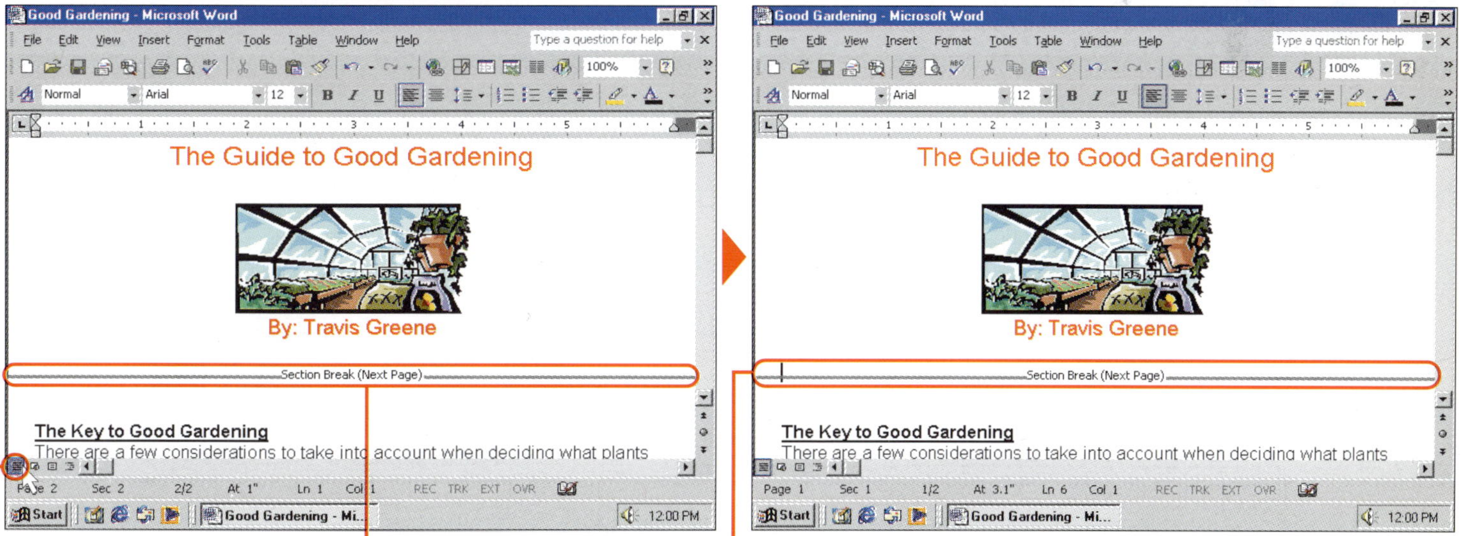

1 Haga clic en el ícono para observar el documento en Vista normal.

■ La línea **Section Break** (Salto de sección) muestra donde empieza y dónde termina una sección. La línea no aparecerá cuando imprima su documento.

Nota: es posible que necesite descender en el documento para poder ver la línea.

2 Haga clic en la línea **Section Break** (Salto de sección).

3 Presione la tecla Delete para eliminar el salto de sección.

81

Después de centrar el texto verticalmente, puede usar el elemento Print Preview (Vista preliminar) para ver cómo aparecerá el texto centrado en una página impresa. Para información sobre el elemento Print Preview (Vista preliminar), vea la página 34.

CENTRAR TEXTO EN UNA PÁGINA

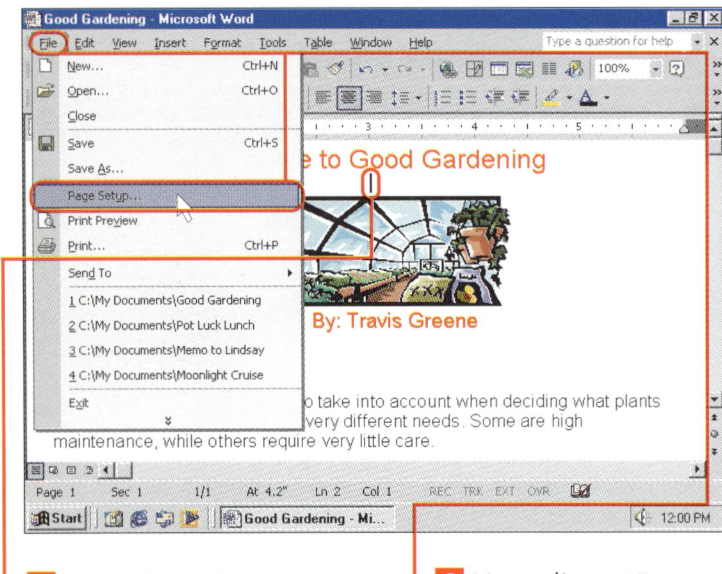

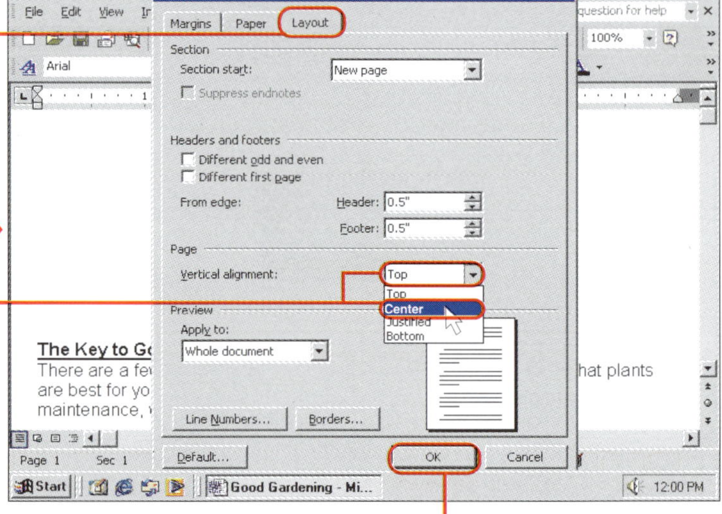

1 Haga clic en la parte del documento o en la sección que desea centrar verticalmente.

Nota: Para centrar verticalmente solo una parte del texto del documento, debe dividirlo en secciones. Para más información, vea la página 80.

2 Haga clic en **File** (Archivo).

3 Haga clic en **Page Setup** (Configurar página).

■ La ventana de diálogo Page Setup (Configurar página) aparece.

4 Haga clic en el botón **Layout** (Diseño).

5 Haga clic en esta área para observar las opciones verticales de la alineación.

6 Haga clic en **Center** (Centrado) para centrar verticalmente el texto de la página.

7 Haga clic en **OK** (Aceptar) para confirmar el cambio.

■ Para eliminar el centrado más tarde, repita los pasos del **1** al **7**, pero debe elegir **Top** (Superior) en el paso **6**.

CAMBIAR LOS MÁRGENES

Cambiar los márgenes le permite acomodar encabezados y algunos otros elementos. Word automáticamente coloca los márgenes superiores e inferiores a una pulgada y el izquierdo y derecho a 1. 25 pulgadas.

CAMBIAR LOS MÁRGENES

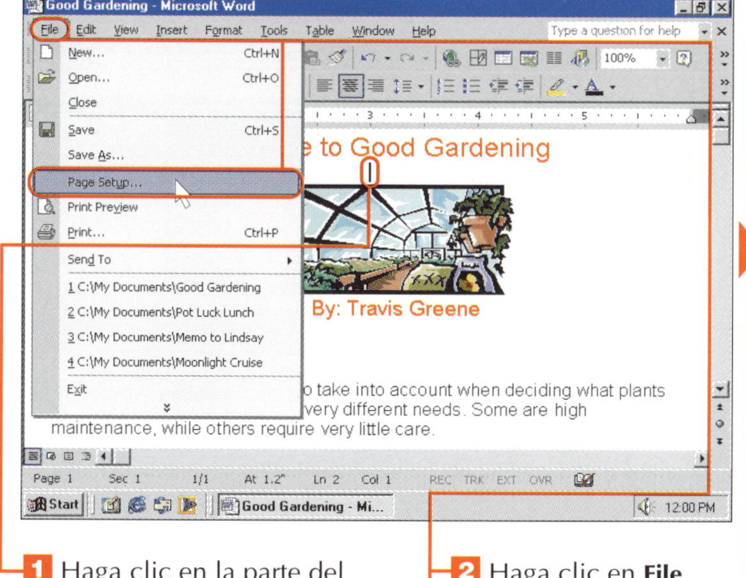

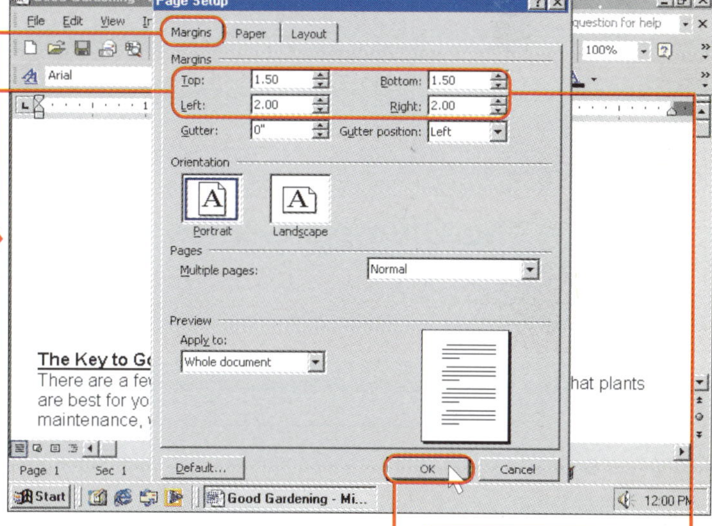

1 Haga clic en la parte del documento o en la sección a la que desea cambiar los márgenes.

Nota: Para cambiar los márgenes de una parte del documento, debe dividirlo en secciones. Para más información, vea la página 80.

2 Haga clic en **File** (Archivo).

3 Haga clic en **Page Setup** (Configurar página).

■ La ventana de diálogo Page Setup (Configurar página) aparece.

4 Haga clic en **Margins** (Márgenes).

■ Esta área expone los márgenes de la página.

5 Haga doble clic en el tamaño del margen que desea establecer y escriba un tamaño nuevo.

■ Repita el paso **5** en cada margen que desea cambiar.

6 Haga clic en **OK** (Aceptar) para confirmar el cambio.

Para ver el número de página en su pantalla, su documento debe aparecer en vista de impresión. Para información sobre las formas diferentes en que puede observar un documento, vea la página 28.

AGREGAR NÚMEROS DE PÁGINA

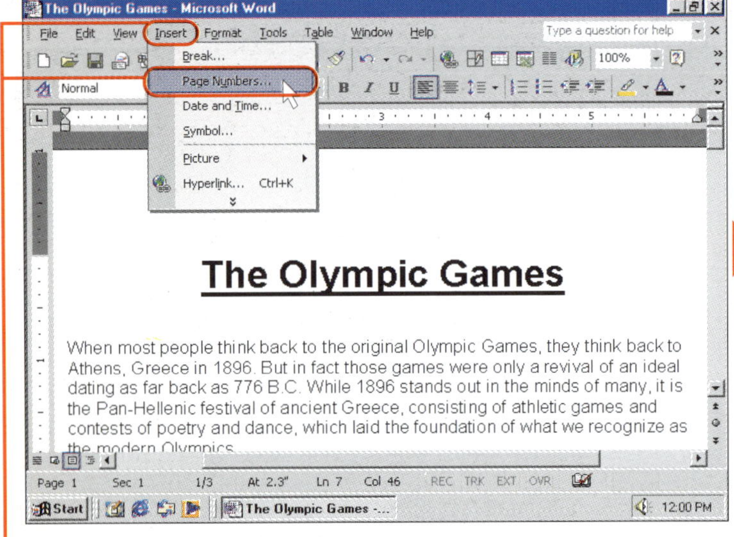

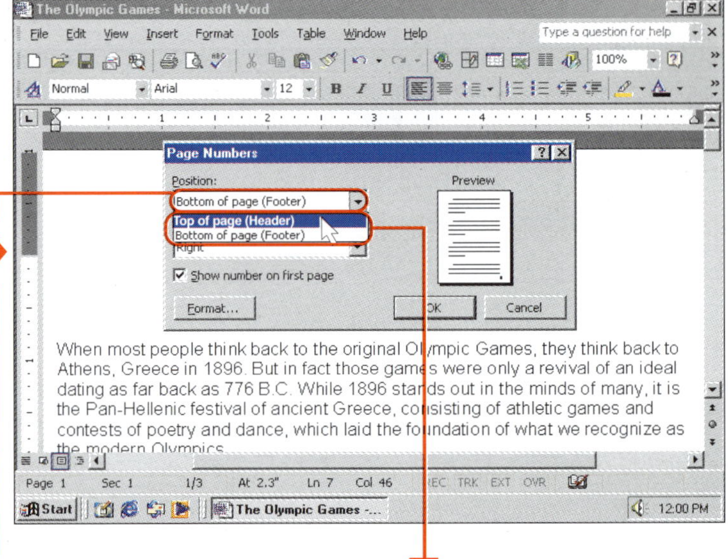

1 Haga clic en **Insert** (Insertar).

2 Haga clic en **Page Numbers** (Números de página).

■ La ventana de diálogo Page Numbers (Números de página) aparece.

3 Haga clic en esta área para seleccionar la posición de los números de página.

4 Haga clic en la posición donde usted quiere que los números de página aparezcan.

¿Cómo elimino los números de página de mi documento?

Suprimir un número de página del encabezado o el pie de su documento eliminará los números de página del documento.

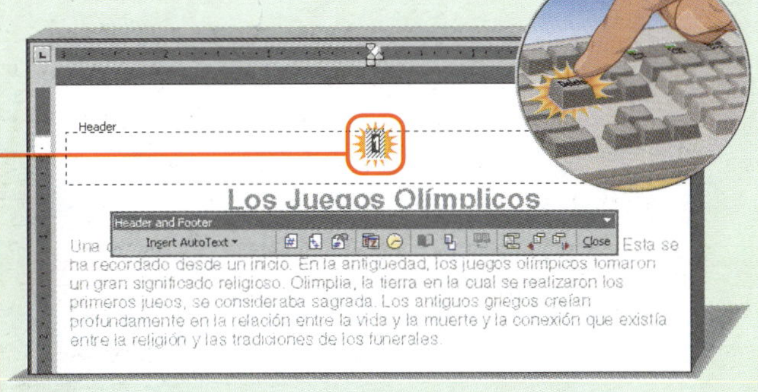

1 Haga doble clic en el número de una página para observar el área del encabezado o del pie de página.

2 Arrastre el mouse sobre I el número de la página para seleccionarlo.

3 Presione la tecla Delete para suprimir el número de la página.

*Nota: Para cerrar el área del encabezado o de pie de página, haga clic en **Close** en la barra de herramientas del Header (Encabezado) y del Footer (Pie de página).*

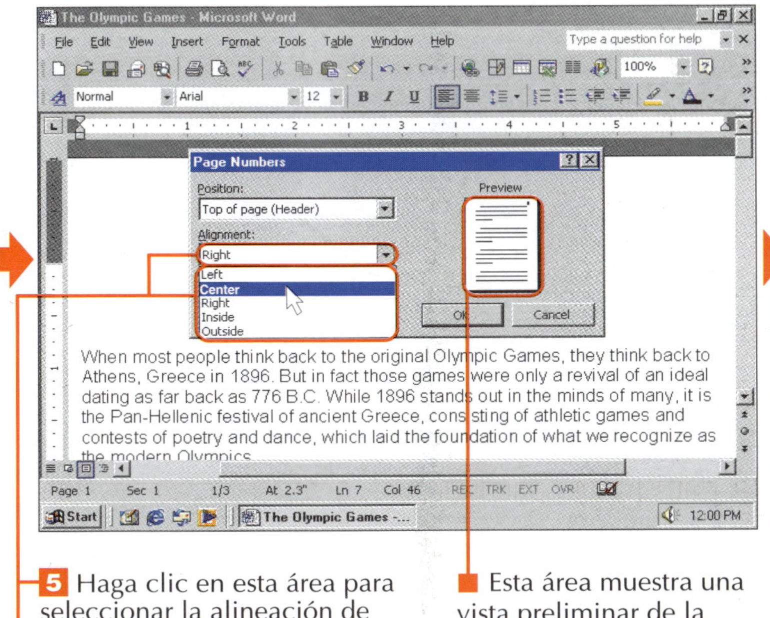

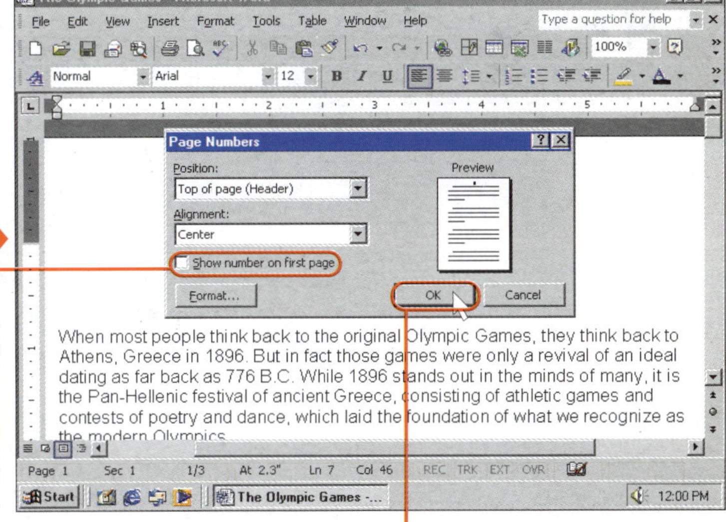

5 Haga clic en esta área para seleccionar la alineación de los números de página.

6 Haga clic en el alineamiento que desea usar.

■ Esta área muestra una vista preliminar de la posición y el alineamiento que seleccionó en los números de la página.

7 Si quiere ocultar el número de la página en la primera página de su documento, haga clic en esta opción (☑ cambia a ☐).

Nota: Esta opción es útil si la primera página de su documento es un título.

8 Haga clic en **OK** (Aceptar) para agregar los números de página de su documento.

■ Si más tarde realiza cambios que afectan las páginas de su documento, como agregar, eliminar o reorganizar texto, Word automáticamente ajustará los números de página para usted.

AGREGAR UNA MARCA DE AGUA

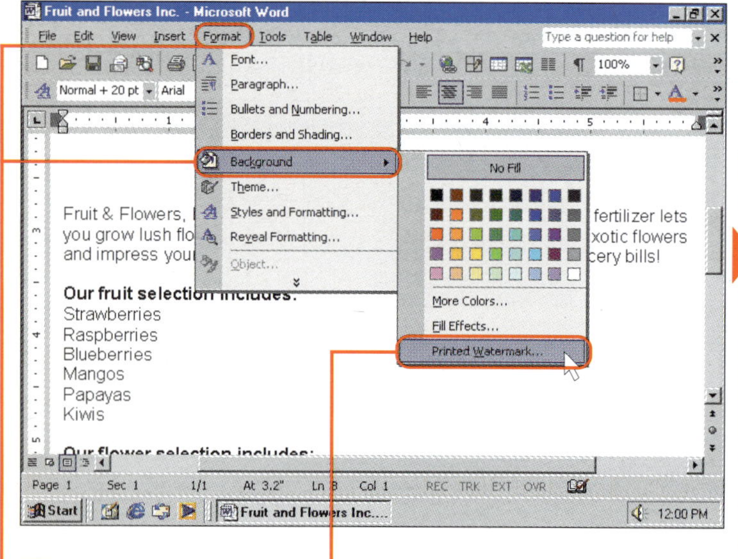

Puede agregar una marca de agua de texto como Tan Pronto Como Sea Posible, Confidencial, Copia, Urgente, Personal, Muestra, a un documento. Word solo puede mostrar marcas de agua en la vista de impresión. para más información sobre cambiar las vistas, vea la página 28.

AGREGAR UNA MARCA DE AGUA IMPRESA

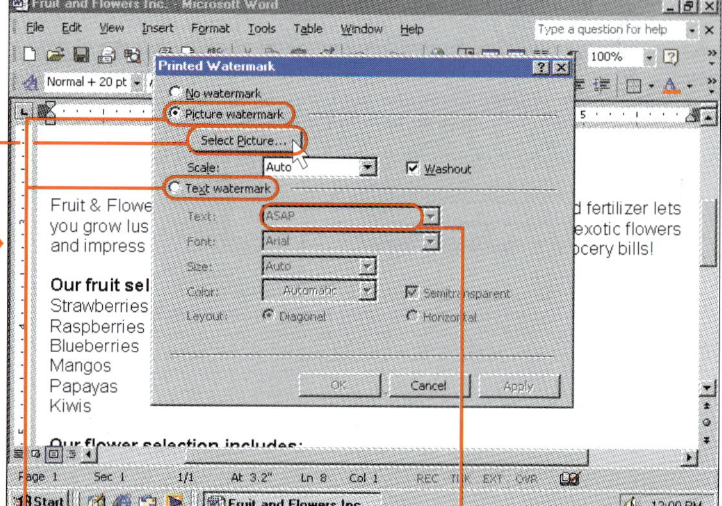

1 Haga clic en **Format** (Formato).

2 Haga clic en **Background** (Fondo).

Nota: Si no aparece el comando Background (Fondo), coloque el mouse sobre la parte inferior del menú para observar todas las opciones.

3 Haga clic en **Printed Watermark** (Marca de agua impresa).

■ El cuadro de diálogo Printed Watermark (Marca de agua impresa) aparece.

4 Haga clic en una opción para especificar el tipo de marca que desea agregar (○ cambia a ⊙).

5 Si seleccionó marca de agua de imagen en el paso **4**, haga clic en **Select Picture** (Seleccionar imagen) para localizar la imagen de la computadora que desee usar.

■ Si seleccionó una marca de texto en el paso **4**, arrastre el mouse sobre el texto de esta área y digite el texto que quiere usar. Luego salte al paso **8**.

SIMPLIFÍQUESE

¿Cómo formateo el texto que he usado como una marca de agua impresa?

Puede cambiar la fuente, el tamaño y el color del texto de una marca de agua.

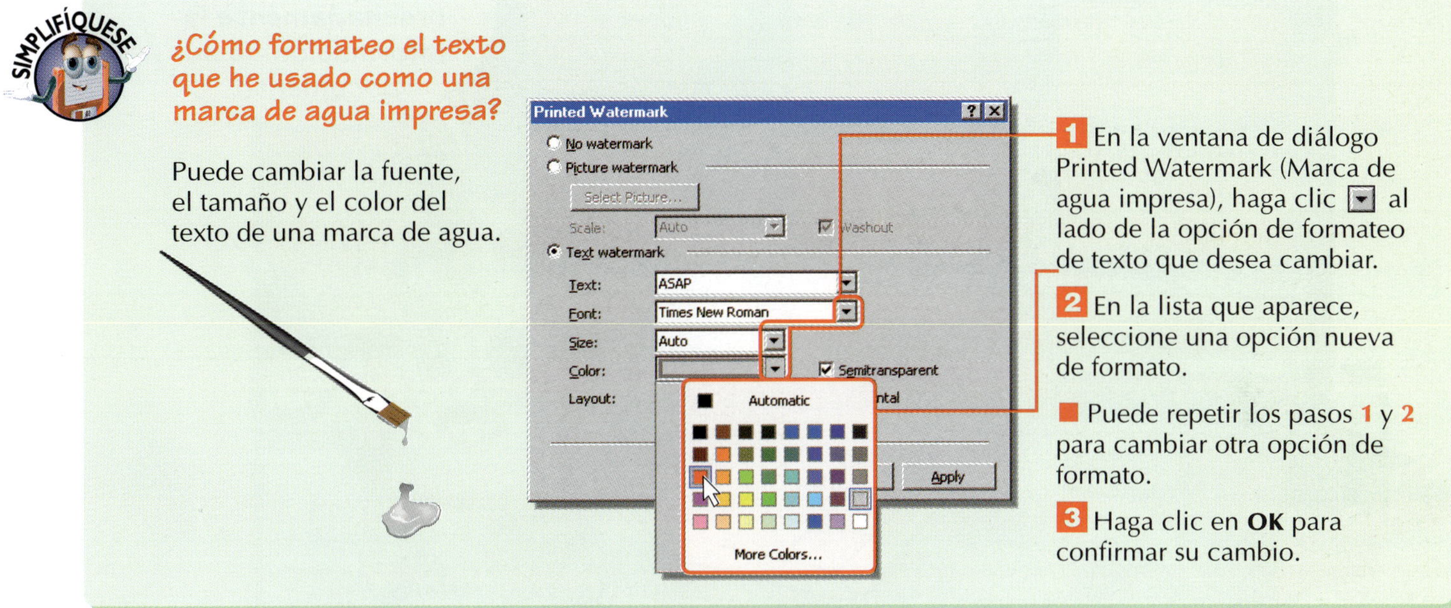

1 En la ventana de diálogo Printed Watermark (Marca de agua impresa), haga clic al lado de la opción de formateo de texto que desea cambiar.

2 En la lista que aparece, seleccione una opción nueva de formato.

■ Puede repetir los pasos **1** y **2** para cambiar otra opción de formato.

3 Haga clic en **OK** para confirmar su cambio.

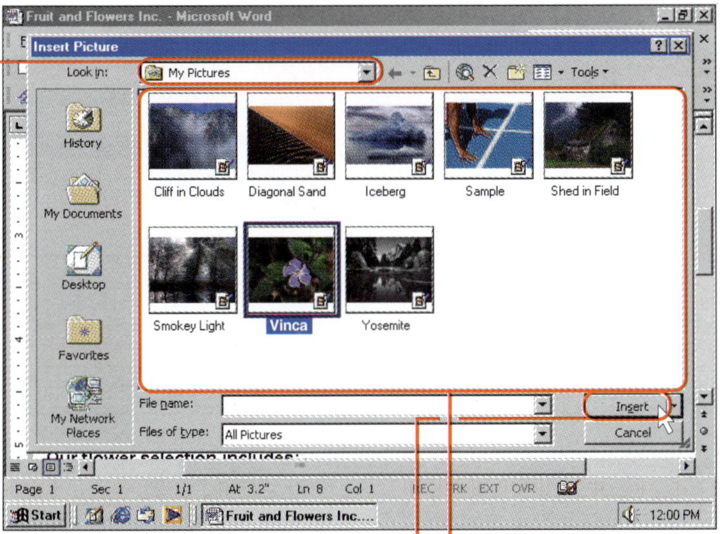

■ La ventana de diálogo Insert Picture (Insertar imagen) aparece.

■ Esta área muestra la localización de los archivos mostrados. Puede hacer clic en esta área para cambiar la localización.

6 Haga clic en el cuadro que desea usar para la marca de agua.

7 Haga clic en **Insert** (Insertar).

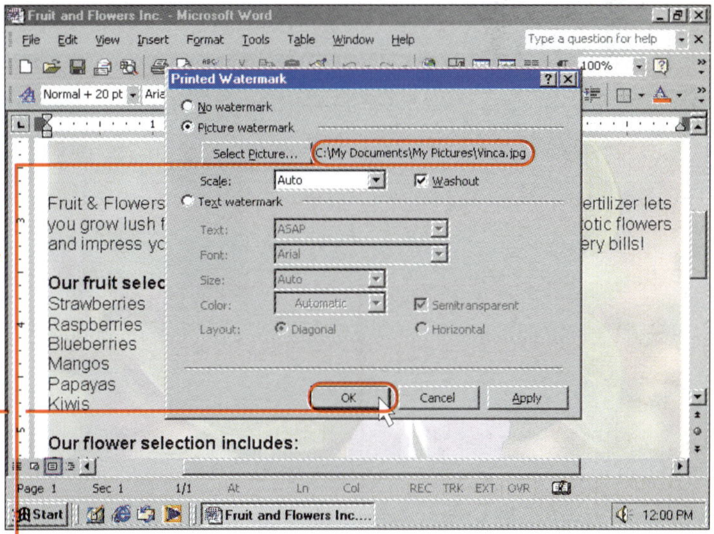

■ Esta área muestra la localización y el nombre de la imagen que seleccionó.

8 Haga clic en **OK** (Aceptar) para confirmar su cambio.

■ La marca de agua impresa aparece en su documento.

■ Para eliminar una marca de agua impresa, repita los pasos del **1** al **4**, seleccionando No watermark (Sin marca de agua) en el paso **4**. Luego, realice el paso **8**.

CREAR UNA TABLA

CREAR UNA TABLA

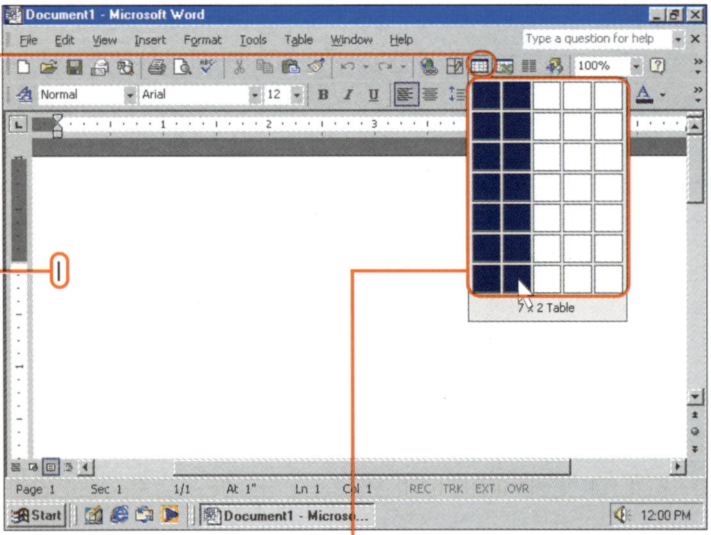

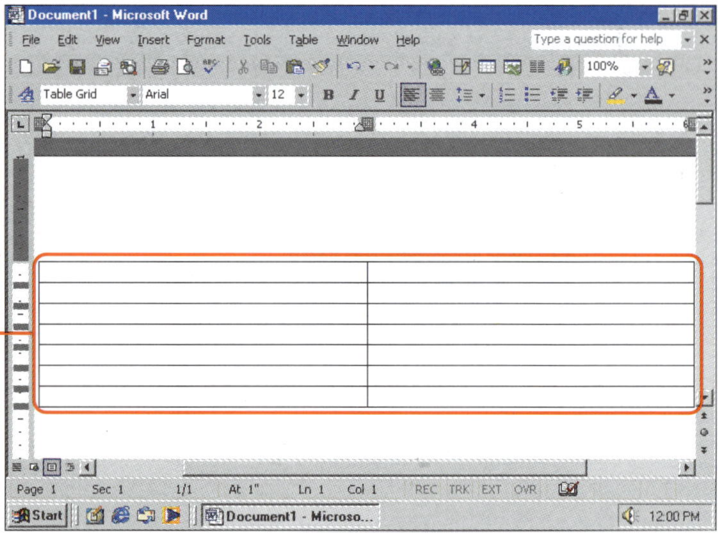

1 Haga clic en la localización de su documento donde quiere que la tabla aparezca.

2 Haga clic en ⊞ para crear la tabla.

Nota: Si el botón ⊞ no aparece, haga clic en ⊞ de la barra de herramientas Standard (Estándar) para observar los botones.

3 Arrastre el mouse hasta que resalte el número de filas y columnas que prefiere que la tabla contenga.

■ La tabla aparece en su documento.

¿Cuáles son las partes de una tabla?

Una tabla consta de filas, columnas y celdas.

Fila

Columna

Celda

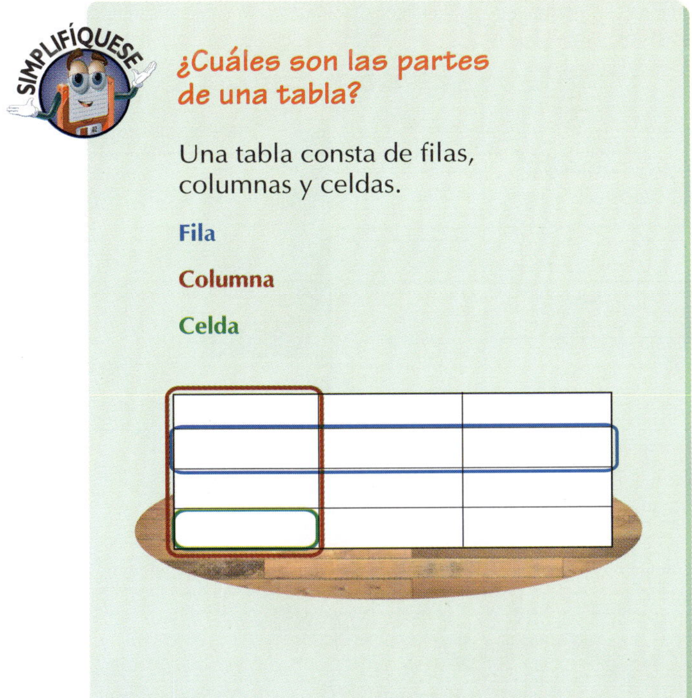

¿Puedo cambiar la apariencia del texto de una tabla?

Sí. Puede formatear el texto de una tabla igual que formatearía cualquier texto de un documento. Por ejemplo, puede cambiar la fuente, cambiar el tamaño, colorear y alinear el texto de una tabla. Para formatear textos, vea de la página 62 a la 71.

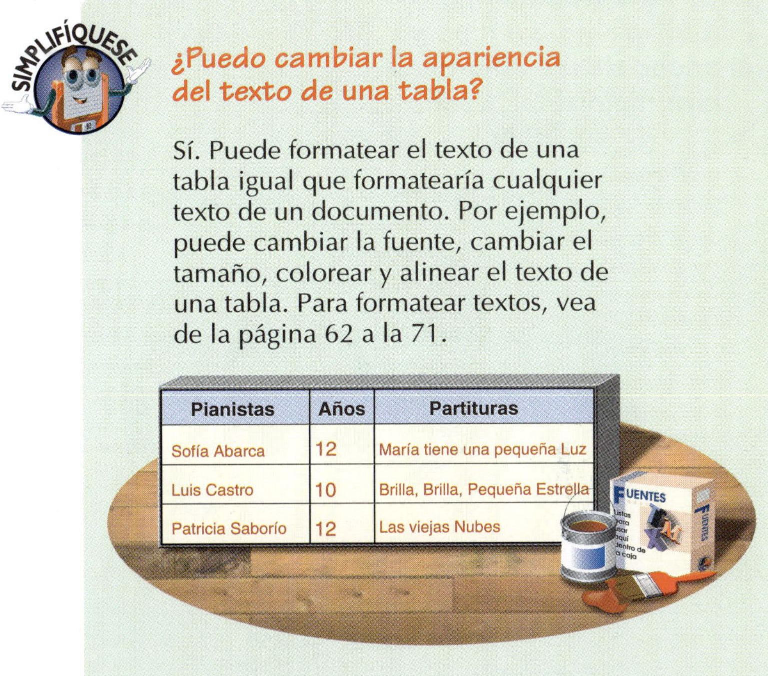

Pianistas	Años	Partituras
Sofía Abarca	12	María tiene una pequeña Luz
Luis Castro	10	Brilla, Brilla, Pequeña Estrella
Patricia Saborío	12	Las viejas Nubes

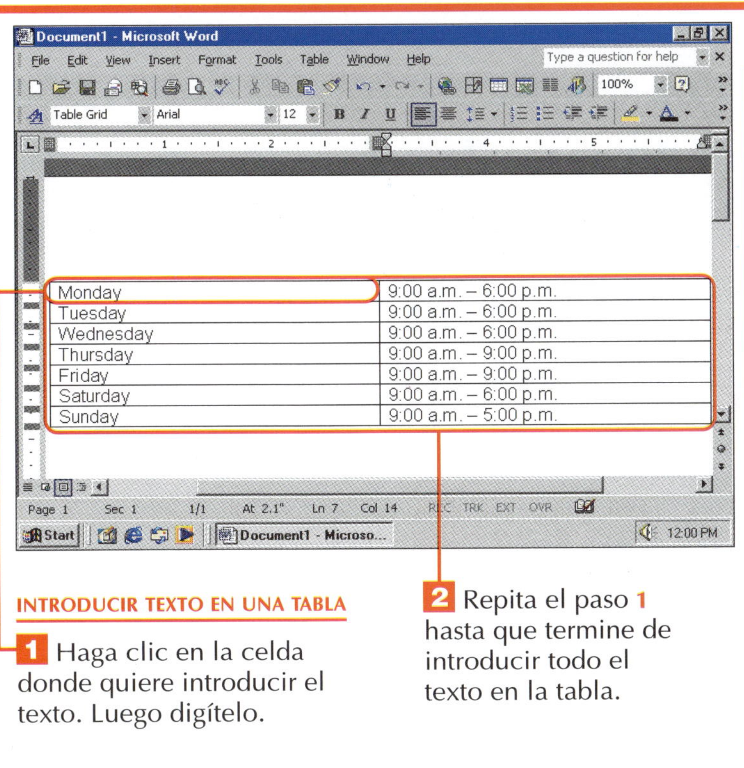

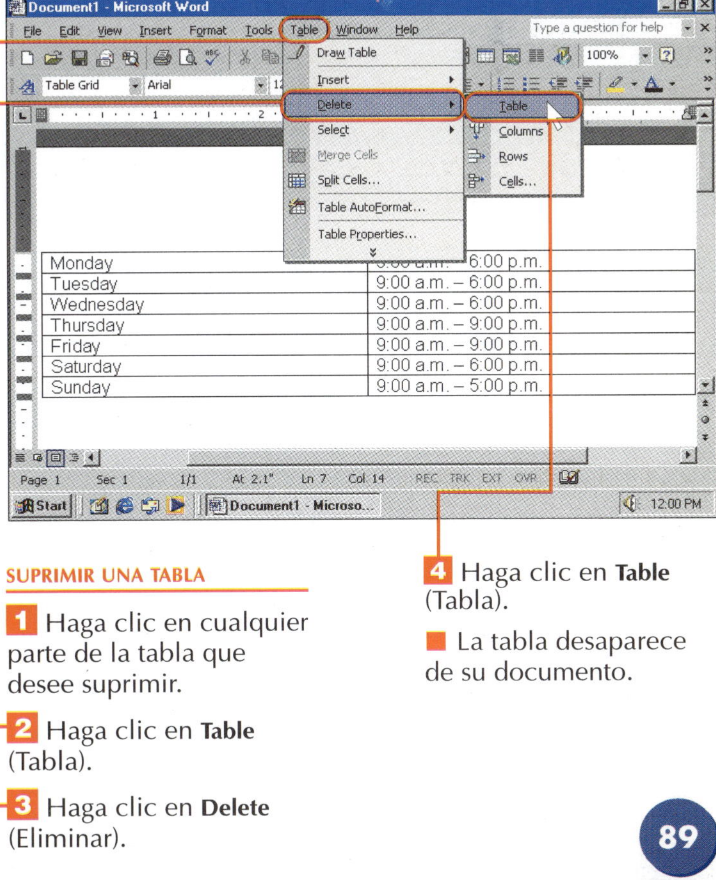

INTRODUCIR TEXTO EN UNA TABLA

1 Haga clic en la celda donde quiere introducir el texto. Luego digítelo.

2 Repita el paso **1** hasta que termine de introducir todo el texto en la tabla.

SUPRIMIR UNA TABLA

1 Haga clic en cualquier parte de la tabla que desee suprimir.

2 Haga clic en **Table** (Tabla).

3 Haga clic en **Delete** (Eliminar).

4 Haga clic en **Table** (Tabla).

■ La tabla desaparece de su documento.

CAMBIAR LA ALTURA DE LAS FILAS

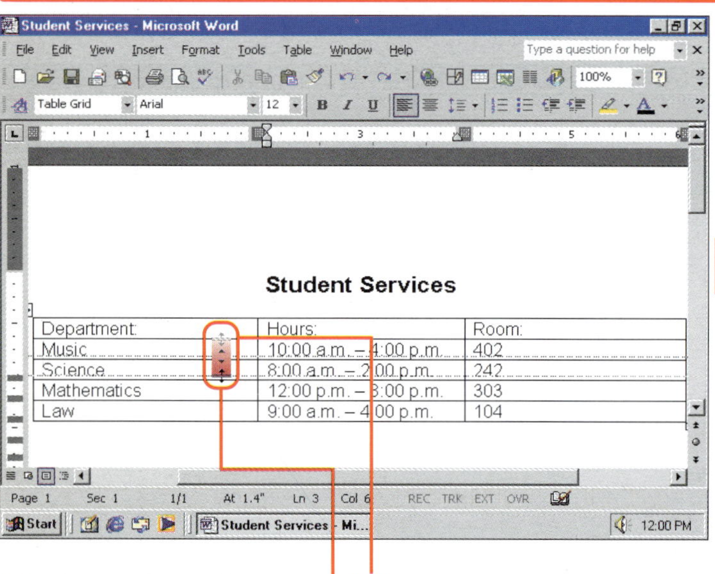

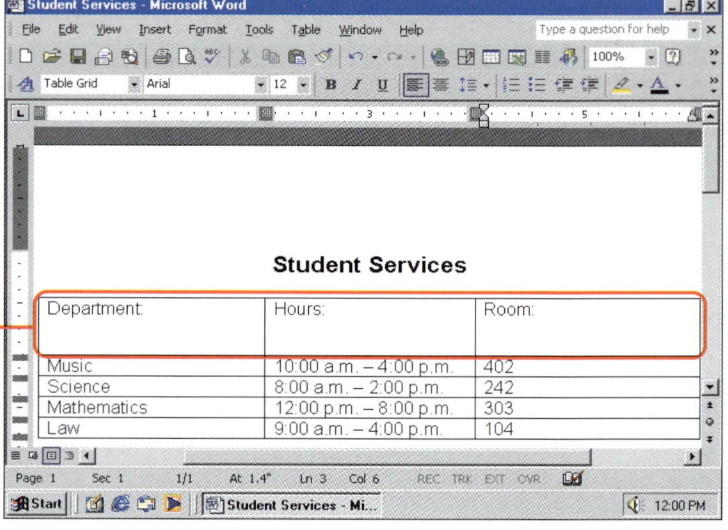

■ Sólo puede cambiar la altura de una fila cuando su documento aparece en las vistas de diseño de impresión o diseño de Web. Para cambiar la vista de un documento, vea la página 28.

1 Coloque el I del mouse sobre el borde más bajo de la fila que quiere cambiar a una altura nueva (I cambia a ↕).

2 Arrastre el borde de la fila a una posición nueva.

■ Una línea punteada muestra la posición nueva.

■ La fila muestra la altura nueva.

Nota: Cuando cambia la altura de una fila, la altura de la tabla entera cambia.

¿Word puede ajustar automáticamente el alto de una fila o el ancho de una columna?

Sí. Cuando introduce texto en una tabla, Word automáticamente aumenta el alto de las filas o el ancho de las columnas para acomodar el texto que digita.

Estoy teniendo problemas al disminuir la altura de una fila. ¿Qué anda mal?

La cantidad de texto de una de las celdas de la fila puede estar evitando que le pueda cambiar el tamaño a una fila. Word no le permitirá hacer el ancho de una fila o la altura de una columna demasiado pequeña como para mostrar el texto de una celda.

CAMBIAR EL ANCHO DE COLUMNA

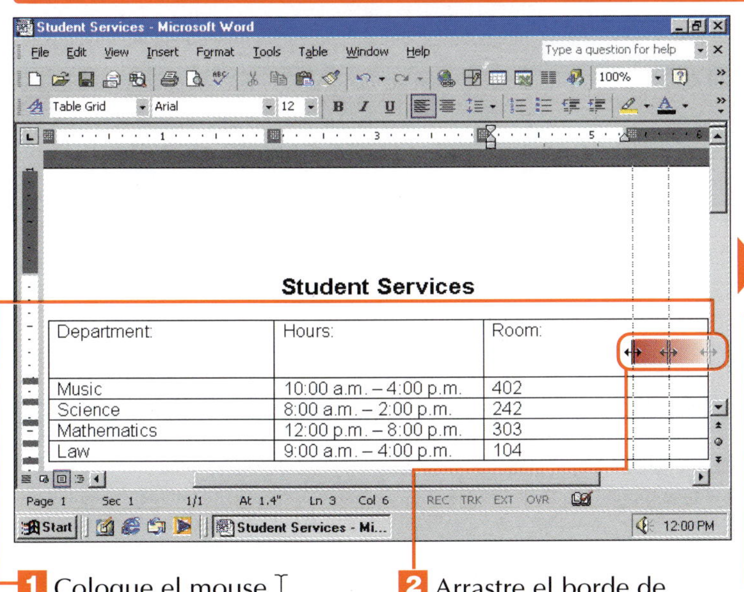

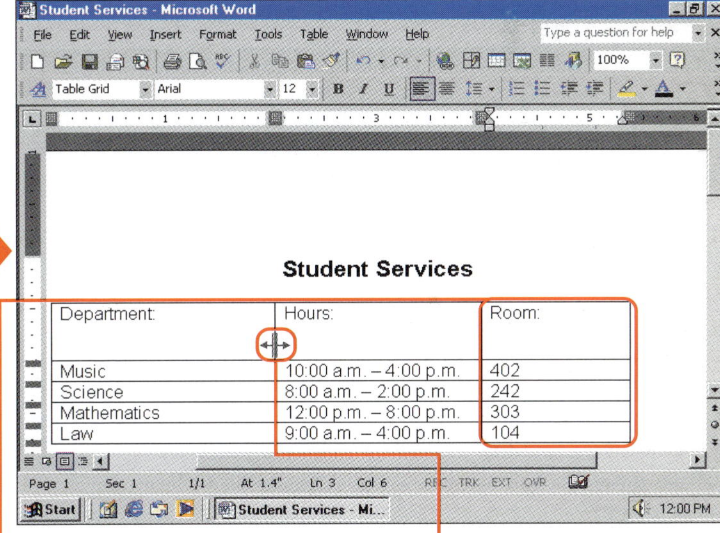

1 Coloque el mouse I sobre el borde derecho de la columna a la que le desea cambiar el ancho (I cambia a +‖+).

2 Arrastre el borde de la columna a la nueva posición.

■ Una línea punteada muestra la nueva posición.

■ La columna muestra el nuevo ancho.

Nota: Cuando cambia el ancho de una columna, el ancho de la columna vecina también cambia. Cuando cambia el ancho de la última columna, el ancho de la tabla entera cambia.

ACOMODE EL ITEM MAS LARGO

1 Para cambiar el ancho de una columna y acomodar el ítem más largo de ella, haga doble clic en el borde derecho de la columna.

APAGAR UNA FILA

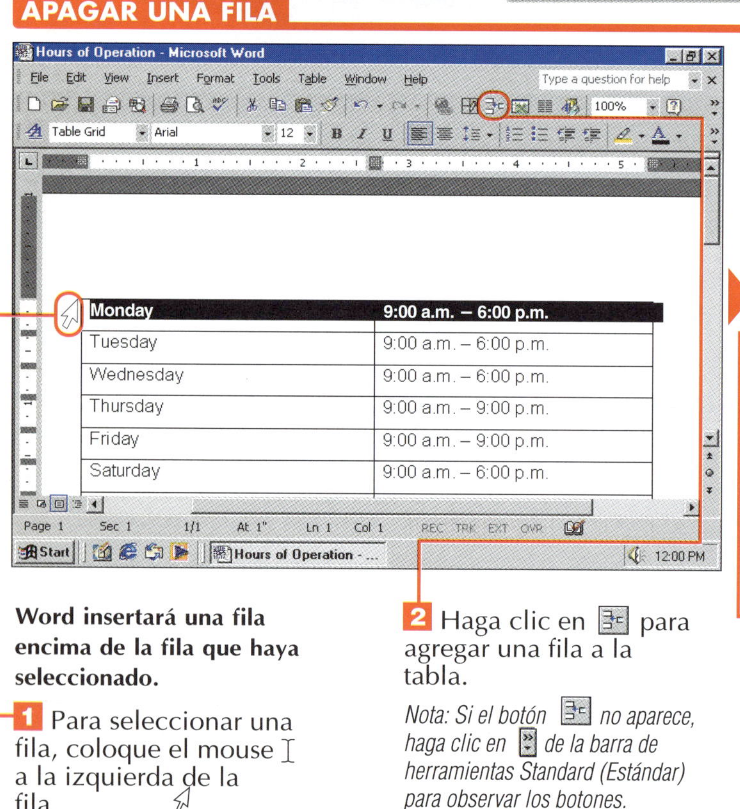

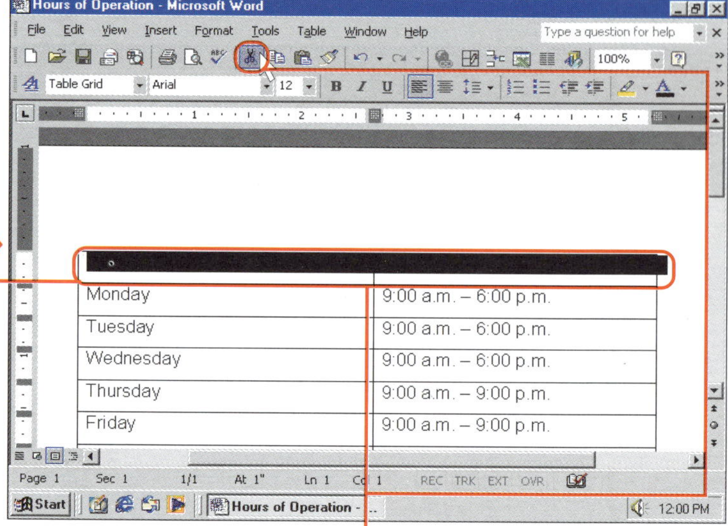

Word insertará una fila encima de la fila que haya seleccionado.

1 Para seleccionar una fila, coloque el mouse I a la izquierda de la fila (I cambia a). Luego haga clic para seleccionar la fila.

2 Haga clic en para agregar una fila a la tabla.

Nota: Si el botón no aparece, haga clic en de la barra de herramientas Standard (Estándar) para observar los botones.

■ La fila nueva aparece en la tabla.

■ Para cancelar la selección de una fila, haga clic fuera del área seleccionada.

1 Coloque el mouse I a la izquierda de la fila que desea suprimir (I cambia a). Entonces haga clic para seleccionar la fila.

2 Haga clic en para suprimir la fila.

Nota: Si el botón no aparece, haga clic en de la barra de herramientas Standard (Estándar) para observar los botones.

¿Cómo agrego una fila a la parte inferior de la tabla?

Para agregar una fila al pie de la tabla, haga clic en la celda derecha inferior de la tabla. Luego presione la tecla `Tab`.

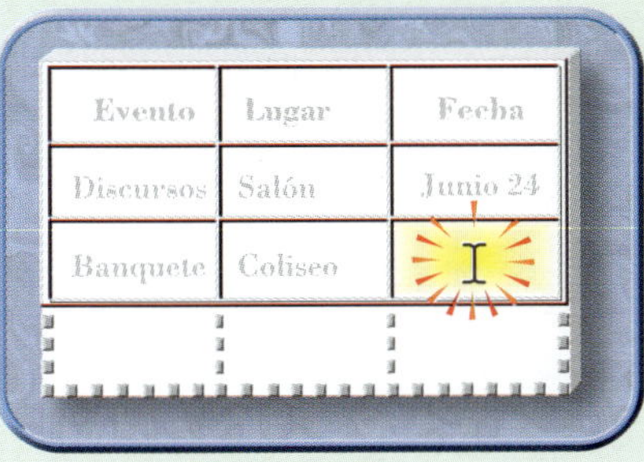

¿Puedo borrar la información de una fila o una columna sin eliminar la fila o la columna de la tabla?

Sí. Para seleccionar las celdas de una tabla que contenga la información que desee borrar, arrastre el mouse I sobre las celdas hasta que estas se resalten. Presione la tecla `Delete` para eliminar la información.

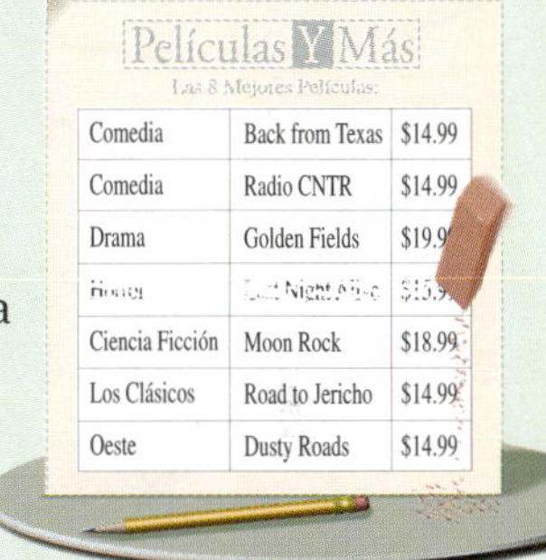

AGREGAR UNA COLUMNA

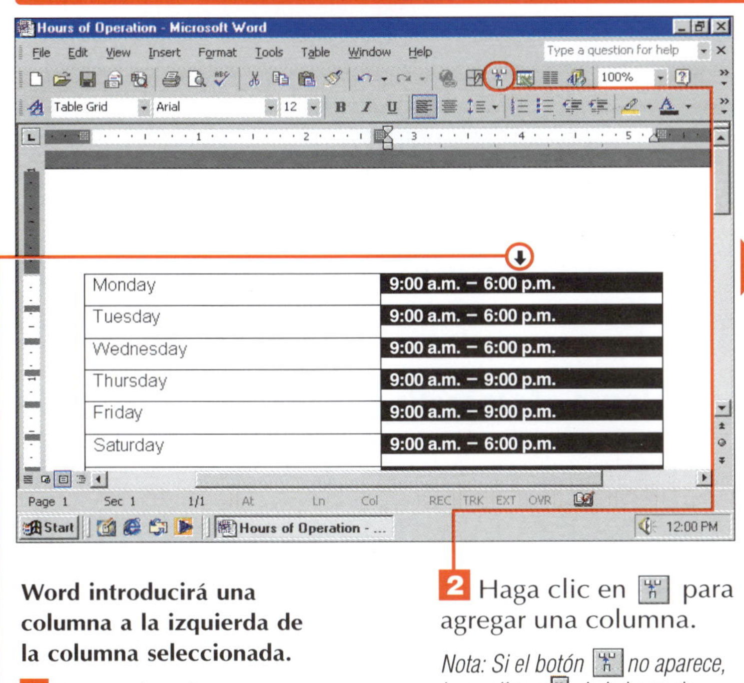

Word introducirá una columna a la izquierda de la columna seleccionada.

1 Para seleccionar una columna, coloque el mouse I por encima de la columna (I cambia a ↓). Luego haga clic para seleccionar la columna.

2 Haga clic en ⊞ para agregar una columna.

Nota: Si el botón ⊞ no aparece, haga clic en » de la barra de herramientas Standard (Estándar) para observar los botones.

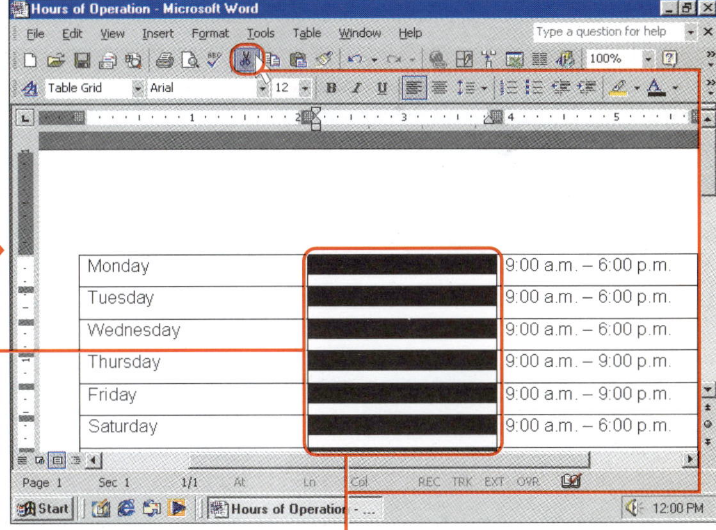

■ La columna nueva aparece en la tabla.

■ Para cancelar la selección de una columna, haga clic fuera del área seleccionada.

SUPRIMIR UNA COLUMNA

1 Coloque el mouse I encima de la columna que desea suprimir (I cambia a ↓). Luego haga clic para seleccionar la columna.

2 Haga clic en ✂ para suprimir la columna.

Nota: Si el botón ✂ no aparece, haga clic en » de la barra de herramientas Standard (Estándar) para observar los botones.

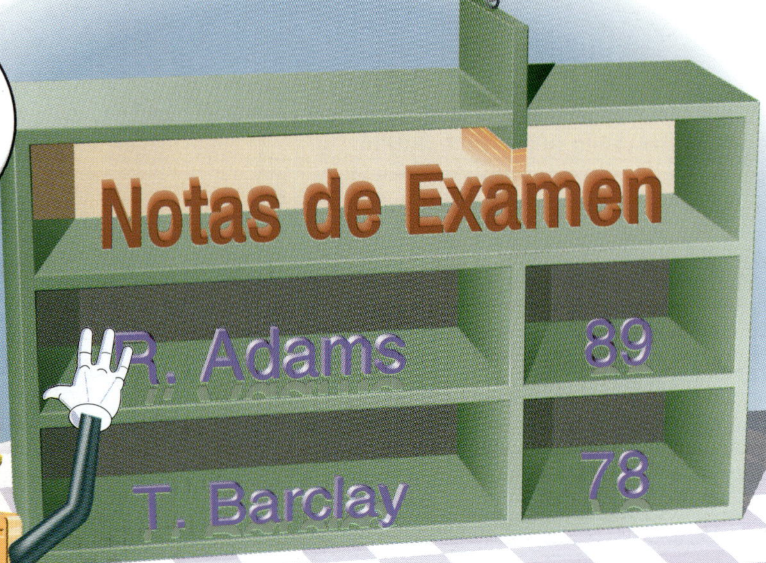

COMBINAR CELDAS

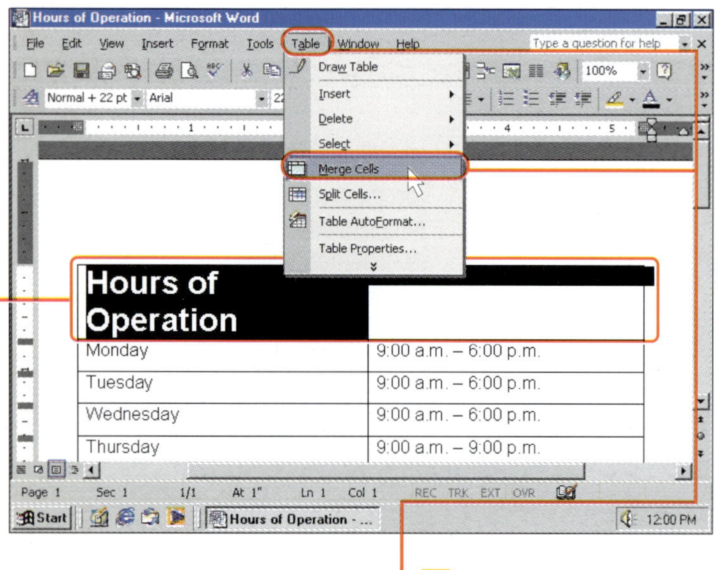

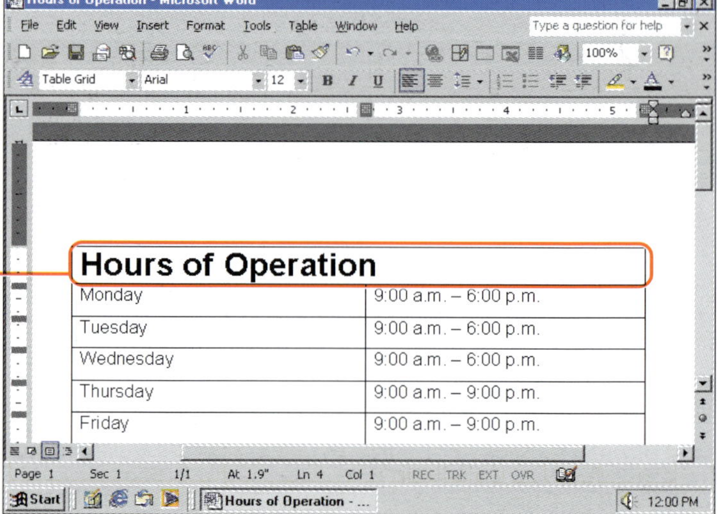

1 Coloque el mouse I sobre la primera celda que desea combinar con otras celdas.

2 Arrastre el mouse I hasta que resalte todas las celdas que desea combinar.

3 Haga clic en **Table** (Tabla).

4 Haga clic en **Merge Cells** (Combinar celdas).

Nota: Si Merge Cells (Combinar celdas) no aparece en el menú, coloque el mouse en el fondo del menú para observar todas sus opciones.

■ Las celdas se combinan para crear una celda más grande.

■ Para cancelar la selección de las celdas de una tabla, haga clic fuera del área seleccionada.

SEPARAR CELDAS

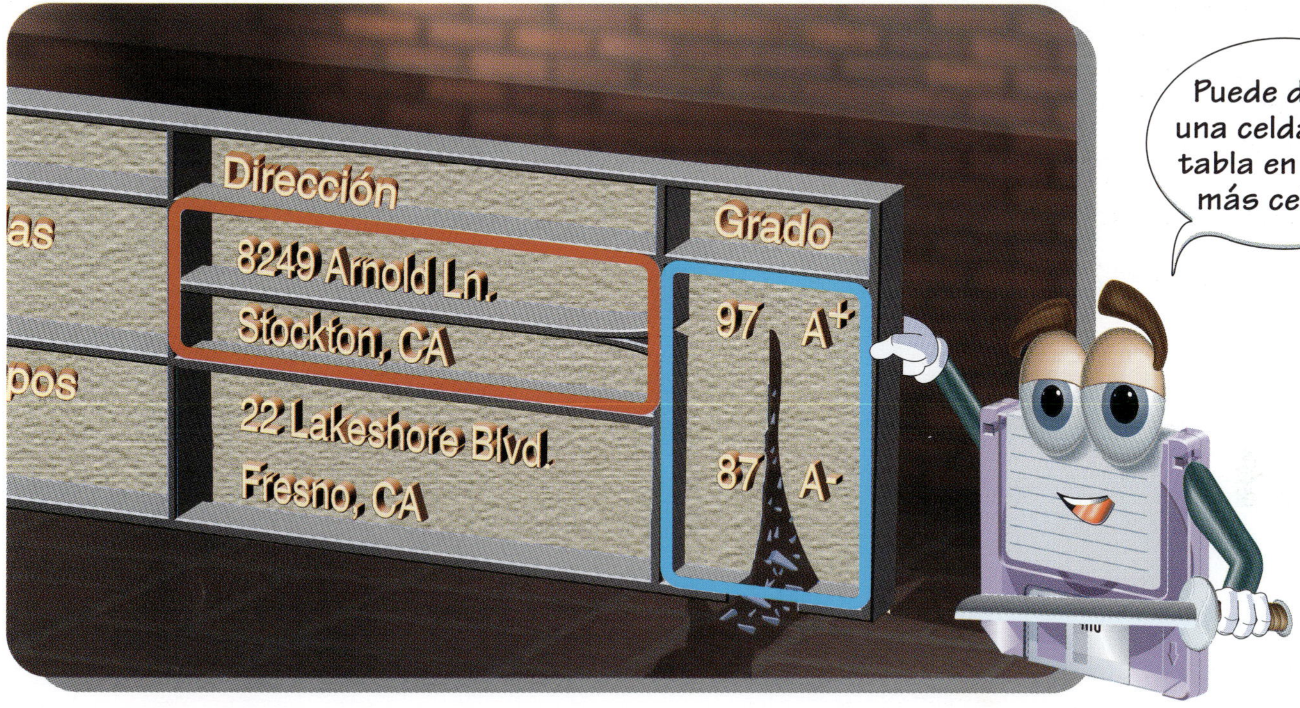

Puede dividir celdas en columnas o en filas.

Separar una celda en columnas

Separar celdas en filas

SEPARAR CELDAS

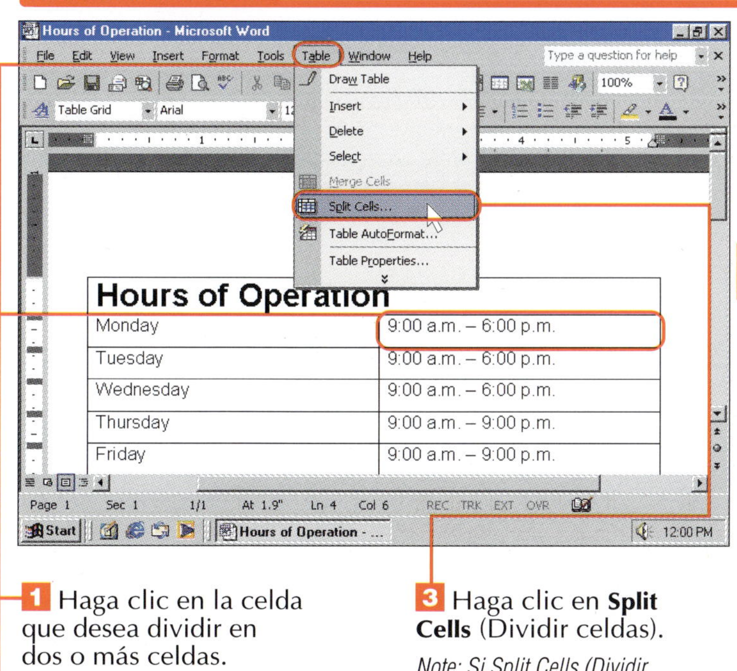

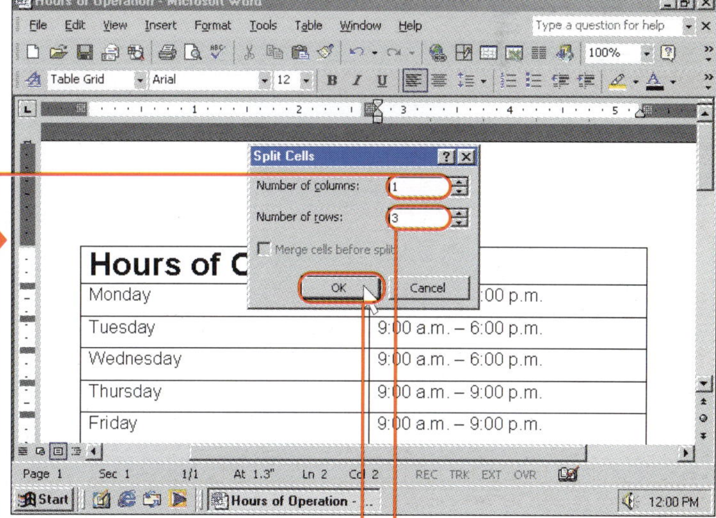

1 Haga clic en la celda que desea dividir en dos o más celdas.

2 Haga clic en **Table** (Tabla).

3 Haga clic en **Split Cells** (Dividir celdas).

Note: Si Split Cells (Dividir celdas) no aparece en el menú, coloque el del mouse sobre el fondo del menú para observar todas las opciones.

■ La ventana de diálogo Split Cells (Dividir celdas) aparece.

4 Para dividir la celda en columnas, haga doble clic en esta área y digite el número de columnas en que quiere dividir la celda.

■ Para dividir la celda en filas, hace doble clic en esta área y digite el número de filas en que quiere dividir la celda.

5 Haga clic en **OK** (Aceptar) para dividir la celda.

FORMATEAR UNA TABLA

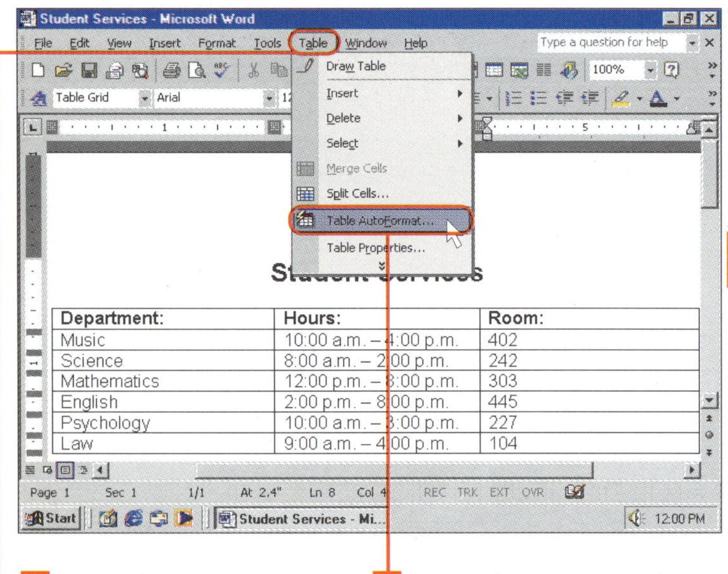

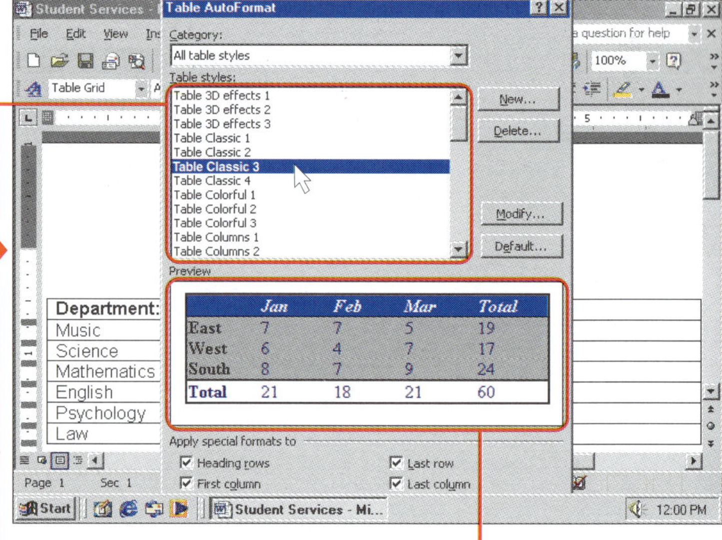

1 Haga clic en cualquier parte de la tabla que desea formatear.

2 Haga clic en **Table** (Tabla).

3 Haga clic en **Table AutoFormat** (Autoformato de tablas).

■ La ventana de diálogo Table AutoFormat (Autoformato de tablas) aparece.

■ Esta área muestra una lista de los diseños disponibles de la tabla.

4 Haga clic en el diseño de la tabla que desea usar.

■ Esta área muestra un ejemplo del diseño de la tabla que seleccionó.

*Nota: Puede repetir el paso **4** para ver una muestra de un diseño diferente de tabla.*

¿A cuáles partes de la tabla puedo aplicar un formato especial?

La ventana de diálogo Table AutoFormat (Autoformato de tablas) ofrece opciones que puede usar para aplicar formatos especiales en la fila del encabezado, la primera columna, la última fila y la última columna de una tabla. En algunos diseños de tablas, aplicar formatos especiales a algunas partes de la tabla no cambiará la apariencia de esta.

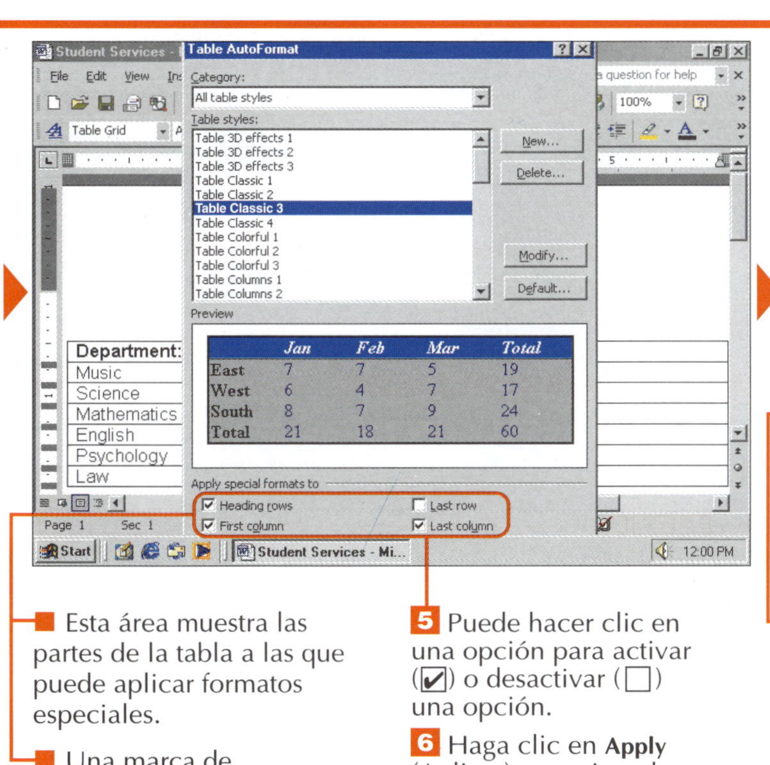

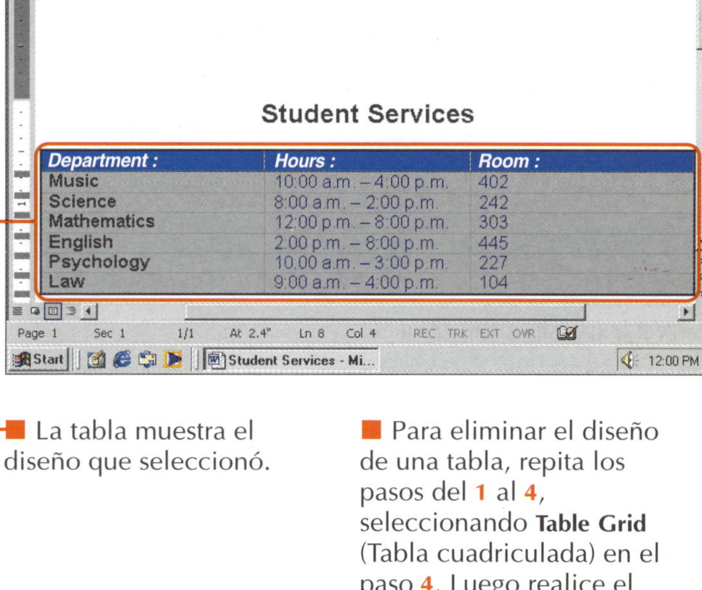

■ Esta área muestra las partes de la tabla a las que puede aplicar formatos especiales.

■ Una marca de verificación (☑) al lado de una opción indica que Word aplicará formatos especiales a esa parte de la tabla.

5 Puede hacer clic en una opción para activar (☑) o desactivar (☐) una opción.

6 Haga clic en **Apply** (Aplicar) o presione la tecla **Enter** para aplicar el diseño a su tabla.

■ La tabla muestra el diseño que seleccionó.

■ Para eliminar el diseño de una tabla, repita los pasos del **1** al **4**, seleccionando **Table Grid** (Tabla cuadriculada) en el paso **4**. Luego realice el paso **p 92-93,97-97**.

Grupo B			
Jugador	Goles	Asistencias	Puntos
B. Laird	5	1	6
A. Tan	2	5	7
P. Phillips	3	2	5
R. Westman	7	1	8
L. Porter	1	4	5
H. Roberts	0	3	3
S. Desert	6	2	8
M. Lee	4	4	8
C. Collins	2	5	7
K. Davids	9	0	9

Grupo C			
Jugador	Goles	Asistencias	Puntos
S. Toner	6	1	7
J. Cane	5	2	7

USAR EXCEL

Edición y formato

Excel le permite introducir y formatear información en una hoja de cálculo. Puede introducir rápidamente series de números, insertar nuevas filas o cambiar el ancho de las columnas. También puede enfatizar datos cambiando las fuentes, el color y el estilo de la información.

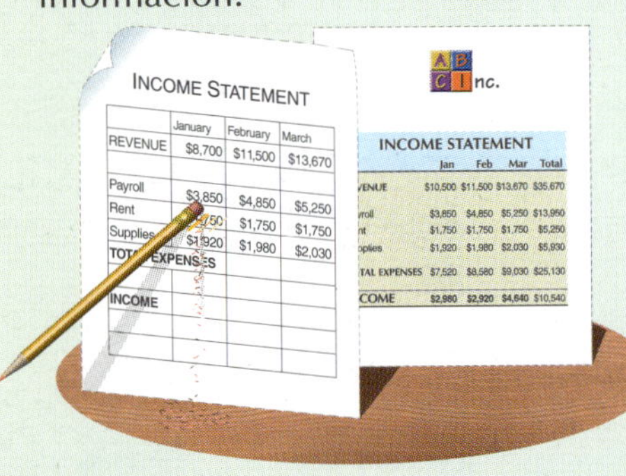

Usar fórmulas y funciones

Las fórmulas y las funciones le permiten realizar cálculos y analizar información en una hoja de cálculo. Los cálculos comunes incluyen sumar valores, encontrar el promedio o el número total de valores de una lista.

Crear gráficos

Excel le ayuda a crear gráficos coloridos a partir de información tomada de las hojas de cálculos, Excel automáticamente actualizará el gráfico para mostrar los cambios. Usted puede mover y cambiar el tamaño de los gráficos para satisfacer sus necesidades.

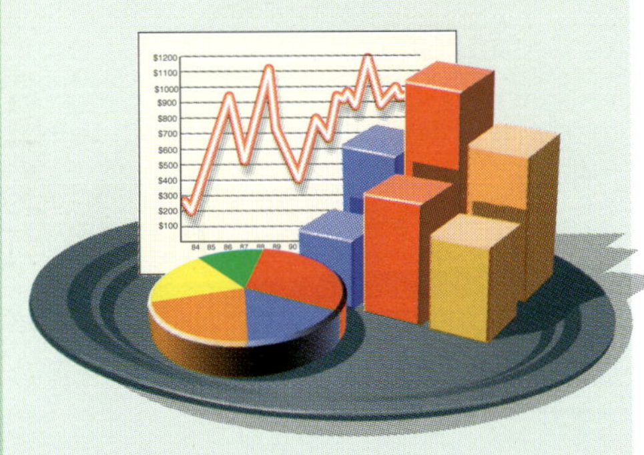

LA VENTANA DE EXCEL

La ventana de Excel muestra muchos ítemes que puede utilizar para trabajar con su información.

Barrra de título

Le muestra el nombre del libro en uso.

Barra de menú

Brinda acceso a las listas de comandos disponibles en Excel y muestra un área donde puede digitar una pregunta para obtener información de ayuda.

Barra de herramientas Estándar

Contiene botones que puede usar para seleccionar comandos comunes, como Save (Guardar) y Print (Imprimir).

Barra de herramientas Formato

Contiene botones que puede utilizar para seleccionar comandos comunes de formato, como Bold (Negrita) y Underline (Subrayado).

Barra de fórmula

Muestra la referencia de la celda y el contenido de la celda activa. Una referencia de celda identifica la localización de cada celda en una hoja de trabajo y consiste en la letra de una columna seguida por el número de una fila, como **A1**.

Celda activa

Muestra un borde más grueso. Usted introduce la información en la celda activa.

Celda activa

Es el área donde una fila y una columna se intersectan.

Columna

Es una línea vertical de celdas. Una letra identifica cada columna.

Fila

Una línea horizontal de celdas. Un número identifica cada fila.

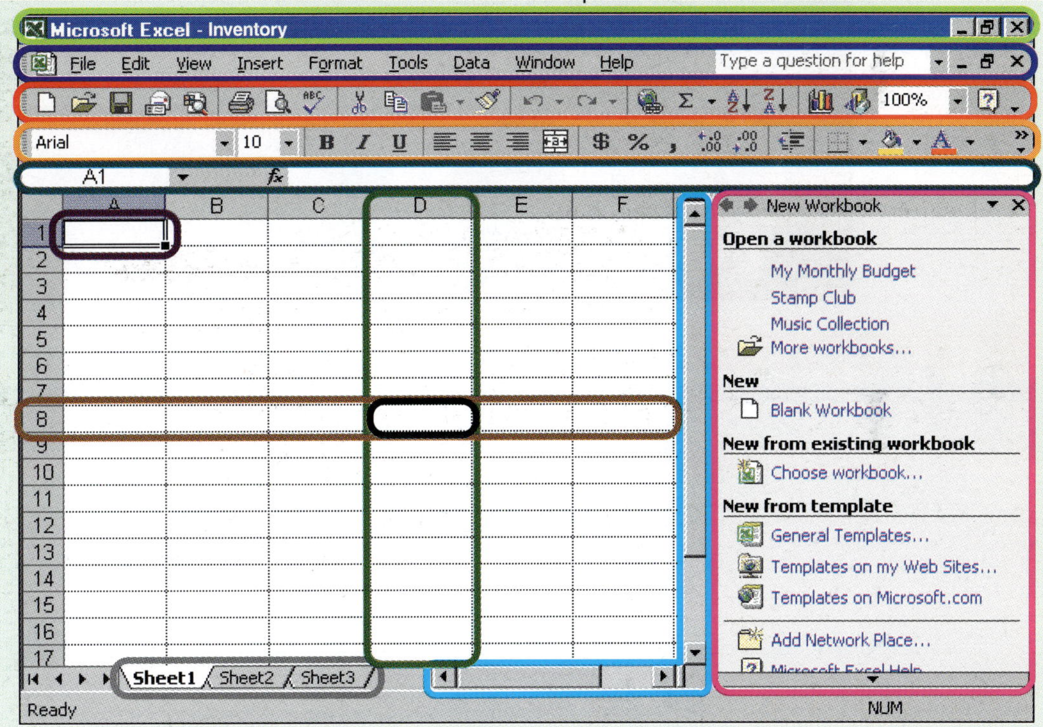

Botones de hojas

Los archivos de Excel se llaman libros de trabajo. Cada uno está dividido en varias hojas de trabajo. Excel muestra una etiqueta para cada hoja.

Barras de desplazamiento

Le permiten desplazarse a través de las hojas de trabajo.

Panel de tareas

Contiene vínculos que se pueden seleccionar para realizar tareas comunes, como abrir o crear un libro.

CAMBIAR DE CELDA ACTIVA

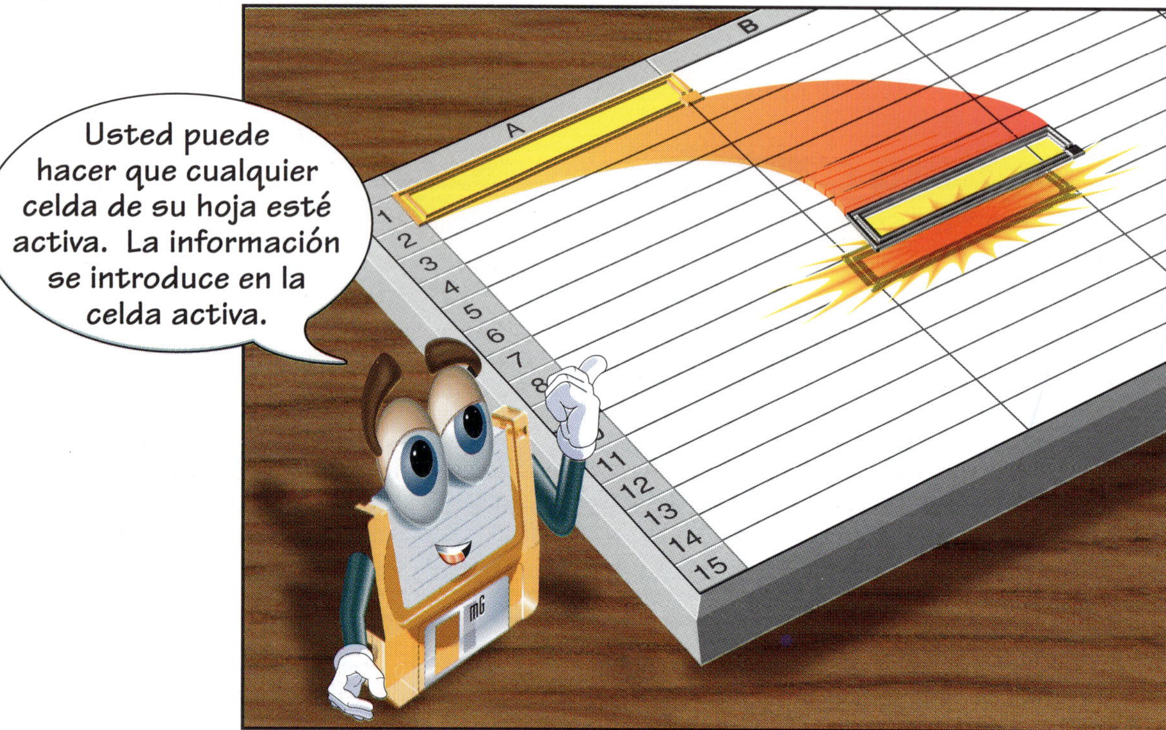

Solo puede hacer una celda a la vez en su hoja de trabajo.

CAMBIAR DE CELDA ACTIVA

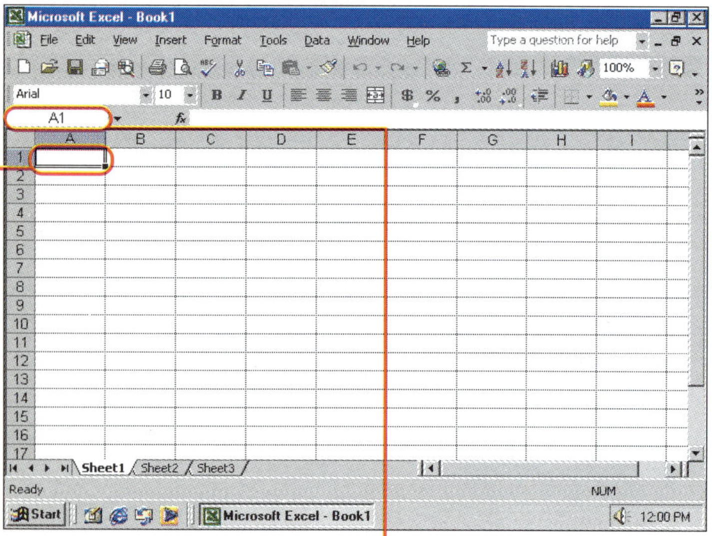

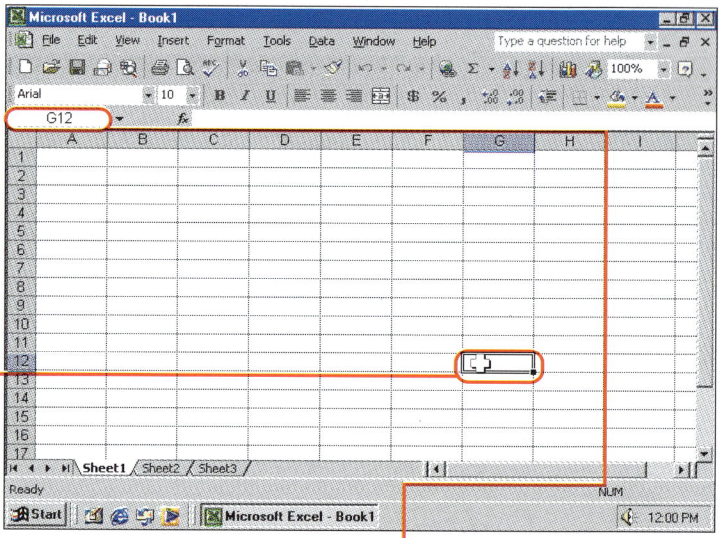

■ La celda activa muestra un borde más grueso.

■ La referencia de la celda activa aparece en esta área. La referencia de una celda identifica la localización de cada celda de la hoja y consiste en la letra de una columna seguida por el número de una fila (por ejemplo: **A1**).

1 Haga clic en la celda que desea convertir en la celda activa.

Nota: también puede presionar las teclas ←, →, ↑ o ↓ para cambiar de celda activa.

■ La referencia de la celda de la nueva celda activa aparece en esta área.

DESPLAZARSE POR UNA HOJA DE TRABAJO

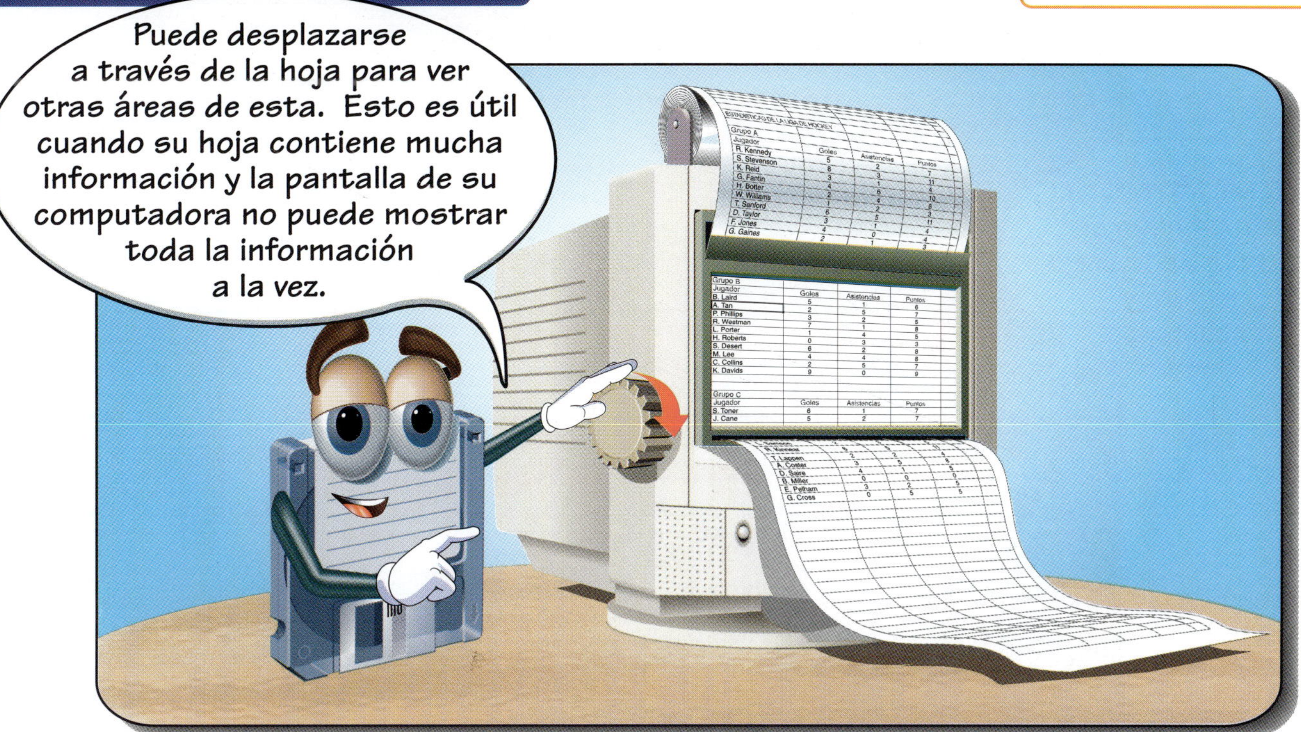

DESPLAZARSE POR UNA HOJA DE TRABAJO

	A	B	C	D	E	F	G
3	Pool A	Games Played	Goals Scored	Wins	Losses	Ties	Points
4	Brian's Boys	6	15	4	1	1	
5	The Good Guys	6	13	3	1	2	
6	Greg'n' Gang	6	12	4	2	0	
7	The Professionals	6	12	3	3	0	
8	All The Way	6	8	1	3	2	
9	Team Spirit	6	4	1	5	0	
10							
11	Pool B	Games Played	Goals Scored	Wins	Losses	Ties	Points
12	We Score	6	16	4	2	0	
13	The Firefighters	6	14	3	2	1	
14	Challengers	6	12	3	3	0	
15	Headers	6	9	2	2	2	
16	The Hurricanes	6	7	1	5	0	

DESPLAZARSE HACIA ARRIBA Y ABAJO

■ 1 Para desplazarse hacia arriba y abajo en una fila, haga clic en ▲ o en ▼.

■ Para desplazarse rápidamente hacia cualquier fila de su hoja, arrastre el cuadro de desplazamiento a través de su barra hasta que aparezca la fila que desea ver.

DESPLAZARSE HACIA LA IZQUIERDA Y LA DERECHA

■ 1 Para desplazarse una columna hacia la izquierda o la derecha, haga clic en ◄ o en ►.

■ Para desplazarse rápidamente hasta cualquier columna de su hoja, arrastre el cuadro de desplazamiento a través de su barra hasta que aparezca la columna que desea ver.

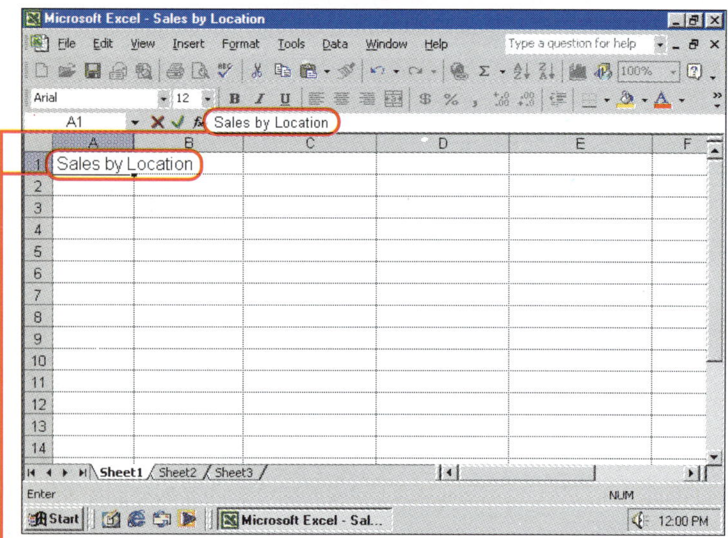

	1998	1999	2000	2001
Enero	10500	8850	9000	10400
Febrero	9400	9750	9500	9850
Marzo	6450	8450	8950	9900
Abril	7890	9000	9400	10850
Mayo	8920	7359	8700	11500

INTRODUCIR INFORMACIÓN

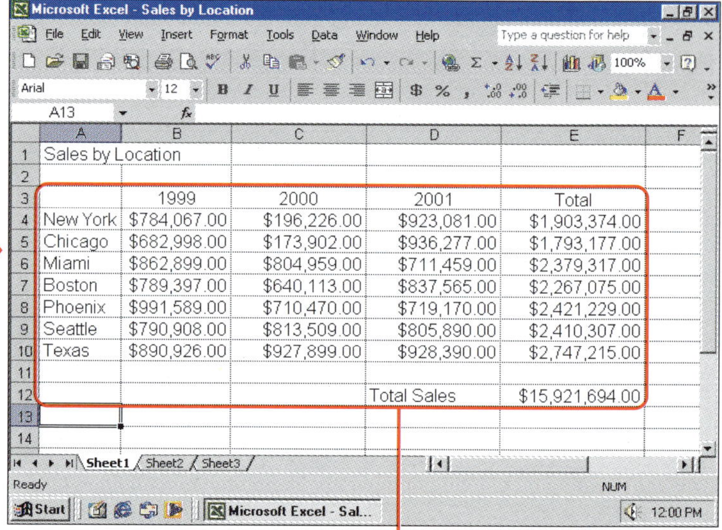

1 Haga clic en la celda donde quiere introducir información. Luego, digite la información.

■ La información que introduzca aparecerá en la celda activa y en la barra de fórmula.

■ Si comete algún error de digitación mientras introduce la información, presione la tecla **◄Backspace** para eliminar la información incorrecta. Luego, digítela correctamente.

2 Presione la tecla **Enter** para introducir la información y moverse una celda hacia abajo.

Nota: Para introducir información y moverse una celda hacia cualquier dirección, presione las teclas ◄, ►, ▼ ó ▲.

3 Repita los pasos 1 y 2 hasta que termine de introducir toda la información.

Nota: En este libro, el tamaño de la información fue cambiado a 12 puntos para que esta fuera más fácil de leer. Para cambiar el tamaño de la información, vea la página 151.

¿Cómo puedo introducir números rápidamente?

Puede usar las teclas de números ubicadas a la derecha de su teclado para introducir números rápidamente en su hoja de trabajo. Para poder usar estos números, **NUM** debe estar activado en la parte inferior de su pantalla. Puede presionar la tecla Num Lock para que aparezca **NUM** en su pantalla.

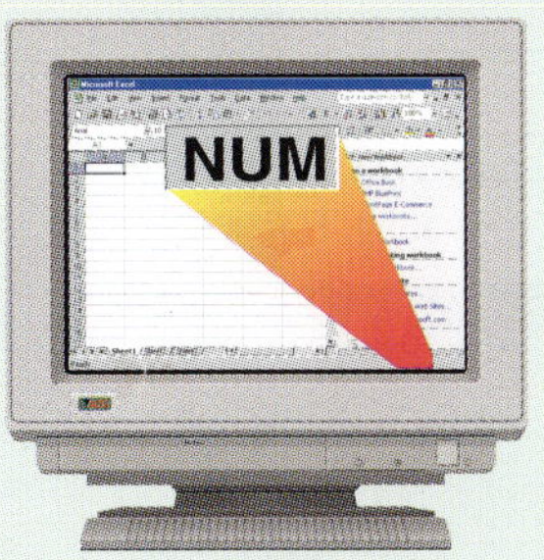

¿Por qué Excel cambió la apariencia de la fecha que digité?

Cuando digita una fecha en su hoja de trabajo, Excel puede cambiar el formato de esta a uno de los siguientes formatos de fechas: 01/24/2002, 24-Ene ó 24-Ene-02. Para cambiar el formato de las fechas, vea la página 152.

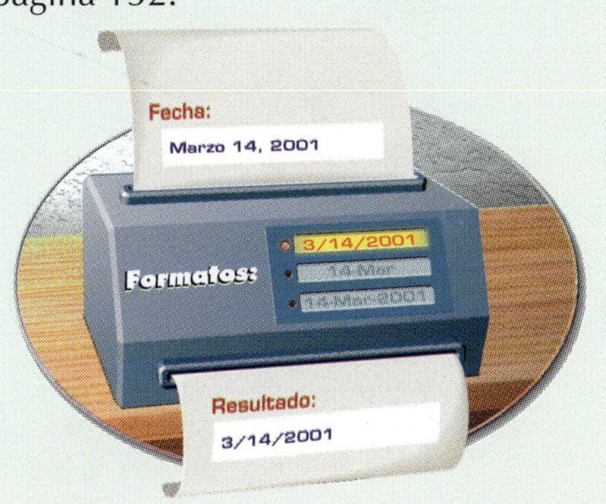

Microsoft Excel - Sales by Location

	A	B	C	D	E	F
1	Sales by Location					
2						
3		1999	2000	2001	Total	
4	New York	$784,067.00	$196,226.00	$923,081.00	$1,903,374.00	
5	Chicago	$682,998.00	$173,902.00	$936,277.00	$1,793,177.00	
6	Miami	$862,899.00	$804,959.00	$711,459.00	$2,379,317.00	
7	Boston	$789,397.00	$640,113.00	$837,565.00	$2,267,075.00	
8	Phoenix	$991,589.00	$710,470.00	$719,170.00	$2,421,229.00	
9	Seattle	$790,908.00	$813,509.00	$805,890.00	$2,410,307.00	
10	Texas	$890,926.00	$927,899.00	$928,390.00	$2,747,215.00	
11	New York					
12				Total Sales	$15,921,694.00	
13						
14						

AUTOCOMPLETAR

■ Si las primeras letras que digita concuerdan con el texto de otra celda de la misma columna, Excel completará el texto por usted.

1 Para introducir texto que Excel proporciona, presione la tecla Enter.

■ Para introducir otro texto, continúe digitando.

4	TOTAL EXPENSES
5	
6	

4	TOTAL EX	227
5		
6		

PALABRAS EXTENSAS

Si el texto es muy largo para que calce en una celda, el texto ocupará la celda más próxima.

Si la celda próxima contiene información, Excel mostrará tanto texto como esa sola columna lo permita. Para cambiar el ancho de la columna, de modo que quepa todo el texto, vea la página 148.

4	1.22E+10
5	
6	

4	#####
5	
6	

NÚMEROS LARGOS

Si un número es muy largo y no cabe en una sola celda, Excel mostrará el número en notación científica o como signos (#). Para cambiar el ancho de las columnas, de forma que el número escrito regularmente quepa, vea la página 148.

SELECCIONAR CELDAS

SELECCIONAR CELDAS

	A	B	C	D	E
1	Baseball Statistics				
2					
3					
4	Player	RBIs	Home Runs	Grand Slams	Errors
5	Barry	56	5	1	3
6	Martine	51	6	1	2
7	Lindsay	32	2	1	6
8	Mary	48	8	2	1
9	Rev	47	9	1	1
10	Kyle	39	3	3	4

	A	B	C	D	E
1	Baseball Statistics				
2					
3					
4	Player	RBIs	Home Runs	Grand Slams	Errors
5	Barry	56	5	1	3
6	Martine	51	6	1	2
7	Lindsay	32	2	1	6
8	Mary	48	8	2	1
9	Rev	47	9	1	1
10	Kyle	39	3	3	4

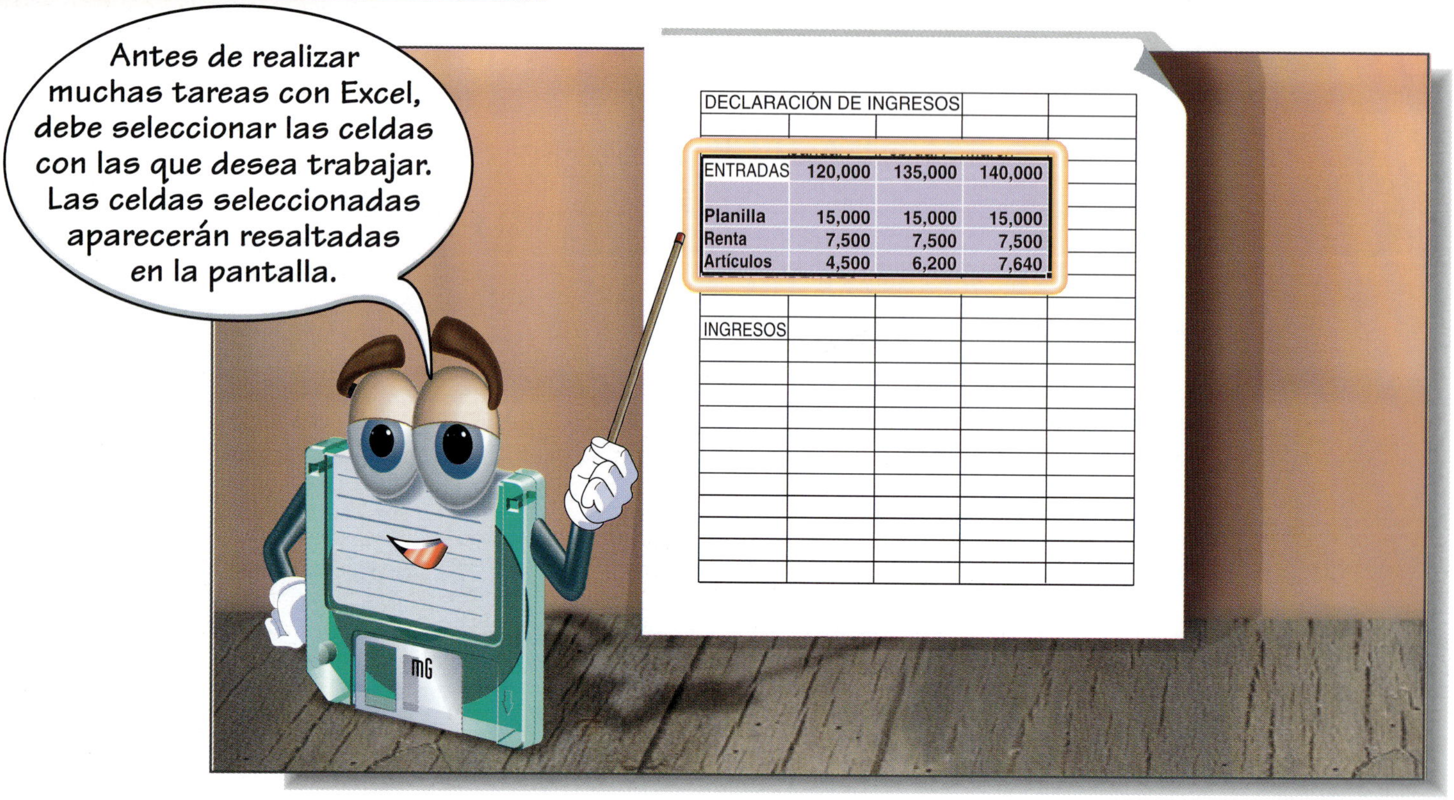

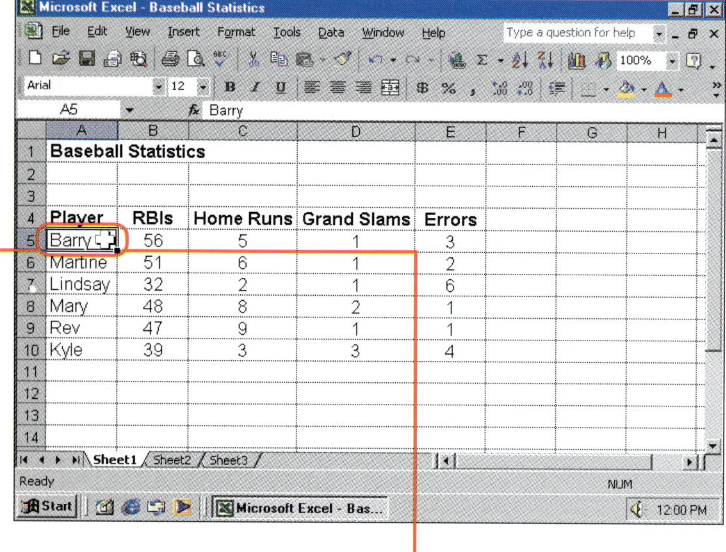

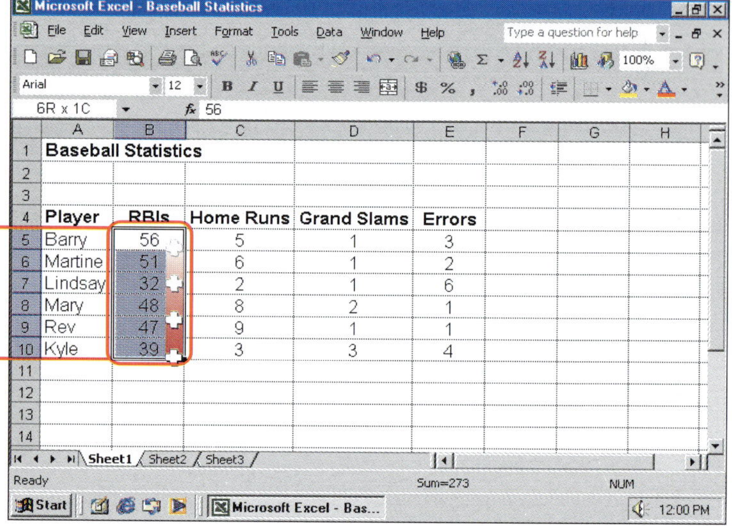

SELECCIONAR UNA CELDA

1 Haga clic en la celda que desea seleccionar.

■ La celda se convierte en una celda activa y muestra un borde más grueso.

SELECCIONAR UN GRUPO DE CELDAS

1 Coloque el ✣ del mouse sobre la primera celda que desee seleccionar.

2 Arrastre el ✣ del mouse hasta que se resalten todas las celdas que necesita seleccionar.

■ Para seleccionar múltiples grupos de celdas, presione la tecla Ctrl mientras realiza los pasos 1 y 2 para cada grupo de celdas que desee seleccionar.

■ Para cancelar la selección de las celdas, haga clic en cualquiera de ellas.

¿Cómo selecciono todas las celdas de mi hoja de trabajo?

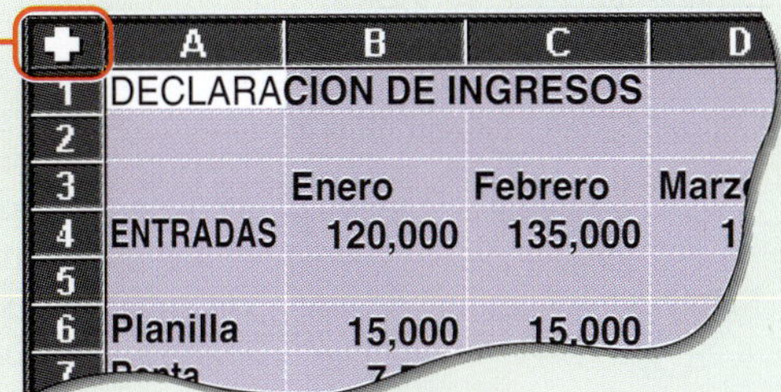

■ Para seleccionar todas las celdas de su hoja de trabajo, haga clic en el cuadro (⬜) en la esquina superior izquierda de su hoja, donde los números de fila y las letras de columna se encuentran.

¿Cómo selecciono la información de una celda?

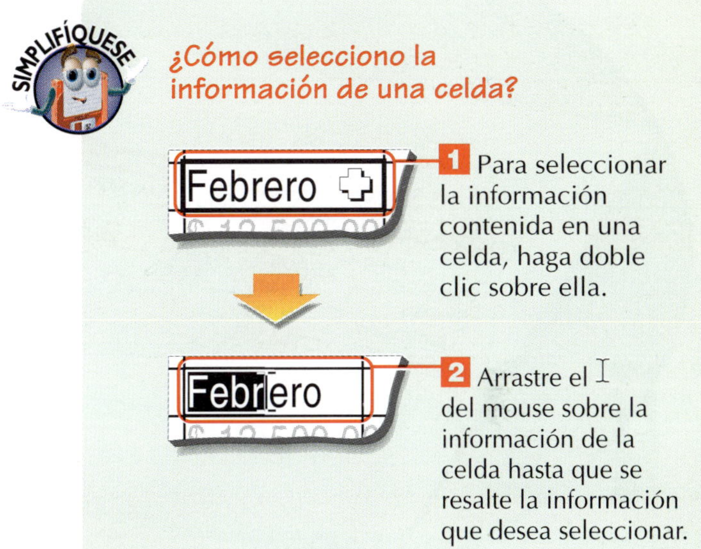

1 Para seleccionar la información contenida en una celda, haga doble clic sobre ella.

2 Arrastre el I del mouse sobre la información de la celda hasta que se resalte la información que desea seleccionar.

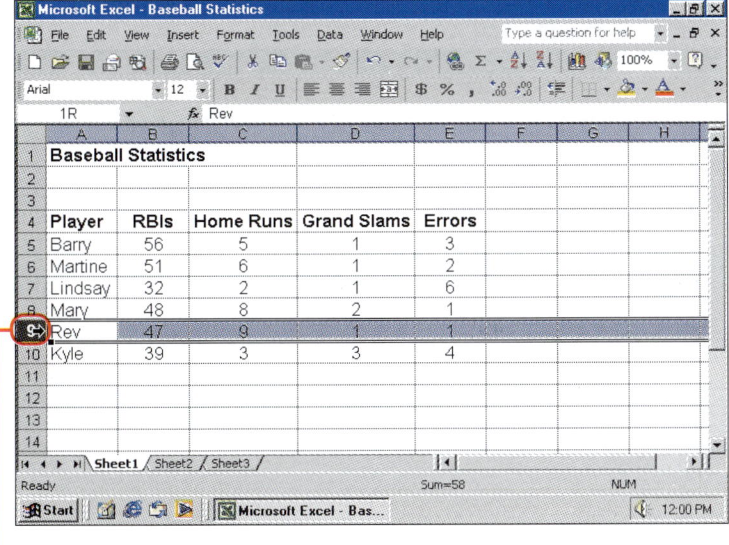

SELECCIONAR UNA FILA

1 Haga clic en el número de la fila que desea seleccionar.

■ Para seleccionar múltiples filas, coloque el ➜ del mouse sobre el número de la primera fila que desee seleccionar. Luego, arrastre el ➜ del mouse hasta que se resalten todas las filas deseadas.

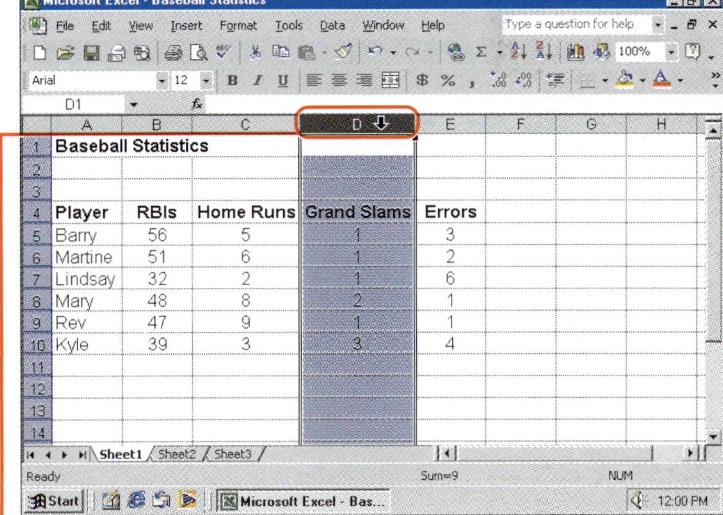

SELECCIONAR UNA COLUMNA

1 Haga clic en la letra de la columna que desea seleccionar.

■ Para seleccionar múltiples columnas, ubique el ⬇ del mouse sobre la letra de la primera columna que desee seleccionar. Luego, arrastre el ⬇ del mouse hasta que se resalten todas las columnas deseadas.

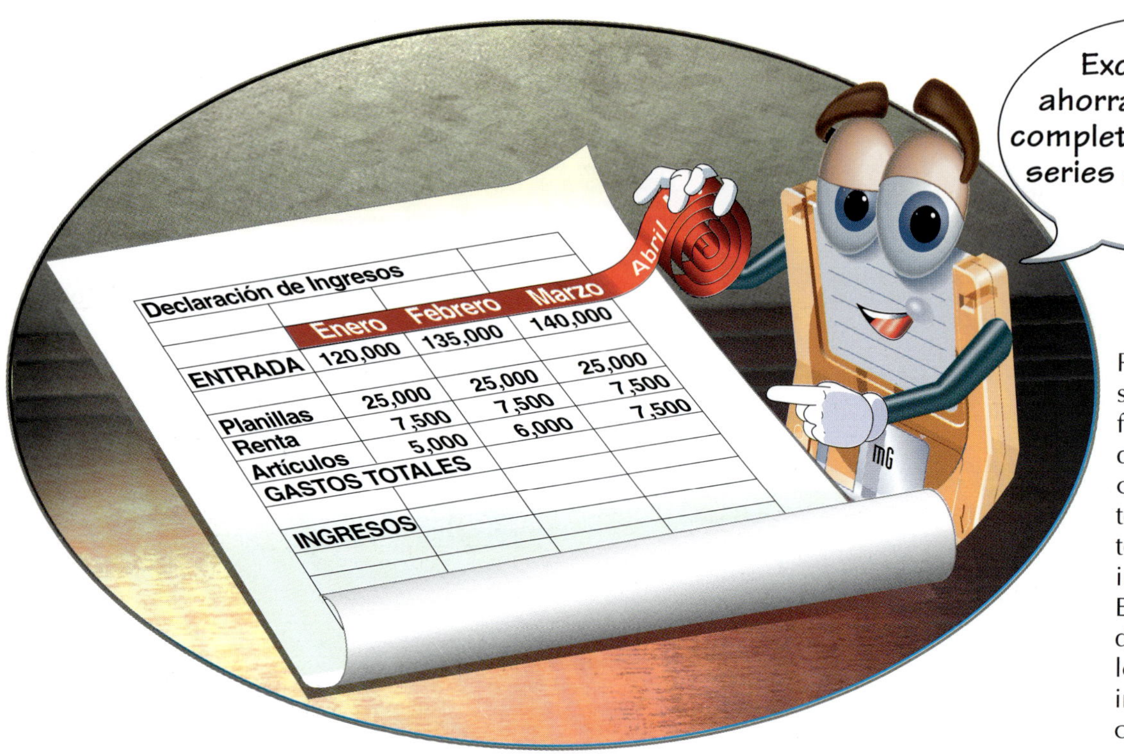

Puede completar una serie a lo largo de una fila o columna de la hoja de trabajo. Excel completará una serie de texto basándose en el texto que usted haya introducido en una celda. Excel completa las series de números basándose en los números que ha introducido en las dos celdas.

COMPLETAR UNA SERIE DE TEXTO

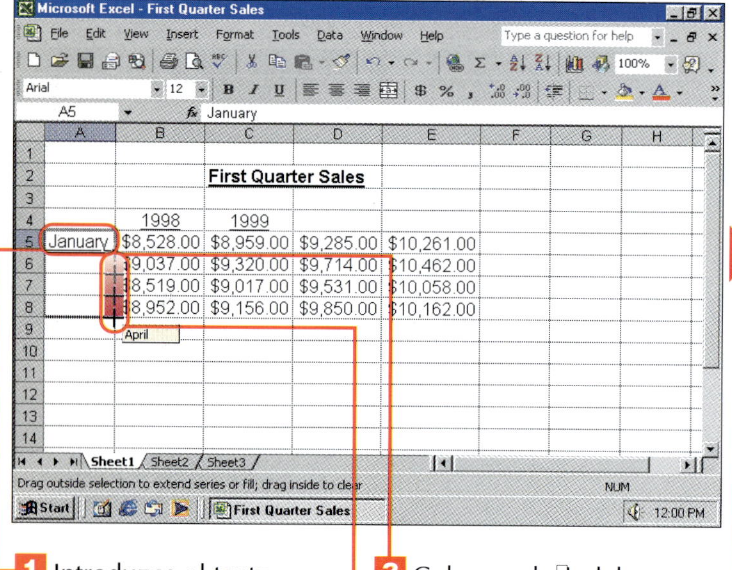

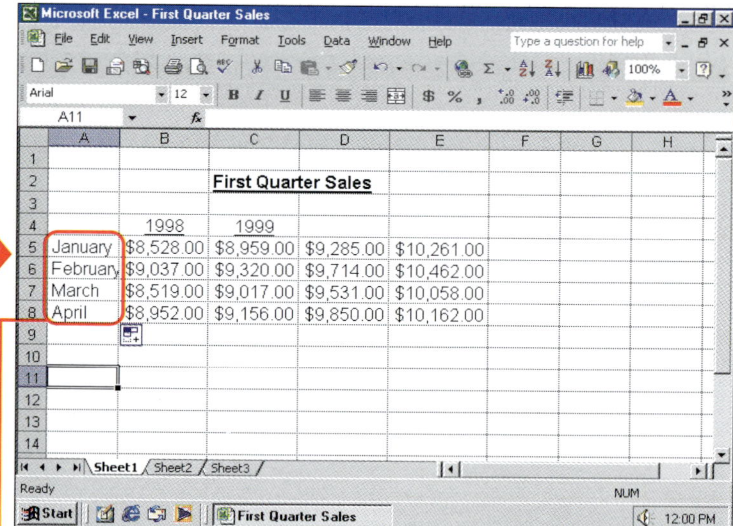

1 Introduzca el texto con que desea iniciar las series.

2 Haga clic en la celda que contiene el texto que introdujo.

3 Coloque el ⌗ del mouse sobre la esquina inferior derecha de la celda (⌗ cambia a ✛).

4 Arrastre el ✛ del mouse sobre las celdas que desee incluir en las series.

■ Las celdas muestran las series de textos.

Nota: Si Excel no puede determinar la serie de texto que desea completar, Excel copiará el texto de la primera celda a todas las celdas que seleccione.

■ Para cancelar la selección de las celdas, haga clic en cualquiera de ellas.

¿Por qué el botón Auto Fill Options () aparece cuando completo una serie?

Puede usar ese botón (■) para cambiar la forma en que Excel completa una serie. Haga clic en el botón Auto Fill Options para observar la lista de las opciones y, luego, elegir la opción que desee utilizar. El botón Auto Fill Options solo está disponible hasta que cumpla otra tarea.

¿Puedo completar una serie que repetirá información en varias celdas?

Sí. Realice los pasos del **1** al **4** descritos abajo, pero introduzca el mismo texto o información en las primeras dos celdas, en el paso **1**. Excel repetirá la información de todas las celdas que seleccione.

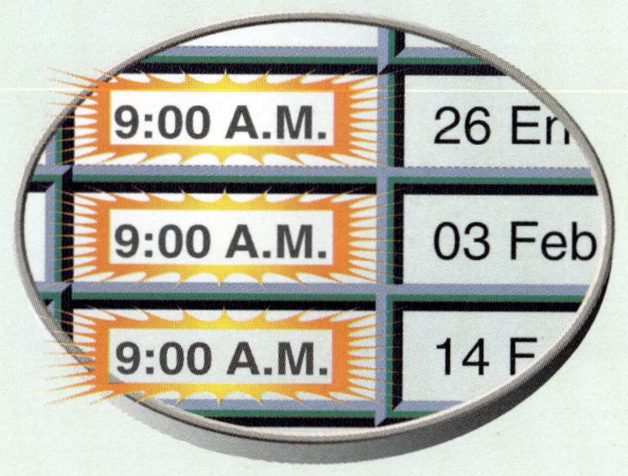

COMPLETAR UNA SERIE DE NÚMEROS

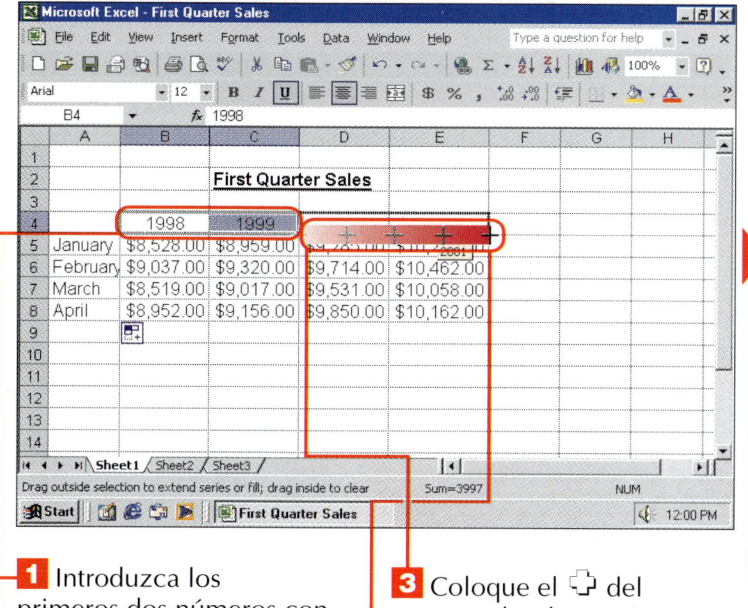

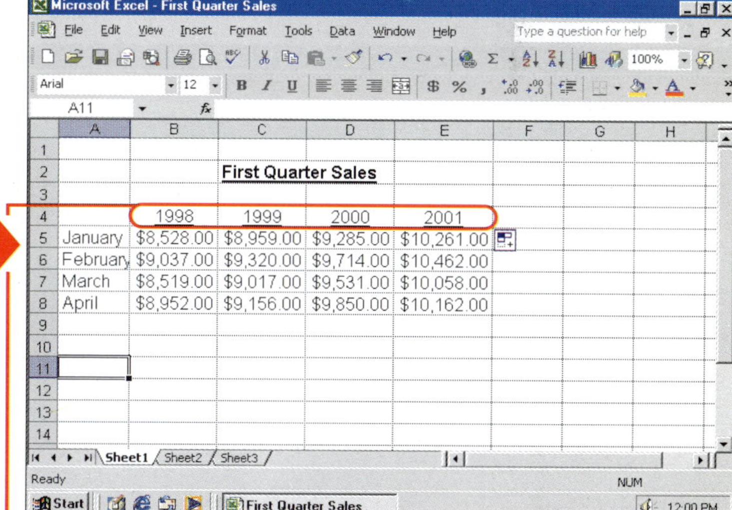

1 Introduzca los primeros dos números con que desea iniciar la serie.

2 Seleccione las celdas que contienen los números que introdujo. Para seleccionar las celdas, vea la página 106.

3 Coloque el del mouse sobre la esquina inferior derecha de la celda (cambia a +).

4 Arrastre el + del mouse sobre las celdas que desee incluir en las series.

■ Las celdas muestran las series de números.

■ Para cancelar la selección de las celdas, haga clic en cualquiera de ellas.

Las hojas de trabajo pueden ayudarle a organizar la información de su libro. Por ejemplo, puede almacenar información de cada división de una compañía en hojas separadas.

CAMBIAR ENTRE HOJAS DE TRABAJO

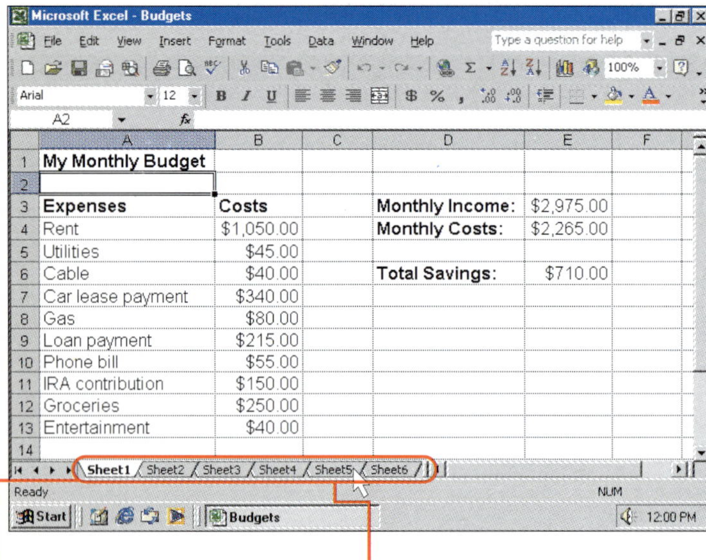

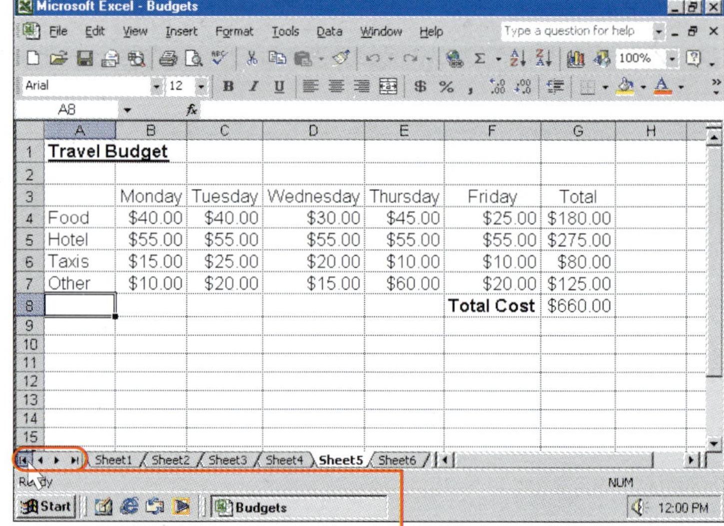

■ Esta área muestra una etiqueta para cada hoja de su libro de trabajo. La hoja abierta aparece con una etiqueta blanca.

1 Haga clic en la etiqueta de la hoja que desea mostrar.

■ La hoja que seleccionó aparece. El contenido de las otras hojas de trabajo está oculto detrás de la hoja mostrada.

EXPLORAR A TRAVÉS DE LAS ETIQUETAS DE LAS HOJAS

■ Si su libro tiene muchas hojas, es posible que no pueda ver todos sus etiquetas.

Nota: Para insertar hojas adicionales, vea la página 112.

1 Haga clic en uno de los siguientes botones para explorar a través de los botones de las hojas.

Muestra la primera etiqueta.

Muestra la etiqueta previa.

Muestra la siguiente etiqueta.

Muestra la última etiqueta.

CAMBIAR EL NOMBRE DE UNA HOJA DE TRABAJO

CAMBIAR EL NOMBRE DE UNA HOJA DE TRABAJO

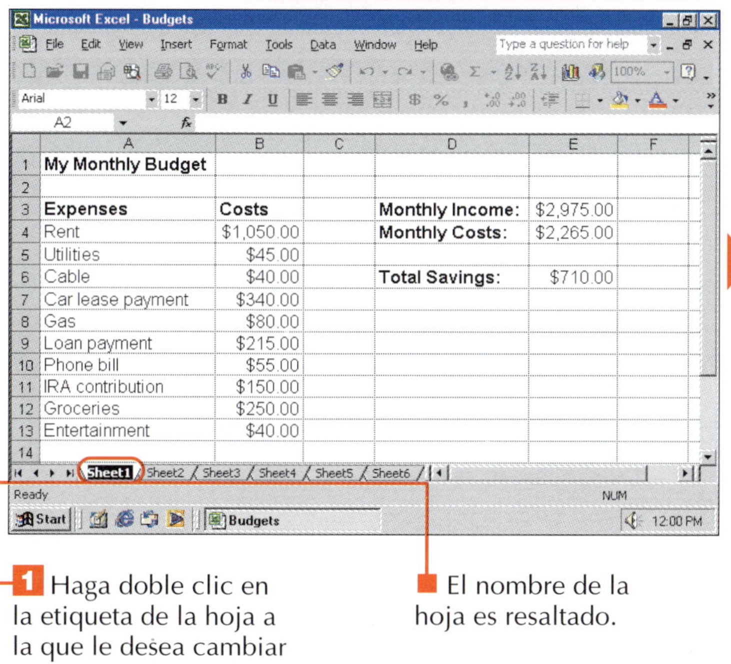

1 Haga doble clic en la etiqueta de la hoja a la que le desea cambiar de nombre.

■ El nombre de la hoja es resaltado.

2 Digite el nombre nuevo de la hoja y, luego, presione la tecla **Enter**.

Nota: Una hoja puede contener hasta 31 caracteres, incluyendo espacios.

INSERTAR UNA HOJA DE TRABAJO

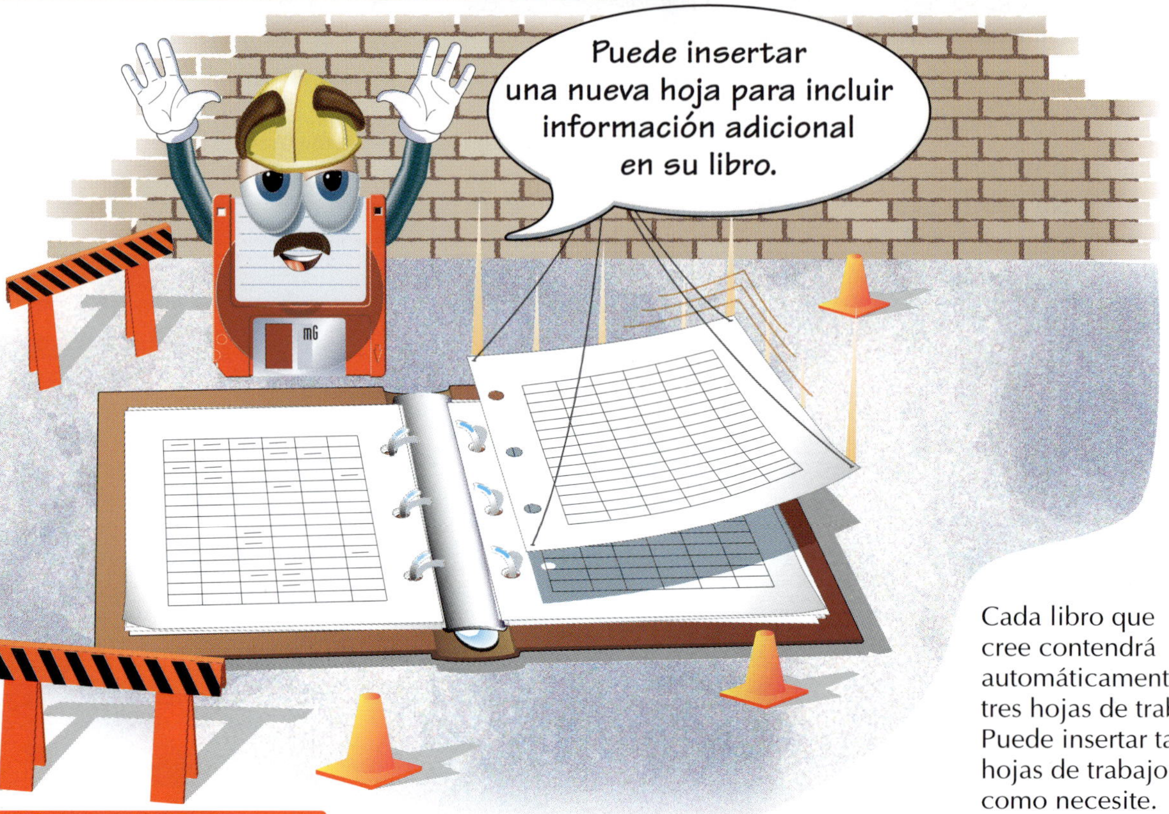

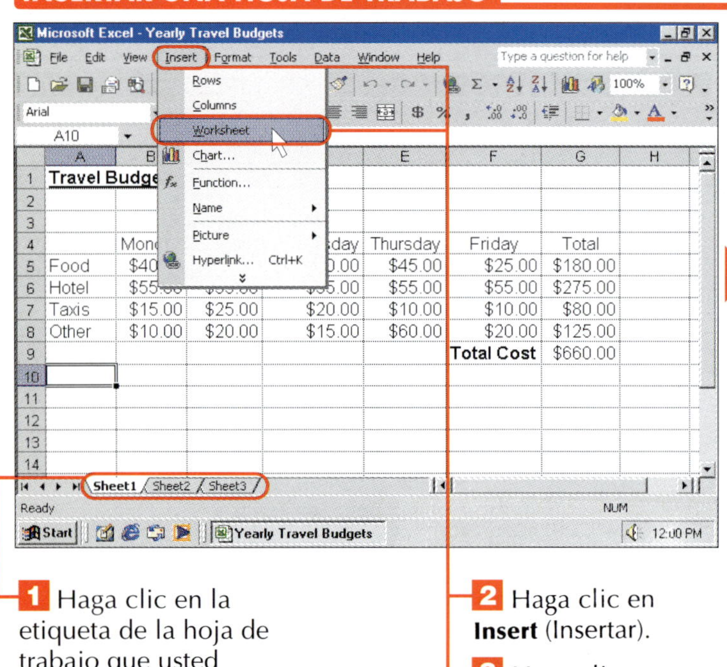

Cada libro que cree contendrá automáticamente tres hojas de trabajo. Puede insertar tantas hojas de trabajo como necesite.

INSERTAR UNA HOJA DE TRABAJO

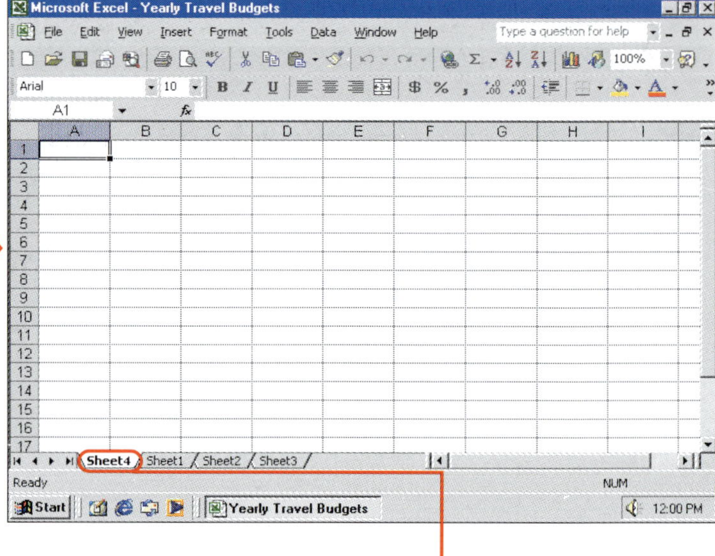

1 Haga clic en la etiqueta de la hoja de trabajo que usted desea que aparezca después de la nueva hoja.

2 Haga clic en **Insert** (Insertar).

3 Haga clic en **Worksheet** (Hoja).

■ La nueva hoja aparece.

■ Excel mostrará una etiqueta para la nueva hoja.

BORRAR UNA HOJA DE TRABAJO

BORRAR UNA HOJA DE TRABAJO

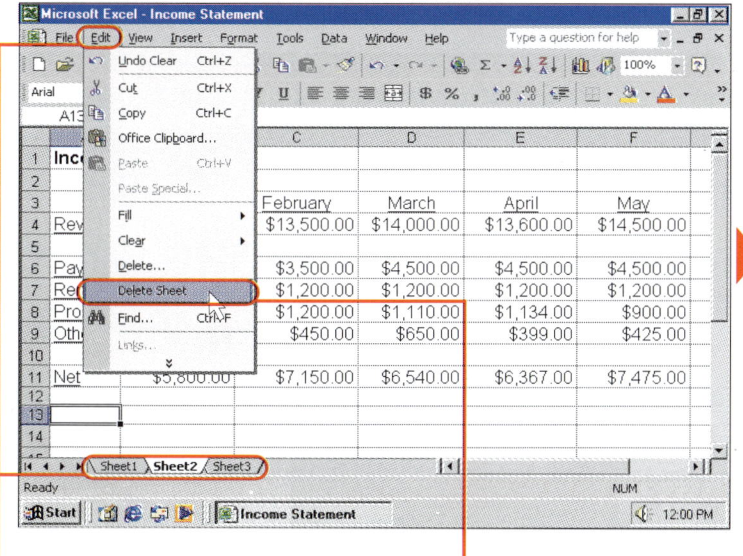

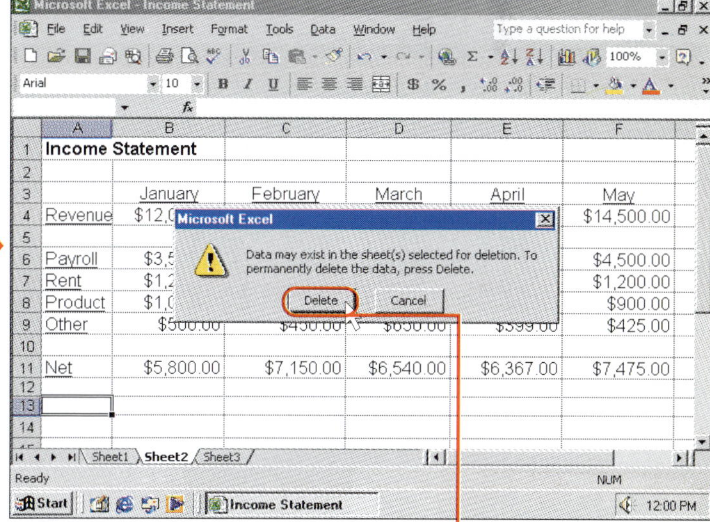

1 Haga clic en la etiqueta de la hoja que desea eliminar.

2 Haga clic en **Edit** (Edición).

3 Haga clic en **Delete Sheet** (Eliminar hoja).

Nota: Si Delete sheet (Eliminar hoja) no aparece en el menú, coloque el del mouse sobre la parte inferior del menú para observar todas sus opciones.

■ Aparece un cuadro de diálogo de advertencia, indicándole que Excel borrará la información de manera permanente.

4 Haga clic en **Delete** (Eliminar) para borrar la hoja permanentemente.

MOVER UNA HOJA DE TRABAJO

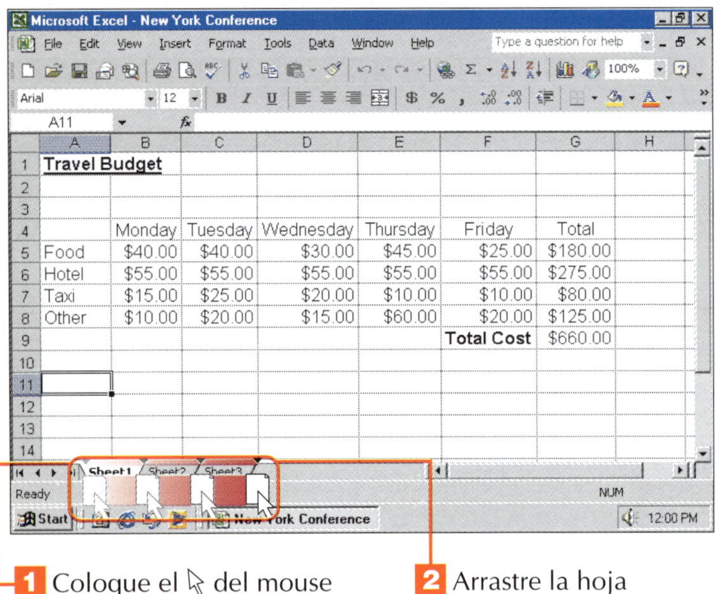

1 Coloque el del mouse sobre la etiqueta de la hoja que desea mover.

2 Arrastre la hoja hacia su nueva localización.

■ Una flecha (▼) aparecerá donde será ubicada la hoja de trabajo.

■ La hoja aparece en la nueva localización.

COLOREE LA ETIQUETA DE UNA HOJA DE TRABAJO

COLOREE LA ETIQUETA DE UNA HOJA DE TRABAJO

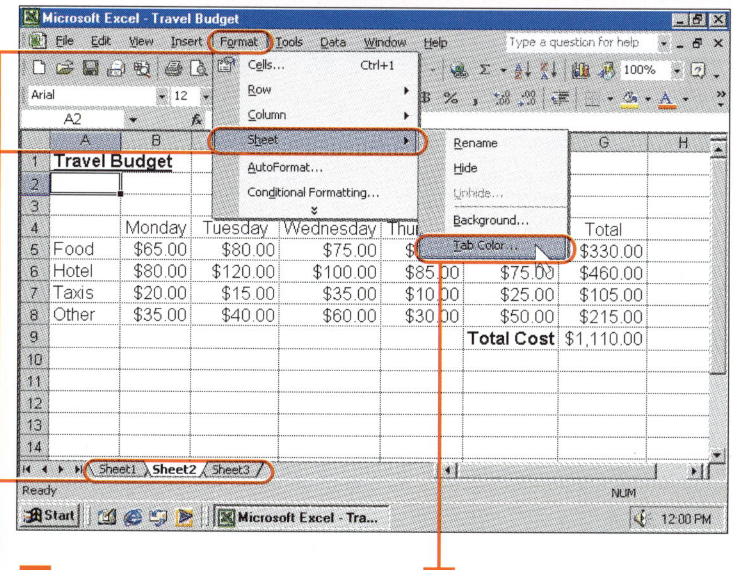

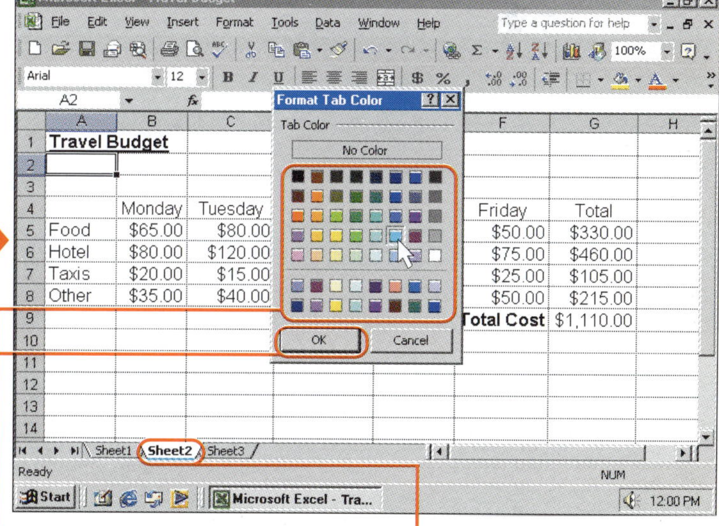

1 Haga clic en la etiqueta de la hoja que desea colorear.

2 Haga clic en **Format** (Formato).

3 Haga clic en **Sheet** (Hoja).

4 Haga clic en **Tab Color** (Color de etiqueta).

■ El cuadro de diálogo Format Tab Color (Formato de color de etiqueta) aparece.

5 Haga clic en el color que desea usar.

6 Haga clic en **OK**.

■ Excel agrega el color seleccionado a la etiqueta de la hoja.

■ Para eliminar el color de la etiqueta de una hoja de trabajo, repita los pasos del **1** al **6**, pero seleccionando **No Color** (Sin color) en el paso **5**.

Debería guardar regularmente los cambios que ha hecho al libro, para evitar perder su trabajo.

GUARDAR UNA HOJA DE TRABAJO

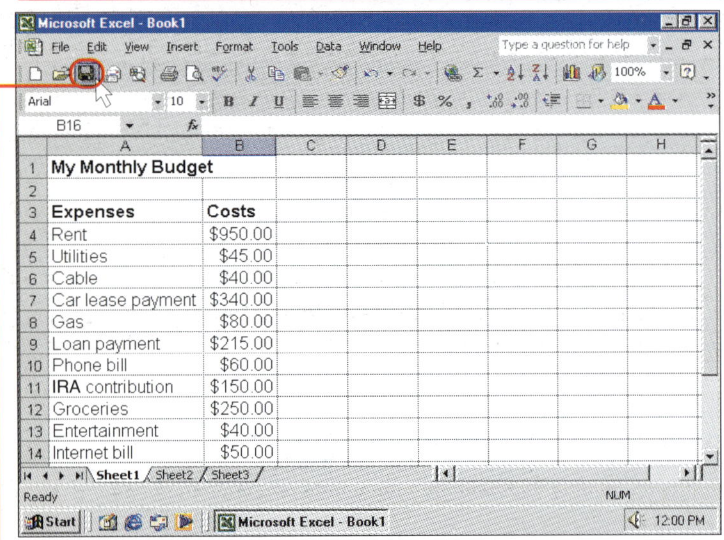

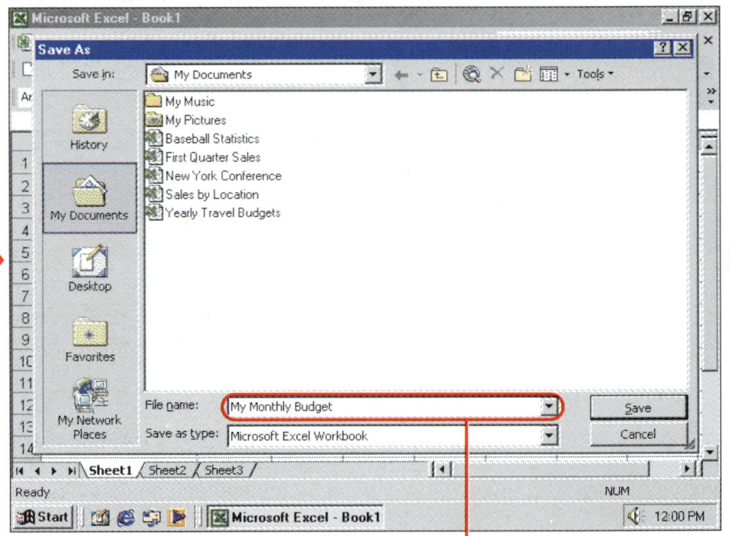

1 Haga clic en 🔲 para guardar su libro.

Nota: Si el botón 🔲 no aparece, haga clic en 》 de la barra de herramientas Standard (Estándar) para observar los botones.

■ El cuadro de diálogo Save as (Guardar como) aparece.

Nota: Si, previamente, había guardado su libro, el cuadro de diálogo Save as (Guardar como) no aparecerá, puesto que ya había etiquetado su libro de trabajo.

2 Digite el nombre de su libro.

¿Cuáles son las localizaciones comunes a las que puedo acceder?

Historial

Proporciona acceso a las carpetas y a los libros con los que ha trabajado recientemente.

Mis Documentos

Proporciona un lugar conveniente para almacenar un libro.

Escritorio

Le permite almacenar libros en el Escritorio de Windows.

Favoritos

Proporciona un lugar para almacenar los libros que usa frecuentemente.

Mis lugares de redes

Le permite almacenar un libro en su red.

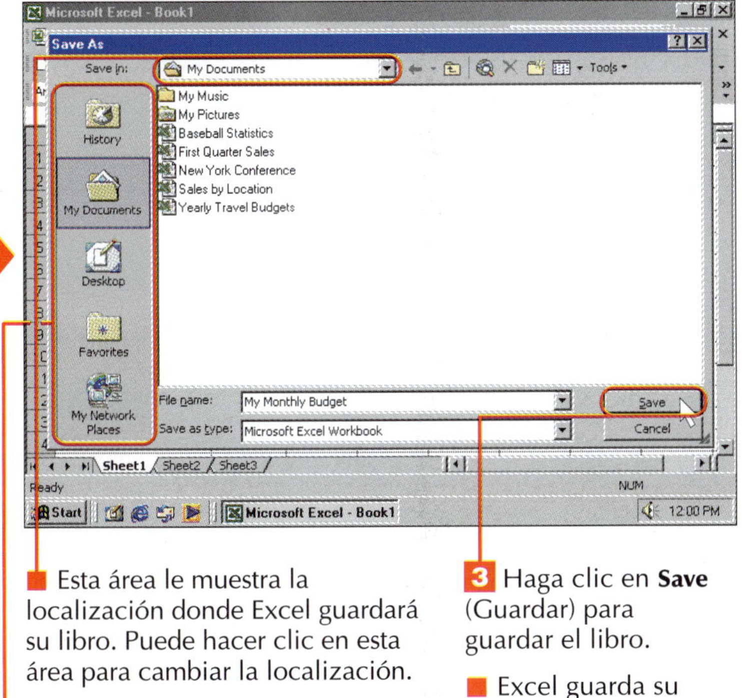

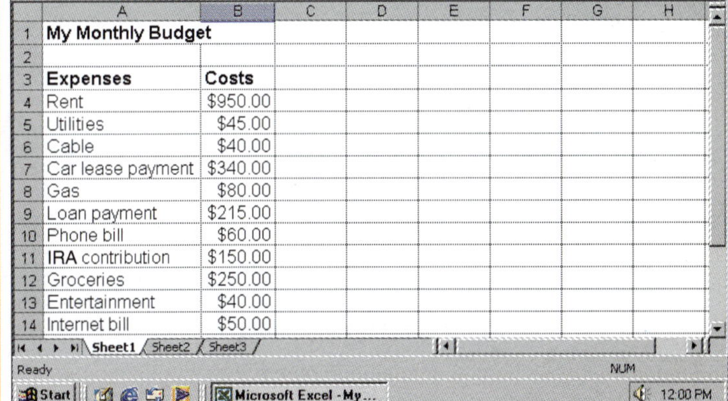

■ Esta área le muestra la localización donde Excel guardará su libro. Puede hacer clic en esta área para cambiar la localización.

■ Esta área le permite acceder a las localizaciones comúnmente usadas. Puede hacer clic en una localización, para guardar el libro allí.

3 Haga clic en **Save** (Guardar) para guardar el libro.

■ Excel guarda su libro.

CERRAR UN LIBRO DE TRABAJO

1 Cuando termine de usar el libro, haga clic en ☒ para cerralo.

■ El libro desaparece de su pantalla.

ABRIR UN LIBRO DE TRABAJO

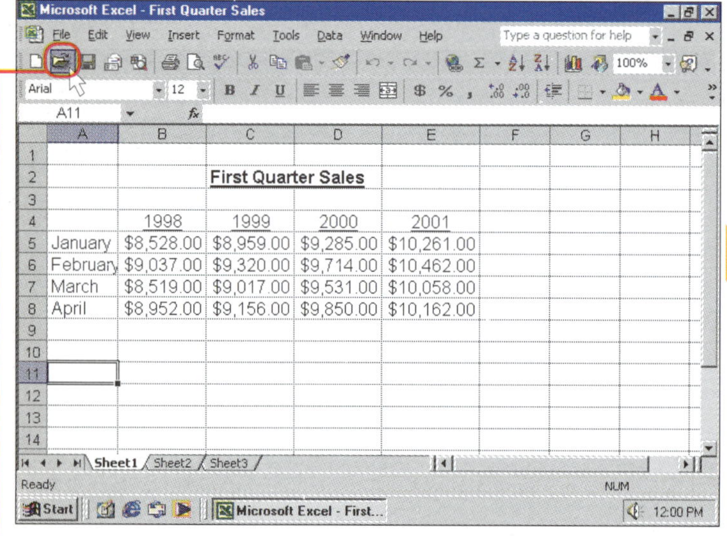

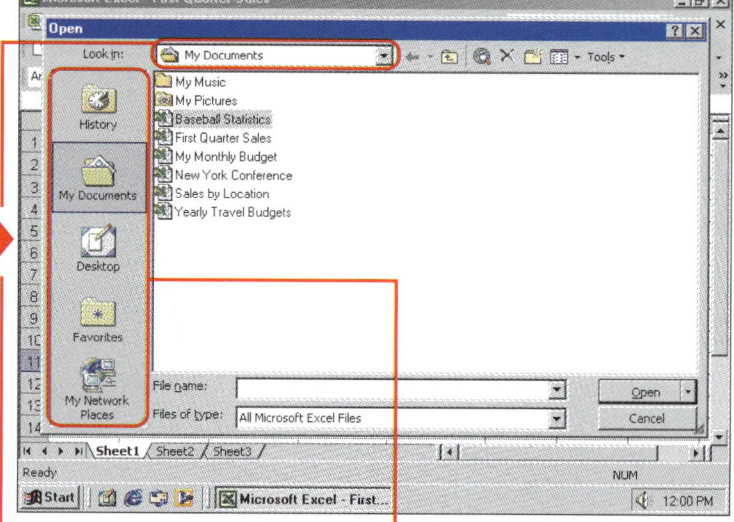

1 Haga clic en 📂 para abrir el libro.

Nota: Si el botón 📂 no aparece, haga clic en ⁑ de la barra de herramientas Standard (Estándar) para observar los botones.

■ El cuadro de diálogo Open (Abrir) aparece.

■ Esta área muestra la localización de los libros mostrados. Puede hacer clic en esta área para cambiar la localización.

■ Esta área le permite acceder a libros de trabajo en las localizaciones más usadas. Puede hacer clic en una localización para observar los libros guardados en ella.

Nota: Para más información sobre las localizaciones más usadas, vea la parte superior de la página 117.

¿Cómo puedo abrir rápidamente los libros en los que he trabajo recientemente?

Excel recuerda los nombres de los últimos cuatro libros con los que ha trabajo. Puede usar uno de los siguientes métodos para abrir rápidamente cualquiera de los siguientes libros.

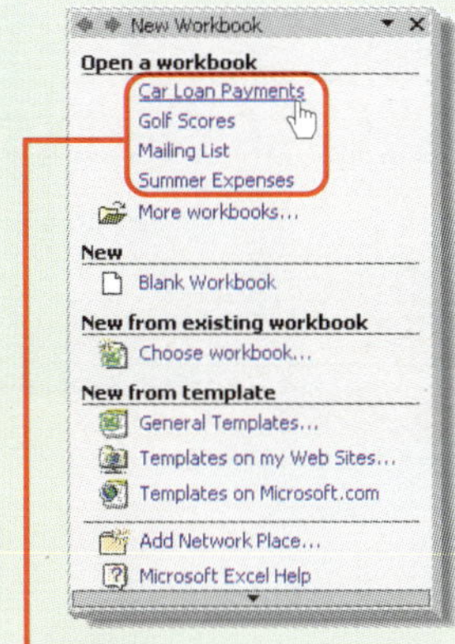

Usar el panel de tareas

El panel de tareas New Workbook (Nuevo libro) aparece cada vez que inicie Excel. Para observar el panel de tareas New Workbook (Nuevo libro), vea la página 12.

1 Haga clic en el nombre del libro que desea abrir.

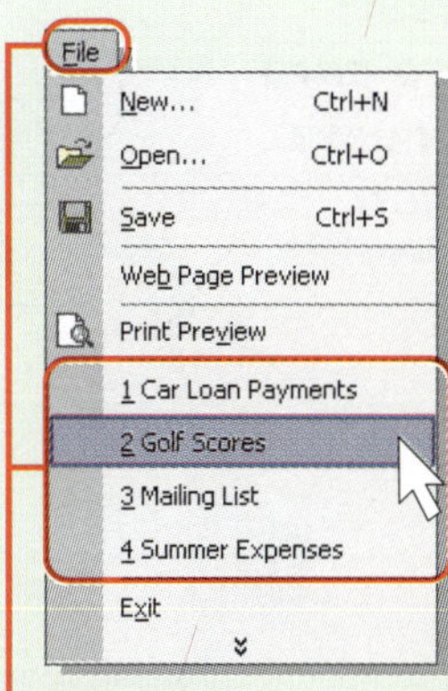

Usar el menú de archivos

1 Haga clic en **File** (Archivo).

2 Haga clic en el nombre del libro que desea abrir.

Nota: Si los nombres de los últimos cuatro libros de trabajo con los que ha trabajado no aparecen, coloque el del mouse sobre la parte inferior del menú para observar todos los nombres de los libros.

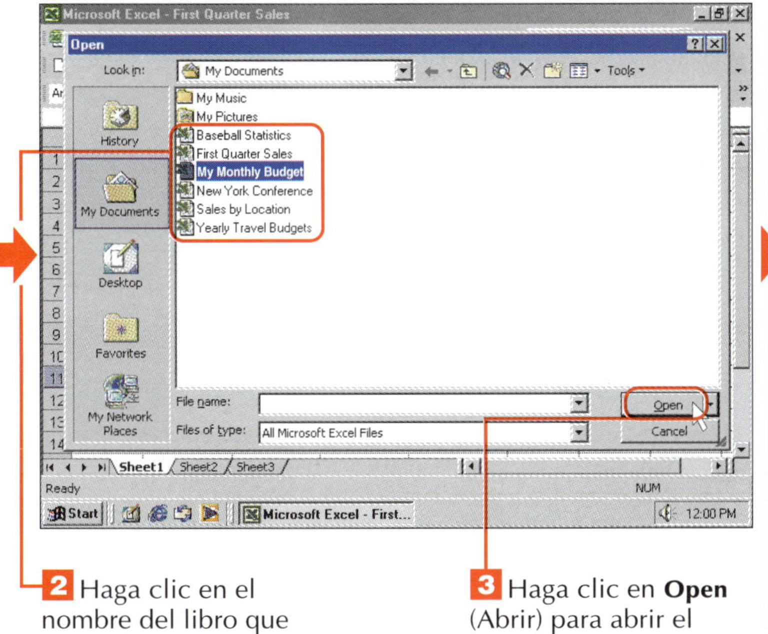

2 Haga clic en el nombre del libro que desea abrir.

3 Haga clic en **Open** (Abrir) para abrir el libro.

■ El libro de trabajo se abre y aparece en su pantalla. Ahora puede revisar y hacer cambios en el libro.

■ Esta área muestra el nombre del libro abierto.

■ Si ya tiene un libro de trabajo abierto, el nuevo libro aparece en una ventana nueva de Microsoft Excel. Puede hacer clic en los botones de la barra de tarea para cambiar entre los libros abiertos.

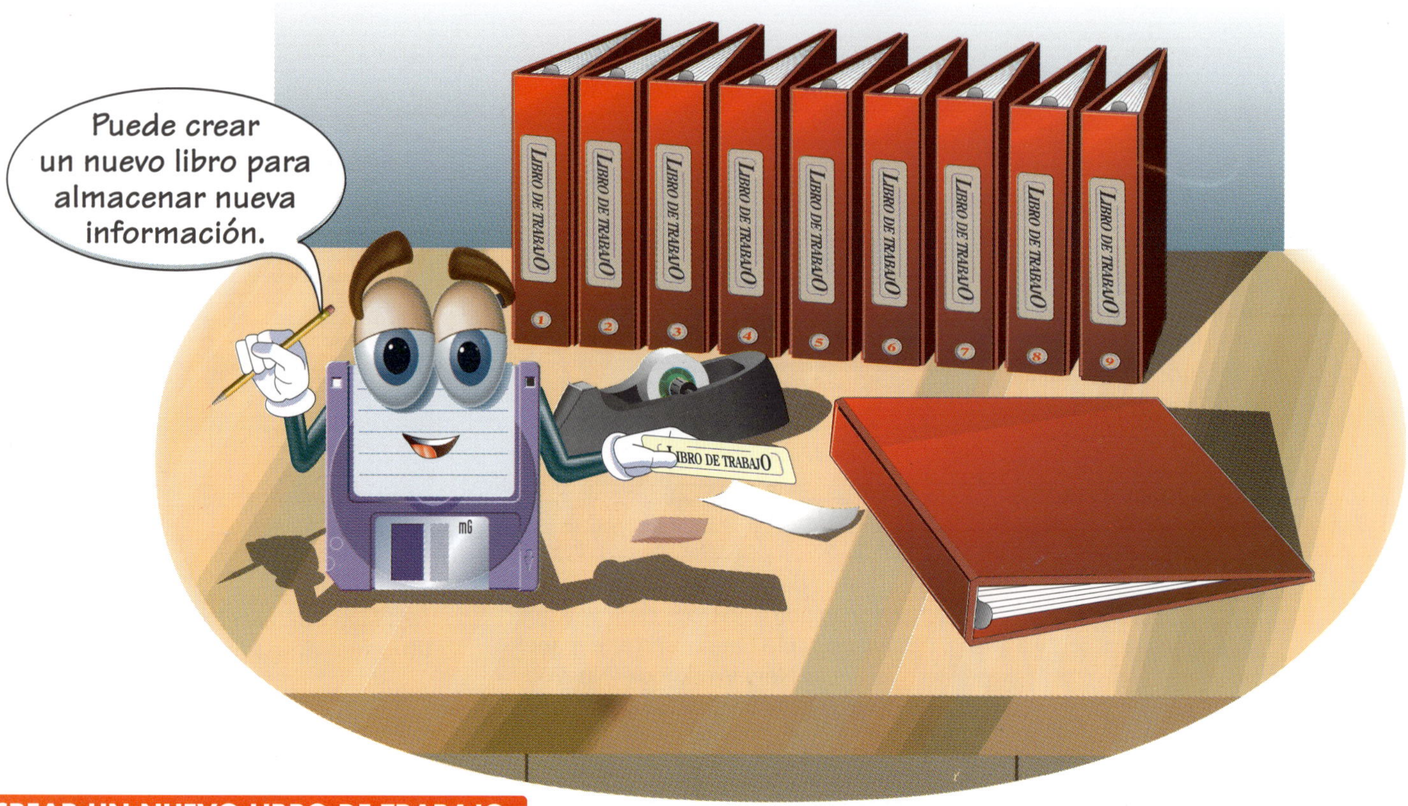

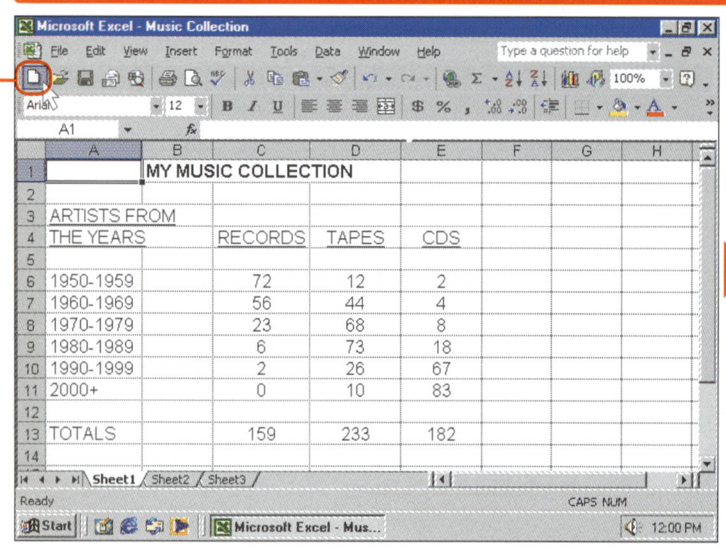

CREAR UN NUEVO LIBRO DE TRABAJO

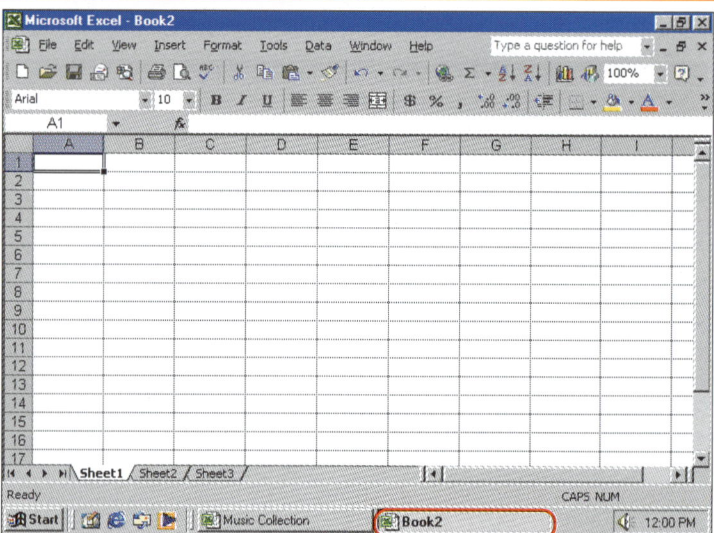

1 Haga clic en ▯ para crear un libro.

Nota: Si el botón ▯ no aparece, haga clic en ▯ de la barra de herramientas Standard (Estándar) para observar los botones.

■ El nuevo libro de trabajo aparece en una nueva ventana de Microsoft Excel.

■ Una nueva etiqueta para el nuevo libro aparece en las barras de tareas.

CAMBIAR ENTRE LIBROS DE TRABAJO

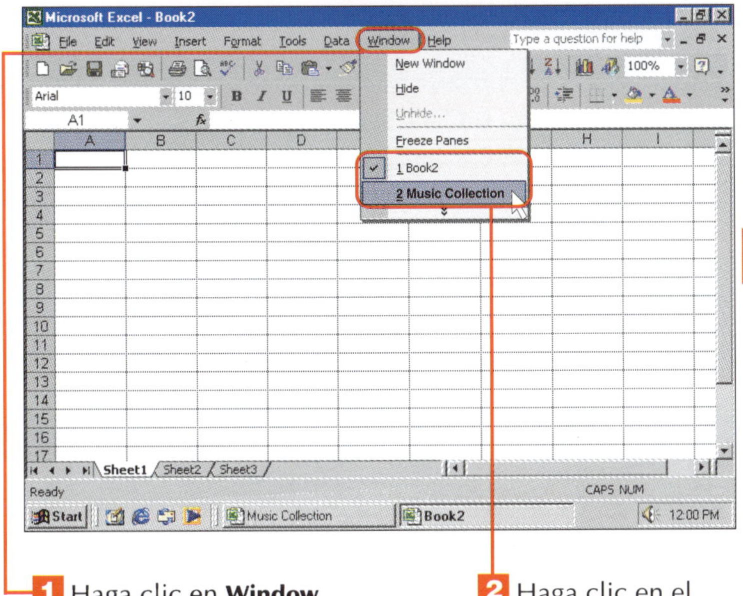

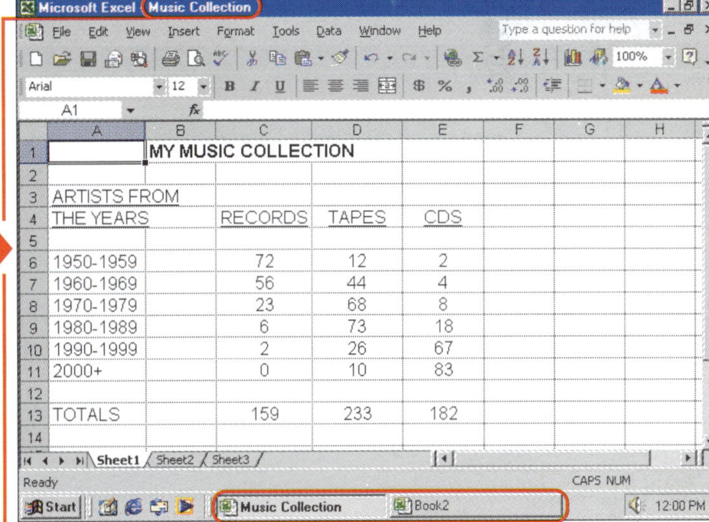

1 Haga clic en **Window** (Ventana) para observar una lista de todos los libros abiertos.

2 Haga clic en el nombre del libro de trabajo al que desea cambiar.

■ El libro que seleccionó aparece.

■ Esta área exhibe el nombre del libro mostrado.

■ La barra de tareas muestra una etiqueta para cada libro abierto. También puede hacer clic en los botones de la barra de tareas para cambiar entre los libros abiertos.

Antes de poder enviar una hoja de trabajo por correo electrónico Microsoft Outlook debe estar instalado en su computadora.

ENVIAR UNA HOJA DE TRABAJO POR CORREO ELECTRÓNICO

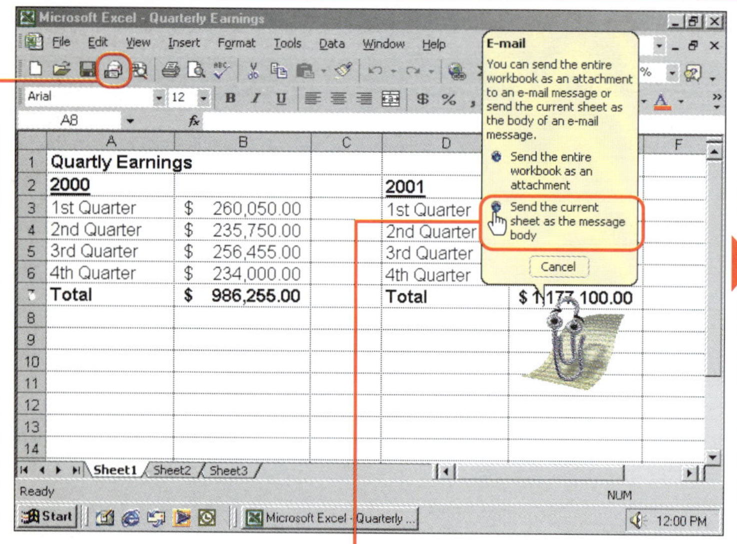

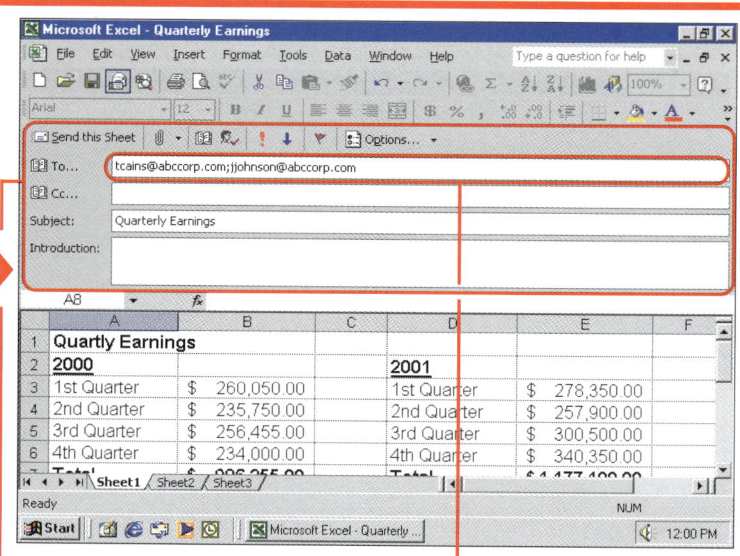

1 Haga clic en el botón para enviar la hoja por correo electrónico.

Nota: Si el botón no aparece, haga clic en de la barra de herramientas Standard (Estándar) para observar los botones.

■ Si el libro contiene información en más de una hoja, aparece un mensaje preguntándole si desea enviar el libro completo o solo la hoja de trabajo actual.

2 Haga clic en esta opción para enviar la hoja actual de trabajo.

■ Un área aparece para que envíe el mensaje.

3 Haga clic en esta área y digite la dirección de correo electrónico de cada persona a la que desea enviar el documento. Separe cada dirección con un punto y coma (;).

¿Para qué incluir una introducción a la hoja que envío por correo electrónico?

Incluir una introducción le permite proporcionar información adicional al destinatario del mensaje. Por ejemplo, el destinatario puede requerir instrucciones o una explicación del contenido de una hoja.

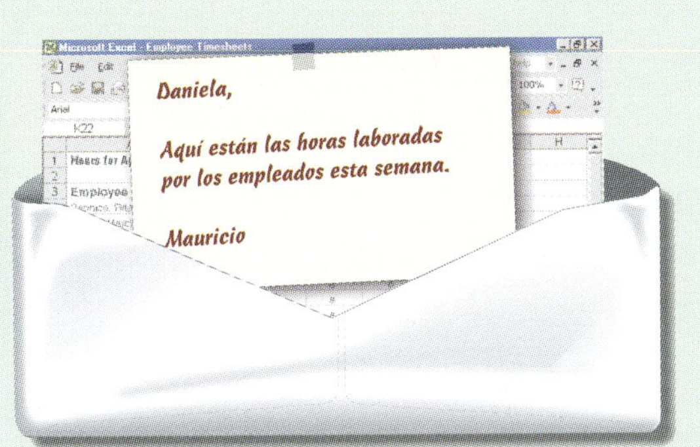

¿Cómo envío un libro de trabajo entero por correo electrónico?

Para enviar un libro entero, realice los pasos del **1** al **5** y seleccione **Send the entire workbook as an attachment** (Enviar todo el libro como datos adjuntos) en el paso **2**. Luego, haga clic en **Send** (Enviar) para enviar el mensaje. Cuando envíe por correo electrónico todo el libro, este es enviado como un archivo adjunto.

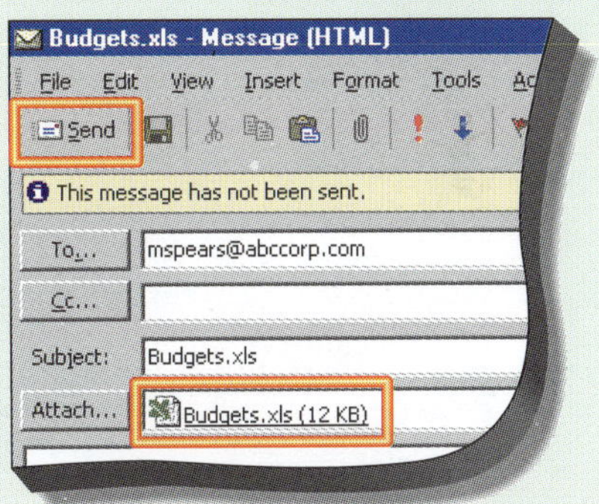

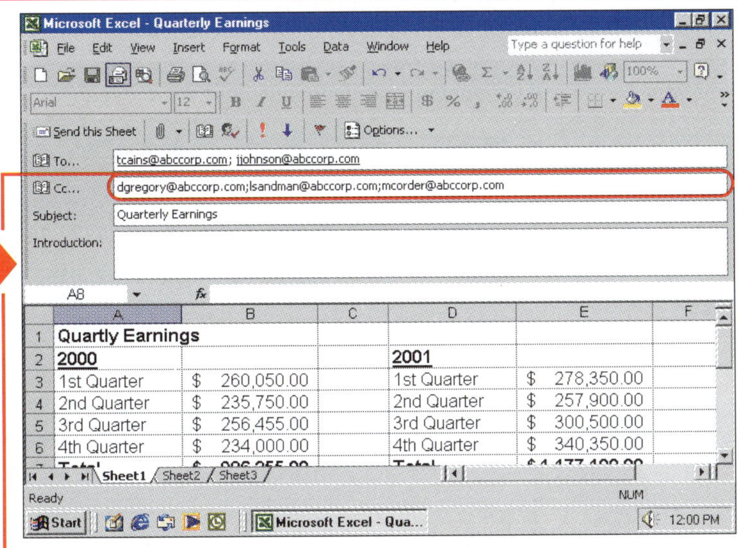

4 Para enviar una copia del mensaje, haga clic en esta área y digite la dirección de correo electrónico de cada persona a quien desea enviarle una copia. Separe cada dirección con un punto y coma (;).

Nota: Es posible que desee enviar una copia del mensaje a las personas que no están directamente envueltas en el asunto, pero que podrían interesarse en él.

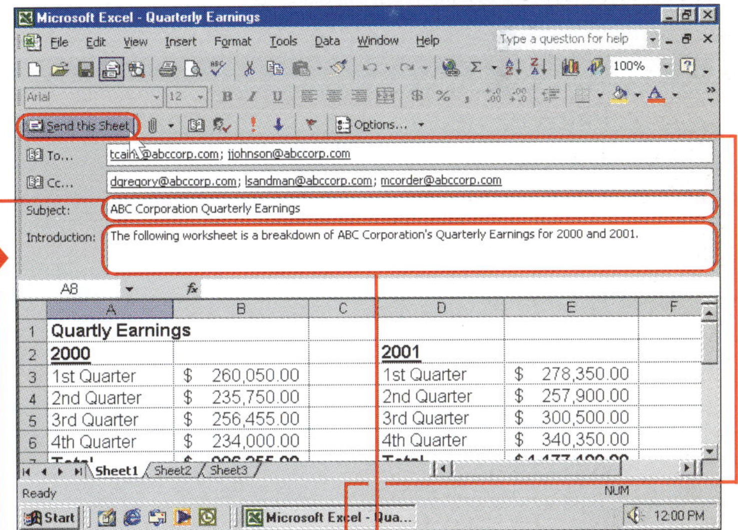

5 Haga clic en esta área y digite un asunto para el mensaje.

Nota: Si el asunto ya existe, puede arrastrar el ⌶ del mouse sobre el asunto existente, borrarlo y, luego, digitar el nuevo asunto.

6 Para incluir una introducción de la hoja que está enviando en el mensaje, haga clic en esta área y digítela.

7 Haga clic en **Send this Sheet** (Enviar esta hoja) para enviar el mensaje.

EDITAR O BORRAR INFORMACIÓN

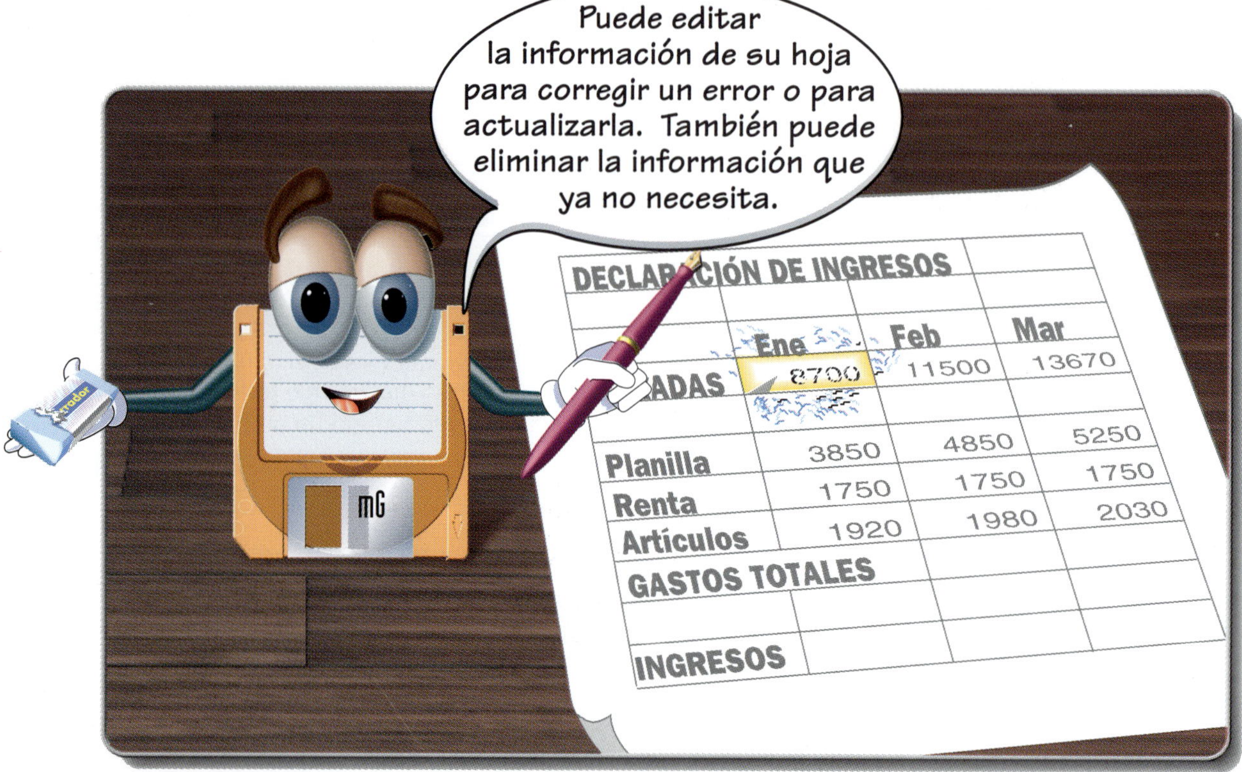

EDITAR INFORMACIÓN

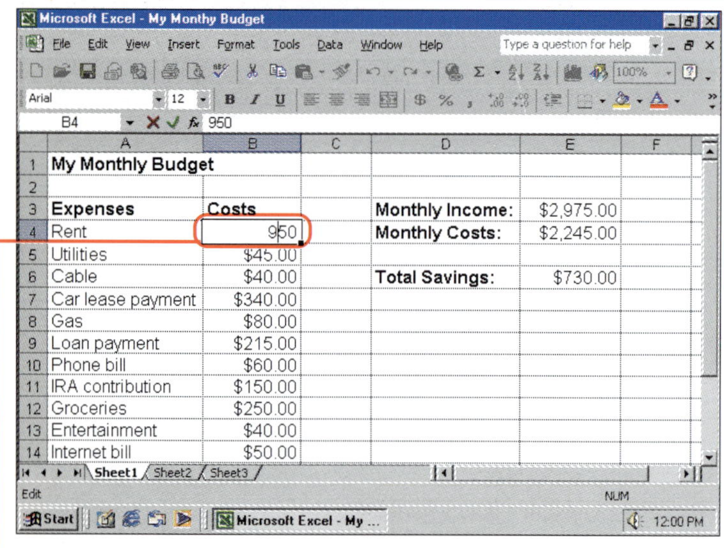

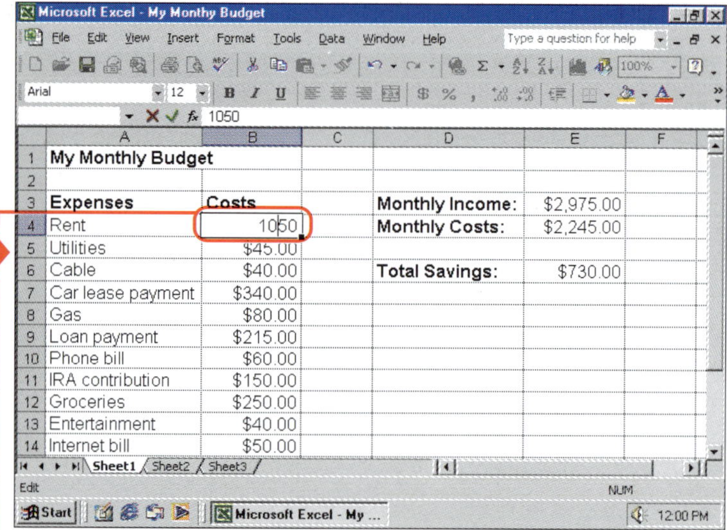

1 Haga doble clic en la celda que contiene la información que desea editar.

■ Un punto de inserción aparece en la celda.

2 Presione las teclas ← o → para mover el punto de inserción hasta donde desea eliminar o agregar los caracteres.

3 Para eliminar el carácter ubicado a la izquierda del punto de inserción, presione la tecla ◆Backspace .

4 Para agregar la información en el sitio donde el punto de inserción se encuentra, digite.

5 Cuando termine de hacer los cambios a la información, presione la tecla Enter .

¿Excel puede corregir mis errores de digitación automáticamente?

Sí. Excel corrige automáticamente los errores ortográficos comunes mientras digita. Aquí hay algunos cuantos ejemplos.

¿Cuándo borro la información de una celda, Excel eliminará el formato de esa celda?

No. Cuando borre la información de una celda, Excel no eliminará el formato que se haya aplicado a la celda, por ejemplo, el tipo de fuente o el color. Cualquier nueva información que introduzca en la celda aparecerá con el mismo formato de la información que había borrado.

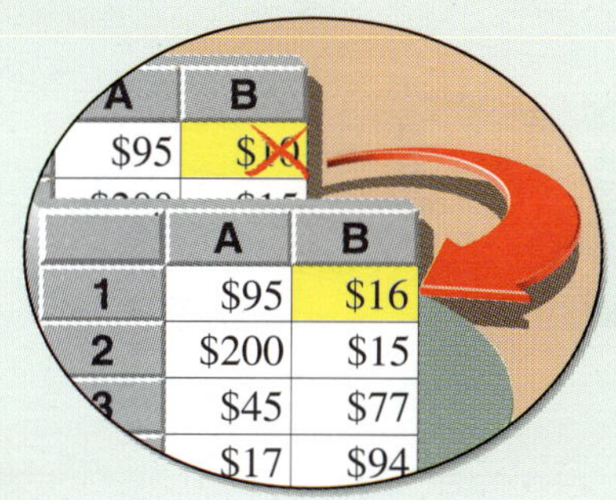

ELIMINAR DATOS

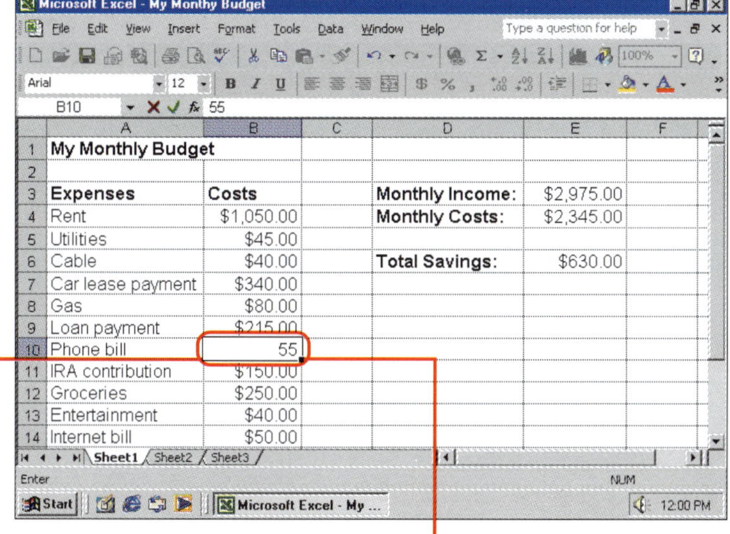

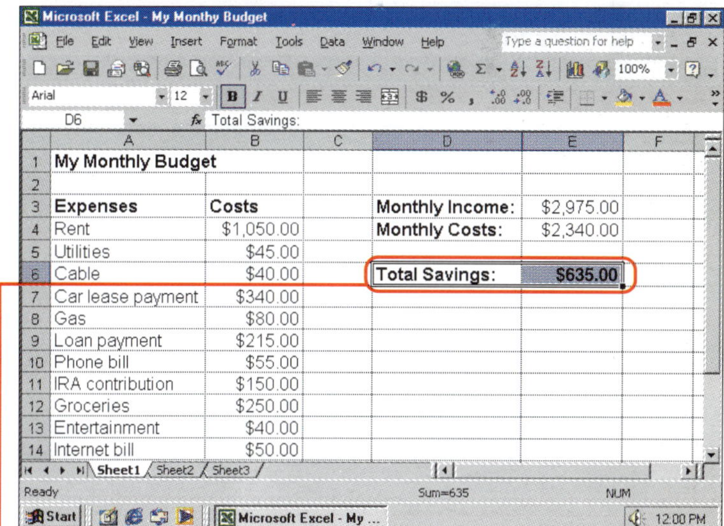

REEMPLAZAR TODA LA INFORMACIÓN DE UNA CELDA

1 Haga clic en la celda que contiene la información que desea reemplazar con nuevos datos.

2 Digite la nueva información y, luego, presione la tecla `Enter`.

1 Seleccione las celdas que contienen la información que desea borrar. Para borrar celdas, vea la página 106.

2 Presione la tecla `Delete`.

■ La información de las celdas que seleccionó desaparece.

■ Para seleccionar una celda, haga clic en alguna.

MOVER O COPIAR INFORMACIÓN

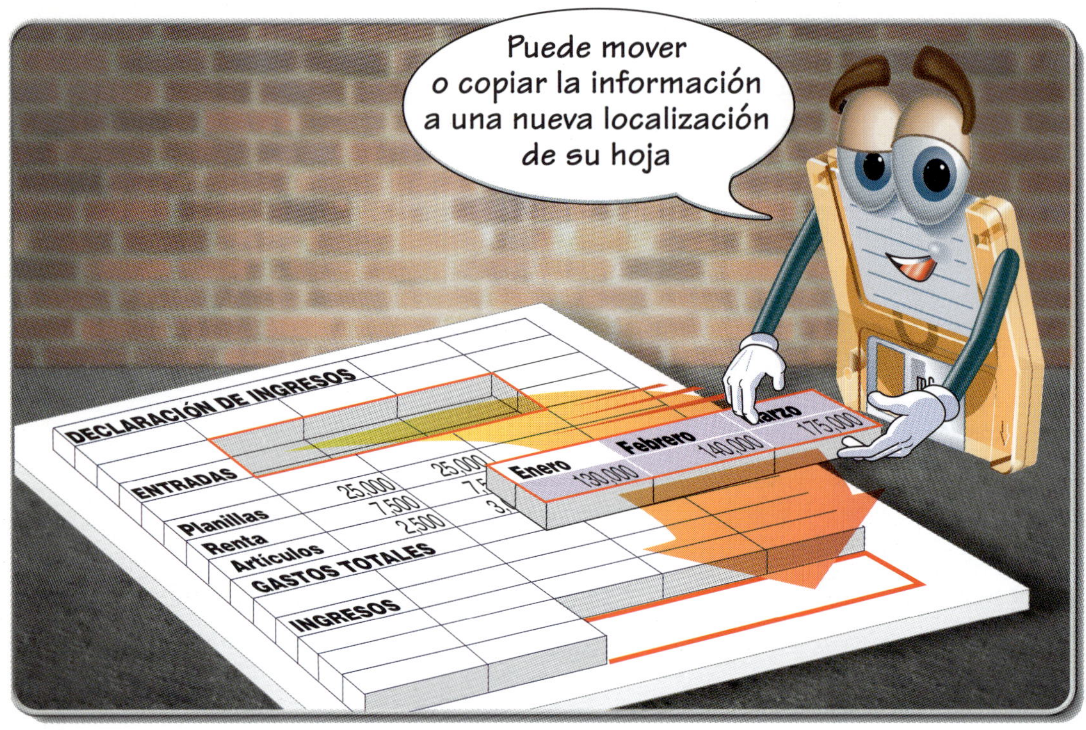

Mover información le permite reacomodar la información de su hoja. Cuando mueve la información, esta desaparece de su localización original.

Copiar información le permite repetir esta en su hoja sin tener que digitarla de nuevo. Cuando copie información, esta aparece tanto en la localización nueva como en la original.

MOVER O COPIAR INFORMACION

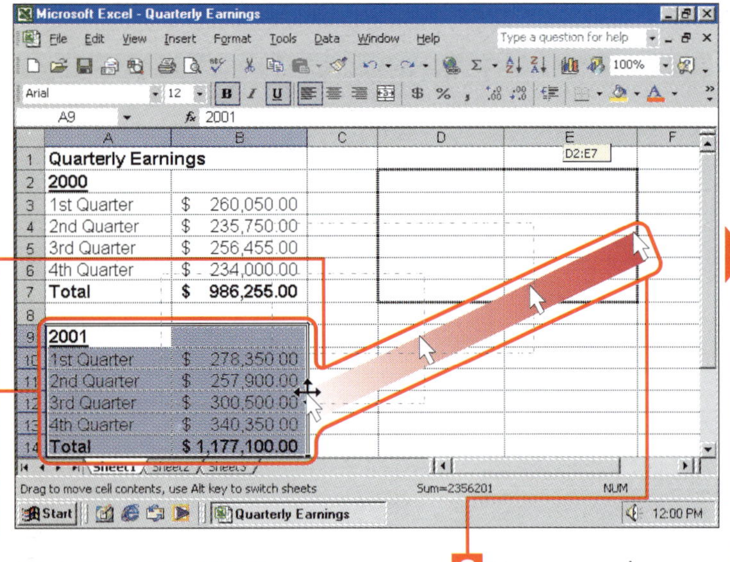

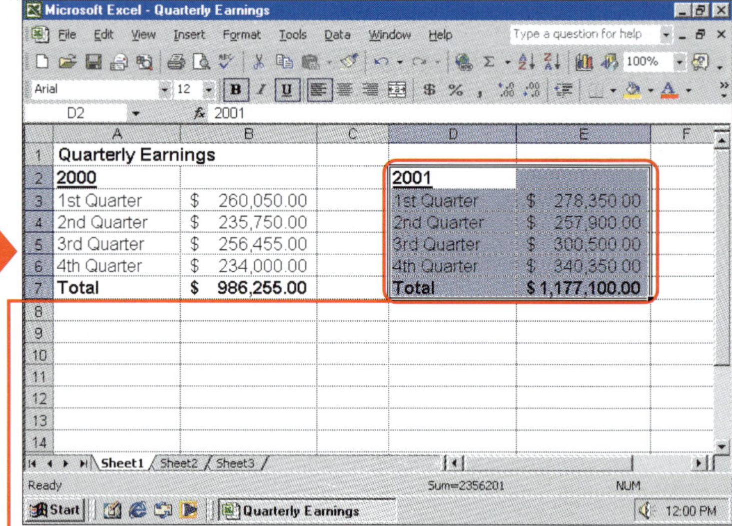

USAR ARASTRAR Y SOLTAR

1 Seleccione las celdas que contienen la información que desea mover. Para seleccionar celdas, vea la página 106.

2 Coloque el ⇧ del mouse sobre el borde de las celdas seleccionadas (⇧ cambia a ⬌).

3 Para mover la información, arrastre el del mouse hacia donde desea ubicarla.

Nota: Un cuadro gris indica donde aparecerá la información.

■ La información se mueve a la nueva localización

■ Para copiar información, realice los pasos del **1** al **3**, pero presionando la tecla **Ctrl** mientras realiza el paso **3**.

¿Cómo puedo usar el panel de tareas Clipboard (Portapapeles) para mover o copiar información?

El panel de tareas Portapapeles muestra los últimos 24 ítemes que ha seleccionado para copiar o mover usando los botones de la barra de herramientas. Para observar el panel de tareas Portapapeles, vea la página 12. Para ubicar un ítem del portapapeles en su hoja, haga clic en la celda donde lo desea colocar y, luego, haga clic en el ítem del panel de tareas.

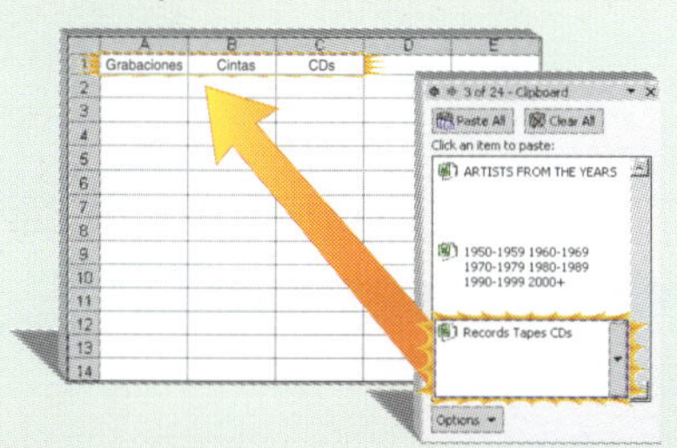

¿Por qué el botón Paste Options (Opciones de copiado) (📋) aparece cuando copio información?

Puede usar el botón Paste Options (📋) para cambiar la forma en que Excel copiará la información. (📋). Por ejemplo, puede especificar que desea copiar solo el formato de las celdas originales a la nueva localización. Haga clic en este botón para observar la lista de opciones y, luego, seleccione la opción que desea usar. El botón Paste Options (Opciones de copiado) solo está disponible hasta que realice otra tarea.

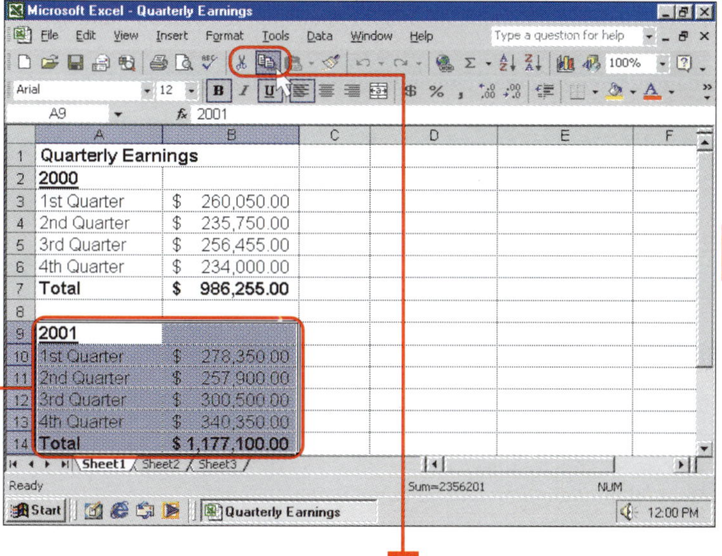

USAR LOS BOTONES DE LA BARRA DE TAREAS

1 Seleccione las celdas que contienen la información que desea mover o copiar. Para seleccionar celdas, vea la página 106.

2 Haga clic en uno de los siguientes botones

✂ Move data (Mover información)

📋 Copy data (Copiar información)

Nota: Si un botón no aparece, haga clic en 》 de la barra de herramientas Standard para ver todos los botones.

3 Haga clic en la celda donde desea ubicar la información. Esta celda se convertirá en la celda ubicada en la parte superior izquierda de la nueva localización.

4 Haga clic en 📋 para ubicar la información en la nueva localización.

Nota Si el botón 📋 no aparece, haga clic en 》 de la barra de herramientas Standard (Estándar) para observar todos los botones.

■ La información aparece en la nueva localización.

127

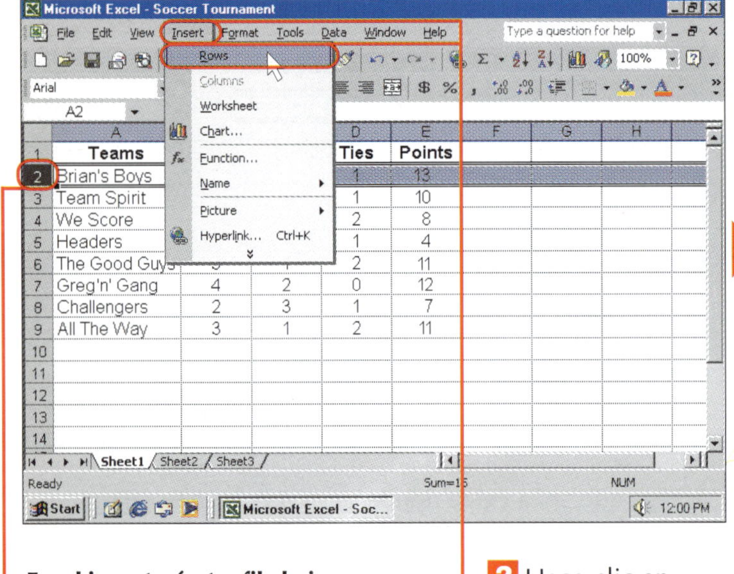

INSERTAR UNA FILA

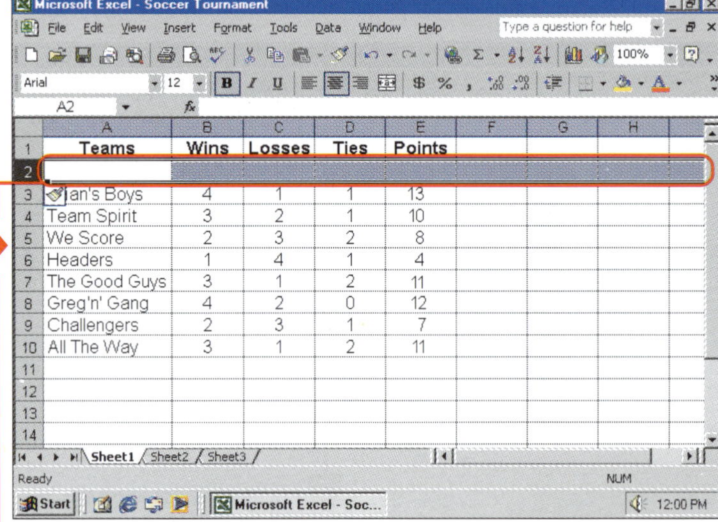

Excel insertará otra fila bajo la fila seleccionada.

1 Para seleccionar una fila, haga clic en el número de fila.

2 Haga clic en **Insert** (Insertar).

3 Haga clic en **Rows** (Filas).

■ La nueva fila aparece y todas las filas que siguen se corren hacia abajo.

■ Para cancelar la selección de una fila, haga clic en alguna de ellas.

¿Necesito ajustar mis fórmulas cuando inserto una nueva fila o columna?

No. Cuando inserte una fila o una columna, Excel actualiza automáticamente cualquier fórmula afectada por la inserción. Para información acerca de fórmulas, vea las páginas 134 a 147.

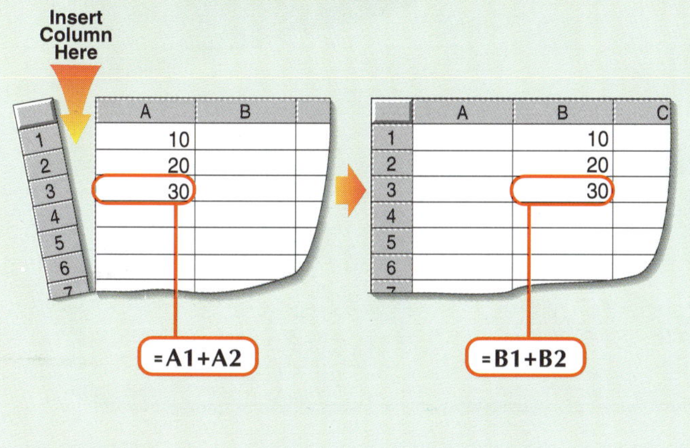

¿Cómo inserto varias filas o columnas a la vez?

Puede usar uno de los métodos mostrados abajo para insertar varias filas o columnas a la vez; pero, primero, debe seleccionar el número de filas o columnas que desea insertar. Por ejemplo, para insertar dos columnas, seleccione dos columnas y, luego, realice los pasos **2** y **3** de abajo. Para seleccionar múltiples columnas o filas, vea la página 107.

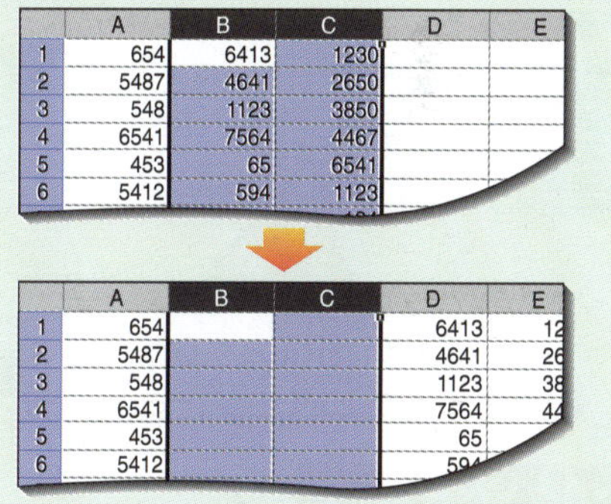

INSERTAR UNA COLUMNA

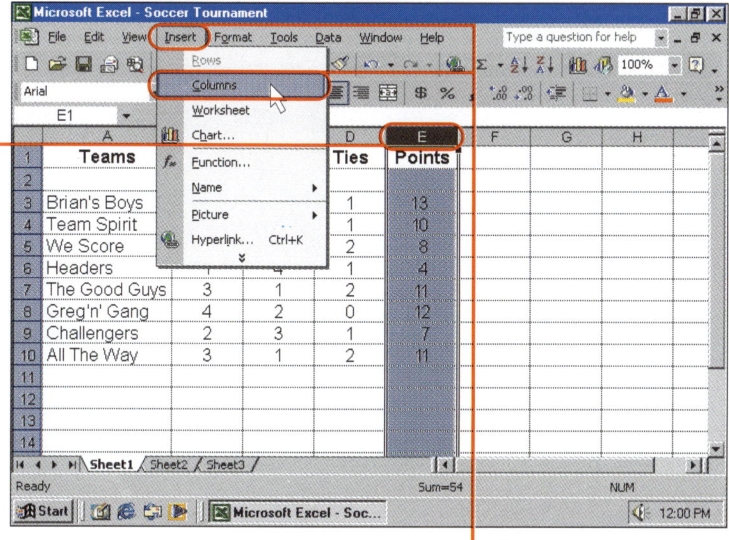

Excel insertará una columna a la izquierda de la columna que seleccionó.

1 Para seleccionar una columna, haga clic en la letra de la columna.

2 Haga clic en **Insert** (Insertar).

3 Haga clic en **Columns** (Columnas).

■ La nueva columna aparece y todas las columnas se corren hacia la derecha.

■ Para cancelar la selección de una columna, haga clic en cualquier celda.

ELIMINAR UNA FILA

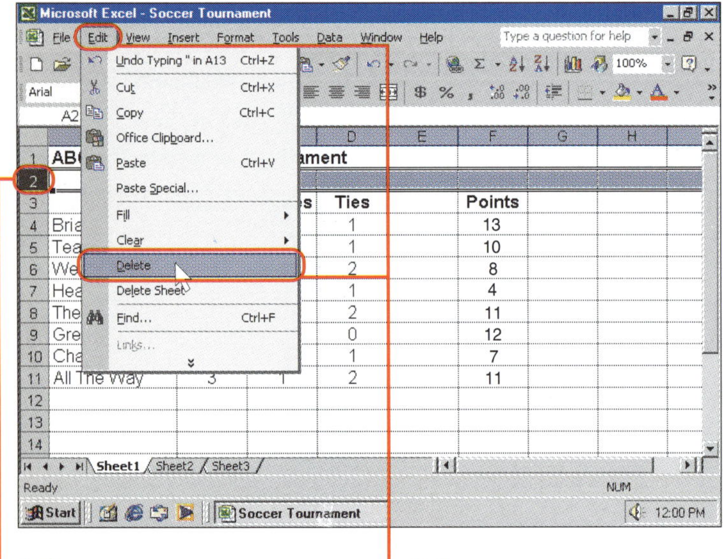

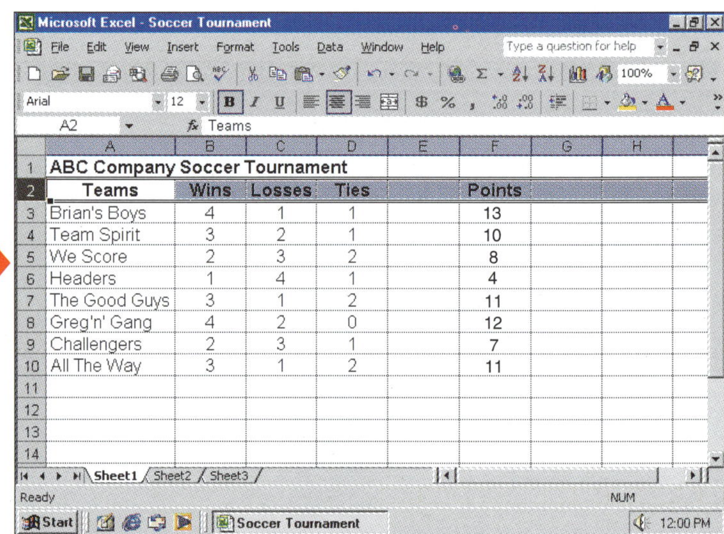

1 Para seleccionar la fila que desea eliminar, haga clic en el número de la fila.

2 Haga clic en **Edit** (Editar).

3 Haga clic en **Delete** (Eliminar) para eliminar la fila.

■ La fila desaparece y todas las filas que le seguían se corren hacia arriba.

■ Para cancelar la selección de una fila, haga clic en alguna celda.

¿Por qué, después de que borré una fila o una columna, aparece #REF! en una celda?

Si aparece #REF! en una de las celdas de su hoja de trabajo, es posible que haya borrado información necesaria para calcular una fórmula. Antes de borrar una fila o una columna, asegúrese de que la fila o la columna no contenga información utilizada para las fórmulas. Para información sobre fórmulas, vea de las páginas 134 a 147.

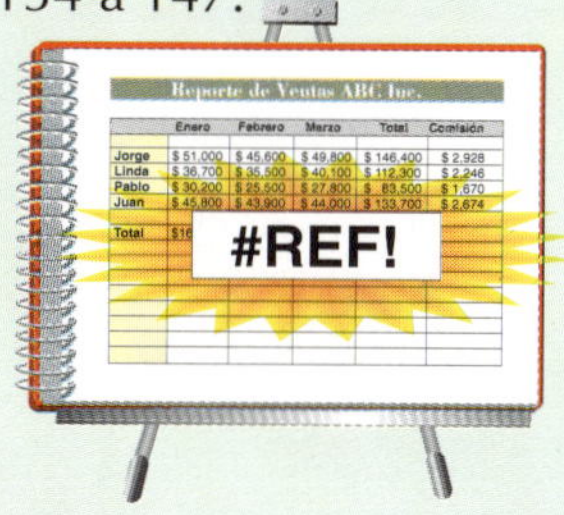

¿Cómo borro varias filas o columnas a la vez?

Puede usar alguno de los métodos mostrados abajo para borrar varias filas o columnas a la vez, pero antes debe seleccionar las filas o columnas que desea borrar. Por ejemplo, para borrar tres columnas, seleccione las columnas y, luego, realice los pasos **2** y **3** de abajo. Para seleccionar múltiples filas o columnas, vea la página 107.

ELIMINAR UNA COLUMNA

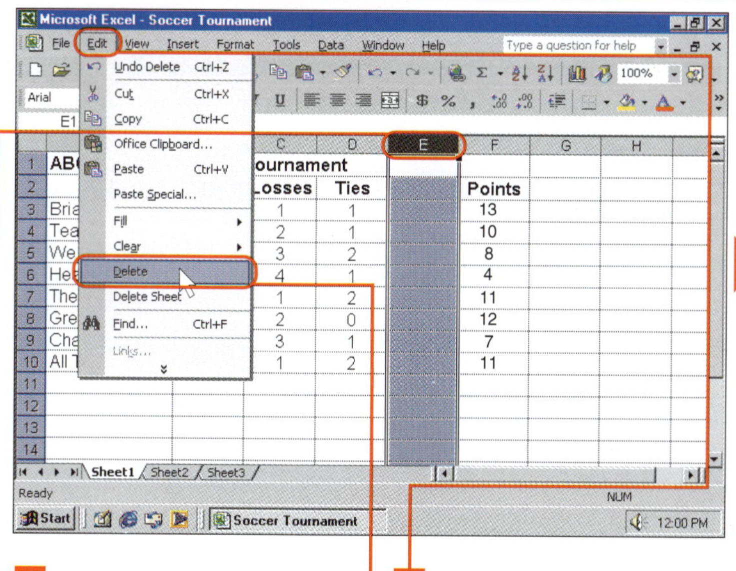

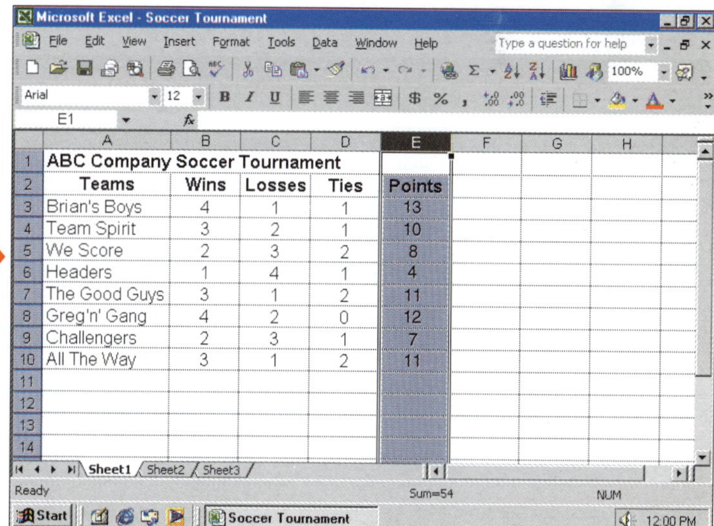

1 Para seleccionar la columna que desea borrar, haga clic en la letra de esta.

2 Haga clic en **Edit** (Edición).

3 Haga clic en **Delete** (Eliminar) para borrar la columna.

■ La columna desaparece y todas las columnas que la siguen se desplazan hacia la izquierda.

■ Para cancelar la selección de una columna, haga clic en cualquier celda.

Cambiar la configuración del zoom o el enfoque no afectará la forma en que la información aparecerá en sus impresiones.

ALEJAR Y APROXIMAR EL ENFOQUE

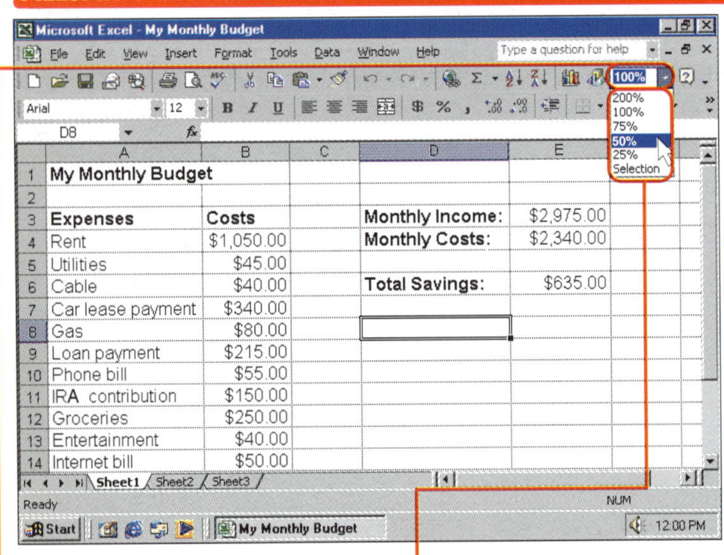

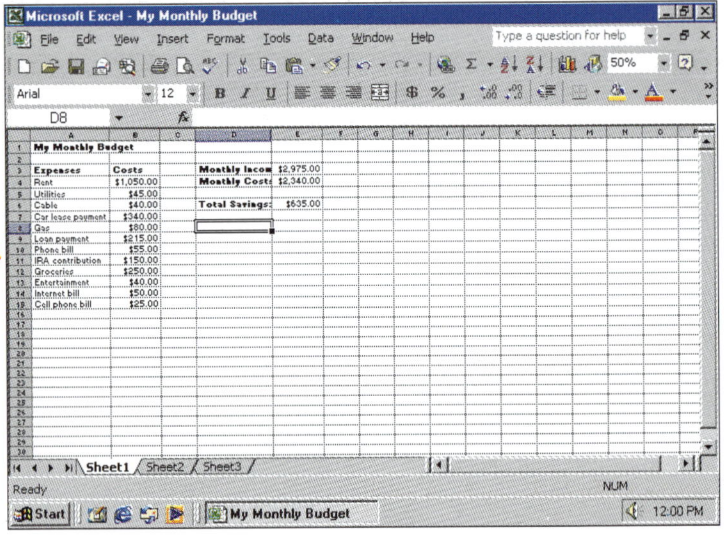

1 Haga clic en esta área para observar la lista de la configuración del zoom.

Nota: Si el área de zoom no aparece, haga clic en en la barra de herramientas Standard (Estándar) para observar el área.

2 Haga clic en la configuración de zoom que desea utilizar.

Nota: Si había seleccionado celdas antes de realizar el paso 1, el registro de Selection (Selección) alarga las celdas seleccionadas para que llene la ventana. Para seleccionar celdas, vea la página 106.

■ La hoja aparece con la nueva configuración de zoom. Puede editar su hoja de la manera habitual.

■ Para volver a la apariencia normal repita los pasos 1 y 2, seleccionando 100% en el 2.

DESHACER LOS CAMBIOS

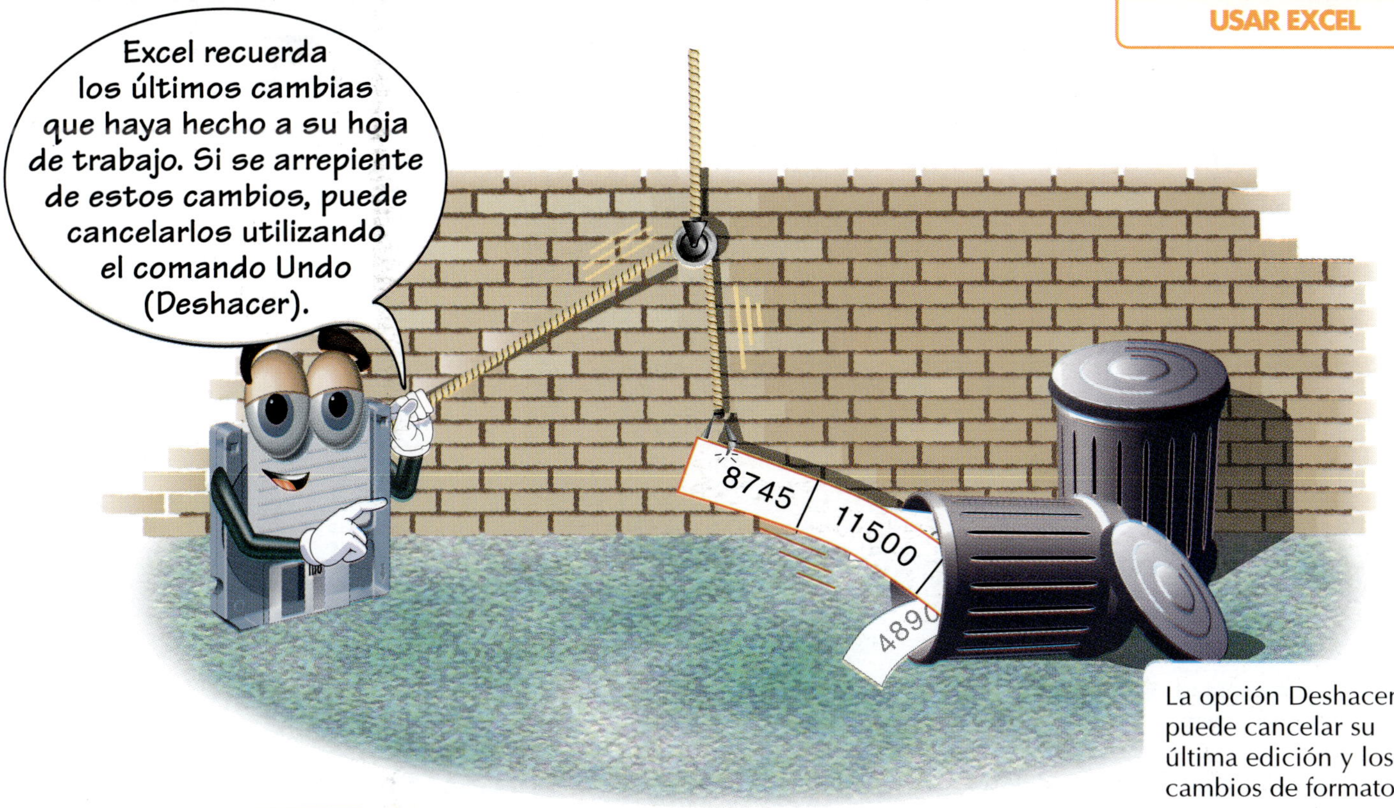

La opción Deshacer puede cancelar su última edición y los cambios de formato.

DESHACER LOS CAMBIOS

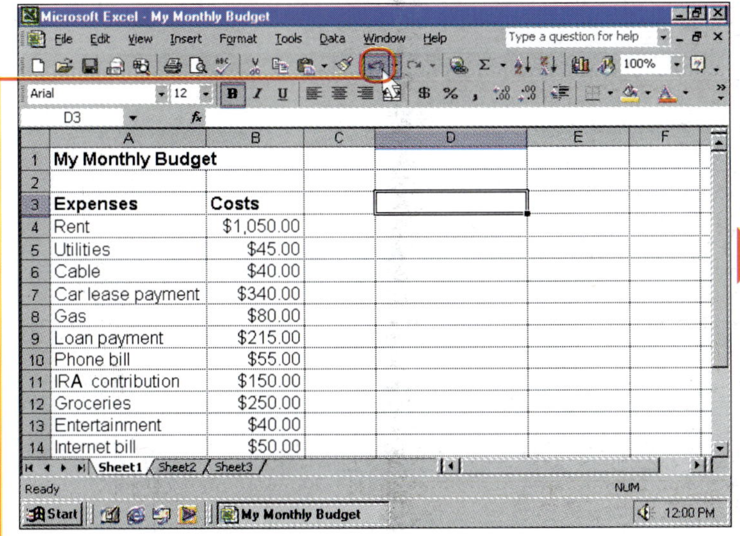

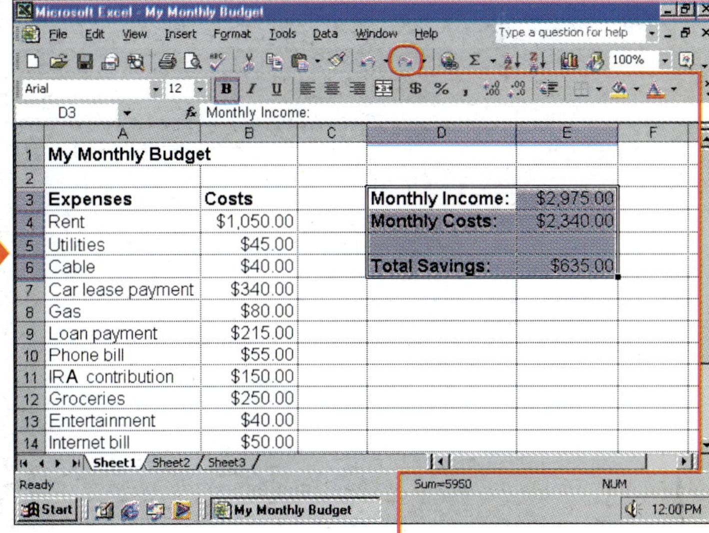

1 Haga clic en ⬚ para deshacer el último cambio que haya hecho en su hoja.

Nota: Si el botón ⬚ no aparece, haga clic en ⬚ de la barra de herramientas Standard (Estándar) para observar todos los botones.

■ Excel cancela el último cambio que haya hecho a su hoja.

■ Puede repetir el paso **1** para cancelar los cambios que haya hecho.

■ Para revertir los resultados usando el elemento Undo (Deshacer), haga clic en ⬚.

Nota: Si el botón ⬚ no aparece, haga clic en ⬚ de la barra de herramientas Standard (Estándar) para observar todos los botones.

Una fórmula siempre comienza con un signo de igual (=).

LOS OPERADORES

Una fórmula puede contener uno o más operadores. Un operador especifica el tipo de cálculo que se quiere realizar.

Operadores aritméticos

Usted puede usar los operadores aritméticos para realizar cálculos matemáticos.

	A	B
1	5	5
2		
3	10	

=A1+B1

Operador	Descripción
+	Suma (A1+B1)
-	Resta (A1-B1)
*	Multiplicación (A1*B1)
/	División (A1/B1)
%	Porcentaje (A1 %)
^	Exponenciación (A1^B1)

Operadores de comparación

Puede usar los operadores de comparación para comparar dos valores. Los operadores de comparación producen un valor de VERDADERO o FALSO.

	A	B
1	5	5
2		
3	TRUE	

=A1=B1

Operador	Descripción
=	Igual a (A1=B1)
>	Mayor que (A1>B1)
<	Menor que (A1<B1)
>=	Mayor o igual que (A1>=B1)
<=	Menor o igual que (A1<=B1)
<>	Desigual a (A1<>B1)

ORDEN DE LOS CÁLCULOS

1	Porcentaje (%)
2	Exponenciación (^)
3	Multiplicación (*) y División (/)
4	Suma (+) y Resta (-)
5	Operadores de Comparación

Cuando una fórmula contiene más de un operador, Excel realiza los cálculos en un orden específico.

Usted puede usar paréntesis () para cambiar el orden en el cual Excel realiza los cálculos. Excel primero realizará los cálculos dentro del paréntesis.

REFERENCIAS DE CELDAS

Al introducir fórmulas, use referencias de celda en lugar de información real siempre que sea posible. Por ejemplo, introduzca la fórmula A1+A2 en lugar de =10+20.

Cuando use referencias de celda y cambie un número usado en una fórmula, Excel automáticamente rehará el cálculo por usted.

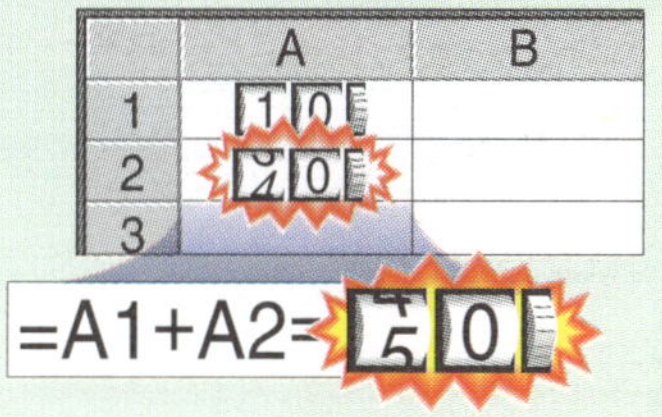

FUNCIONES

Una función es una fórmula lista para usar que usted puede utilizar para realizar un cálculo con la información de su hoja de trabajo. Ejemplos de funciones comúnmente usadas son AVERAGE (PROMEDIO), COUNT (CONTAR), SUM (SUMA) y MAX.

■ Una función siempre comienza con un signo de igual (=).

■ Los datos que Excel usará para calcular una función se hallan encerrados entre paréntesis ( ).

Especificar Celdas Individuales

Cuando una coma (,) separa referencias de celdas en una función, Excel usa cada celda para realizar el cálculo. Por ejemplo, = SUMA (A1, A2, A3) es igual que en la fórmula = A1+A2+A3.

Especificar un Grupo de Celdas

Cuando unos dos puntos (:) Separa referencias de celda en una función, Excel usa las celdas especificadas y todas las celdas entre ellas para realizar el cálculo.

Por ejemplo, = SUMA (A1:A3) es igual que la fórmula A+A2+A3.

INTRODUCIR UNA FÓRMULA

Al introducir fórmulas, usted debería usar referencias de celda en lugar de los datos reales, siempre que sea posible. Una fórmula siempre comienza con un signo de igual (=).

INTRODUCIR UNA FÓRMULA

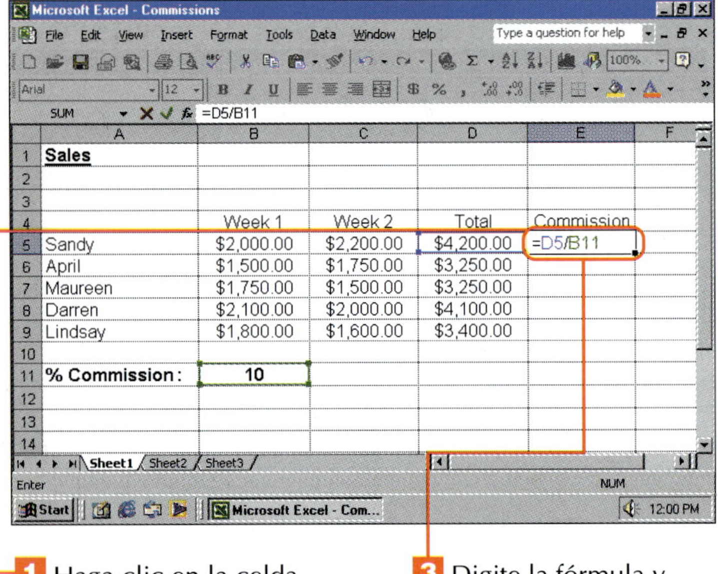

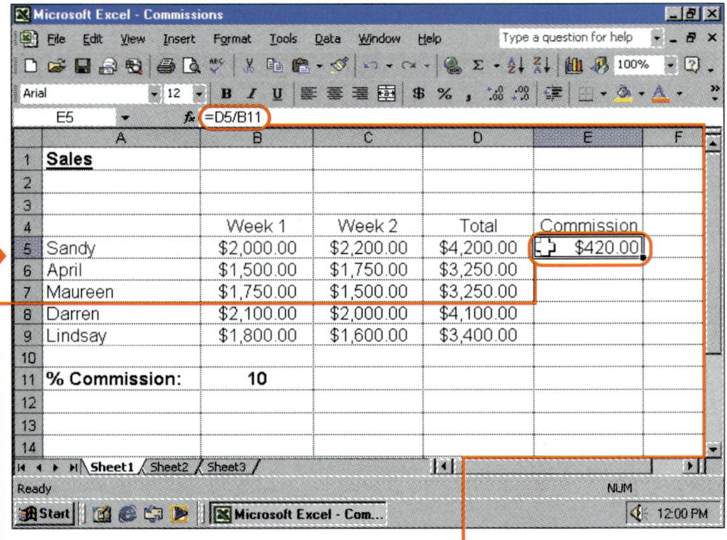

1 Haga clic en la celda donde quiere introducir una fórmula.

2 Digite un signo de igual (=) para empezar la fórmula.

3 Digite la fórmula y presione la tecla **Enter**.

■ El resultado del cálculo aparece en la celda.

4 Para mirar la fórmula que introdujo, haga clic en la celda que contenga la fórmula.

■ La barra de fórmula muestra la fórmula de la celda.

¿Qué pasa si cambio un número usado en una fórmula?

Cuando se usan referencias de celda y se cambia un número usado en una fórmula, Excel automáticamente rehará el cálculo por usted.

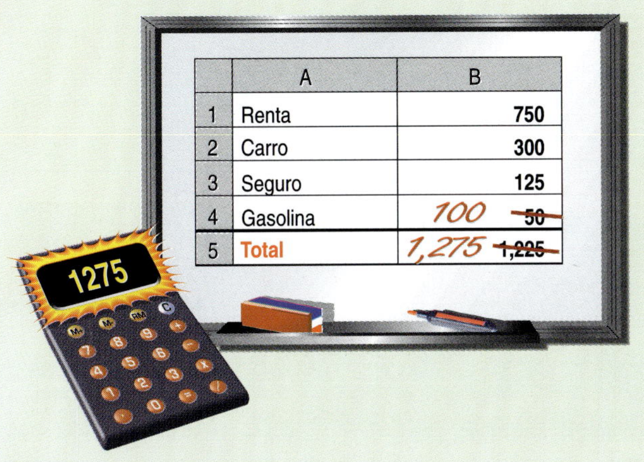

¿Cómo puedo introducir rápidamente referencias de celda en una fórmula?

Para introducir rápidamente referencias de celdas, realice los pasos **1** y **2** de la página 136 y, luego, haga clic en la primera celda que desee usar en la fórmula. Digite el operador que desee usar para realizar el cálculo y luego haga clic en la siguiente celda que requiera para la fórmula. Cuando termine de introducir las referencias y los operadores de las celdas, presione la tecla **Enter** para realizar el cálculo.

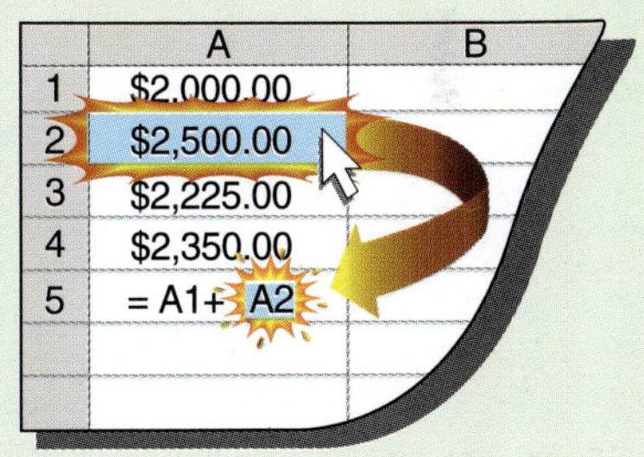

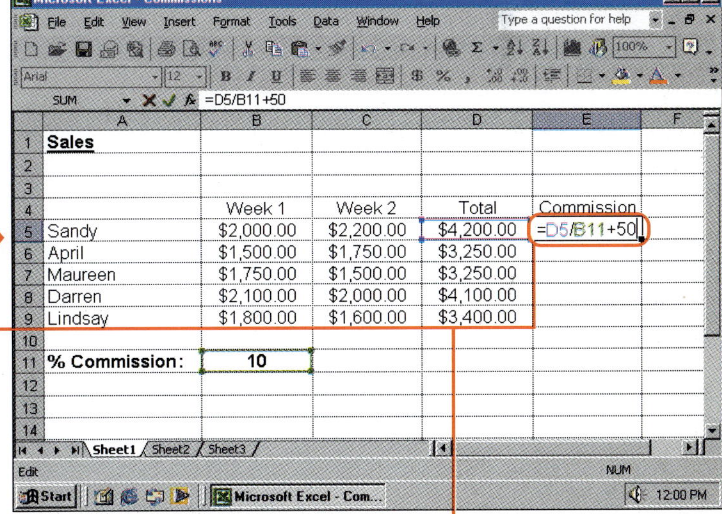

EDITAR UNA FÓRMULA

1 Haga doble clic en la celda que contiene la fórmula que desee cambiar.

■ La fórmula aparece en la celda.

■ Excel traza cada celda usada en la fórmula con un color diferente.

2 Presione las teclas ← o → para mover el punto de inserción intermitente hacia donde desee eliminar o agregar caracteres.

3 Para eliminar el caracter a la izquierda del punto de inserción, presione **←Backspace**.

4 Para agregar datos a donde el punto de inserción brilla intermitentemente en su pantalla, digite los datos.

5 Cuando termine de hacer los cambios a la fórmula, presione la tecla **Enter**.

Excel ofrece más de 200 funciones para ayudarle a analizar datos en su hoja. Hay funciones financieras, matemáticas y trigonométricas, funciones de hora y fecha, funciones estadísticas y muchas más.

INTRODUCIR UNA FUNCIÓN

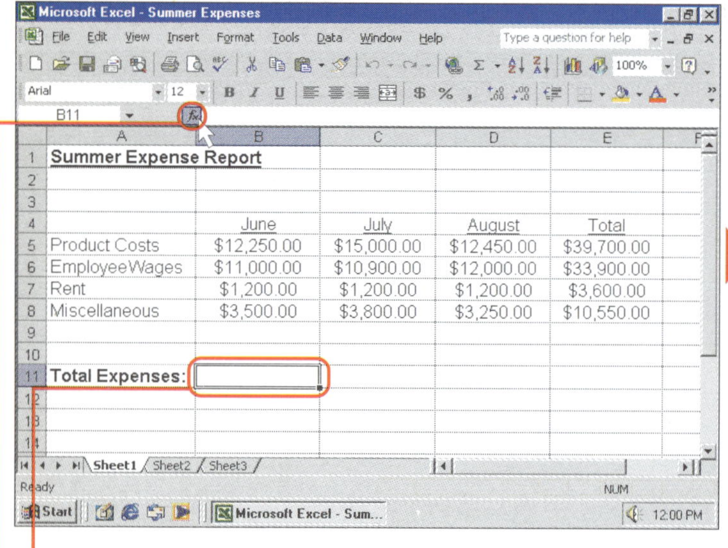

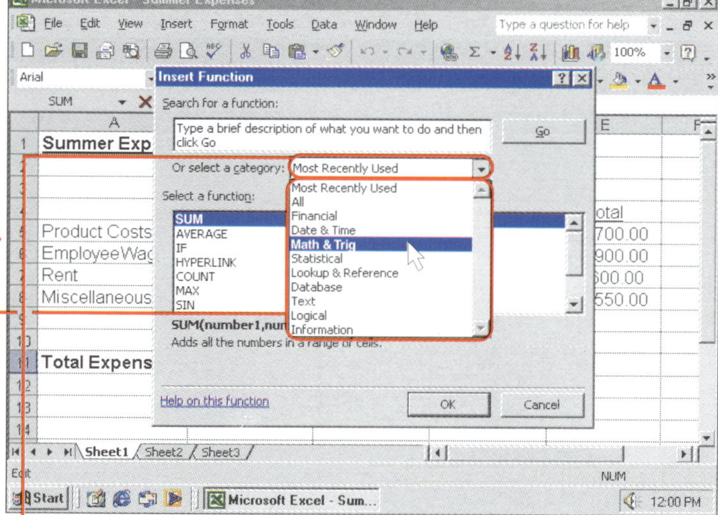

1 Haga clic en la celda donde desea introducir una función.

2 Haga clic en *fx* para introducir una función.

■ La ventana de diálogo de la función Insert (Insertar) aparece.

*Nota: El asistente de Office también puede aparecer. Haga clic en **No** para eliminar al Asistente de Office de la pantalla.*

3 Haga clic en esta área para observar las categorías de las funciones disponibles.

4 Haga clic en la categoría que contiene la función que desea usar.

*Nota: Si no sabe cuál categoría contiene la función que desea usar, seleccione **All** (Todas) para observar la lista de todas las funciones.*

¿Puede Excel ayudarme a encontrar la función que debo usar para realizar un cálculo?

Si no sabe cuál función usar para realizar un cálculo, Excel puede recomendarle una.

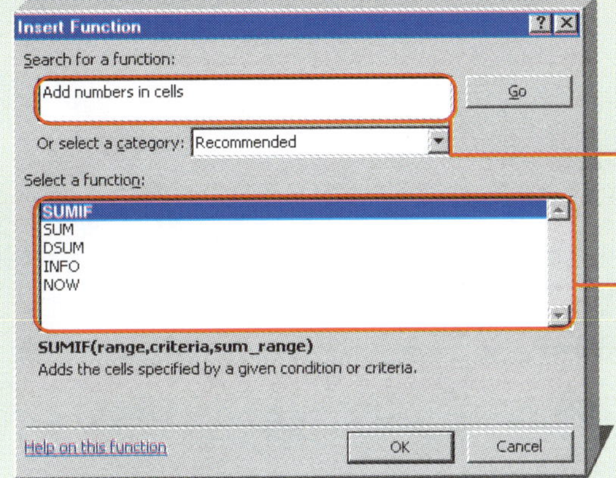

1 Realice pasos **1** y **2** descritos abajo, para mostrar la ventana de diálogo de la función Insert (Insertar).

2 Digite una breve descripción del cálculo que desea realizar y luego presione la tecla `Enter`.

■ Esta área muestra la lista de funciones recomendadas que se pueden usar para realizar el cálculo. Puede realizar los pasos del **5** al **11** mencionados abajo, para usar la función que Excel recomienda.

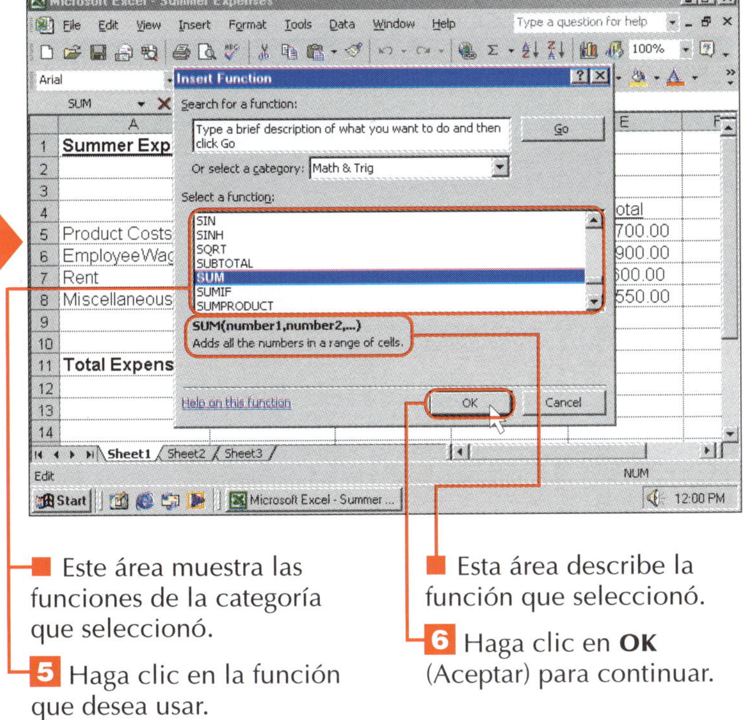

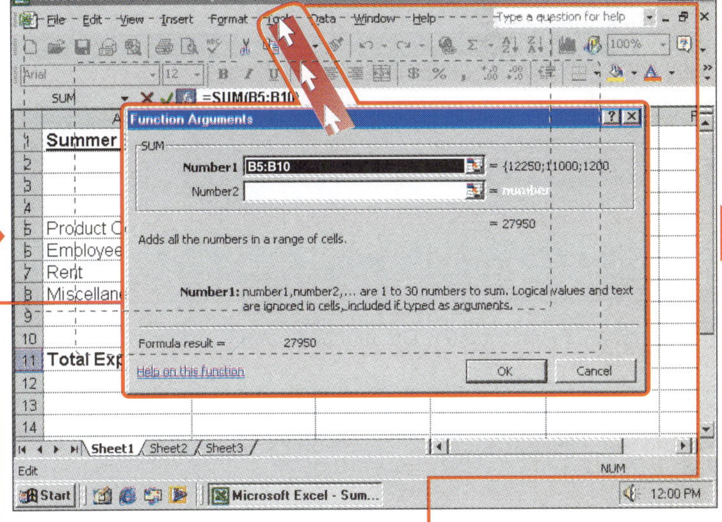

■ Este área muestra las funciones de la categoría que seleccionó.

5 Haga clic en la función que desea usar.

■ Esta área describe la función que seleccionó.

6 Haga clic en **OK** (Aceptar) para continuar.

■ La ventana de diálogo Function Arguments (Argumentos de función) aparece. Si la ventana de diálogo contiene información que desea usar en el cálculo, puede mover la ventana de diálogo a una localización nueva.

7 Para mover la ventana de diálogo, coloque el mouse sobre la barra de títulos y, luego, arrastre la ventana de diálogo a una localización nueva.

CONTINÚA

INTRODUCIR UNA FUNCIÓN (CONTINUACIÓN)

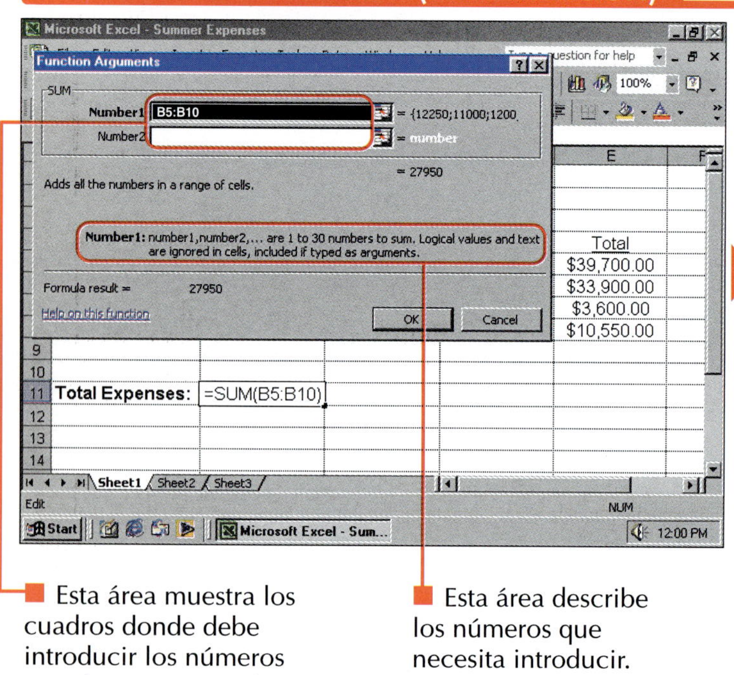

■ Esta área muestra los cuadros donde debe introducir los números que desea usar en el cálculo.

■ Esta área describe los números que necesita introducir.

8 Para introducir el primer número de la función, haga clic en la celda que contiene el número.

Nota: Si el número que quiere usar no aparece en su hoja, digítelo.

■ La referencia de celda del número aparece en esta área.

¿Puedo introducir yo mismo una función?

Si sabe el nombre de la función que desea usar, digite la función y las referencias de la celda directamente en una celda de su hoja . Usted debe iniciar la función con un signo de igual (=), debe incluir las referencias de la celda entre paréntesis ( ) y debe separarlas con comas (,) o con dos puntos (:).

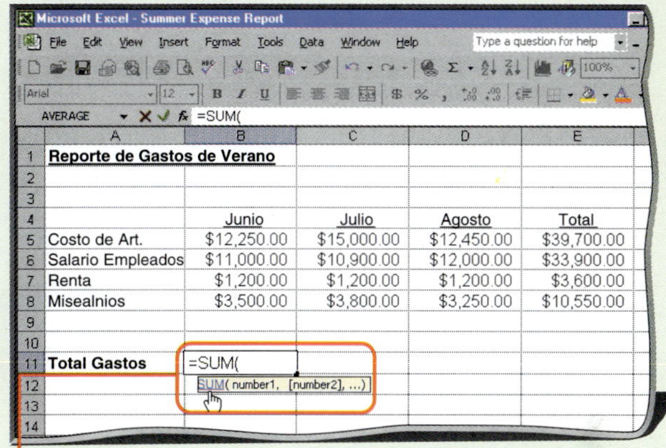

■ Cuando digite una función directamente en una celda, un cuadro amarillo aparecerá, mostrando el nombre de la función. Usted puede hacer clic en el nombre de la función para observar la información de ayuda de esta.

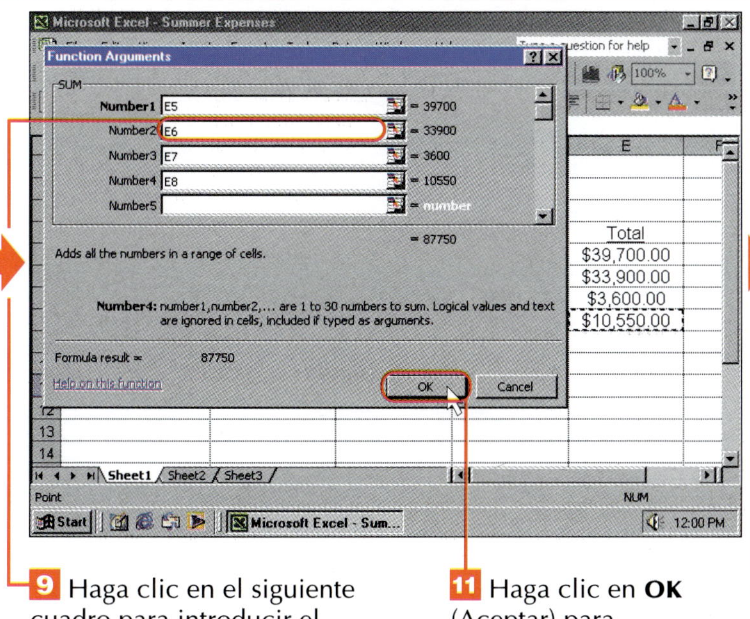

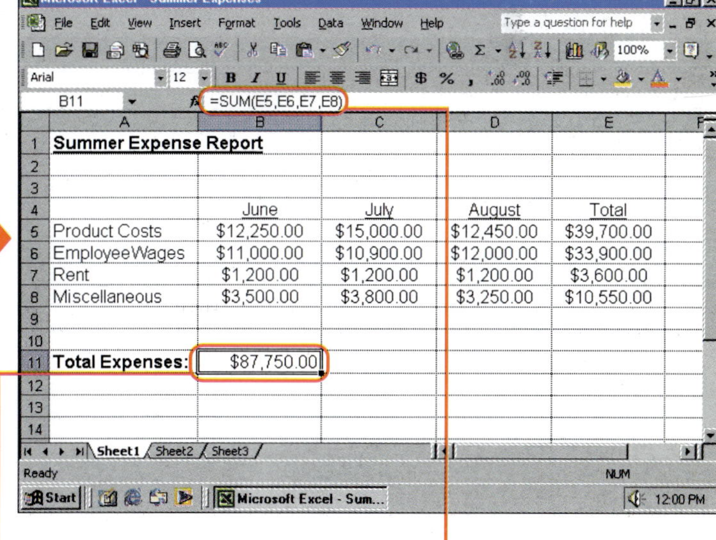

9 Haga clic en el siguiente cuadro para introducir el siguiente número.

10 Repita los pasos **8** y **9** hasta que haya introducido todos los números que desea usar en el cálculo.

11 Haga clic en **OK** (Aceptar) para introducir la función en su hoja de trabajo.

■ El resultado de la función aparece en la celda.

■ La barra de fórmula muestra la función de la celda.

REALIZAR CÁLCULOS COMUNES

REALIZAR CÁLCULOS COMUNES

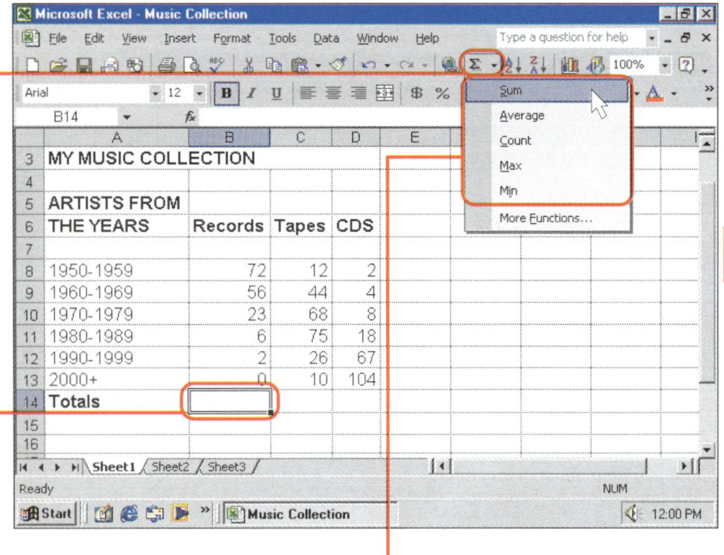

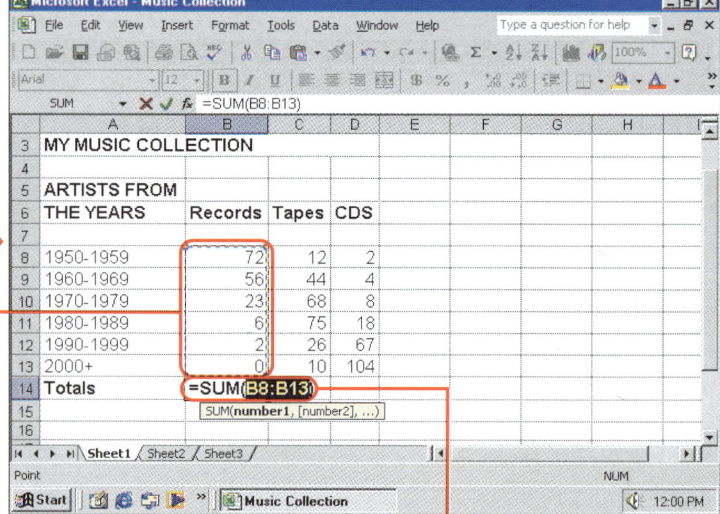

1 Haga clic en la celda ubicada debajo o a la derecha de las celdas que contienen los números que desea incluir en el cálculo.

2 Haga clic en , en esta área para observar una lista de cálculos comunes.

Nota: Si Σ *no aparece, haga clic en* la barra de herramientas *Standard (Estándar) para observar todos los botones.*

3 Haga clic en el cálculo que desea realizar.

Nota: Si desea agregar los números rápidamente, puede hacer clic en Σ *en lugar de realizar los pasos* **2** *y* **3**.

■ Un contorno en movimiento aparece alrededor de las celdas que Excel incluirá en el cálculo.

■ Si Excel marca las celdas equivocadas, puede seleccionar las celdas que contienen los números que desee incluir en el cálculo. Para seleccionar celdas, vea la página 106.

■ La celda que seleccionó en el paso **1** muestra la función que Excel usará para realizar el cálculo.

SIMPLIFÍQUESE

¿Cuáles cálculos comunes puedo realizar?

Suma	Suma una lista de números.
Promedio	Calcula el valor promedio de una lista de números.
Cuenta	Calcula la cantidad de valores de una lista.
Ma	Encuentra el mayor valor de una lista de números.
Min	Encuentra el menor valor de una lista de números.

SIMPLIFÍQUESE

¿Puedo realizar cálculos en varias columnas o filas de datos al mismo tiempo?

Sí. Seleccione las celdas ubicadas debajo o a la derecha de las celdas que contienen los números que desea incluir en el cálculo. Para seleccionar celdas, vea la página 106. Luego realice los pasos **2** y **3** de la página 142.

	Producto A	Producto B	Total de Meses
Enero	10	5	
Febrero	20	6	
Marzo	30	3	

	Producto A	Producto B	Total de Meses
Enero	10	5	15
Febrero	20	6	26
Marzo	30	3	33

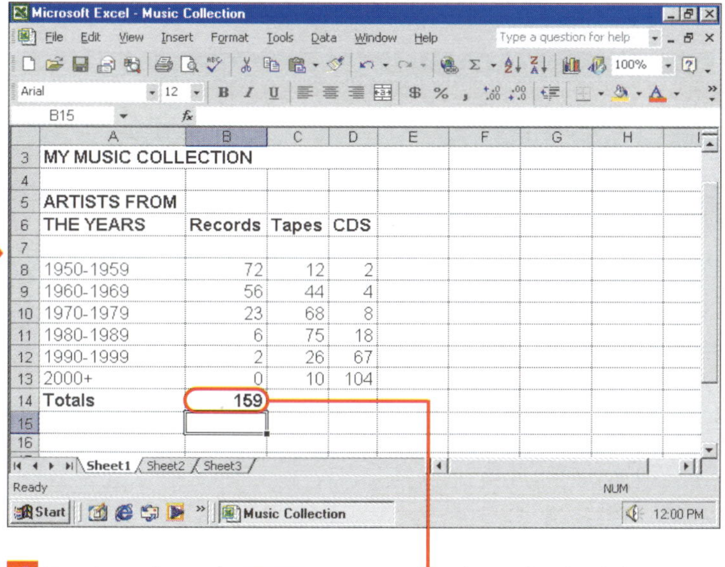

4 Presione la tecla `Enter` para realizar el cálculo.

■ El resultado del cálculo aparece.

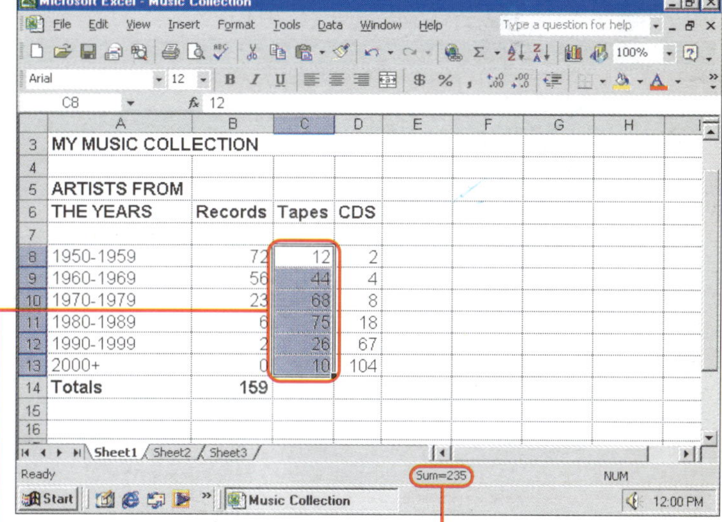

AGREGAR NÚMEROS RÁPIDAMENTE

Puede observar rápidamente la suma de una lista de números sin introducir una fórmula en la hoja.

1 Seleccione las celdas que contienen los números que desea agregar. Para seleccionar celdas, vea la página 106.

■ Esta área muestra la suma de las celdas seleccionadas.

COPIAR UNA FÓRMULA

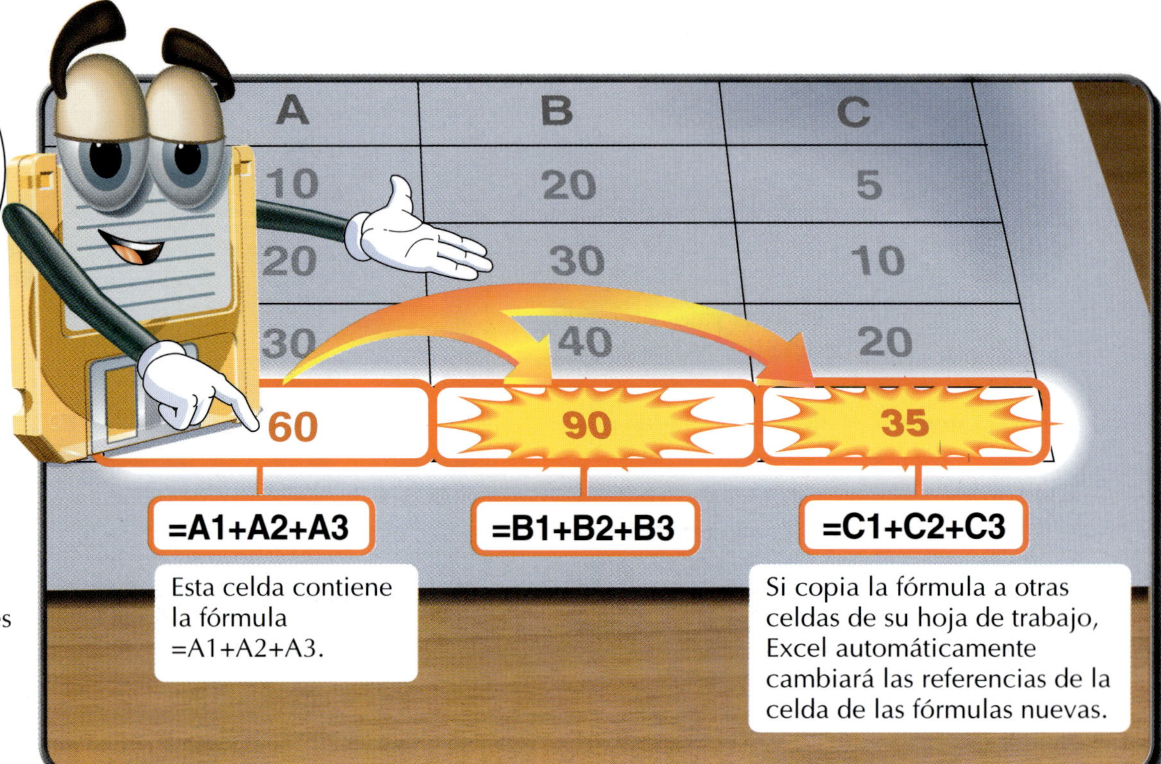

Una referencia relativa es una referencia de celda que cambia cuando se copia una fórmula.

Esta celda contiene la fórmula =A1+A2+A3.

Si copia la fórmula a otras celdas de su hoja de trabajo, Excel automáticamente cambiará las referencias de la celda de las fórmulas nuevas.

COPIAR UNA FÓRMULA

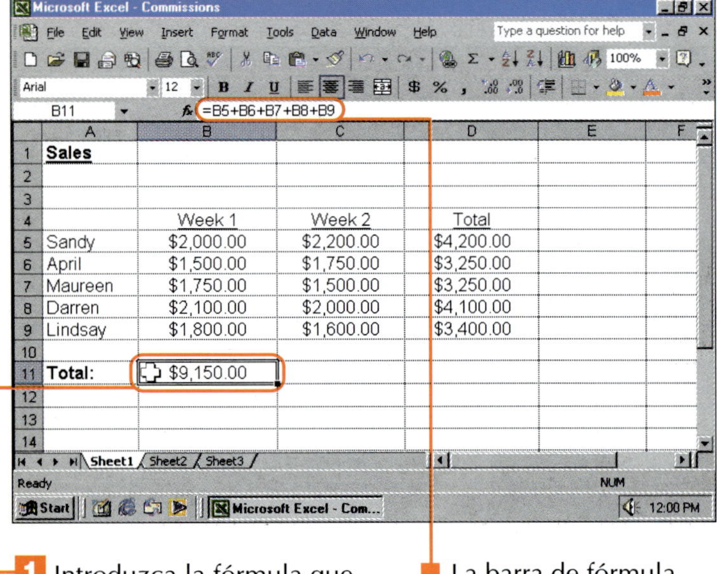

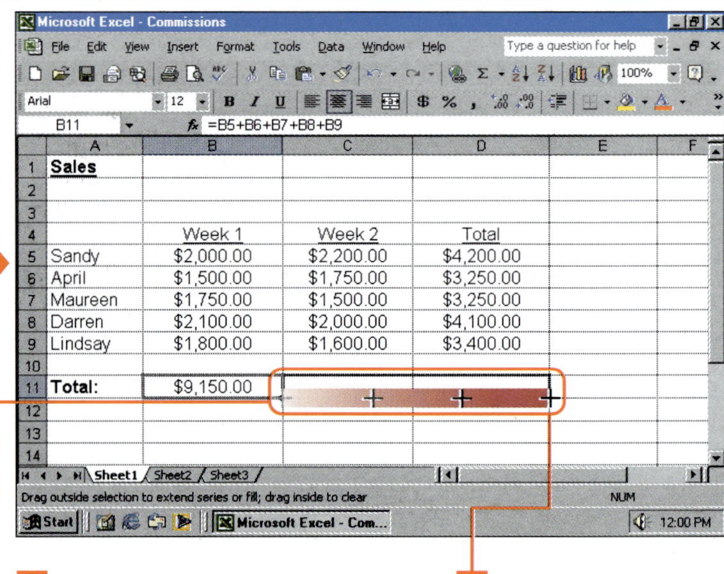

1 Introduzca la fórmula que desea copiar en otras celdas. Para introducir una fórmula, vea la página 136.

2 Haga clic en la celda que contiene la fórmula que desea copiar.

■ La barra de fórmula muestra la fórmula de la celda.

3 Coloque el ⊕ del mouse sobre la esquina inferior derecha de la celda (⊕ cambia a ✛).

4 Arrastre el ✛ del mouse sobre las celdas de cuyas fórmulas desea recibir una copia.

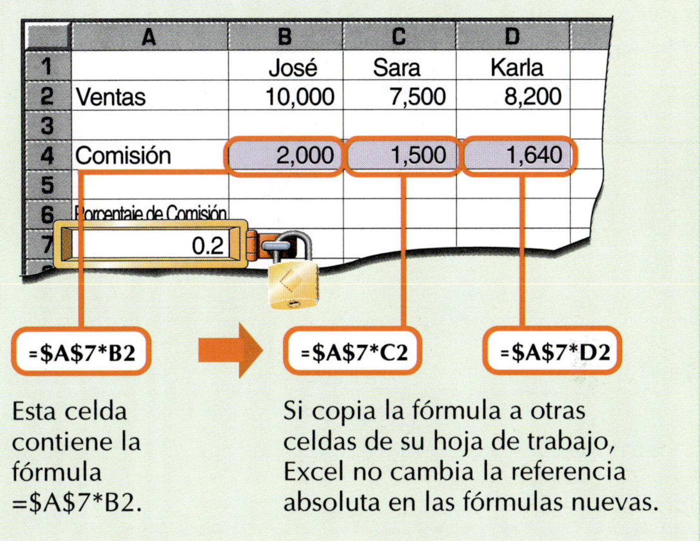

¿No quiero que Excel cambie una referencia de celda cuando copie una fórmula. ¿Qué puedo hacer?

Usted puede usar en la fórmula una referencia absoluta. Una referencia absoluta es una referencia de celda que no cambia cuando copia una fórmula. Para hacer absoluta una celda de referencia, digite un signo de dólar ($) antes de la letra de la columna y el número de la fila, como A7.

Esta celda contiene la fórmula =A7*B2.

Si copia la fórmula a otras celdas de su hoja de trabajo, Excel no cambia la referencia absoluta en las fórmulas nuevas.

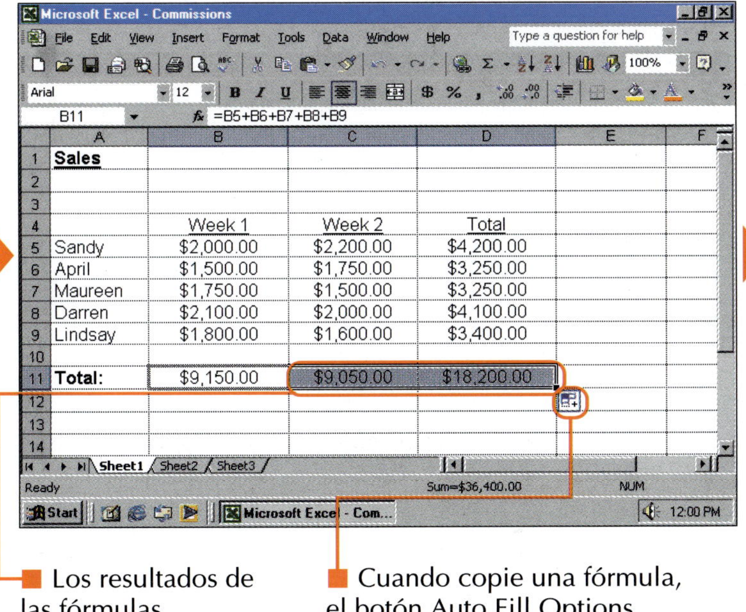

■ Los resultados de las fórmulas aparecen.

■ Cuando copie una fórmula, el botón Auto Fill Options (Opciones de auto llenado) aparece. El botón Auto Fill Options le permite cambiar la forma en que Excel copiará las fórmulas. Puede hacer clic en el botón para observar una lista de opciones y seleccionar la que desea usar.

5 Para ver una de las fórmulas nuevas, haga clic en alguna celda que haya recibido copia de la fórmula.

■ La barra de fórmula muestra la fórmula que contiene las referencias nuevas de la celda.

REVISAR ERRORES DE LAS FÓRMULAS

Excel revisa si hay errores en sus fórmulas, mientras usted trabaja, y marca celdas que muestren los mensajes de error #DIV/0!, #NAME?, #REF! o #VALUE! Para más información sobre mensajes de error, vea la página 147.

Los errores de las fórmulas, a menudo, son el resultado de errores de digitación. Una vez que determine la causa del error, puede editar la fórmula o corregir el error. Para editar una fórmula, vea la página 137.

REVISAR ERRORES DE LAS FÓRMULAS

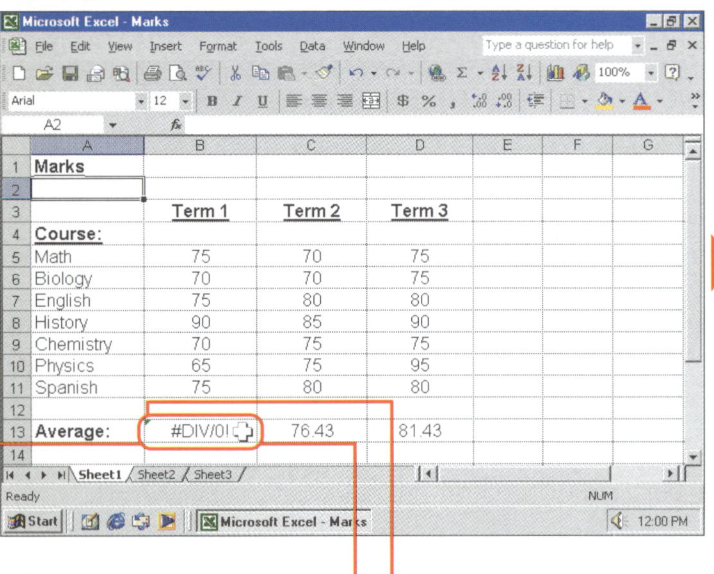

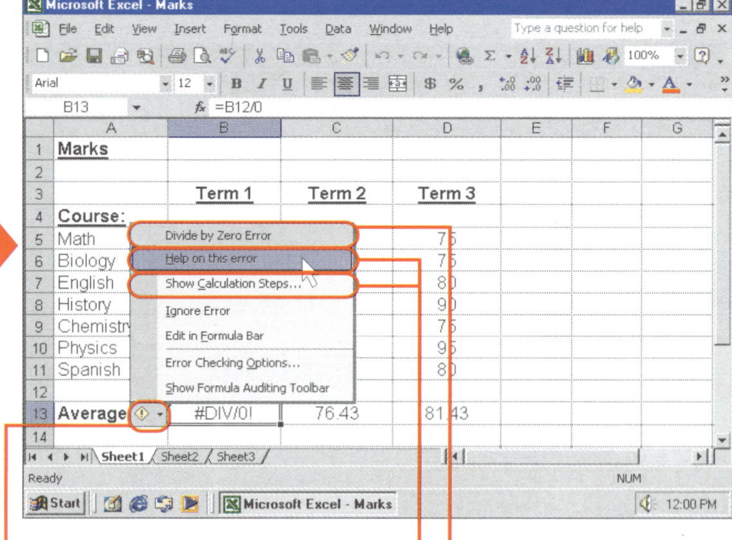

■ Un mensaje de error aparece en una celda cuando Excel, propiamente, no puede calcular el resultado de una fórmula.

■ Un triángulo aparece en la esquina superior izquierda de una celda, mostrando un mensaje de error cuando Excel le puede ayudar a determinar la causa del error.

1 Para determinar la causa de un error, haga clic en la celda que muestra el triángulo.

■ El botón Error Checking (Revisión de errores) ( ) aparece.

2 Haga clic en el botón Error Checking (Revisión de errores) para observar las opciones que puede usar para determinar la causa del error.

■ Esta área muestra el nombre del error.

3 Puede hacer clic en **Help on this error** para ver información de ayuda sobre el error.

■ Puede hacer clic en **Show Calculation Steps** (Mostrar pasos del cálculo) para que Excel le ayude a evaluar la causa del error.

ERRORES EN FÓRMULAS

Los mensajes de error aparecen cuando Excel no puede calcular correctamente o cuando no puede mostrar el resultado de una fórmula.

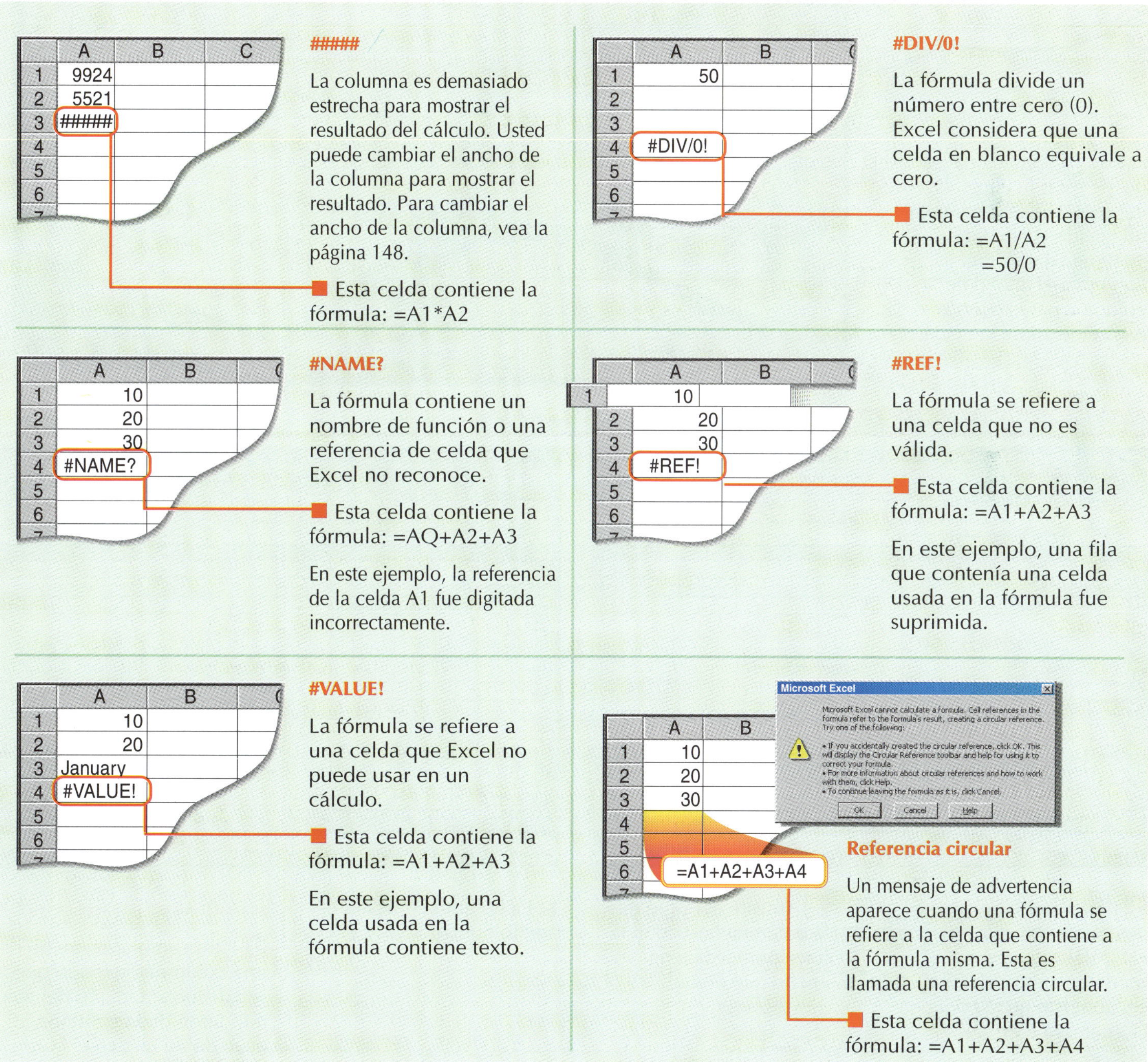

#####

La columna es demasiado estrecha para mostrar el resultado del cálculo. Usted puede cambiar el ancho de la columna para mostrar el resultado. Para cambiar el ancho de la columna, vea la página 148.

■ Esta celda contiene la fórmula: =A1*A2

#DIV/0!

La fórmula divide un número entre cero (0). Excel considera que una celda en blanco equivale a cero.

■ Esta celda contiene la fórmula: =A1/A2
                     =50/0

#NAME?

La fórmula contiene un nombre de función o una referencia de celda que Excel no reconoce.

■ Esta celda contiene la fórmula: =AQ+A2+A3

En este ejemplo, la referencia de la celda A1 fue digitada incorrectamente.

#REF!

La fórmula se refiere a una celda que no es válida.

■ Esta celda contiene la fórmula: =A1+A2+A3

En este ejemplo, una fila que contenía una celda usada en la fórmula fue suprimida.

#VALUE!

La fórmula se refiere a una celda que Excel no puede usar en un cálculo.

■ Esta celda contiene la fórmula: =A1+A2+A3

En este ejemplo, una celda usada en la fórmula contiene texto.

Referencia circular

Un mensaje de advertencia aparece cuando una fórmula se refiere a la celda que contiene a la fórmula misma. Esta es llamada una referencia circular.

■ Esta celda contiene la fórmula: =A1+A2+A3+A4

El texto de una celda puede estar oculto si la información se pasa hasta una celda vecina que contenga datos. Puede aumentar el ancho de la columna para observar todo el texto de la celda.

CAMBIAR EL ANCHO DE UNA COLUMNA

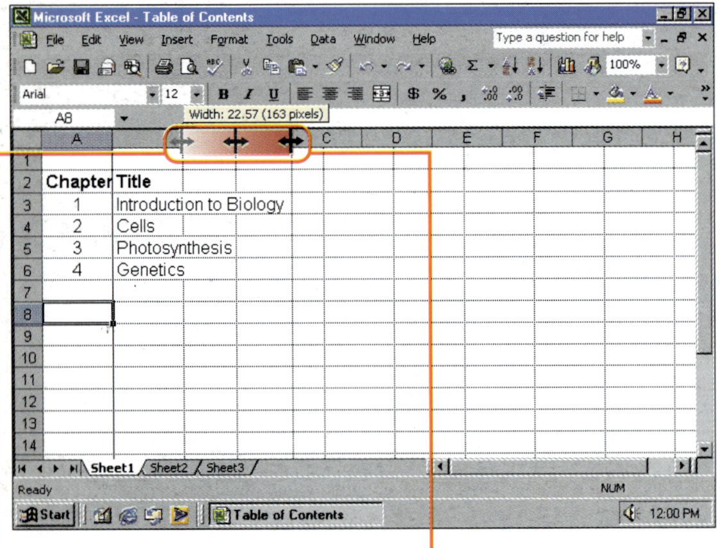

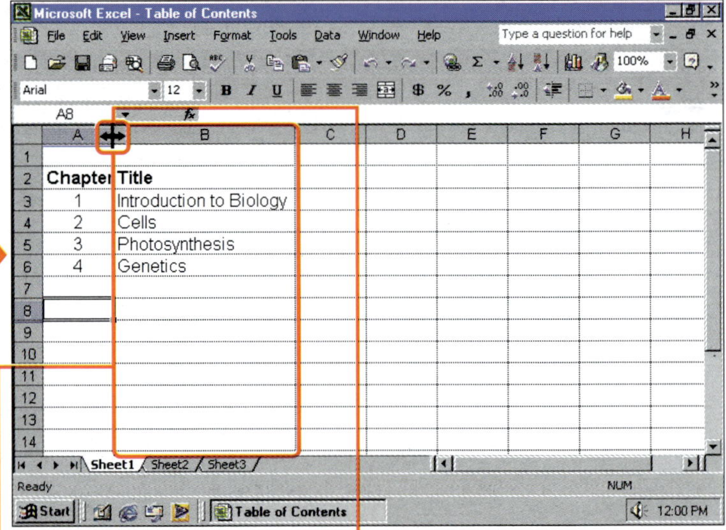

1 Para cambiar el ancho de una columna, posicione el ⊞ del mouse sobre el borde derecho del encabezado de la columna (⊞ cambia a ↔).

2 Arrastre el borde de la columna hasta que la línea punteada tenga el ancho que desea.

■ La columna muestra el ancho nuevo.

1 Para cambiar el ancho de una columna de modo que se adecue al tamaño del ítem más largo de la columna, haga doble clic en el borde derecho del encabezado de la columna.

CAMBIAR LA ALTURA DE UNA FILA

CAMBIAR LA ALTURA DE UNA FILA

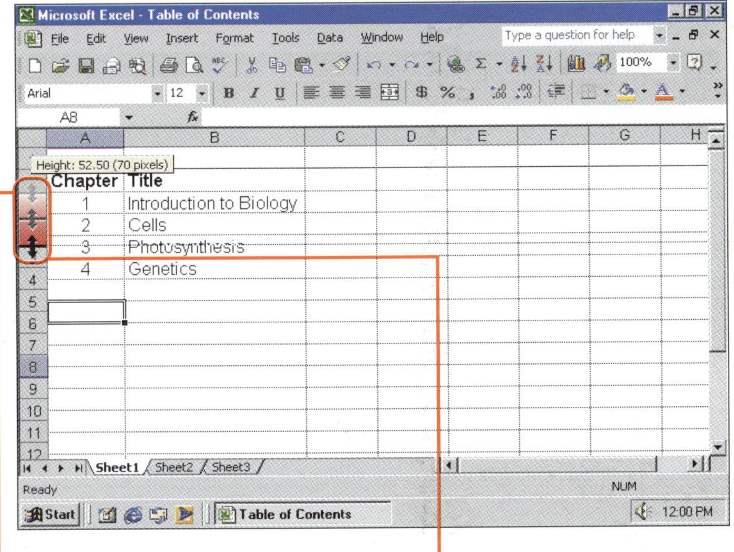

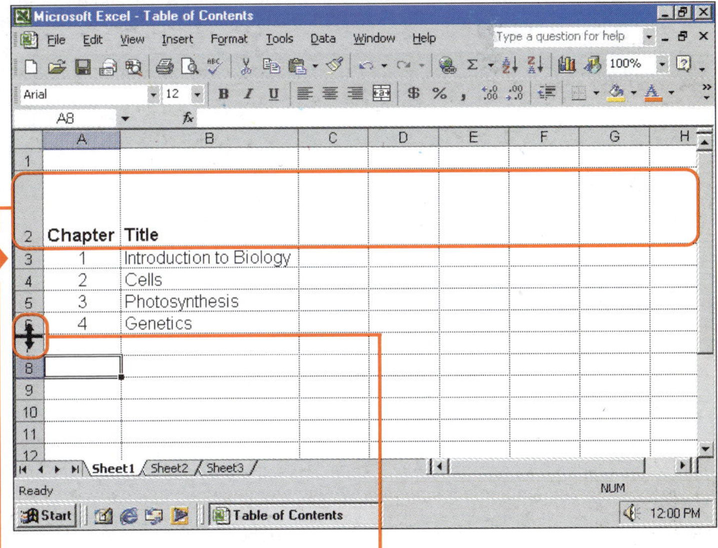

1 Para cambiar la altura de una fila, coloque el mouse ⬚ sobre el borde más largo del encabezado de la fila (⬚ cambia a ↕).

2 Arrastre el borde de la fila hasta que la línea punteada muestre la altura de la fila que desea.

■ La fila muestra la altura nueva.

ACOMODAR EL ÍTEM MÁS ALTO

1 Para cambiar la altura de una fila y que esta se adecue al ítem más alto de la fila, haga doble clic sobre el borde más bajo del encabezado de la fila.

149

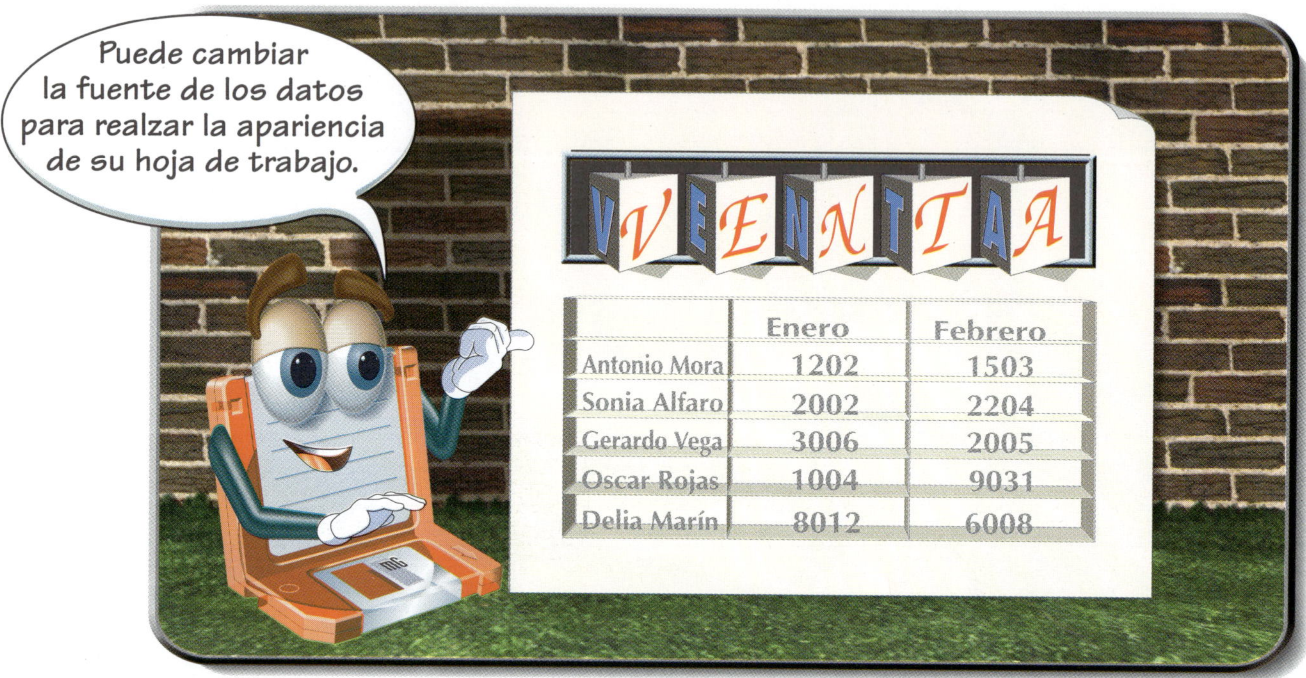

	Enero	Febrero
Antonio Mora	1202	1503
Sonia Alfaro	2002	2204
Gerardo Vega	3006	2005
Oscar Rojas	1004	9031
Delia Marín	8012	6008

CAMBIAR LA FUENTE DE LOS DATOS

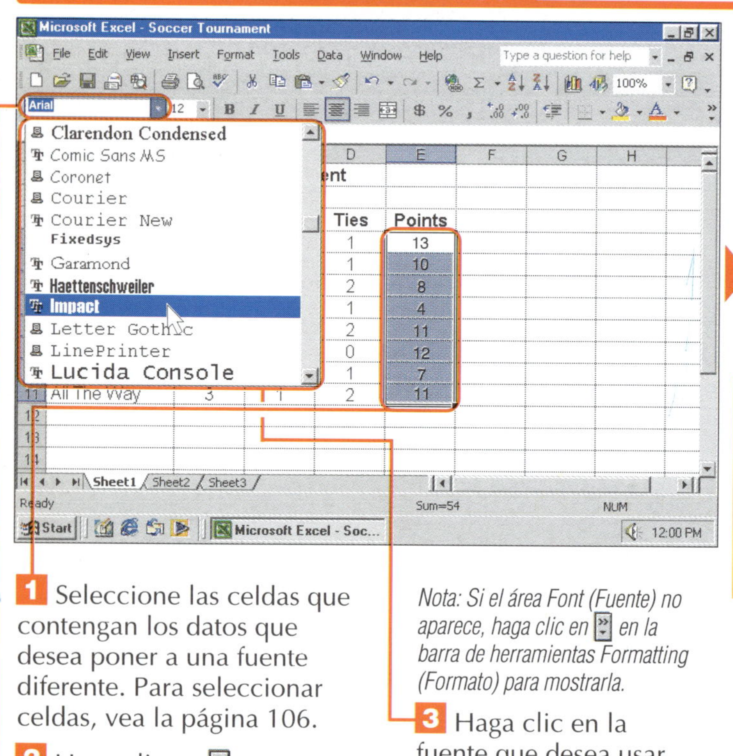

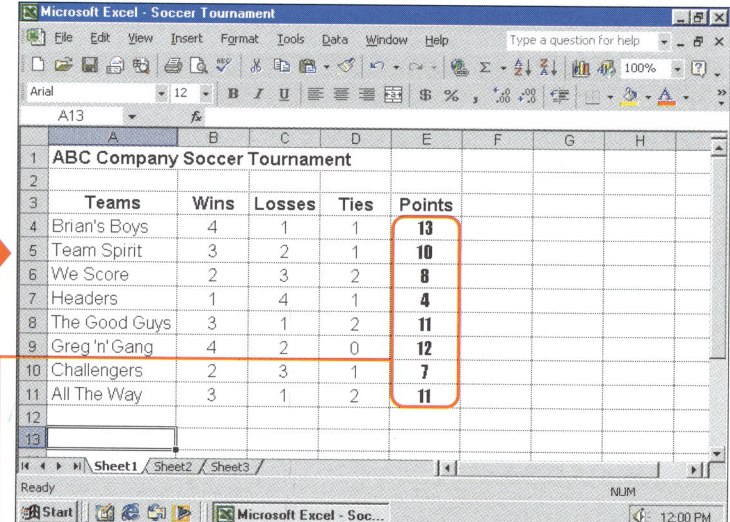

1 Seleccione las celdas que contengan los datos que desea poner a una fuente diferente. Para seleccionar celdas, vea la página 106.

2 Haga clic en ▾ esta área para observar la lista de las fuentes disponibles.

Nota: Si el área Font (Fuente) no aparece, haga clic en ⟫ en la barra de herramientas Formatting (Formato) para mostrarla.

3 Haga clic en la fuente que desea usar.

■ La información cambia y aparece en la fuente que seleccionó.

■ Para cancelar la selección de celdas, haga clic en cualquiera.

CAMBIAR EL TAMAÑO DE LA INFORMACIÓN

Los datos más grandes son más fáciles de leer, pero la información más pequeña le permite acomodar más información en una página.

CAMBIAR EL TAMAÑO DE LA INFORMACIÓN

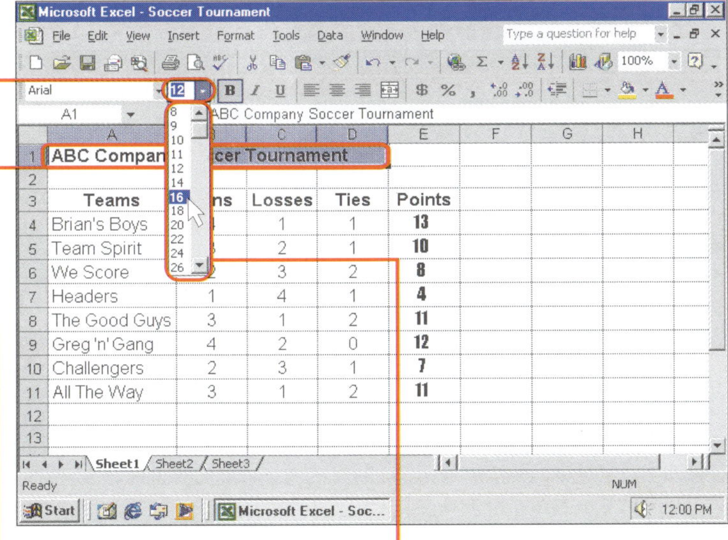

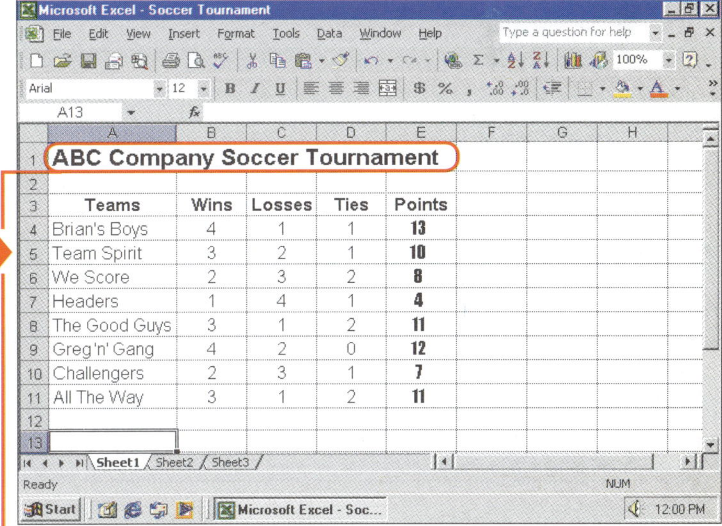

1 Seleccione las celdas que contienen los datos que desea cambiar a un tamaño nuevo. Para seleccionar celdas, vea la página 106.

2 Haga clic en ▾, en esta área para mostrar una lista de los tamaños disponibles.

Nota: Si el área Font Size (Tamaño de la fuente) no aparece, haga clic en ▸▸ en la barra de herramientas Formatting (Formato) para observarla.

3 Haga clic en el tamaño que quiera usar.

■ Los datos cambian al tamaño que seleccionó.

■ Para cancelar la selección de una celda, haga clic en cualquiera.

CAMBIAR EL FORMATO NÚMERICO

Cuando cambia el formato de los números, el valor de estos no cambia.

CAMBIAR EL FORMATO NUMÉRICO

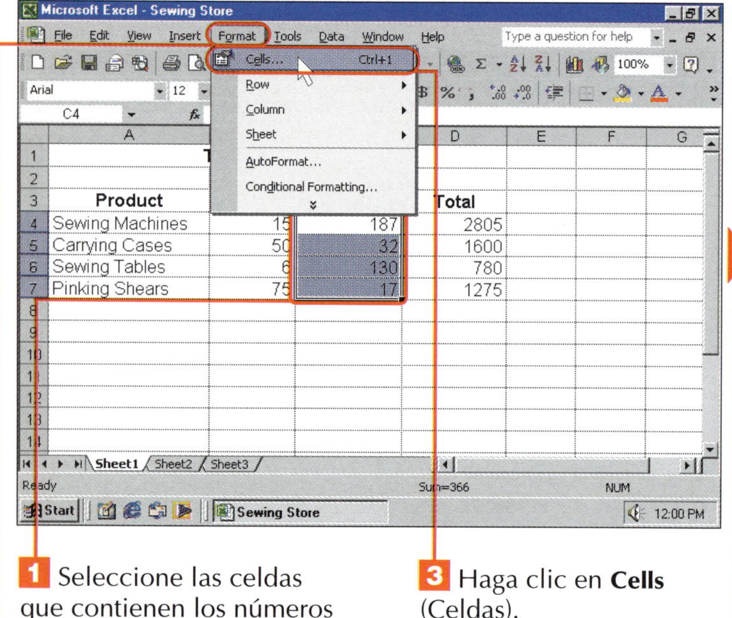

1 Seleccione las celdas que contienen los números que desea formatear. Para seleccionar celdas, vea la página 106.

2 Haga clic en **Format** (Formato).

3 Haga clic en **Cells** (Celdas).

■ La ventana de diálogo Format Cells (Formato de celdas) aparece.

4 Haga clic en **Number** (Número).

5 Haga clic en la categoría que describa los números correspondientes a las celdas que seleccionó.

■ Esta área muestra las opciones de la categoría que seleccionó. Las opciones disponibles dependen de la categoría seleccionada.

¿Cuáles categorías puedo usar para formatear números?

Categoría:	Descripción:	Ejemplo:
General	No aplica ningún formato numérico	100
Número	Formatea números para uso general	100.00
Moneda	Usado para formatear valores monetarios	$100.00
Contabilidad	Alínea símbolos y puntos decimales en una columna de valores monetarios	$ 100.00 $ 1200.00
Fecha	Se usa para formatear fechas	23-Jun-01
Hora	Se usa para formatear horas	12:00 PM
Porcentaje	Se usa para formatear porcentajes	25.00%
Fracción	Se usa para formatear fracciones	1/4
Científico	Se usa para formatear números en notación científica	1.00E+02
Texto	Trata los números como si fueran texto	Calle 28
Especial	Se usa para formatear números especiales, como códigos Zip	90210
Personalizado	Le permite aplicar su propio formato numérico	3-45-678

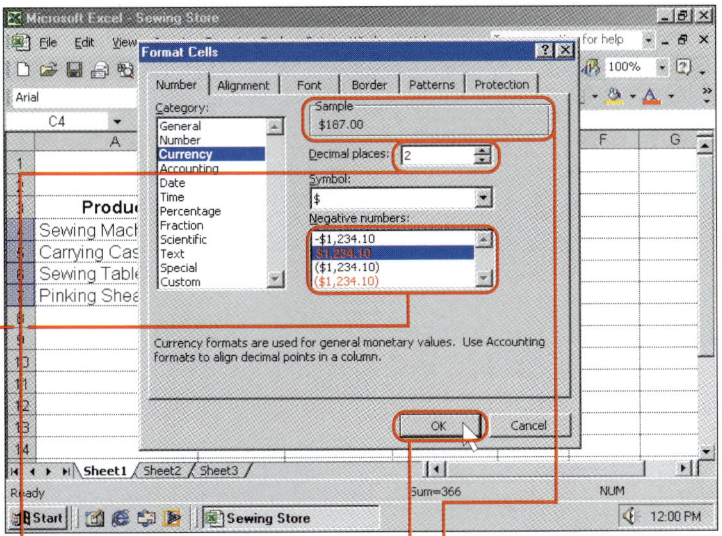

6 Para elegir el número de espacios decimales que los números deben mostrar, haga doble clic en este área. Luego digite el número de espacios decimales.

7 Para elegir la forma en que los números negativos aparecerán, haga clic en una de las opciones disponibles.

■ Este área exhibe una muestra de cómo aparecerán los números.

8 Haga clic en **OK** (Aceptar) para aplicar sus cambios.

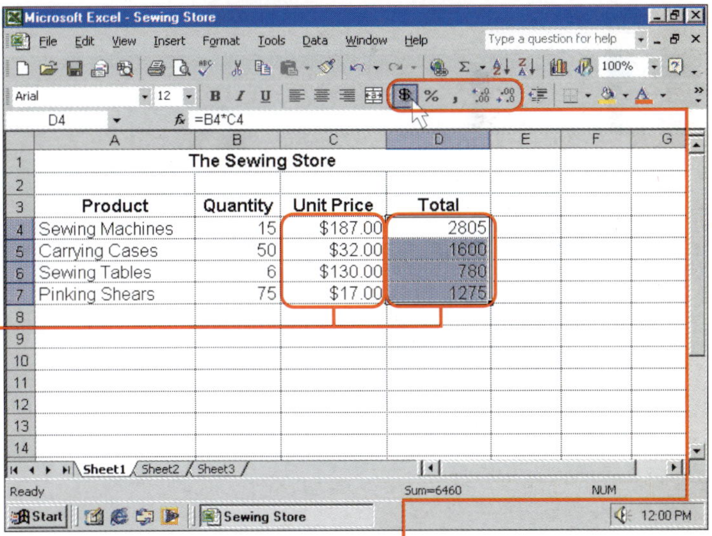

■ Los números muestran los cambios que especificó.

FORMATEO RÁPIDO DE NÚMEROS

1 Seleccione las celdas que contienen los números que quiere formatear.

2 Haga clic en uno de los siguientes botones.

$ Currency (Moneda)

% Percent (Estilo porcentual)

, Comma (Coma)

Add a decimal place (Aumentar decimales)

Remove a decimal place (Disminuir decimales)

CAMBIAR EL COLOR DE LOS DATOS

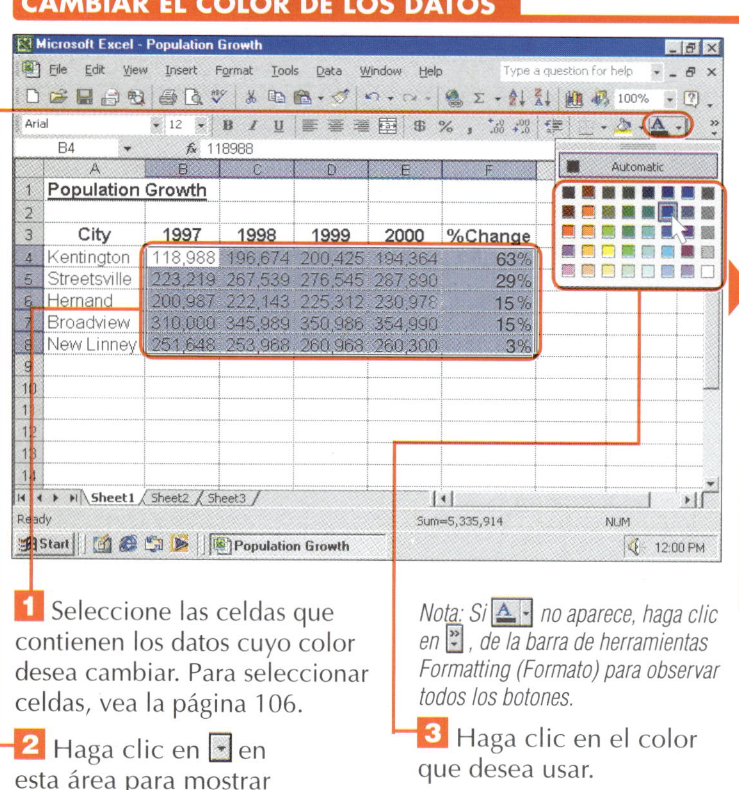

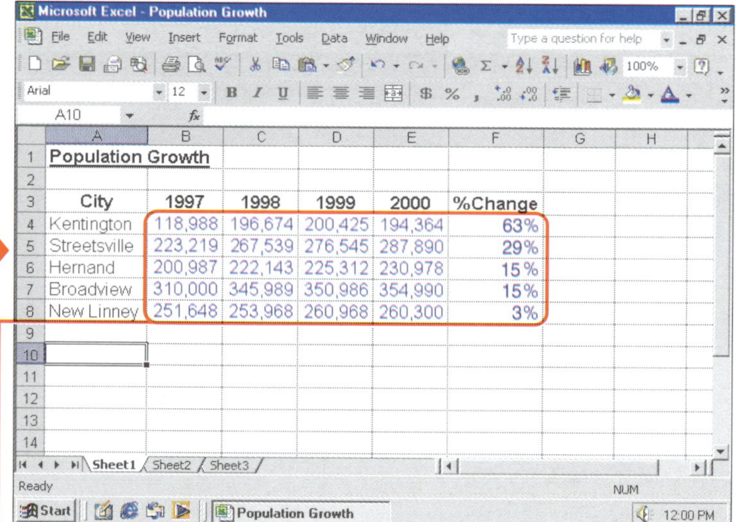

1 Seleccione las celdas que contienen los datos cuyo color desea cambiar. Para seleccionar celdas, vea la página 106.

2 Haga clic en ▼ en esta área para mostrar los colores disponibles.

Nota: Si ▲ no aparece, haga clic en ▸ , de la barra de herramientas Formatting (Formato) para observar todos los botones.

3 Haga clic en el color que desea usar.

■ Los datos aparecen en el color seleccionado.

■ Para cancelar la selección de las celdas, haga clic en cualquiera de ellas.

■ Para devolver a los datos su color original, repita los pasos **1** al **3**, seleccionando **Automatic** (Automático) en el paso **3**.

Agregar color a las celdas es útil para marcar datos que quiera revisar o verificar más tarde.

CAMBIAR EL COLOR DE LAS CASILLAS

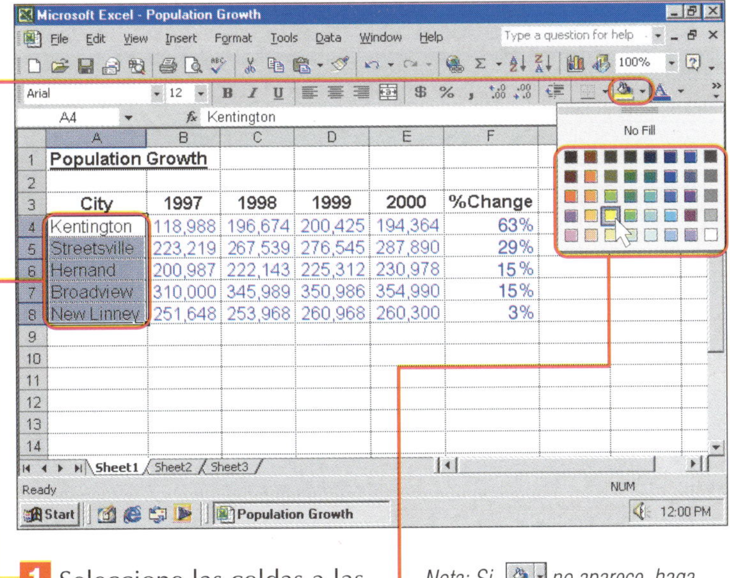

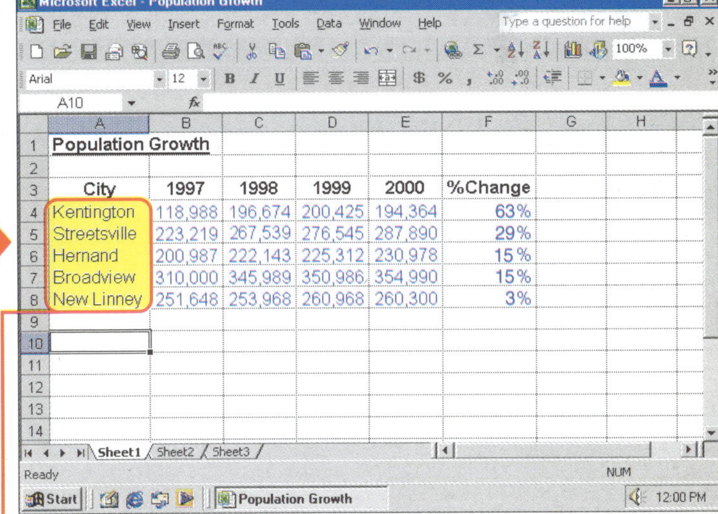

1 Seleccione las celdas a las que le desea cambiar el color. Para seleccionar celdas, vea la página 106.

2 Haga clic en ▼, en esta área, para observar los colores disponibles.

Nota: Si ⬛▾ no aparece, haga clic en », *de la barra de herramientas Formatting (Formato) para observar todos los botones.*

3 Haga clic en el color que desea usar.

■ Las celdas aparecen en el color que seleccionó.

■ Para cancelar la selección de las celdas, haga clic en una de ellas.

■ Para eliminar el color de las celdas, repita los pasos del **1** al **3**, seleccionando **No Fill** (Sin relleno) en el paso **3**

155

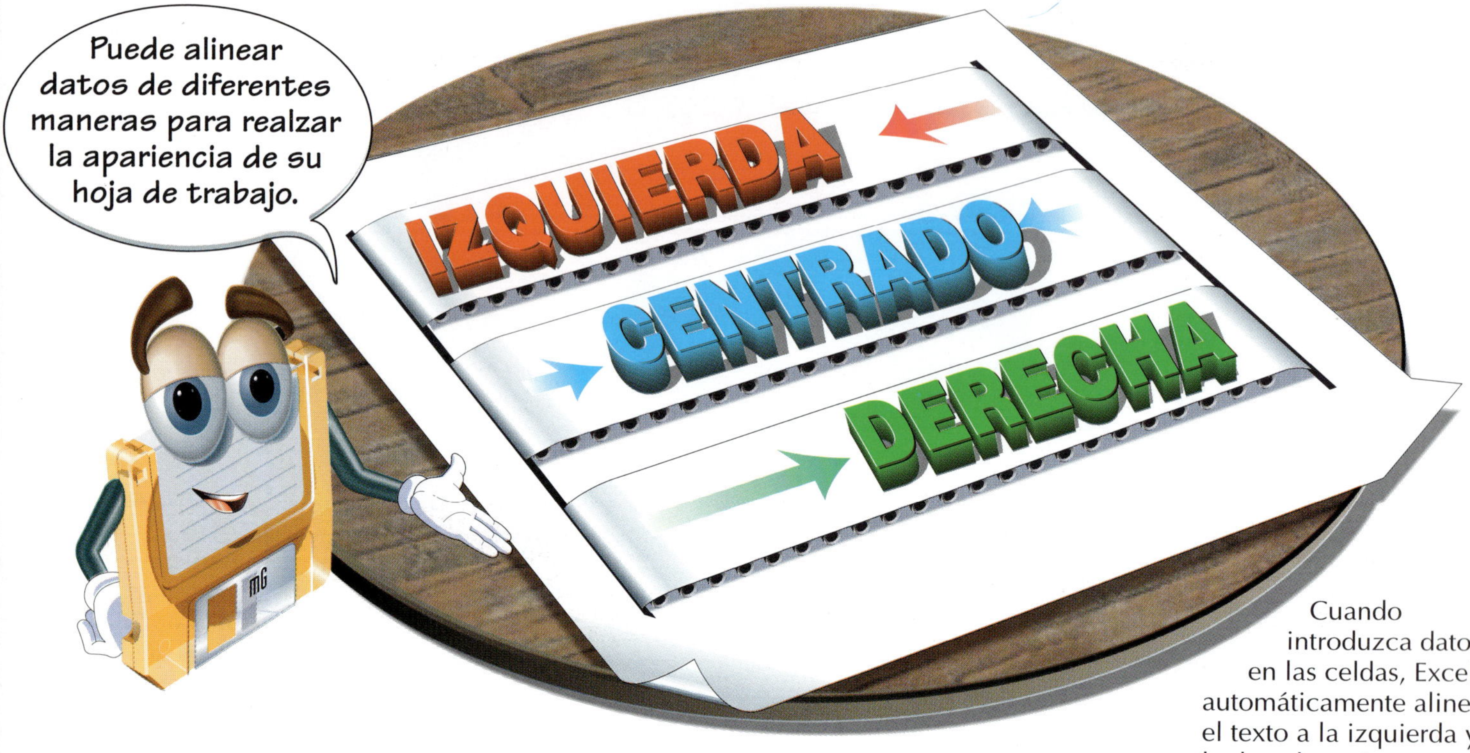

Cuando introduzca datos en las celdas, Excel automáticamente alineará el texto a la izquierda y, a la derecha, números y fechas.

CAMBIAR LA ALINEACIÓN DE LOS DATOS

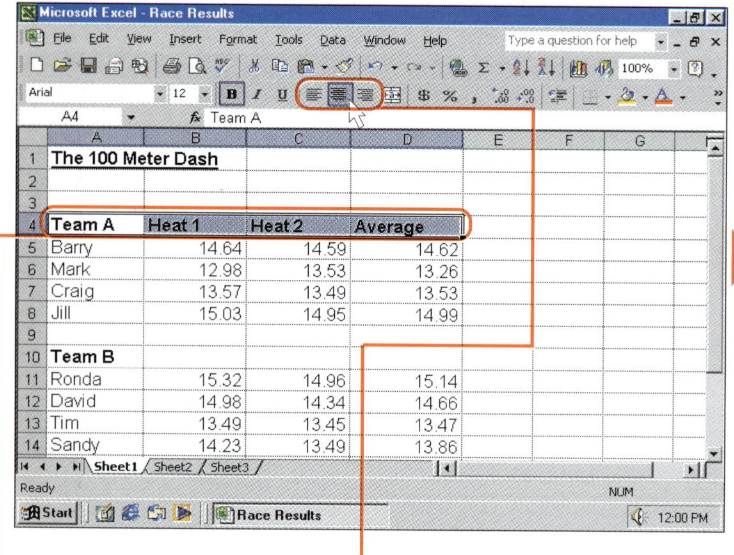

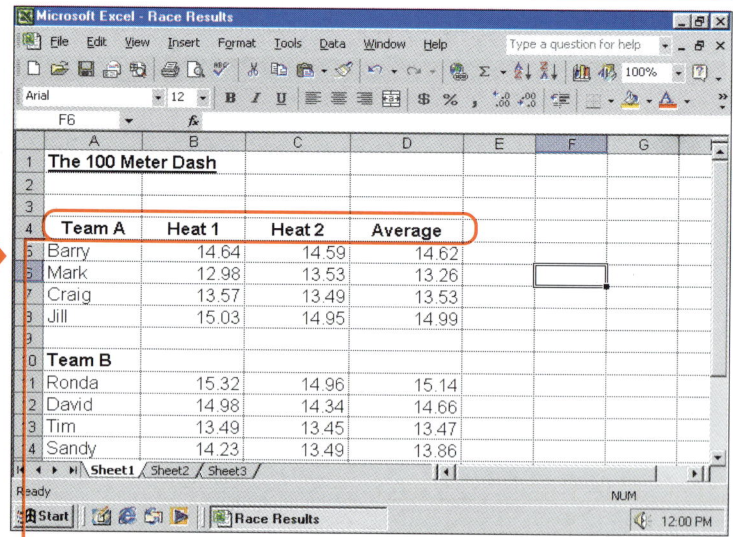

1 Seleccione las celdas que contienen los datos que desea alinear de manera diferente. Para seleccionar celdas, vea la página 106.

2 Haga clic en uno de los siguientes botones.

Left align (Alinear a la izquierda)

Center (Centrar)

Right align (Alinear a la derecha)

Nota: Si el botón que desea usar no aparece, haga clic en >> *de la barra de herramientas Formatting (Formato) para observar todos los botones.*

■ La información aparece con el nuevo alineamiento.

■ Para cancelar la selección de las celdas, haga clic en cualquiera de ellas.

CENTRAR DATOS A TRAVÉS DE COLUMNAS

CENTRAR DATOS A TRAVÉS DE COLUMNAS

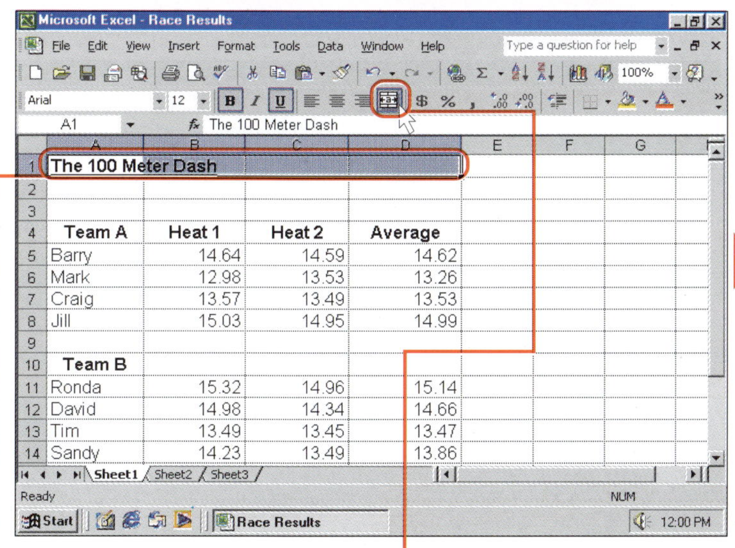

1 Seleccione las celdas en las cuales desea centrar los datos. Para seleccionar celdas, vea la página 106.

Nota: La primera celda que seleccione debe contener los datos que desea centrar.

2 Haga clic en ▦ para centrar los datos a través de las columnas.

Nota: Si ▦ no aparece, haga clic en ▸ , de la barra de herramientas Formatting (Formato), para observar todos los botones.

■ Excel centra los datos a través de las columnas.

■ Si ya no quiere centrar los datos a través de las columnas, haga clic en la celda que contiene los datos y repita el paso **2**.

157

REDACTAR INFORMACIÓN EN NEGRITA, ITÁLICA O SUBRAYADA

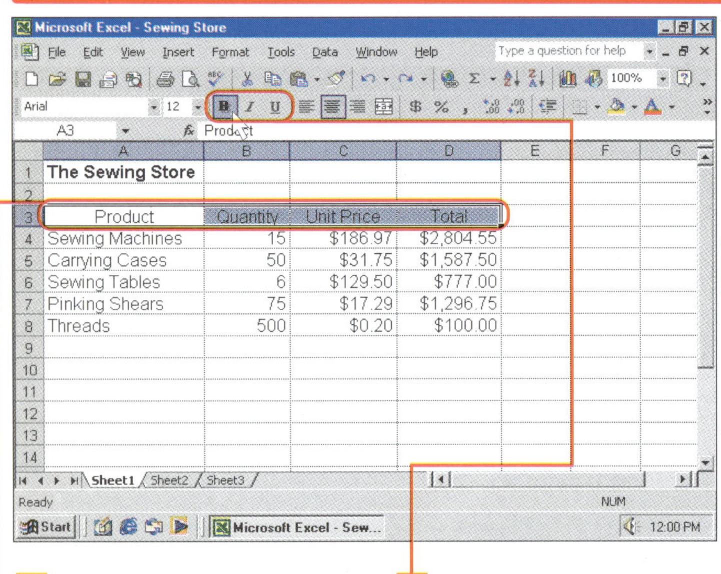

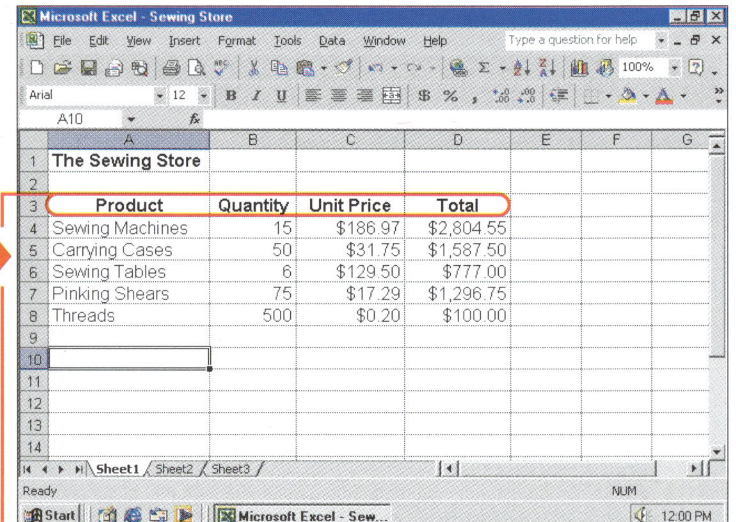

1 Seleccione las celdas que contienen los datos que quiere poner en negrita, itálica o en subrayado. Para seleccionar celdas, vea la página 106.

2 Haga clic en uno de los siguientes botones.

B Bold (Negrita)

I Italic (Itálica)

U Underline (Subrayado)

Nota: Si el botón que desea no aparece, haga clic en ⟫ *, de la barra de herramientas Formatting (Formato) para ver todos los bottons.*

■ Los datos aparecen en el estilo que seleccionó.

■ Para cancelar la selección de celdas, haga clic en cualquiera.

■ Para eliminar una letra en negrita, itálica o en subrayado, repita los pasos **1** y **2**.

COPIAR FORMATO

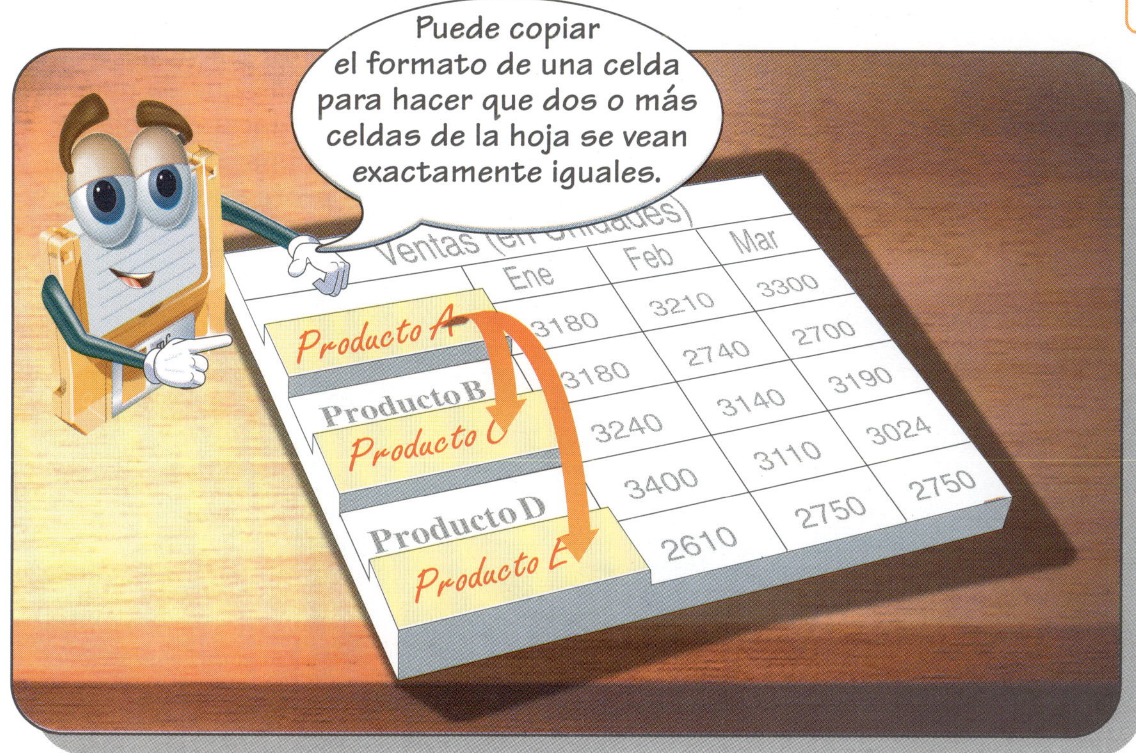

Puede que desee copiar el formato de algunas celdas para hacer que todos los títulos de su hoja de trabajo se vean igual. Esto dará a la información de su hoja una apariencia consistente.

COPIAR FORMATO

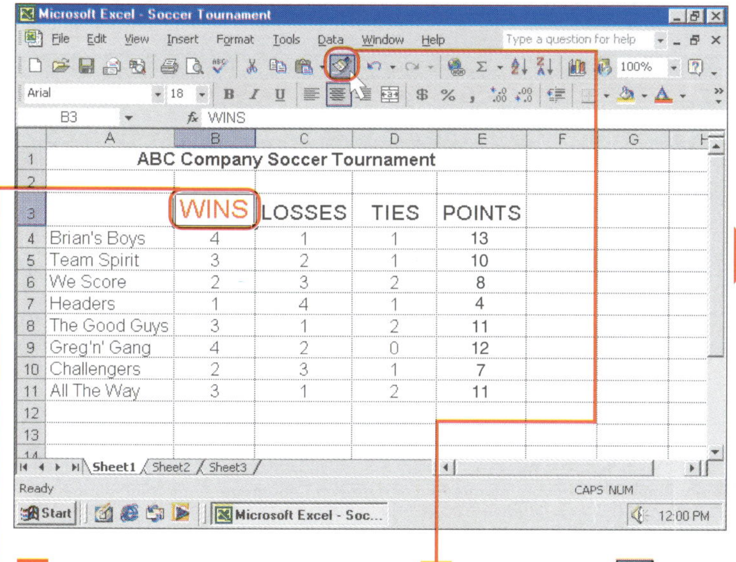

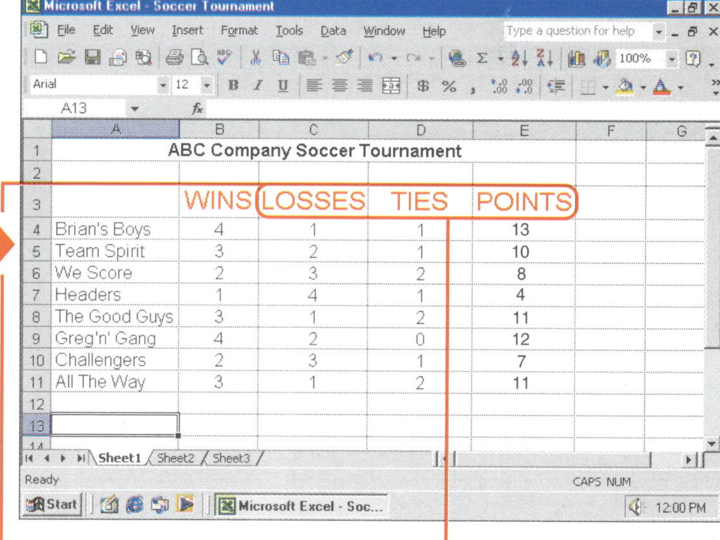

1 Haga clic en la celda que muestre el formato que desea copiar a otras.

2 Haga clic en ▨ para copiar el formato de la celda.

Nota: Si ▨ no aparece, haga clic en ▾ en la barra de herramientas Standard (Estándar), para observar todos los botones.

■ El ⊕ del mouse cambia a ⊕▨ cuando se halla sobre la hoja.

3 Seleccione las celdas a las que les desea adjudicar el mismo formato. Para seleccionar celdas, vea la página 106.

■ Las celdas que seleccionó muestran el formato.

■ Para cancelar la selección de celdas, haga clic en cualquiera de ellas.

APLICAR UN AUTOFORMATO

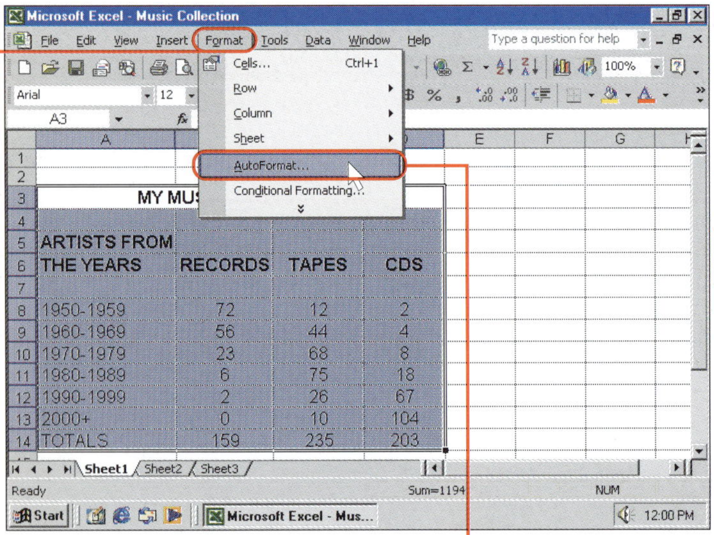

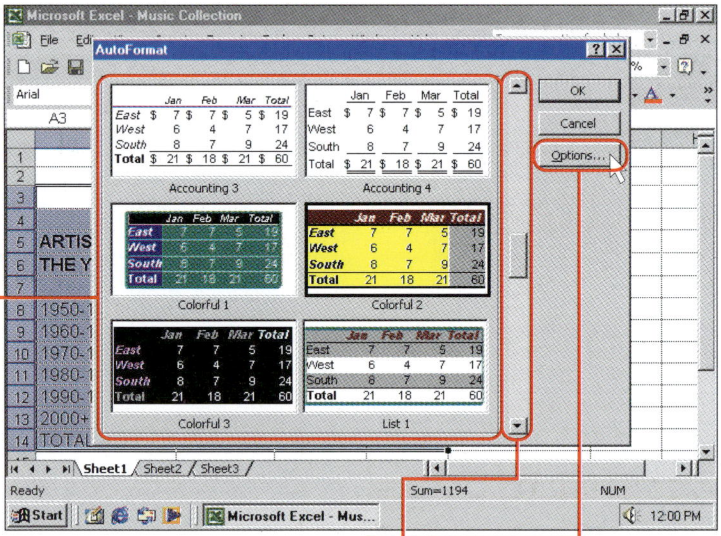

1 Seleccione las celdas que desea formatear. Para seleccionar celdas, vea la página 106.

2 Haga clic en **Format** (Formato).

3 Haga clic en **AutoFormat** (Autoformato).

■ La ventana de diálogo AutoFormat (Autoformato) aparece.

■ Este área muestra los autoformatos disponibles.

4 Haga clic en el autoformato que desea usar.

■ Puede usar la barra de desplazamiento para explorar a través de los autoformatos disponibles.

5 Para ver las opciones de formato de los autoformatos, haga clic en **Options** (Opciones).

¿Cuál formato aplicará Excel a las celdas de mi hoja?

Cada autoformato incluye una combinación de formatos (como fuentes, colores, bordes, estilos de alineaciones y de números). Cuando aplica un autoformato, Excel también puede ajustar el ancho de las columnas y el alto de las filas de las celdas para acomodar mejor la información de las celdas.

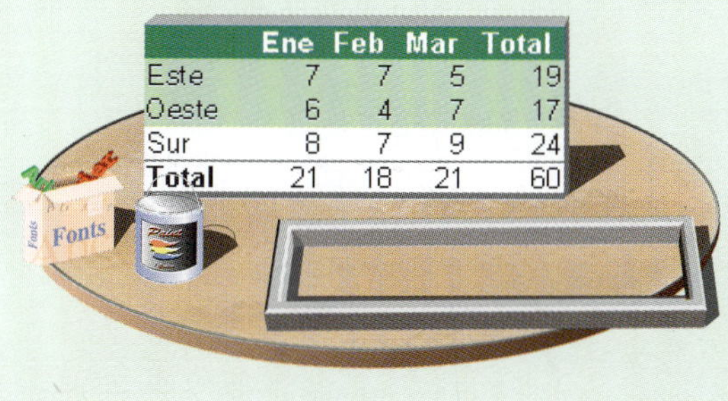

¿Qué pasa si agrego datos a mi hoja de trabajo después de aplicar un autoformato?

Si introduce datos directamente a la derecha o debajo de las celdas, donde había aplicado un autoformato, Excel automáticamente puede formatear los datos nuevos. Si Excel no formatea los datos nuevos automáticamente, puede seleccionar todas las celdas a las que desea dar el autoformato y, luego, realizar los pasos del **2** al **7** descritos abajo.

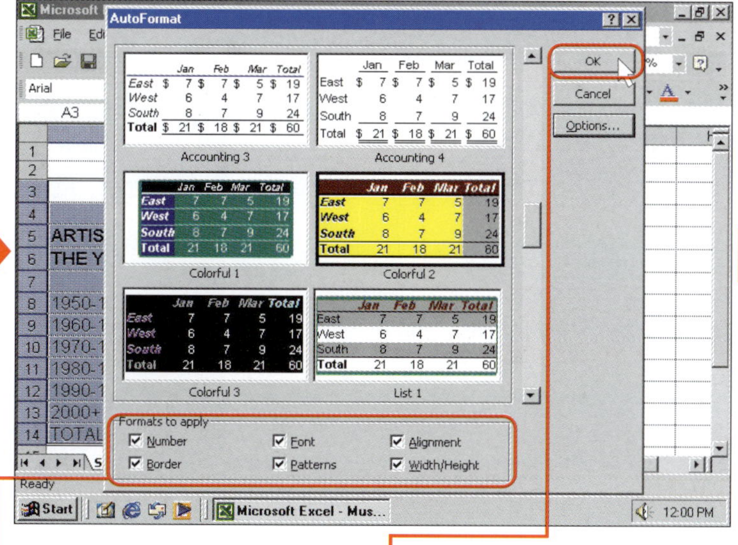

■ Las opciones de formato aparecen en esta área. Una marca de verificación (☑) al lado de una opción indica que Excel aplicará la opción a las celdas.

6 Puede hacer clic en una opción para activarla (☑) o desactivarla (☐).

7 Haga clic en **OK** (Aceptar) para aplicar el autoformato de las celdas que seleccionó.

■ Las celdas muestran el autoformato seleccionado.

■ Para cancelar la selección de las celdas, haga clic en cualquiera.

■ Para eliminar un autoformato, repita los pasos del **1** al **4**, seleccione **None** (Ninguno) en el paso **4**. Luego, realice el paso **7**.

OBSERVAR UNA VISTA PRELIMINAR ANTES DE IMPRIMIR

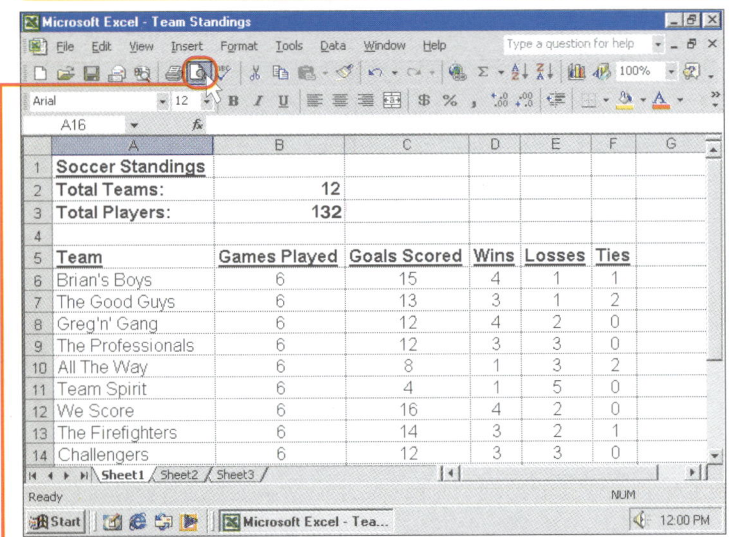

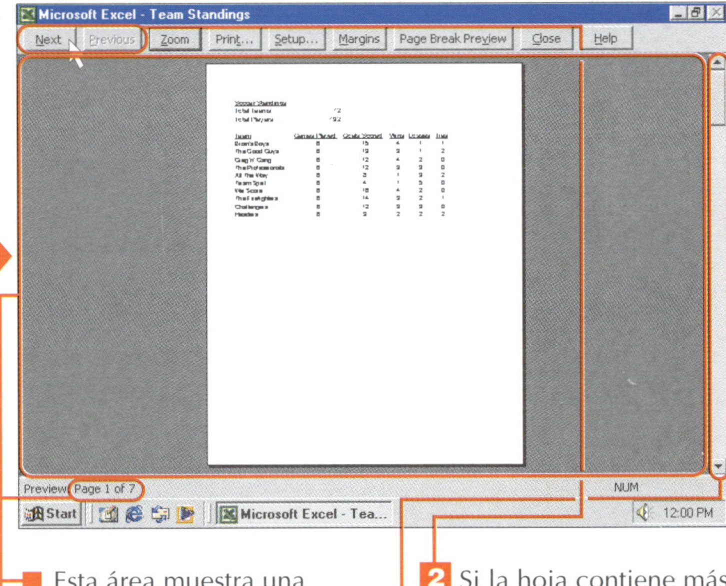

1 Haga clic en para ver la vista preliminar de la hoja antes de imprimir.

Nota: Si no aparece, haga clic en , en la barra de herramientas Standard (Estándar) para mostrar todo.

■ La ventana de Print Preview (Vista Preliminar) aparece.

■ Esta área muestra una página de su hoja de trabajo.

■ Esta área indica cuál página aparece y cuál es el número total de páginas de la hoja.

2 Si la hoja contiene más de una página, puede hacer clic en **Siguiente** o **Previo** para ver la página siguiente o la previa.

■ También puede usar la barra de desplazamiento para ver otras páginas.

¿Por qué mi hoja de trabajo aparece en blanco y negro en la ventana Print Preview (Vista preliminar)?

Si usa una impresora a blanco y negro, la hoja aparecerá en la ventana Print Preview (Vista preliminar) en esos dos colores. Si está utilizando una impresora a color, la hoja aparecerá en colores.

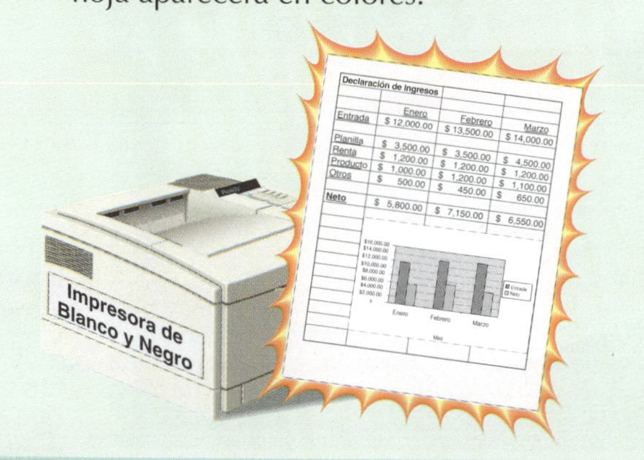

¿Por qué el cuadriculado no aparece en la hoja de la ventana Print Preview (Vista preliminar)?

De manera predefinida, Excel no imprimirá el cuadriculado que aparece en cada celda de su hoja de trabajo. Para imprimir cuadrículas y cambiar otras opciones de impresión, vea la página 168.

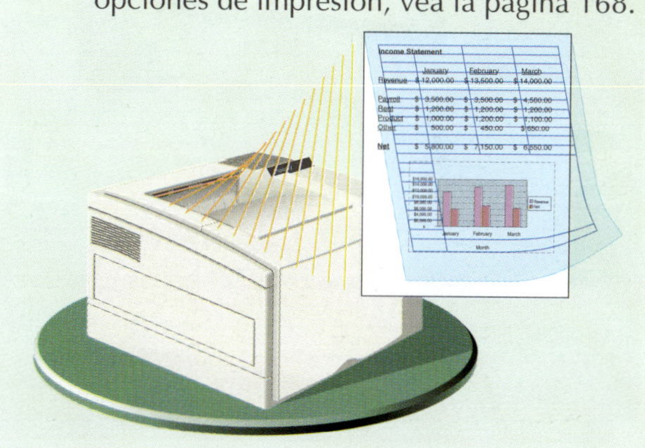

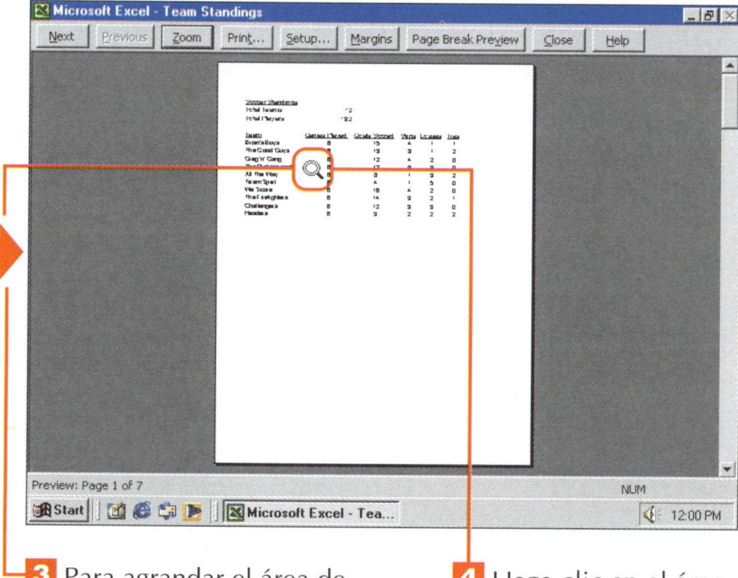

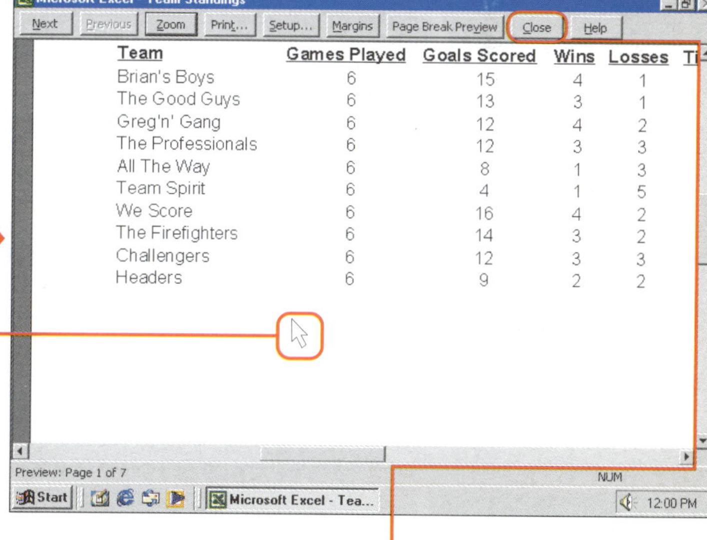

3 Para agrandar el área de una página, coloque el del mouse sobre el área que necesite agrandar (cambia a).

4 Haga clic en el área para agrandarla.

■ Una vista amplificada del área aparece.

5 Para mostrar la página entera de nuevo, haga clic en algún lugar de la página.

6 Cuando termine de observar la vista preliminar de su hoja de trabajo, haga clic en **Cerrar** para cerrar la ventana de la vista preliminar de impresión.

Antes de imprimir la hoja, asegúrese de que la impresora esté encendida y de que contiene papel.

IMPRIMIR UNA HOJA DE TRABAJO

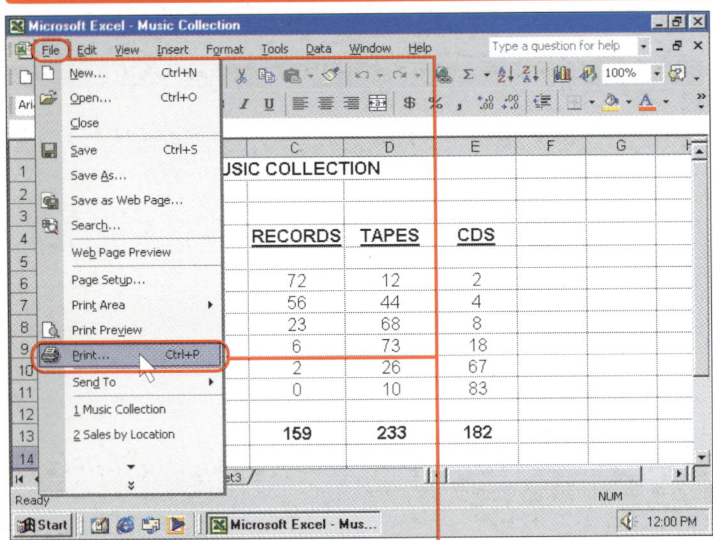

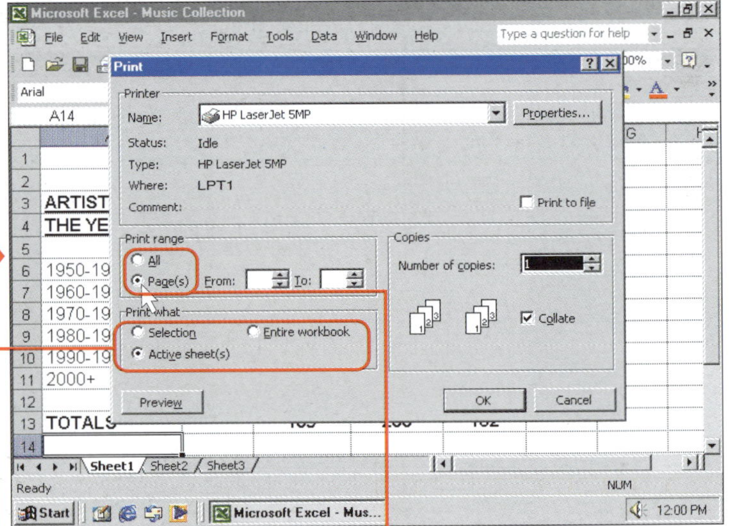

1 Haga clic en cualquier celda de la hoja que desee imprimir.

■ Para imprimir solo algunas celdas de la hoja, seleccione las celdas que desee imprimir. Para seleccionar celdas, vea la página 106.

2 Haga clic en **File** (Archivo).

3 Haga clic en **Print** (Imprimir).

■ La ventana de diálogo Print (Imprimir) aparece.

4 Haga clic en la parte del libro de trabajo que desea imprimir (○ cambia a ◉).

Nota: Para más información sobre las partes del libro que puede imprimir, puede ver la parte superior de la página 165.

5 Si la parte del libro que desea imprimir contiene más de una página, haga clic en una opción para especificar cuáles páginas desea imprimir (○ cambia a ◉).

All (Todo) - Imprime todo.

Page(s) (Página) - Imprime las páginas especificadas.

¿Cuáles partes del libro de tareas puedo imprimir?

Excel le permite especificar cuál parte de un libro desea imprimir. Cada libro queda dividido en varias hojas.

Para más información sobre el uso de hojas múltiples en un libro, vea de las páginas 110 a 115.

Selection (Selección)

Imprime las celdas que seleccionó.

Active sheet(s) (Hoja activa)

Imprime la hoja mostrada.

Entire workbook (Libro entero)

Imprime todas las hojas del libro.

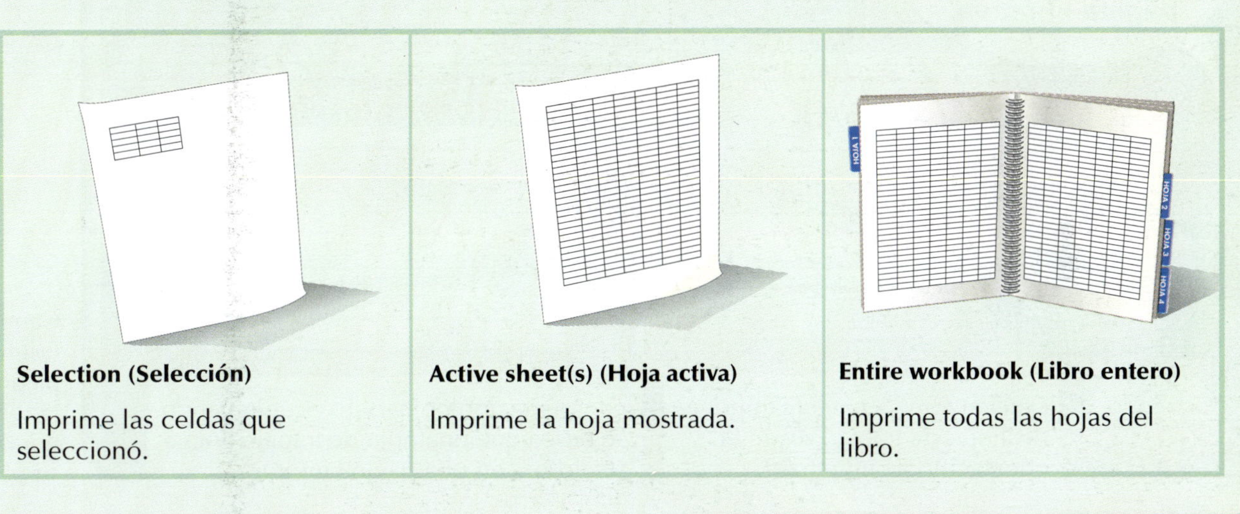

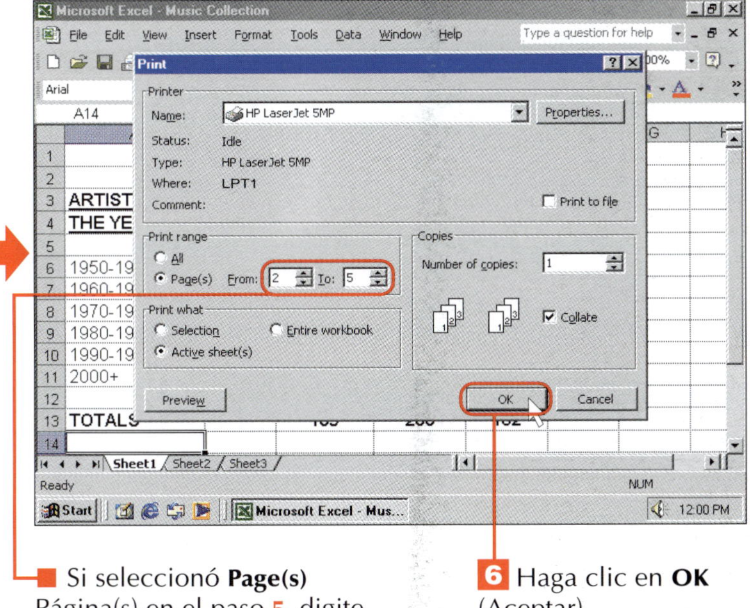

■ Si seleccionó **Page(s)** Página(s) en el paso **5**, digite el número de la primera página que desea imprimir. Presione la tecla `Tab` y luego digite el número de la última que se imprimirá.

6 Haga clic en **OK** (Aceptar).

IMPRIMA RÁPIDAMENTE UNA HOJA DE TRABAJO MOSTRADA

1 Haga clic en 🖨 para imprimir rápidamente la hoja mostrada en la pantalla.

Nota: Si 🖨 no aparece, haga clic en ＂ de la barra de herramientas Standard (Estándar) para mostrar todos los botones.

Excel automáticamente imprime sus hojas de trabajo según la orientación de un retrato.

La orientación de paisaje es útil cuando se desea que una hoja de trabajo ancha se ajuste con una página impresa.

Cambiar la orientación de la página no afectará la forma en que la hoja aparecerá en su pantalla.

CAMBIAR LA ORIENTACIÓN DE LA PÁGINA

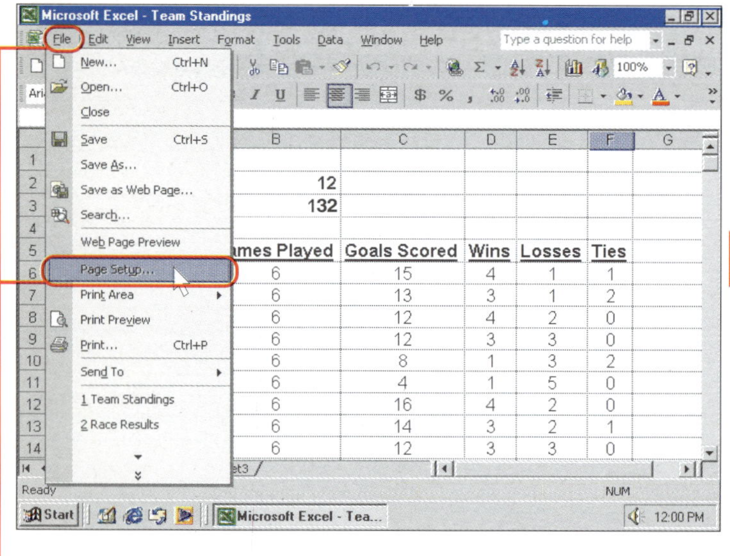

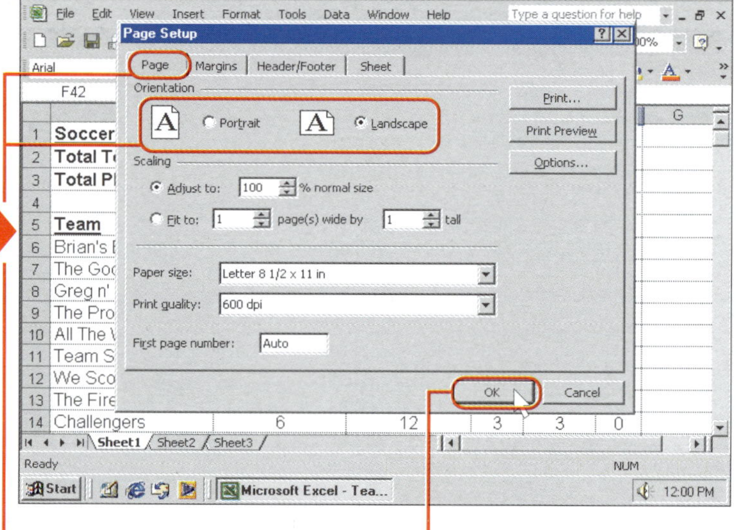

1 Haga clic en **File** (Archivo).

2 Haga clic en **Page Setup** (Configurar página).

■ La ventana de diálogo Page Setup (Configurar página) aparece.

3 Haga clic en la pantalla **Page** (Página).

4 Haga clic en la orientación de la página que desea usar (○ cambia a ⊙).

5 Haga clic en **OK** (Aceptar) para confirmar su cambio.

Nota: Usted puede usar Print Preview (Vista preliminar) para ver cómo aparecerá su hoja de trabajo en una página impresa. Para más información sobre el uso de Print Preview, vea la página 162.

CAMBIAR MÁRGENES

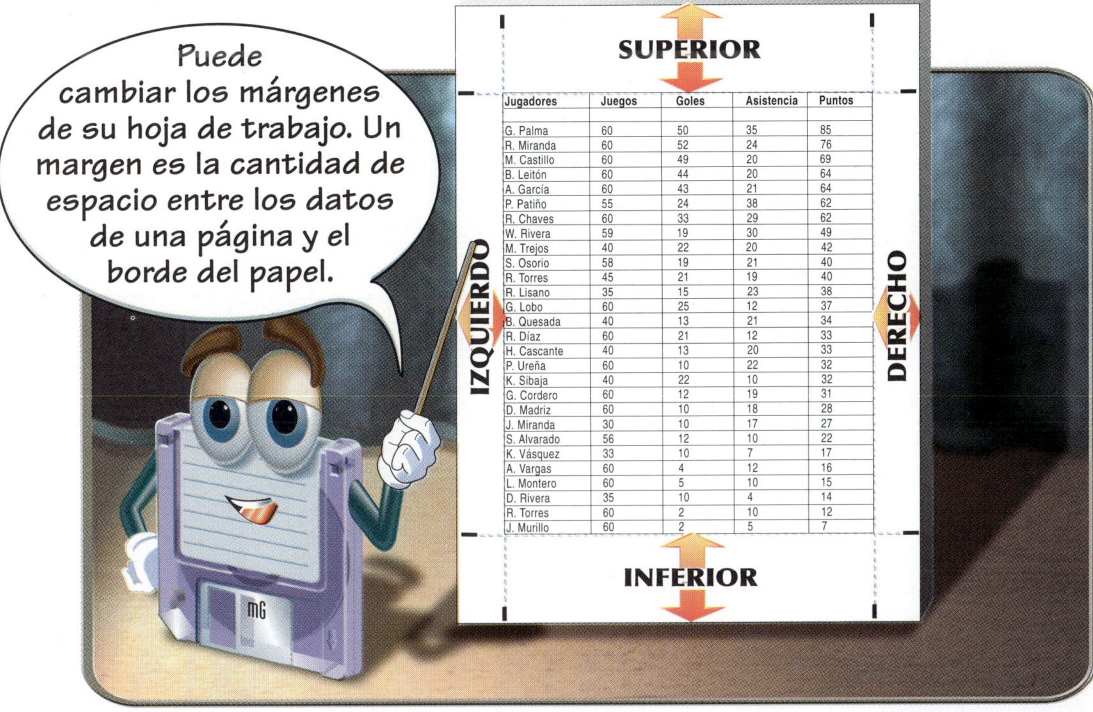

Excel automáticamente fija los márgenes superior e inferior a 1 pulgada y los márgenes izquierdo y derecho a 0.75 pulgadas. Cambiar los márgenes le permite ajustar la cantidad de información que puede caber en una página. Puede que desee cambiar los márgenes para acomodar el membrete o algún otro elemento especial.

CAMBIAR LOS MÁRGENES

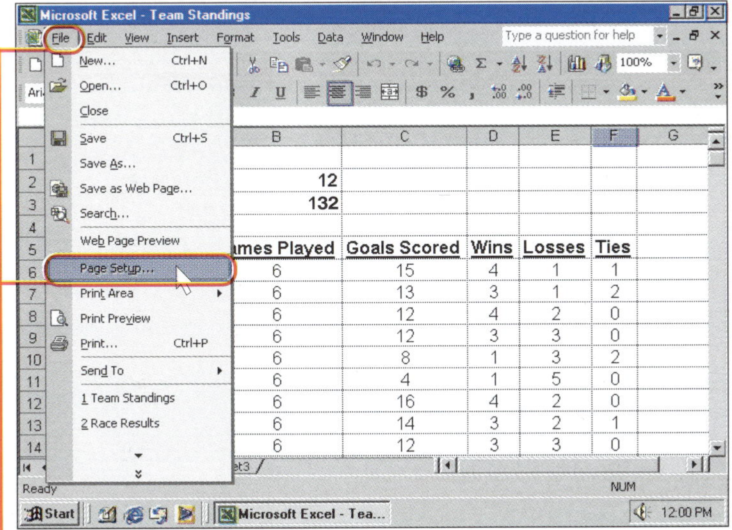

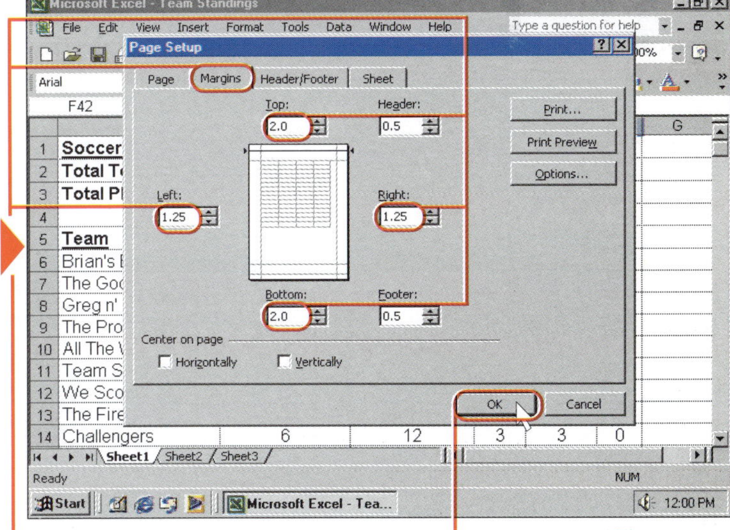

1 Haga clic en **File** (Archivo).

2 Haga clic en **Page Setup** (Configurar página).

■ La ventana de diálogo Page Setup (Configurar página) aparece.

3 Haga clic en **Margins** (Márgenes).

4 Haga doble clic en el cuadro del margen que desea cambiar. Luego, digite un margen nuevo en pulgadas.

5 Repita el paso **4** para cada margen que desee cambiar.

6 Haga clic en **OK** (Aceptar) para confirmar sus cambios.

Nota: Puede usar el rasgo Print Preview (Vista preliminar) para ver cómo aparecerá la hoja en una página impresa. Para información sobre cómo usar Print Preview , vea la página 162.

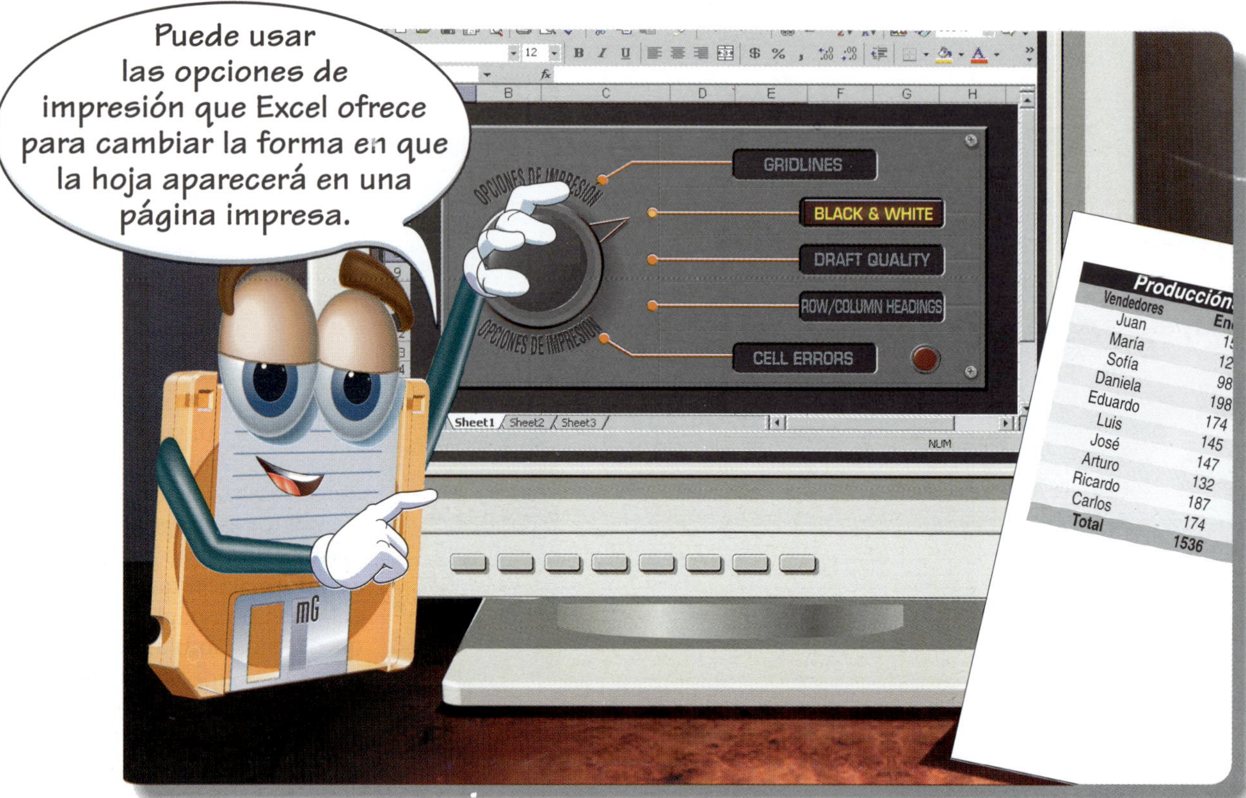

CAMBIAR OPCIONES DE IMPRESIÓN

Cambiar las opciones de impresión no afectará la forma en que la hoja aparecerá en la pantalla.

CAMBIAR LAS OPCIONES DE IMPRESIÓN

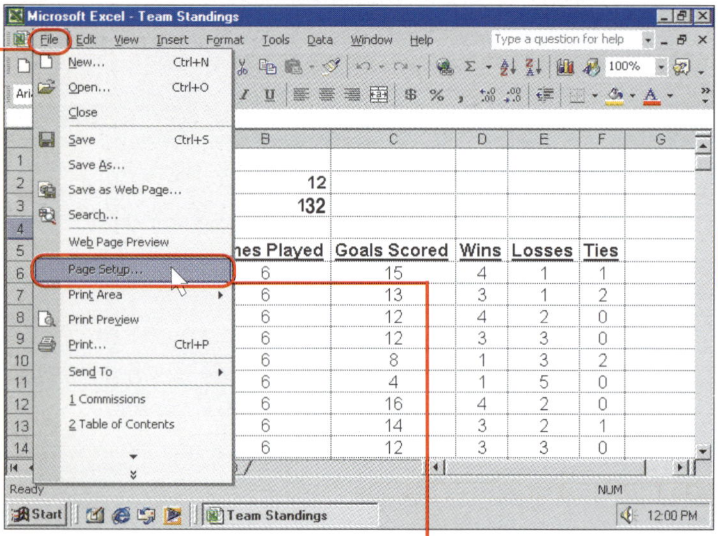

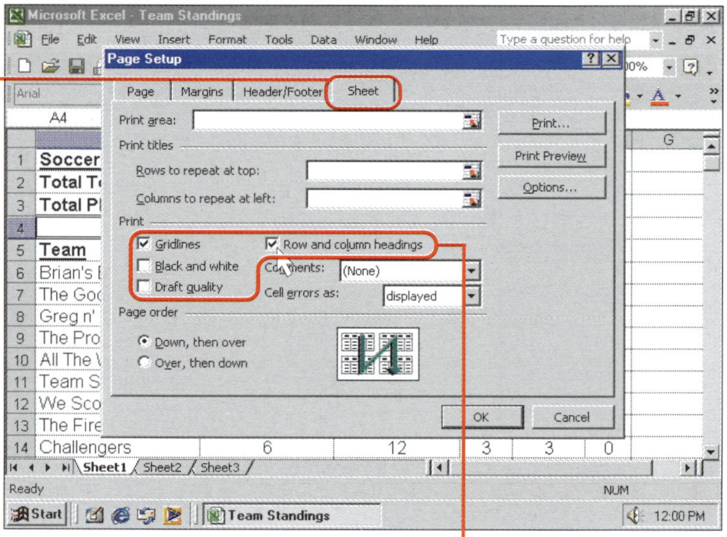

1 Haga clic en **File** (Archivo).

2 Haga clic en **Page Setup** (Configurar página).

■ La ventana de diálogo Page Setup (Configurar página) aparece.

3 Haga clic en **Sheet** (Página).

4 Haga clic en cada opción de impresión que desea usar (☐ cambia a ☑).

¿Cuáles opciones de impresión ofrece Excel?

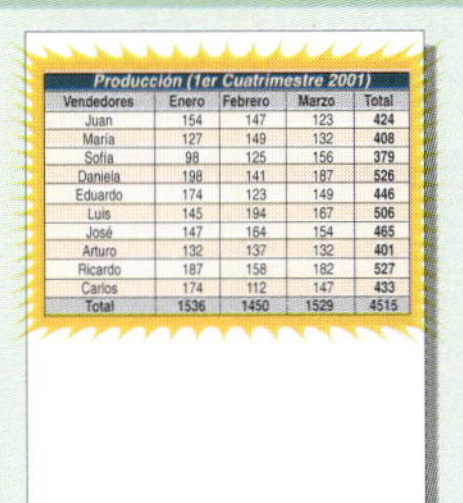

Gridlines (Líneas de división)

Imprime las líneas que bordean las celdas de su hoja de trabajo.

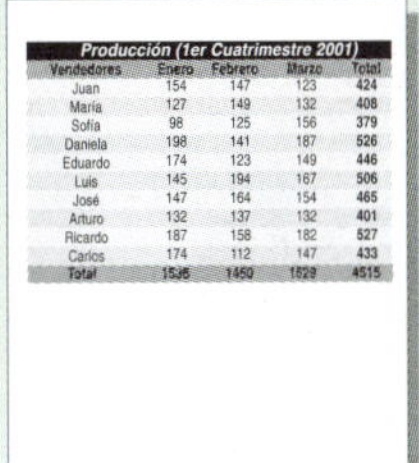

Black and white (Blanco y negro)

Imprime una hoja de colores en blanco y negro. Se usa cuando se desea imprimir una hoja de colores en una impresora blanco y negro.

Draft quality (Calidad de borrador)

Reduce el tiempo de la impresión al no imprimir el cuadriculado y la mayoría de gráficos.

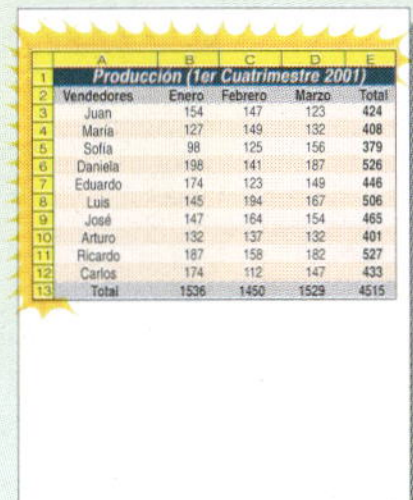

Row and column headings (Encabezados de fila y columna)

Imprime los números de fila y las letras de las columnas.

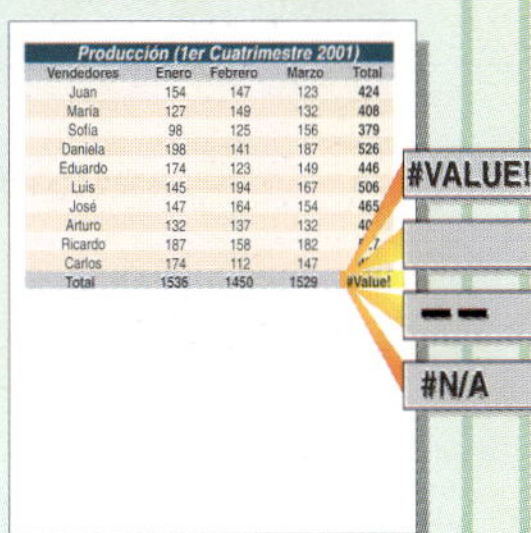

Cell errors (Errores de celdas)

Especifica la forma en que los errores de la celda aparecen en la página impresa. Para más información sobre los errores de la celda, vea la página 146.

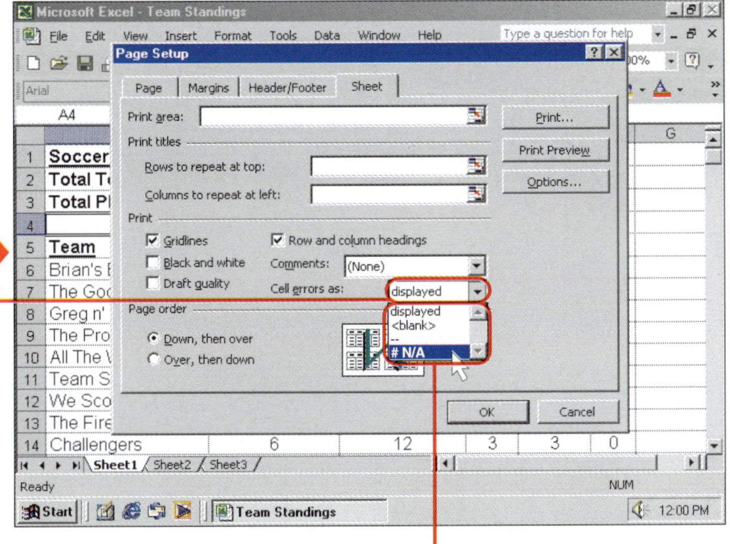

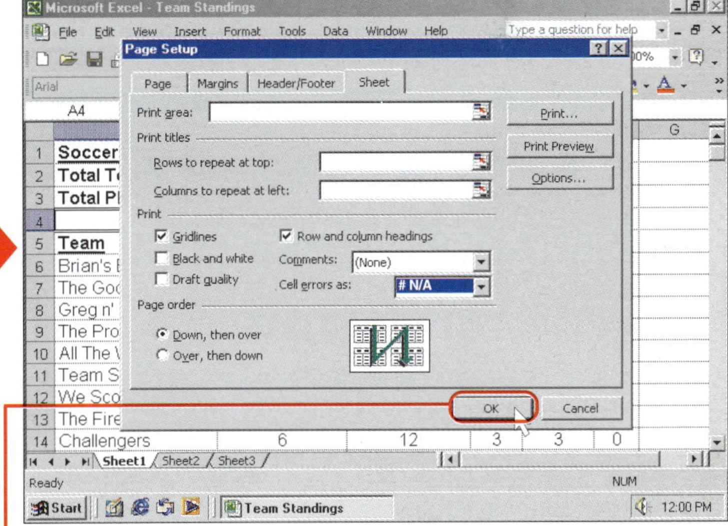

■ De manera predefinida, Excel imprimirá cualquier error de celda que aparezca en la hoja.

5 Para especificar cómo quiere que aparezcan los errores de celda cuando se imprime una hoja , haga clic en esta área.

6 Haga clic en la forma en que desea que aparezcan los errores de celda.

7 Haga clic en **OK** (Aceptar) para confirmar sus cambios.

Nota: Puede usar Print Preview (Vista preliminar) para ver cómo aparecerá su hoja en una página impresa. Para más información sobre cómo usar Print Preview (Vista preliminar), vea la página 162.

El Asistente para gráficos (Chart Wizard) lo lleva paso a paso a través del proceso de crear el gráfico.

CREAR GRÁFICOS

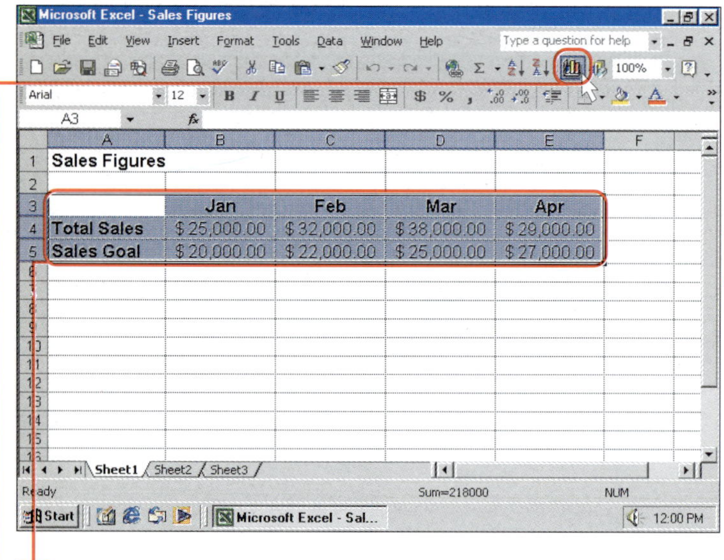

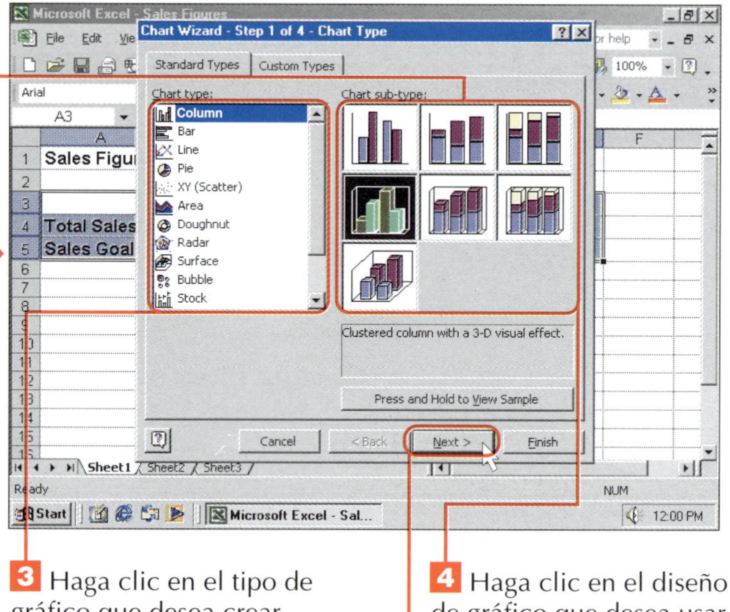

1 Seleccione las celdas que contienen la información que desea ubicar en el gráfico, incluyendo las etiquetas de fila y columna. Para seleccionar celdas, vea la página 106.

Nota: Si el botón no aparece, haga clic en de la barra de herramientas Standard (Estándar) para observar los botones.

■ Chart Wizard (Asistente para gráficos) aparece.

2 Haga clic en para crear el gráfico.

3 Haga clic en el tipo de gráfico que desea crear.

■ Esta área muestra los diseños de gráficos disponibles para el tipo de gráfico seleccionado.

4 Haga clic en el diseño de gráfico que desea usar.

5 Haga clic en **Next** (Siguiente) para continuar.

SIMPLIFÍQUESE

¿Cuáles títulos puedo agregar a mi gráfico?

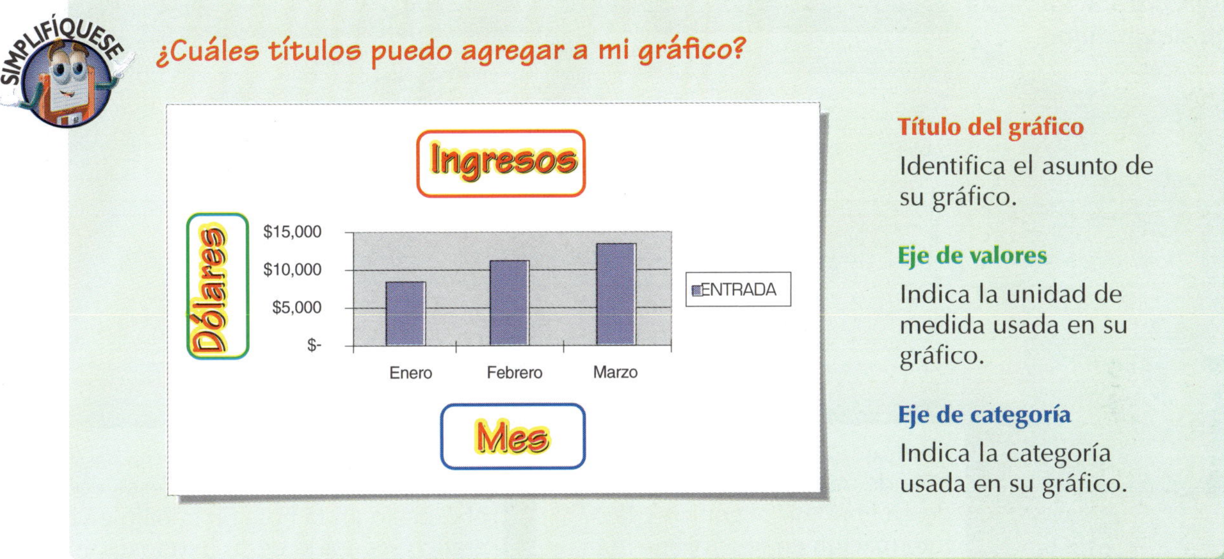

Título del gráfico

Identifica el asunto de su gráfico.

Eje de valores

Indica la unidad de medida usada en su gráfico.

Eje de categoría

Indica la categoría usada en su gráfico.

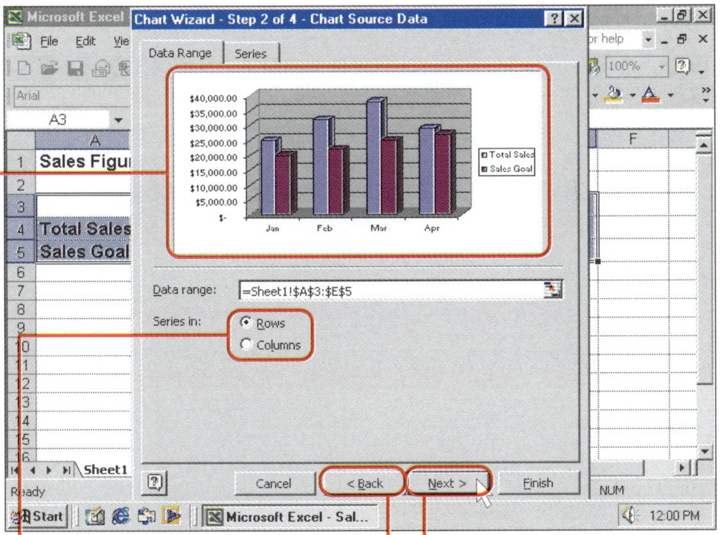

---

6 Haga clic en una opción para especificar la forma en que desea que Excel planee la información de su hoja (○ cambia a ⦿).

◼ Esta área muestra una vista previa del gráfico.

7 Haga clic en **Next** (Siguiente) para continuar.

◼ Puede hacer clic en **Back** (Atrás) en cualquier momento para regresar un paso previo y cambiar sus selecciones.

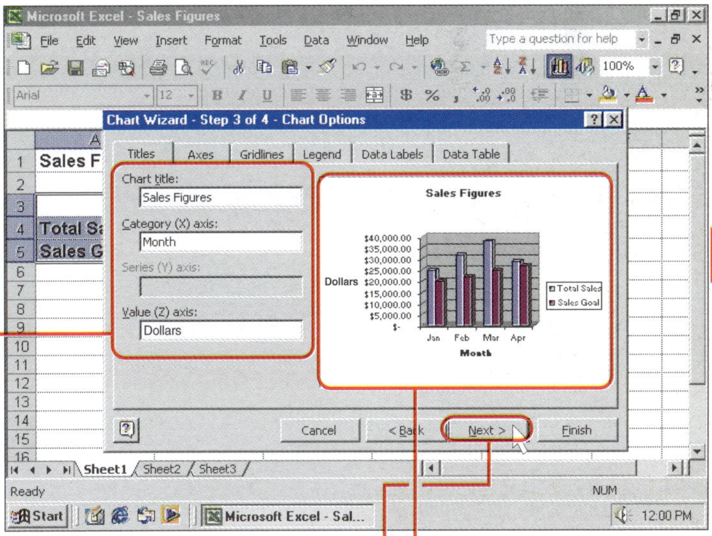

◼ Esta área provee unas casillas que se pueden usar para agregar títulos al gráfico.

Nota: Algunas casillas no aparecen en algunos tipos de gráfico.

8 Para agregar un título al gráfico, haga clic en una casilla y digite el título. Repita este paso para cada título.

◼ Esta área muestra cómo aparecerán los títulos en el gráfico.

9 Haga clic en **Next** (Siguiente) para continuar.

CONTINÚA

Mostrar un gráfico en su misma hoja de trabajo, es útil cuando se desea imprimir el gráfico y la información en una misma hoja.

Mostrar un gráfico en una hoja de gráficos es conveniente cuando se desea conservar el espacio en la hoja de trabajo o ver un gráfico separado de su información.

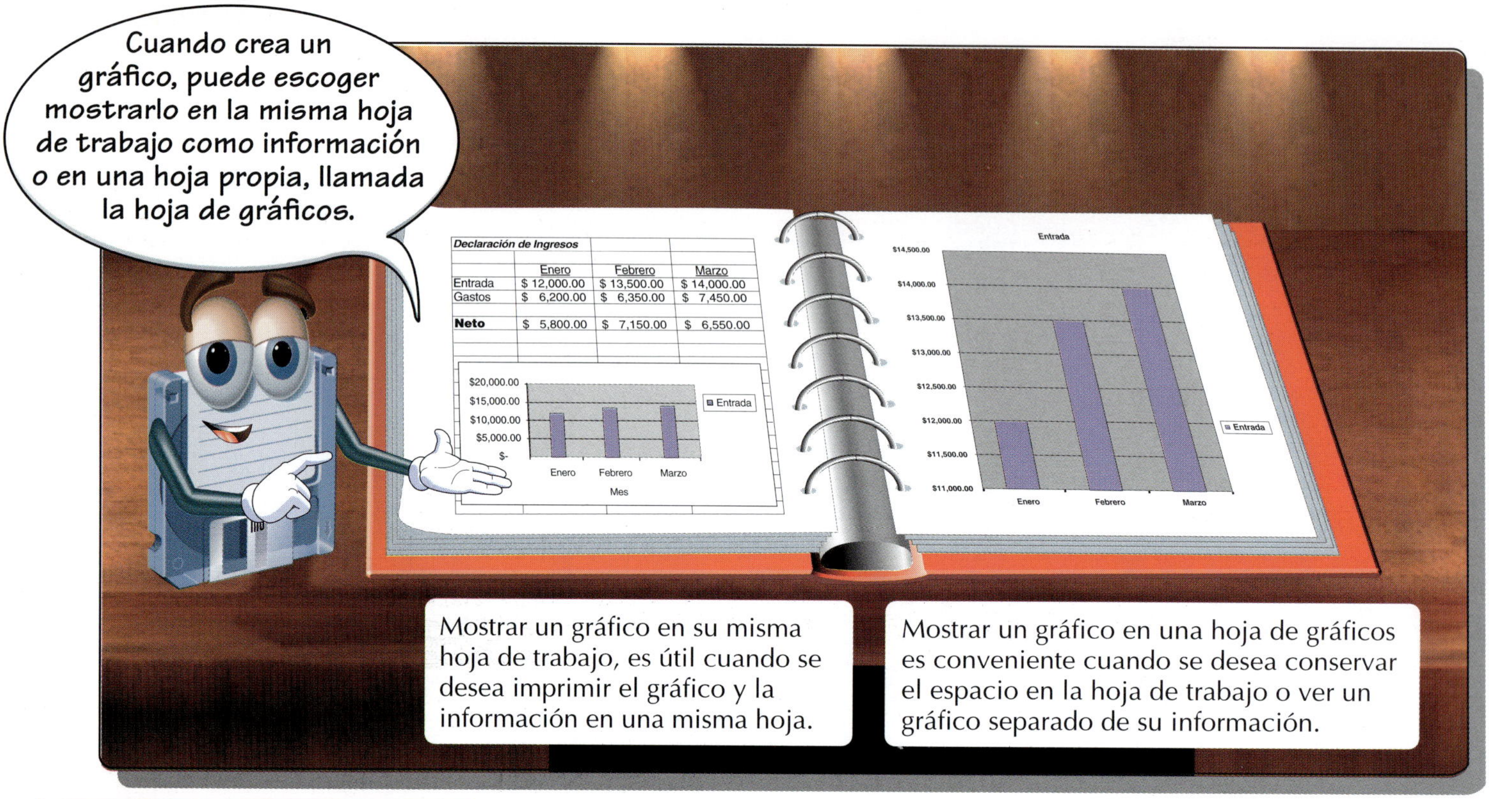

CREAR GRÁFICOS (CONTINÚA)

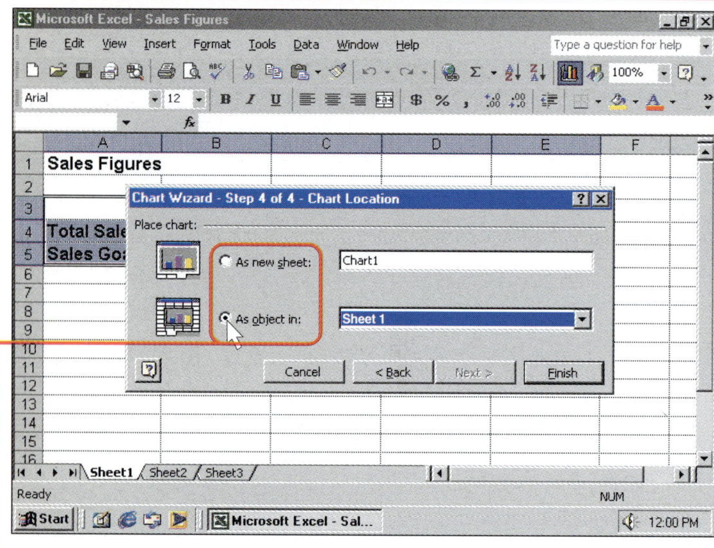

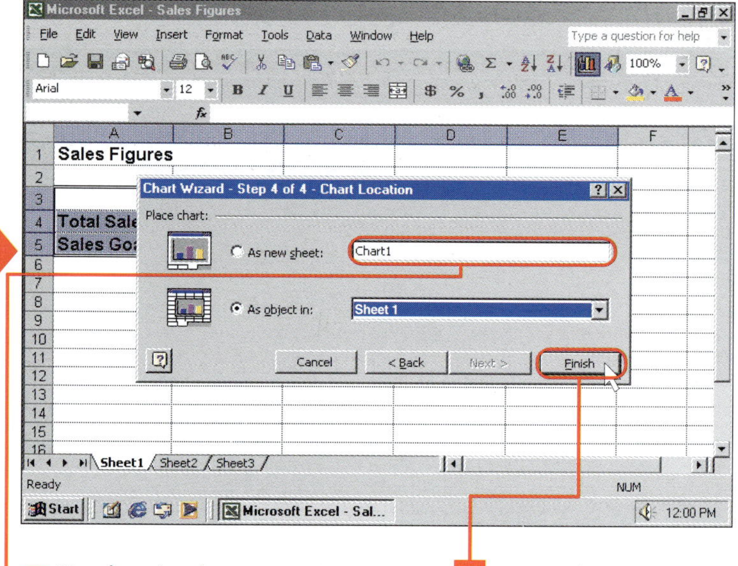

10 Haga clic en alguna opción para especificar donde desea que aparezca el gráfico (○ cambia a ◉).

Como una hoja nueva

Muestra el gráfico en una hoja propia, llamada la hoja de gráficos.

Como objeto inserto

Muestra el gráfico en la misma hoja que la información.

■ Si seleccionó **As new sheet** en el paso **10**, puede digitar un nombre para la hoja de gráficos en esta área.

11 Haga clic en **Finish** (Finalizado) para crear el gráfico.

¿Qué pasa si cambio la información que usé para crear un gráfico?

Si cambia la información que usó para crear el gráfico, Excel actualizará automáticamente el gráfico para mostrar los cambios.

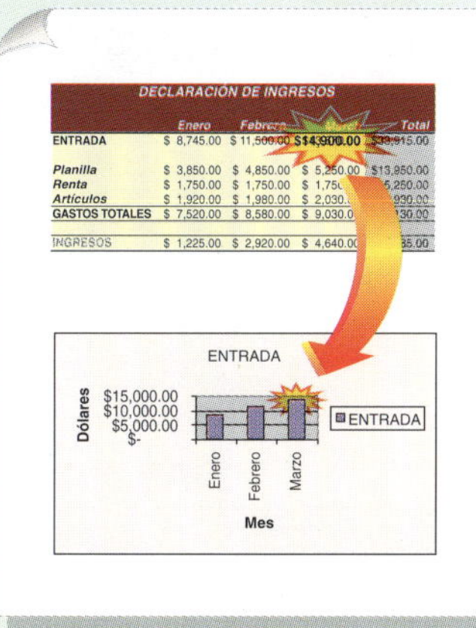

¿Puedo cambiar los títulos de los gráficos?

Sí. Después de crear un gráfico, puede cambiar los títulos del gráfico de los ejes. Haga clic en el título que desea cambiar. Una cuadro aparece alrededor del título. Arrastre el I del mouse sobre el título hasta que seleccione todo el texto. Digite un título nuevo y, luego, haga clic en un área en blanco del gráfico.

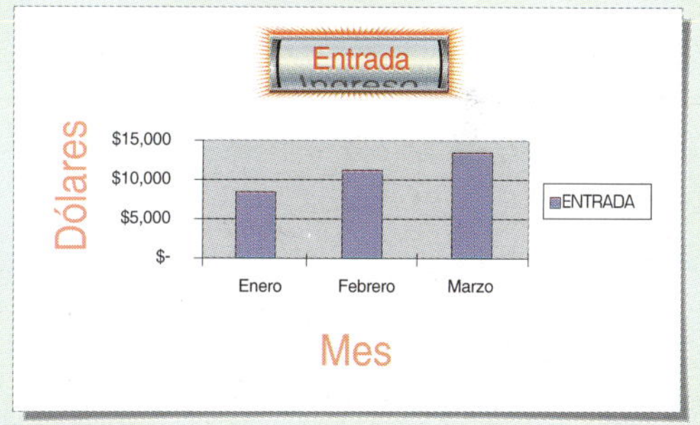

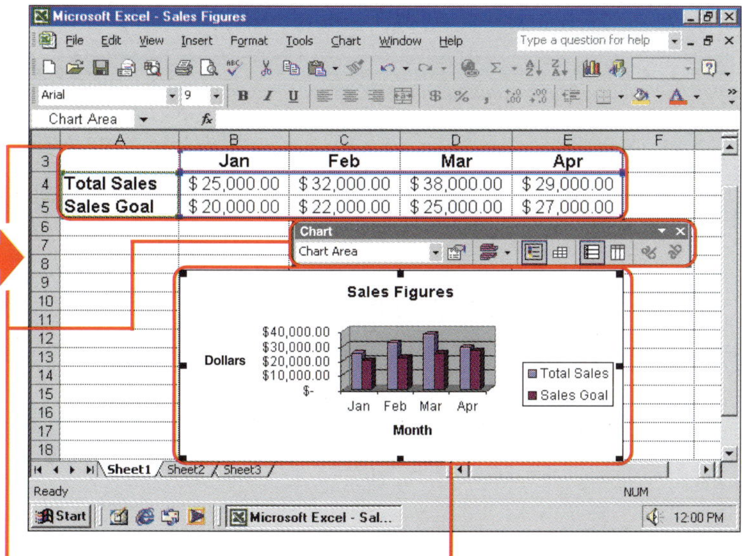

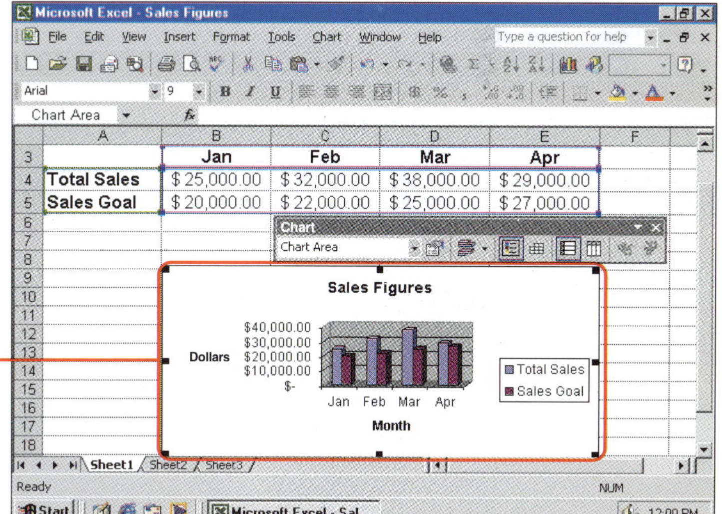

- En este ejemplo, el gráfico aparece en la misma hoja que la información.

- La barra de herramientas del gráfico también aparece, mostrando los botones que le permiten hacer cambios al gráfico.

- Excel encierra la información que seleccionó para crear el gráfico.

- Unos cuadrados (■) ubicados alrededor del gráfico le permitirán cambiar el tamaño del gráfico. Para ocultar los cuadrados, haga clic afuera del gráfico.

Nota: Para mover o cambiar el tamaño, vea la página 174.

BORRAR UN GRÁFICO

1 Haga clic en un área en blanco del gráfico que desea borrar. Los cuadrados (■) aparecerán alrededor del gráfico.

2 Presione la tecla Delete para eliminar el gráfico.

Nota: Para borrar el gráfico mostrado en la hoja de gráficos debe borrar la hoja. Para borrar hojas, vea la página 113.

MOVER O CAMBIAR EL TAMAÑO DE UN GRÁFICO

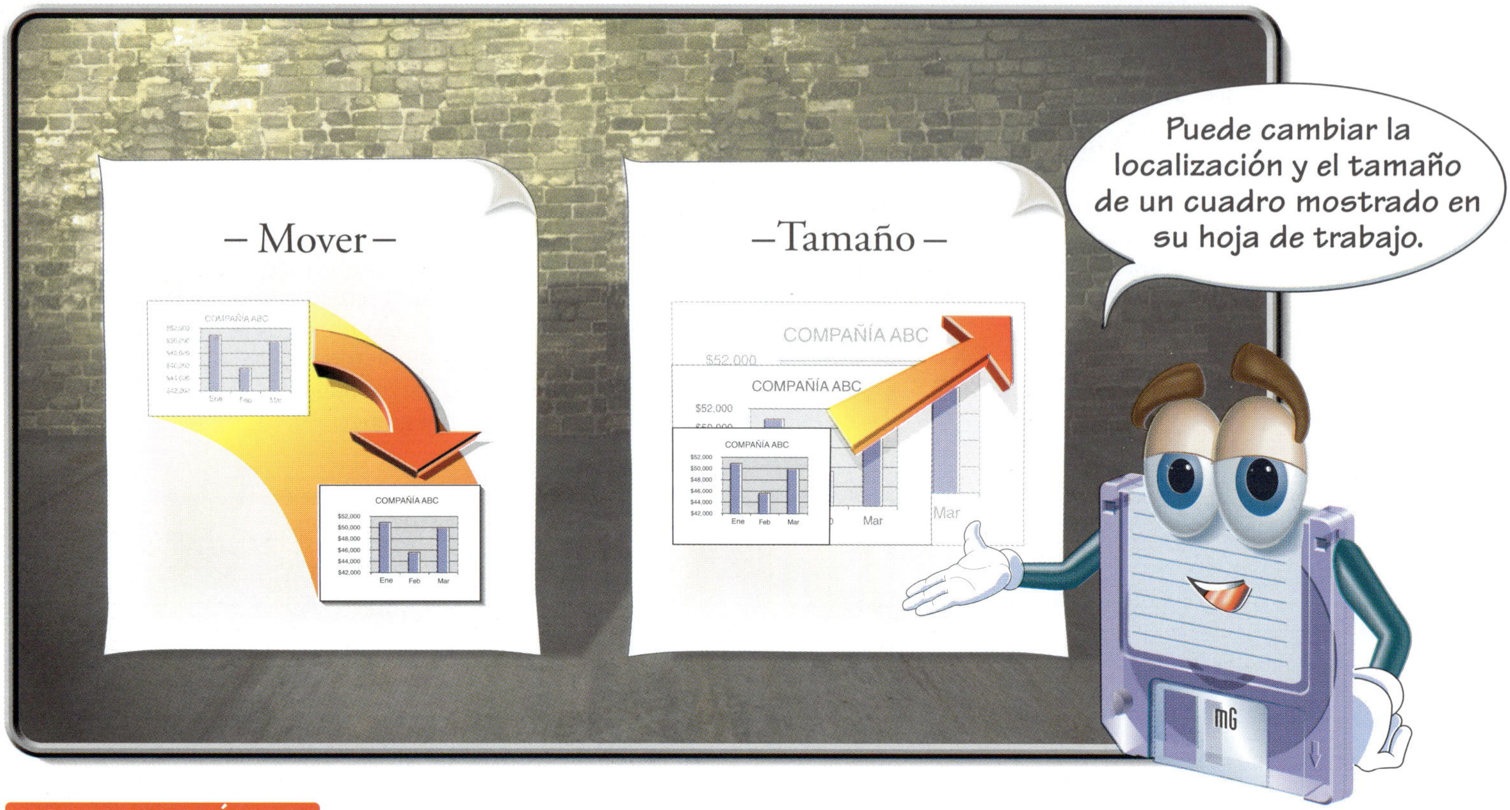

MOVER UN GRÁFICO

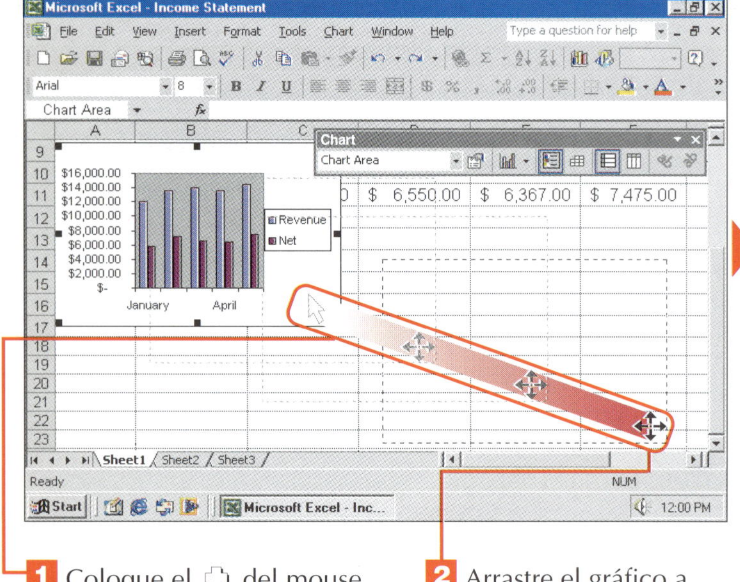

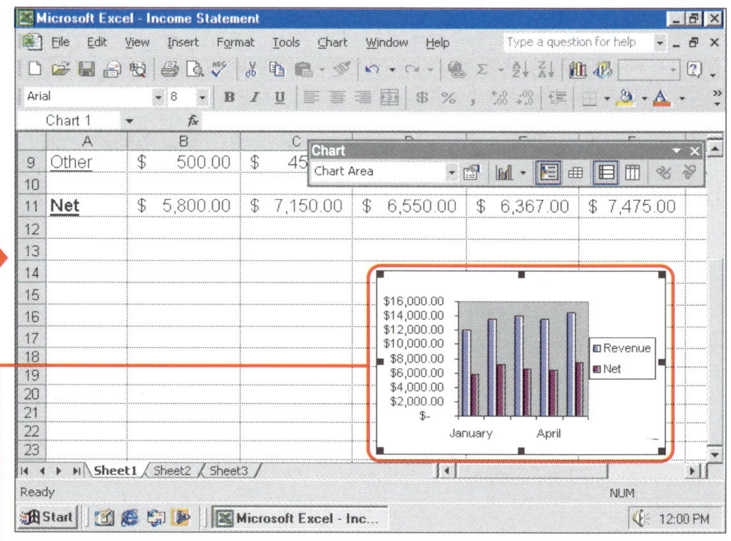

1 Coloque el ✥ del mouse sobre un área en blanco del gráfico que desea mover (✥ cambia a ↖).

2 Arrastre el gráfico a la nueva localización en su hoja de trabajo.

■ Una línea indicará donde aparecerá el nuevo gráfico.

■ El gráfico aparece en la nueva localización.

¿Cuál cuadrado (■) debo usar para cambiar el tamaño de un gráfico?

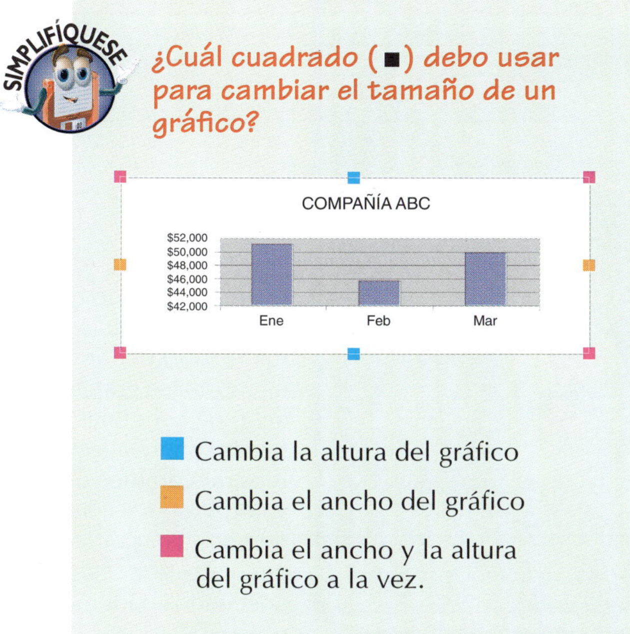

■ Cambia la altura del gráfico

■ Cambia el ancho del gráfico

■ Cambia el ancho y la altura del gráfico a la vez.

¿Puedo mover ítemes individuales del gráfico?

Sí. Puede mover el título del gráfico, el título de un eje o la leyenda a una nueva localización del gráfico, coloque el ⊳ del mouse sobre el ítem. Luego, arrastre el ítem hasta la nueva localización. No puede mover un ítem fuera del área de gráficos.

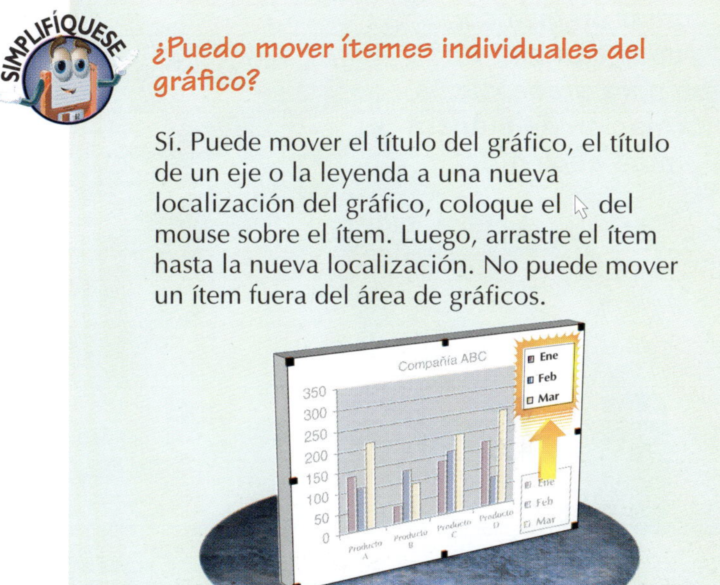

CAMBIAR EL TAMAÑO DE UN GRÁFICO

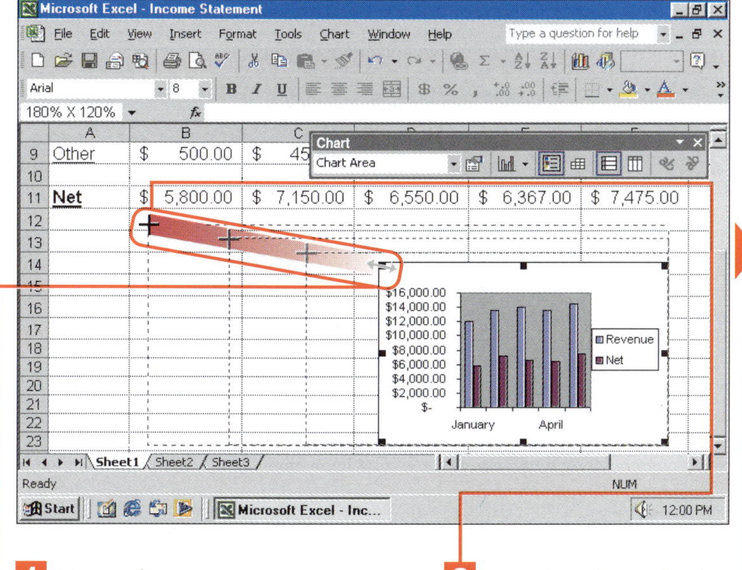

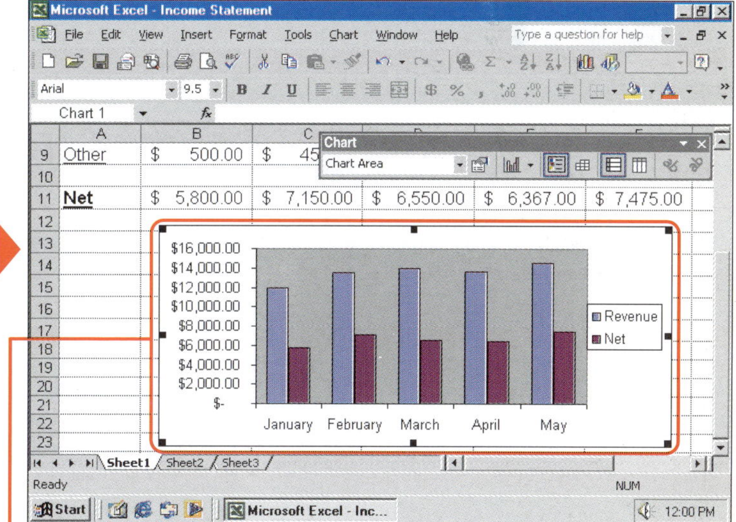

1 Haga clic en un área en blanco del gráfico al que le desea cambiar el tamaño. Unos cuadrados (■) aparecerán alrededor del gráfico.

2 Coloque el ⊳ del mouse sobre uno de los cuadrados (⊳ cambia a ↘, ↗, ↔ o ↕).

3 Arrastre el cuadrado hasta que el gráfico alcance el tamaño deseado.

■ Una línea muestra el nuevo tamaño.

■ El gráfico aparece con su nuevo tamaño.

El tipo de gráfico que debe usar depende de su información. Por ejemplo, los gráficos de área, de columnas y de líneas son ideales para mostrar cambios de valores a través del tiempo. Los gráficos circulares son los adecuados para mostrar porcentajes.

CAMBIAR EL TIPO DE GRÁFICO

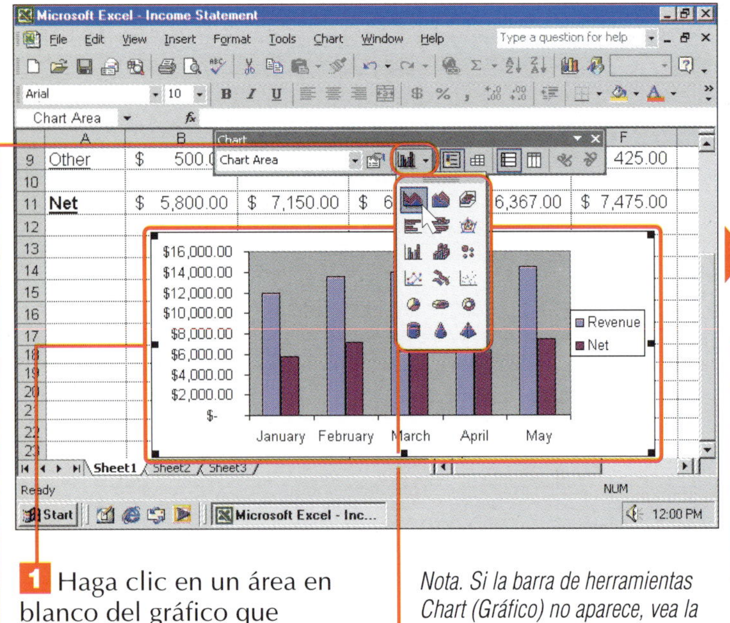

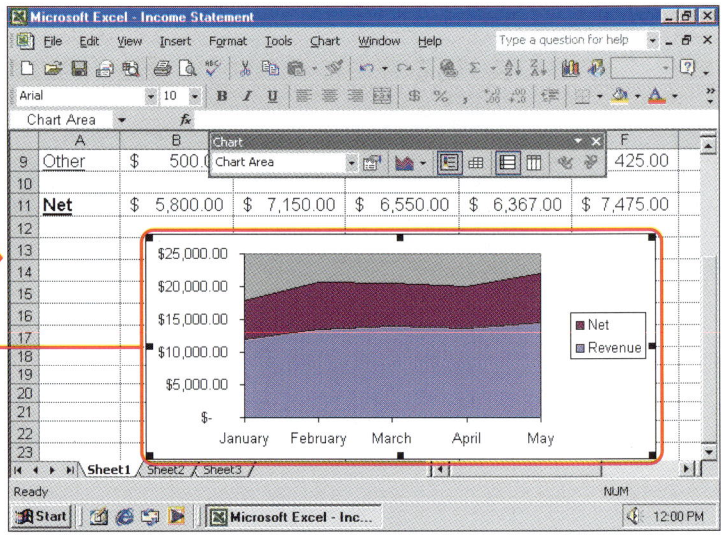

1 Haga clic en un área en blanco del gráfico que desea cambiar. Los cuadrados (■).

2 Haga clic en ▾ en esta área para mostrar los tipos de gráficos disponibles.

Nota. Si la barra de herramientas Chart (Gráfico) no aparece, vea la página 11 para mostrar la barra.

3 Haga clic en tipo de gráfico que desea usar.

■ El gráfico muestra el tipo de gráfico seleccionado.

IMPRIMIR UN GRÁFICO

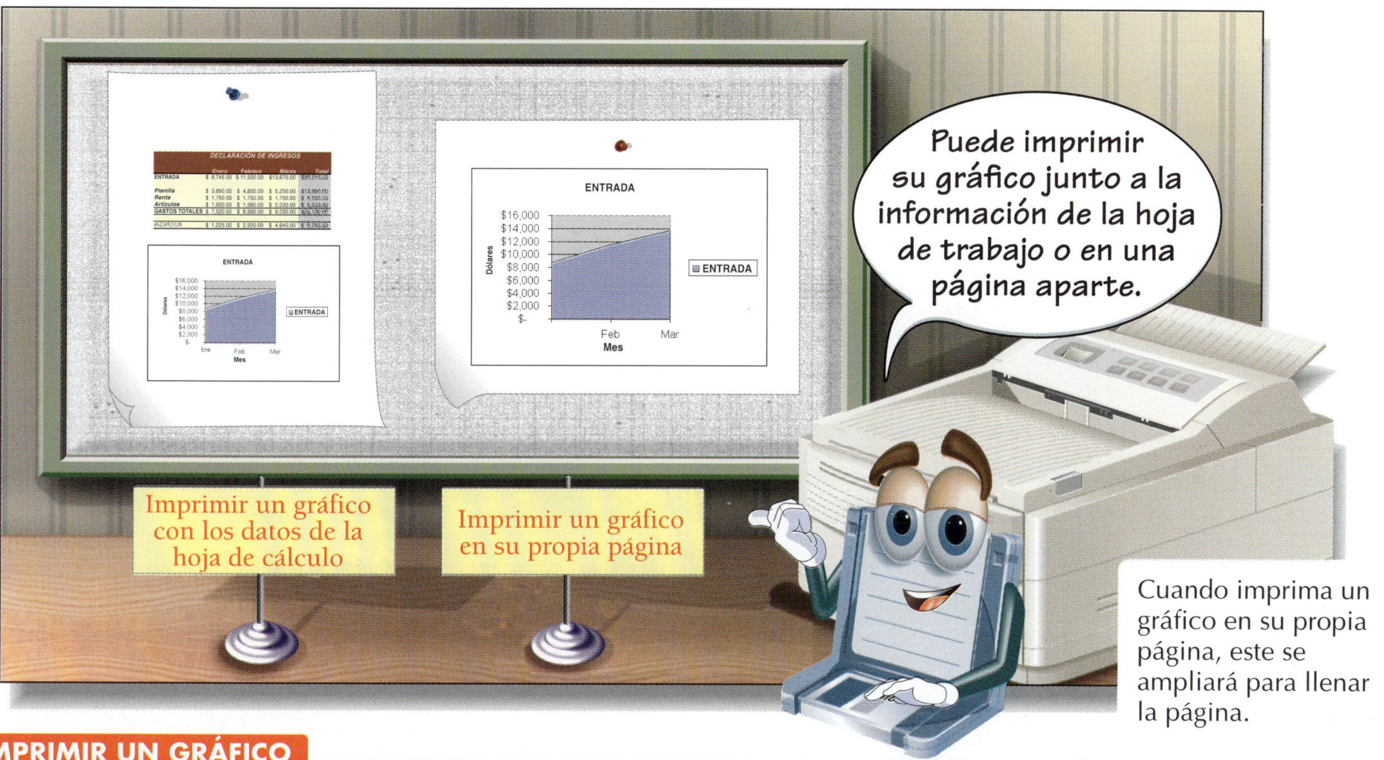

Cuando imprima un gráfico en su propia página, este se ampliará para llenar la página.

IMPRIMIR UN GRÁFICO

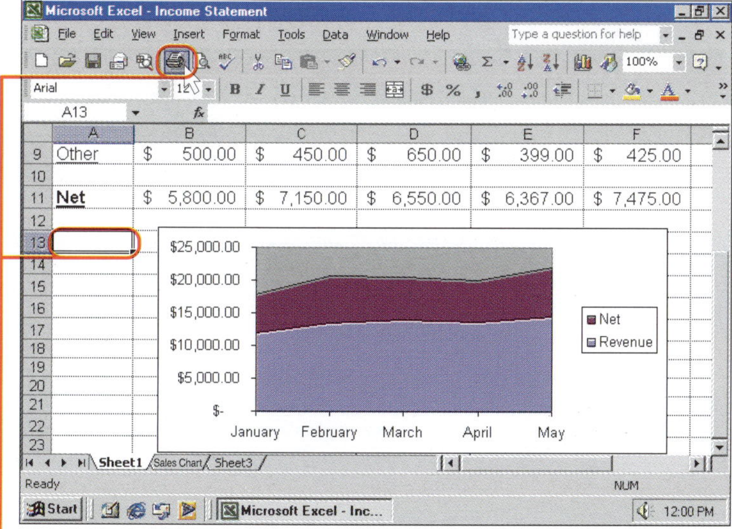

IMPRIMIR UN GRÁFICO JUNTO A LA HOJA DE TRABAJO

1 Haga clic en una celda ubicada fuera del gráfico.

2 Haga clic en 🖨 para imprimir el gráfico junto a la hoja.

Nota: Si el botón 🖨 no aparece, haga clic en 〉〉 de la barra de herramientas Standard (Estándar) para observar los botones.

IMPRIMIR UN GRÁFICO EN SU PROPIA PÁGINA

1 Para imprimir un gráfico ubicado en una hoja de trabajo, haga clic en un área en blanco de su gráfico.

■ Para imprimir un gráfico de una hoja de gráficos, haga clic en la etiqueta de la hoja del gráfico.

2 Haga clic en 🖨 para imprimir el gráfico en su propia página.

Nota: Si el botón 🖨 no aparece, haga clic en 〉〉 de la barra de herramientas Standard (Estándar)para observar los botones.

Tienda de Artículos para Autos Bill

Nosotros llevamos a cabo remodelaciones en toda clase de marcas y modelos de carro

Nuestros mecánicos ampliamente entrenados le harán a su carro el mejor trabajo para que funcione rápida y eficientemente

Vrrooooommm

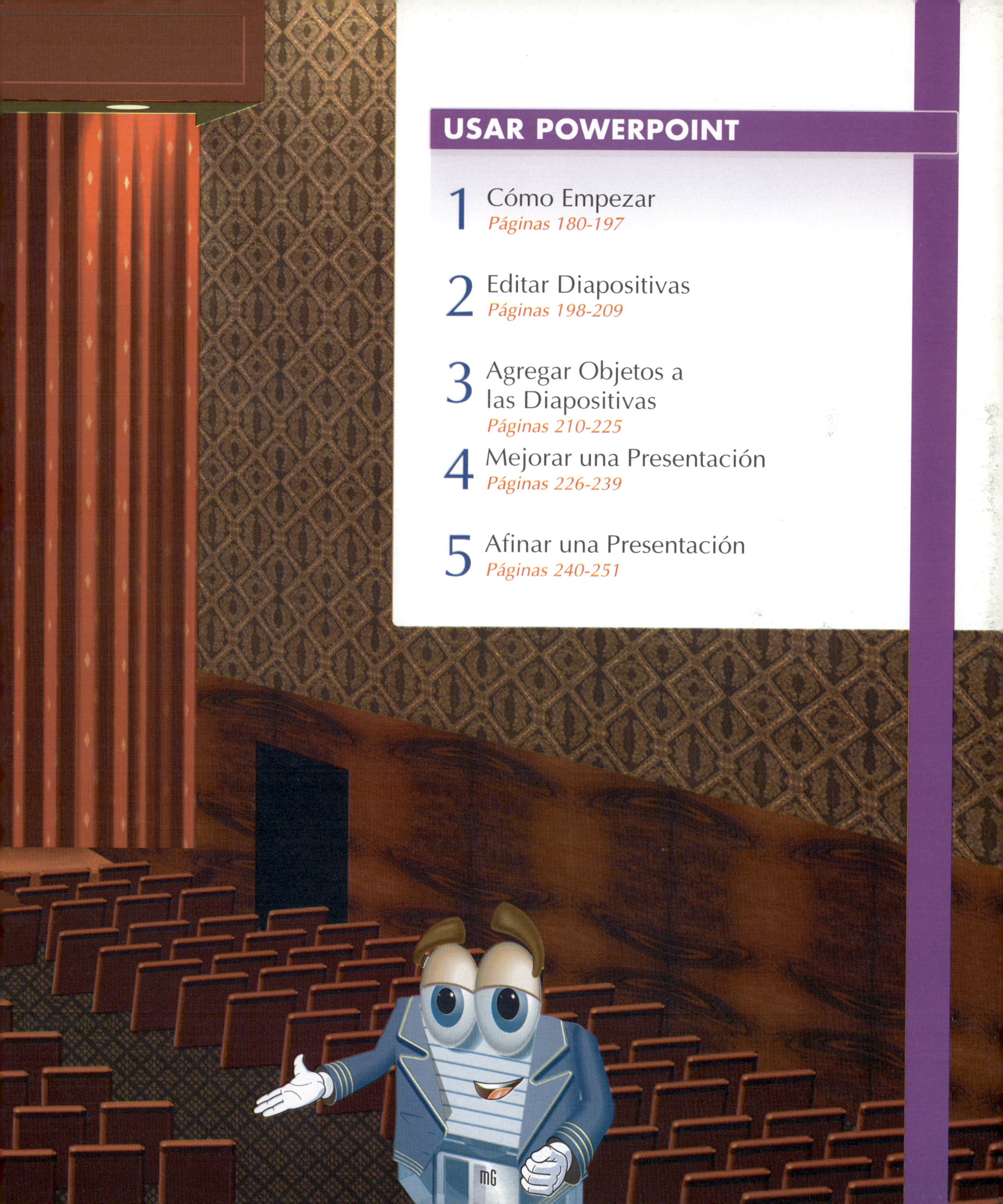
USAR POWERPOINT

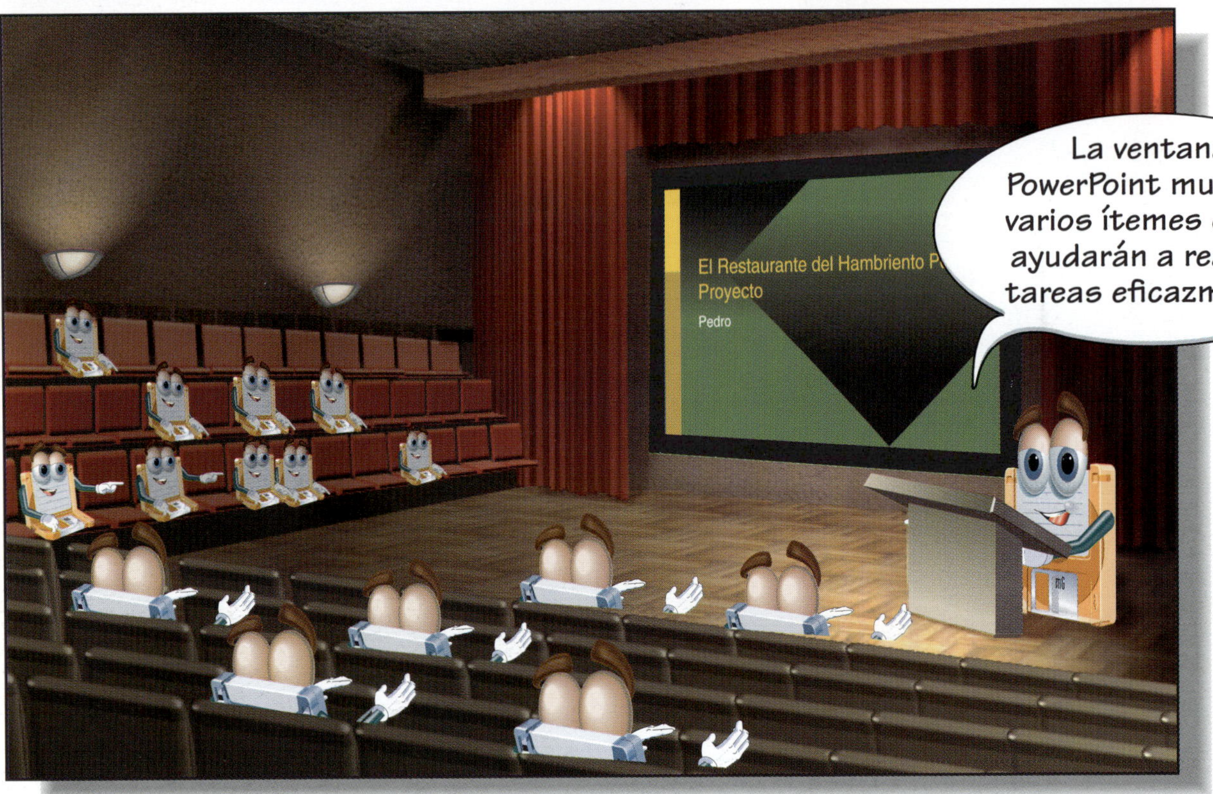

Crear y Editar una Presentación

Puede usar el Asistente para autocontenido de PowerPoint para crear rápidamente una presentación o diseñar la presentación de una en una diapositiva. Entonces puede agregar, suprimir y mover texto en la presentación y revisar si hay errores ortográficos.

Mejorar una Presentación

Puede enfatizar el texto de una diapositiva usando letra itálica, negrita o subrayada. También puede cambiar la fuente, el tamaño y el color de texto. Puede mejorar sus diapositivas añadiendo elementos como imágenes prediseñadas, autoformas, gráficos y diagramas.

Reajustar una Presentación

Si planea dar una presentación en la pantalla de un computador, puede agregar efectos especiales llamados transiciones para ayudarle a pasar de una diapositiva a otra. También puede reorganizar las diapositivas en su presentación y suprimir las que no necesita.

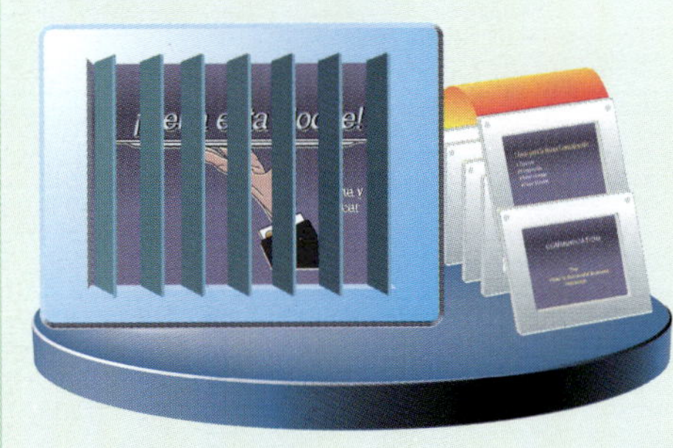

LA VENTANA DE POWERPOINT

La ventana PowerPoint muestra varios ítemes que le ayudarán a realizar tareas eficazmente.

La barra de Títulos

Muestra el nombre de la presentación exhibida.

Barra de Menú

Provee acceso a listas de órdenes disponibles en PowerPoint y muestra una área donde puede digitar una pregunta para obtener información de ayuda.

La Barra de Herramientas Standard

Contiene botones que puede usar para seleccionar órdenes comunes como Save (Guardar) y Open.

La barra de Herramientas Formatting

Contiene botones que puede usar para seleccionar órdenes comunes de formato, como negrita y subrayado.

Cuadro de Contorno y Diapositiva

Ofrece dos formas de ver las diapositivas de su presentación.

Cuadro de la Diapositiva

Exhibe la diapositiva actual.

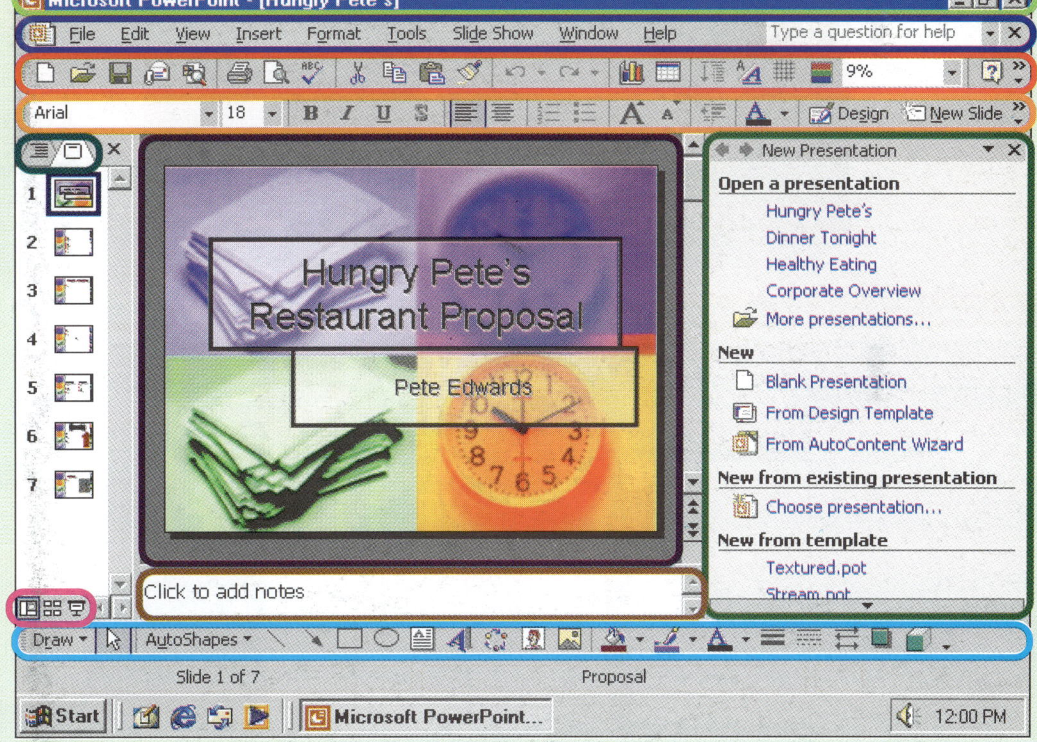

Los Botones de Vista

Permiten cambiar rápidamente la forma en que la presentación aparece en la pantalla.

Cuadro de Notas

Exhibe las notas de la diapositiva actual.

La Barra de Herramientas Drawing

Contiene botones para ayudarle a trabajar con objetos de la presentación.

El Cuadro de Tareas

Contiene vínculos que puede seleccionar para realizar tareas comunes, como abrir o crear una presentación.

CREAR UNA PRESENTACIÓN USANDO EL ASISTENTE DE AUTOCONTENIDOS

USAR EL ASISTENTE DE AUTOCONTENIDOS

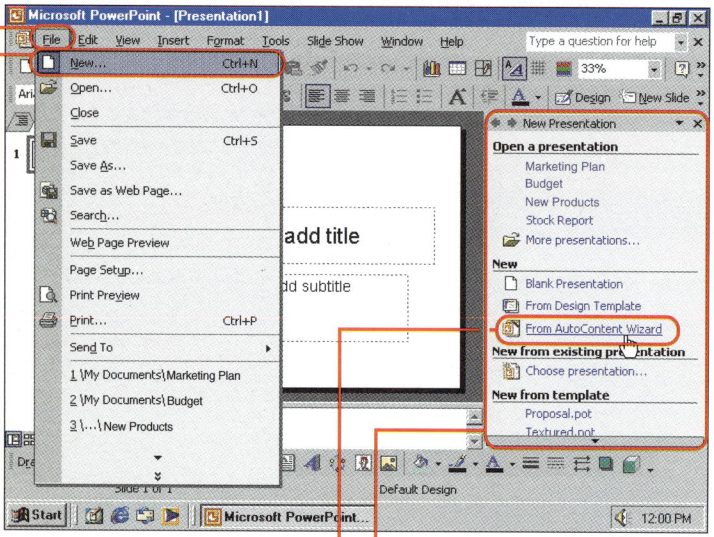

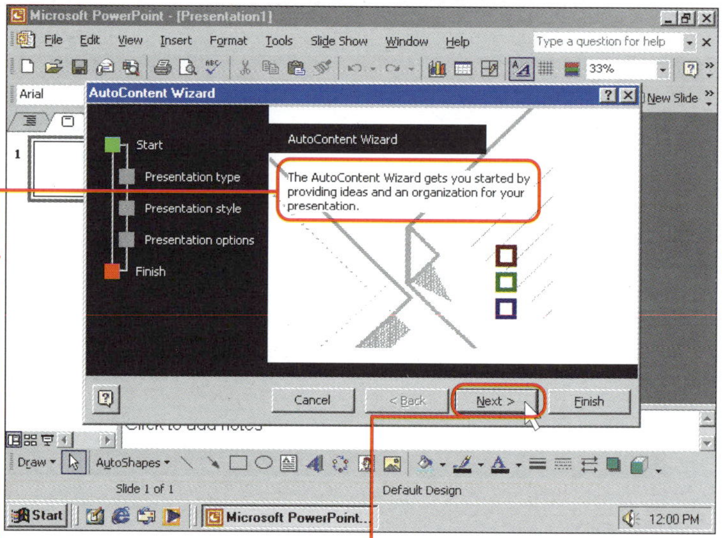

1 Haga clic en **File** (Archivo).

2 Haga clic en **New** (Nuevo).

■ El panel de tarea New Presentation (Nueva presentación) aparece.

3 Haga clic en **From AutoContent Wizard** Asistente de autocontenido para crear una presentación nueva usando ese asistente.

■ El Asistente de autocontenido aparece.

■ Esta área describe al asistente.

*Nota: El Asistente de Office también puede aparecer. Haga clic en **No** para eliminar el Asistente de Office de la pantalla.*

4 Haga clic en **Next** para empezar a crear la presentación.

¿Por qué apareció una ventana de diálogo después de que seleccioné una presentación en el Asistente de autocontenidos?

Una ventana de diálogo aparece si la presentación que seleccionó no estaba instalada en su computadora. Inserte el disco de CD-ROM que usó para instalar Office XP en la unidad de CD ROM y, luego, haga clic en **Yes** (Sí) para instalar la presentación.

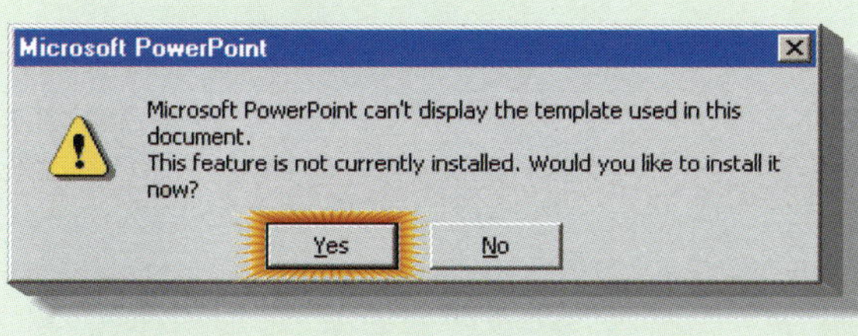

¿Hay otra forma de crear una presentación?

Si desea diseñar su presentación sin usar el contenido que PowerPoint sugiere, entonces puede crear una presentación en blanco. Crear una presentación en blanco le permite crear y diseñar cada diapositiva individualmente. Para crear una presentación en blanco, vea la página 186.

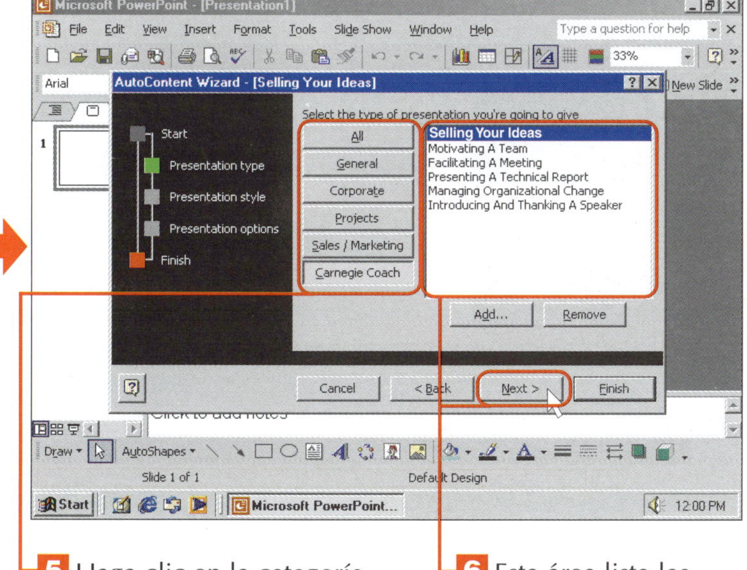

5 Haga clic en la categoría que mejor describa el tipo de presentación que desea crear.

*Nota: Si no está seguro de cuál categoría seleccionar, haga clic en **All** (Todo) para observar todas las presentaciones disponibles.*

6 Esta área lista las presentaciones de la categoría que seleccionó. Haga clic en la presentación que mejor satisfaga sus necesidades.

7 Haga clic en **Next** para continuar.

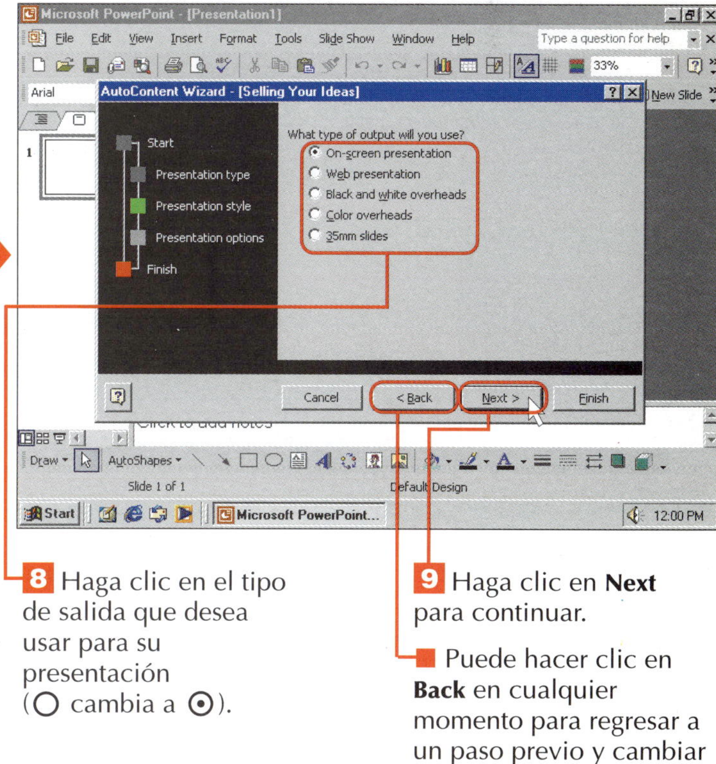

8 Haga clic en el tipo de salida que desea usar para su presentación (○ cambia a ⊙).

9 Haga clic en **Next** para continuar.

■ Puede hacer clic en **Back** en cualquier momento para regresar a un paso previo y cambiar sus respuestas.

CONTINÚA ▶

CREAR UNA PRESENTACIÓN USANDO EL ASISTENTE DE AUTOCONTENIDOS

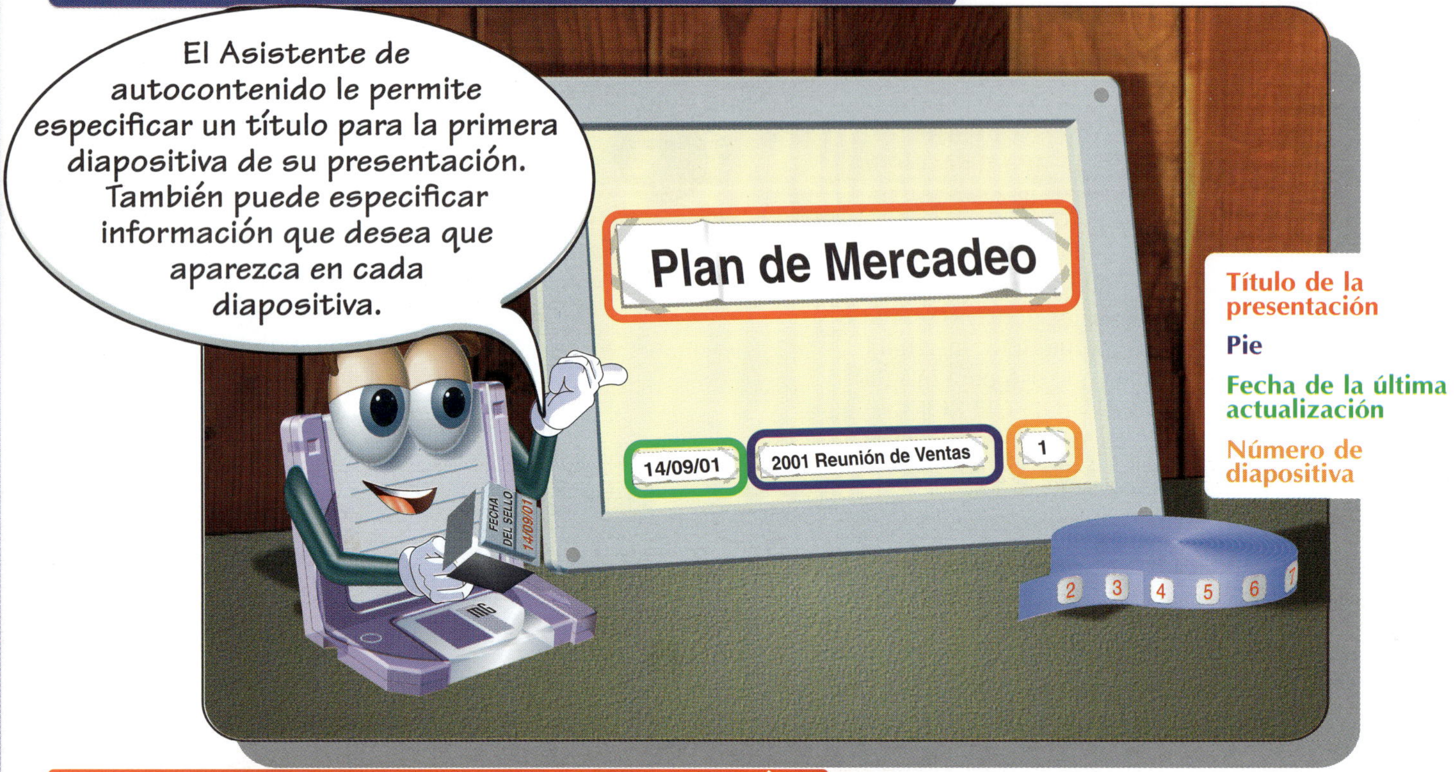

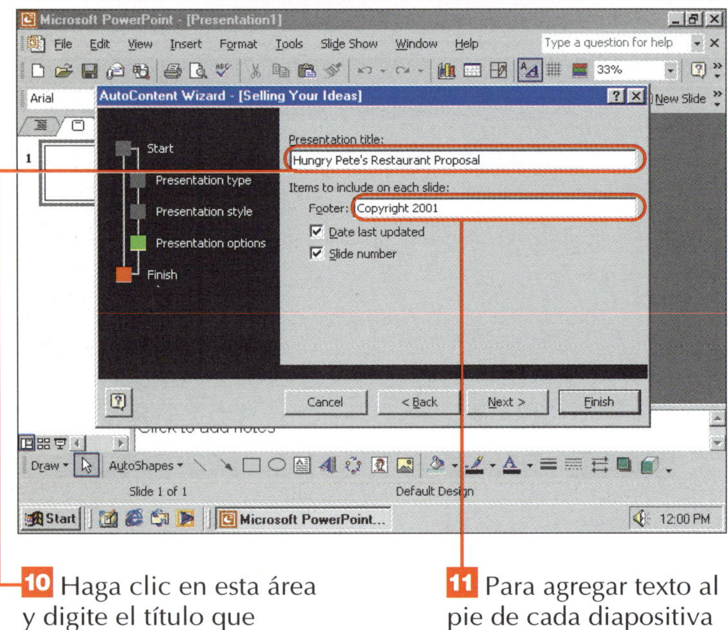

USAR EL ASISTENTE DE AUTOCONTENIDOS (CONTINÚA)

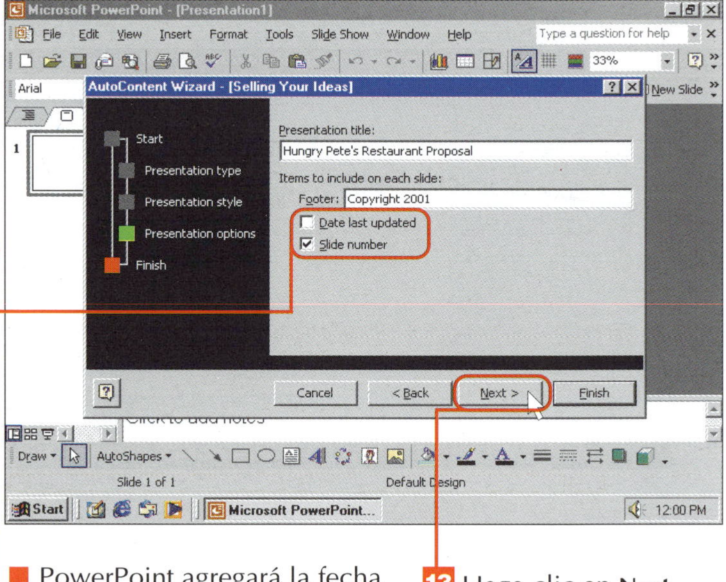

10 Haga clic en esta área y digite el título que desea que aparezca en la primera diapositiva de su presentación.

11 Para agregar texto al pie de cada diapositiva de la presentación, haga clic en esta área y luego digite el texto.

■ PowerPoint agregará la fecha actual y el número de la diapositiva en cada diapositiva de su presentación.

12 Si no desea agregar la fecha actual o el número de la diapositiva, haga clic en la opción indicando que no lo quiere agregar (☑ cambia a ☐).

13 Haga clic en **Next** para continuar.

¿Cómo reemplazo el texto de muestra que PowerPoint proporciona?

Para reemplazar el texto de muestra, arrastre el mouse I sobre el texto para seleccionarlo y luego digite el texto nuevo que desee usar.

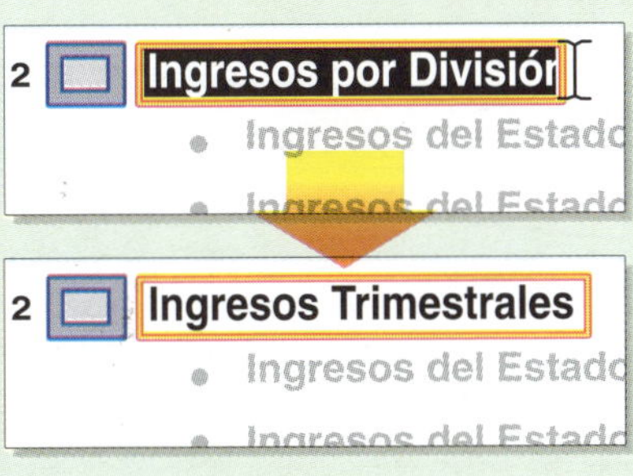

¿Puedo cambiar el diseño de la presentación que creé usando el Asistente de Autocontenidos?

El diseño que PowerPoint usa para la presentación depende del tipo de presentación que seleccionó en el Asistente de autocontenido. Puede cambiar el diseño de la presentación para darle a esta una apariencia nueva. Para cambiar el diseño, vea la página 232.

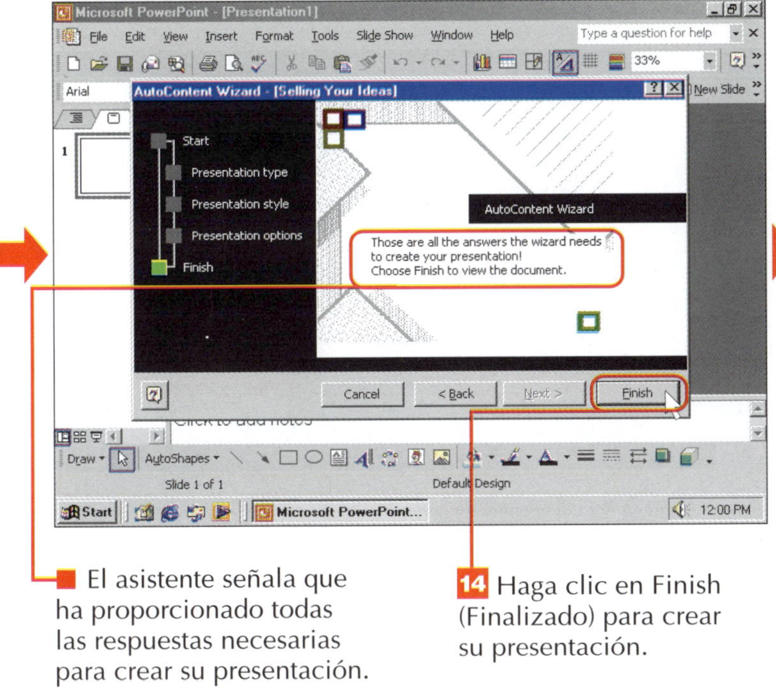

■ El asistente señala que ha proporcionado todas las respuestas necesarias para crear su presentación.

14 Haga clic en Finish (Finalizado) para crear su presentación.

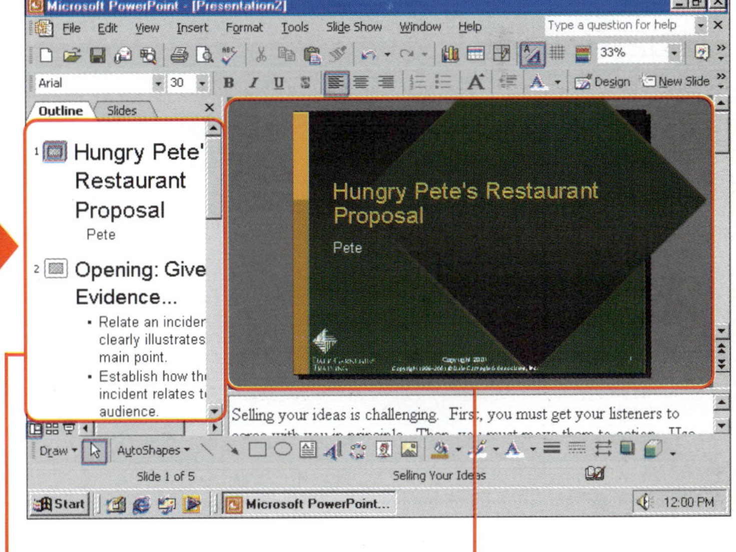

■ Esta área despliega el texto de muestra que PowerPoint proporciona para cada diapositiva de la presentación. Puede reemplazar el texto de muestra con su texto. Para más información, vea la parte superior de esta página.

■ Este área muestra la diapositiva actual.

CREAR UNA PRESENTACIÓN EN BLANCO

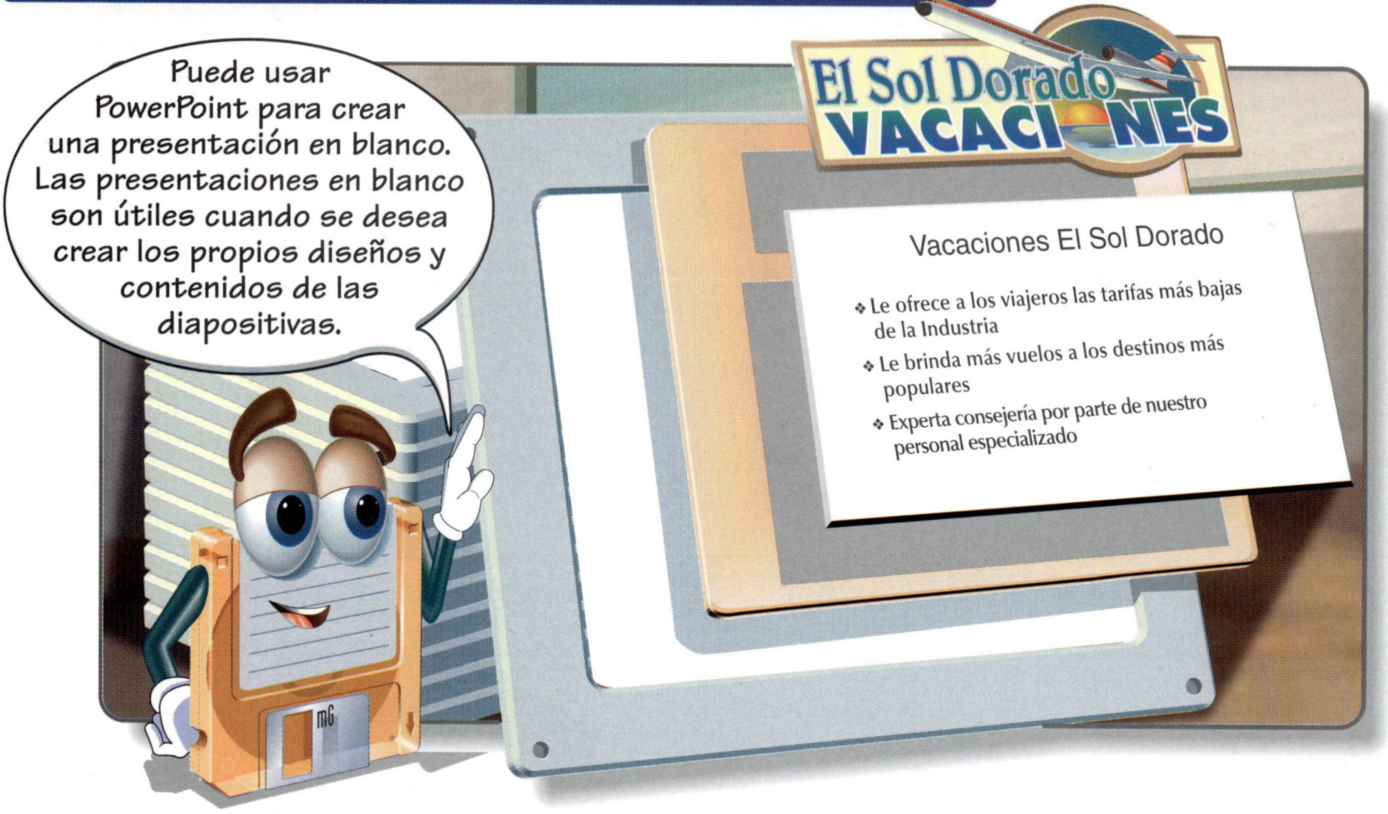

CREAR UNA PRESENTACIÓN EN BLANCO

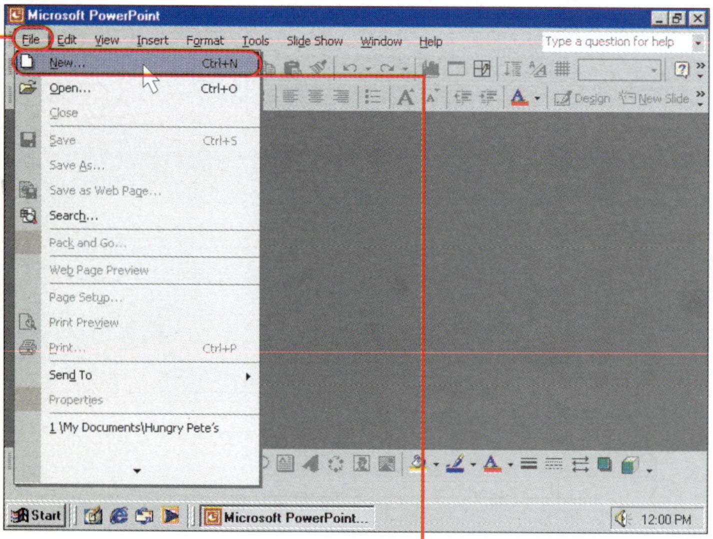

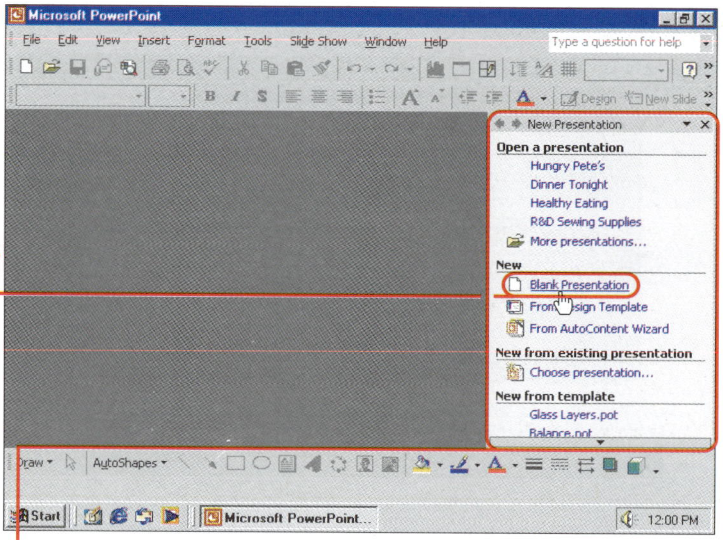

1 Haga clic en **File** (Archivo).

2 Haga clic en **New** (Nuevo).

■ El panel de tareas New Presentation (Nueva presentación) aparece.

3 Haga clic en **Blank Presentation** (Presentación en blanco).

■ PowerPoint crea una presentación en blanco.

PowerPoint creó sólo una diapositiva en mi presentación. ¿Qué anda mal?

Cuando crea una presentación en blanco, PowerPoint crea solo la primera diapositiva. Puede agregar diapositivas adicionales a su presentación cuando las necesite. Para agregar una diapositiva a su presentación, vea la página 208.

¿Cómo puedo crear rápidamente una presentación en blanco?

Al trabajar en PowerPoint, puede hacer clic en 🗋 para crear una presentación en blanco en cualquier momento.

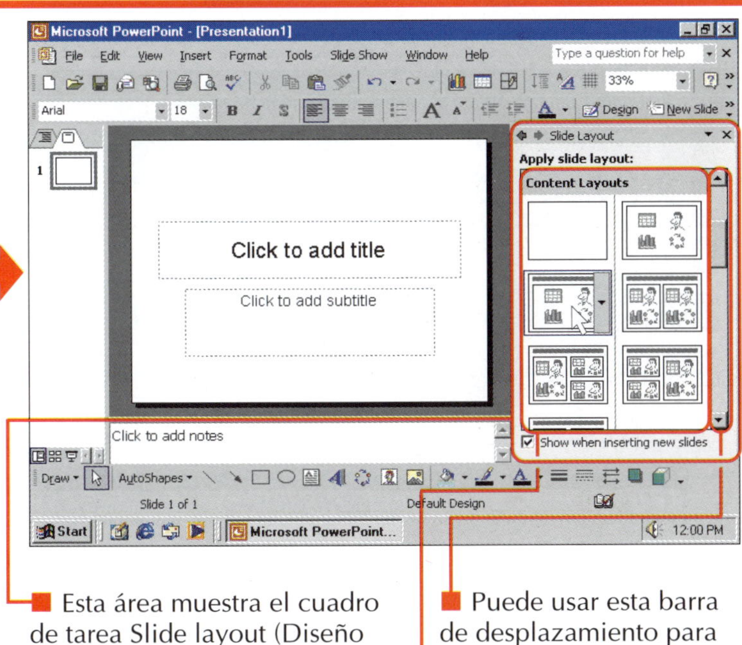

■ Esta área muestra el cuadro de tarea Slide layout (Diseño de la diapositiva), el cual se puede usar para seleccionar un diseño para la primera diapositiva de la presentación. Para información sobre los diseños de la diapositiva, vea la página 210.

■ Puede usar esta barra de desplazamiento para explorar a través de los trazados.

4 Haga clic en el diseño que desea usar.

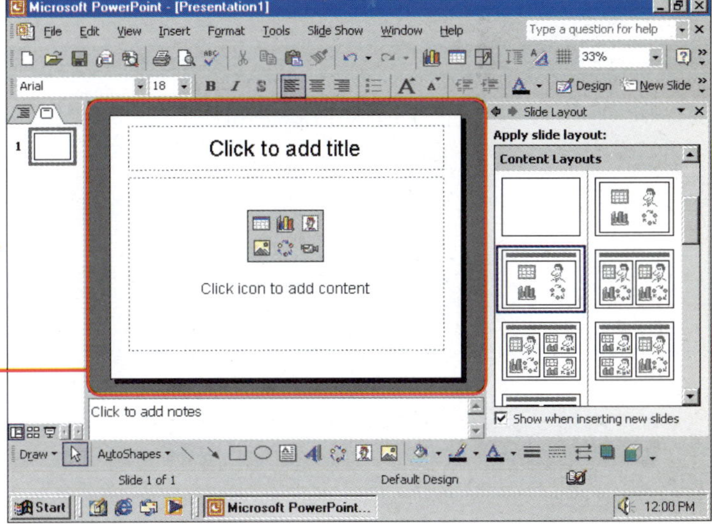

■ La diapositiva muestra el diseño que seleccionó.

■ Ahora puede agregar texto y objetos para la diapositiva. Para agregar texto, vea la página 200. Para agregar objetos, vea de la página 210 a la 223.

Cada vista muestra la misma presentación. Si hace los cambios a su presentación en una vista, las otras vistas también mostrarán los cambios.

CAMBIAR LA VISTA DE UNA PRESENTACIÓN

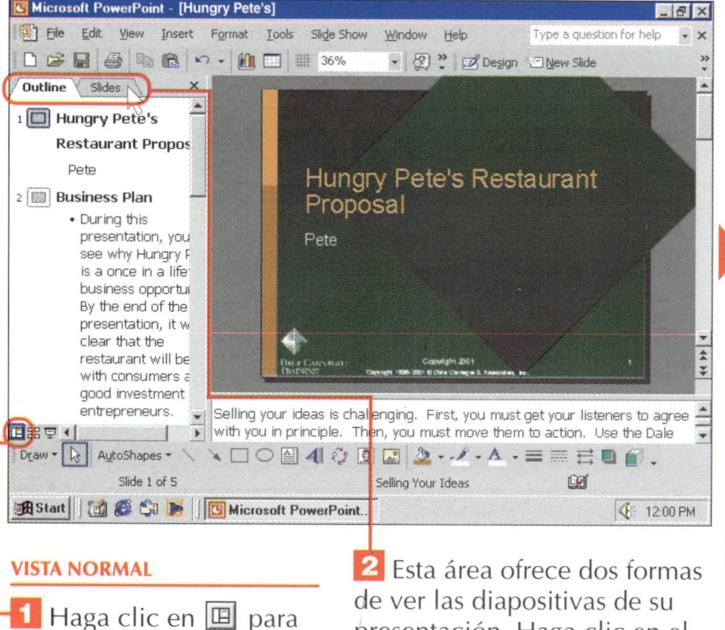

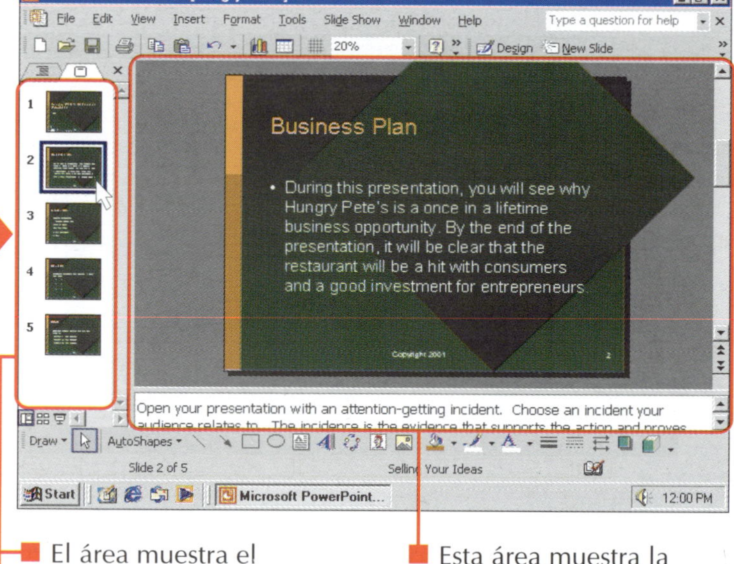

VISTA NORMAL

1 Haga clic en ⊞ para mostrar la presentación en vista Normal.

2 Esta área ofrece dos formas de ver las diapositivas de su presentación. Haga clic en el método que desea usar.

Outline (Esquema) - muestra el texto de cada diapositiva.

Slides (Diapositivas) - muestra una versión en miniatura de cada diapositiva.

■ El área muestra el método que seleccionó.

3 Haga clic en una diapositiva de interés.

■ Esta área muestra la diapositiva que seleccionó y las notas del conferencista de la diapositiva. Para información sobre notas de conferencista, vea la página 246.

¿Cuándo usar cada vista?

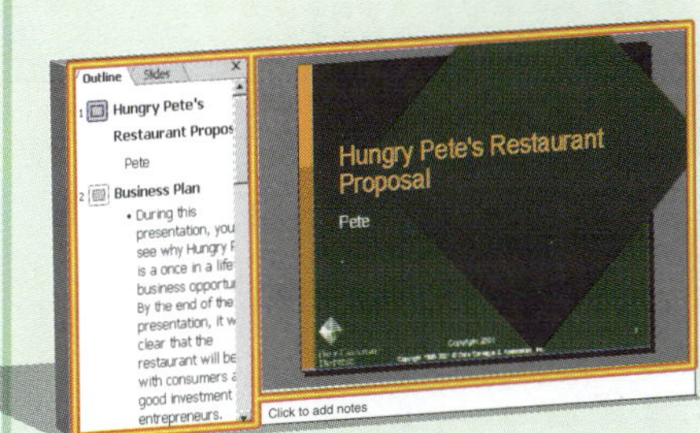

Vista normal

Útil para crear y revisar su presentación. Esta vista le permite ver partes diferentes de la presentación, como la diapositiva actual y sus notas, en una sola pantalla.

Vista Clasificador de diapositivas

Útil para reorganizar y suprimir diapositivas. Esta vista le permite ver la organización completa de la presentación.

Vista Presentación

Útil para ver con antelación la presentación. Esta vista le permite ver cómo verá su audiencia la presentación.

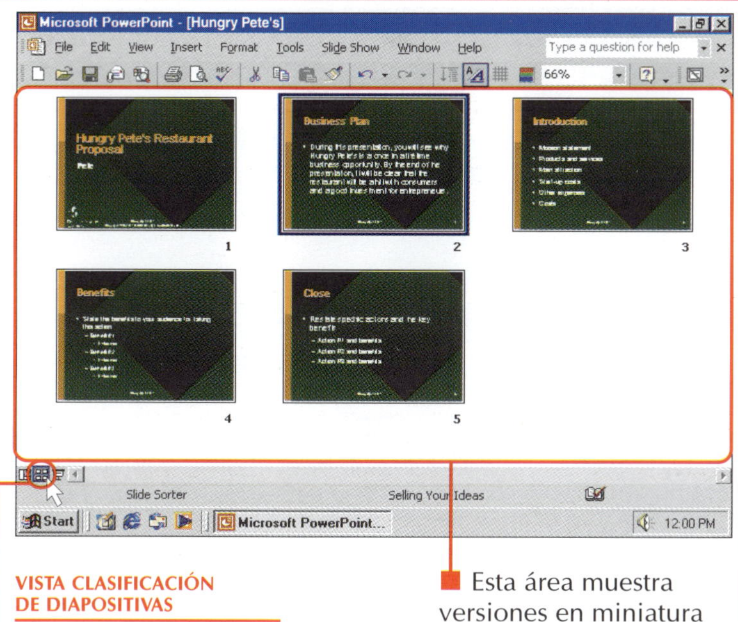

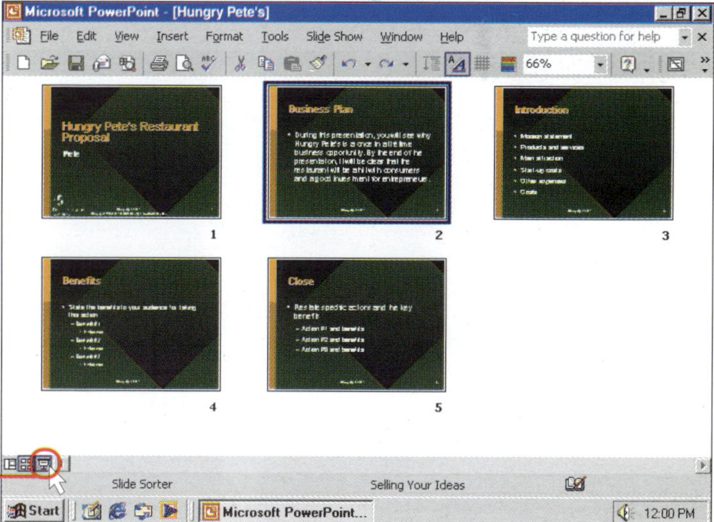

VISTA CLASIFICACIÓN DE DIAPOSITIVAS

1 Haga clic en 🔲 para observar la presentación en la vista Clasificador de diapositivas.

■ Esta área muestra versiones en miniatura de todas las diapositivas de su presentación.

VISTA MOSTRAR DIAPOSITIVAS

1 Haga clic en 🖵 para exhibir su presentación en la vista de Presentación.

■ Una versión en pantalla completa de la diapositiva actual aparecerá. Puede moverse a través de las diapositivas en su presentación para ver su exhibición entera de las diapositivas. Para información sobre ver una exhibición de diapositivas, vea la página 244.

EXAMINAR UNA PRESENTACIÓN

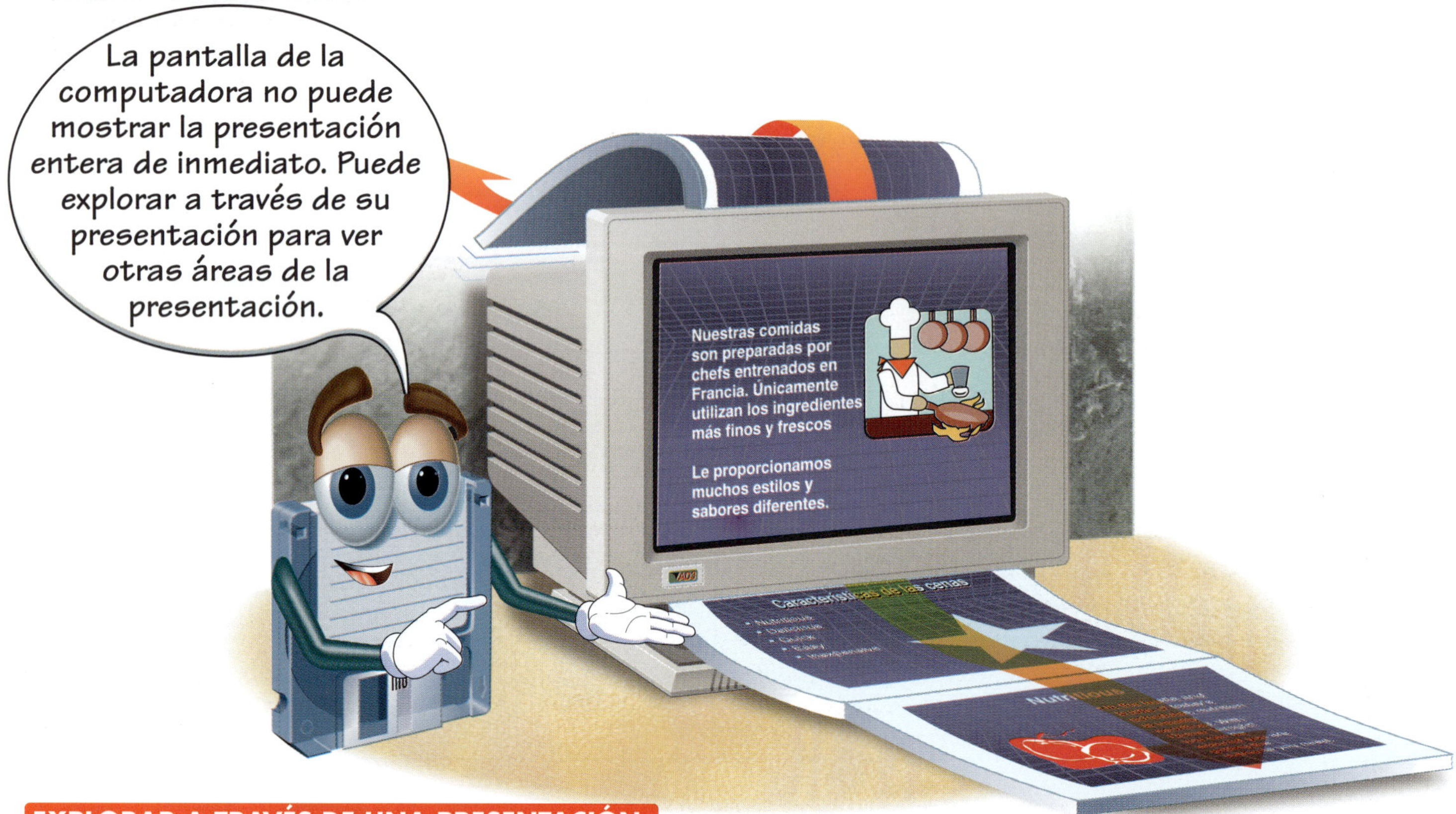

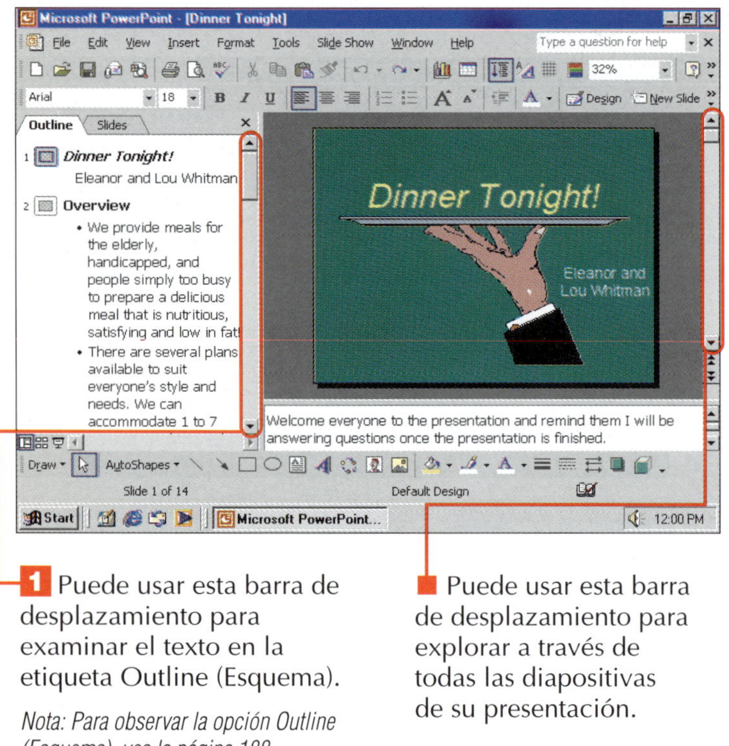

EXPLORAR A TRAVÉS DE UNA PRESENTACIÓN

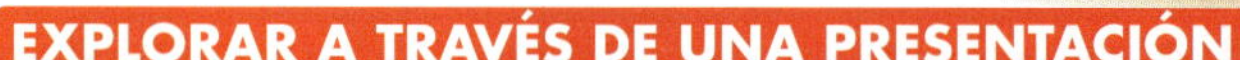

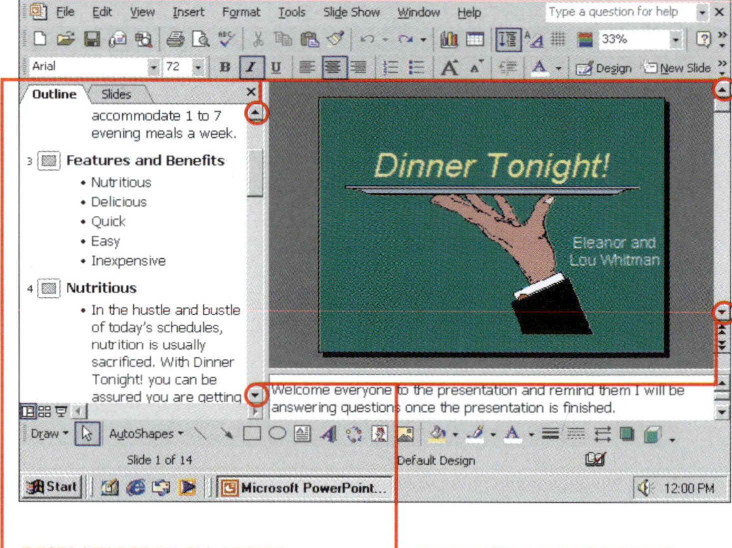

1 Puede usar esta barra de desplazamiento para examinar el texto en la etiqueta Outline (Esquema).

Nota: Para observar la opción Outline (Esquema), vea la página 188.

■ Puede usar esta barra de desplazamiento para explorar a través de todas las diapositivas de su presentación.

DESPLAZARSE HACIA ARRIBA

1 Haga clic en ▲ para desplazarse hacia arriba una línea o una diapositiva.

DESPLAZARSE HACIA ABAJO

1 Haga clic en ▼ para bajar una línea o una diapositiva.

¿Cómo puedo explorar a través de las notas de mi presentación?

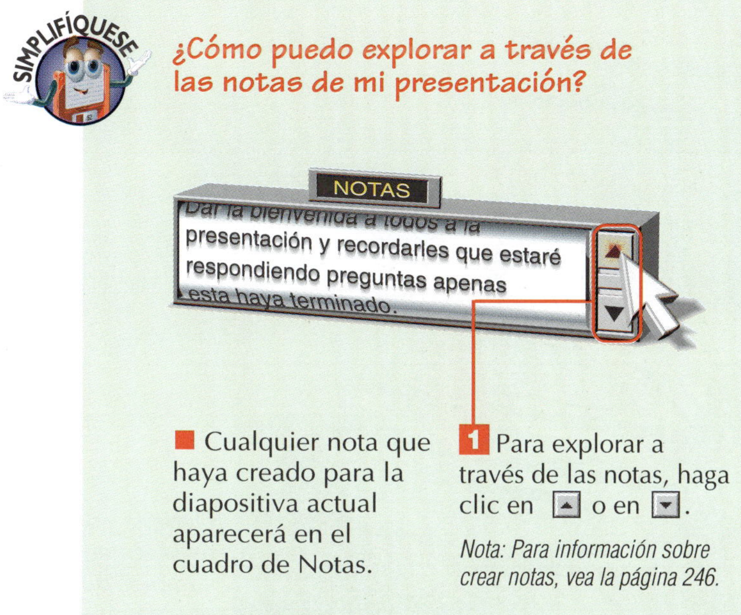

■ Cualquier nota que haya creado para la diapositiva actual aparecerá en el cuadro de Notas.

1 Para explorar a través de las notas, haga clic en [▲] o en [▼].

Nota: Para información sobre crear notas, vea la página 246.

¿Cómo uso un mouse de rueda para revisar la presentación?

Este tipo de mouse tiene una rueda entre los botones izquierdo y derecho. Moviendo esta rueda puede explorar rápidamente su presentación. El IntelliMouse de Microsoft es un ejemplo popular de un mouse de rueda.

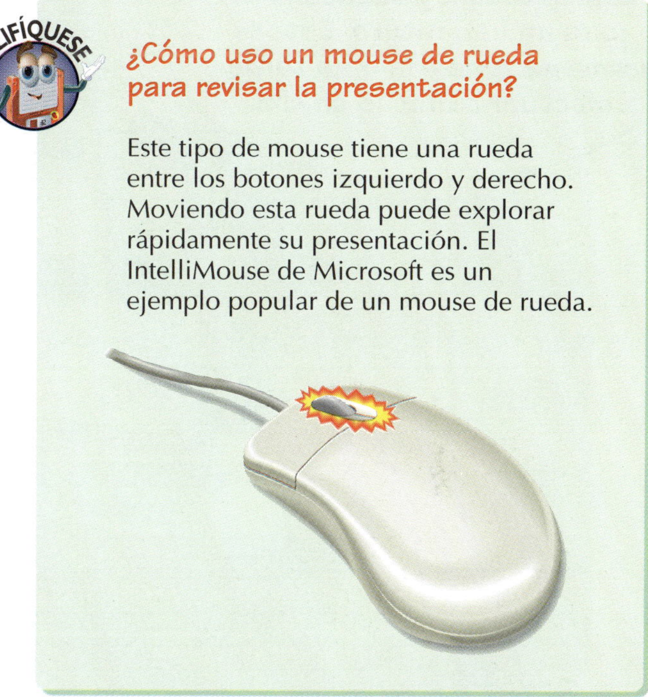

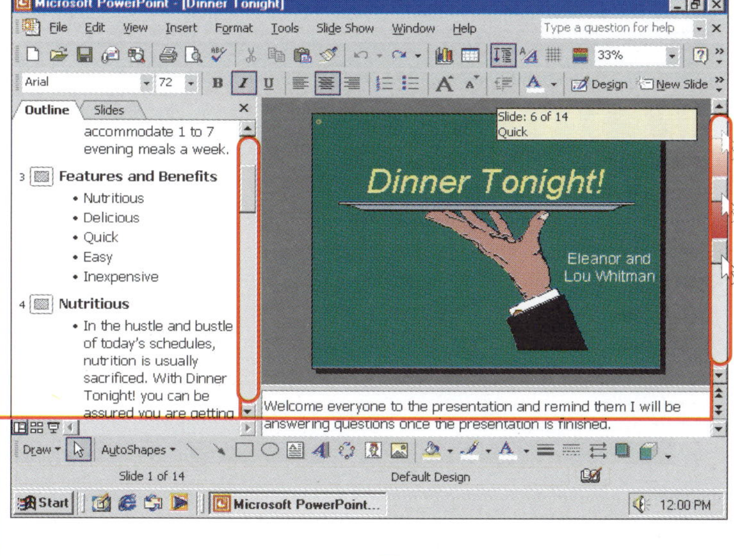

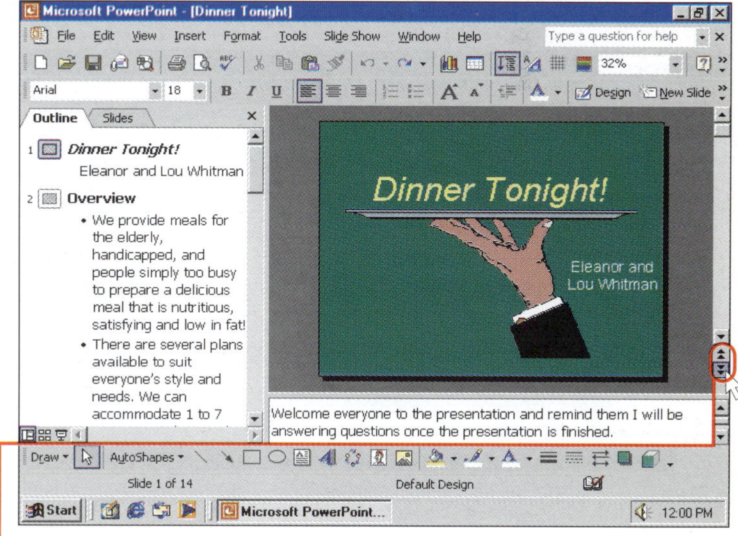

DESPLAZARSE RÁPIDAMENTE

1 Para desplazarse rápidamente a través de la presentación, arrastre el cuadro de desplazamiento a lo largo de la barra de desplazamiento.

■ La ubicación del cuadro de desplazamiento indica cuál parte de su presentación está viendo. Para ver el centro de su presentación, arrastre el cuadro de desplazamiento hasta la mitad de la barra.

MOSTRAR LA DIAPOSITIVA PREVIA O LA SIGUIENTE

1 Haga clic en uno de los siguientes botones.

[▲] Muestra la diapositiva previa

[▼] Muestra la siguiente diapositiva

GUARDAR UNA PRESENTACIÓN

Debería guardar regularmente los cambios que hace en una presentación para evitar perder su trabajo.

GUARDAR UNA PRESENTACIÓN

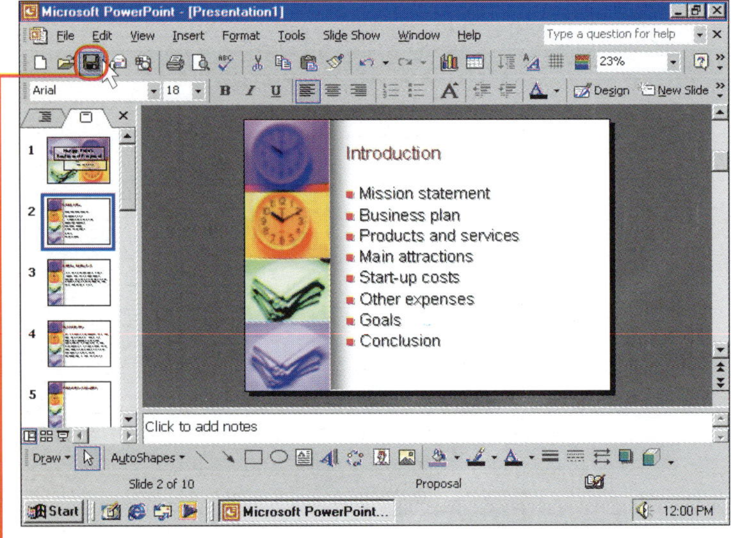

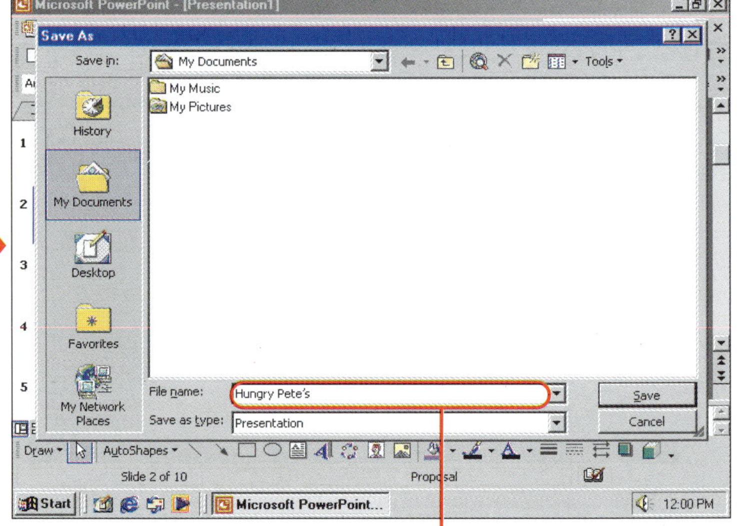

1 Haga clic en 🖫 para guardar su presentación.

Nota: Si 🖫 no aparece, haga clic en 🔽 de la barra de herramientas Standard, para observar todos los botones.

■ El cuadro de diálogo Save As (Guardar como) aparece.

Nota: Si, previamente, había guardado su presentación, la ventana de diálogo Save As (Guardar como) no aparecerá pues ya usted había puesto nombre a la presentación.

2 Digite un nombre para la presentación.

SIMPLIFÍQUESE

¿Cuáles son las localizaciones comúnmente utilizadas a que puedo acceder?

Historial

Provee acceso a las carpetas y presentaciones con las que recientemente ha trabajado.

Mis documentos

Proporciona un lugar conveniente para almacenar una presentación.

Escritorio

Le permite almacenar una presentación en el escritorio de Windows.

Favoritos

Proporciona un lugar para almacenar una presentación que use frecuentemente.

Mis lugares de red

Le permite almacenar una presentación en su red.

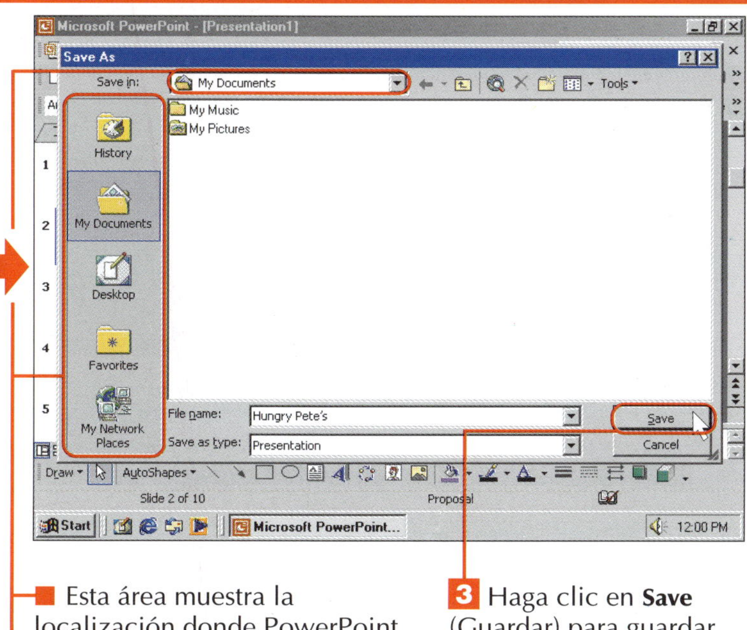

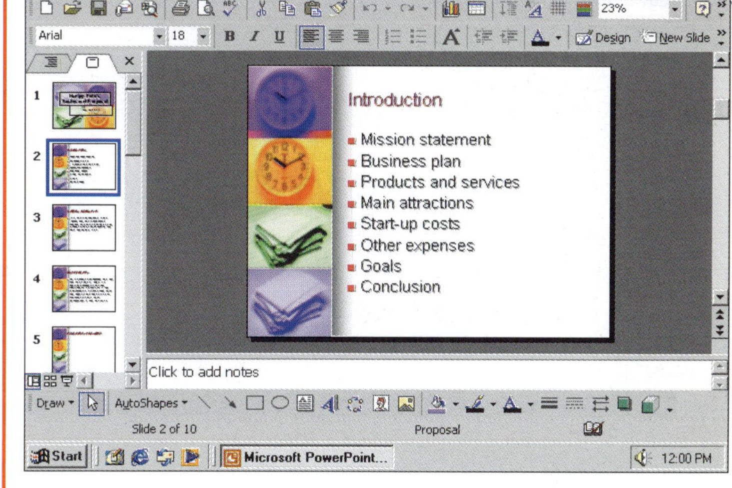

■ Esta área muestra la localización donde PowerPoint almacenará su presentación. Puede hacer clic en esta área para cambiar la localización.

■ Esta área le permite acceder a las localizaciones comúnmente usadas. Puede hacer clic en una localización para guardar su presentación en ella.

3 Haga clic en **Save** (Guardar) para guardar su presentación.

■ PowerPoint guarda su presentación.

CERRAR UNA PRESENTACIÓN

1 Cuando termine de trabajar con una presentación, haga clic en ✕ para cerrar la presentación.

■ La presentación desaparece de su pantalla.

ABRIR UNA PRESENTACIÓN

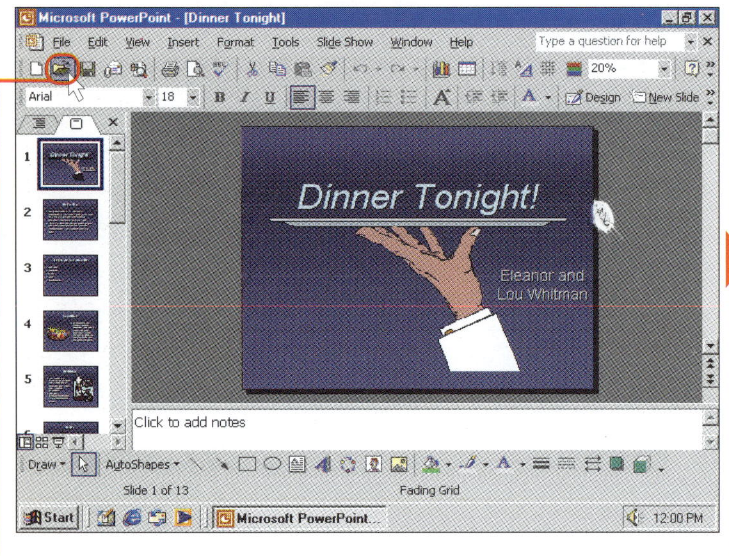

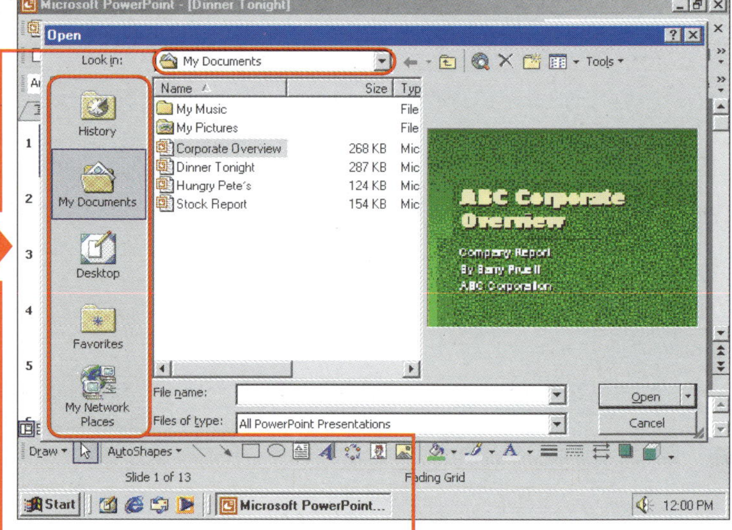

1 Haga clic en 🗁 para abrir una presentación.

Nota: Si 🗁 *no aparece, haga clic en* ⇟ *, en la barra de herramientas Standard (Estándar) para exhibir todos los botones.*

■ La ventana de diálogo Open (Abrir) aparece.

■ Esta área muestra la localización de las presentaciones observadas. Puede hacer clic en esta área para cambiar la localización.

■ Esta área le permite acceder a las presentaciones ubicadas en los sitios más usuales. Puede hacer clic en un sitio para observar las presentaciones almacenadas en él.

Nota: Para información sobre las más usados, vea la parte superior de la página 193.

¿Cómo puedo abrir rápidamente una presentación en la que haya trabajado recientemente?

PowerPoint recuerda los nombres de las últimas cuatro presentaciones con las que haya trabajado. Puede usar uno de los siguientes métodos para abrir rápidamente cualquier presentación.

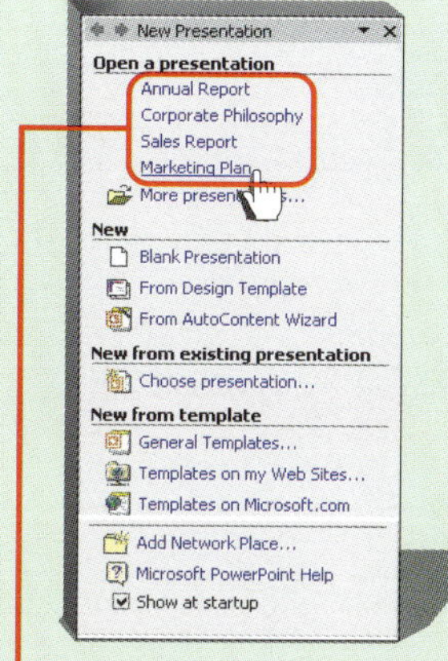

Usar el panel de tareas

El panel de Tareas New Presentation (Nueva presentación) aparece cada vez que inicia PowerPoint. Para observar el cuadro de tarea New Presentation (Nueva presentación), vea la página 12.

1 Haga clic en el nombre de la presentación que desea abrir.

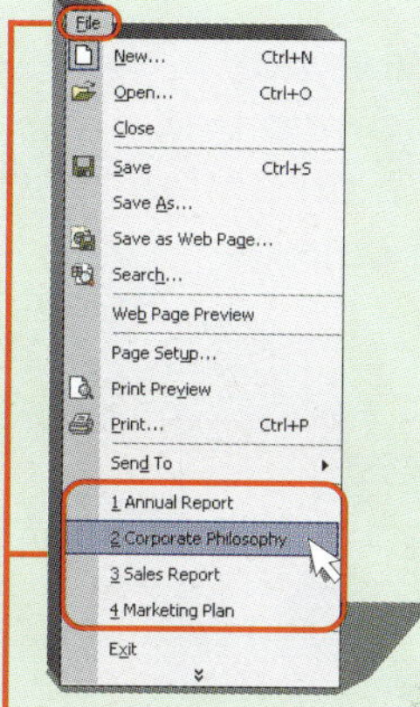

Usar el Menú de Archivo

1 Haga clic en **File** (Archivo).

2 Haga clic en el nombre de la presentación que desea abrir

Nota: Si los nombres de las últimas cuatro presentaciones con las que ha trabajado no aparecen, coloque el mouse sobre la parte inferior del menú para observar todos los nombres.

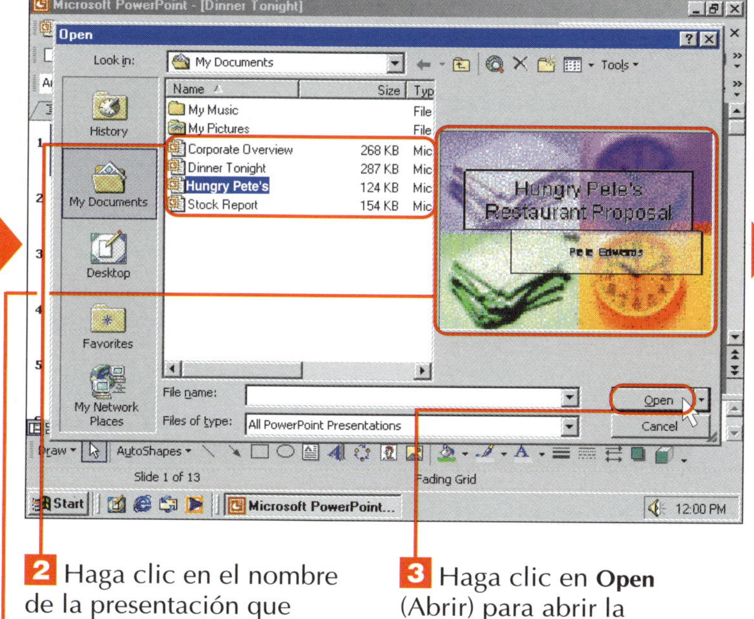

2 Haga clic en el nombre de la presentación que desea abrir.

■ Esta área muestra la primera diapositiva de la presentación que seleccionó.

3 Haga clic en **Open** (Abrir) para abrir la presentación.

■ La presentación se abre y aparece en su pantalla. Ahora puede revisar y puede efectuar cambios en la presentación.

■ Este área muestra el nombre de la presentación abierta.

■ Si ya tenía una presentación abierta, la nueva aparece en una ventana nueva de Microsoft PowerPoint. Puede hacer clic en los botones de la barra de tareas para cambiar entre las presentaciones abiertas.

Antes de que pueda enviar por correo electrónico una presentación, Microsoft Outlook debe estar instalado en su computadora.

ENVIAR UNA PRESENTACIÓN POR CORREO ELECTRÓNICO

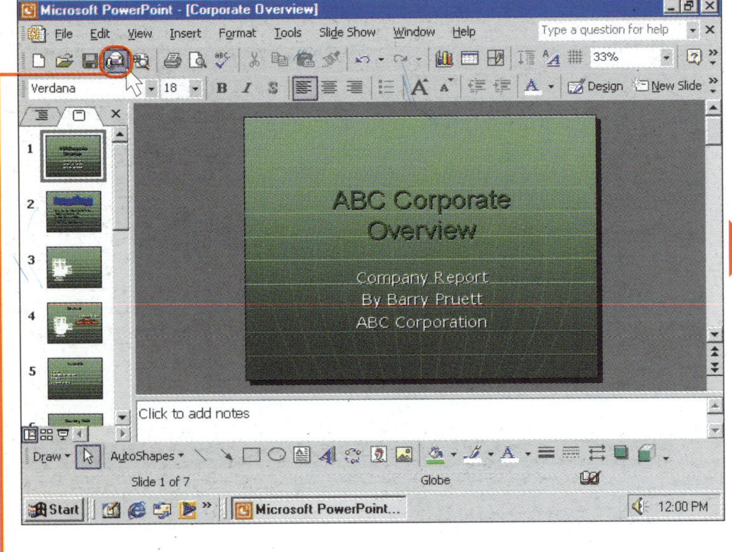

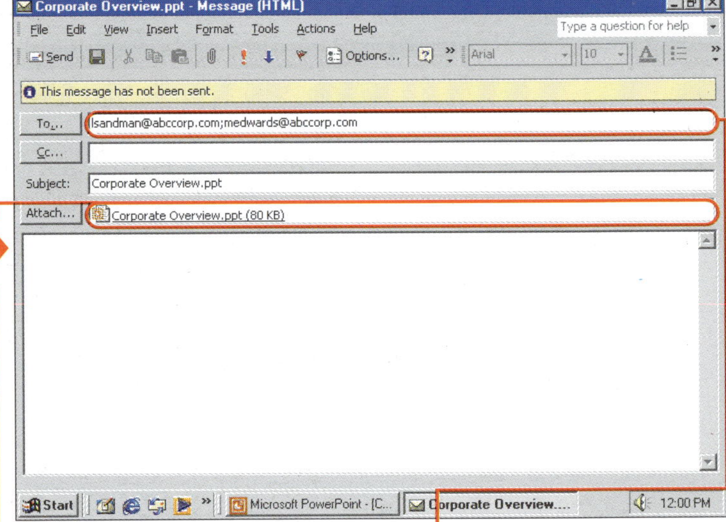

1 Haga clic en 🖂 para enviar por correo electrónico la presentación actual.

Nota: Si 🖂 no aparece, haga clic en ⁇ de la barra de herramientas Standard (Estándar) para observar todos los botones.

■ La ventana de diálogo Choose Profile (Elegir perfil) puede aparecer. Haga clic en **OK** (Aceptar) para cerrar la ventana de diálogo.

■ Una ventana aparece para el mensaje de correo electrónico.

■ Esta área muestra el nombre y el tamaño de la presentación.

2 Haga clic en esta área y digite la dirección de correo electrónico de cada persona que debe recibir el mensaje. Separe cada dirección con un punto y coma (;).

¿Cómo puedo poner la dirección en un mensaje de correo electrónico?

Para

Envía el mensaje a cada persona que usted especifica.

Con copia (C.c.)

Envía una copia del mensaje a las personas que no están directamente involucradas pero que estarían interesadas en el mensaje.

¿Por qué la persona a quién envié la presentación no puede verla?

Cuando se envía por correo electrónico una presentación, la presentación es mandada como un archivo adjunto. El destinatario debe tener PowerPoint 2000 o una versión posterior de PowerPoint instalada para abrir el archivo. Para más información sobre los archivos adjuntos, vea la página 346.

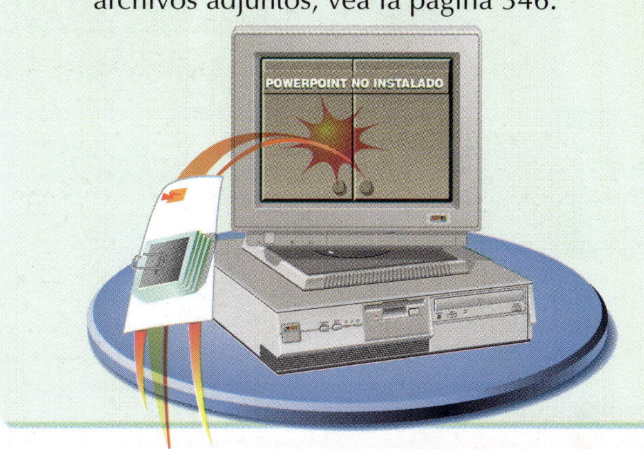

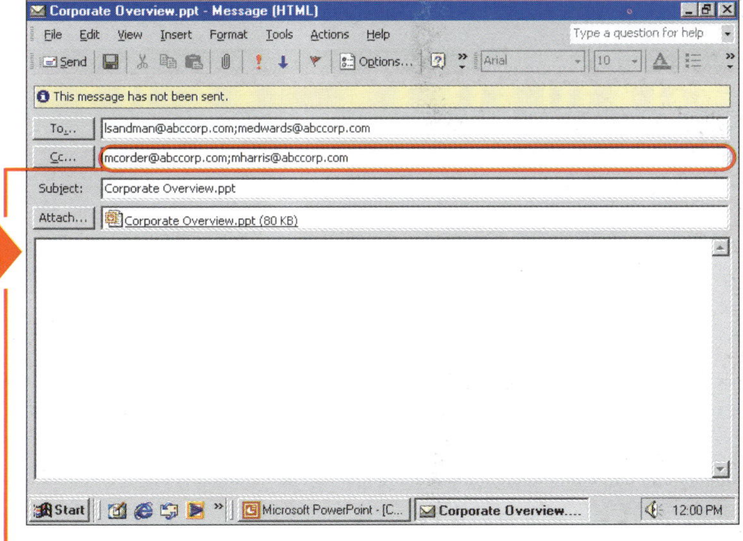

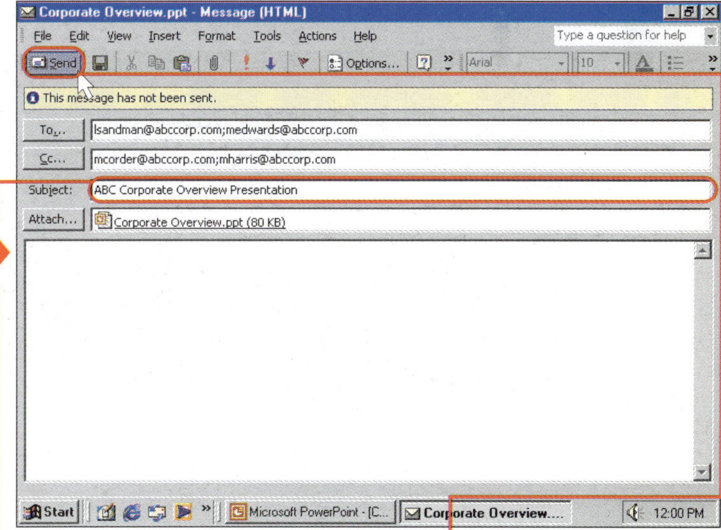

3 Para enviar una copia del mensaje, haga clic en esta área y digite la dirección de correo electrónico de cada persona a quien le desea enviar una copia. Separe cada dirección con un punto y coma (;).

4 Haga clic en esta área y digite un asunto para el mensaje.

Nota: Si un asunto ya existe, puede arrastrar el mouse I *sobre el asunto existente y digitar uno nuevo.*

5 Haga clic en **Send** (Enviar) para enviar el mensaje.

SELECCIONAR TEXTOS

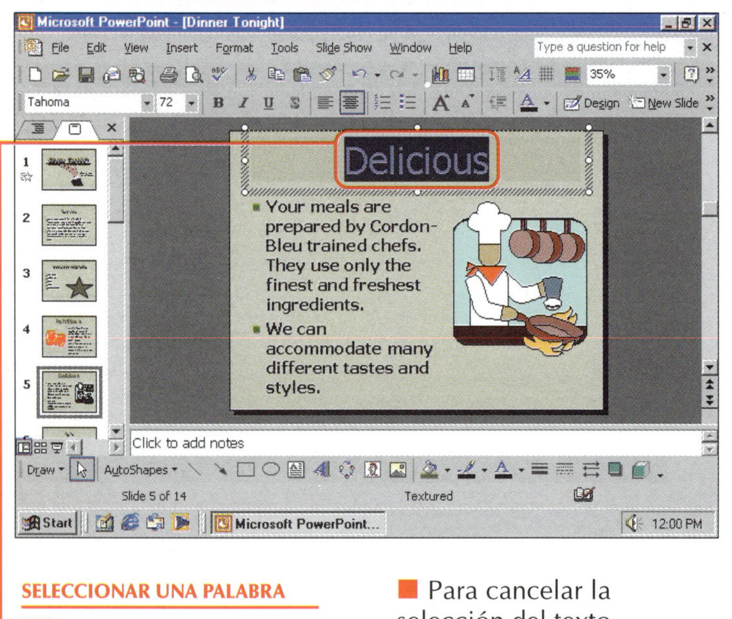

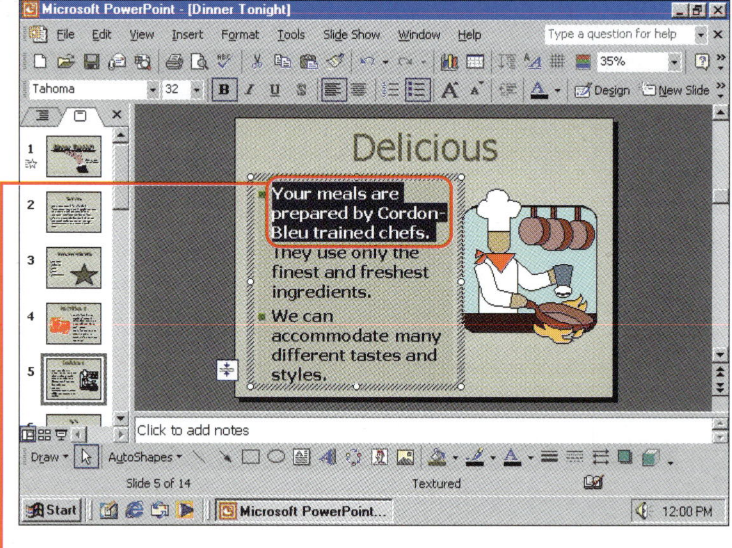

SELECCIONAR UNA PALABRA

1 Haga doble clic en la palabra que desea seleccionar.

■ Para cancelar la selección del texto, haga clic fuera del área seleccionada.

SELECCIONAR UNA ORACIÓN

1 Haga clic en la oración que desea seleccionar.

2 Presione la tecla `Ctrl` mientras hace clic de nuevo en la oración.

SIMPLIFÍQUESE

¿Hay otra manera de seleccionar el texto de mi presentación?

También puede realizar los pasos descritos abajo para seleccionar el texto de la etiqueta Outline (Esquema) de la vista Normal. La etiqueta Outline (Esquema) muestra el texto de todas las diapositivas de su presentación. Para mayor información sobre la etiqueta Outline (Esquema), vea la página 188.

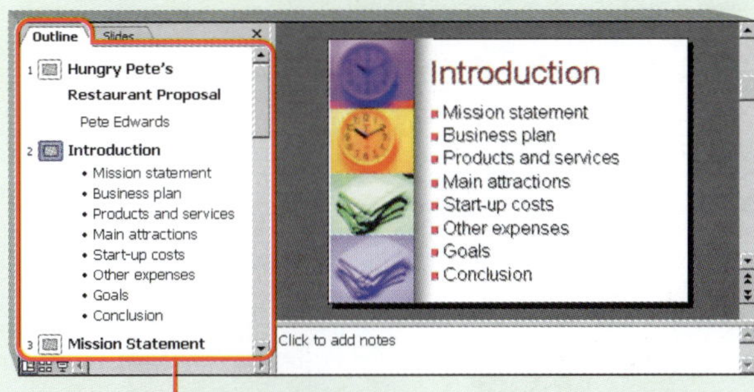

Etiqueta Outline (Esuema)

SIMPLIFÍQUESE

¿Cómo puedo seleccionar rápidamente todo el texto de una diapositiva?

You can use the Outline tab to quickly select all the text on a slide.

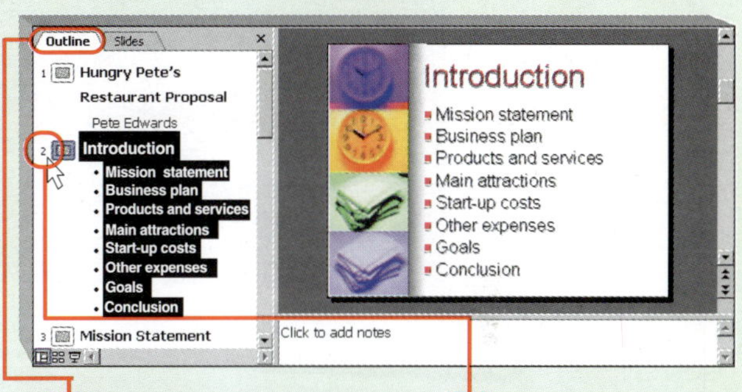

1 Haga clic en la etiqueta Outline (Esquema) ( ) para mostrar el texto de todas las diapositivas de su presentación.

2 Haga clic en el número de la diapositiva que contiene el texto que desea seleccionar.

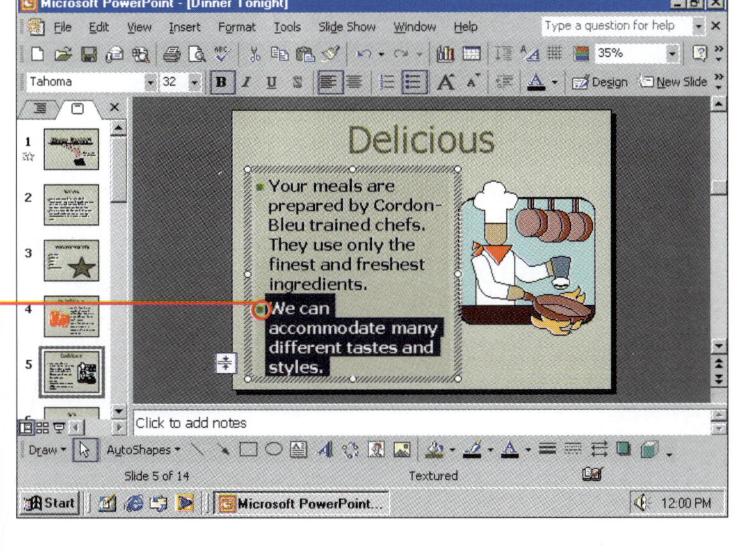

SELECCIONAR UN PUNTO

1 Haga clic en la viñeta (■) ubicada junto al punto que desea seleccionar.

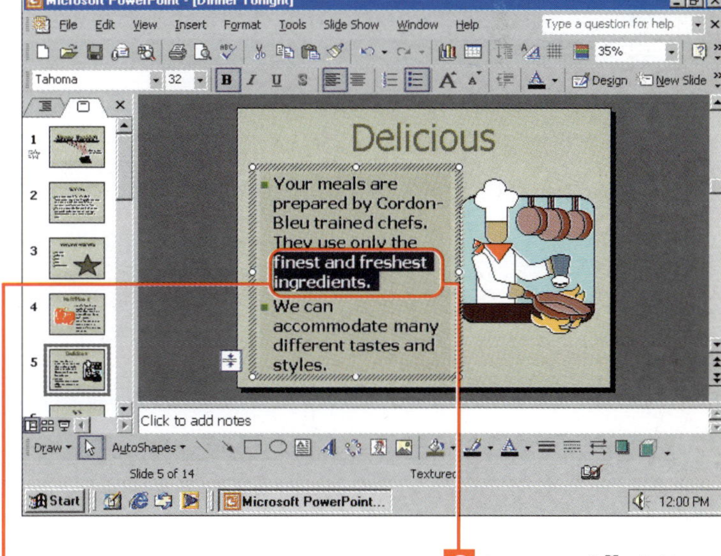

SELECCIONAR UNA CANTIDAD DE TEXTO

1 Coloque el I del mouse sobre la primer palabra que desea seleccionar.

2 Arrastra el I del mouse sobre el texto que desea escoger.

INSERTAR TEXTO

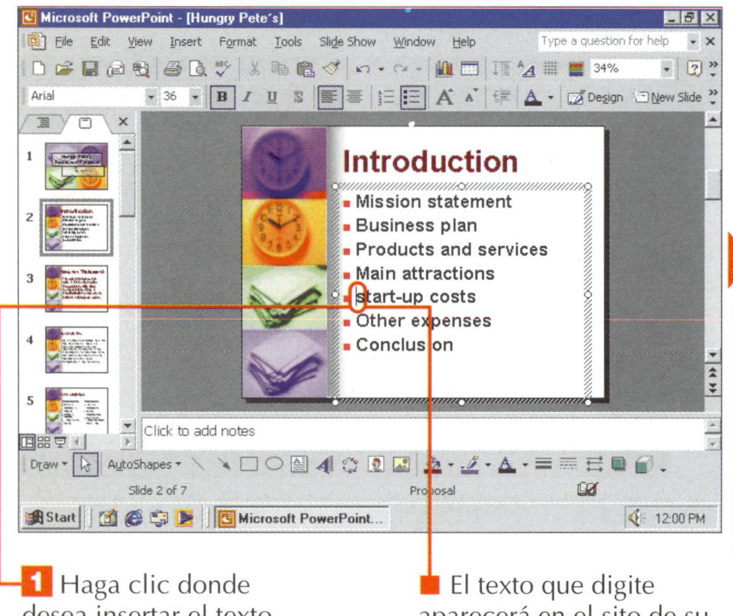

INSERTAR CARACTERES

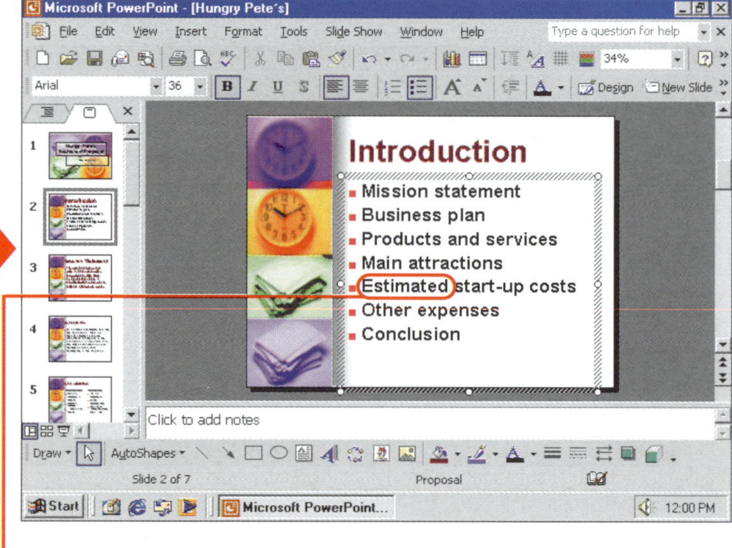

1 Haga clic donde desea insertar el texto.

■ El texto que digite aparecerá en el sito de su pantalla donde se halle el punto de inserción.

Nota: Puede presionar las teclas ←, ↓, ↑ o → *para mover el punto de inserción.*

2 Digite el texto de que desea insertar.

■ Para insertar un espacio en blanco, presione la barra espaciadora

¿Hay otra manera de insertar texto?

También puede insertar texto en la etiqueta Outline de la vista Normal. La etiqueta Outline (Esquema) muestra todo el texto de su presentación. El texto que inserte en la etiqueta Outline (Esquema) aparecerá automáticamente en la diapositiva del panel Slide (Diapositiva). Para más información sobre la etiqueta Outline (Esquema), vea la página 188.

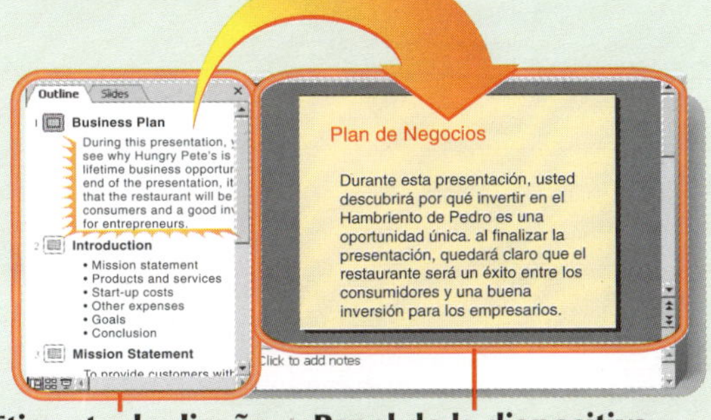

Etiqueta de diseño   **Panel de la diapositiva**

¿Por qué el botón AutoFit Options (Opciones de autoajuste) (⊞) aparece cuando inserto el texto de un marcador de posición a una diapositiva?

Si inserta más texto del que un marcador de posición puede almacenar, el botón AutoFit Options (Opciones de autoajuste) (⊞) aparece, permitiéndole cambiar el modo en que el texto se ajustará en el marcador de posición. Por ejemplo, puede especificar si desea o no que PowerPoint cambie el tamaño del texto para que se ajuste al marcador de posición.

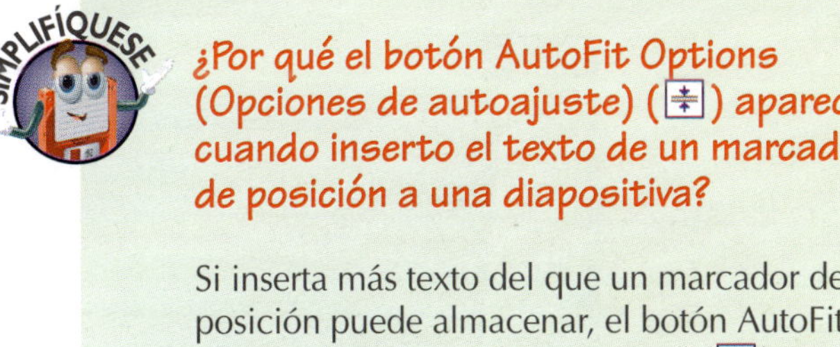

INSERTAR UN PUNTO NUEVO

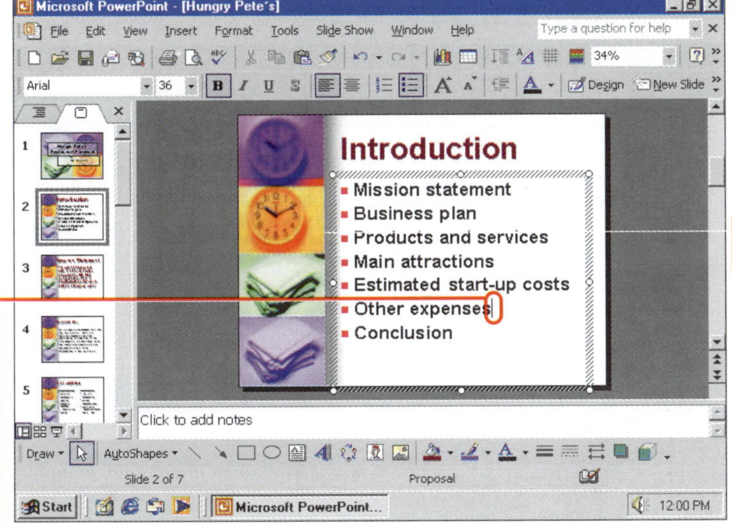

1 Haga clic en el final del punto, directamente en el sitio donde desea insertar un punto nuevo.

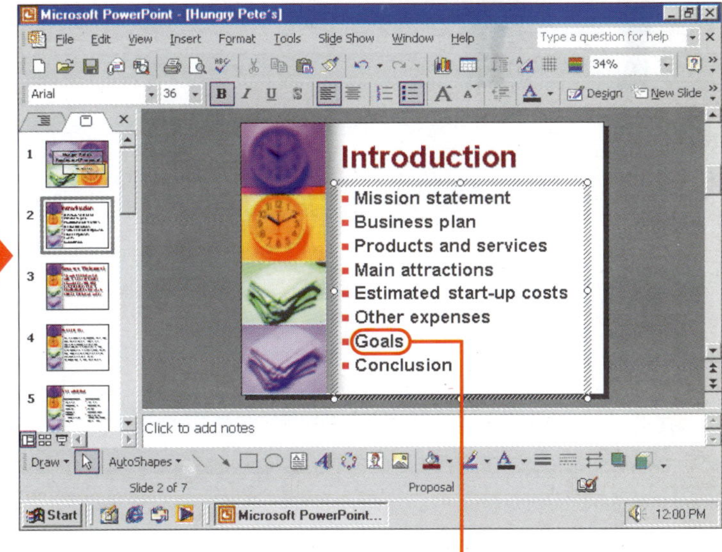

2 Presione la tecla `Enter` para insertar una línea en blanco para el punto nuevo.

3 Digite el texto del punto nuevo.

BORRAR TEXTO

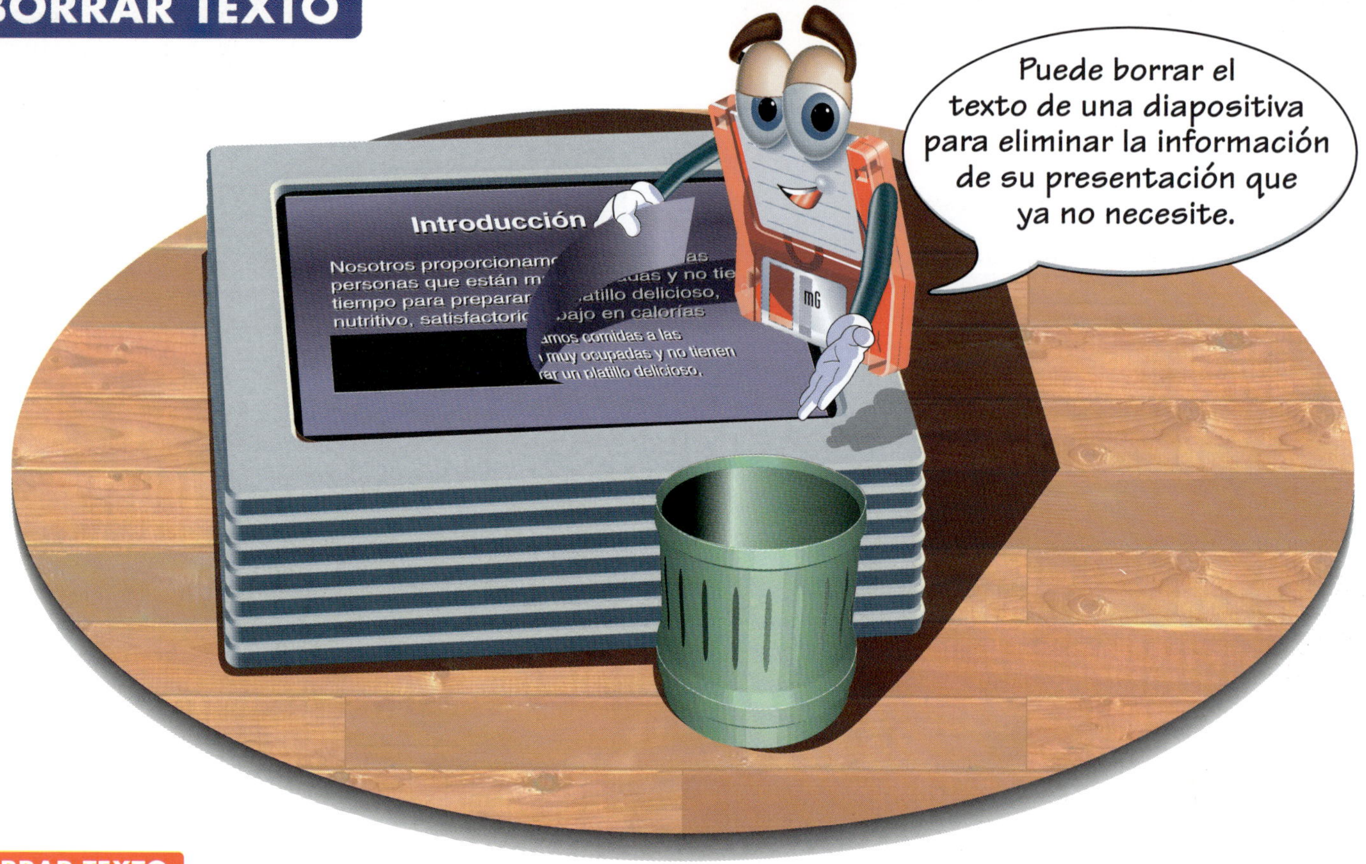

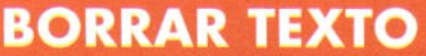

BORRAR TEXTO

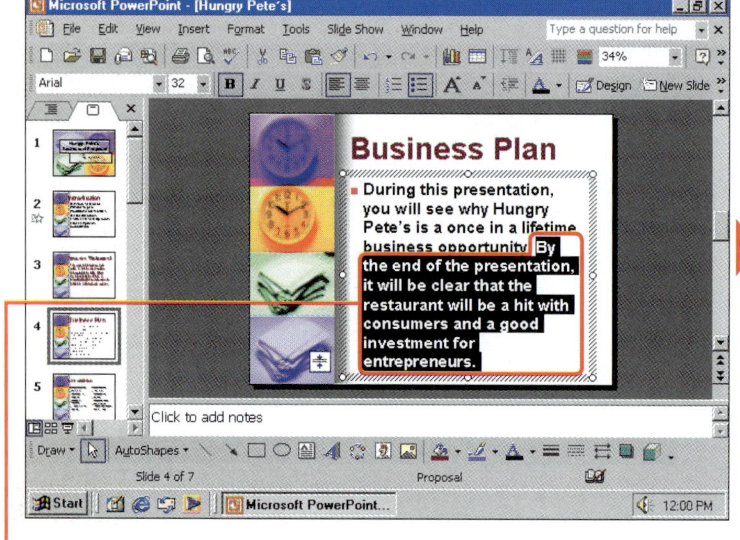

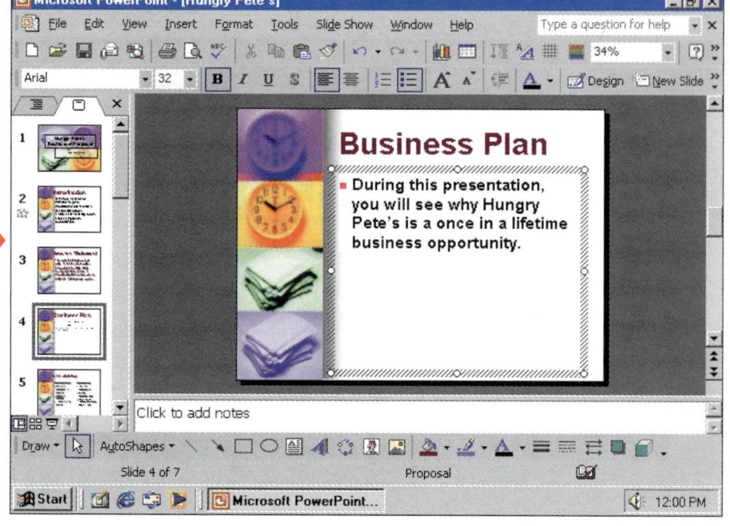

1 Seleccione el texto que desee borrar. Para seleccionar texto, vea la página 198.

2 Presione la tecla Delete para eliminar el texto de su presentación.

■ El texto desaparece.

■ Para borrar un solo carácter, haga clic a la derecha de este y presione la tecla ←Backspace. PowerPoint borrará el carácter ubicada a la izquierda del punto de inserción.

DESHACER CAMBIOS

Este elemento puede cancelar sus últimos cambios de edición y formato.

DESHACER CAMBIOS

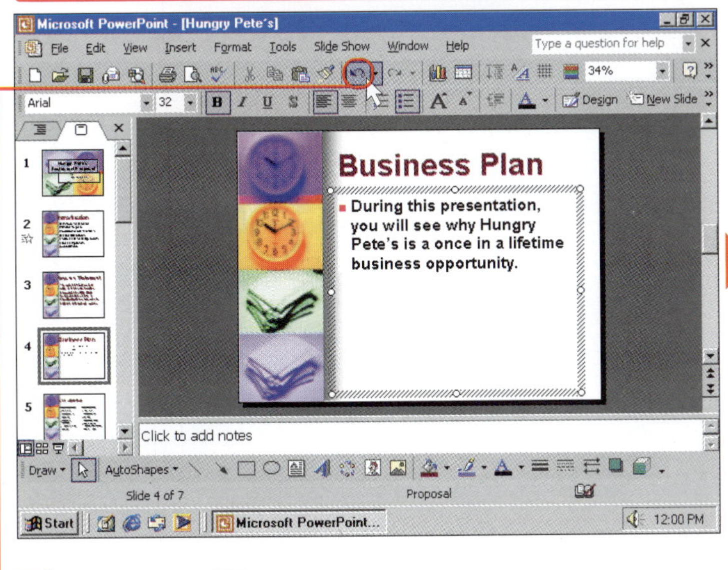

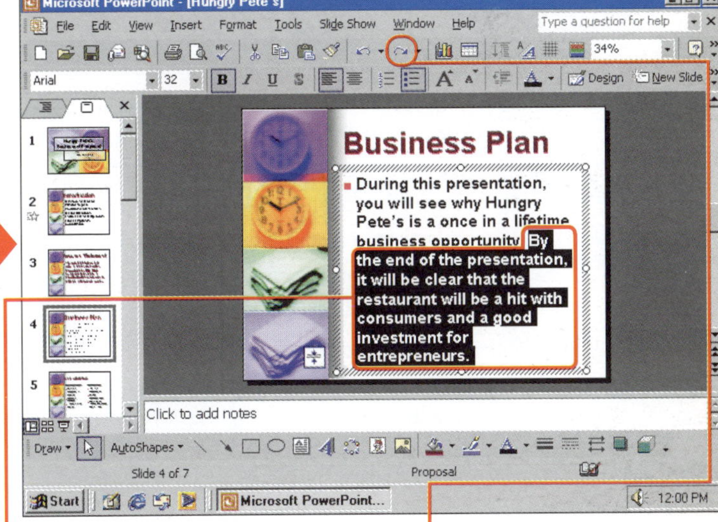

1 Haga clic en 🔄 para deshacer el último cambio que hizo a su presentación.

Si el botón 🔄 no aparece, haga clic en ▸ de la barra de herramientas Standard (Estándar)para observar los botones.

■ Powerpoint cancela el último cambio que hizo a su presentación.

■ Puede repetir el paso **1** para cancelar los cambios previos que había hecho.

■ Para revertir los resultados de usar el elemento Undo (Deshacer), haga clic en 🔄.

Nota: Si el botón 🔄 no aparece, haga clic en ▸ de la barra de herramientas Standard (Estándar)para observar los botones.

Mover texto es útil cuando desee reorganizar las ideas de una diapositiva.

MOVER TEXTO

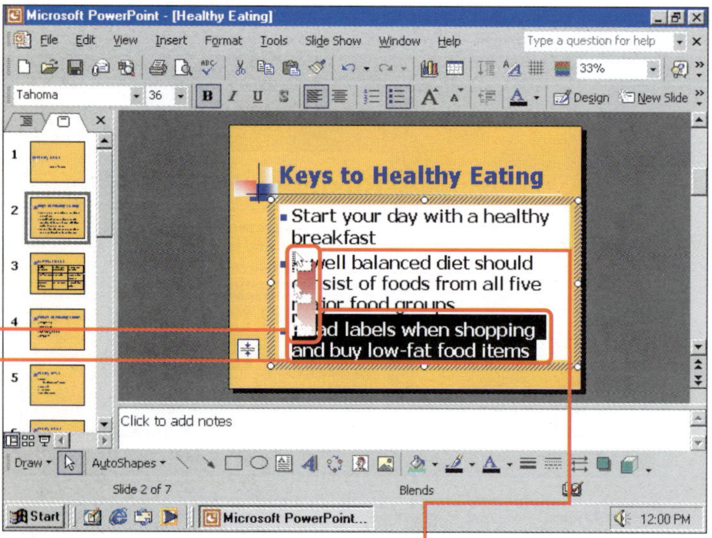

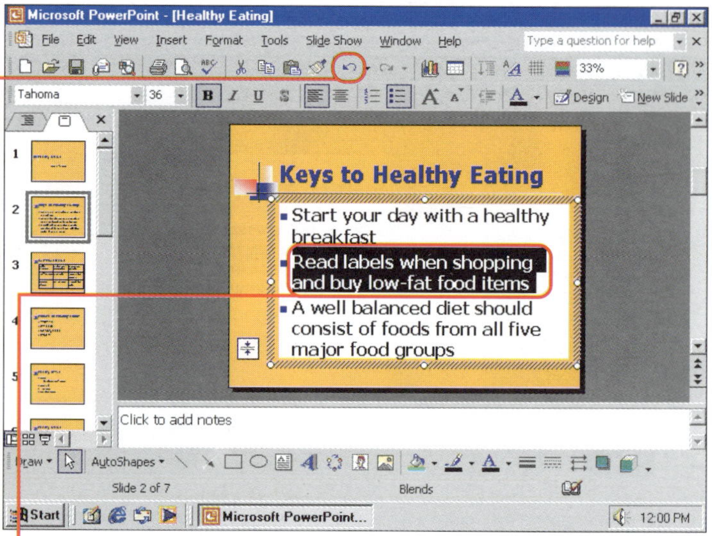

USAR ARRASTRAR Y SOLTAR

1 Seleccione el texto que desea mover. Para seleccionar texto, vea la página 198.

2 Coloque el I del mouse sobre el texto escogido (I cambia a ↳).

3 Arrastre el ↳ del mouse hacia donde desea ubicar el texto.

Nota: El texto aparecerá donde coloque el punto de inserción en su pantalla.

■ El texto se mueve hacia la nueva localización.

■ Para mover el texto inmediatamente a su localización original, haga clic en ↶ .

Si el botón ↶ no aparece, haga clic en ⏷ de la barra de herramientas Standard (Estándar)para observar los botones.

¿Cómo puedo usar el panel de tareas Clipboard (Portapapeles) para mover texto?

El panel de tareas Clipboard (Portapapeles) muestra los últimos 24 ítemes que ha elegido mover. Para colocar algún ítem del portapapeles de su presentación, haga clic en la localización donde desea que este aparezca. Para más información sobre el uso de de paneles de tareas, vea la página 12.

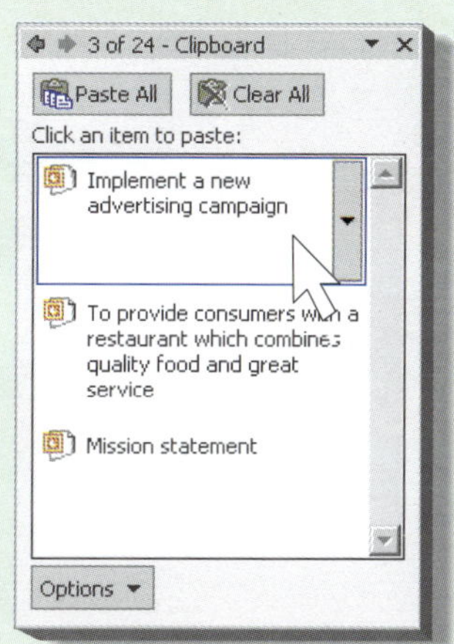

¿Por qué el botón Paste Options (📋) aparece cuando muevo texto?

Cuando mueva texto, el botón Paste Options (📋) puede aparecer, permitiéndole cambiar el formato del texto. Por ejemplo, puede escoger mantener el formato original del texto.

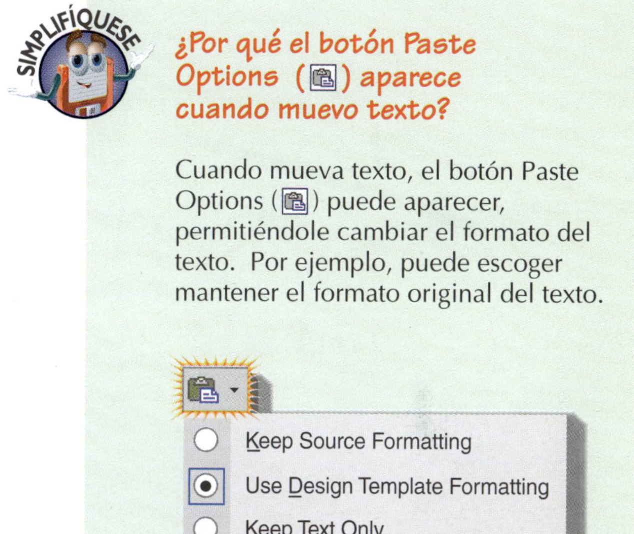

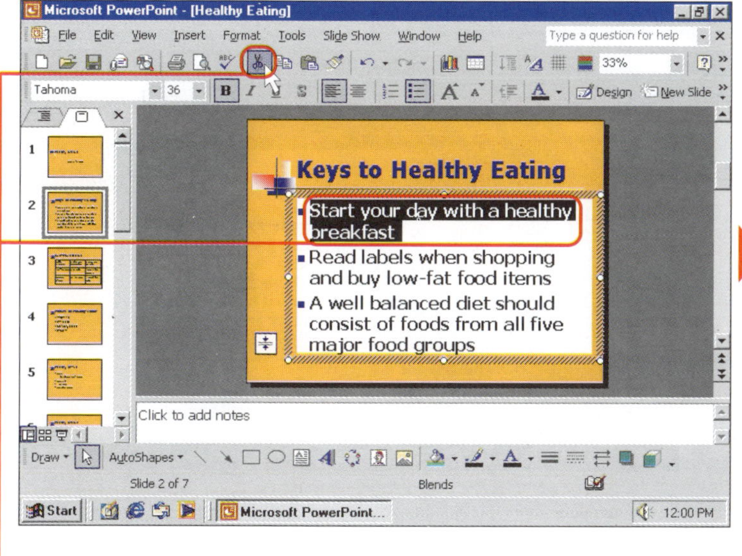

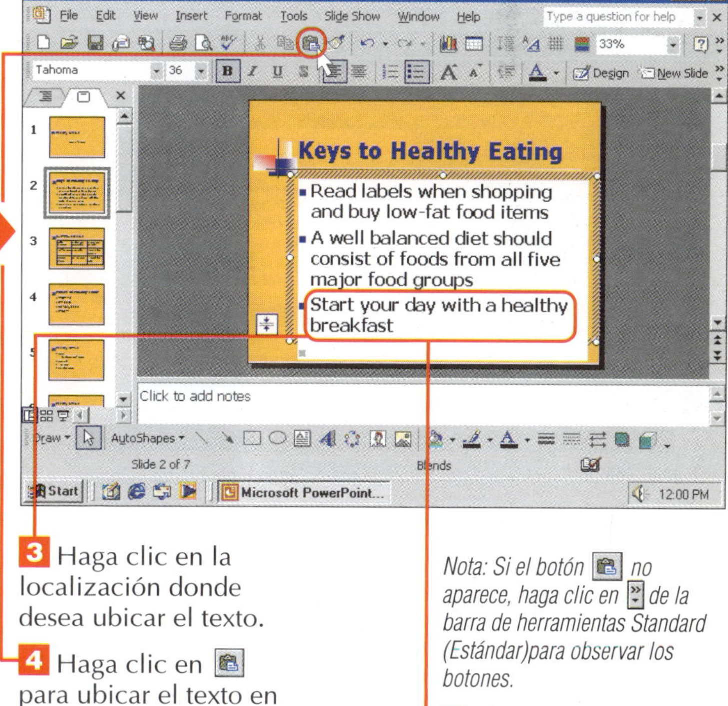

USAR LOS BOTONES DE LAS BARRAS DE HERRAMIENTAS

1 Seleccione el texto que desea mover. Para seleccionar texto, vea la página 198.

2 Haga clic en ✂ para mover el texto.

Nota Si el botón ✂ no aparece, haga clic en ⟩⟩ de la barra de herramientas Standard (Estándar) para observar los botones.

■ El panel de tareas Clipboard (Portapapeles) puede aparecer. Para usar este panel, vea la parte superior de esta página.

3 Haga clic en la localización donde desea ubicar el texto.

4 Haga clic en 📋 para ubicar el texto en la nueva localización.

Nota: Si el botón 📋 no aparece, haga clic en ⟩⟩ de la barra de herramientas Standard (Estándar)para observar los botones.

■ El texto aparece en la nueva localización.

PowerPoint automáticamente subraya con rojo las palabras incorrectas conforme escriba presentación o vea la muestra de presentaciones.

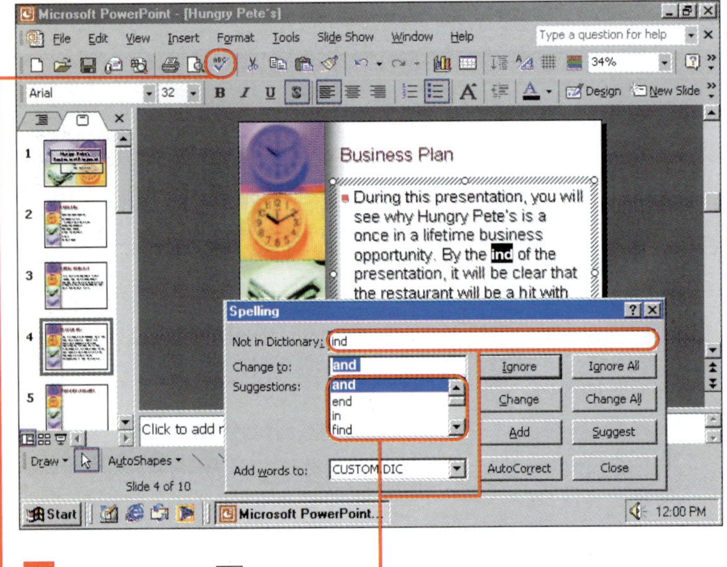

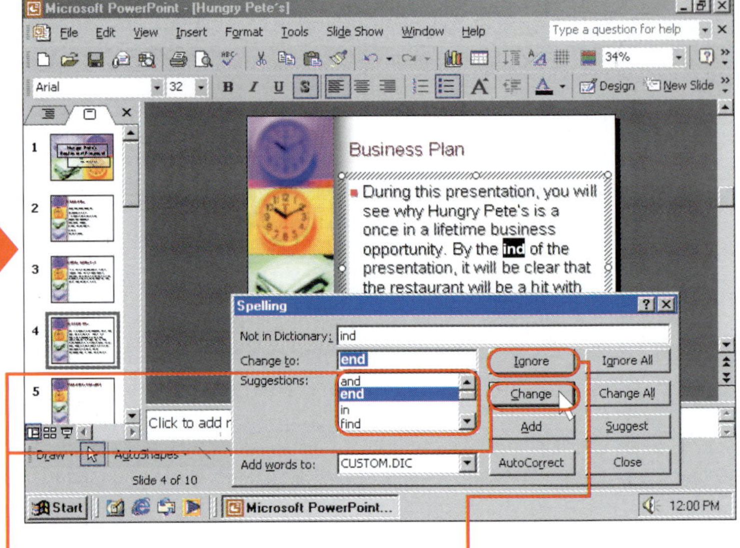

1 Haga clic en para iniciar la revisión de la ortografía.

Nota: Si el botón no aparece, haga clic en de la barra de herramientas Standard (Estándar)para observar los botones.

■ El cuadro de diálogo Spelling aparece si PowerPoint encuentra una palabra mal escrita en su presentación.

■ Esta área muestra la primer palabra mal escrita.

■ Esta área muestra sugerencias para corregir la palabra.

2 Haga clic en la palabra que desea usar para corregir el error.

3 Haga clic en **Change** (Cambiar) para reemplazar la palabra mal escrita con la que seleccionó.

■ Para saltar de palabra y continuar revisando su presentación, haga clic en **Ignore** (Omitir).

*Nota: Para ignorar esa palabra en todas las ocasiones en que aparezca en la presentación, haga clic en **Ignore All**.*

¿PowerPoint puede corregir automáticamente mis errores?

PowerPoint corrige los errores ortográficos comunes conforme digite. Aquí hay algunos ejemplos.

¿Cómo hace PowerPoint para encontrar los errores ortográficos comunes de mi presentación?

PowerPoint compara cada palabra de su presentación con las palabras de su diccionario. Si una palabra no existe en el diccionario, la palabra es considerada como mal escrita.

PowerPoint no encontrará una palabra bien escrita si está usada en un contexto erróneo, como "Pablo tiene vos años". Debe revisar cuidadosamente su presentación para encontrar este tipo de errores.

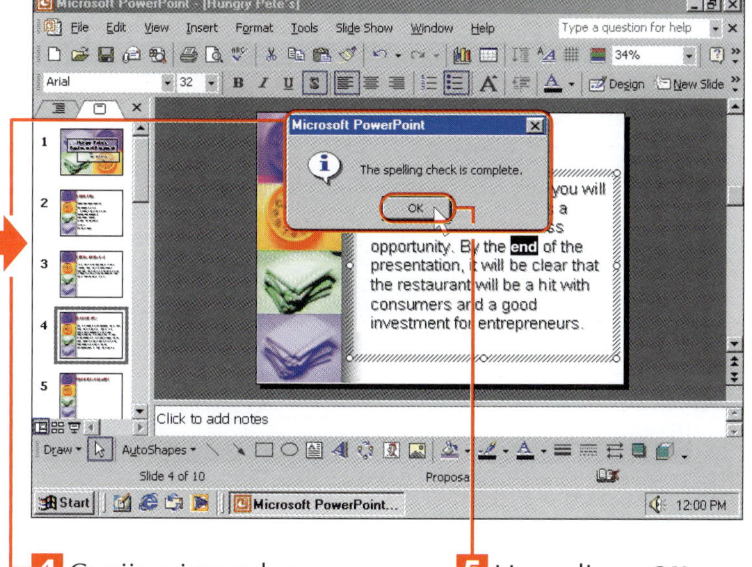

4 Corrija o ignore los errores ortográficos hasta que este cuadro de diálogo aparezca, indicándole que la revisión ha terminado.

5 Haga clic en **OK** (Aceptar).

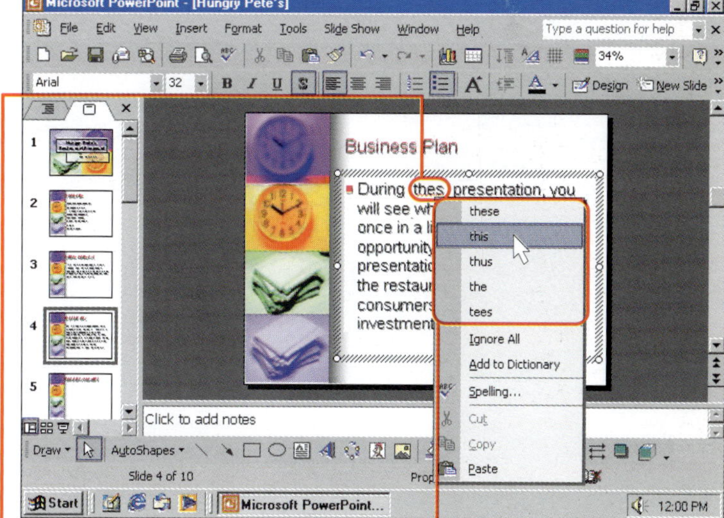

CORREGIR UNA PALABRA MAL ESCRITA

1 Haga doble clic en el error que desea corregir.

■ Un menú aparece con sugerencias para corregir la palabra.

2 Para reemplazar la palabra mal escrita con una de las sugerencias, haga clic en la sugerencia.

Nota: Si no desea usar ninguna de las sugerencias para corregir la palabra, haga clic fuera del menú para cerrarlo.

AGREGAR UNA NUEVA DIAPOSITIVA

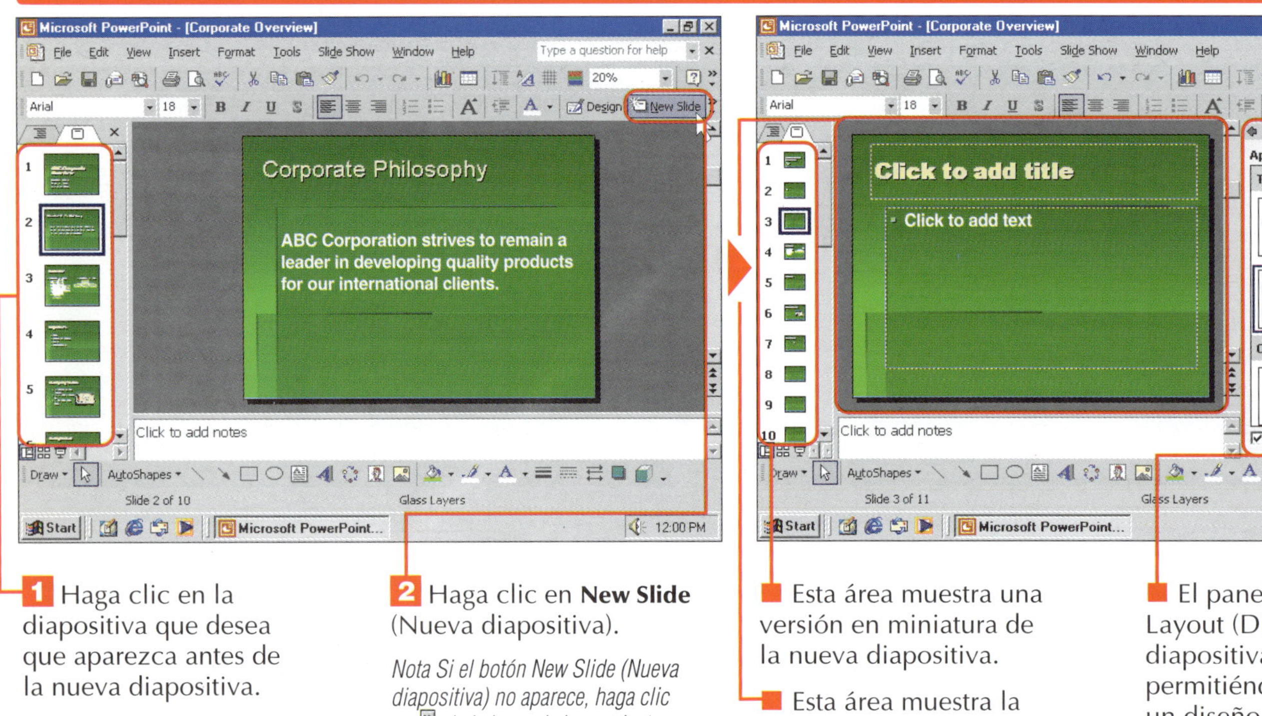

1 Haga clic en la diapositiva que desea que aparezca antes de la nueva diapositiva.

2 Haga clic en **New Slide** (Nueva diapositiva).

Nota Si el botón New Slide (Nueva diapositiva) no aparece, haga clic en ⊡ de la barra de herramientas de Formatting (Formato) para observar todos los botones.

■ Esta área muestra una versión en miniatura de la nueva diapositiva.

■ Esta área muestra la nueva diapositiva.

■ El panel de tareas Slide Layout (Diseño de la diapositiva) aparece, permitiéndole seleccionar un diseño para la nueva diapositiva.

¿Cuánto texto debo mostrar en una diapositiva?

Debería ser cuidadoso para no incluir demasiado texto en una sola diapositiva de su presentación. Si agrega demasiado texto a la diapositiva, esta será difícil de leer y minimizará el impacto de las ideas importantes. Si una diapositiva contiene demasiado texto, debe agregar una diapositiva extra para acomodar el texto.

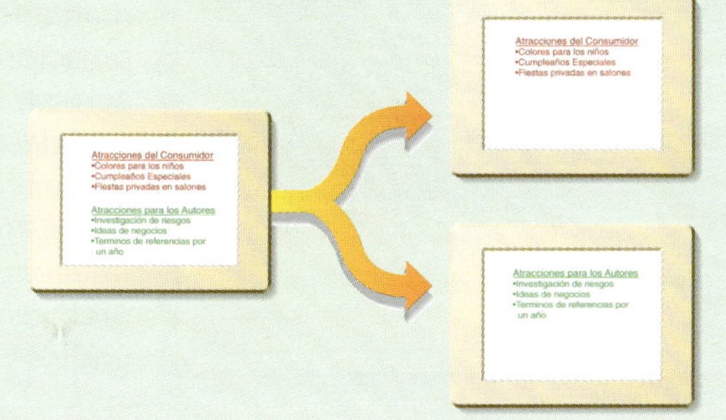

¿Qué tipos de diseños puedo usar en una nueva diapositiva?

Cada diseño de diapositiva muestra un arreglo de marcador de posición diferente, el cual determina la posición del texto y los objetos de una diapositiva. Los iconos de los marcadores de posición indican el tipo de información que puede agregar a ese marcador.

	Una lista de puntos
	Un objeto, como una tabla, un gráfico, una imagen prediseñada o un diagrama
	Una imagen prediseñada
	Un gráfico

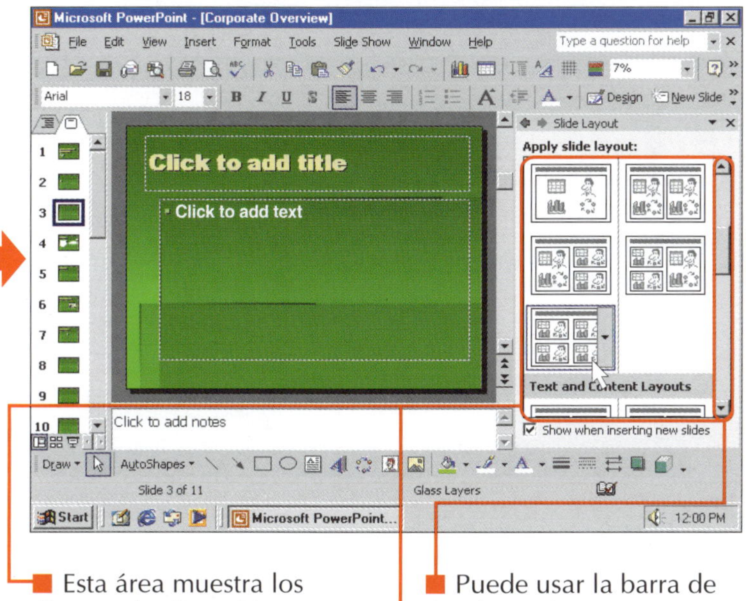

■ Esta área muestra los diseños de diapositivas disponibles. Los diseños determinan la posición del texto y de los objetos de la diapositiva.

■ Puede usar la barra de desplazamiento para examinar los diseños disponibles.

3 Haga clic en el diseño que desea usar en la nueva diapositiva.

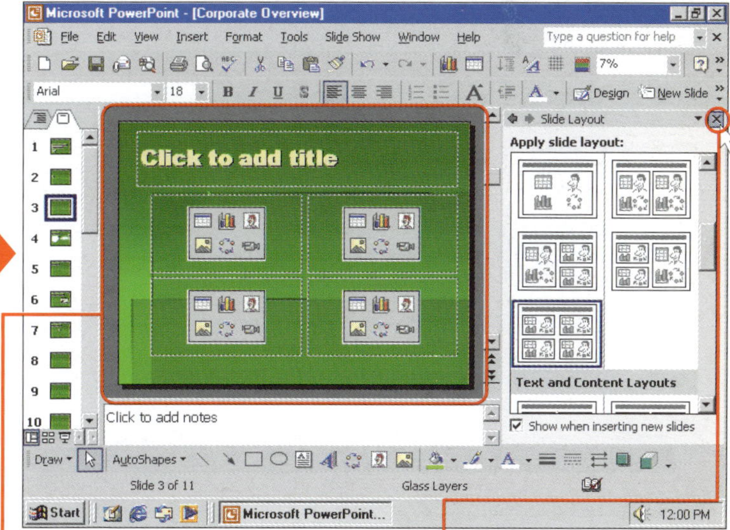

■ La diapositiva cambia al diseño que seleccionó.

Nota: Para seleccionar un diseño diferente, repita el paso 3.

4 Cuando la diapositiva muestre el diseño que desea usar, puede hacer clic en ⊠ para cerrar el panel de tareas Slide Layout (Diseño de la diapositiva).

CAMBIAR EL DISEÑO DE LAS DIAPOSITIVAS

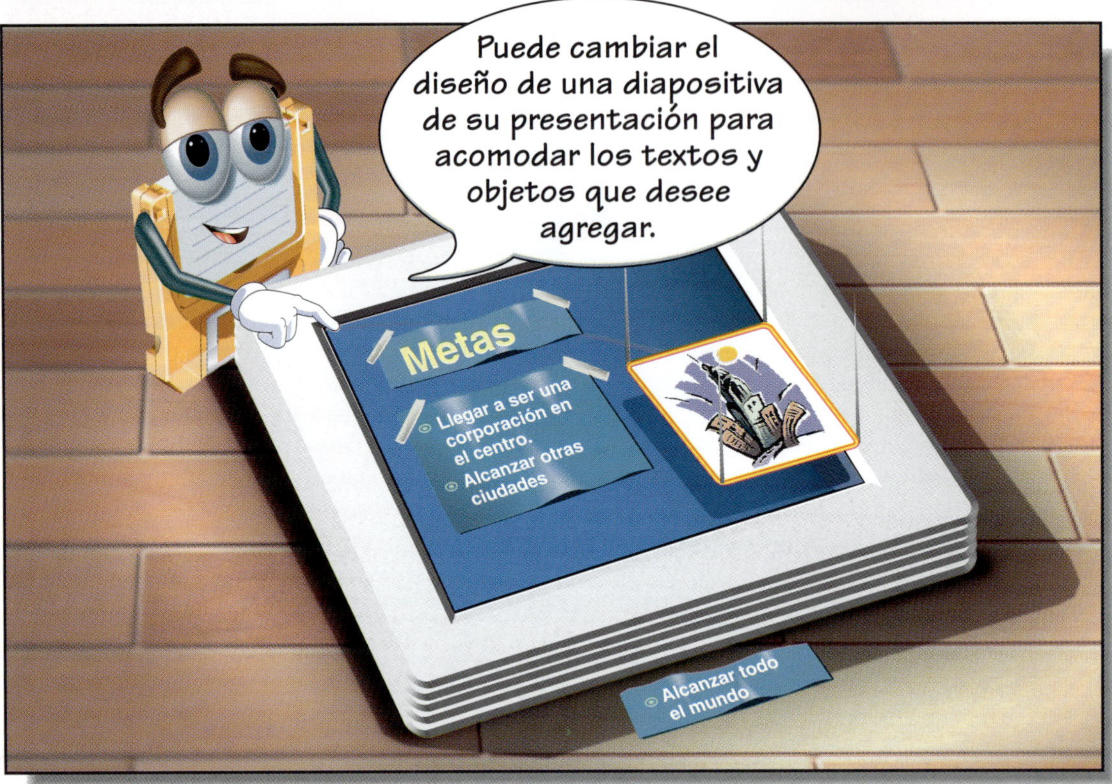

Cada diseño de diapositivas muestra un arreglo diferente de marcadores de posición. Los marcadores de posición le permiten agregar los objetos que desea que aparezcan en una diapositiva, como imágenes prediseñadas o gráficos.

CAMBIAR EL DISEÑO DE LAS DIAPOSITIVAS

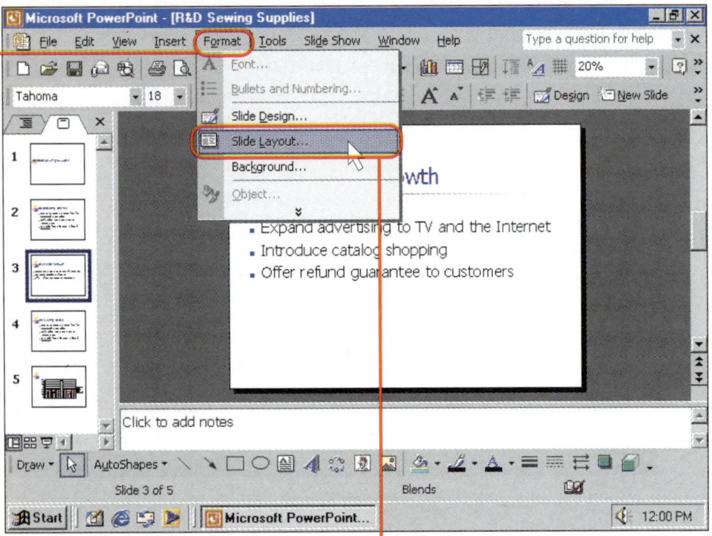

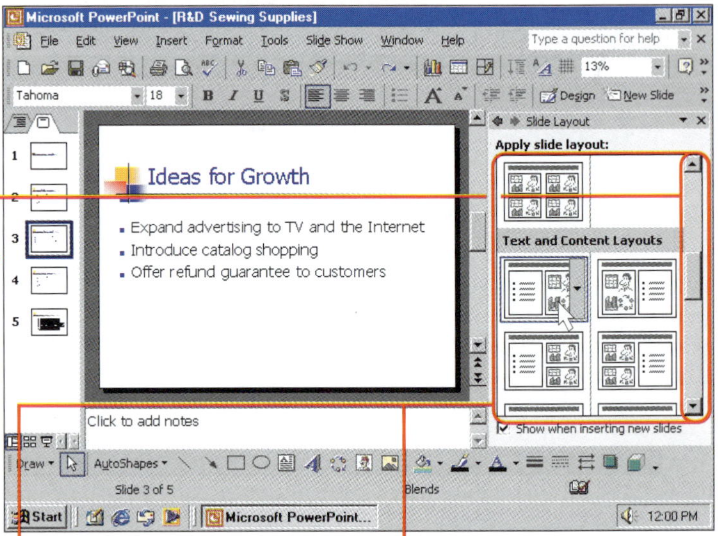

1 Muestre la diapositiva que desea cambiar a un nuevo diseño.

2 Haga clic en **Format** (Formato).

3 Haga clic en **Slide Layout** (Diseño de diapositiva).

■ El panel de tareas de Slide Layout (Diseño de diapositiva) aparece.

■ Esta área muestra los diseños disponibles.

■ Puede usar la barra de desplazamiento para examinar los diseños.

4 Haga clic en el diseño que desee usar.

¿Qué tipos de marcadores de posición contendrá el diseño de diapositiva?

Cada diseño del panel de tareas Slide Layout (Diseño de diapositiva) contendrá unos iconos que indicarán los tipos de marcadores de posición del diseño.

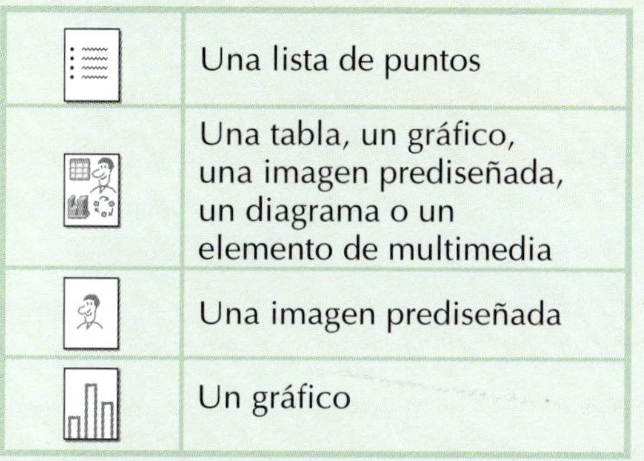

	Una lista de puntos
	Una tabla, un gráfico, una imagen prediseñada, un diagrama o un elemento de multimedia
	Una imagen prediseñada
	Un gráfico

¿Qué debo considerar cuando cambio el diseño de una diapositiva?

Si ya ha agregado texto o un objeto a una diapositiva, debe escoger el diseño que incluye el marcador de posición para el tipo de información que agregó. Esto ayuda a evitar que la diapositiva se desordene con objetos y marcadores de posición superpuestos.

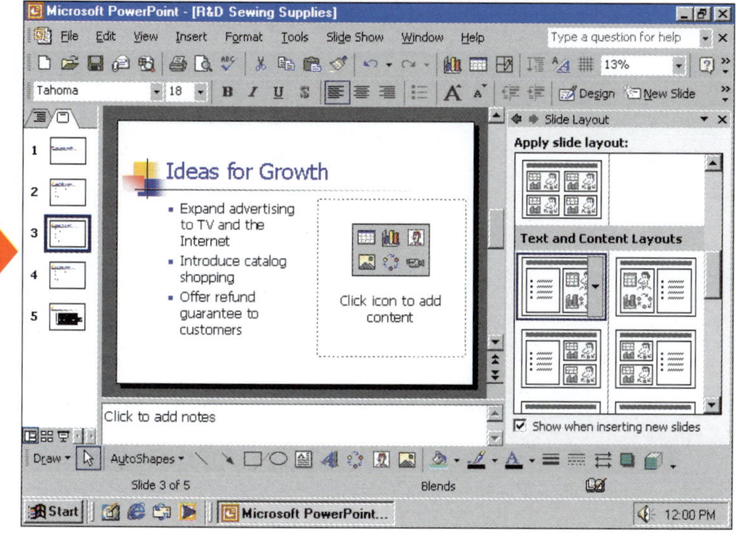

■ La diapositiva cambia al diseño que seleccionó.

Nota: Para seleccionar un diseño diferente, repita el paso 4.

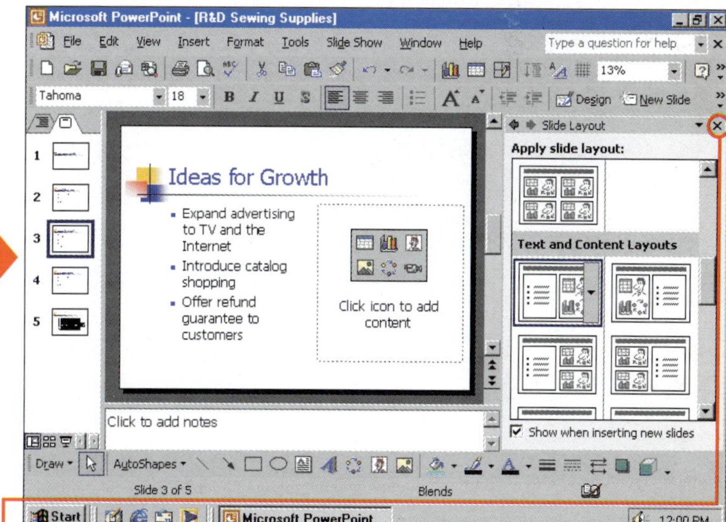

5 Cuando termine de seleccionar un diseño de diapositiva, puede hacer clic en ✖ para cerrar el panel de tareas Slide Layout (Diseño de diapositiva).

PowerPoint ofrece varios tipos de autoformas, como líneas, flechas, estrellas y emblemas.

AGREGAR UNA AUTOFORMA

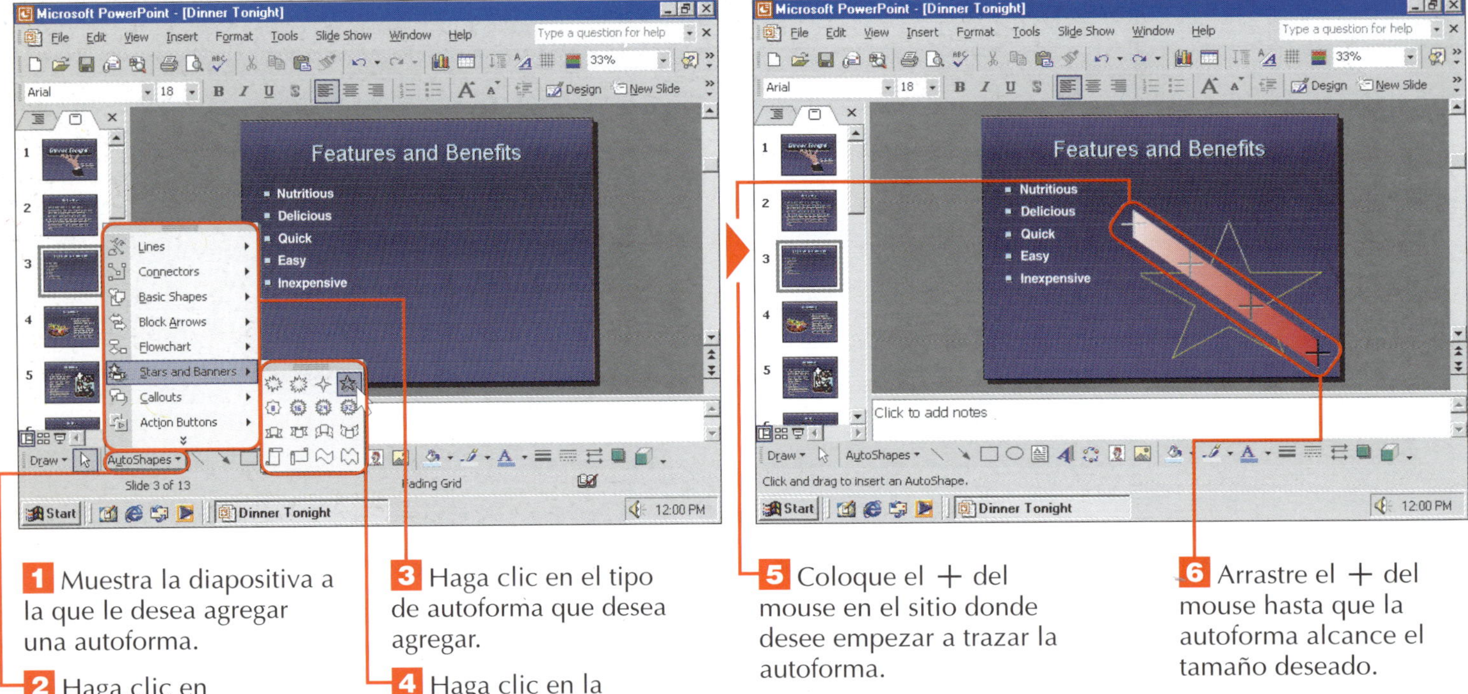

1 Muestra la diapositiva a la que le desea agregar una autoforma.

2 Haga clic en **AutoShapes** (Autoformas).

3 Haga clic en el tipo de autoforma que desea agregar.

4 Haga clic en la autoforma que desea usar.

5 Coloque el + del mouse en el sitio donde desee empezar a trazar la autoforma.

6 Arrastre el + del mouse hasta que la autoforma alcance el tamaño deseado.

¿Puedo agregar texto a una autoforma?

Puede hacerlo en la mayoría de los casos. Esto es particularmente útil para autoformas tales como emblemas o avisos. Para agregar texto a una autoforma, haga clic en AutoShape y, luego, digite el texto que desee que aparezca en la autoforma. Para cambiar el tamaño del texto, vea la página 227.

¿Por qué en algunas autoformas aparecen unos puntos amarillos y verdes?

Puede usar los puntos de colores para cambiar la apariencia de una autoforma

Para rotar una autoforma, coloque el mouse sobre el punto verde (●) y, luego, arrastre el ⟳ del mouse hasta la nueva posición.

Para cambiar el diseño de una autoforma, coloque el mouse sobre el punto amarillo (◆) y, luego, arrastre el del mouse hasta que el diseño muestre la forma que desee.

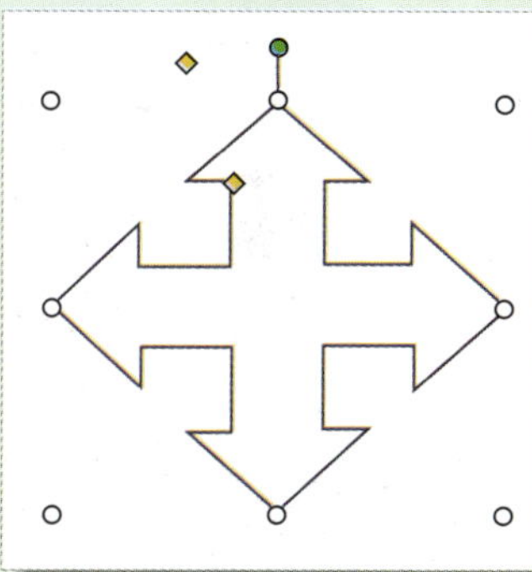

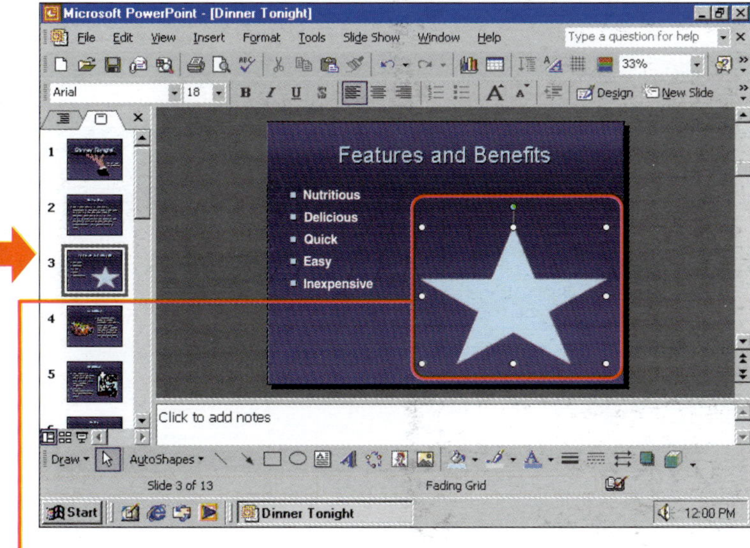

■ La autoforma aparece en la diapositiva.

Nota para cambiar el color de una autoforma, vea la página 231.

■ Unos círculos (o) alrededor de una autoforma le permiten cambiar el tamaño de una autoforma. Para mover o cambiar el tamaño de una autoforma, vea la página 224.

■ Para cancelar la selección de una autoforma, haga clic afuera de la autoforma.

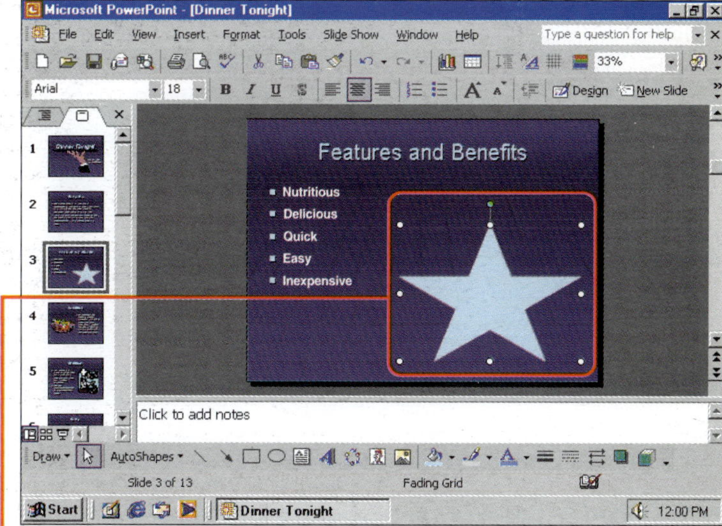

BORRAR UNA AUTOFORMA

1 Haga clic en la autoforma que desee usar.

2 Presione la tecla Delete para eliminar la autoforma de la diapositiva.

AGREGAR WORDART

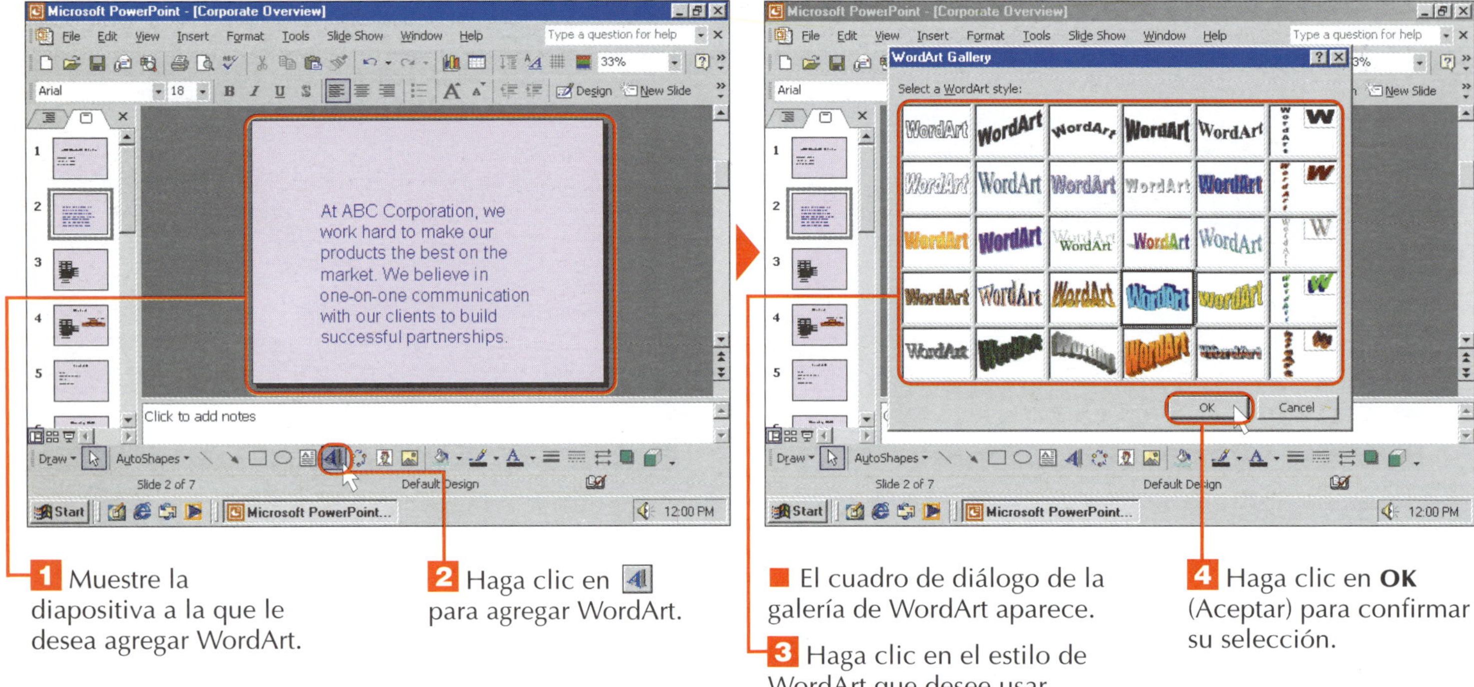

1 Muestre la diapositiva a la que le desea agregar WordArt.

2 Haga clic en para agregar WordArt.

■ El cuadro de diálogo de la galería de WordArt aparece.

3 Haga clic en el estilo de WordArt que desee usar.

4 Haga clic en **OK** (Aceptar) para confirmar su selección.

SIMPLIFÍQUESE

¿Cómo edito el texto de WordArt?

Para editar el texto de WordArt, haga doble clic en WordArt para mostrar el cuadro de diálogo Edit WordArt Text (Modificar texto de WordArt). Luego, realice los pasos **5** y **6** descritos abajo para especificar el texto que usted desea que WordArt muestre.

SIMPLIFÍQUESE

¿Por qué, cuando agrego WordArt a una diapositiva, la barra de herramientas de WordArt aparece?

La barra de herramientas de WordArt contiene una serie de botones que le permitirán cambiar la apariencia del WordArt. Por ejemplo, puede hacer clic en Aa para que todas las letras de WordArt tengan el mismo tamaño.

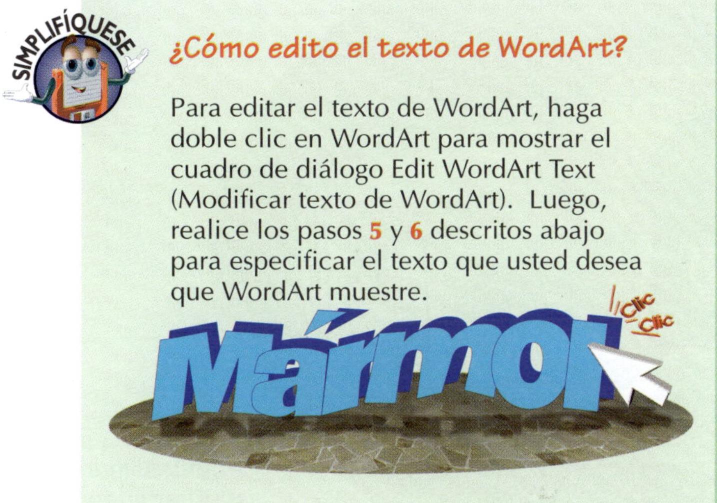

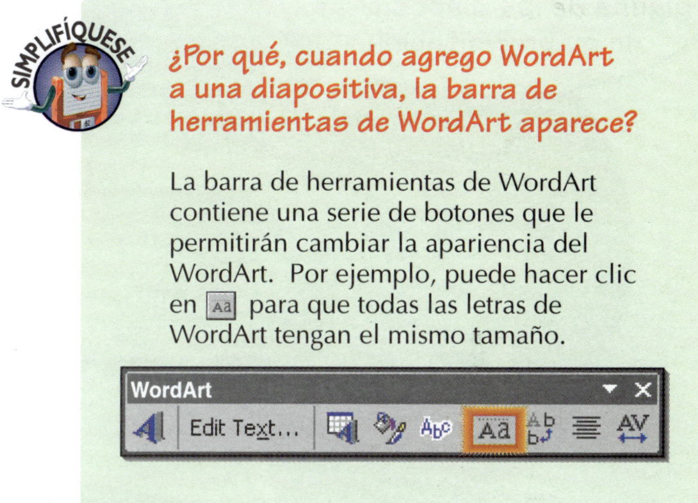

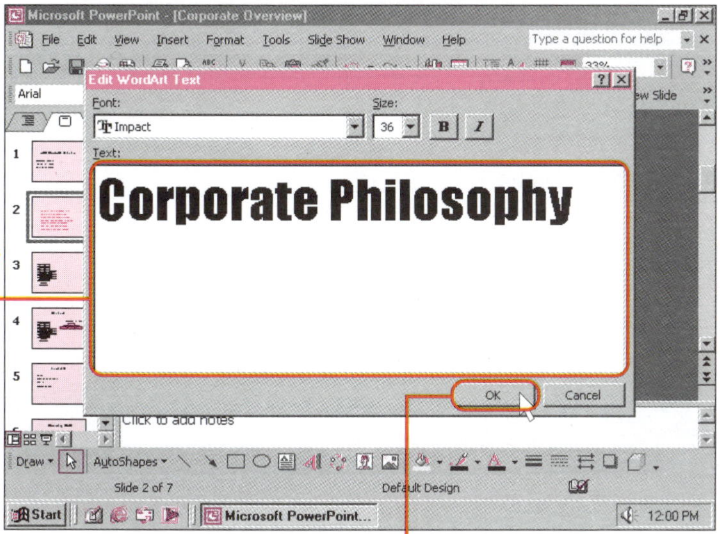

■ El cuadro de diálogo Edit WordArt Text (Modificar texto de WordArt) aparece.

5 Digite el texto que desea que WordArt introduzca.

6 Haga clic en **OK** (Aceptar) para agregar el WordArt a la diapositiva.

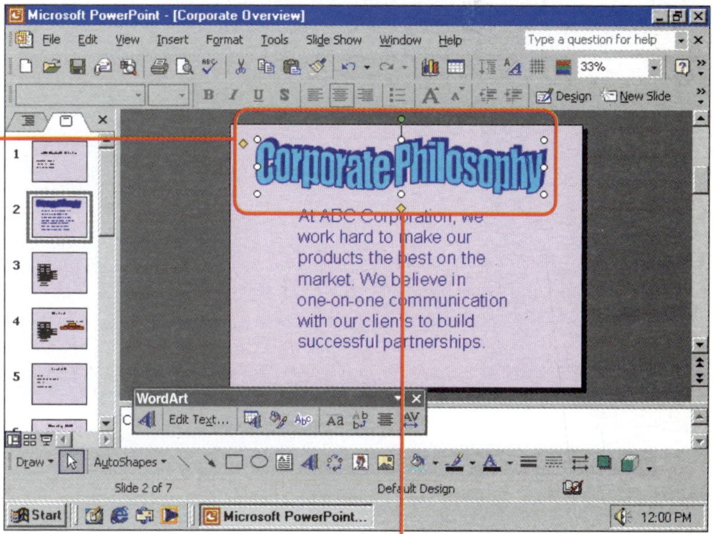

■ El WordArt aparece en la diapositiva.

■ Los puntos ubicados alrededor del WordArt le permitirán cambiar el tamaño del WordArt.

■ Para mover o cambiar el tamaño del WordArt, haga clic afuera de este.

BORRAR WORDART

1 Haga clic en el WordArt que desea borrar y, luego, presione la tecla Delete.

Agregar una imagen es útil cuando desee mostrar en una diapositiva el logotipo de una empresa o una foto de sus productos.

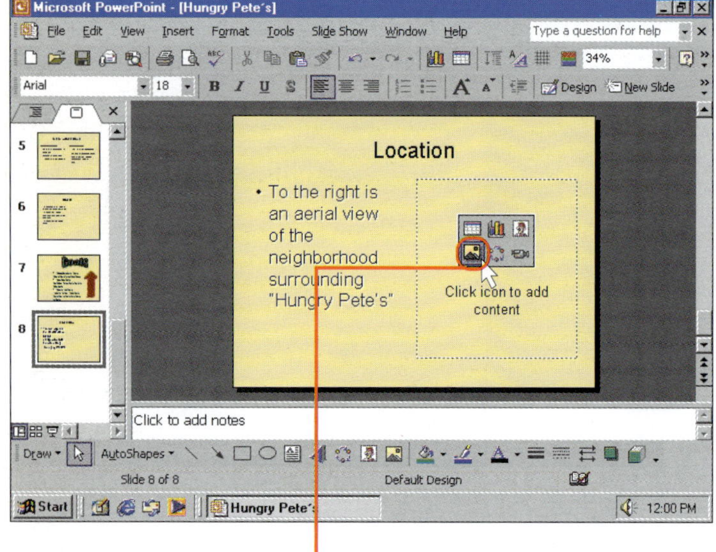

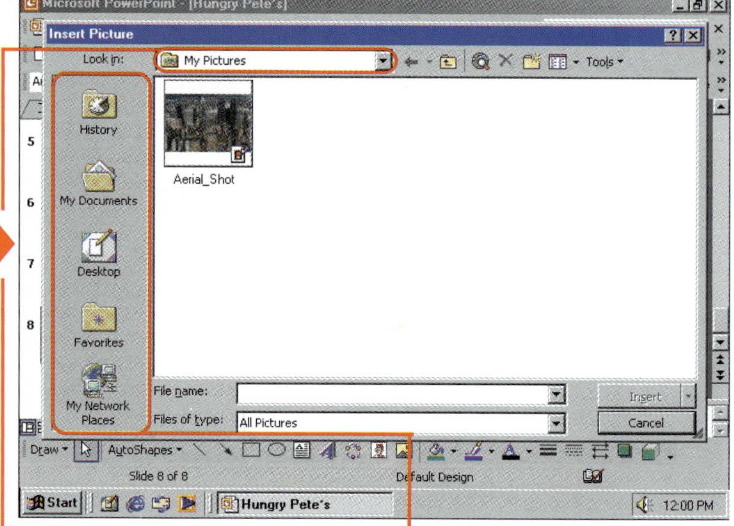

1 Muestre la diapositiva a la que le desea agregar una imagen.

2 Cambie el diseño de la diapositiva por alguno que incluya un marcador de posición para una imagen. Para cambiar el diseño de una diapositiva, vea la página 210.

3 Haga clic en el icono ( ) para agregar una imagen a la diapositiva.

■ El cuadro de diálogo Insert Picture (Insertar imagen) aparece.

■ Esta área muestra la localización de las imágenes disponibles. Puede hacer clic en esta área para cambiar la localización.

■ Esta área le permite acceder a imágenes en las localizaciones más usadas. Puede hacer clic en una localización para mostrar las imágenes almacenadas en esta.

Nota: Para información sobre las localizaciones más usadas, vea la parte superior de la página 193.

¿Dónde puedo obtener imágenes?

Hay varios lugares que ofrecen imágenes que usted puede usar en sus diapositivas, por ejemplo: sitios Web y tiendas de computación. También puede usar un escáner para digitalizar fotos existentes y guardarlas en la computadora; también puede crear sus imágenes con un programa de edición de imágenes, como Jasc Saint Shop Pro.

¿Por qué la barra de herramientas Picture (Imagen) aparece cuando agrego una imagen a una diapositiva?

La barra de herramientas Pictura contiene botones que le permiten cambiar la apariencia de la imagen. Por ejemplo, pueda haga clic en ⬚ o en ⬚ para aumentar o disminuir su brillo. Si esta barra de herramientas no aparece, vea la página 11.

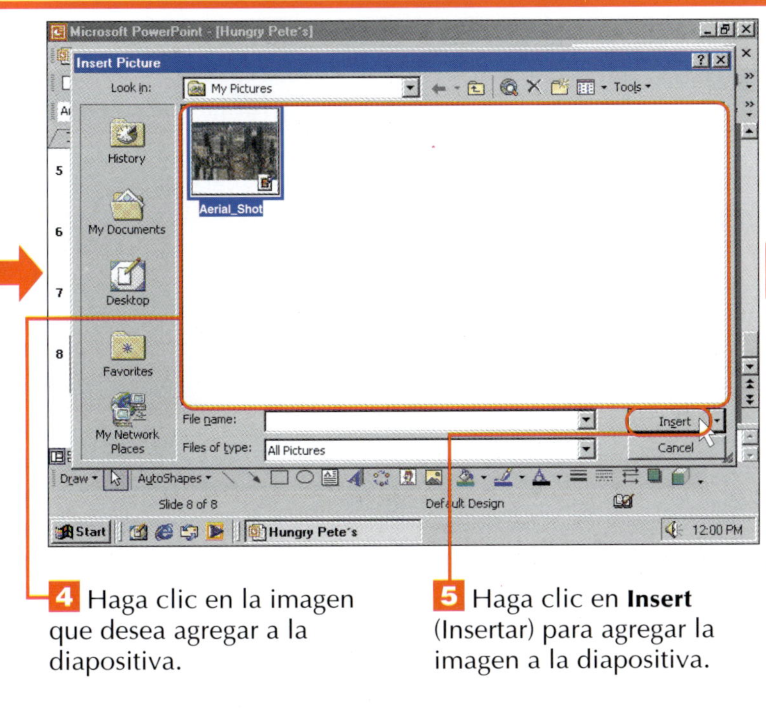

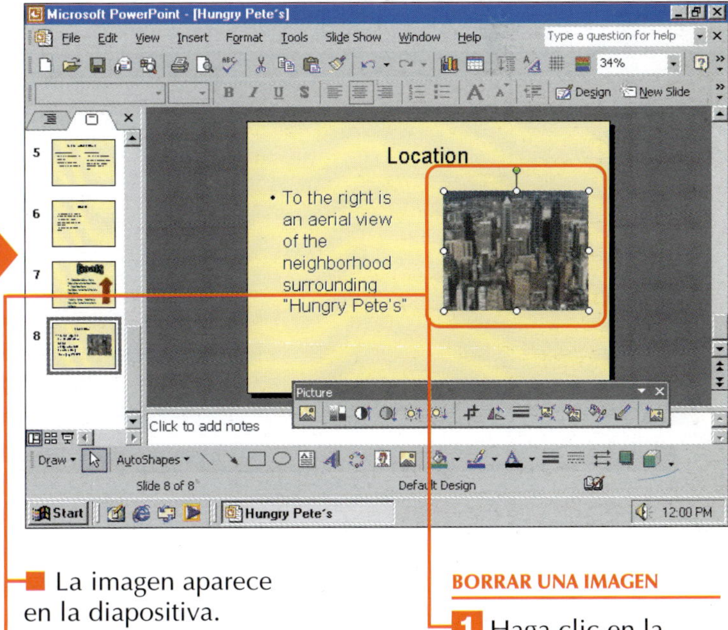

4 Haga clic en la imagen que desea agregar a la diapositiva.

5 Haga clic en **Insert** (Insertar) para agregar la imagen a la diapositiva.

■ La imagen aparece en la diapositiva.

■ Los círculos (o) alrededor de la imagen le permiten cambiar el tamaño de esta.

■ Para mover o cambiar el tamaño de una imagen, haga clic fuera de esta.

BORRAR UNA IMAGEN

1 Haga clic en la imagen que desea borrar y, luego, presione la tecla `Delete`.

AGREGAR UNA IMAGEN PREDISEÑADA

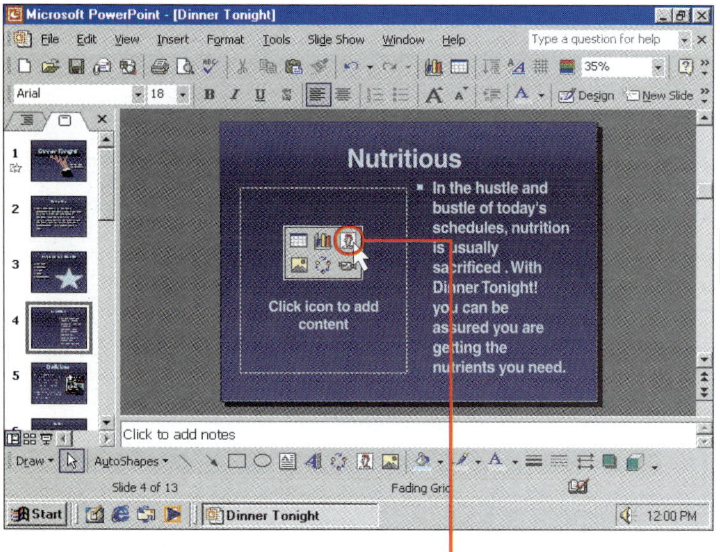

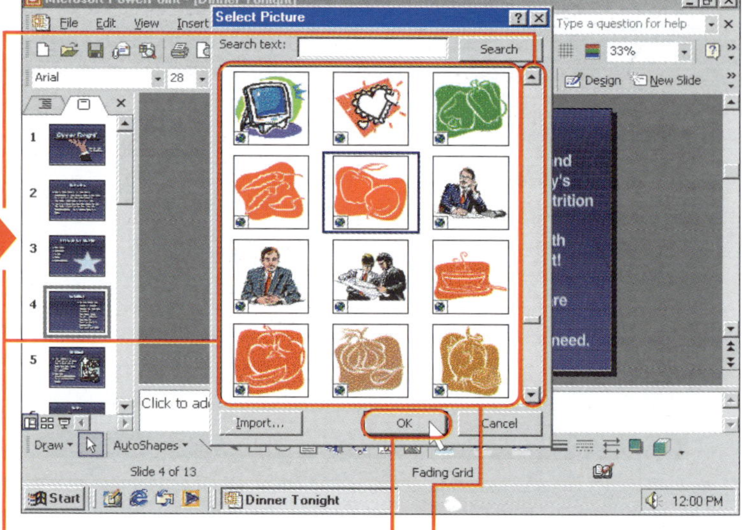

1 Abra la diapositiva a la que le desea agregar la imagen prediseñada.

2 Cambie el diseño de la diapositiva a alguno que incluya un marcador de posición para una imagen prediseñada. Para cambiar el diseño de la diapositiva, vea la página 210.

3 Haga clic en el icono de las imágenes prediseñadas (▨) para agregar una imagen.

Nota: Dependiendo del diseño que escoja en el paso 2, posiblemente necesitará hacer doble clic en el marcador de posición para agregar la imagen.

■ El cuadro de diálogo Select Picture (Seleccionar imagen) aparece.

■ Esta área muestra las imágenes prediseñadas que puede agregar a su diapositiva.

■ Puede usar la barra de desplazamiento para examinar las imágenes prediseñadas.

4 Haga clic en la imagen prediseñada que desea agregar a su diapositiva.

5 Haga clic en **OK** (Aceptar) para agregar la imagen prediseñada a su diapositiva.

¿Puedo buscar imágenes prediseñadas?

Puede buscar imágenes prediseñadas especificando una o más palabras de interés en el cuadro de diálogo Select Picture (Seleccionar imagen).

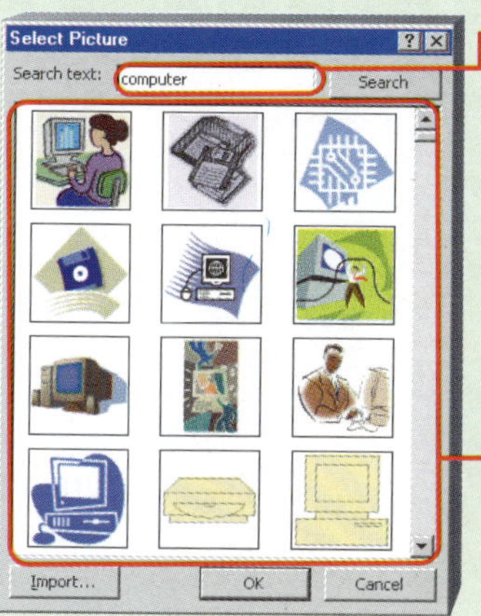

1 En el cuadro de diálogo Select Picture (Seleccionar imagen), haga clic en esta área y digite alguna palabra que describa el tipo de imagen que desea hallar. Luego, presione la tecla Enter.

■ El cuadro de diálogo mostrará las imágenes que concuerdan con las palabras especificadas.

¿Dónde puedo obtener más imágenes prediseñadas?

Puede comprar colecciones de imágenes prediseñadas en tiendas de computación. Muchos sitios Web, como www.allfree-clipart.com y www.neoticart.com, ofrecen imágenes prediseñadas que puede usar en sus diapositivas.

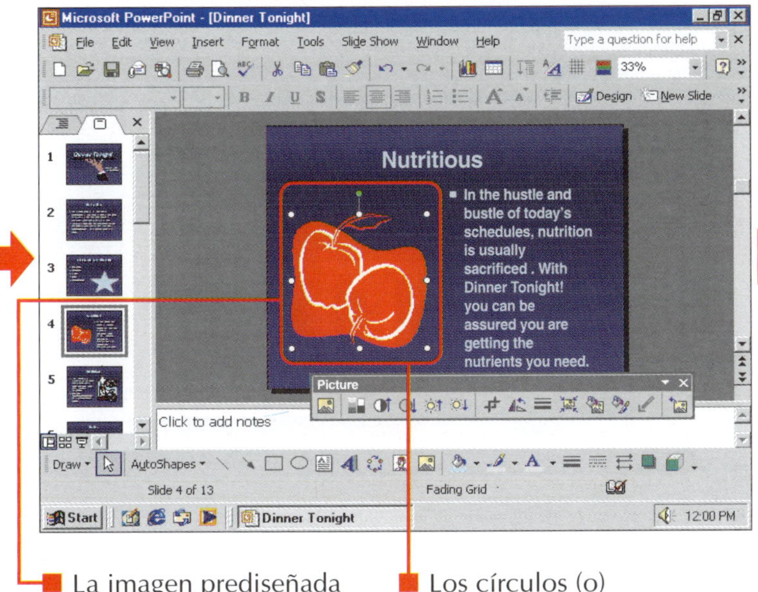

■ La imagen prediseñada aparece en la diapositiva.

■ Los círculos (o) ubicados alrededor de la imagen prediseñada le permiten cambiar el tamaño de la imagen. para mover o cambiar el tamaño de una imagen, vea la página 224.

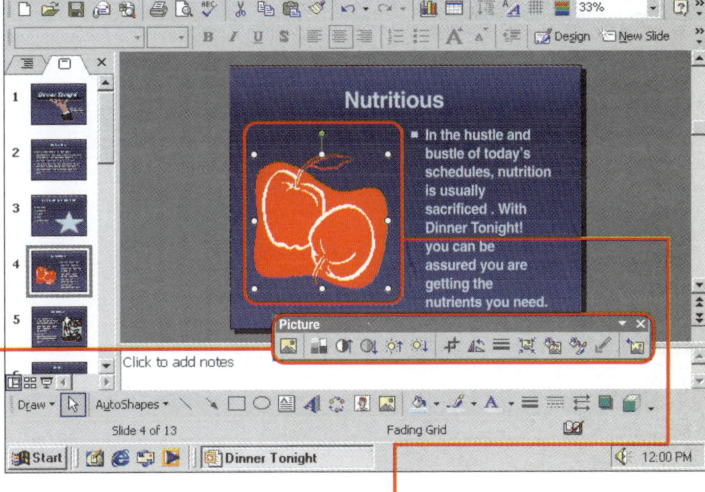

■ La barra de herramientas Picture (Imagen) también aparece, mostrando botones que le permitirán cambiar la imagen prediseñada.

■ Para cancelar la selección de una imagen, haga clic fuera de ella.

BORRAR UNA IMAGEN PREDISEÑADA

1 Haga clic en la imagen prediseñada que desea borrar y, luego, presione la tecla Delete.

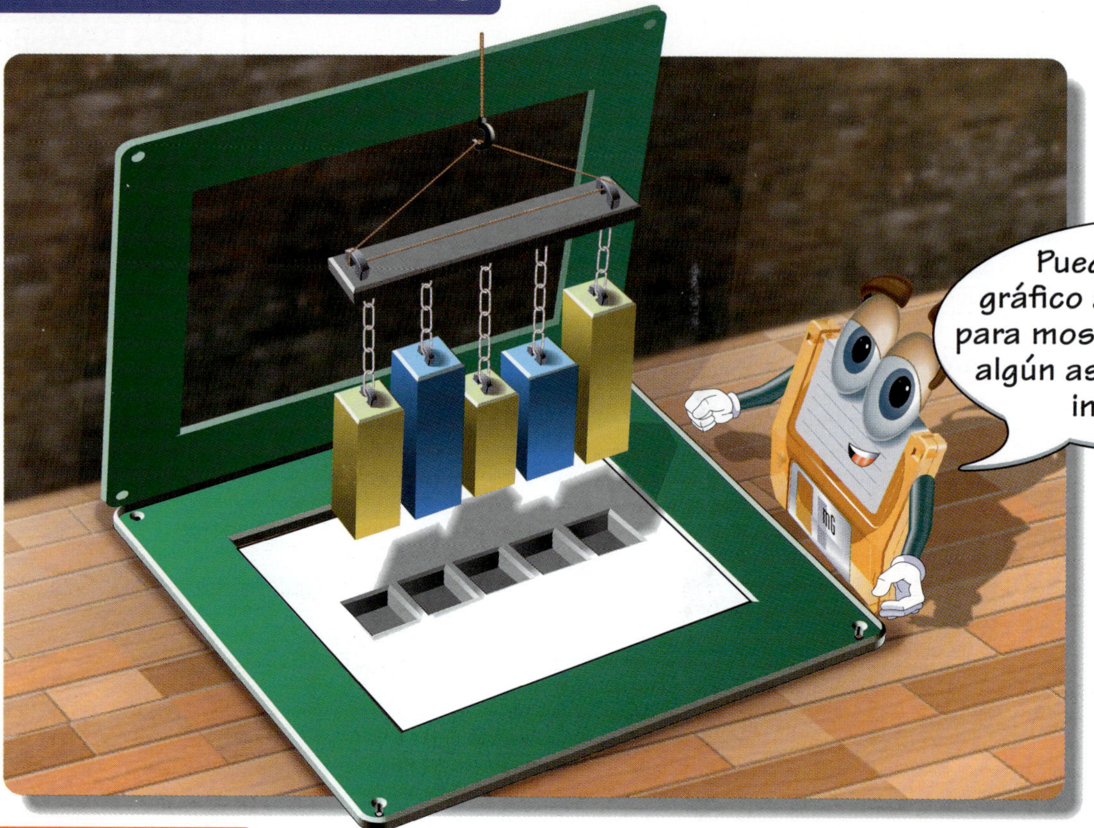

Un gráfico es más interesante y, a menudo, más fácil de entender que una lista de números.

AGREGAR UN GRÁFICO

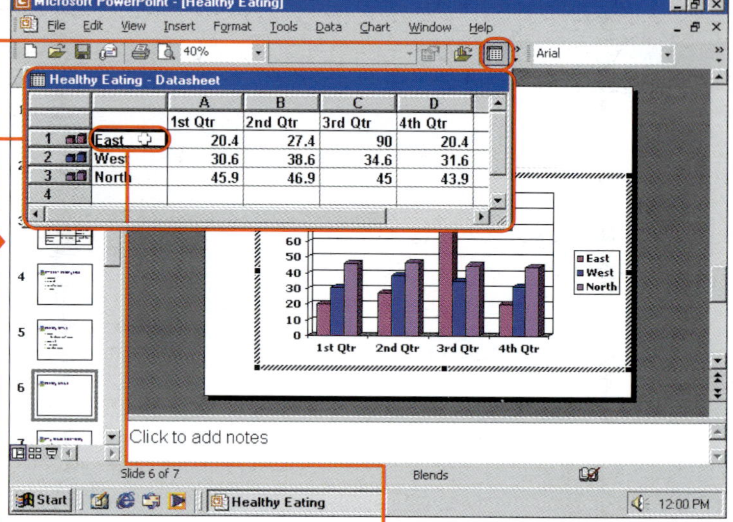

1 Abra la diapositiva a la que le desea agregar un gráfico.

2 Cambie el diseño de la diapositiva a alguno que incluya un marcador de posición para un gráfico. Para cambiar el diseño de la diapositiva, vea la página 210.

3 Haga clic en el icono de gráficos (■).

Nota: Dependiendo del diseño que escoja, posiblemente necesitará hacer doble clic en el marcador de posición para agregar la imagen.

■ Una hoja de información aparecerá, mostrando una muestra de datos, que le indicarán donde introducir la información.

■ Si la hoja de información no aparece, haga clic en para que esta aparezca.

Nota: Si el botón ■ no aparece, haga clic en ▶ de la barra de herramientas Standard (Estándar) para observar los botones.

4 Para reemplazar la información de una celda, haga clic en la celda. Esta tendrá un borde más grueso.

¿Cómo cambio la información que aparece en un gráfico?

Haga doble clic en el gráfico, para activarlo, de modo que muestre la hoja de información. Entonces, puede realizar los pasos del **4** al **7** de abajo, para cambiar la información mostrada en el gráfico.

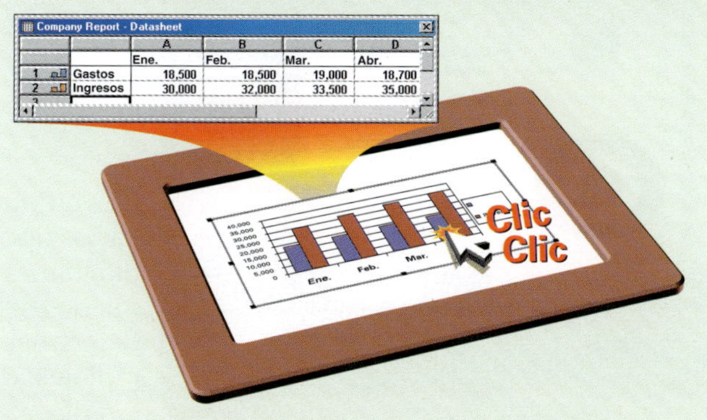

¿Cómo puedo agregar un gráfico sin cambiar el diseño de la diapositiva?

Puede hacer clic en el botón Insert Chart (Insertar gráfico) (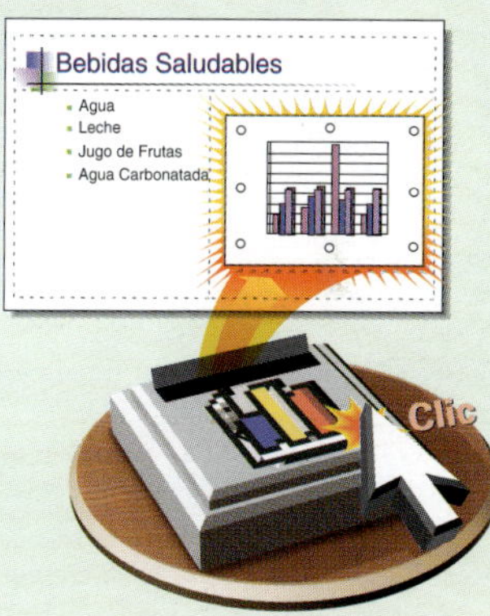) y, luego, realice los pasos del **4** al **7** de abajo para agregar un gráfico a una diapositiva sin cambiar antes el diseño de esta.

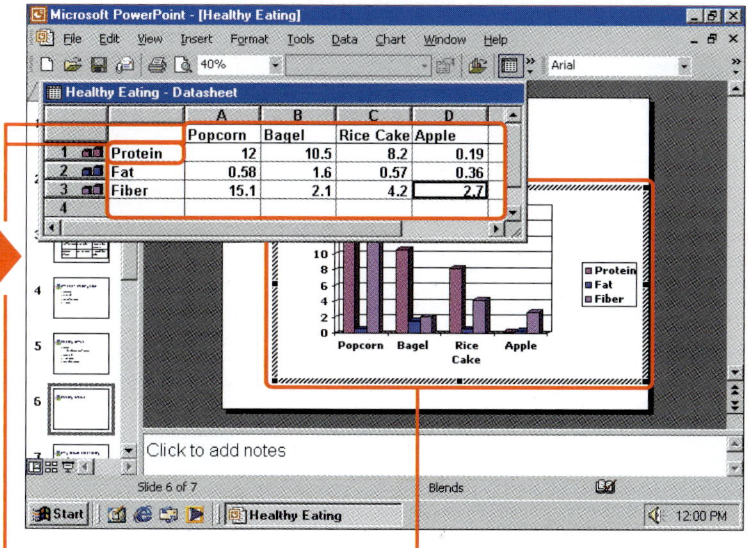

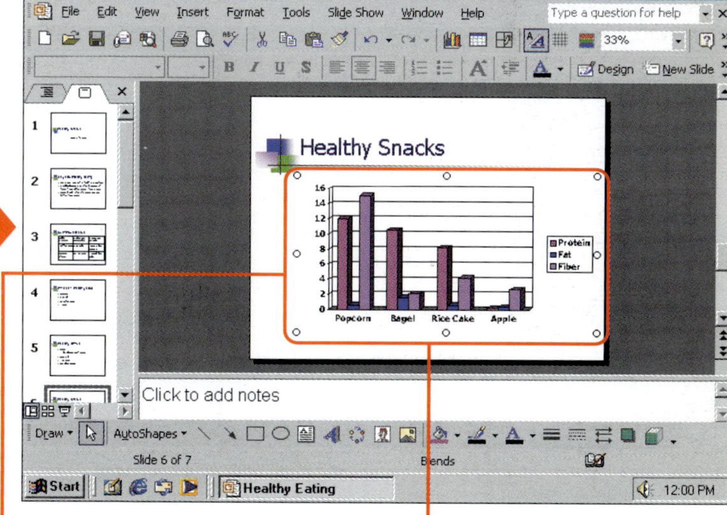

5 Digite su información y presione la tecla `Enter`.

Nota: Para eliminar la información de una celda y dejarla vacía, haga clic en ella y, luego, presione la tecla `Delete`*.*

6 Repita los pasos **4** y **5** hasta que termine de introducir toda la información.

■ Conforme introduzca la información, PowerPoint actualizará el gráfico de la diapositiva.

7 Cuando termine de introducir información para el gráfico, haga clic en un área en blanco de la pantalla.

■ La hoja de información desaparece y usted puede ver claramente el gráfico en su diapositiva.

■ Los círculos (o) ubicados alrededor del gráfico le permiten cambiar el tamaño del gráfico. Para mover o cambiar el tamaño de un gráfico, vea la página 224.

BORRAR UN GRÁFICO

1 Haga clic en el gráfico que desea borrar y, luego, presione la tecla `Delete`.

AGREGAR UN DIAGRAMA

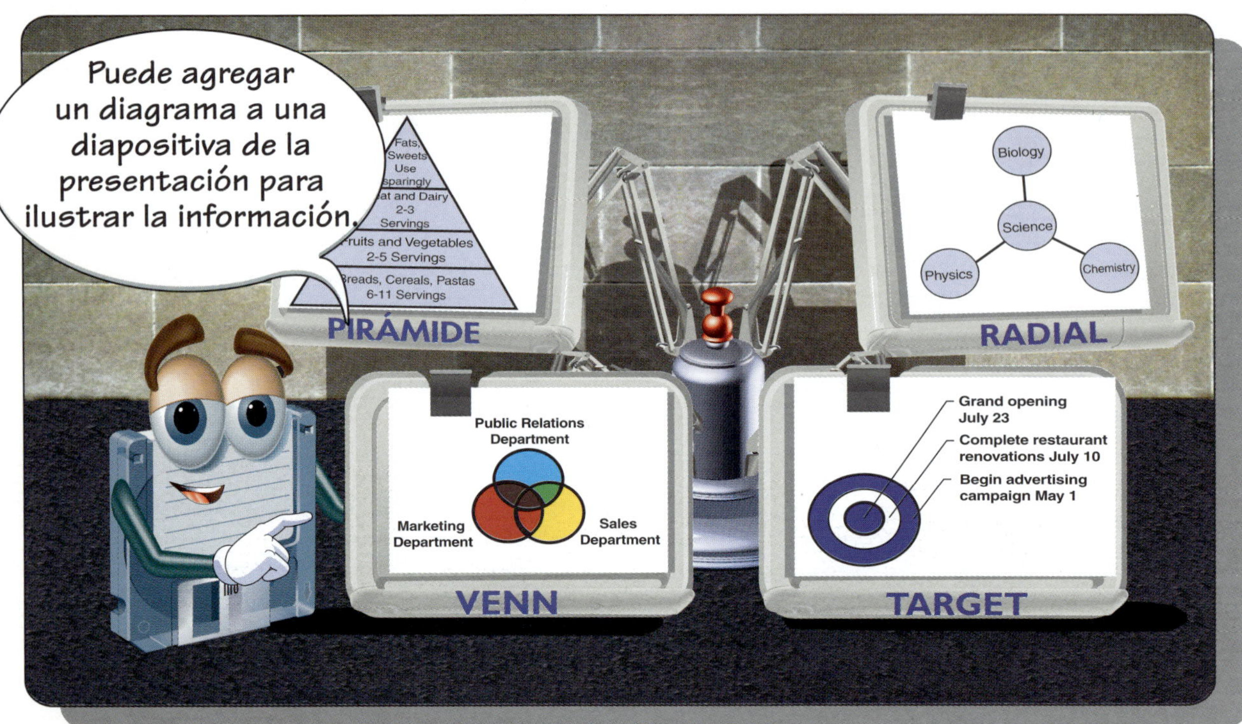

PowerPoint ofrece varios tipos de diagramas de los que puede escoger, como diagramas piramidales radiales, de Venn o de círculos concéntricos.

AGREGAR UN DIAGRAMA

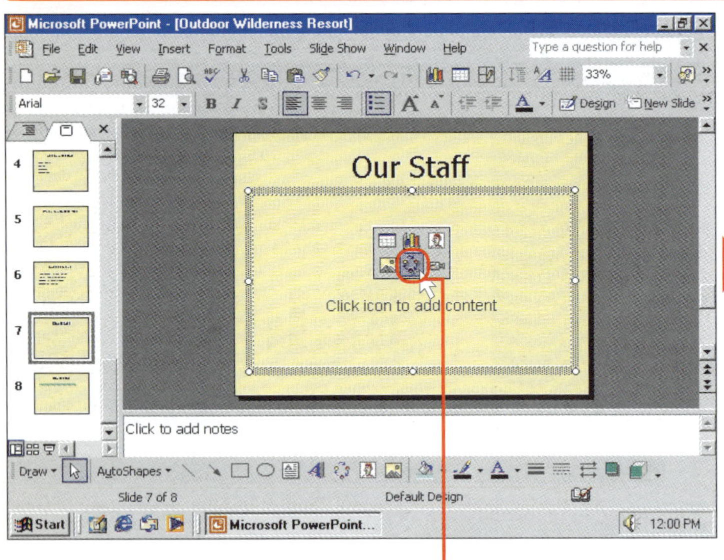

1 Abra la diapositiva a la que le desea agregar el diagrama.

2 Cambie el diseño de la diapositiva a alguno que incluya un marcador de posición para un diagrama. Para cambiar el diseño de la diapositiva, vea la página 210.

3 Haga clic en el icono de diagrama ( ) para agregar un diagrama a la diapositiva.

Nota: Dependiendo del diseño que escoja, es posible que necesite hacer doble clic en el marcador de posición para agregar el diagrama.

■ El cuadro de diálogo Diagram Gallery (Galería de diagramas) aparece.

4 Haga clic en el tipo de diagrama que desea agregar a la diapositiva.

■ Esta área muestra una descripción del diagrama seleccionado.

5 Haga clic en **OK** (Aceptar) para agregar el diagrama a la diapositiva.

¿Cuando agrego una forma a un organigrama, qué opciones tengo?

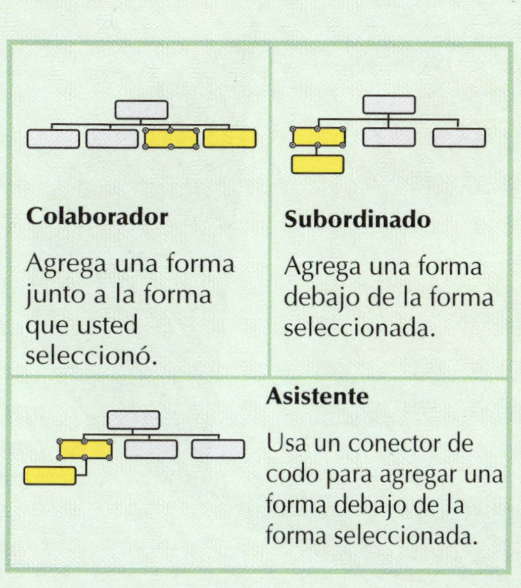

Colaborador

Agrega una forma junto a la forma que usted seleccionó.

Subordinado

Agrega una forma debajo de la forma seleccionada.

Asistente

Usa un conector de codo para agregar una forma debajo de la forma seleccionada.

¿Cómo borro un diagrama?

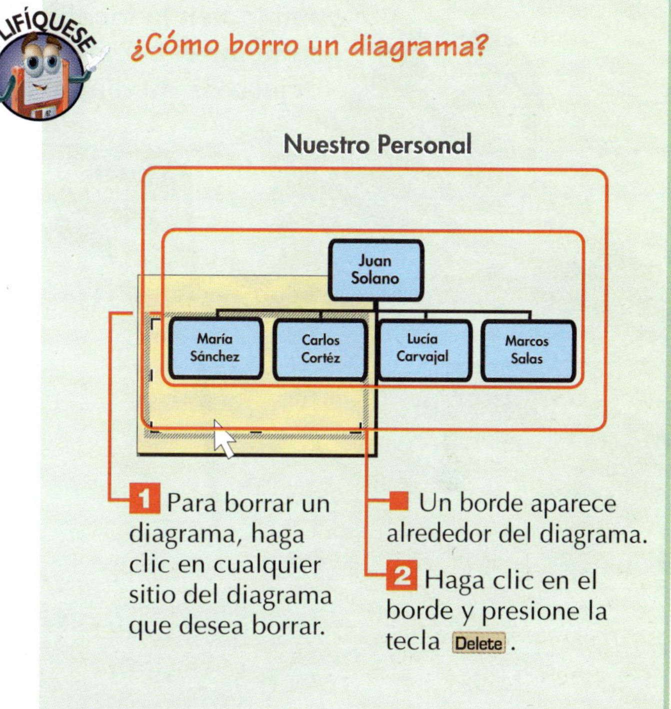

1 Para borrar un diagrama, haga clic en cualquier sitio del diagrama que desea borrar.

■ Un borde aparece alrededor del diagrama.

2 Haga clic en el borde y presione la tecla `Delete`.

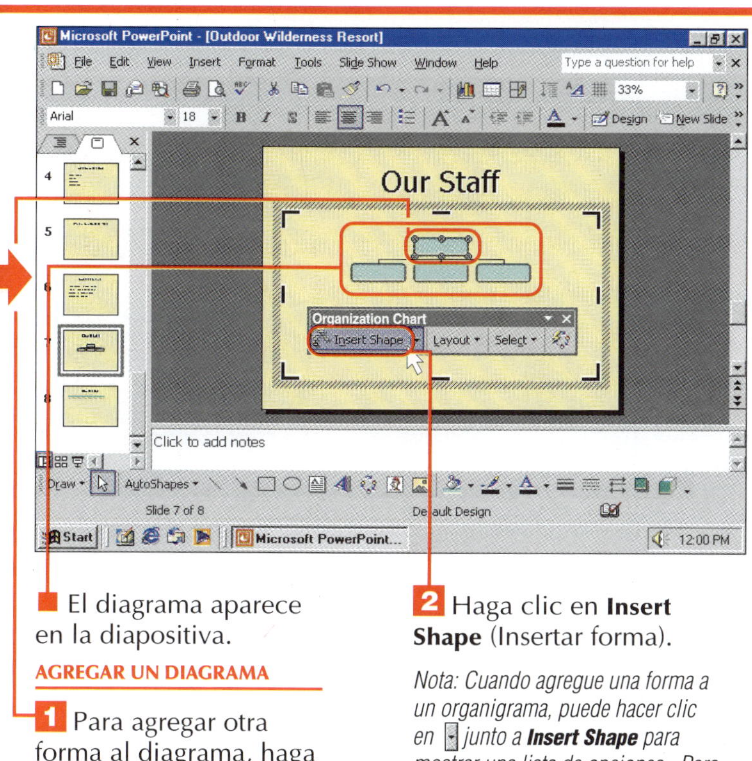

■ El diagrama aparece en la diapositiva.

AGREGAR UN DIAGRAMA

1 Para agregar otra forma al diagrama, haga clic en la forma junto a la cual desea que aparezca la nueva.

2 Haga clic en **Insert Shape** (Insertar forma).

*Nota: Cuando agregue una forma a un organigrama, puede hacer clic en ▾ junto a **Insert Shape** para mostrar una lista de opciones. Para mayor información, vea la parte superior de esta página.*

■ La nueva forma aparece en el diagrama.

AGREGAR TEXTO A UN DIAGRAMA

1 Haga clic en el área donde desee agregar texto.

■ Un borde aparecerá alrededor del área, en caso de que pueda agregar texto a esa área.

2 Digite el texto que desea agregar.

3 Cuando termine de digitar, haga clic fuera del área del texto.

4 Repita los pasos del **1** al **3** para cada área de texto que desee agregar.

223

MOVER O CAMBIAR EL TAMAÑO DE UN OBJETO

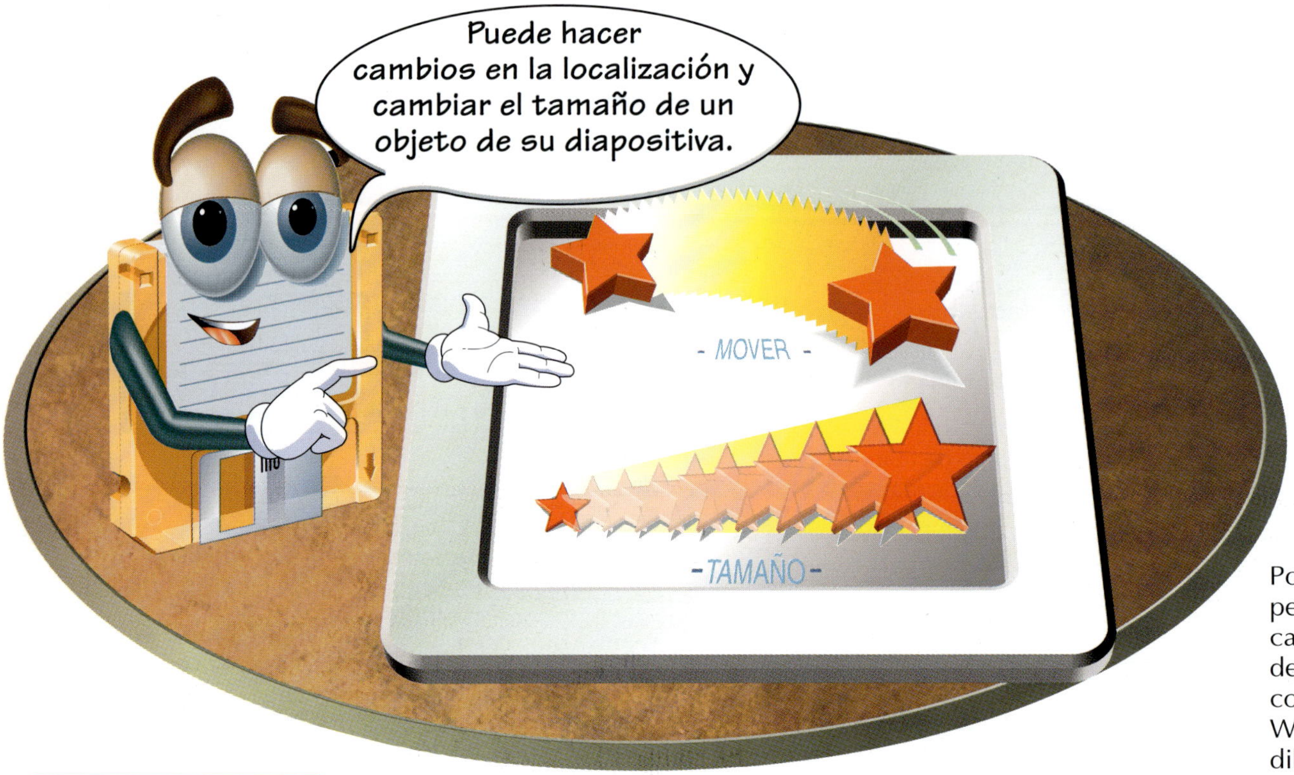

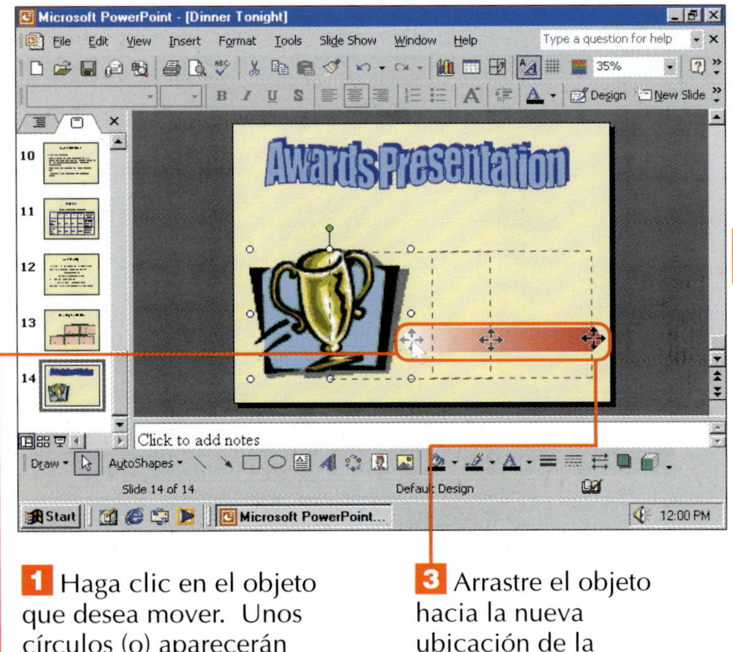

PowerPoint le permite mover o cambiar el tamaño de objetos tales como Autoformas, WordArt, imágenes, dibujos y gráficos.

MOVER UN OBJETO

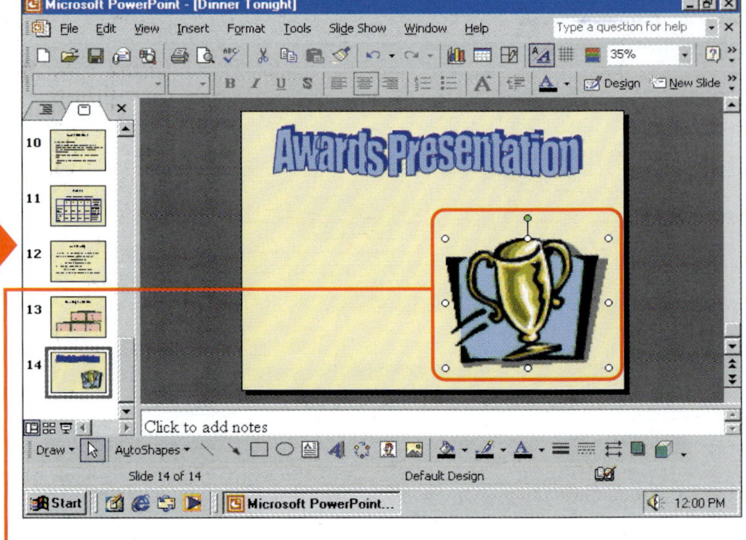

1 Haga clic en el objeto que desea mover. Unos círculos (o) aparecerán alrededor del objeto.

2 Coloque el del mouse sobre algún extremo del objeto (cambia a).

3 Arrastre el objeto hacia la nueva ubicación de la diapositiva.

■ Una línea indicará el sitio donde aparecerá el objeto.

■ El objeto aparece en la nueva localización.

¿Cómo puedo cambiar la forma de mover un objeto o de cambiar su tamaño?

Mover solo horizontal o verticalmente

Para mover un objeto de la diapositiva solo horizontal o verticalmente, presione la tecla Shift mientras mueva el objeto.

Mantener el centro del objeto cuando lo cambia de tamaño

Para mantener el centro de un objeto en el mismo lugar mientras lo cambia de tamaño, presione la tecla Ctrl mientras realiza el cambio.

CAMBIAR EL TAMAÑO DE UN OBJETO

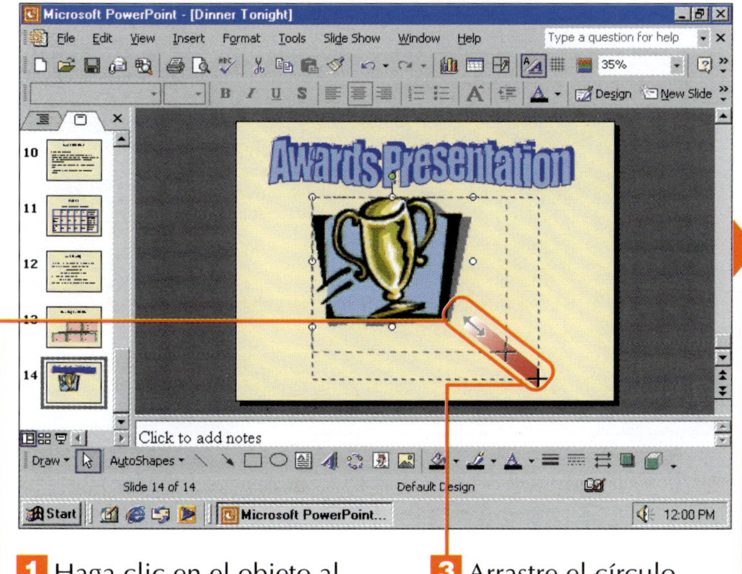

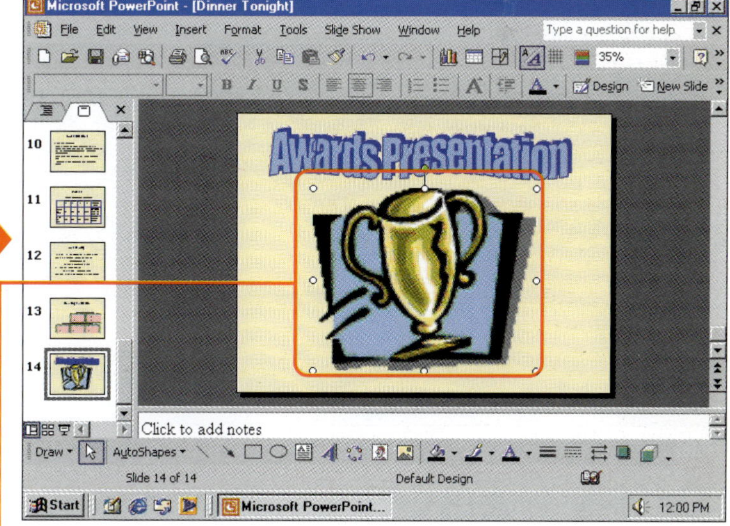

1 Haga clic en el objeto al que le desea cambiar el tamaño. Unos círculos (o) aparecen alrededor del objeto.

2 Coloque el ▷ del mouse sobre uno de los círculos (▷ cambia a ↘, ↗, ↔ o ↕).

3 Arrastre el círculo hasta que el objeto tenga el tamaño deseado.

■ Una línea discontinua muestra el nuevo tamaño.

■ El objeto aparece con su nuevo tamaño.

Siempre debería considerar al auditorio cuando escoja una fuente. Por ejemplo, escoja una fuente informal, como Comic Sans MS, para una presentación dirigida a sus colegas o compañeros; y una fuente conservadora, como Times New Roman, en una presentación para un grupo de clientes.

CAMBIAR LA FUENTE DEL TEXTO

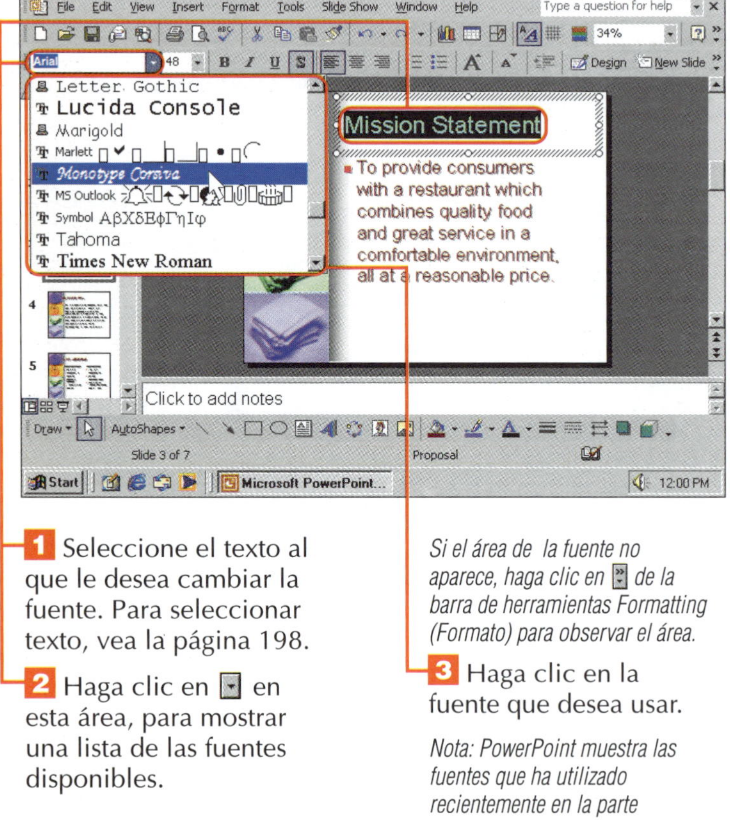

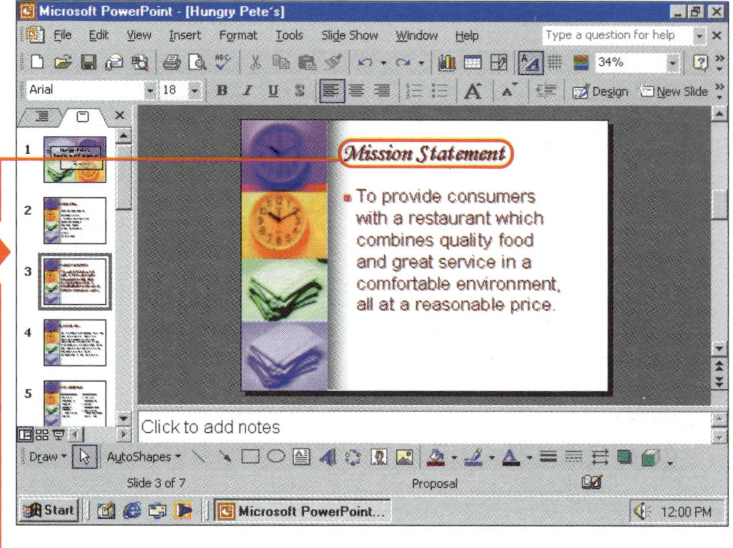

1 Seleccione el texto al que le desea cambiar la fuente. Para seleccionar texto, vea la página 198.

2 Haga clic en ▼ en esta área, para mostrar una lista de las fuentes disponibles.

Si el área de la fuente no aparece, haga clic en ▸ de la barra de herramientas Formatting (Formato) para observar el área.

3 Haga clic en la fuente que desea usar.

Nota: PowerPoint muestra las fuentes que ha utilizado recientemente en la parte superior de la lista.

■ El texto que ha seleccionado cambia a la nueva fuente.

■ Para cancelar la selección del texto, haga clic afuera del área seleccionada.

CAMBIAR EL TAMAÑO DEL TEXTO

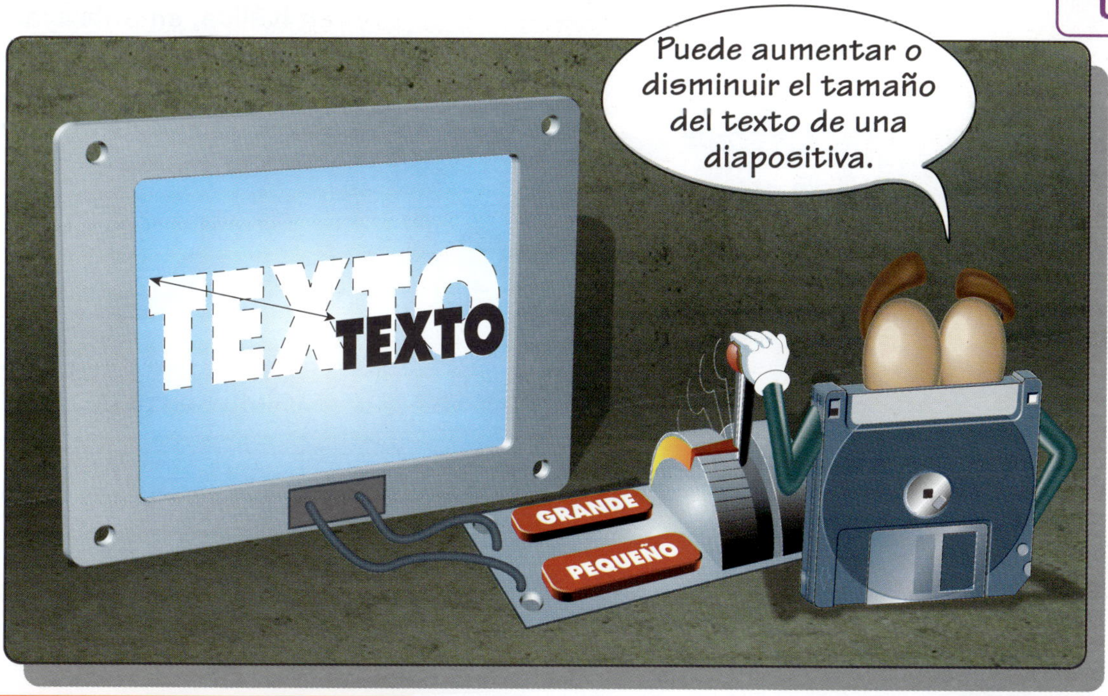

El texto más grande es más fácil de leer, pero el texto más pequeño le permite acomodar más información en una sola diapositiva.

CAMBIAR EL TAMAÑO DEL TEXTO

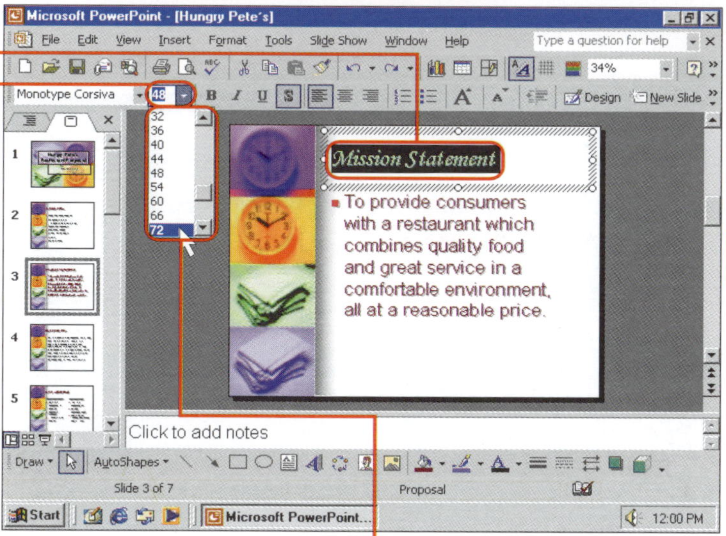

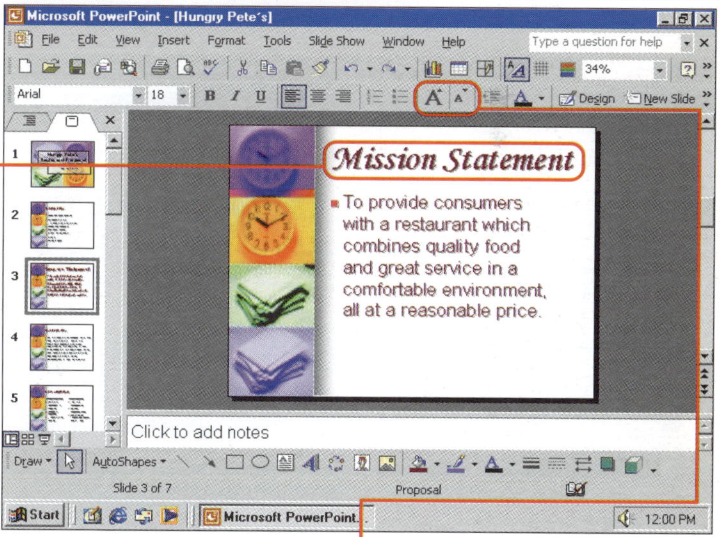

1 Seleccione el texto al que le desea cambiar el tamaño. Para seleccionar texto, vea la página 198.

2 Haga clic en ▾ en esta área para observar una lista de los tamaños disponibles.

Si el área del tamaño de la fuente no aparece, haga clic en » de la barra de herramientas de Formatting (Formato) para observar esta área.

3 Haga clic en el tamaño que desea usar.

■ El texto que seleccionó cambia a su nuevo tamaño.

■ Para cancelar la selección de texto, haga clic afuera del área seleccionada.

CAMBIAR RÁPIDAMENTE EL TAMAÑO DE UN TEXTO

1 Seleccione el texto al que le desea cambiar el tamaño.

2 Haga clic en A o en A para aumentar o disminuir el tamaño del texto.

Si el botón que necesita no aparece, haga clic en » de la barra de herramientas de Formatting (Formato) para observar todos los botones.

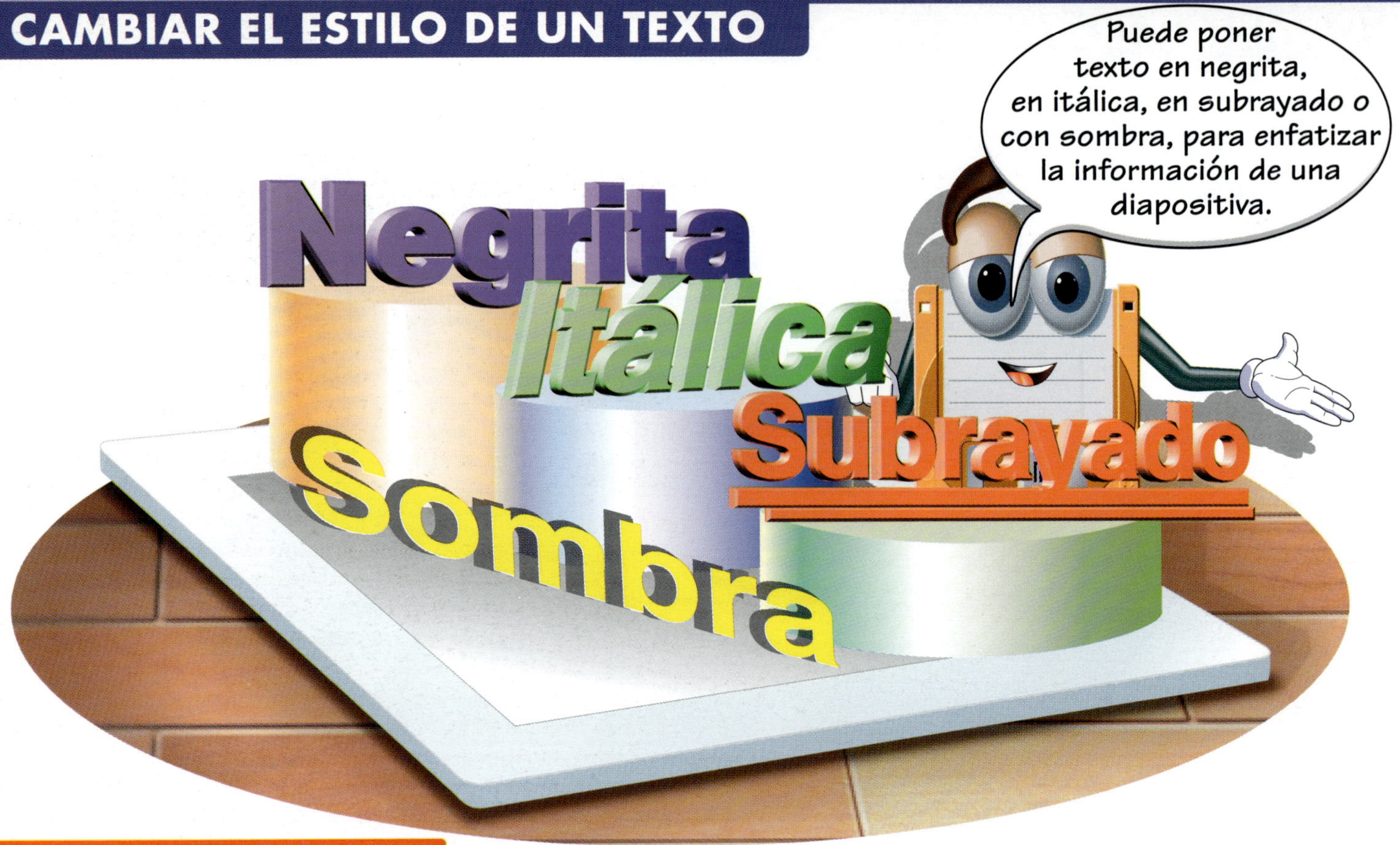

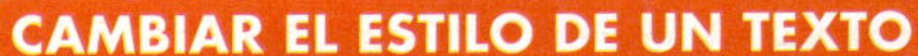

CAMBIAR EL ESTILO DE UN TEXTO

CAMBIAR EL ESTILO DE UN TEXTO

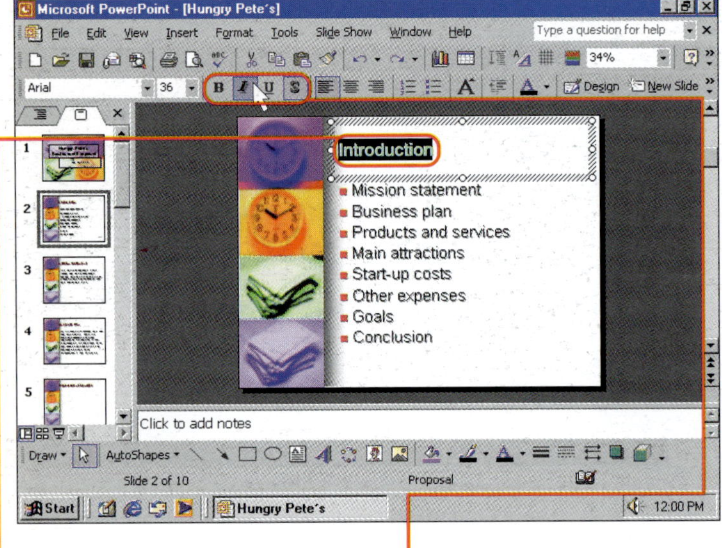

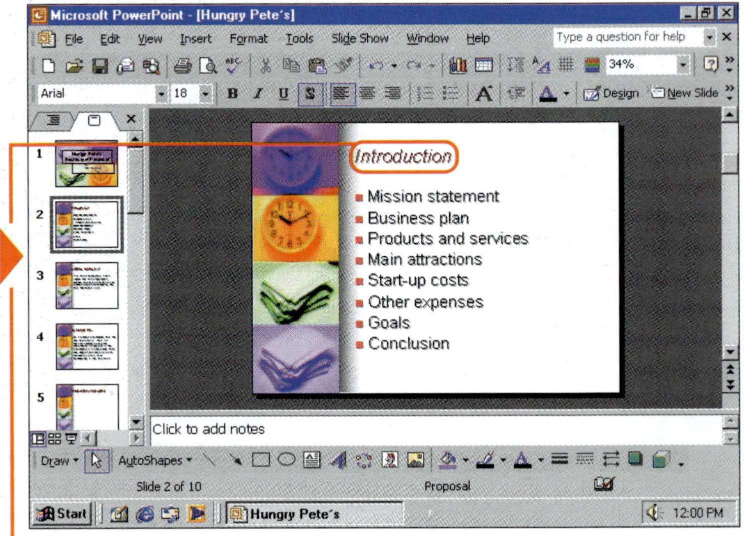

1 Seleccione el texto que desea poner en negrita, en itálica, en subrayado o con sombra. Para seleccionar texto, vea la página 198.

2 Haga clic en uno de los siguientes botones.

- **B** Negrita
- *I* Itálica
- U Subrayado
- S Sombra

Nota: Si el botón que desea usar no aparece, haga clic en » de la barra de herramientas de Formatting.

■ El texto que seleccionó aparece con el nuevo estilo.

■ Para cancelar la selección de un texto, haga clic afuera del área seleccionada.

■ Para eliminar los estilos en negrita, en itálica, en subrayado o con sombra, repita los pasos **1** y **2**.

CAMBIAR EL ALINEAMIENTO DE UN TEXTO

CAMBIAR EL ALINEAMIENTO DE UN TEXTO

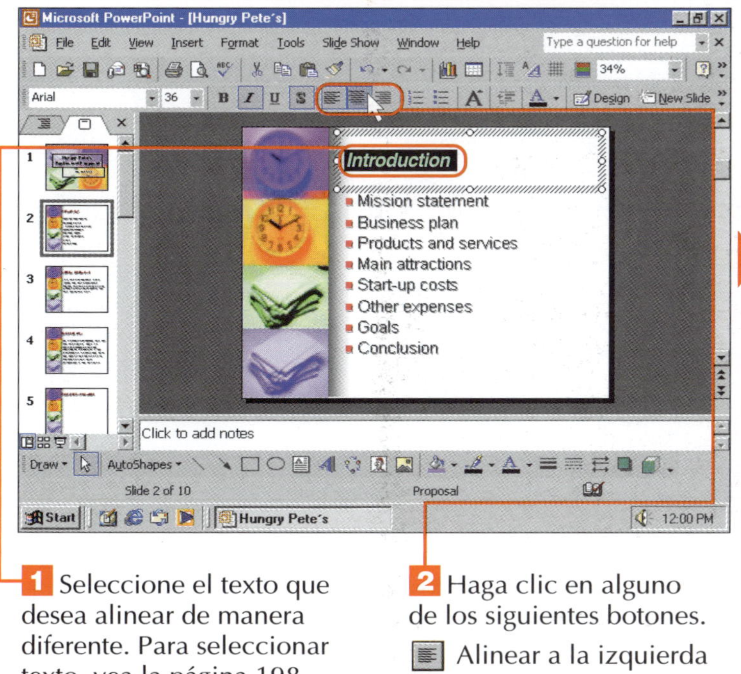

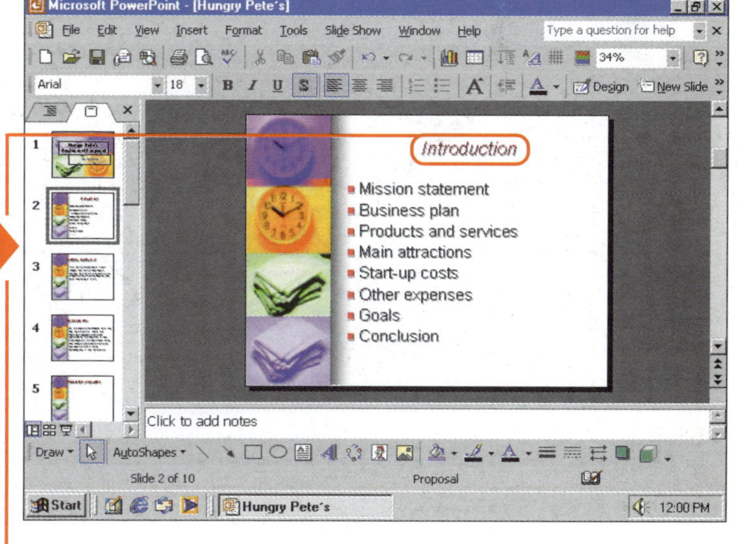

1 Seleccione el texto que desea alinear de manera diferente. Para seleccionar texto, vea la página 198.

2 Haga clic en alguno de los siguientes botones.

- Alinear a la izquierda
- Centrar
- Alinear a la derecha

Si el botón deseado no aparece, haga clic en ▾ de la barra de herramientas de Formatting (Formato) para observar todos los botones.

■ El texto aparece con el nuevo alineamiento.

■ Para cancelar la selección de un texto, haga clic afuera del área elegida.

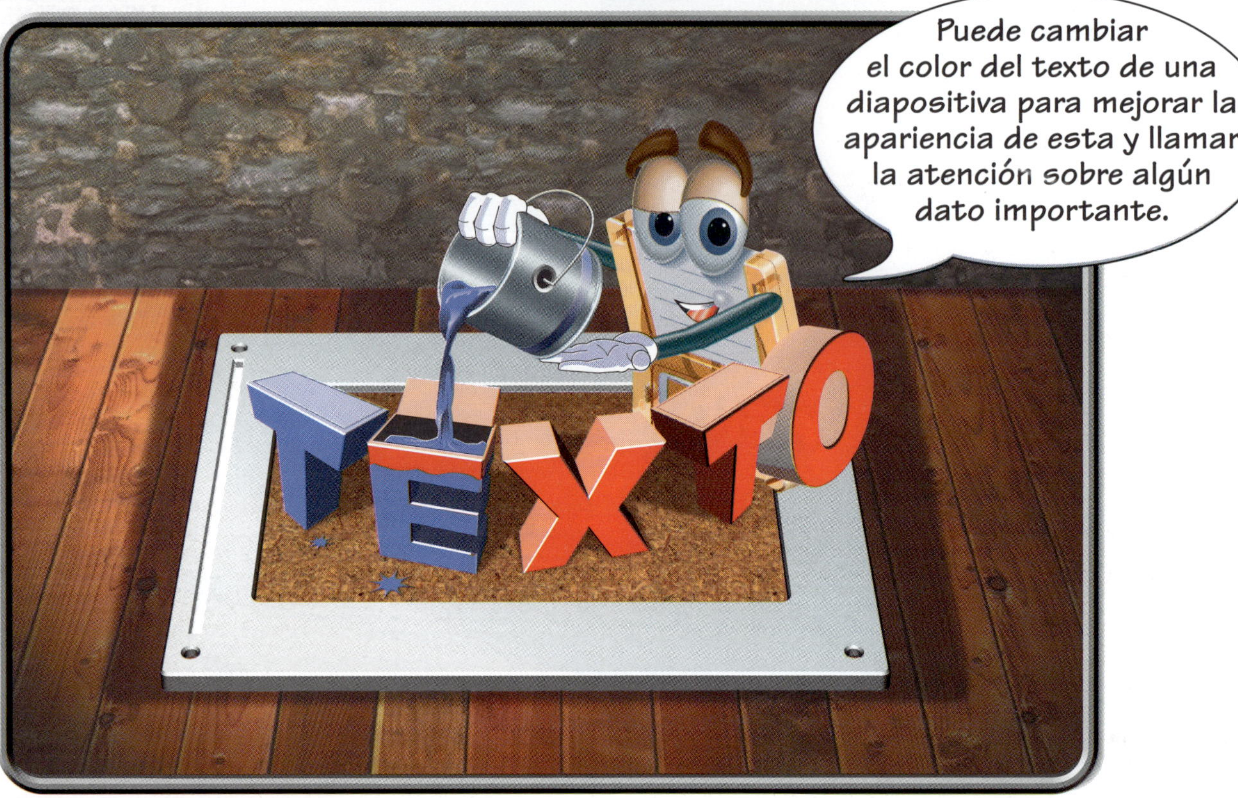

CAMBIAR EL COLOR DE UN TEXTO

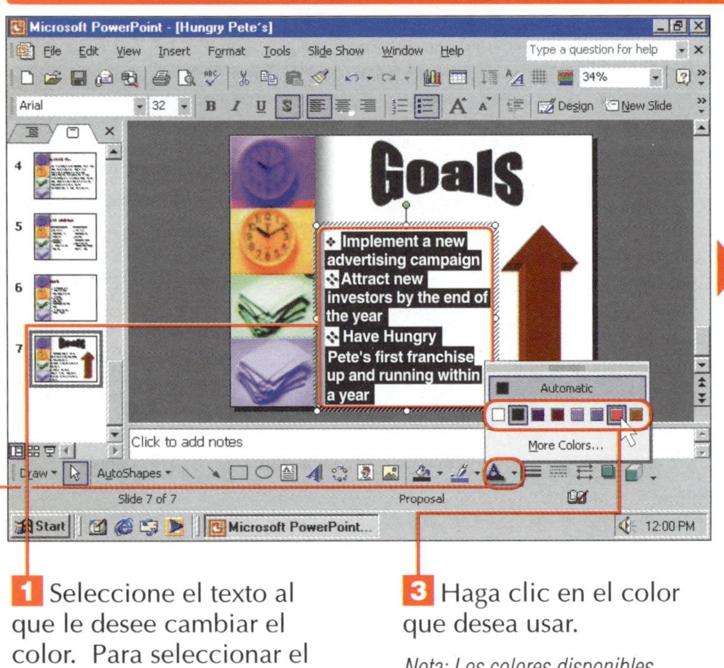

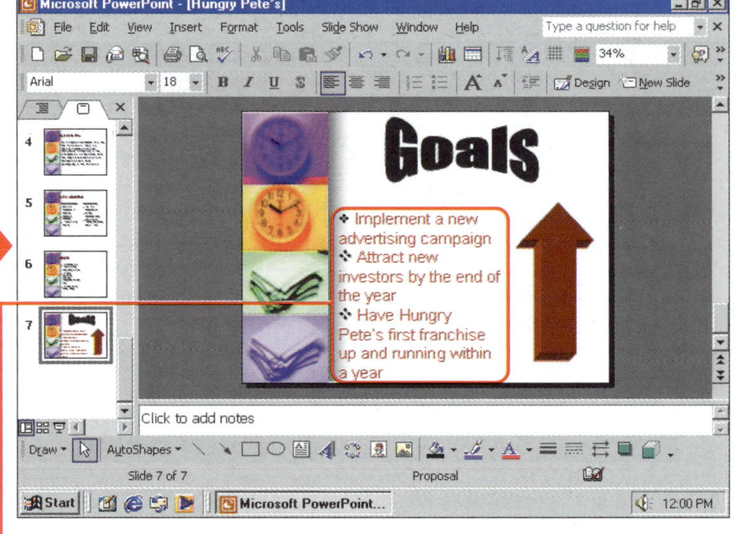

1 Seleccione el texto al que le desee cambiar el color. Para seleccionar el texto, vea la página 198.

2 Haga clic en ⬚, en esta área, para observar los colores disponibles.

3 Haga clic en el color que desea usar.

Nota: Los colores disponibles dependen del esquema de colores de la diapositiva. Para más información sobre esquemas de colores, vea la página 234.

■ El texto aparece con los colores que seleccionó.

■ Para cancelar la selección del texto haga clic en el área seleccionada.

■ Para observar de nuevo el texto con el color predeterminado, repita los pasos del **1** al **3**, pero seleccione **Automatic** (Automático) en el paso **3**.

CAMBIAR EL COLOR DE UN OBJETO

PowerPoint le permite cambiar el color de objetos tales como Autoformas, WordArt, imágenes prediseñadas y gráficos.

CAMBIAR EL COLOR DE UN TEXTO

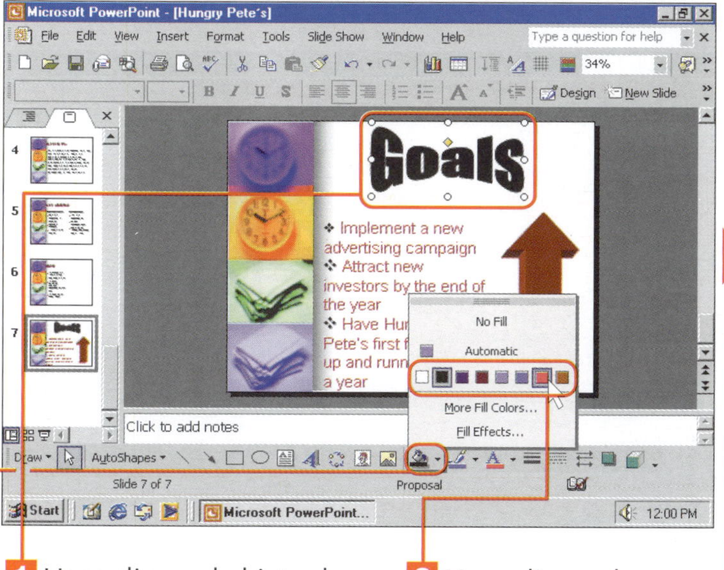

1 Haga clic en el objeto al que le desea cambiar el color. Unos círculos (o) aparecerán alrededor del objeto.

2 Haga clic en ▾ en esta área para observar los colores disponibles.

3 Haga clic en el color que desea usar.

Nota: Los colores disponibles dependen del esquema de colores de la diapositiva. Para más información sobre esquemas de colores, vea la página 234.

■ El objeto aparece con el color que seleccionó.

■ Para cancelar la selección del objeto, haga clic afuera de él.

■ Para mostrar el objeto de nuevo con el color predeterminado, repita los pasos del **1** al **3**, pero seleccione **Automatic** (Automático) en el paso **3**.

Puede cambiar la plantilla de diseño de toda la presentación o de una sola diapositiva. Cambiar la plantilla de diseño de una sola diapositiva puede hacer que esta sobresalga del resto de la presentación.

CAMBIAR LA PLANTILLA DE DISEÑO

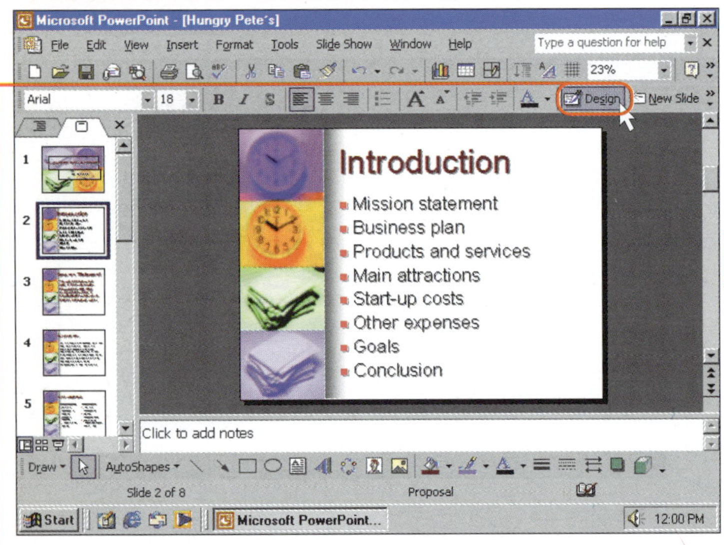

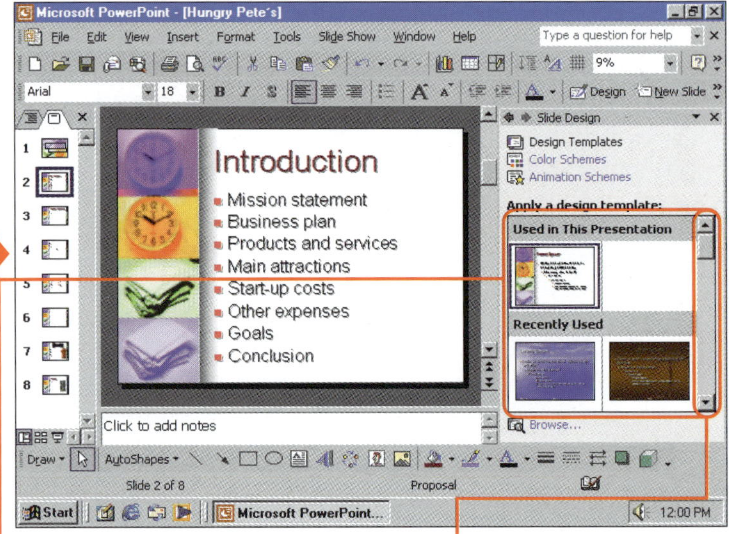

1 Haga clic en **Design** (Estilo) para observar el panel de tareas Slide Design (Estilo de la diapositiva).

Nota Si el botón Design (Estilo) no aparece, haga clic en ⟫ *de la barra de herramientas de Formatting (Formato) para observar todos los botones.*

■ El panel de tareas Slide Design (Estilo de la diapositiva) aparece.

■ Esta área muestra las plantillas de diseño disponibles.

Las plantillas de diseño están organizadas en tres secciones: — Utilizada en esta presentación, Utilizada recientemente y Disponible para utilizar.

■ Puede usar la barra de desplazamiento para ver a través de las plantillas de diseño.

¿Cambié la plantilla de diseño de mi presentación, por qué algunas partes de la diapositiva no cambiaron?

Es posible que la nueva plantilla de diseño no afecte algunas partes de la diapositiva que haya formateado previamente. Por ejemplo, si cambió el color del texto de una diapositiva antes de cambiar la plantilla de diseño, la nueva plantilla no afectará el texto que cambió.

¿Puedo aplicar una plantilla de diseño en blanco a mis diapositivas?

PowerPoint ofrece una plantilla de diseño en blanco en la sección Disponible para utilizar del panel de tareas Slide Design (Estilo de la diapositiva). El uso de una plantilla en blanco es útil si encuentra difícil trabajar con el contenido de su presentación cuando se le aplican colores a esta. Una vez haya terminado de trabajar con la presentación, puede cambiar la plantilla de diseño a una plantilla con más colores.

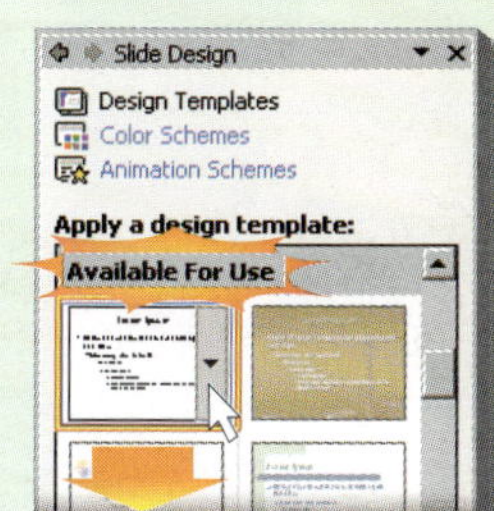

CAMBIAR LA PLANTILLA DE DISEÑO A UNA DIAPOSITIVA

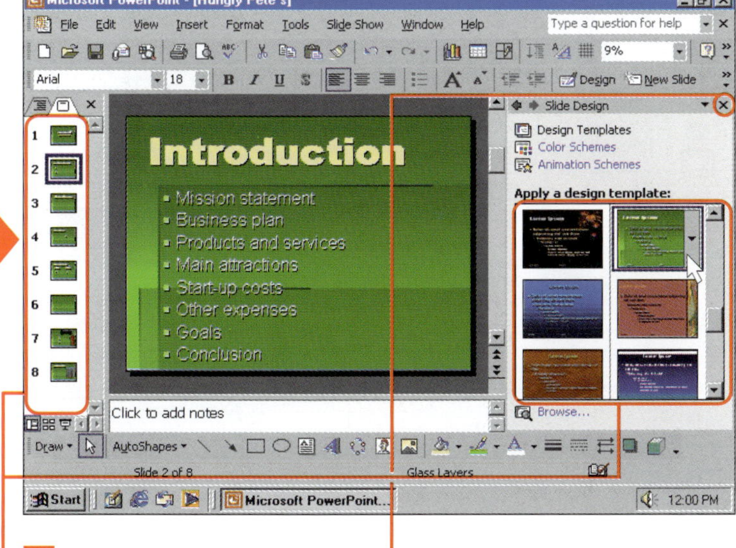

2 Haga clic en la plantilla de diseño que desea usar.

■ Todas las diapositivas de su presentación muestran la plantilla de diseño seleccionada.

Nota: Para seleccionar una plantilla de diseño diferente, repita el paso 2.

3 Cuando termine de seleccionar una plantilla de diseño, puede hacer clic en ☒ para cerrar el panel Slide Design.

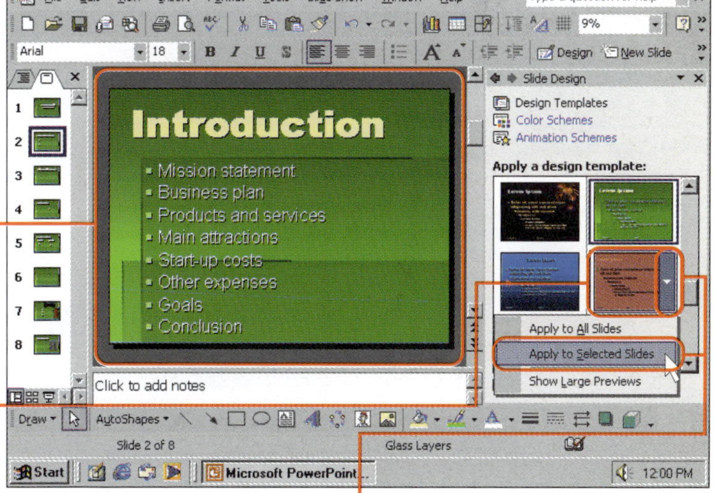

1 Abra la diapositiva a la que le desea aplicar la plantilla de diseño.

2 Coloque el ↖ del mouse sobre la plantilla de diseño que desea usar. Una flecha (⯆) aparece.

3 Haga clic en la flecha (⯆) para observar una lista de opciones.

4 Haga clic en **Apply to Selected Slides**. (Aplicar a las diapositivas seleccionadas).

233

También puede cambiar el esquema de colores de una sola diapositiva. Cambiar el esquema de colores de una sola diapositiva puede hacer que la diapositiva seleccionada sobresalga del resto.

Cada esquema de colores contiene un grupo de ocho colores coordinados, incluyendo colores de fondo, texto, líneas, sombras, títulos y acentos.

CAMBIAR EL ESQUEMA DE COLORES

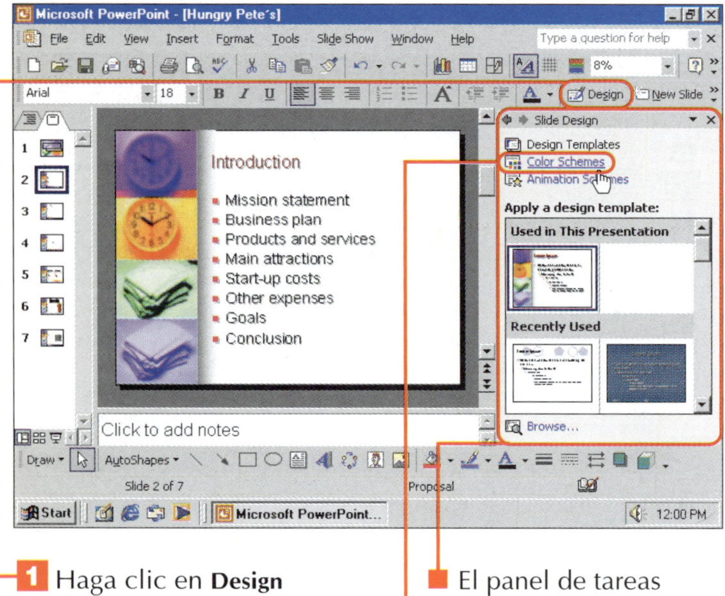

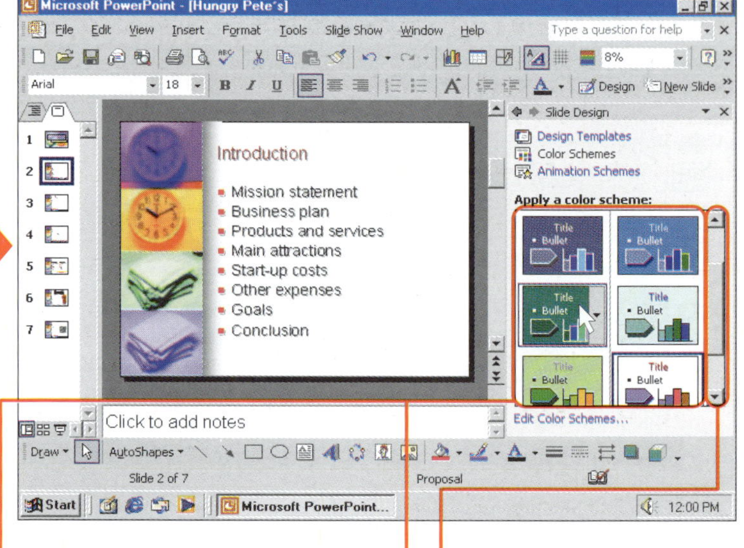

1 Haga clic en **Design** (Estilo) para observar el panel de tareas Slide Design (Estilo de la diapositiva).

Nota: Si el botón Design no aparece, haga clic en ⏵ de la barra de herramientas de Formatting (Formato) para observar todos los botones.

■ El panel de tareas Slide Design (Estilo de la diapositiva) aparece.

2 Haga clic en **Color Schemes** para observar los esquemas de color disponibles.

■ Esta área muestra los esquemas de color disponibles.

Nota: Los esquemas de color disponibles dependen de la plantilla de diseño en uso. Para información sobre las plantillas de diseño, vea la página 232.

■ Puede usar la barra de desplazamiento para examinar los esquemas de color

3 Haga clic en el esquema de color que desea usar.

¿Qué debo considerar al cambiar el esquema de colores de las diapositivas?

Cuando seleccione un esquema de colores, debe considerar como se observará su presentación. Si utiliza formas superpuestas, debe usar un esquema de colores con fondo claro y texto oscuro. Si usa diapositivas de 35 mm o si realiza su presentación en la pantalla de una computadora, escoja un esquema de colores con un fondo oscuro y con texto claro.

Algunas de mis diapositivas no cambiaron a su nuevo esquema de colores. ¿Qué anda mal?

Es posible que haya usado más de una plantilla de diseño en su presentación. De manera predeterminada, PowerPoint solo aplica el nuevo esquema de colores a las diapositivas que tengan la misma plantilla de diseño que la plantilla en uso. Para aplicar el esquema de colores a todas las diapositivas de su presentación, realice los pasos del **2** al **4** de la página 235, pero seleccione Apply to All Slides **Apply to All Slides** (Aplicar a todas las diapositivas) en el paso **4**. Para más información sobre plantillas de diseño, vea la página 232.

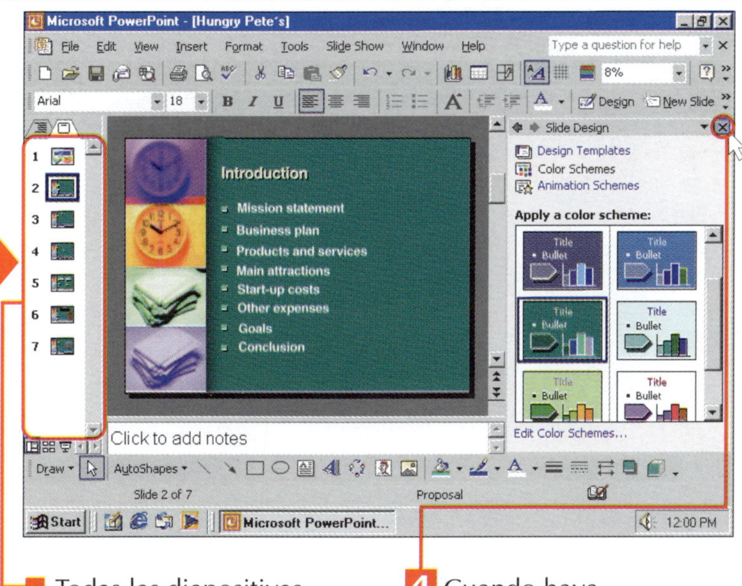

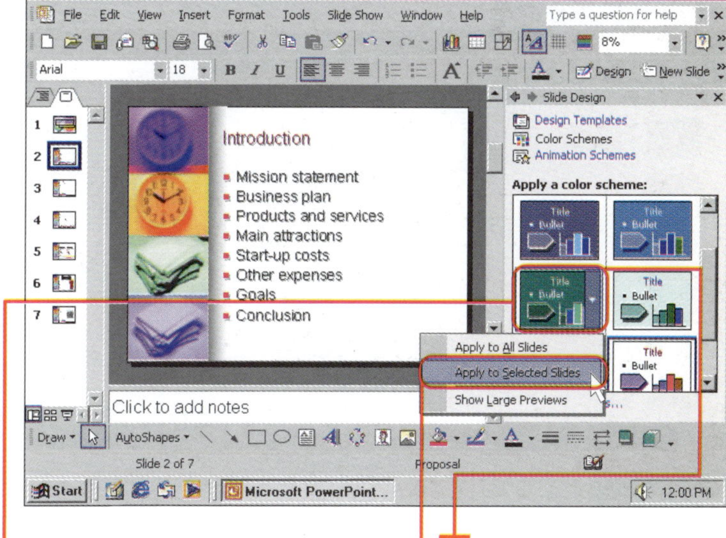

■ Todas las diapositivas de su presentación muestran el esquema de colores seleccionado.

Nota: Para seleccionar un esquema de colores diferente, repita el paso 3.

4 Cuando haya terminado de seleccionar el esquema de colores, puede hacer clic en ☒ para cerrar el panel de tareas de Slide Design (Estilo de la diapositiva).

CAMBIAR EL ESQUEMA DE COLORES DE UNA DIAPOSITIVA

1 Abra la diapositiva a la que le quiere aplicar un esquema de colores diferente.

2 Coloque el ⇖ del mouse sobre el esquema de colores que desea usar. Una flecha (▾) aparece.

3 Haga clic en la flecha (▾) para observar la lista de opciones.

4 Haga clic en **Apply to Selected Slides**. (Aplicar a las diapositivas seleccionadas).

235

ANIMAR DIAPOSITIVAS

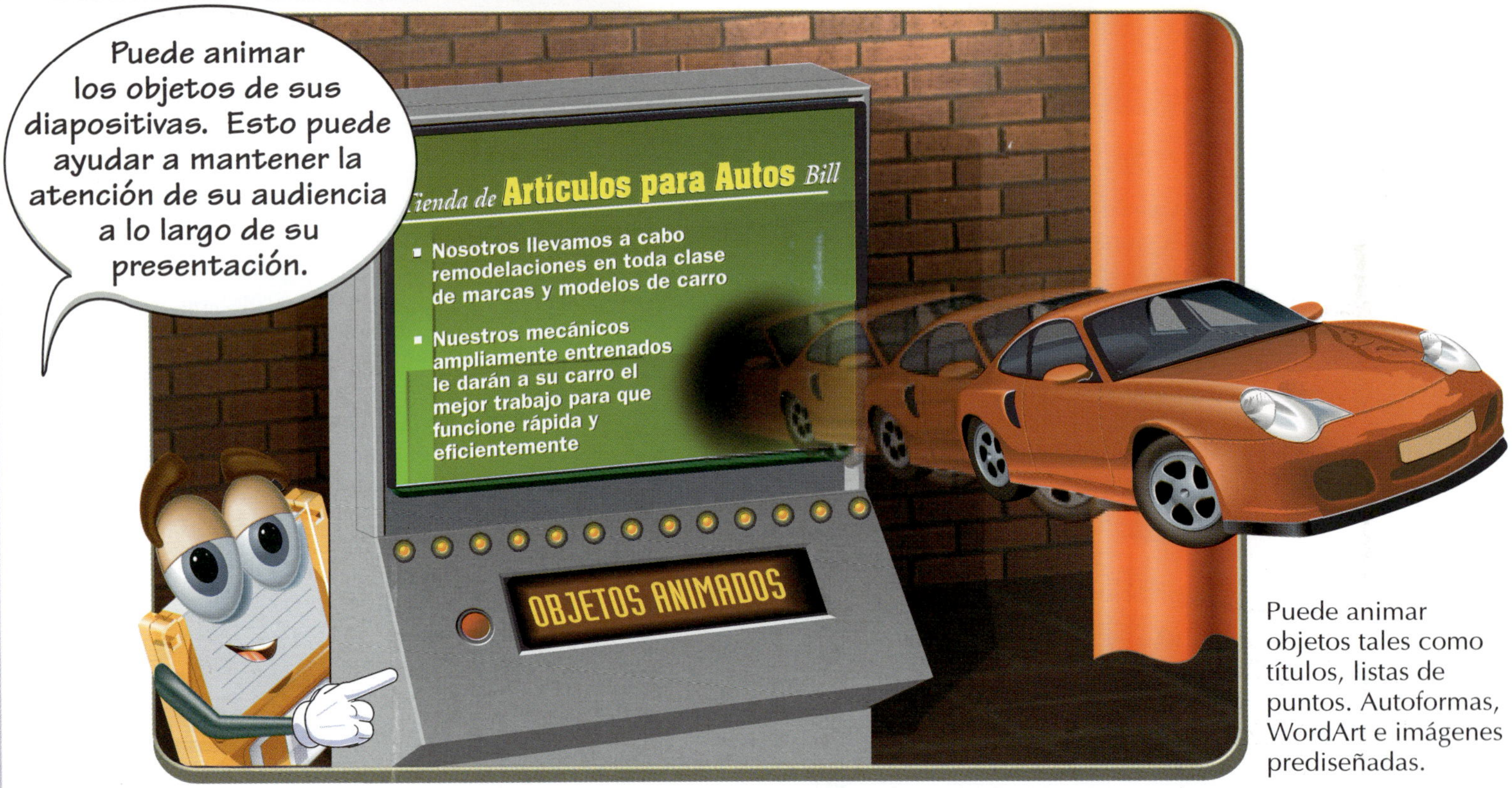

Puede animar objetos tales como títulos, listas de puntos. Autoformas, WordArt e imágenes prediseñadas.

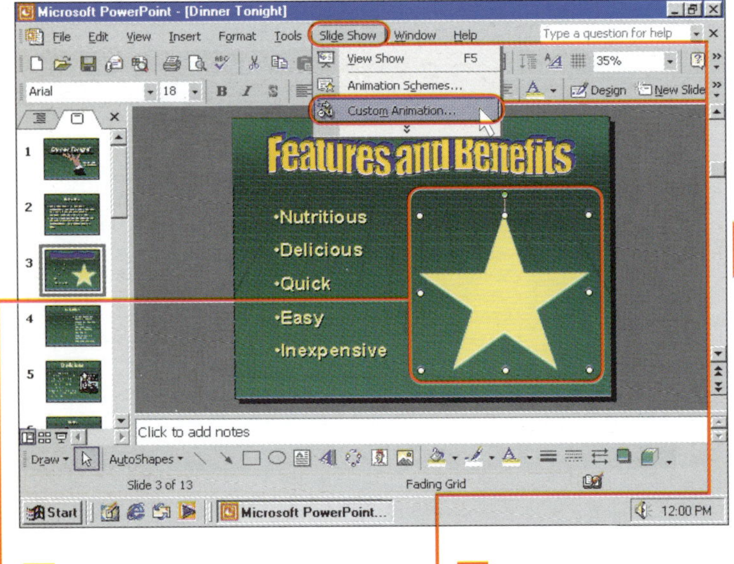

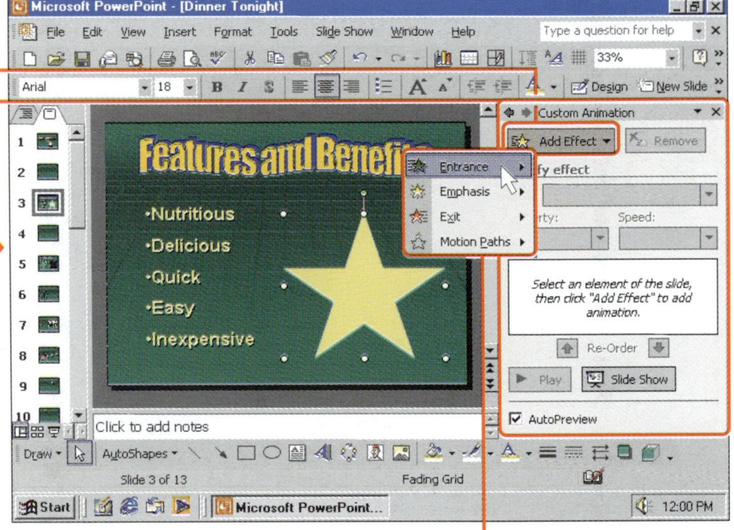

1 Haga clic en el objeto que desee animar. Unos círculos (o) aparecen alrededor del objeto.

2 Haga clic en **Slide Show**. (Presentación).

3 Haga clic en **Custom Animation**. (Personalizar animación).

■ El panel de tareas Custom Animation (Personalizar animación) aparece.

4 Haga clic en **Add Effect** (Agregar efecto) para observar los tipos de animaciones que puede agregar.

5 Haga clic en el tipo de animación que desea agregar.

Nota: Para información sobre los tipos de animaciones, vea la parte superior de la página 237.

¿Qué tipos de animaciones puedo agregar a los objetos de mis diapositivas?

Entrada

Estas animaciones hacen que los objetos entren en las diapositivas.

Énfasis

Estas animaciones aparecen en la diapositiva.

Salida

El objeto animado sale de la diapositiva.

Trayectoria de desplazamiento

El objeto animado se mueve en la diapositiva.

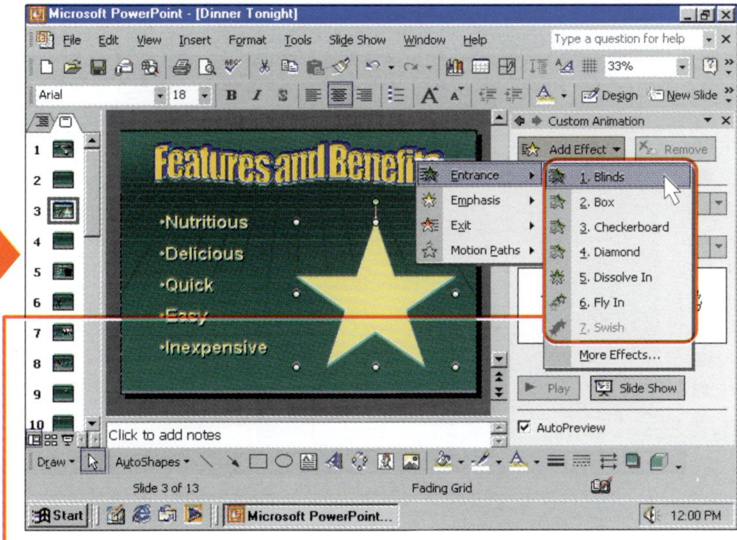

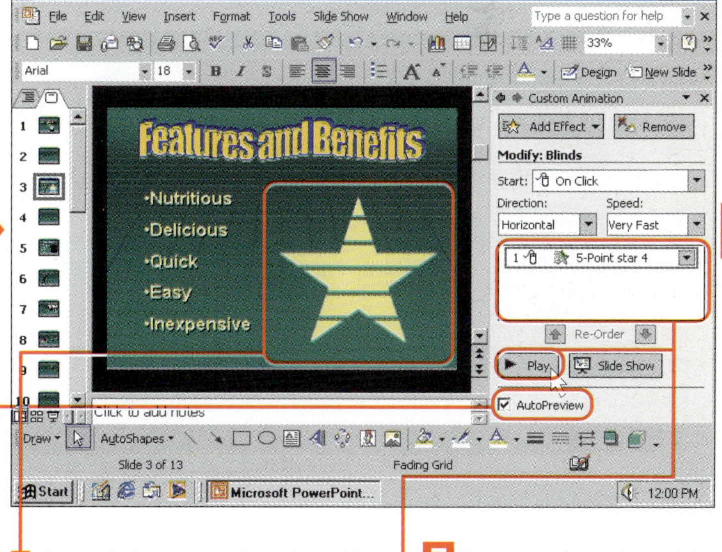

6 Haga clic en la animación que desea agregar. Las opciones disponibles dependen del tipo de animación seleccionada en el paso **5**.

Nota: Para ver más animaciones, haga clic en **More Effects**. *(Más efectos).*

■ PowerPoint agrega la animación del objeto seleccionado y muestra en esta área una vista preliminar de la animación.

■ Si una vista preliminar de la animación no aparece automáticamente, haga clic en AutoPreview (Vista previa automática) para activar la opción (☐ cambia a ☑).

7 Para ver la animación de nuevo, haga clic en **Play** (Reproducir).

■ Esta área muestra una descripción de la animación que agregó.

CONTINÚA

ANIMAR DIAPOSITIVAS (CONTINUACIÓN)

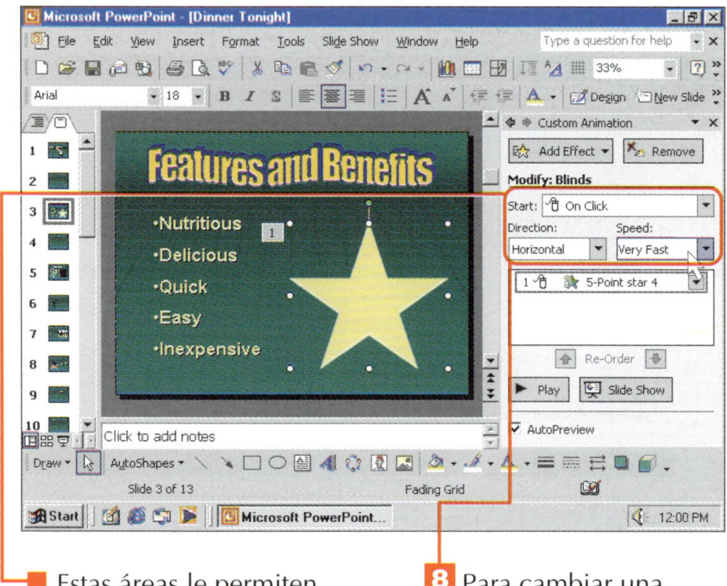

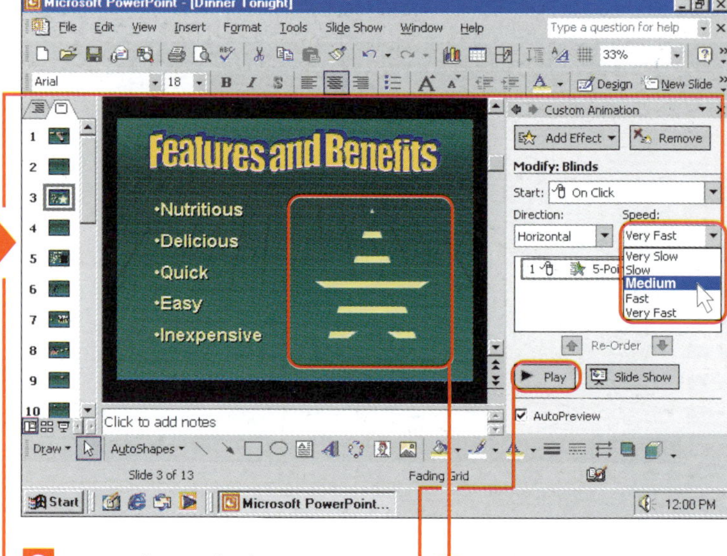

■ Estas áreas le permiten cambiar las propiedades de la animación. Las propiedades disponibles dependen de la animación seleccionada en el paso **6** de la página 237.

8 Para cambiar una propiedad de la animación, haga clic en una área para observar la lista de opciones.

9 Haga clic en la forma en que desea que aparezca la animación.

■ PowerPoint muestra una vista previa de la animación que tenga la opción seleccionada.

■ Para ver la animación de nuevo, haga clic en **Play** (Reproducir).

¿Cómo inicio la animación de los objetos de mi presentación?

Cuando realice su presentación, debe hacer clic en una diapositiva para poner en marcha cada uno de los objetos animados. Por ejemplo, si ha animado una lista de puntos, deberá hacer clic en la diapositiva cada vez que desee que aparezca un punto.

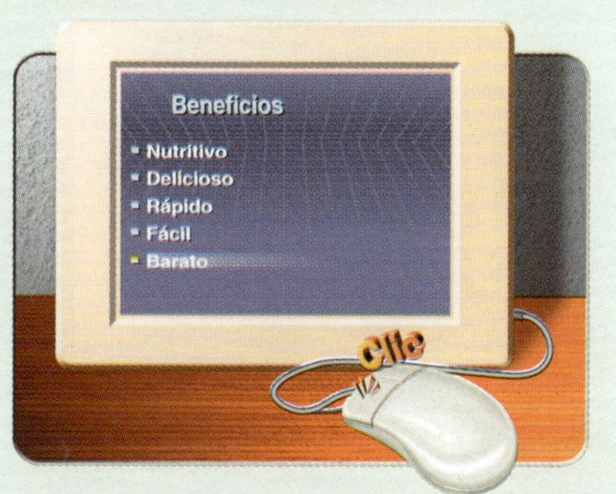

¿Cómo puedo cambiar el orden de las animaciones de una diapositiva?

De manera predeterminada, las animaciones aparecerán en el orden en que las agregó a la diapositiva.

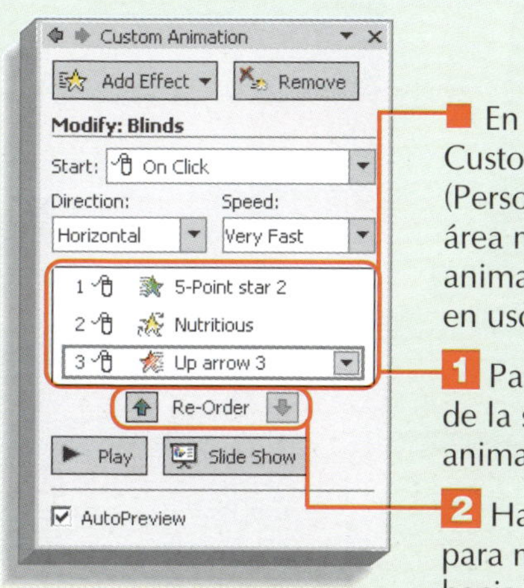

■ En el panel de tareas Custom Animation (Personalizar animación) esta área muestra el orden de las animaciones de la diapositiva en uso.

1 Para mover una animación de la serie, haga clic en la animación.

2 Haga clic en ⬆ o en ⬇ para mover la animación hacia arriba o hacia abajo.

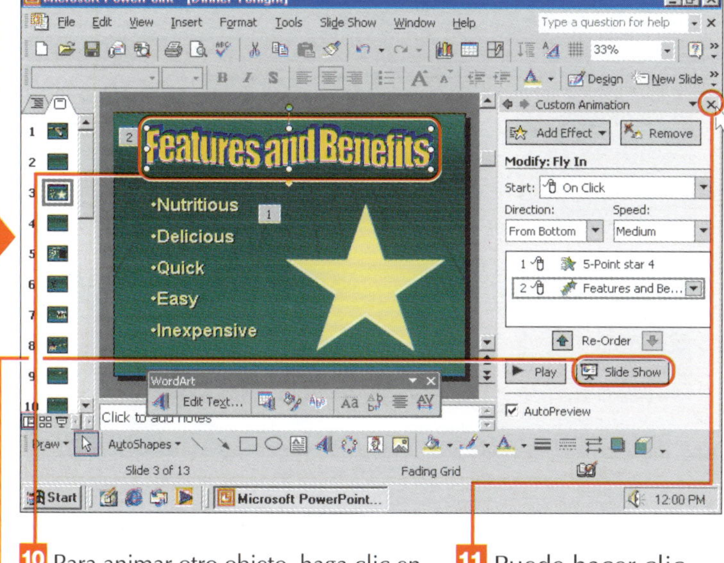

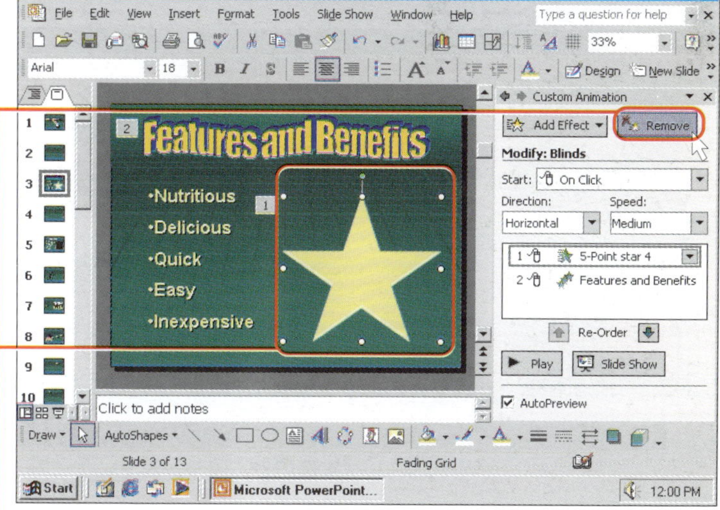

10 Para animar otro objeto, haga clic en el objeto y, luego, repita los pasos del 4 al 9 empezando en la página 236.

■ Cuando termine de animar los objetos de una diapositiva, puede hacer clic en Slide Show (Presentación) para ver la presentación en su forma final. Para información sobre observar una presentación, vea la página 244.

11 Puede hacer clic en ⊠ para cerrar el panel de tareas Custom Animation (Personalizar animación).

BORRAR UNA ANIMACIÓN

1 Haga clic en el objeto al que le desea eliminar la animación.

2 Haga clic en **Remove** (Quitar).

Nota: Si el panel de tareas Custom Animation (Personalizar animación) no aparece, realice los pasos del 1 al 3 de la página 236 para observar el panel.

■ PowerPoint elimina la animación del objeto.

REORDENAR LAS DIAPOSITIVAS

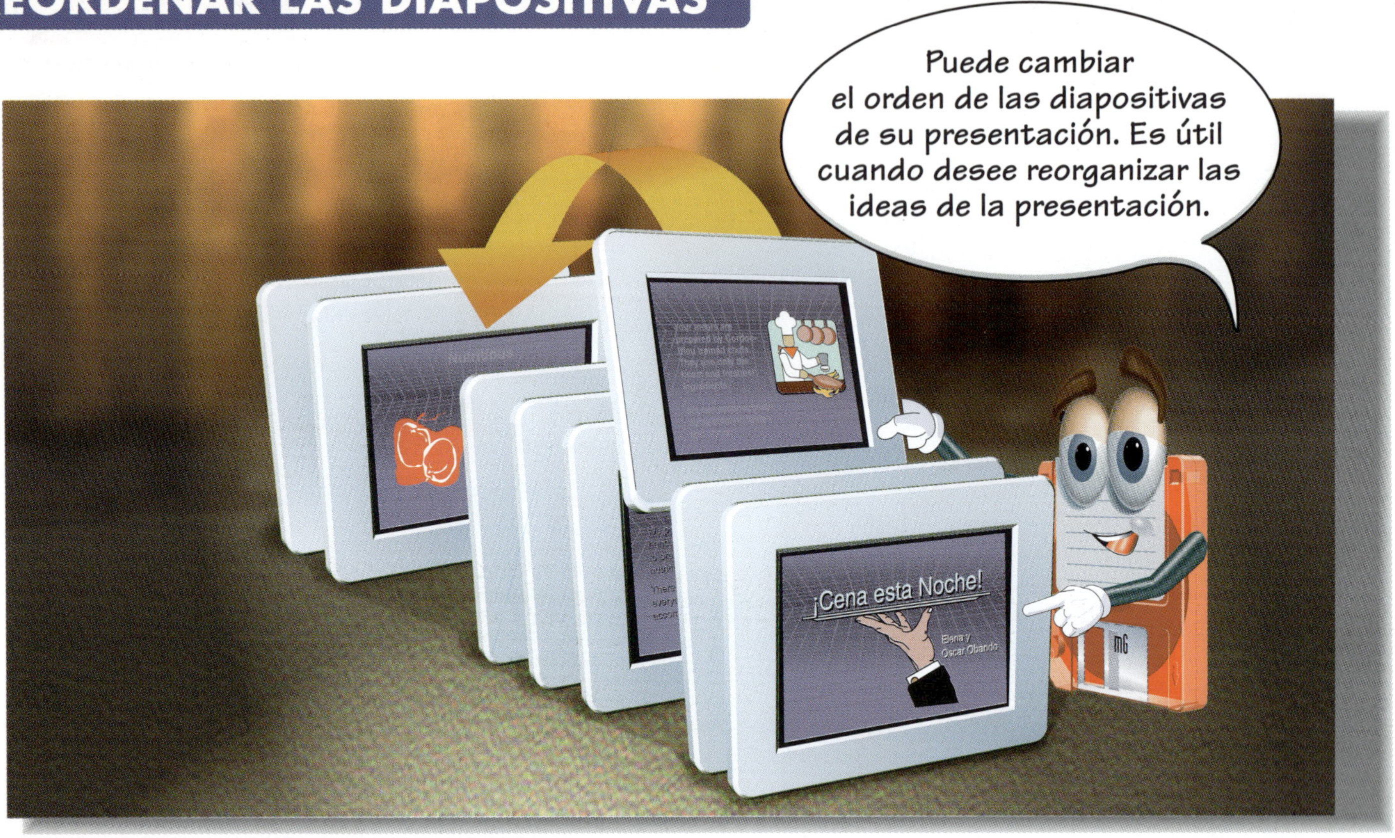

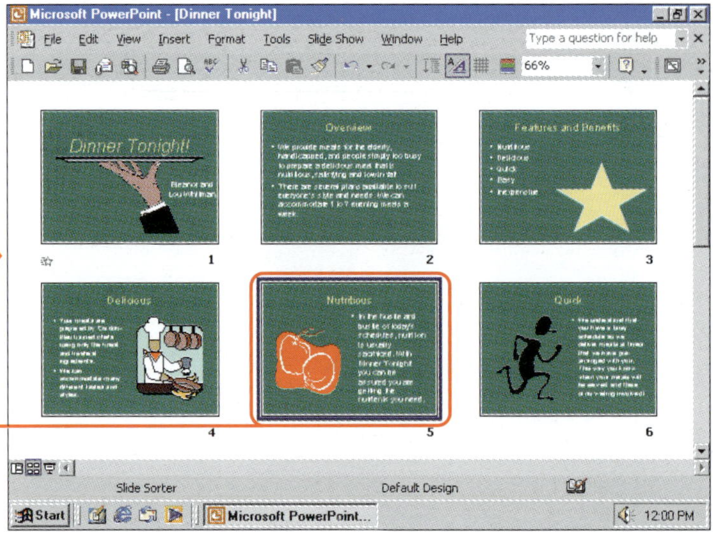

ELIMINAR LAS DIAPOSITIVAS

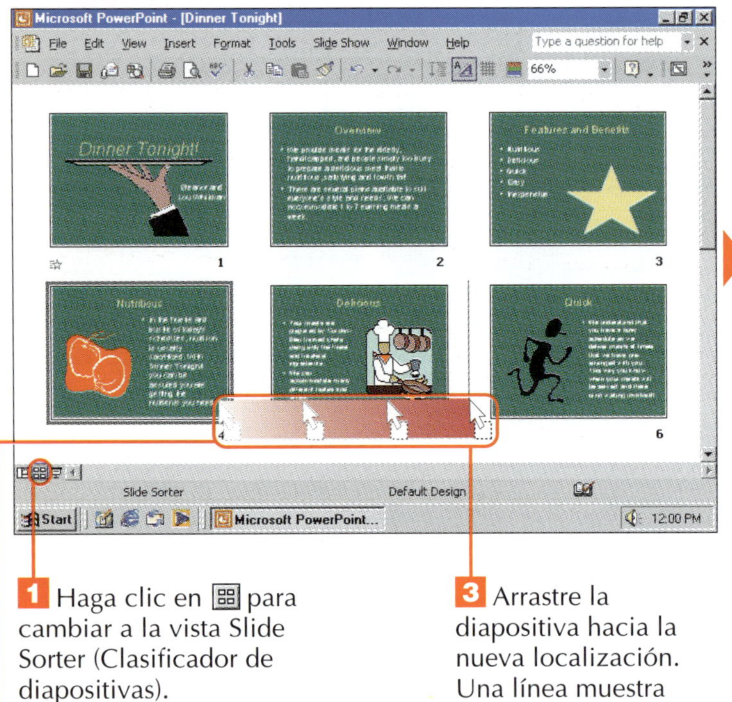

1 Haga clic en ⊞ para cambiar a la vista Slide Sorter (Clasificador de diapositivas).

2 Coloque el ⇖ del mouse sobre la diapositiva que desea mover.

3 Arrastre la diapositiva hacia la nueva localización. Una línea muestra donde aparecerá la diapositiva.

■ La diapositiva aparece en la nueva localización.

BORRAR UNA DIAPOSITIVA

BORRAR UNA DIAPOSITIVA

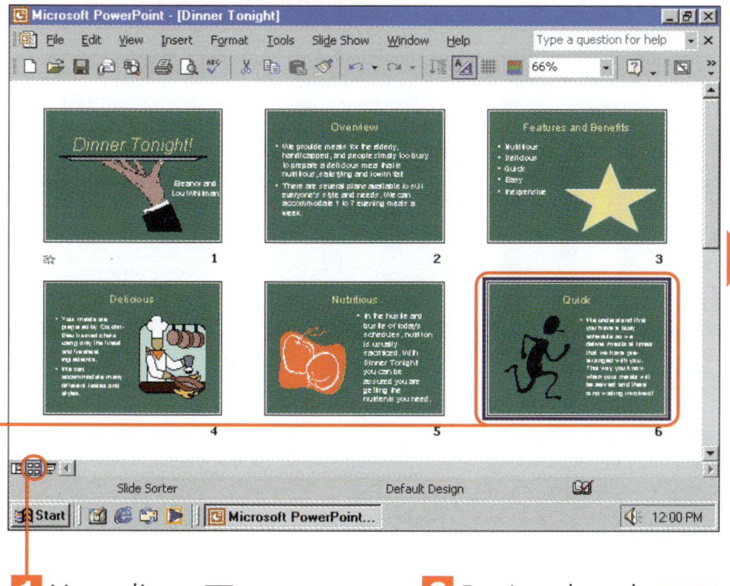

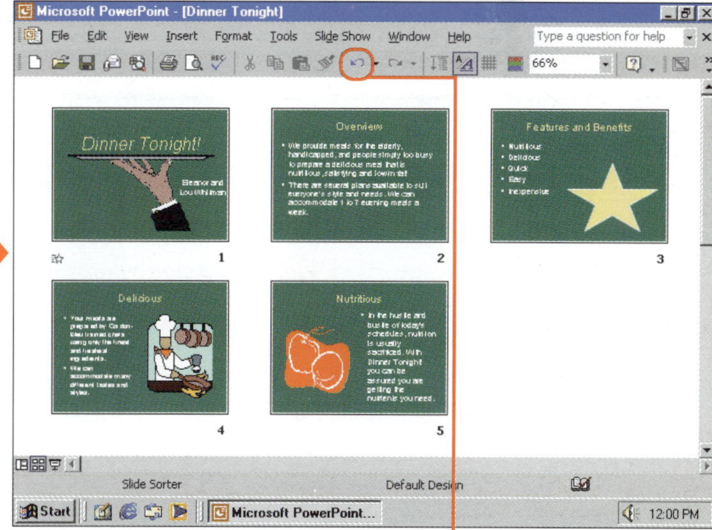

1 Haga clic en 🔳 para cambiar a la vista Slide Sorter (Clasificador de diapositivas).

2 Haga clic en la diapositiva que desea eliminar.

3 Presione la tecla Delete.

■ La diapositiva desaparece.

■ Para regresar inmediatamente la diapositiva a la presentación, haga clic en 🔄.

AGREGAR TRANSICIONES DE DIAPOSITIVA

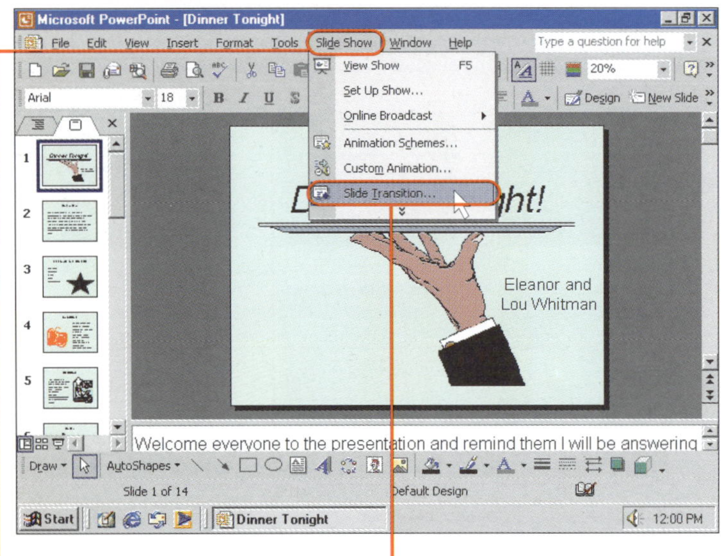

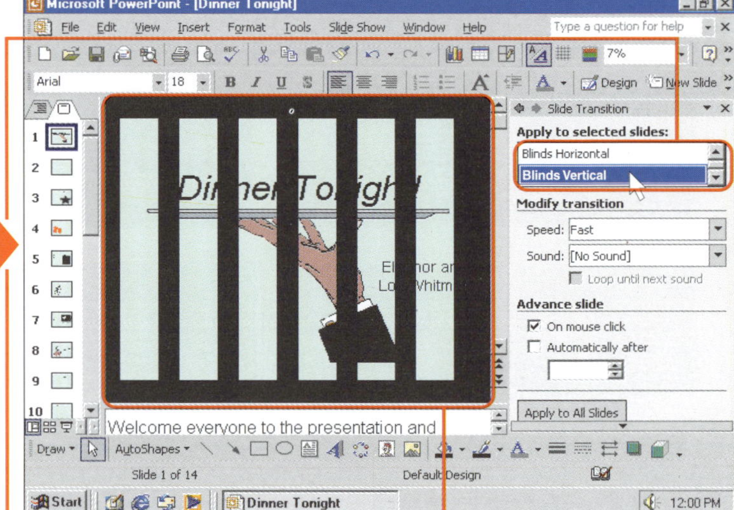

1 Abra la diapositiva a la que le desea agregar la transición.

2 Haga clic en **Slide Show** (Presentación).

3 Haga clic en **Slide Transition** (Transición de diapositiva).

■ El panel de tareas Slide Transition (Transición de diapositiva) aparece.

■ Esta área muestra las transiciones disponible. Puede usar la barra de desplazamiento para examinar las transiciones.

4 Haga clic en la transición que desea usar.

■ PowerPoint agrega la transición a la diapositiva en uso y muestra una vista previa de la transición.

*Nota: Para ver la transición de nuevo, repita el paso **4**.*

¿Qué debo considerar cuando agrego transiciones a las diapositivas?

A pesar de que PowerPoint le permite agregar una transición diferente a cada diapositiva de su presentación, usar muchas transiciones diferentes puede distraer al auditorio. El auditorio podría concentrarse en cómo se introduce cada diapositiva, en vez de en la información que está presentando.

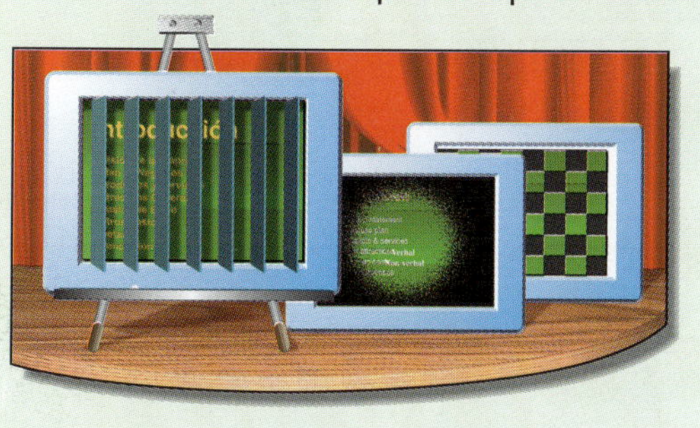

¿Cómo elimino la transición de una diapositiva?

Abra la diapositiva a la que le desea eliminar la transición y realice los pasos del **2** al **4** descritos abajo, pero escoja **No Transition** (Sin transición) en el paso **4**.

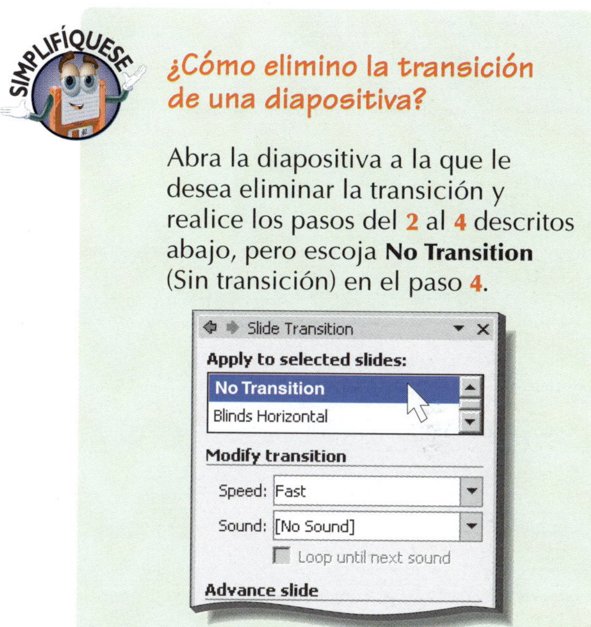

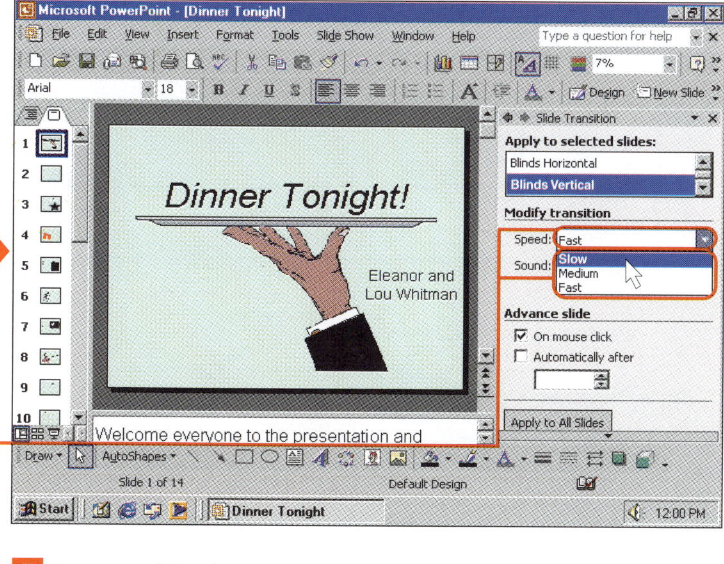

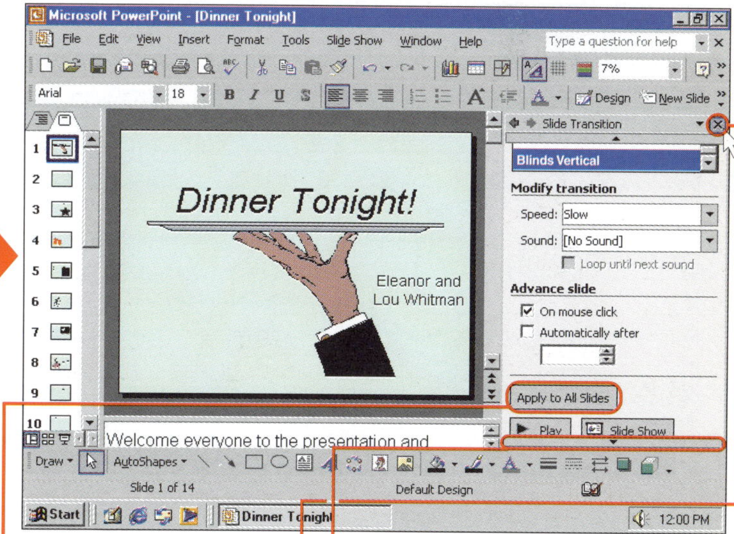

5 Para cambiar la velocidad de la transición, haga clic en esta área, para observar todas las opciones de velocidad.

6 Haga clic en la velocidad que desea usar.

■ PowerPoint muestra una vista preliminar de la transición.

*Nota: Para ver de nuevo la diapositiva con la velocidad elegida, repita los pasos **5** y **6**.*

7 Para agregar la transición a todas las diapositivas de su presentación, haga clic en **Apply to All Slides** (Aplicar a todas las diapositivas).

■ Si no puede ver el botón Apply to All Slides, haga clic en ▼ para examinar la información del panel de tareas.

8 Cuando termine de seleccionar una transición, puede hacer clic en ⊠ para cerrar el panel de tareas Slide Transition (Transición de diapositiva).

VER UNA PRESENTACIÓN

Antes de presentar un show de diapositivas a una audiencia, puede verlo para ensayar lo que dirá.

VER UNA PRESENTACIÓN

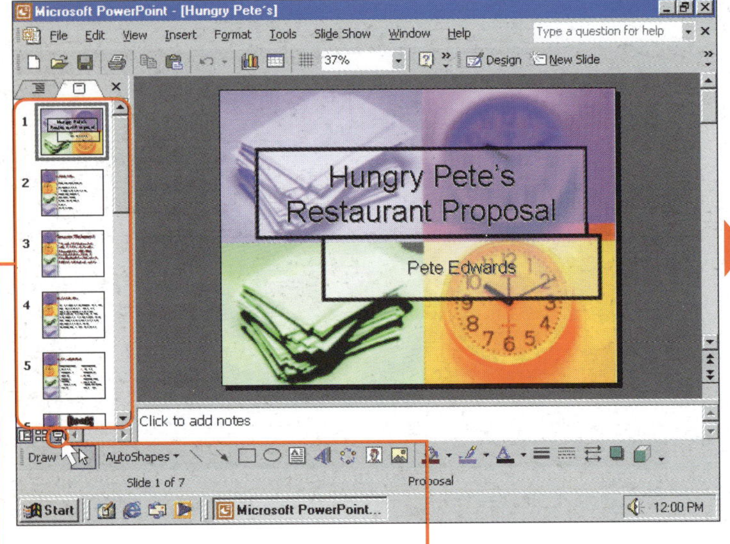

1 Haga clic en la primer diapositiva de la presentación que desea ver.

2 Haga clic en 🖳 para iniciar la presentación.

■ La diapositiva que seleccionó llena la pantalla.

Nota: Puede presionar la tecla Esc *para concluir la presentación en cualquier momento.*

3 Para observar la siguiente diapositiva, haga clic en algún lugar de la diapositiva en uso.

SIMPLIFÍQUESE

¿Cómo puedo usar el teclado para moverme a través de la presentación?

Acción	Presione esta tecla
Ver la siguiente diapositiva	Barra espaciadora
Ver la diapositiva anterior	Retroceso (Backspace)
Ver cualquier diapositiva	Escriba el número de la diapositiva y luego presione Enter
Finalizar la presentación	Esc
Detener la presentación de diapositivas y volver a la pantalla en negro	B (Presione B nuevamente para volver a la presentación de diapositivas.)
Detener la presentación de diapositivas y volver a la pantalla en blanco	W (Presione W nuevamente para volver a la presentación de diapositivas.)

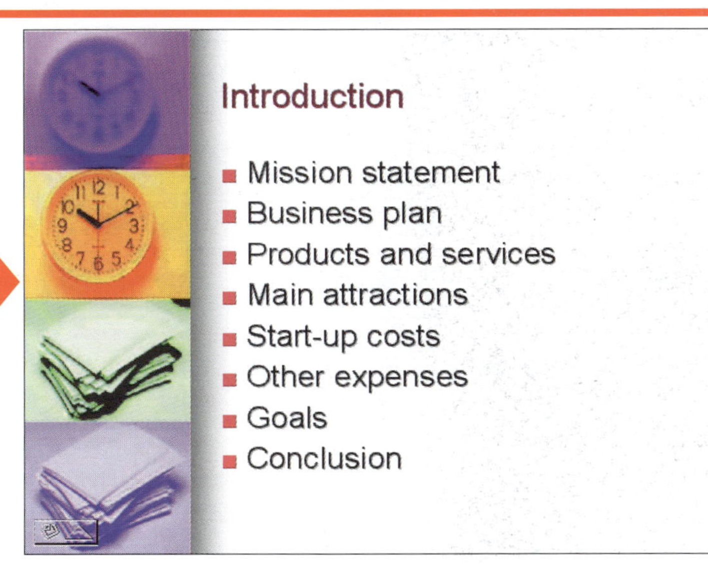

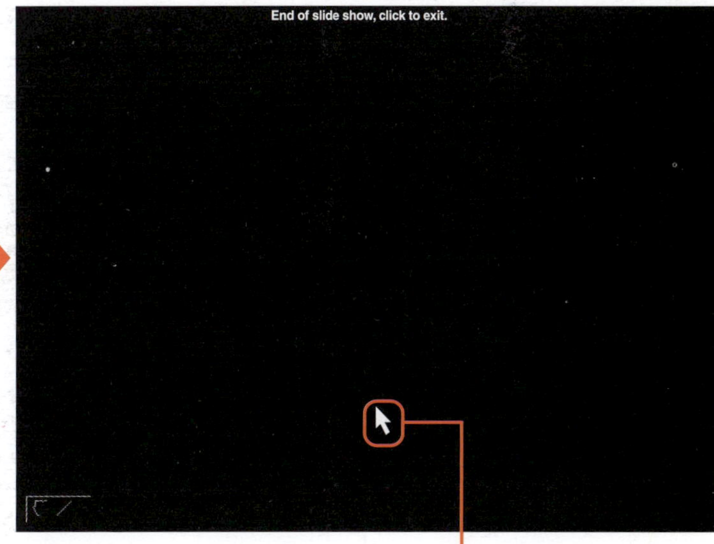

■ La siguiente diapositiva aparece.

■ Para volver a la diapositiva previa, presione la tecla `◆Backspace`.

4 Repita el paso **3** hasta que esta pantalla aparezca, indicándole que ha llegado al final de la presentación.

5 Haga clic en la pantalla para salir de la presentación.

Las notas pueden incluir estadísticas e información que pueda necesitar para responder preguntas del auditorio.

CREAR NOTAS

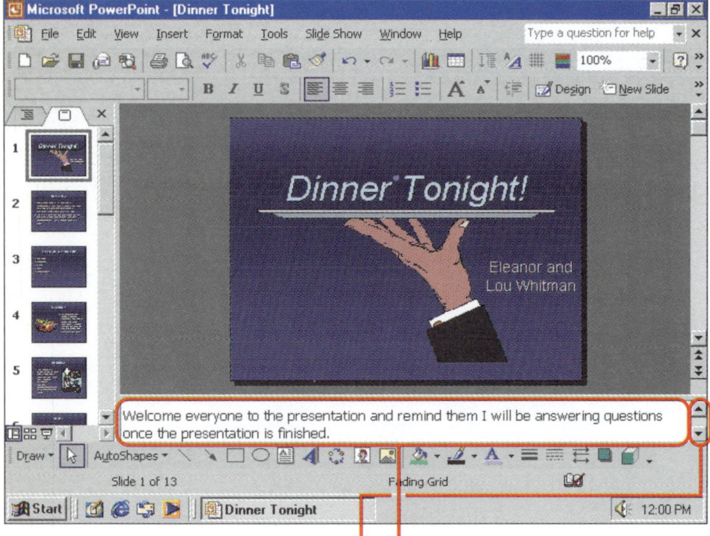

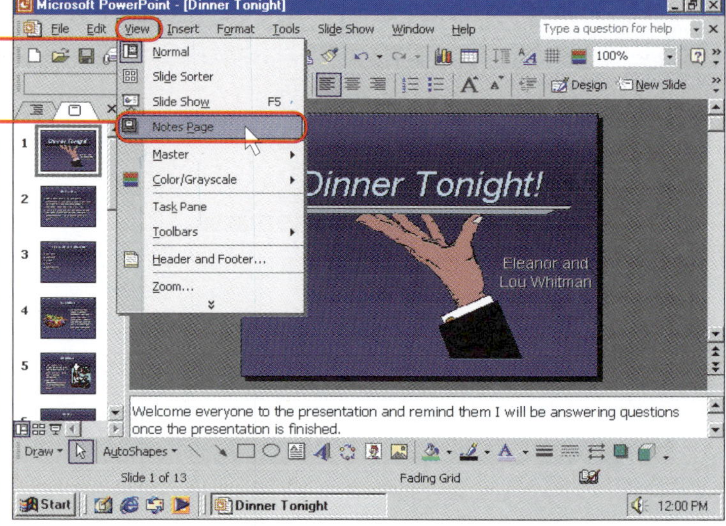

USAR LA VISTA NORMAL

1 Abra la diapositiva a la que le desee crear notas.

2 Haga clic en esta área y, luego, digite las notas de la diapositiva.

■ Si digita más de una línea de texto, puede usar la barra de desplazamiento para examinar el texto.

USAR PÁGINAS DE NOTAS

1 Haga clic en **View** (Ver).

2 Haga clic en **Notes Page** (Páginas de notas) para observar sus páginas de notas.

Nota: Si Notes Page (Páginas de notas) no aparecen en el menú, coloque el ⬉ del mouse sobre la parte inferior del menú para observar todas las opciones de menú.

¿Cuando utilizo la vista Normal para crear notas, cómo aumento el tamaño del área de las notas?

Para aumentar el tamaño del área de las notas en la vista Normal, coloque el I del mouse sobre el borde del área (I cambia a ↕) y, luego, arrastre el borde hacia su nueva localización.

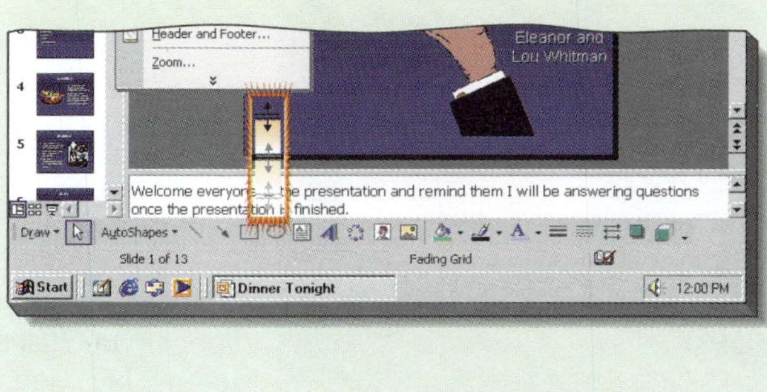

¿Puedo imprimir las páginas de notas?

Puede imprimir las páginas de notas de manera que pueda tener una copia en papel de las notas para referirse a ellas mientras efectúe la presentación. Imprimir las páginas de notas también es útil si desea repartir copias de estas entre el auditorio para que ellos puedan seguir la presentación. Para más información sobre imprimir páginas de notas, vea la página 250.

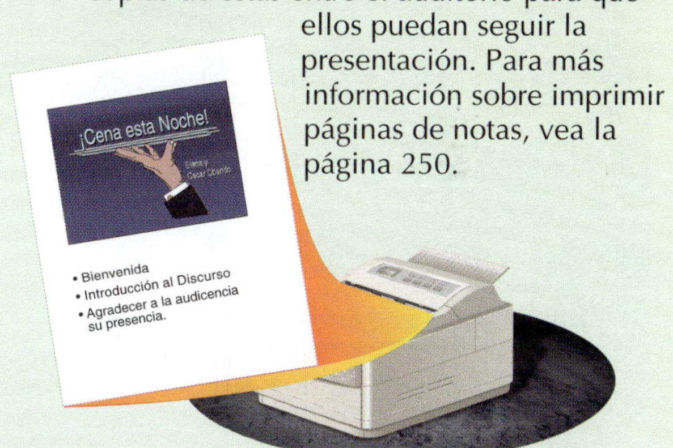

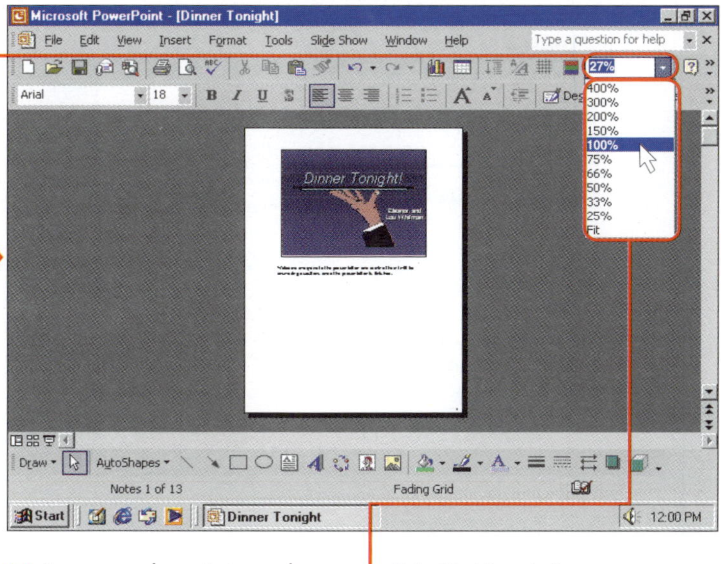

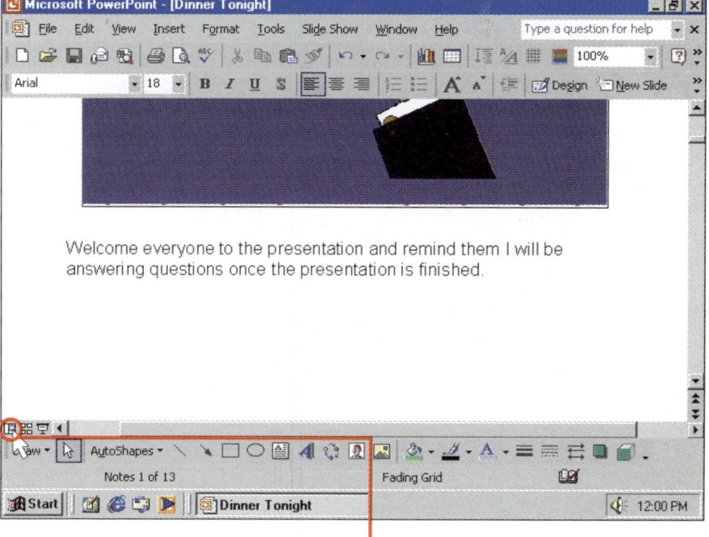

■ Aparecen las páginas de notas de la diapositiva en uso.

Nota: Puede usar la barra de desplazamiento para ver las páginas de notas de las otras diapositivas de la presentación.

3 Para agrandar las páginas de notas, y ver las notas fácilmente, haga clic en ▾, en esta área.

Nota: Si el área de Zoom no aparece, haga clic en » de la barra de herramientas Formatting (Formato) para observar el área.*

4 Haga clic en el tamaño que desea utilizar.

■ Las páginas de notas aparecen con el nuevo tamaño.

■ Puede editar y formatear el texto de las páginas de notas tal como lo haría con cualquier otro texto.

Nota: Para mostrar de nuevo las páginas de notas enteras, repita los pasos **3** *y* **4***, pero seleccionando* **Fit** *(Ajustar) en el paso* **4***.*

5 Cuando termine de revisar sus páginas de notas, haga clic en ▣ para volver a la vista Normal.

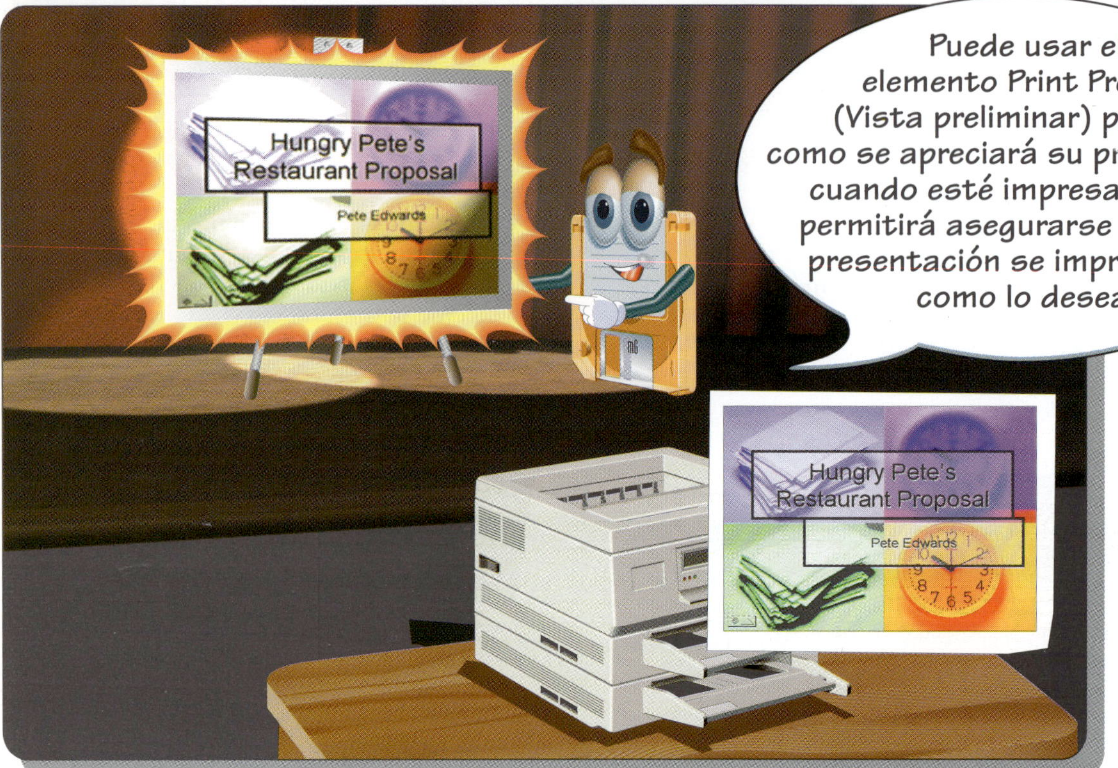

Puede escoger la parte de la presentación que desea ver, como las diapositivas, las hojas sueltas, las páginas de notas o los esquemas.

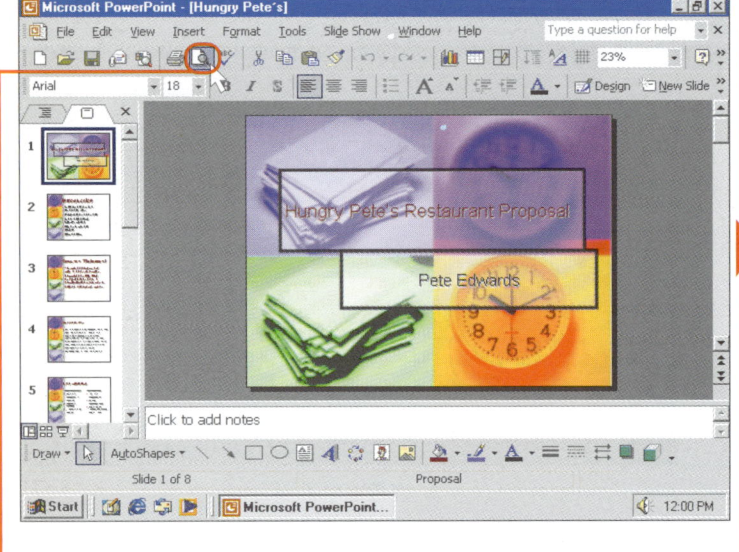

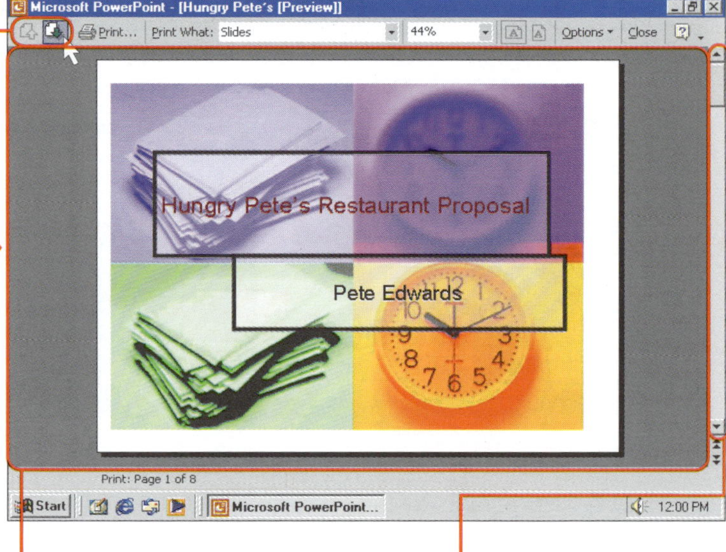

1 Haga clic en el botón para observar la vista previa antes de imprimirla.

Nota: Si el botón no aparece, haga clic en el botón de la barra de herramientas Standard (Estándar) para observar los botones.

■ La ventana de la vista preliminar aparece.

■ Esta área muestra una vista preliminar de la diapositiva que aparecerá en la primer página impresa.

2 Para ver las diapositivas que aparecerán en las otras páginas impresas, haga clic en uno de los siguientes botones.

Observar la página previa

Observar la siguiente página

■ También puede usar la barra de desplazamiento para ver las otras páginas.

¿Cómo puedo agrandar el área de la página cuya vista preliminar estoy observando?

Coloque el del mouse sobre el área de la página que desea agrandar (cambia a) y, después, haga clic en el área, para observar una vista agrandada de esta. Para observar de nuevo la página entera, puede hacer clic en cualquier lugar de la página.

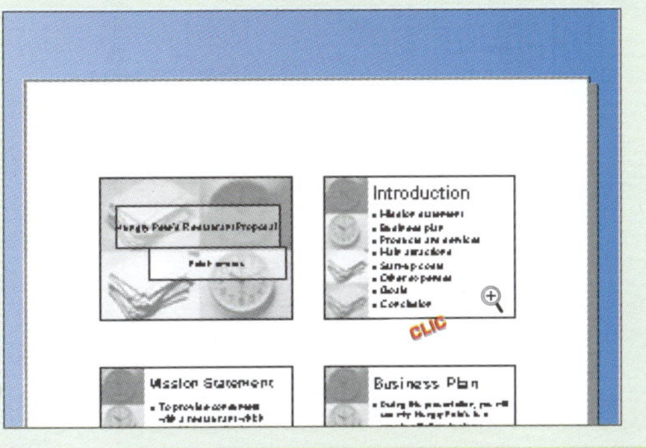

¿Cómo puedo imprimir rápidamente mi presentación mientras trabajo en la ventana de la vista preliminar?

Puede hacer clic en el botón de Imprimir (Print...) para imprimir rápidamente la presentación que está observando.

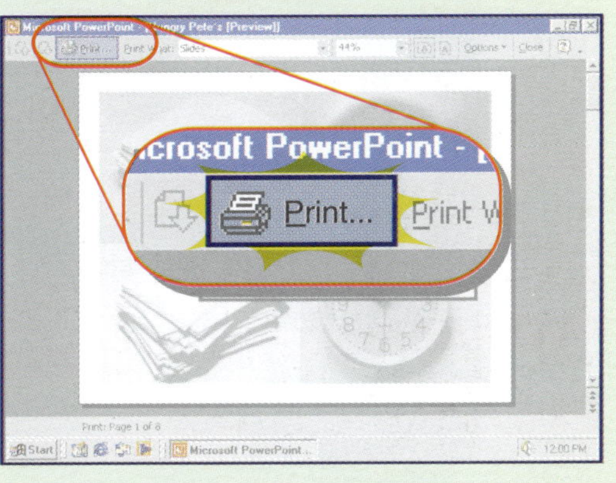

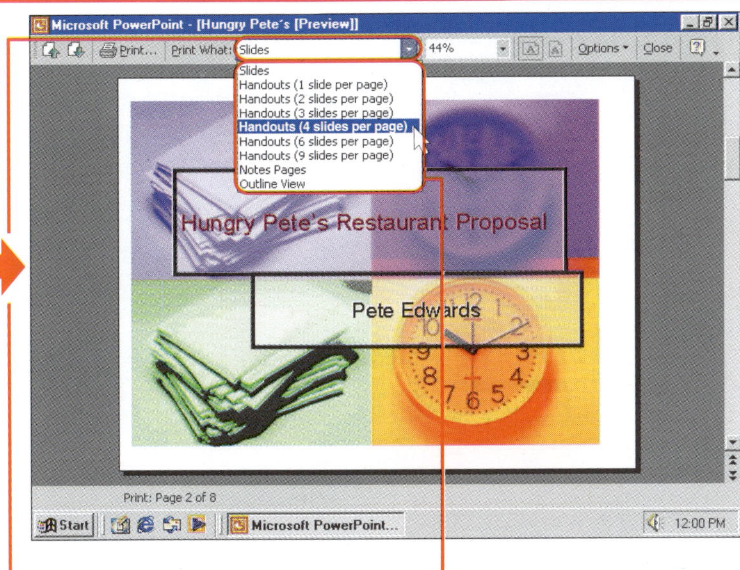

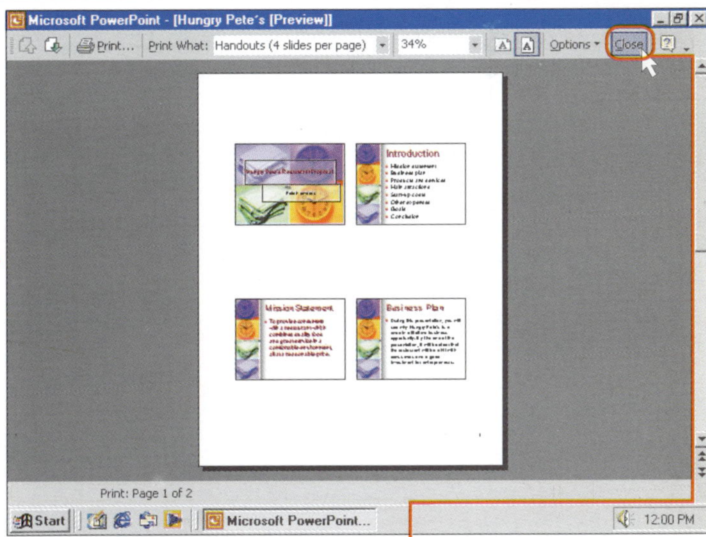

3 Para observar una vista preliminar de una parte diferente de su presentación antes de imprimir, haga clic en esta área.

4 Haga clic en la parte de la presentación cuya vista preliminar desea observar. Para información acerca de las partes de la presentación que puede imprimir, vea la parte superior de la página 251.

■ Una vista preliminar de la parte de la presentación que seleccionó aparece.

5 Cuando termine de observar la vista preliminar del documento, haga clic en **Close** (Cerrar) para cerrar la ventana de la vista preliminar.

Antes de imprimir su presentación, asegúrese de que la impresora está encendida y de que contiene papel.

IMPRIMIR UNA PRESENTACIÓN

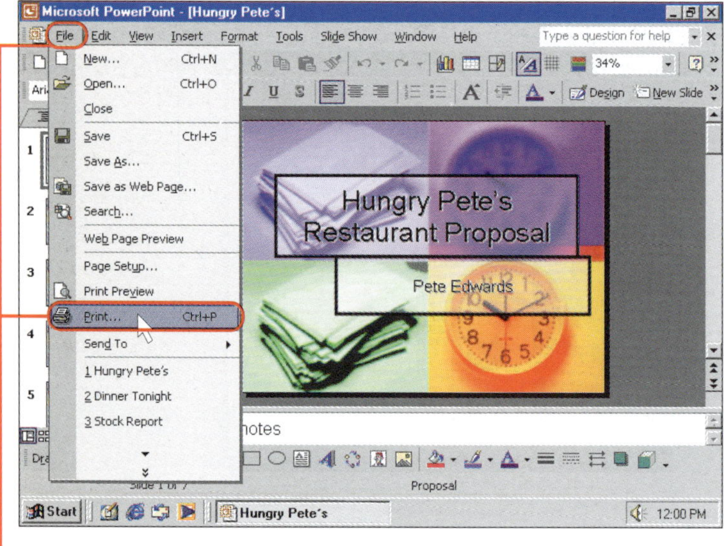

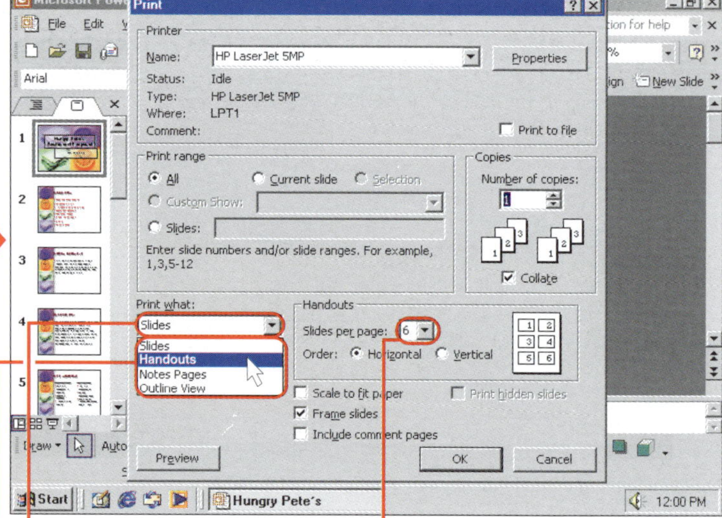

1 Haga clic en **File** (Archivo).

2 Haga clic en **Print** (Imprimir).

■ El cuadro de diálogo de impresión aparece.

3 Haga clic en el área para seleccionar la parte de la presentación que desea imprimir.

4 Haga clic en la parte de la presentación que desea imprimir.

Nota: Para información sobre las opciones disponibles, vea la parte superior de la página 251.

■ Si seleccionó **Handouts** (Documentos) en el paso **4**, puede hacer clic en esta área para cambiar el número de diapositivas que se imprimirán en cada página.

¿Cuáles partes de la presentación puedo imprimir?

Diapositivas

Imprime la diapositiva de cada página. Esto es útil cuando está imprimiendo transparencias para un proyector.

Documento

Imprime una o más diapositivas en cada página. Usted puede entregar estos documentos a su auditorio para ayudarles a seguir su presentación.

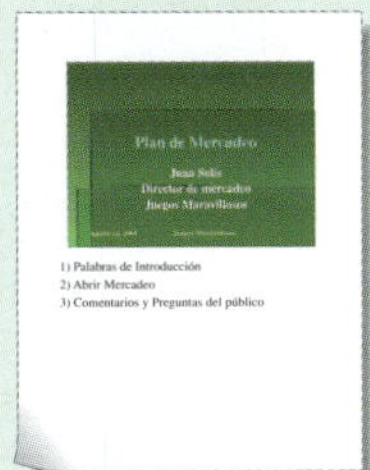

Páginas de notas

Imprime una diapositiva y todas las notas que agregó a la diapositiva de cada página. Puede usar las páginas de notas como una guía cuando dé su presentación. Para agregar notas a sus diapositivas, vea la página 246.

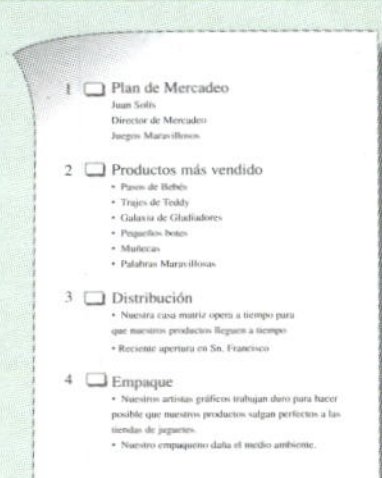

Vista Esquema

Imprime el texto mostrado en el modo de vista Esquema de la presentación. Para información acerca de este tipo de vista, vea la página 188.

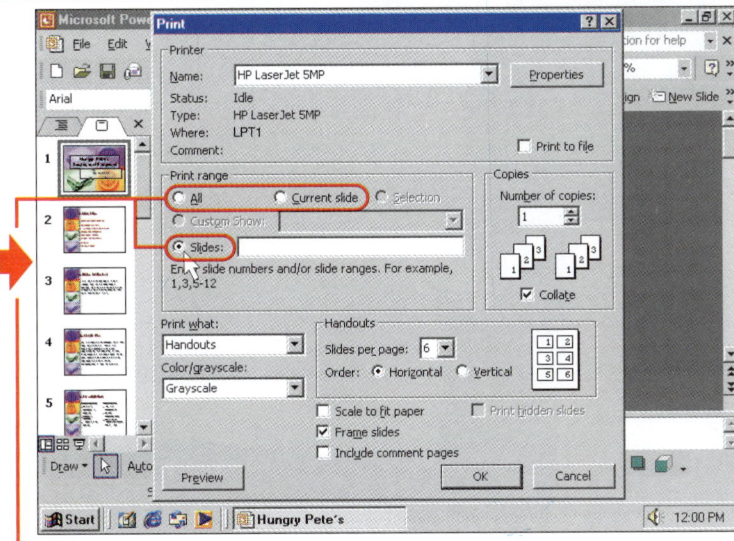

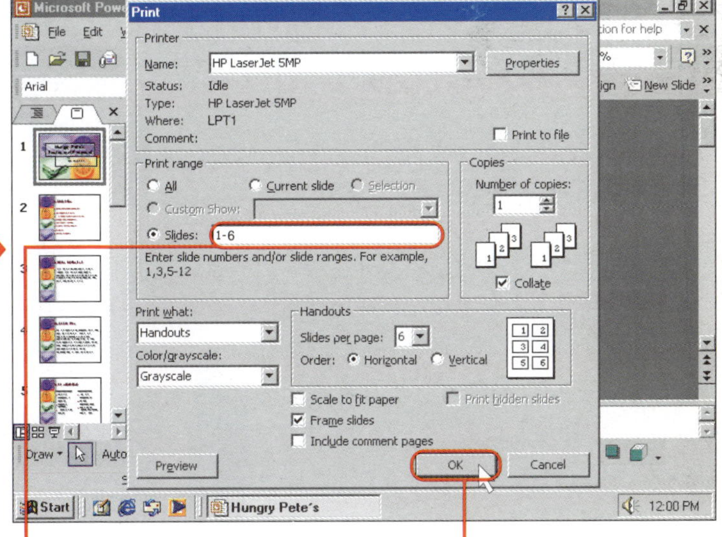

5 Haga clic en una opción para especificar cuáles diapositivas desea imprimir (○ cambia a ◉).

All (Todo)- Imprime todas las diapositivas de su presentación.

Current slide (Diapositiva actual)- Imprime la diapositiva mostrada en su pantalla.

Slides (Selection)- Imprime las diapositivas que especifica.

6 Si seleccionó **Slides** (Diapositivas) en el paso **5**, digite en esta área los números de las diapositivas que desea imprimir (por ejemplo: 1,2,4 o 1-4).

7 Haga clic en **OK** para imprimir su presentación.

Direcciones
Lista de
Inventario
Órdenes
Producto   Cantidad   N
Remos para canoas   80
                                               80
                                               80
                                               100
                                               120
Sumario por 'Producto' = Remos para canoas (5 reg. deta
                                               460
Suma
Compases
                                               80
                                               100
                                               105
Sumario por 'Producto' = Compases (3 reg. detallado
                                               28
Suma
Sudaderas
Sumario por 'Producto' = Sudaderas (3 reg. deta
Suma
Gran total
Jueves 1 de abril de 2002
Dirección ID   Melanie
Nombre   Robinson
Apellido   26 Arnol
Dirección   Jackso
Ciudad   FL
Estado/Província   322
Postal Code

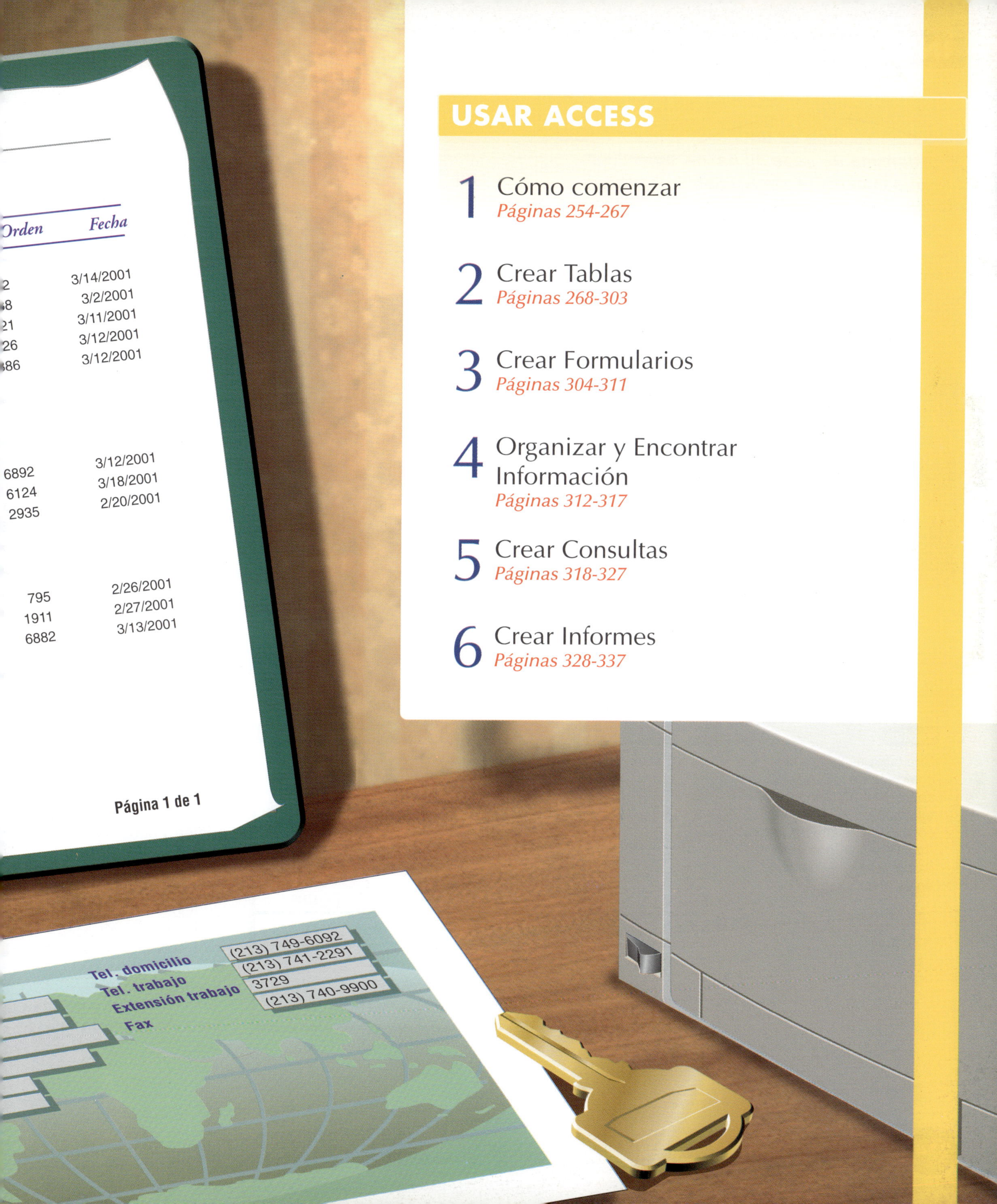
USAR ACCESS

Orden
Fecha
3/14/2001
3/2/2001
3/11/2001
3/12/2001
3/12/2001
3/12/2001
3/18/2001
2/20/2001
2/26/2001
2/27/2001
3/13/2001
6892
6124
2935
795
1911
6882
Página 1 de 1
Tel. domicilio
Tel. trabajo
Extensión trabajo
Fax
(213) 749-6092
(213) 741-2291
3729
(213) 740-9900

Una base de datos contiene una cantidad de información relacionada con un tema particular. Las bases de datos se usan con frecuencia para almacenar informaciones tales como contactos, inventarios o información de costos. Una base de datos consiste en objetos tales como tablas, formularios, consultas y reportes.

Tablas

Una tabla almacena una colección de información sobre un tema específico, tal como una lista de correos. Puede tener una o más tablas en una base de datos. Una tabla consiste en campos y registros.

Ubicación	Nombre	Apellido	Dirección	Ciudad	Estado/Provincia	Código Postal
1	Lucia	Campos	258 Ave. Linton	Nueva York	NY	10010
2	Karla	Chaverri	50 Tree Lane	Boston	MA	02117
3	Juan	Montes	68 Ave. Cracker	San Francisco	CA	94110
4	Carlos	Chacón	47 Ave. Crosby	Las Vegas	NV	89116
5	Elena	Morales	26 Arnold Cres.	Jacksonville	FL	32256
6	Susana	Monge	401 Idon Dr.	Nashville	TN	37243
7	José	Araya	10 Calle Heldon	Atlanta	GA	30375
8	Alex	Castro	36 Calle Buzzard	Boston	MA	02118
9	Arturo	Solano	15 Bizzo Pl.	Nueva York	NY	10020
10	Isabel	Lopez	890 Calle Apple	San Diego	CA	92121

Campo

Un campo es una categoría específica de información en una tabla, tal como los primeros nombres de todos los clientes.

Registro

Un registro es el conjunto de información sobre la persona, el lugar o el objeto de una tabla, como el nombre y la dirección de un cliente.

Formularios

Los formularios proporcionan una forma rápida de ver, introducir y editar información en una base de datos presentando información en un formato fácil de usar. Los formularios presentan cuadros que muestran claramente donde introducir la información.

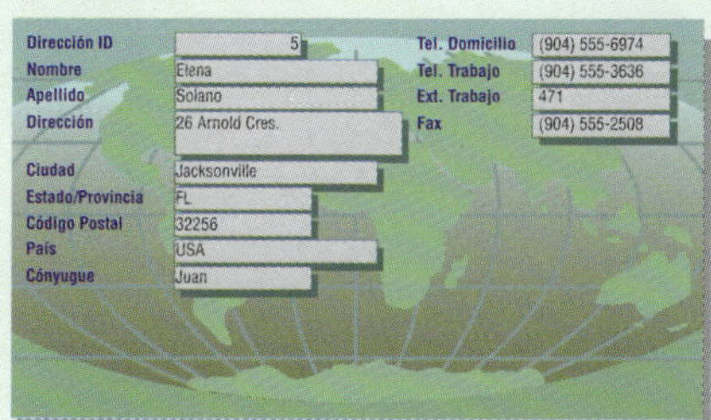

Consultas

Las consultas le permiten pedir a Access encontrar información de la base de datos que cumpla ciertos criterios o condiciones. Por ejemplo, puede crear una consulta para encontrar a todos los clientes que vivan en México.

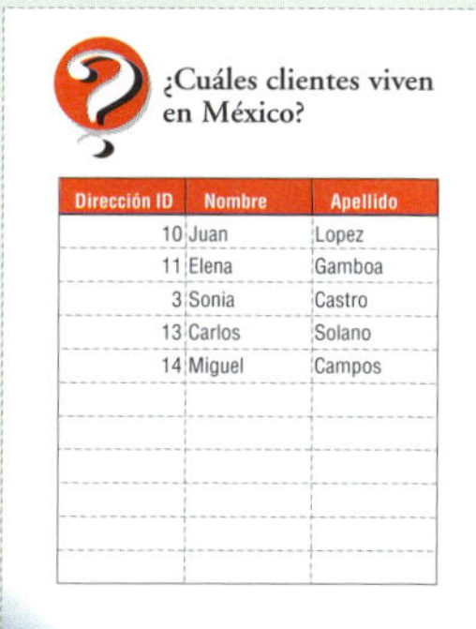

Dirección ID	Nombre	Apellido
10	Juan	Lopez
11	Elena	Gamboa
3	Sonia	Castro
13	Carlos	Solano
14	Miguel	Campos

Reportes

Los reportes son documentos de aspecto profesional que sintetizan la información de una base de datos. Por ejemplo, puede crear un reporte que muestre las ventas totales de cada producto.

PLANEAR UNA BASE DE DATOS

Debe tomarse algún tiempo para planear su base de datos. Una base de datos bien planeada le asegurará ser capaz de realizar tareas de manera eficiente y precisa.

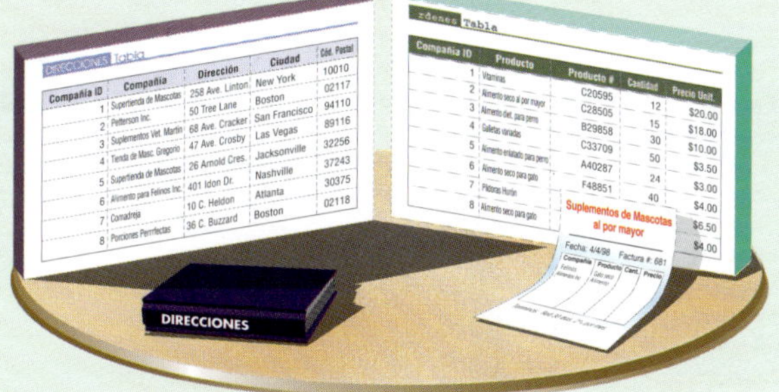

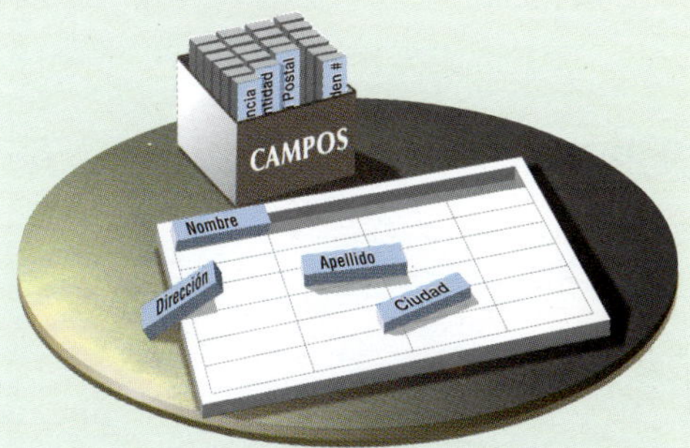

Determine las tablas que necesita

Reúna toda la información que desea almacenar en sus bases de datos y, luego, divida la información en tablas separadas. Una tabla solo debe contener información para un solo asunto.

La misma información no debe aparecer en más de una tabla de su base de datos. Puede trabajar más eficazmente y reducir errores si solo necesita actualizar la información de una tabla.

Determine los campos que necesita

Cada campo debe estar relacionado directamente con el asunto de la tabla.

Asegúrese de dividir la información en las partes más pequeñas. Por ejemplo, divida los nombres en dos campos llamados Nombre y Apellidos.

Puede usar Database Wizard (Asistente para bases de datos) para crear una base de datos rápida y fácilmente. El asistente le ahorra tiempo creando las tablas, los formularios, las consultas y los reportes de la base de datos.

Puede utilizar este asistente para crear varios tipos de bases de datos, como bases para administración de contactos, bases de datos para costos, control de inventario y entrega de órdenes.

CREAR UNA BASE DE DATOS UTILIZANDO UN ASISTENTE

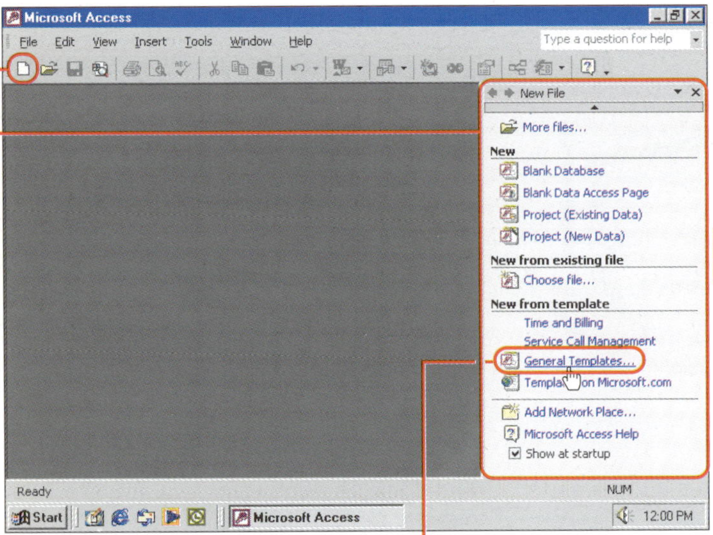

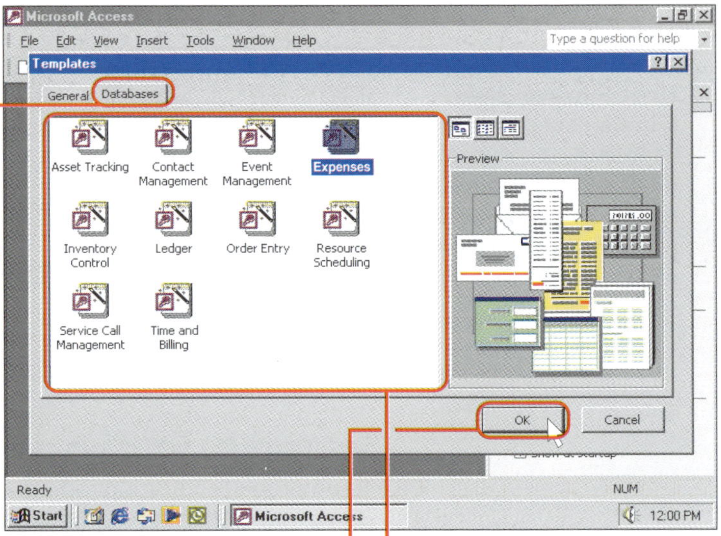

1 Haga clic en 🗋 para crear una nueva base de datos.

■ El panel de tareas New File (Nuevo archivo) aparece.

2 Haga clic en **General Templates** (Plantillas generales) para crear una base datos utilizando el Asistente para tablas.

■ El cuadro de diálogo Templates (Plantillas) aparece.

3 Haga clic en la etiqueta **Databases** (Bases de datos).

4 Haga clic en la plantilla de la base de datos que describa mejor el tipo de información que desea almacenar.

5 Haga clic en **OK** (Aceptar) para crear la base de datos.

■ El cuadro de diálogo File New Database aparece.

¿Puedo tener más de una base de datos abierta a la vez?

Solo puede tener una base de datos abierta. Si actualmente está trabajando con una base de datos, Access la cerrará cuando cree una base de datos nueva.

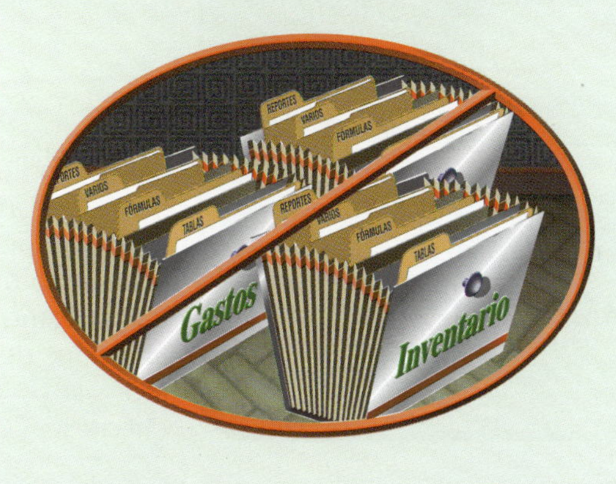

¿Cómo puedo empezar a usar rápidamente la plantilla de una base de datos con la que haya trabajado recientemente?

El panel de tareas New File (Nuevo archivo) muestra los nombres de las últimas dos plantillas de bases de datos con las que haya trabajado. Para observar este panel, realice el paso **1** de la página 256.

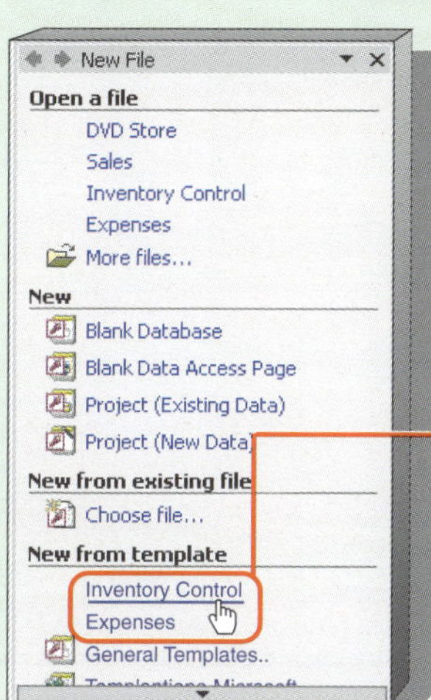

1 Para empezar a usar rápidamente la plantilla de una base de datos, haga clic en el nombre de la plantilla que desee usar.

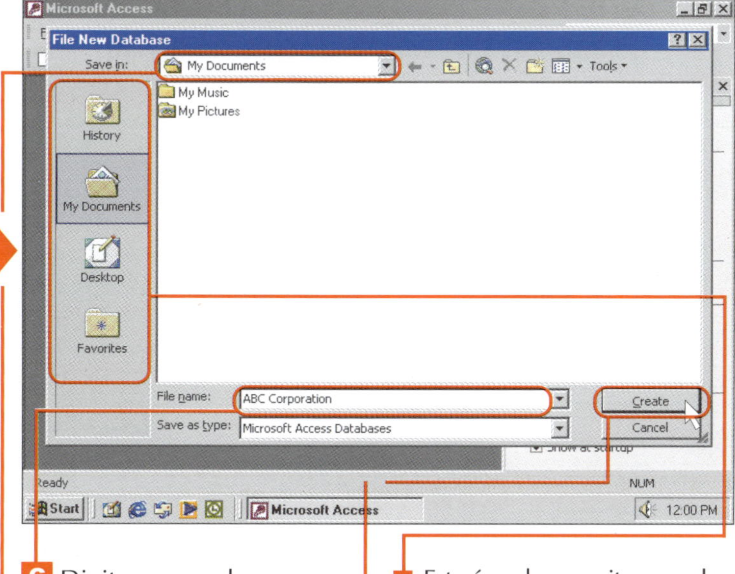

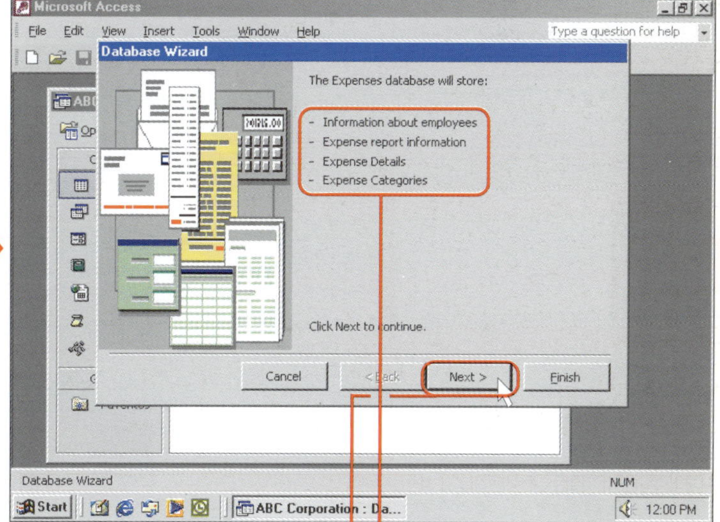

6 Digite un nombre para la base de datos.

■ Esta área muestra la localización donde Access guardará su base de datos. Puede hacer clic en esta área para cambiar la localización.

■ Esta área le permite acceder a las localizaciones más usadas. Puede hacer clic en la localización para guardar la base de datos en ella.

7 Haga clic en **Create** (Crear) para crear la base de datos.

■ El Asistente para bases de datos aparece.

■ Esta área describe el tipo de información que la base de datos almacenará.

8 Haga clic en **Next** (Siguiente) para continuar.

CONTINÚA

Un campo es una categoría de información específica de la tabla, como los apellidos de todos sus clientes.

CREAR UNA BASE DE DATOS UTILIZANDO UN ASISTENTE (CONTINUACIÓN)

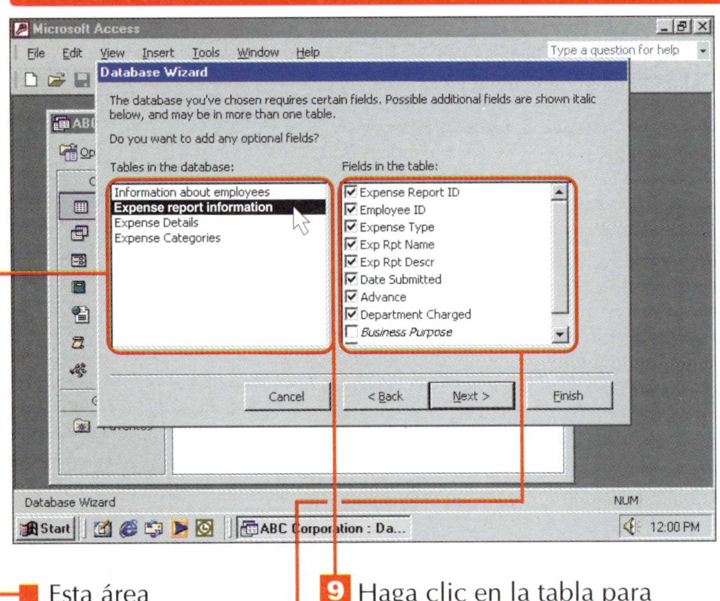

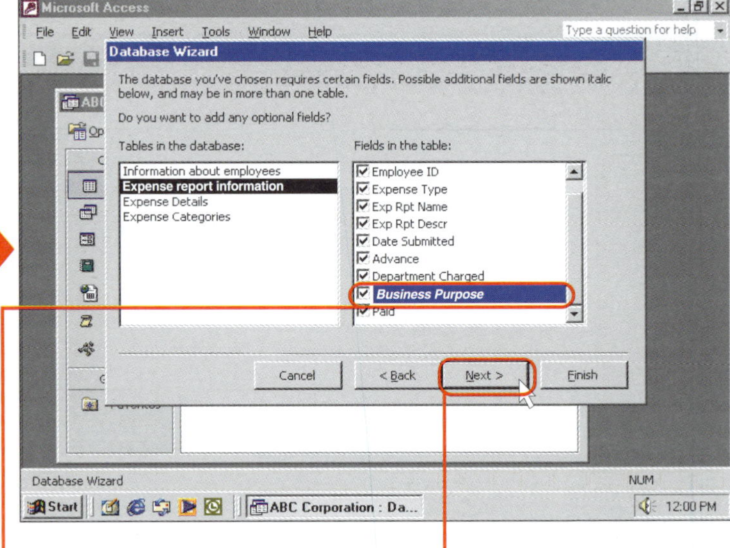

■ Esta área muestra las tablas que Access incluirá en su base de datos.

9 Haga clic en la tabla para mostrar sus campos.

■ Esta área muestra los campos de la tabla seleccionada. Los campos que muestran una marca de verificación (☑) son requeridos y se incluirán en la tabla. Los campos mostrados en *itálicas* son opcionales.

10 Para agregar un campo opcional a la tabla, haga clic en el cuadro (☐) junto al campo (☐ cambia a ☑). Repita este paso en cada campo opcional que desee agregar a la tabla.

■ Puede repetir los pasos **9** y **10** para agregar campos opcionales a otra tabla.

11 Haga clic en **Next** (Siguiente) para continuar.

¿Debo contestar todas las preguntas del Asistente para bases de datos?

No. Puede hacer clic en el botón **Finish** (Finalizar) en cualquier momento, para crear la base de datos basándose solo en las preguntas que ya ha respondido. Sin embargo, para asegurarse de que su base de datos aparezca de la manera deseada, debe responder todas las preguntas del asistente.

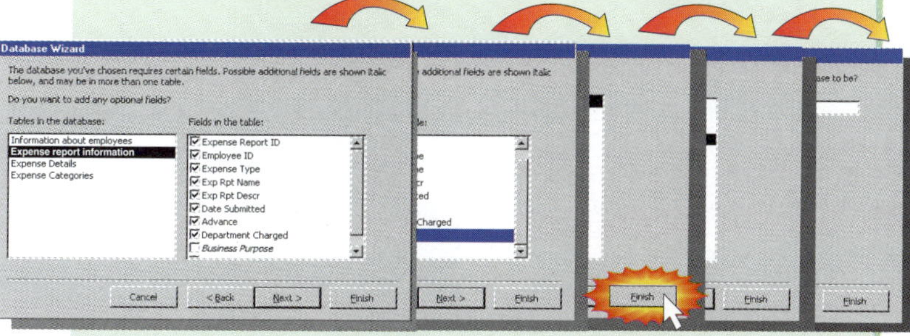

¿Puedo eliminar un campo requerido de una tabla del Asistente para bases de datos?

No. Solo puede eliminar un campo requerido después de que haya terminado de crear la base de datos. Cuando trate de eliminar un campo requerido del Asistente para bases de datos, un cuadro de diálogo aparecerá, indicándole que el campo es requerido y que debe ser seleccionado. Para eliminar un campo de la tabla de la base de datos que haya creado, vea la página 275.

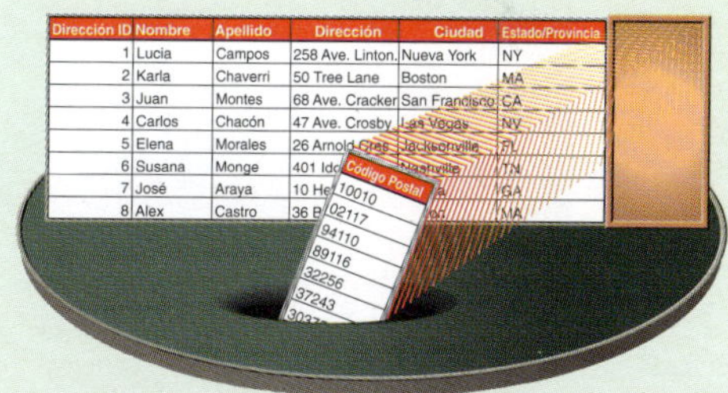

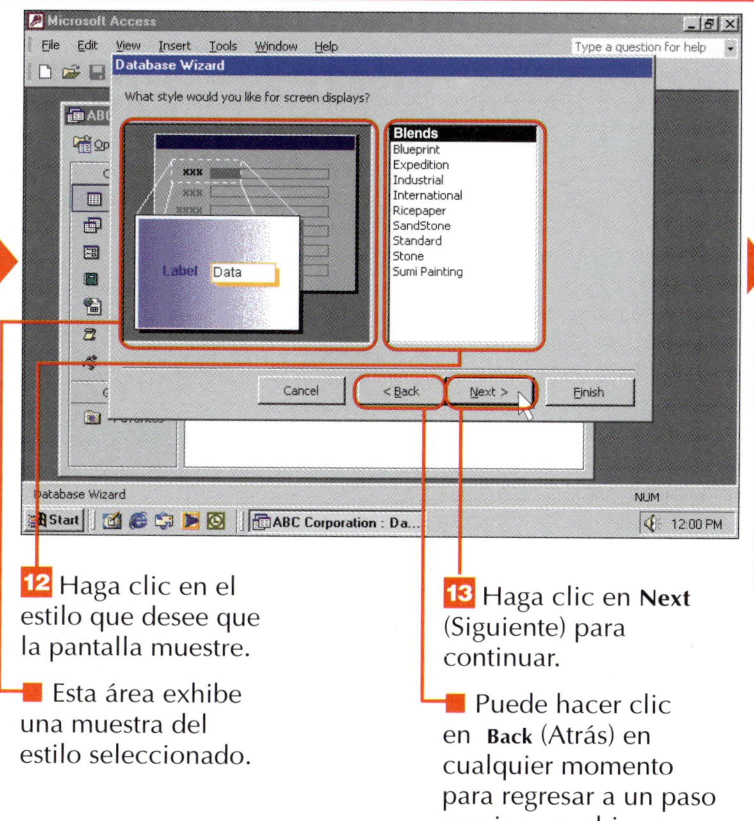

12 Haga clic en el estilo que desee que la pantalla muestre.

■ Esta área exhibe una muestra del estilo seleccionado.

13 Haga clic en **Next** (Siguiente) para continuar.

■ Puede hacer clic en **Back** (Atrás) en cualquier momento para regresar a un paso previo y cambiar sus respuestas.

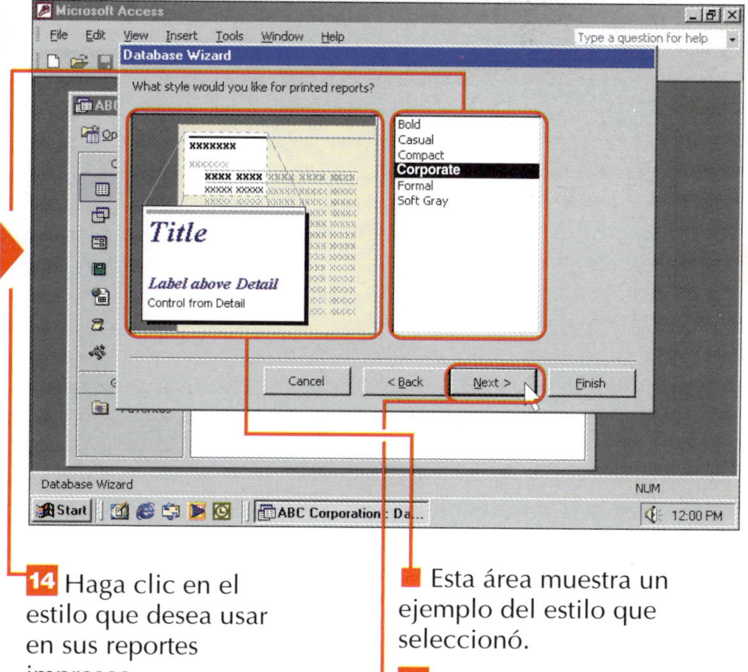

14 Haga clic en el estilo que desea usar en sus reportes impresos.

■ Esta área muestra un ejemplo del estilo que seleccionó.

15 Haga clic en **Next** (Siguiente) para continuar.

CONTINÚA

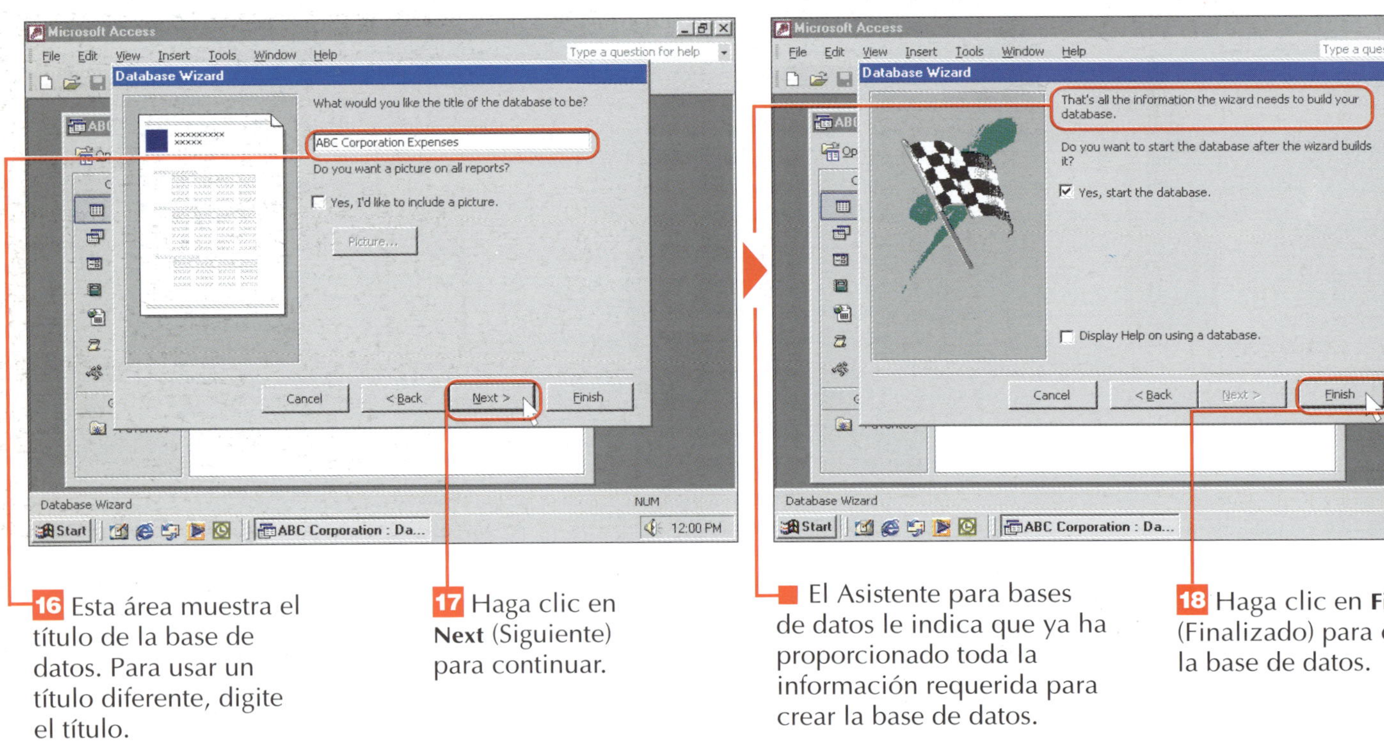

16 Esta área muestra el título de la base de datos. Para usar un título diferente, digite el título.

17 Haga clic en **Next** (Siguiente) para continuar.

■ El Asistente para bases de datos le indica que ya ha proporcionado toda la información requerida para crear la base de datos.

18 Haga clic en **Finish** (Finalizado) para crear la base de datos.

¿Por qué este cuadro de diálogo aparece cuando termino de usar el Asistente para bases de datos?

Es posible que Access necesite que usted introduzca alguna información, como el nombre la compañía y la dirección, para terminar de establecer la base de datos.

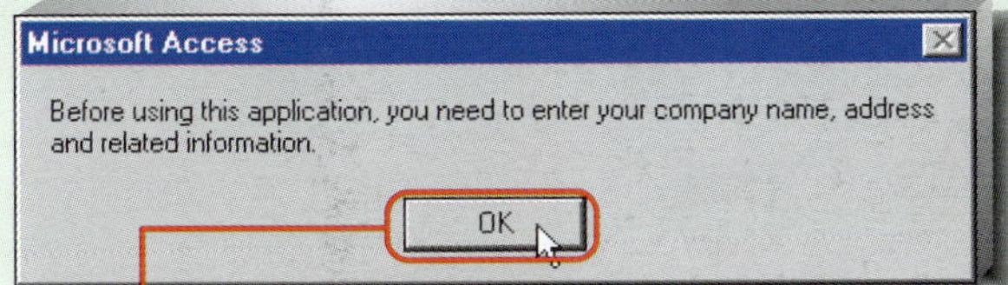

■ Haga clic en **OK** para observar un formulario donde hay una serie de áreas donde debe introducir su información. Para introducir información en un formulario, vea la página 310.

¿Es necesario que utilice la ventana de Main Switchboard (Panel de control principal) para trabajar con mi base de datos?

En vez de la ventana del Panel de control principal, puede utilizar la ventana Database (Base de datos) para trabajar. Esta ventana aparece detrás de la ventana del Panel de control principal. La ventana Base de datos le permite crear objetos en su base de datos y trabajar con ellos. Para observar rápidamente la ventana Base de datos, presione la tecla **F11** .

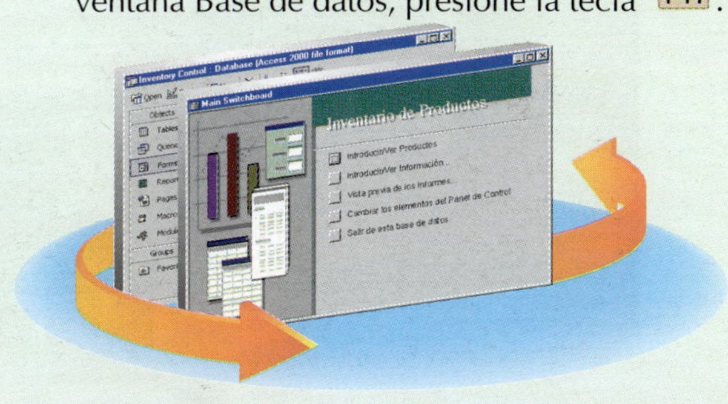

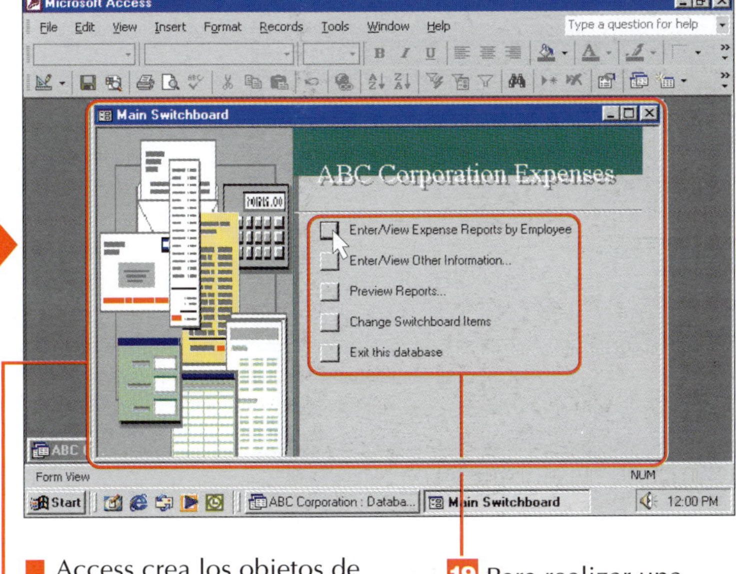

■ Access crea los objetos de su base de datos, incluyendo tablas, formularios, consultas y reportes.

■ La ventana Main Switchboard (Panel de control principal) aparece, y le ayudará a realizar tareas comunes.

19 Para realizar una tarea, haga clic en la tarea que desea realizar.

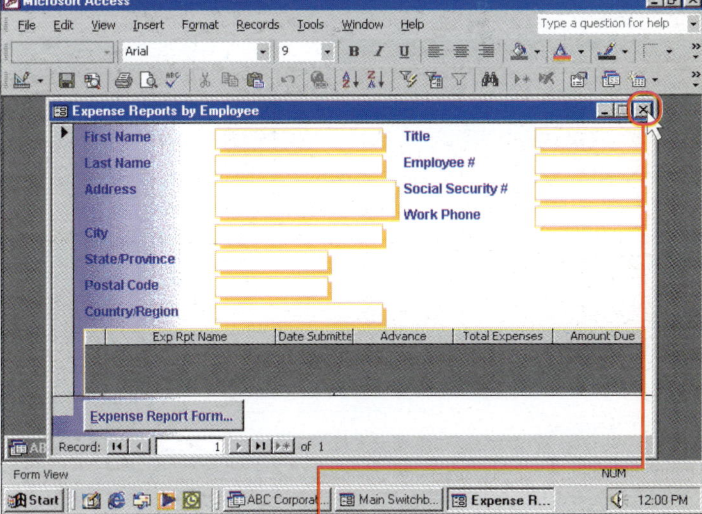

■ El objeto de la base de datos que le permitirá realizar las tareas aparece.

*Nota: Si aparecen más tareas, repita el paso **19** para observar el objeto de una base de datos.*

20 Cuando termine de usar el objeto, haga clic en **X** para cerrarlo y volver al panel de control.

CREAR UNA BASE DE DATOS EN BLANCO

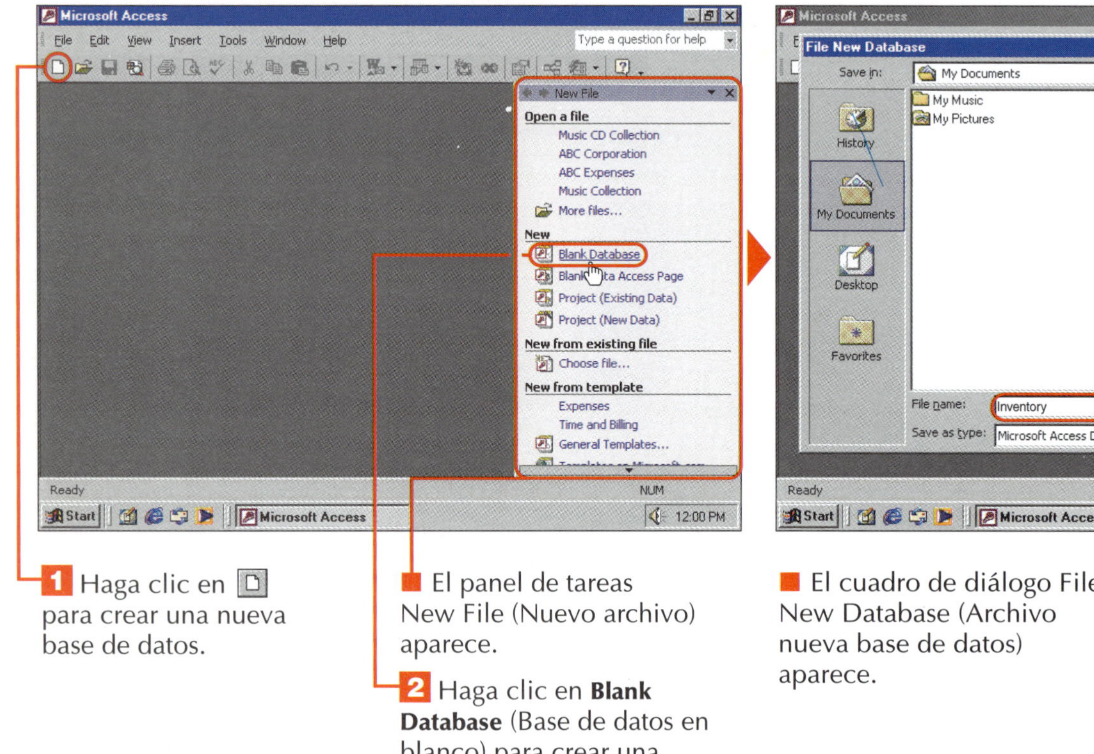

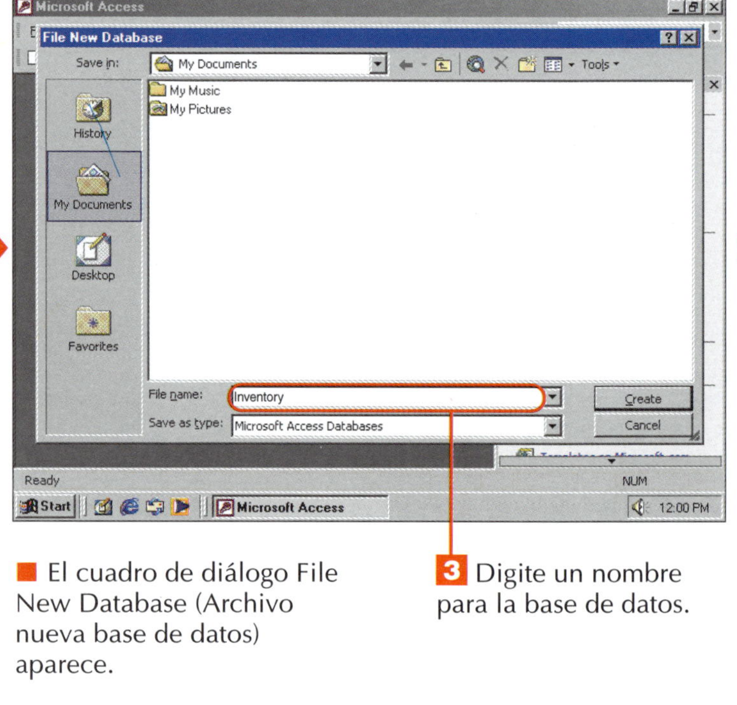

1 Haga clic en el para crear una nueva base de datos.

■ El panel de tareas New File (Nuevo archivo) aparece.

2 Haga clic en **Blank Database** (Base de datos en blanco) para crear una base de datos en blanco.

■ El cuadro de diálogo File New Database (Archivo nueva base de datos) aparece.

3 Digite un nombre para la base de datos.

¿Cuáles son las localizaciones más usadas a las que puedo acceder?

Historial

Brinda acceso a las carpetas y a las bases de datos con las que ha trabajado recientemente.

Mis documentos

Proporciona un lugar conveniente para almacenar una base de datos.

Escritorio

Permite almacenar una base de datos en el escritorio de Windows

Favoritos

Provee de un lugar para almacenar alguna base de datos que use frecuentemente.

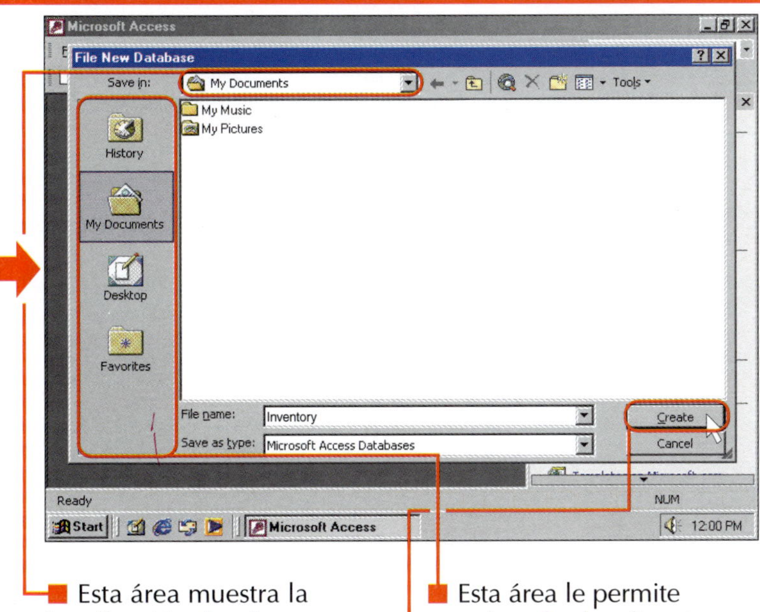

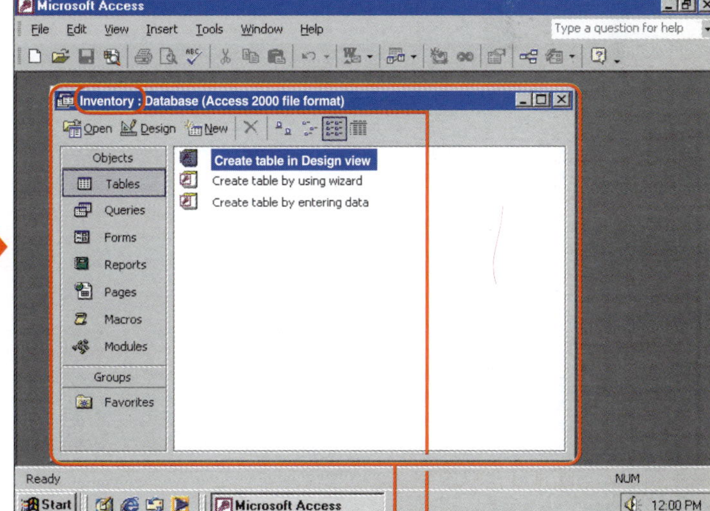

■ Esta área muestra la localización donde Access almacenará su base de datos. Puede hacer clic en esta área para cambiar la localización.

■ Esta área le permite acceder a las localizaciones más usadas. Puede hacer clic en una localización para guardar su base de datos en ella.

4 Haga clic en **Create** (Crear) para crear la base de datos.

■ Access crea una base de datos en blanco.

■ La ventana Database (Base de datos) aparece. Esta ventana le permitirá crear y trabajar con los objetos de la base de datos.

■ Esta área muestra el nombre de la base de datos.

■ Usted puede agregar objetos diversos, como tablas y reportes a su base de datos. Los objetos que agregue aparecerán en la ventana Database (Base de datos).

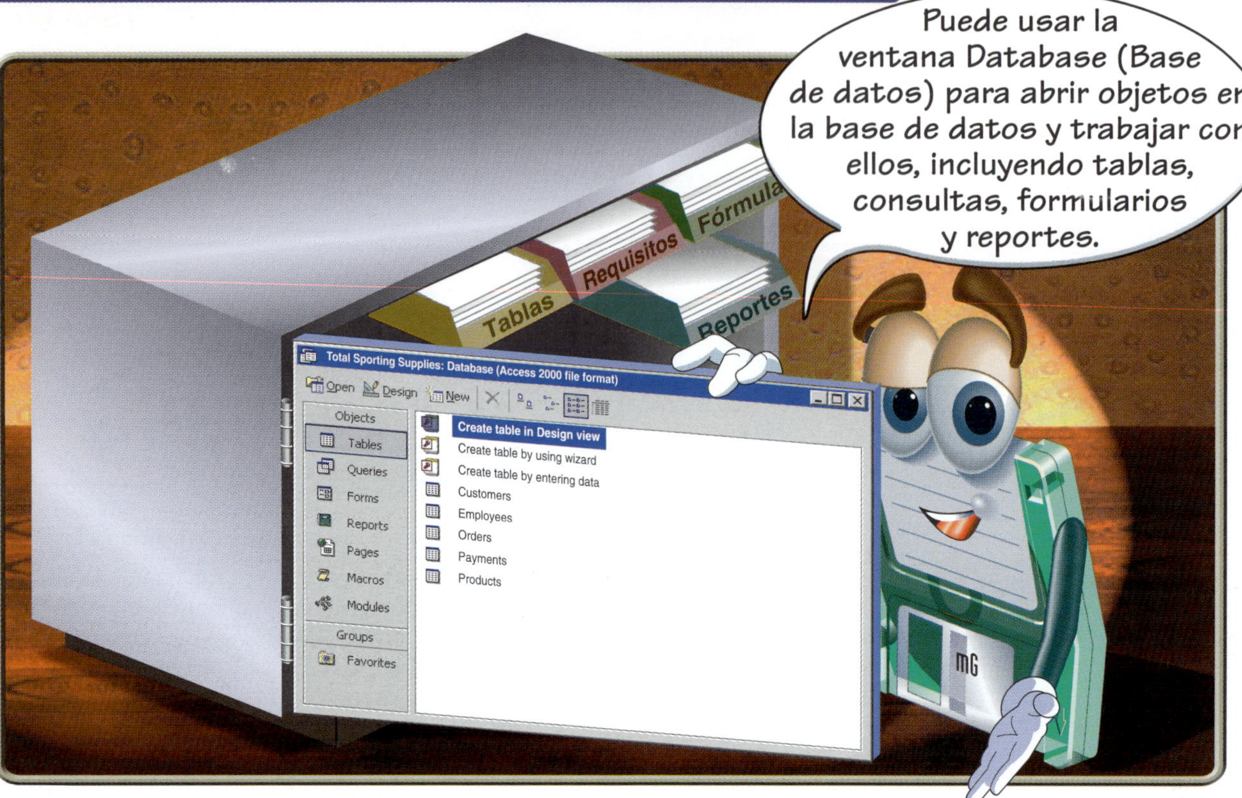

ABRIR EL OBJETO DE UNA BASE DE DATOS

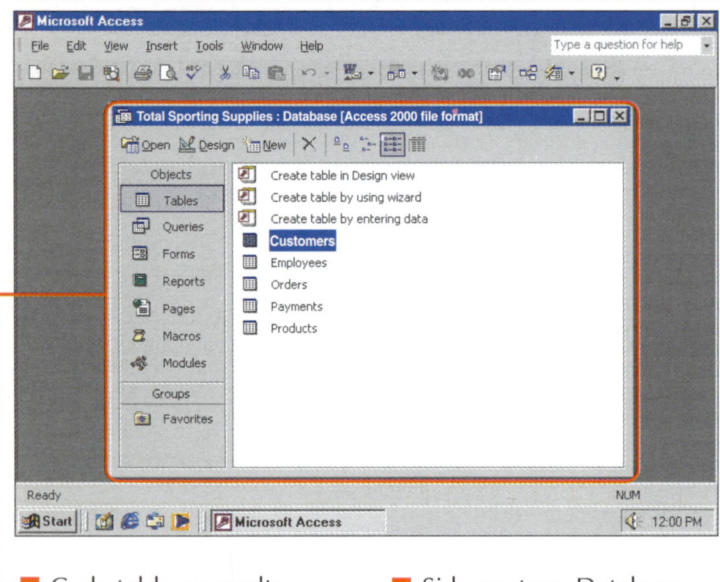

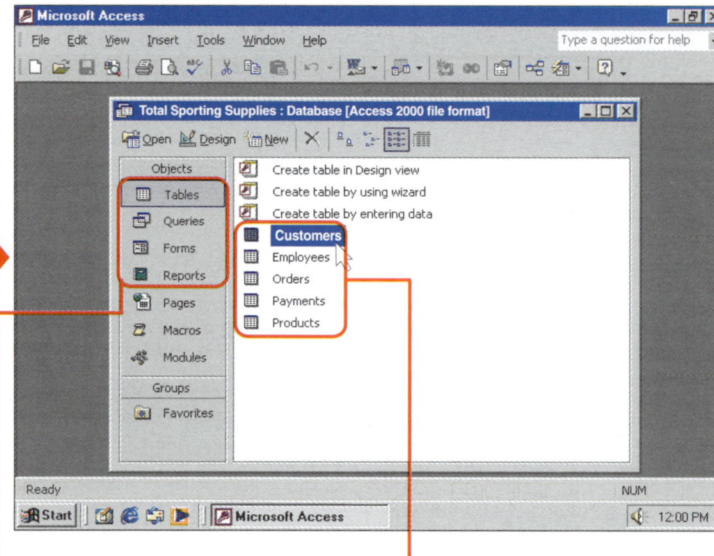

■ Cada tabla, consulta, formulario y reporte de su base de datos aparece en la ventana Database (Base de datos).

■ Si la ventana Database (Base de datos) está oculta detrás de otras ventanas, presione la tecla F11 para observar la ventana.

■ Esta área muestra el tipo de objetos de la base de datos.

1 Haga clic en el tipo de objeto con que desea trabajar.

■ Esta área muestra todos los objetos del tipo seleccionado.

2 Haga doble clic en un objeto para abrirlo.

¿Qué tipos de objetos pueden abrirse en la ventana de base datos?

Tablas

Contienen información sobre un tema específico, como una lista de correos.

Consultas

Le permite encontrar información de interés en su base de datos.

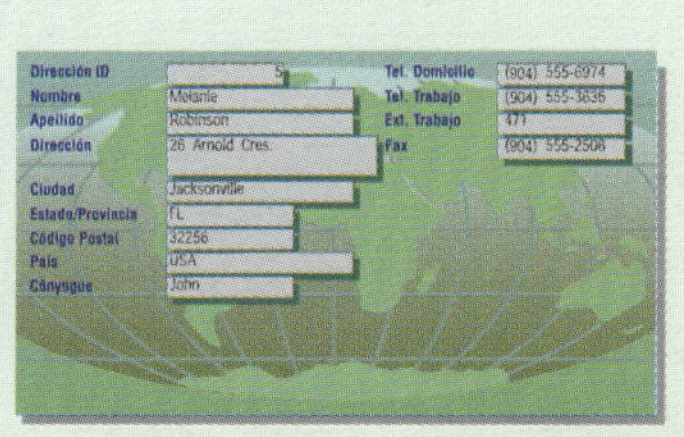

Formularios

Proporcionan una manera rápida para ver, introducir o cambiar la información de una base de datos.

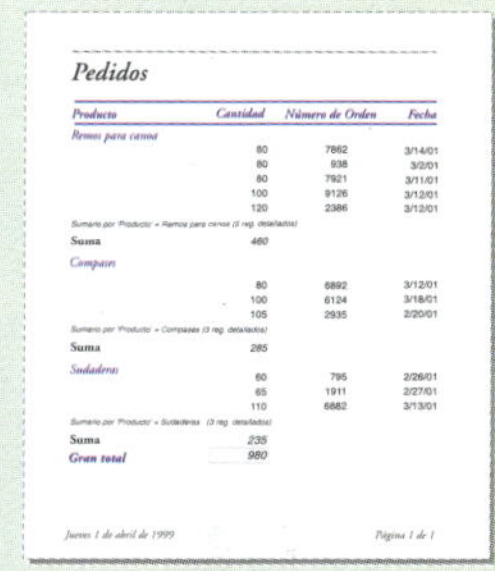

Reportes

Sintetizan y muestran información de una base de datos en documentos de apariencia profesional.

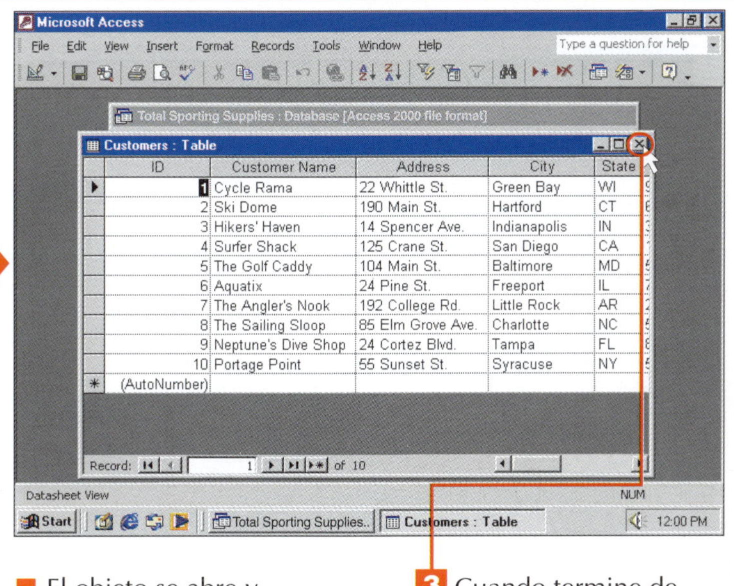

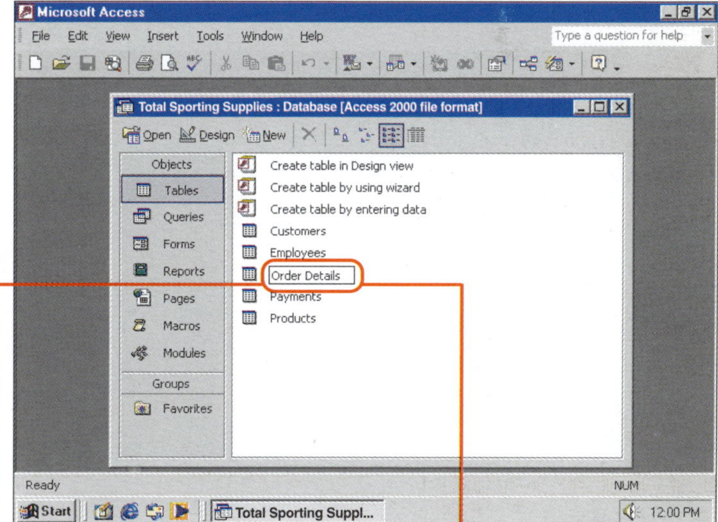

■ El objeto se abre y aparece en la pantalla.

3 Cuando termine de trabajar con el objeto, haga clic en ⊠ para cerrarlo y regresar a la ventana Database (Base de datos).

CAMBIAR EL NOMBRE DEL OBJETO DE UNA BASE DE DATOS

1 Haga clic en el nombre del objeto al que le desea cambiar de nombre.

2 Presione la tecla **F2** . Un borde negro aparece alrededor del nombre del objeto.

3 Digite el nombre nuevo del objeto y luego presione la tecla **Enter** .

265

Solo puede tener abierta una base de datos a la vez. Access cerrará la base de datos que esté abierta en la pantalla cuando abra otra base de datos.

ABRIR UNA BASE DE DATOS

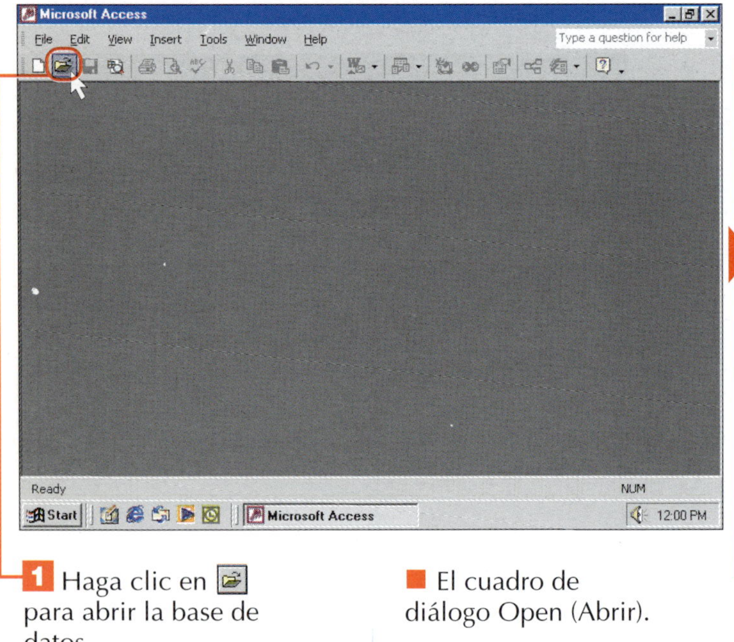

1 Haga clic en 📂 para abrir la base de datos.

■ El cuadro de diálogo Open (Abrir).

■ Esta área muestra la localización de las bases de datos mostradas. Puede hacer clic en esta área para cambiarla.

■ Esta área le permite acceder a las bases de datos de las localizaciones más usadas. Puede hacer clic en la localización para observar las bases de datos almacenadas en ella.

Nota: Para mayor información sobre las localizaciones más usadas, vea la parte superior de la página 263.

¿Cómo puedo abrir rápidamente una base de datos con la cual haya trabajado recientemente?

Access recuerda los nombres de las últimas cuatro bases de datos con las que haya trabajado. Usted puede usar uno de los siguientes métodos para abrir rápidamente alguna de estas bases de datos.

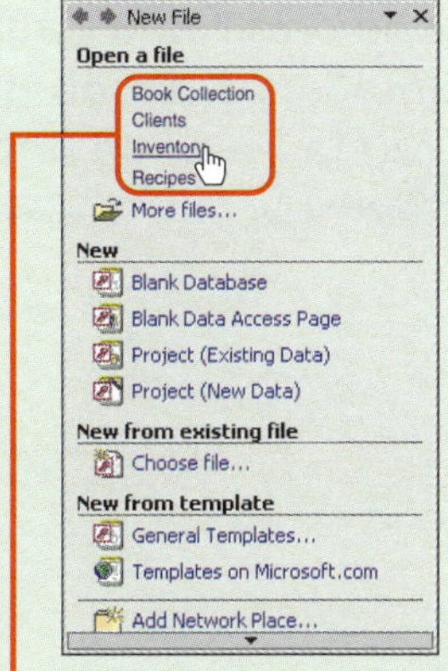

Usar el panel de tareas

El panel de tareas New File (Nuevo Archivo) aparece cada vez que inicie Access. Para mostrar el panel de tareas New File (Nuevo Archivo), vea la página 12.

1 Haga clic en el nombre de la base de datos que desea usar.

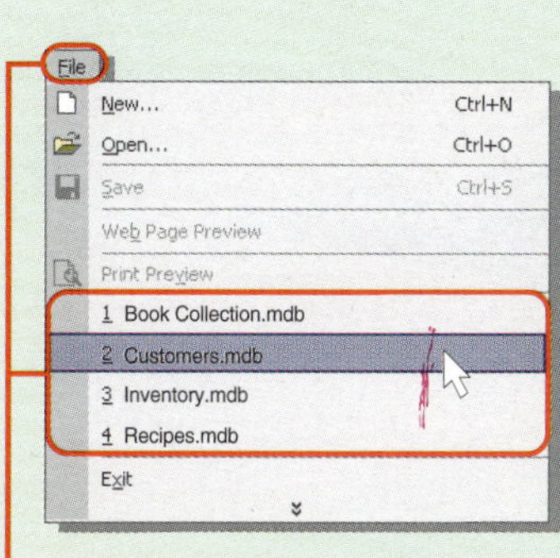

Usar el menú de archivos

1 Haga clic en **File** (Archivo).

2 Haga clic en el nombre de la base de datos que desea abrir.

Nota: Si los nombres de las últimas cuatro bases de datos con las que ha trabajado no aparecen, coloque el ▷ del mouse sobre la parte inferior del menú, para que aparezcan todas las opciones.

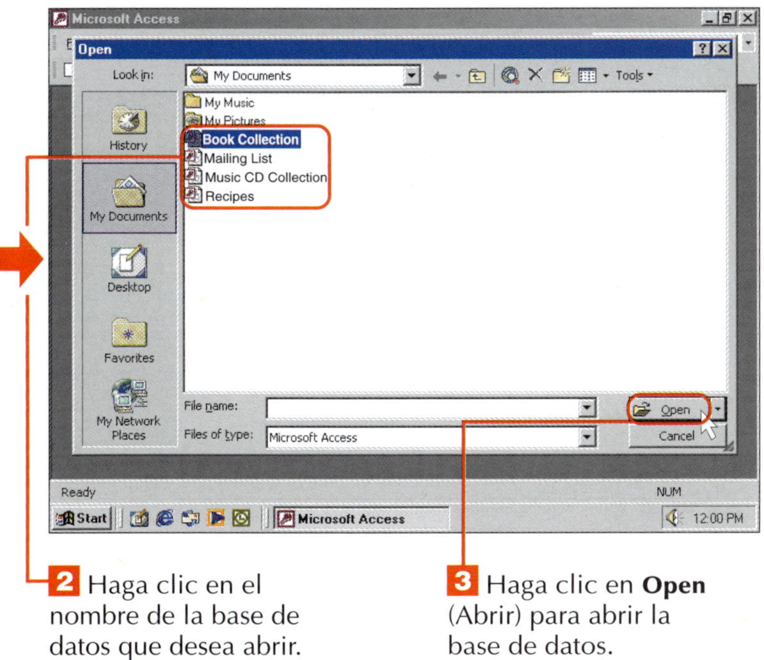

2 Haga clic en el nombre de la base de datos que desea abrir.

3 Haga clic en **Open** (Abrir) para abrir la base de datos.

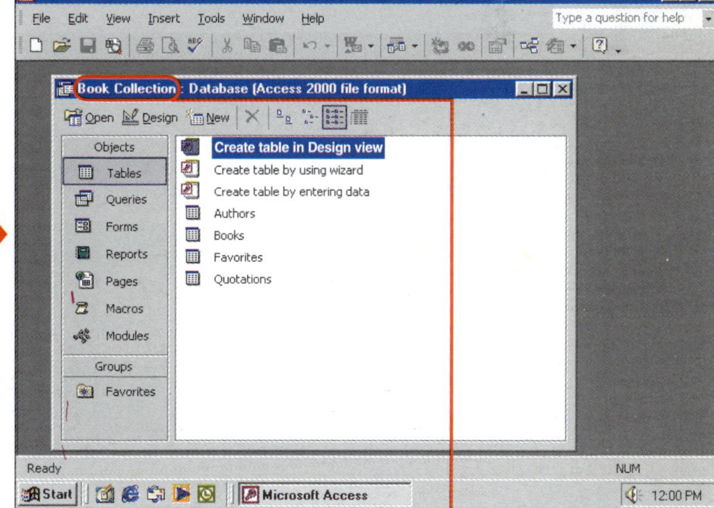

■ La base de datos se abre y aparece en su pantalla.

■ La ventana Database le permite crear objetos en la base de datos (por ejemplo: tablas y formularios) y trabajar con ellos.

■ Esta área muestra el nombre de la base de datos abierta.

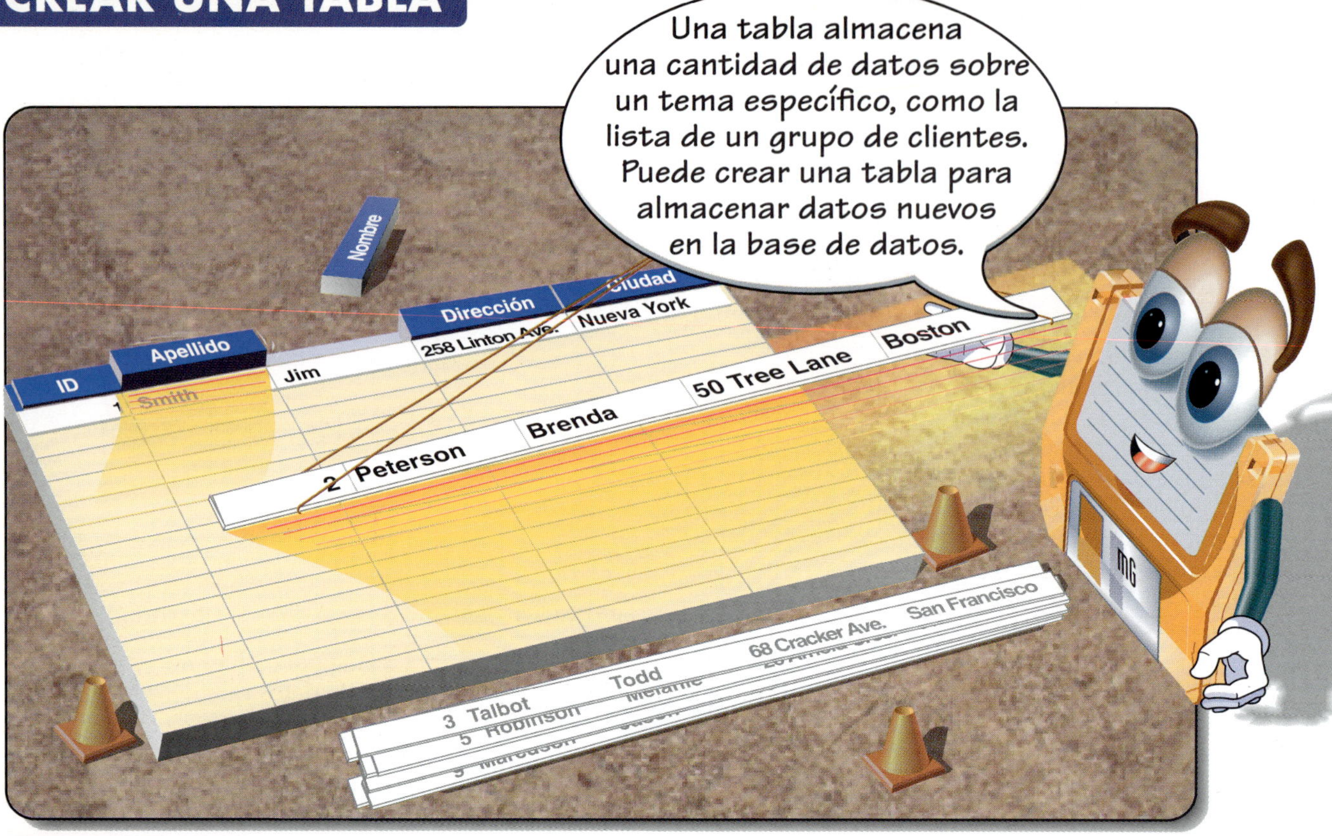

CREAR UNA TABLA

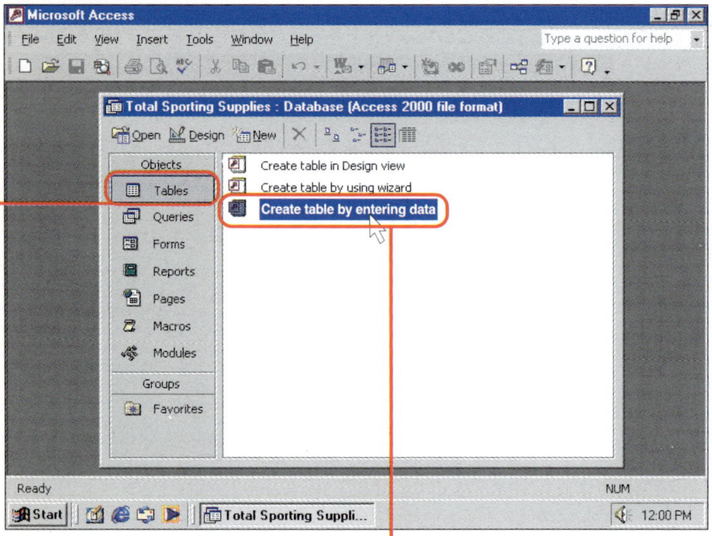

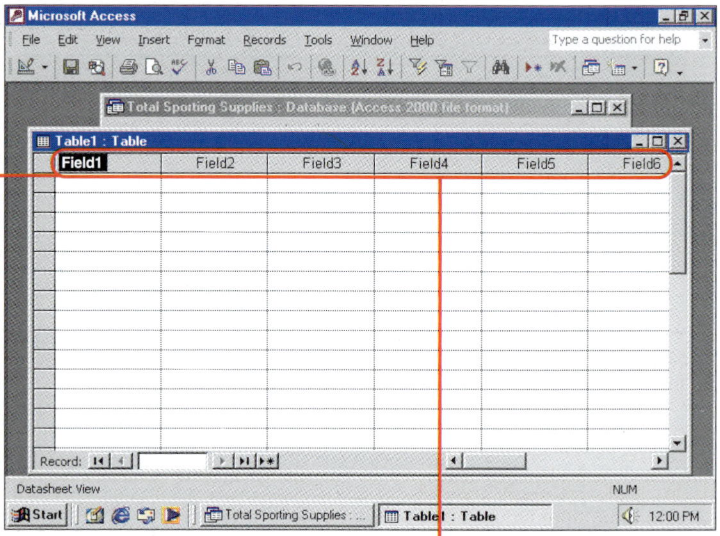

1 Haga clic en **Tables** (Tablas), en la ventana de bases de datos.

2 Haga doble clic en **Create table by entering data** (Crear una tabla introduciendo datos).

■ Aparece una tabla en blanco.

■ Esta área muestra los nombres de los campos de cada columna de la tabla.

3 Para cambiar el nombre de un campo, haga doble clic en el nombre del campo, para resaltarlo.

¿Cuáles son las partes de una tabla?

Registro

Un registro es una colección de datos sobre una persona, un lugar o una cosa.

Campo

Un campo es una categoría específica de datos.

Nombre del campo

El nombre del campo identifica los datos de este.

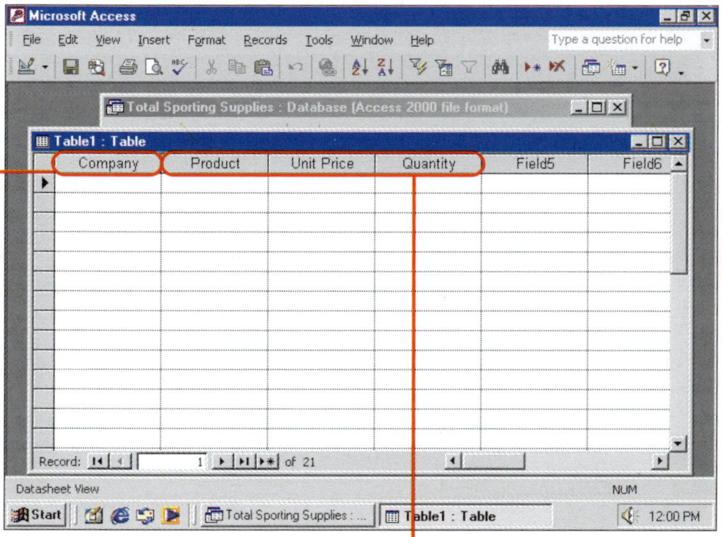

---

4 Digite el nuevo nombre del campo y presione la tecla `Enter`.

5 Repita los pasos **3** y **4** en los nombres de cada campo que desee incluir en la tabla.

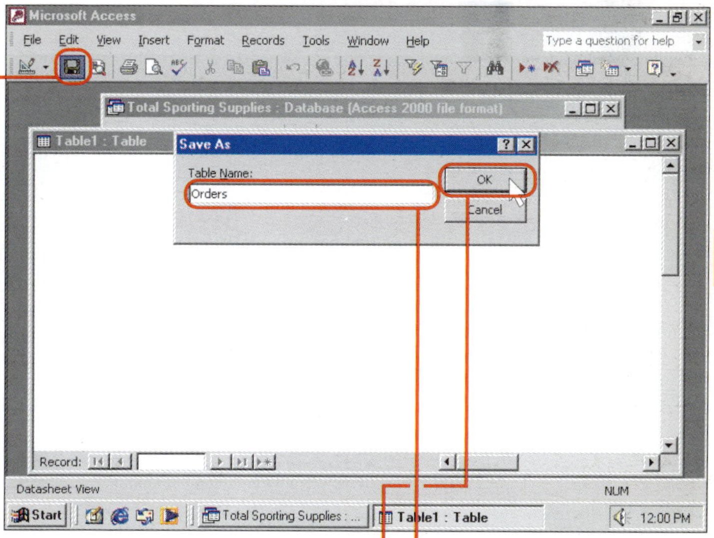

6 Haga clic en 🔳 para guardar la tabla.

■ El cuadro de diálogo Save As (Guardar como) aparece.

7 Póngale nombre a la tabla.

8 Haga clic en **OK** (Aceptar) para guardar la tabla.

CONTINÚA

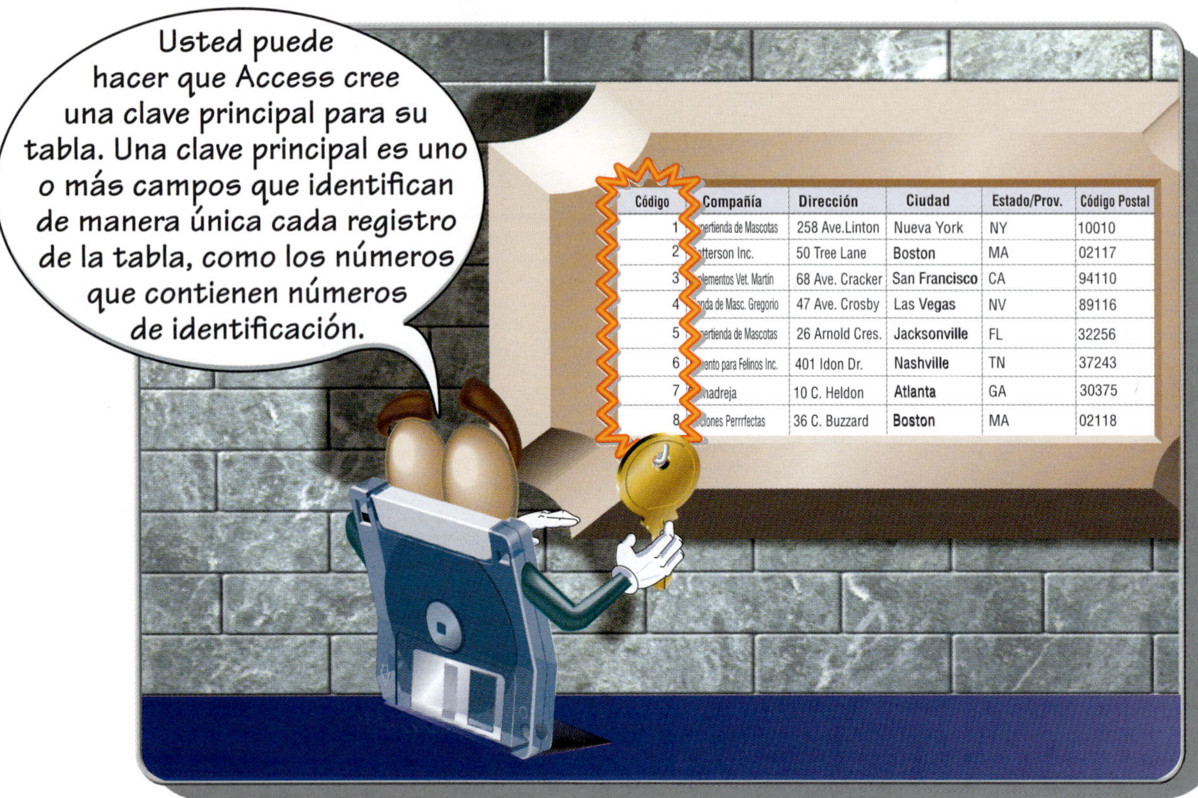

Código	Compañía	Dirección	Ciudad	Estado/Prov.	Código Postal
1	Supertienda de Mascotas	258 Ave.Linton	Nueva York	NY	10010
2	Patterson Inc.	50 Tree Lane	Boston	MA	02117
3	Implementos Vet. Martín	68 Ave. Cracker	San Francisco	CA	94110
4	Tienda de Masc. Gregorio	47 Ave. Crosby	Las Vegas	NV	89116
5	Supertienda de Mascotas	26 Arnold Cres.	Jacksonville	FL	32256
6	Alimento para Felinos Inc.	401 Idon Dr.	Nashville	TN	37243
7	Canadreja	10 C. Heldon	Atlanta	GA	30375
8	Porciones Perrrfectas	36 C. Buzzard	Boston	MA	02118

Cada tabla de su base de datos debe tener una clave principal.

CREAR UNA TABLA (CONTINUACIÓN)

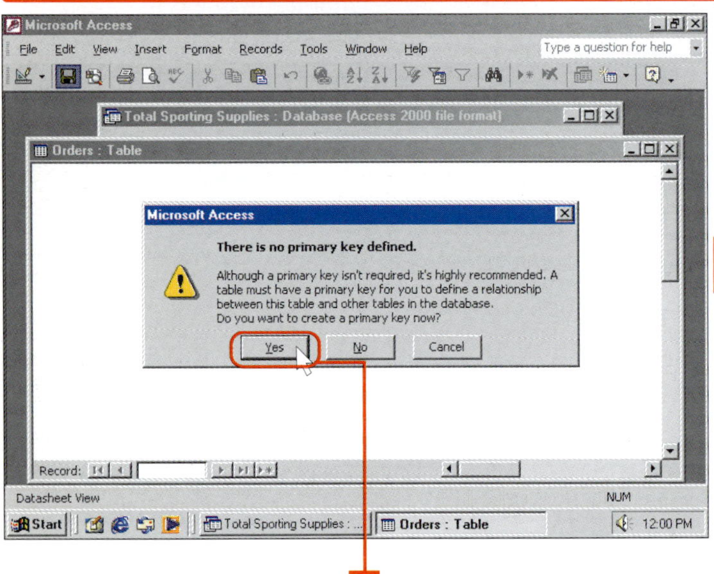

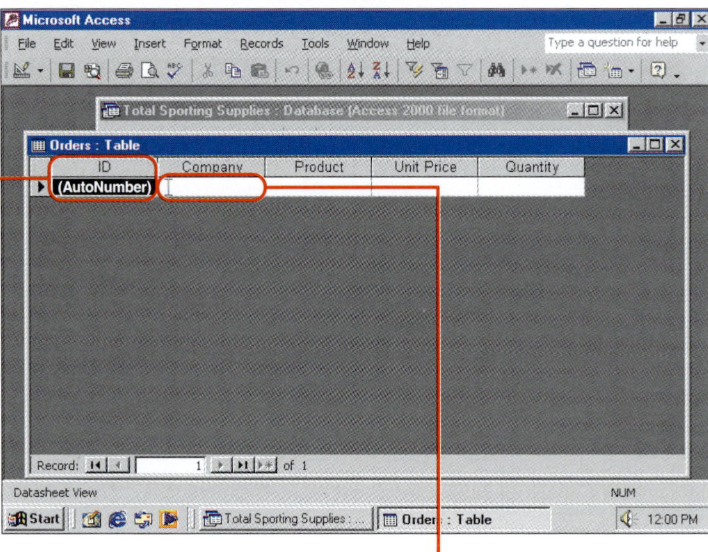

■ Un cuadro de diálogo aparece, indicándole que su tabla no tiene clave principal.

9 Para que Access cree por sí mismo una clave principal, haga clic en **Yes** (Sí).

Nota: Más tarde puede cambiar la clave principal. Para este fin, vea la página 288.

■ Access elimina las filas y columnas que no contengan datos.

■ Si seleccionó **Yes** (Sí) en el paso **9**, Access agrega un campo de identificación a la tabla para que sirva como clave principal. El campo de identificación numerará automáticamente cada registro que agregue a la tabla.

10 Para introducir los datos del registro, haga clic en la primer celda vacía de la fila.

¿Por qué cada tabla de mi base de datos debe tener una clave principal?

Access utiliza las claves principales de cada tabla para crear relaciones entre ellas. Las relaciones entre las tablas le permiten unir información relacionada de su base de datos. Para información sobre relaciones, vea la página 300.

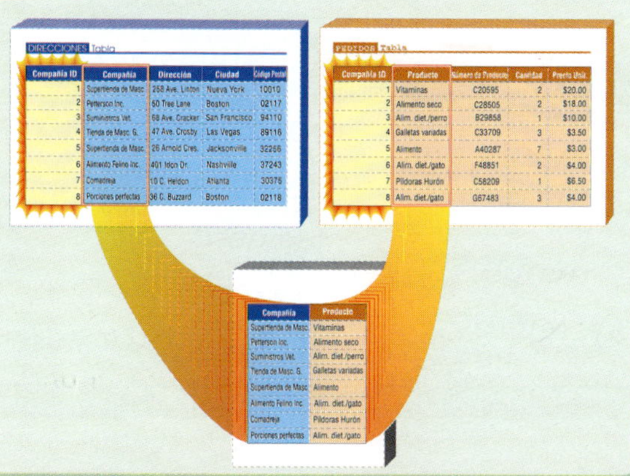

¿Cómo borro una tabla de mi base de datos?

Antes de borrar una tabla, asegúrese de que la tabla no está siendo usada por otros objetos de su base de datos, como consultas, formularios o reportes. Cuando borre una tabla, esta es eliminada permanentemente de su base de datos.

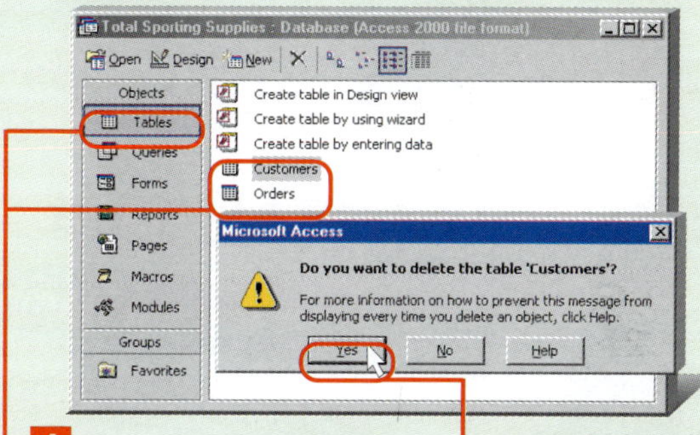

1 Haga clic en **Tables** (Tabla), en la ventana de las bases de datos.

2 Haga clic en la tabla que desea borrar y presione la tecla Delete .

■ Un cuadro de diálogo aparece, confirmando la eliminación.

3 Haga clic en **Yes** (Sí) para borrar la tabla permanentemente.

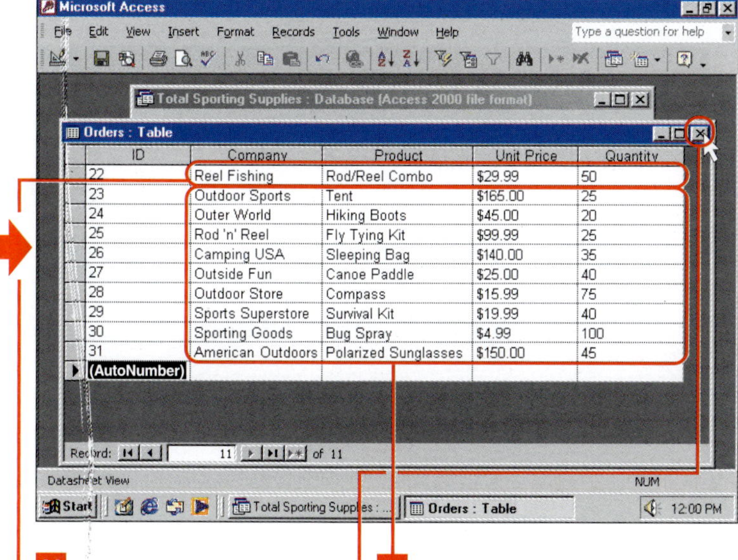

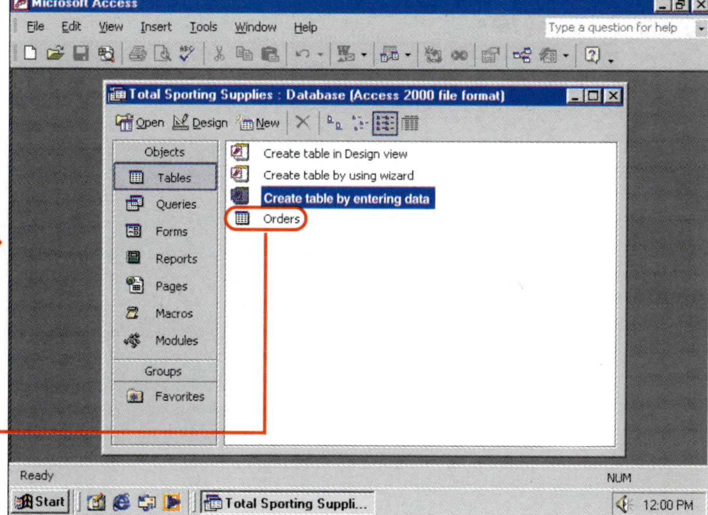

11 Digite los datos que corresponden al campo y presione la tecla Enter para moverse hasta la siguiente celda. Repita este paso hasta que termine de introducir los datos en el registro.

12 Repita los pasos **10** y **11** en cada registro que desee agregar a su tabla. Access automáticamente guarda cada registro que introduzca.

13 Cuando termine de introducir registros, haga clic en X para cerrar la tabla.

■ El nombre de la tabla aparece en la ventana de Base de Datos.

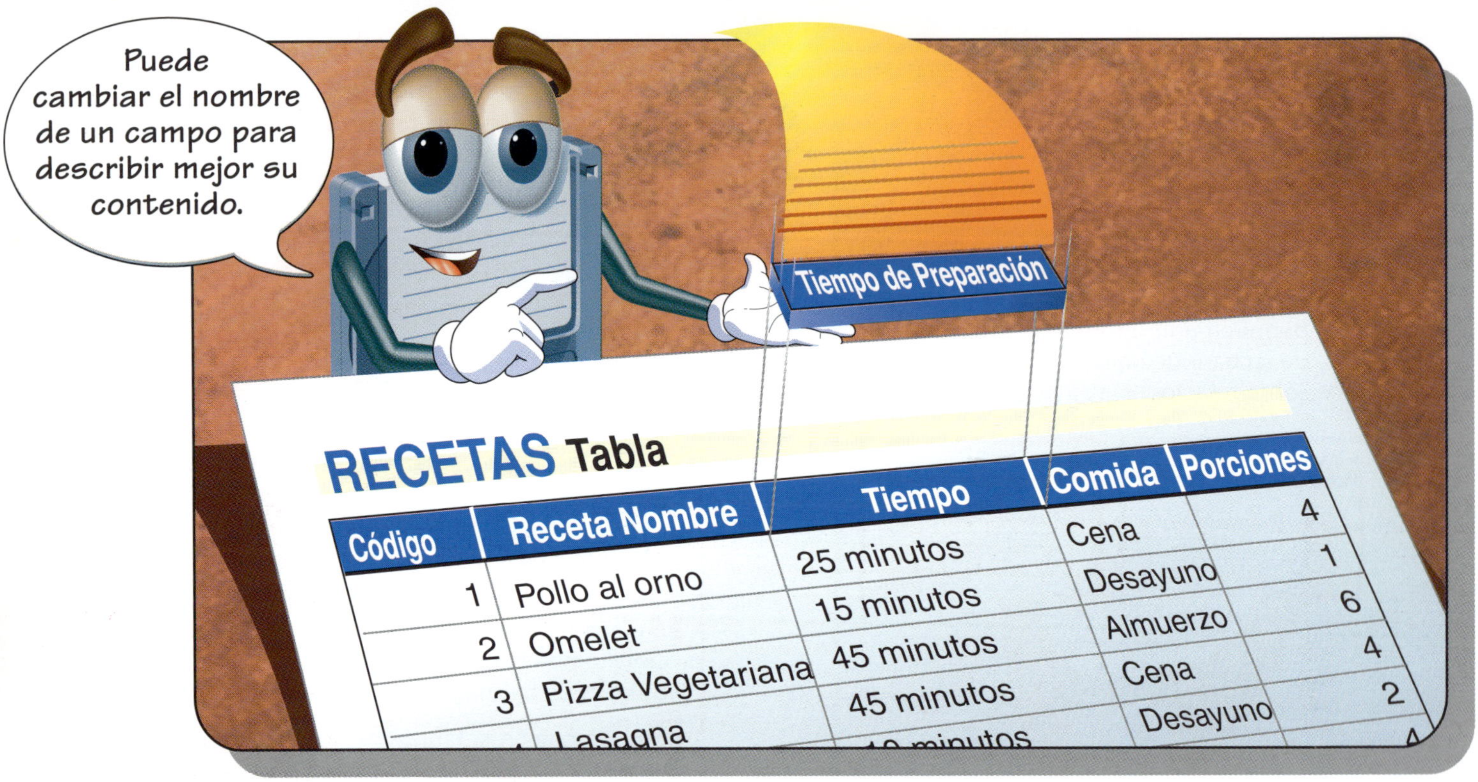

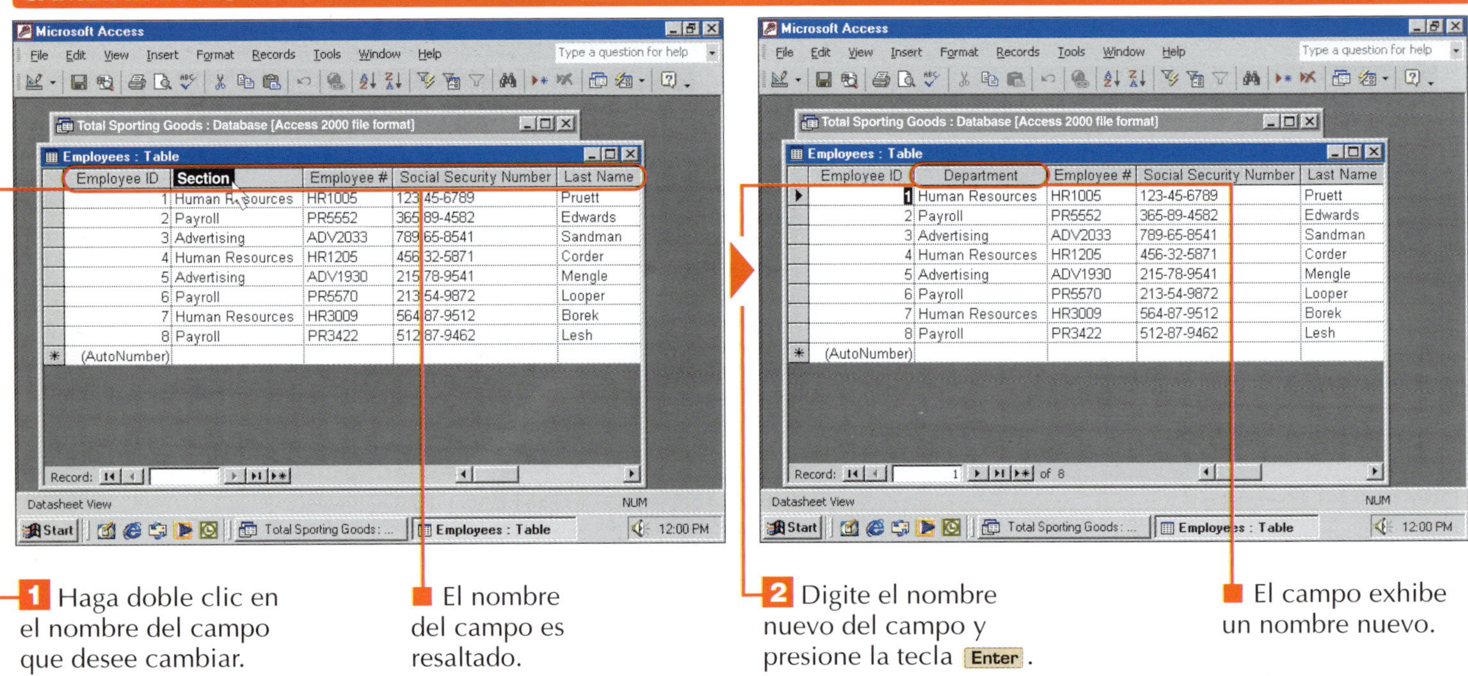

CAMBIAR EL NOMBRE DE UN CAMPO

CAMBIAR EL NOMBRE DE UN CAMPO

1 Haga doble clic en el nombre del campo que desee cambiar.

■ El nombre del campo es resaltado.

2 Digite el nombre nuevo del campo y presione la tecla **Enter**.

■ El campo exhibe un nombre nuevo.

REACOMODAR LOS CAMPOS

REACOMODAR LOS CAMPOS

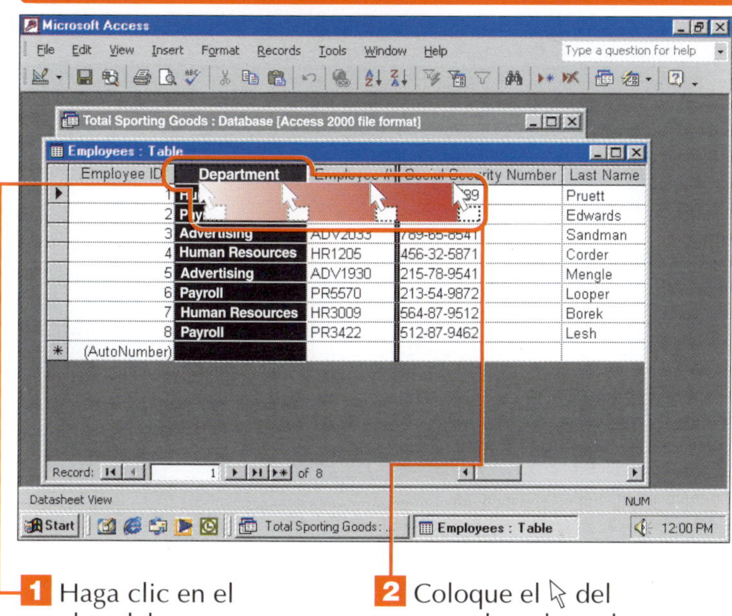

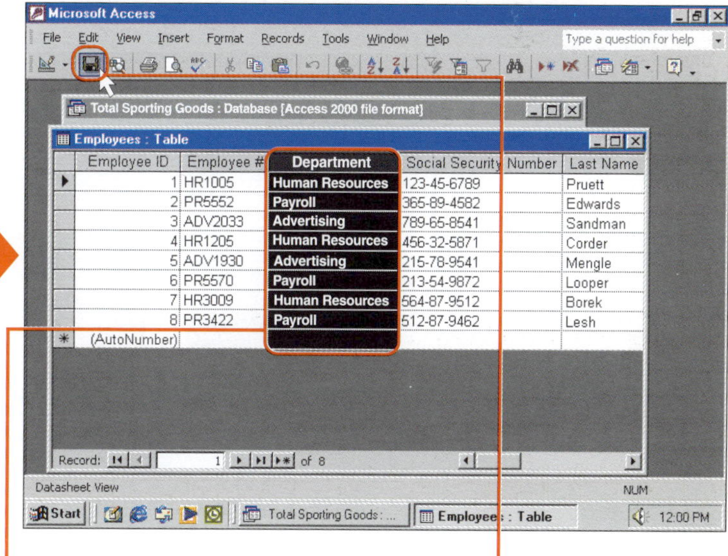

1 Haga clic en el nombre del campo que desea mover. El campo se resalta.

2 Coloque el del mouse sobre el nombre del campo y arrástrelo a su nueva localización.

■ Una línea gruesa muestra dónde aparecerá el campo.

■ El campo aparece en la nueva localización.

3 Haga clic en 🖫 para guardar sus cambios.

AGREGAR UN CAMPO

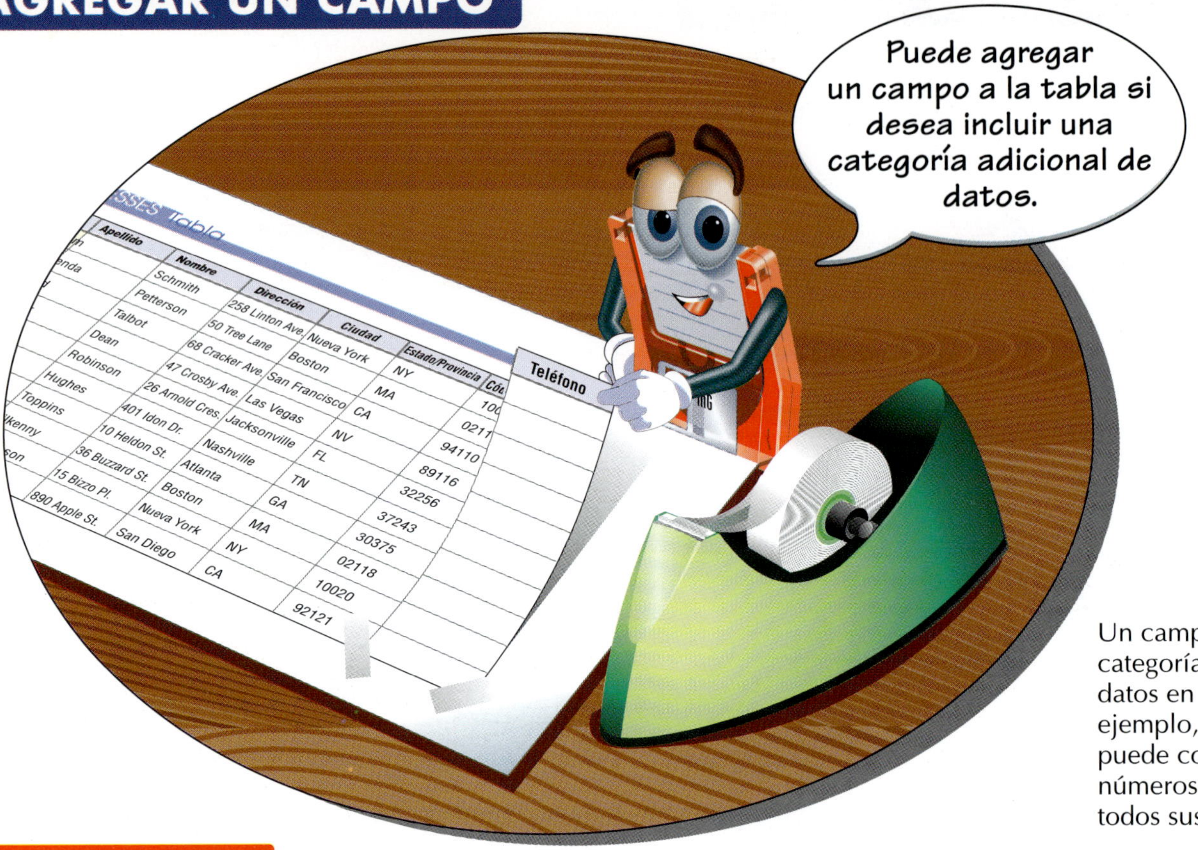

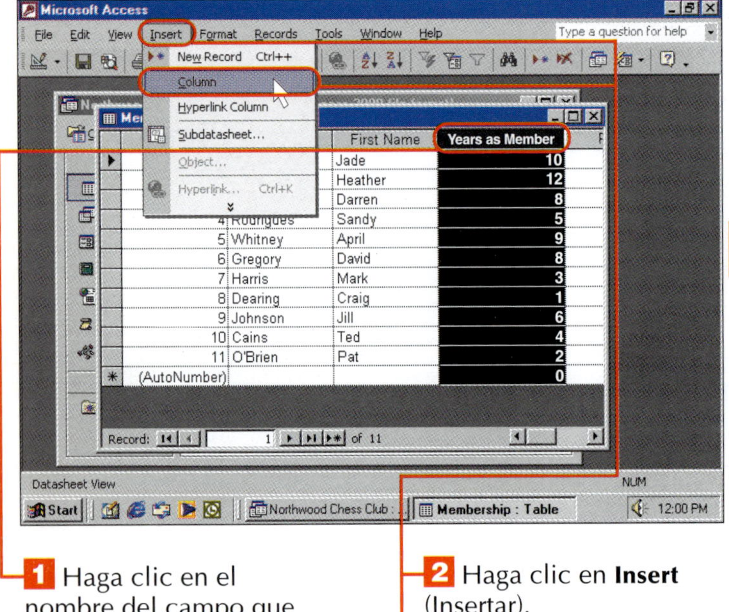

Un campo es una categoría específica de datos en una tabla. Por ejemplo, un campo puede contener los números telefónicos de todos sus clientes.

AGREGAR UN CAMPO

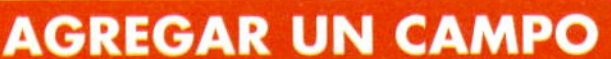

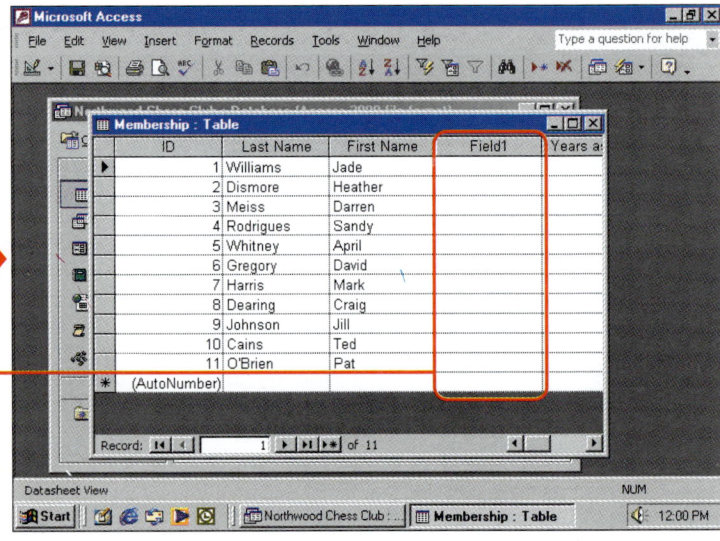

1 Haga clic en el nombre del campo que debe aparecer después del campo nuevo. El campo se resalta.

2 Haga clic en **Insert** (Insertar).

3 Haga clic en **Column** (Columna).

■ El campo nuevo aparece en la tabla.

■ Access le asigna un nombre al campo nuevo. Para darle al campo un nombre descriptivo, vea la página 272.

ELIMINAR UN CAMPO

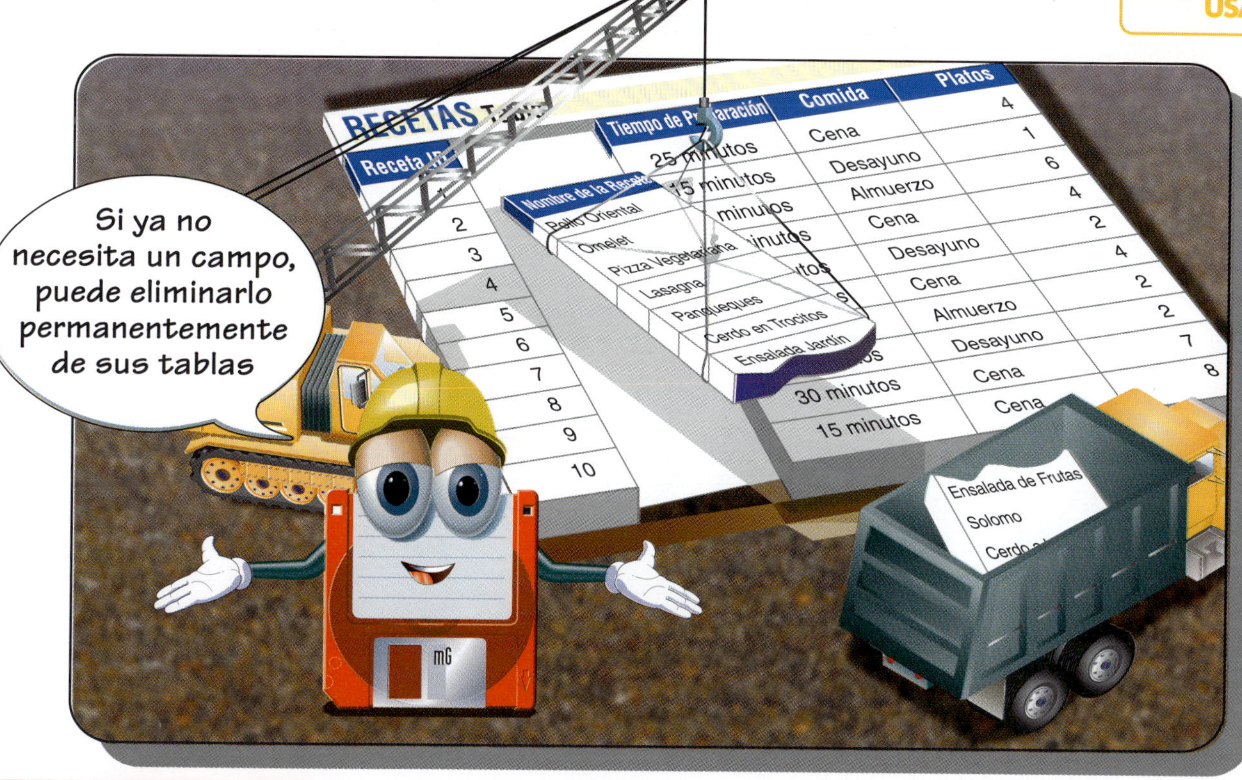

Antes de borrar un campo, asegúrese de que este no esté siendo usado en ningún otro objeto de su base de datos, como una consulta, un formulario o reporte.

ELIMINAR UN CAMPO

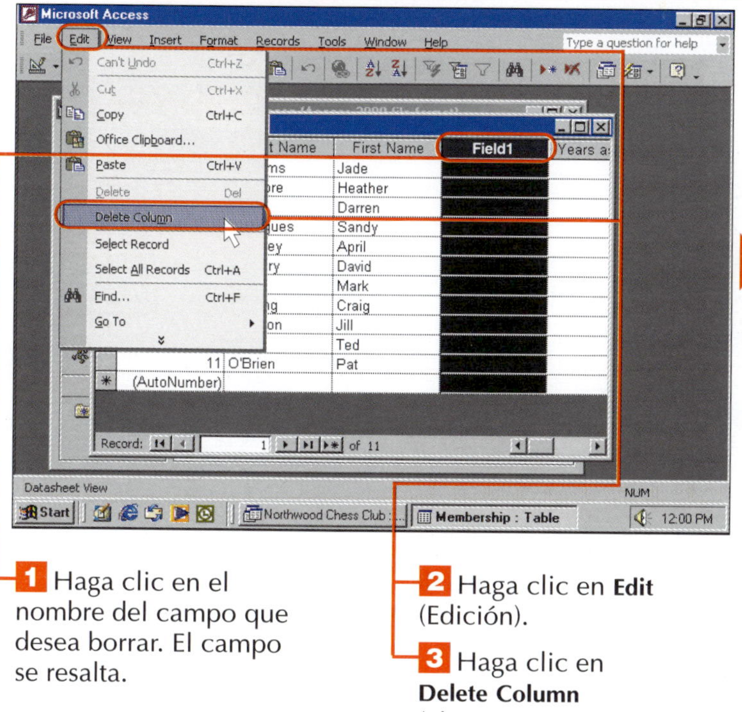

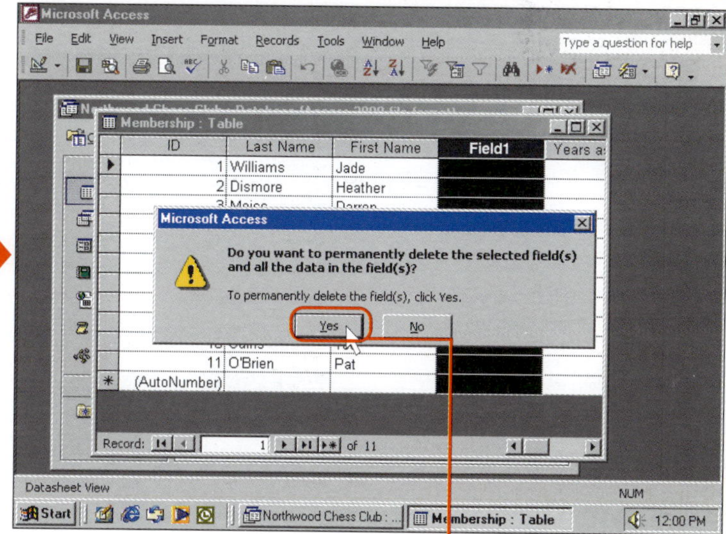

1 Haga clic en el nombre del campo que desea borrar. El campo se resalta.

2 Haga clic en **Edit** (Edición).

3 Haga clic en **Delete Column** (Eliminar columna).

■ Un cuadro de diálogo aparece confirmando la eliminación.

4 Haga clic en **Yes** (Sí) para eliminar el área definitivamente.

■ El campo desaparece de la tabla.

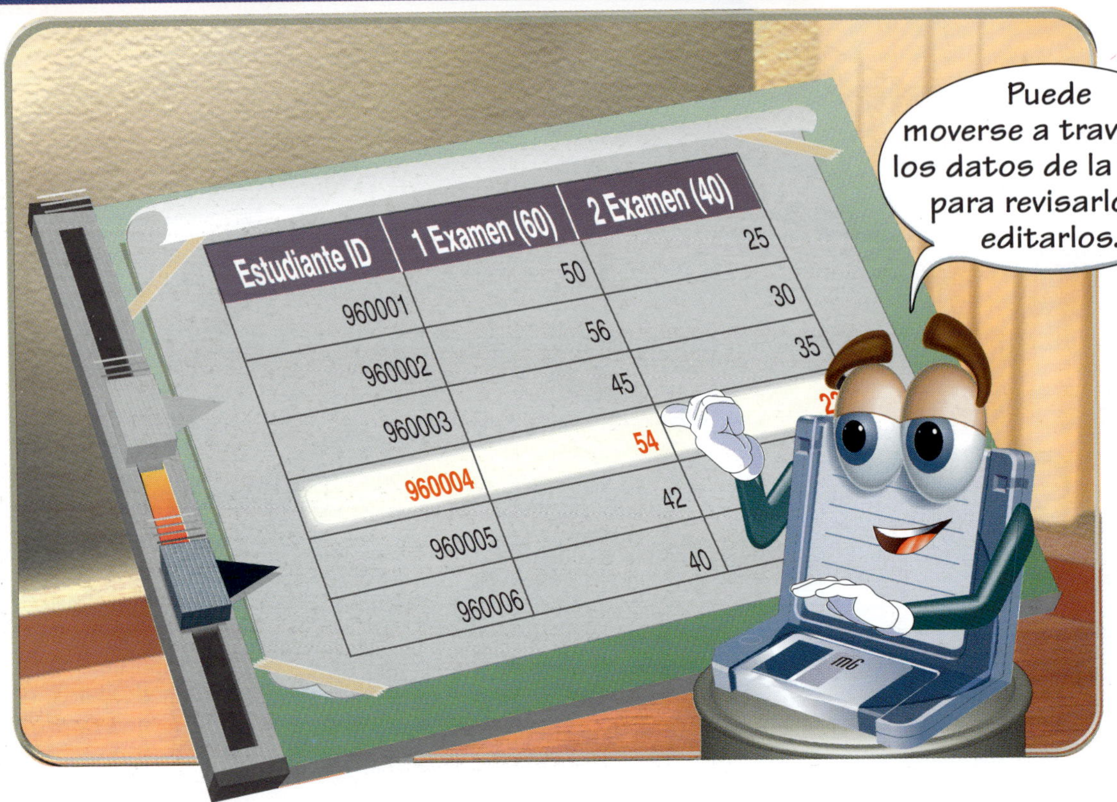

Si la tabla contiene muchos datos, es posible que la pantalla de la computadora no sea capaz de mostrarlos al mismo tiempo. Puede desplazarse a través de los campos y los registros para observar los datos que no aparecen en la pantalla.

MOVERSE A TRAVÉS DE LOS DATOS

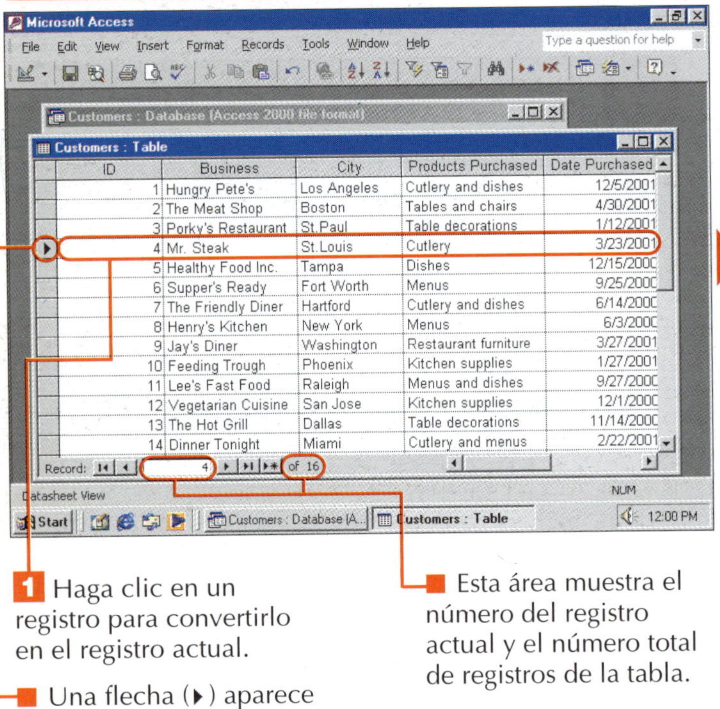

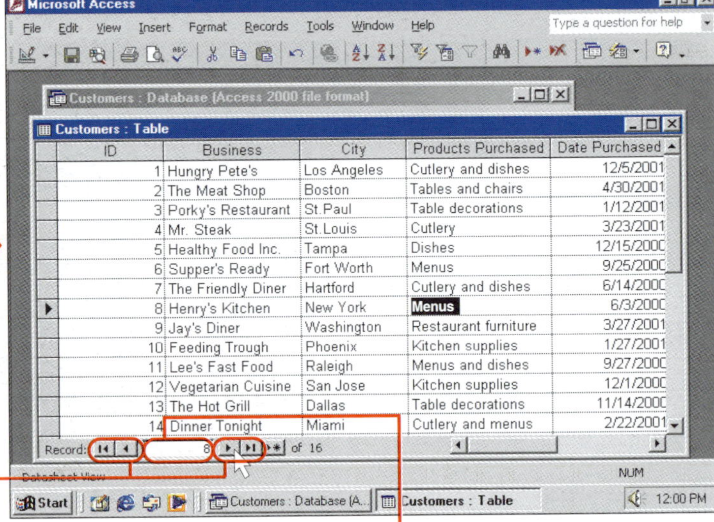

1 Haga clic en un registro para convertirlo en el registro actual.

■ Una flecha (▶) aparece junto al registro actual.

■ Esta área muestra el número del registro actual y el número total de registros de la tabla.

2 Para moverse a través de los registros, haga clic en uno de los siguientes botones.

|◀ Primer registro

◀ Registro previo

▶ Siguiente registro

▶| Último registro

■ Para desplazarse rápidamente hacia un registro específico, haga doble clic en esta área y digite el número del registro que desea observar. Luego presione la tecla **Enter**.

¿Cómo puedo usar mi teclado para moverme a través de los datos de la tabla?

Presione en el teclado	Descripción
Page Up	Sube una pantalla de registros
Page Down	Baja una pantalla de registros
Tab	Se traslada hacia el siguiente campo del registro actual
↑	Sube un registro del mismo campo
↓	Baja un registro del mismo campo

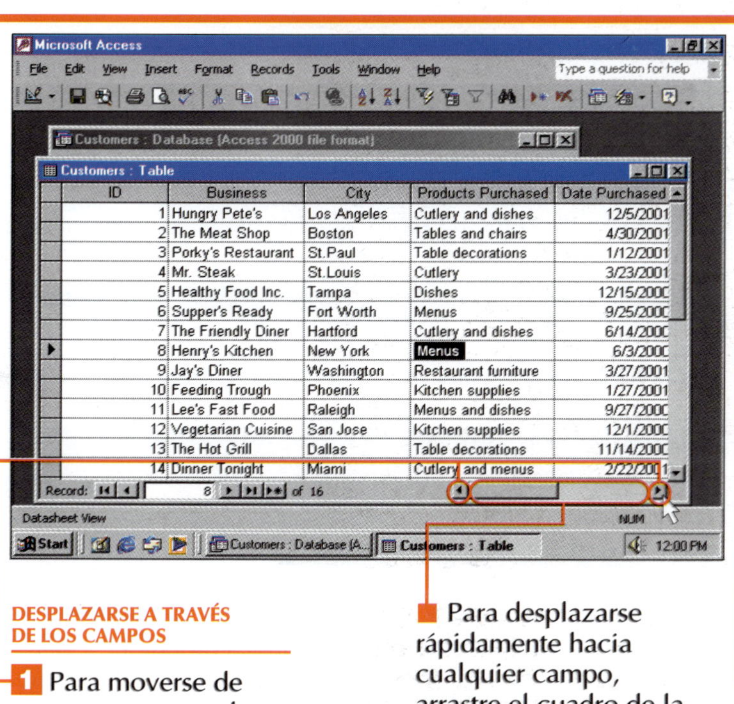

DESPLAZARSE A TRAVÉS DE LOS CAMPOS

1 Para moverse de campo en campo, haga clic en ◄ o en ►.

Nota: No puede moverse a través de los campos si todos aparecen en la pantalla.

■ Para desplazarse rápidamente hacia cualquier campo, arrastre el cuadro de la barra de desplazamiento hasta que el campo deseado aparezca.

DESPLAZARSE A TRAVÉS DE LOS REGISTROS

1 Para moverse de registro en registro, haga clic en ▲ o en ▼.

Nota: No puede moverse a través de los registros si todos aparecen en la pantalla.

■ Para desplazarse rápidamente hacia cualquier registro, arrastre el cuadro de la barra de desplazamiento hasta que el registro deseado aparezca.

SELECCIONAR DATOS

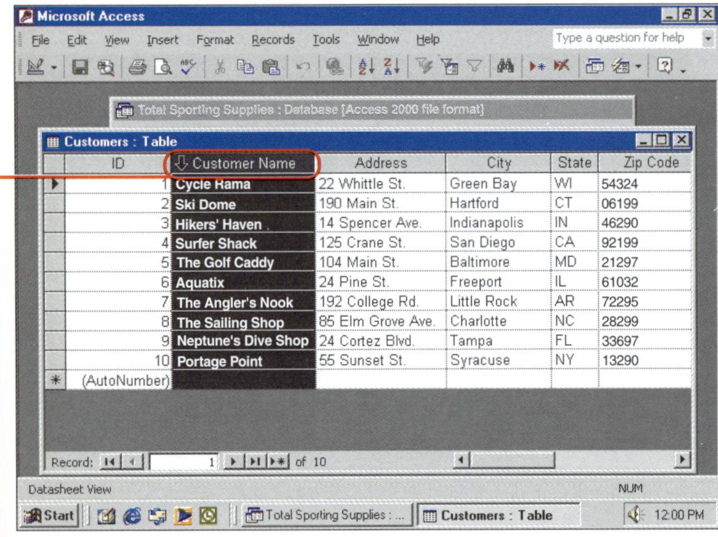

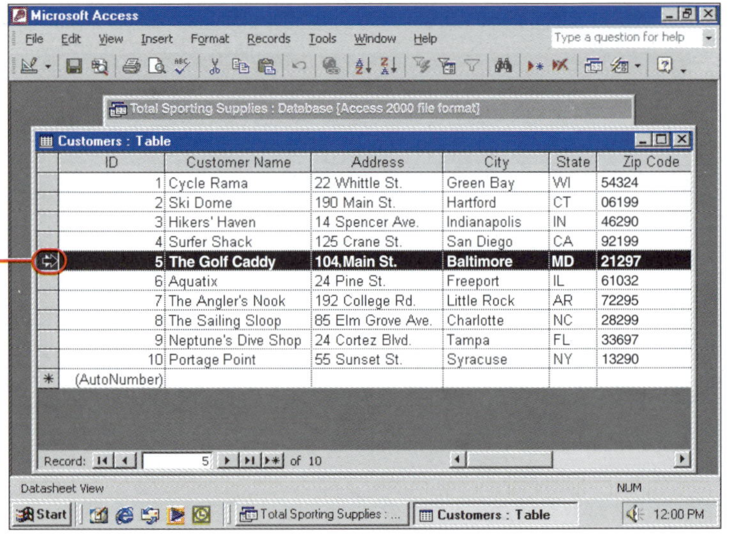

SELECCIONAR UN CAMPO

1 Coloque el del mouse sobre el nombre del campo que desea seleccionar (cambia a ⬇) y haga clic para seleccionarlo.

■ Para seleccionar varios campos, coloque el del mouse sobre el nombre del primer campo (cambia a ⬇). Luego, arrastre el ⬇ del mouse hasta que se resalten todos los campos que desea seleccionar.

SELECCIONAR UN REGISTRO

1 Coloque el del mouse sobre el área ubicada a la izquierda del registro que desea seleccionar (cambia a ➡) y luego haga clic para seleccionar el registro.

■ Para seleccionar varios registros, coloque el del mouse sobre el área ubicada a la izquierda del primer registro (cambia a ➡). Luego arrastre el ➡ del mouse hasta que se resalten todos los registros que desea seleccionar.

¿Cómo selecciono todos los registros de una tabla?

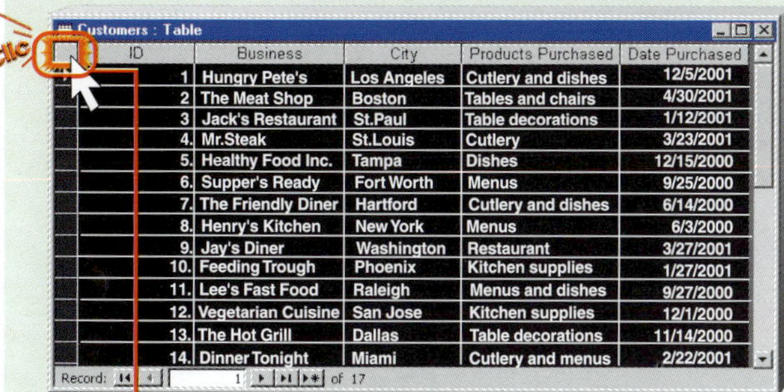

■ Para seleccionar todos los registros de una tabla, haga clic en el área en blanco (▢) que se halla a la izquierda de los nombres de los campos.

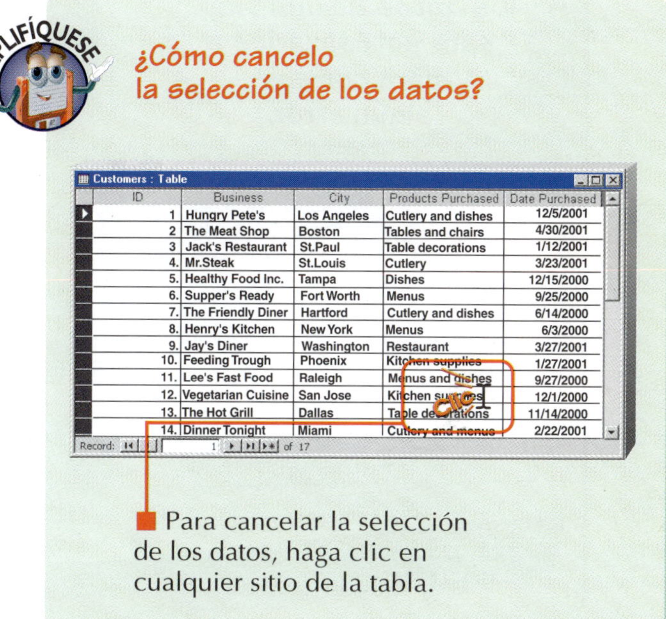

¿Cómo cancelo la selección de los datos?

■ Para cancelar la selección de los datos, haga clic en cualquier sitio de la tabla.

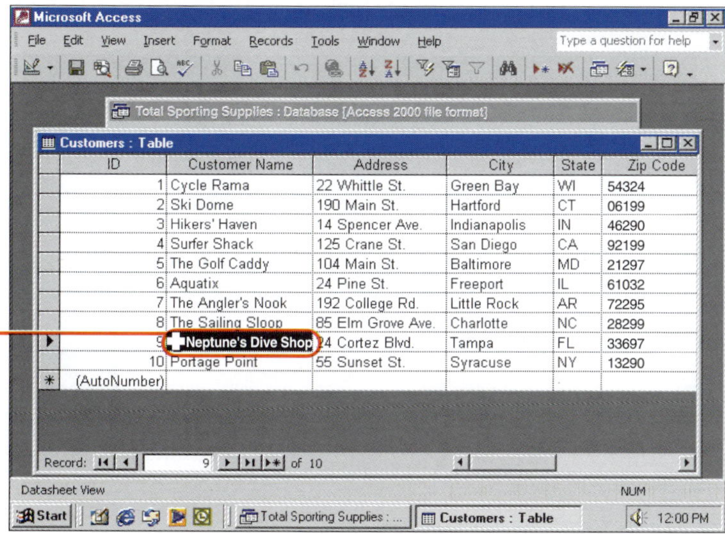

SELECCIONAR UNA CELDA

1 Coloque el I del mouse sobre el extremo izquierdo de la celda que desea seleccionar (I cambia a ⬦) y haga clic para seleccionar la celda.

■ Para seleccionar varias celdas, coloque el I del mouse sobre el borde izquierdo de la primera celda (I cambia a ⬦). Luego arrastre el ⬦ del mouse hasta que se resalten todas las celdas que desea seleccionar.

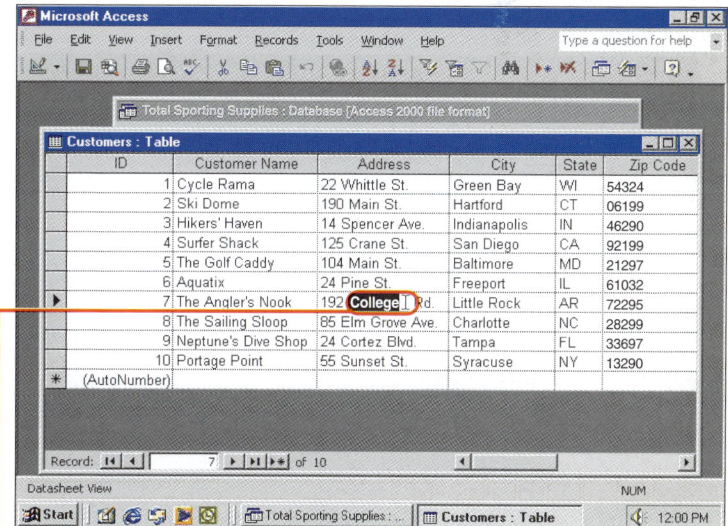

SELECCIONAR LOS DATOS DE UNA CELDA

1 Coloque el I del mouse sobre el borde izquierdo de los datos y arrastre el I del mouse hasta resaltar todos los datos que desea seleccionar.

■ Para seleccionar rápidamente una palabra, haga doble clic en la palabra.

Access automáticamente guarda los cambios que haga en la tabla.

EDITAR DATOS

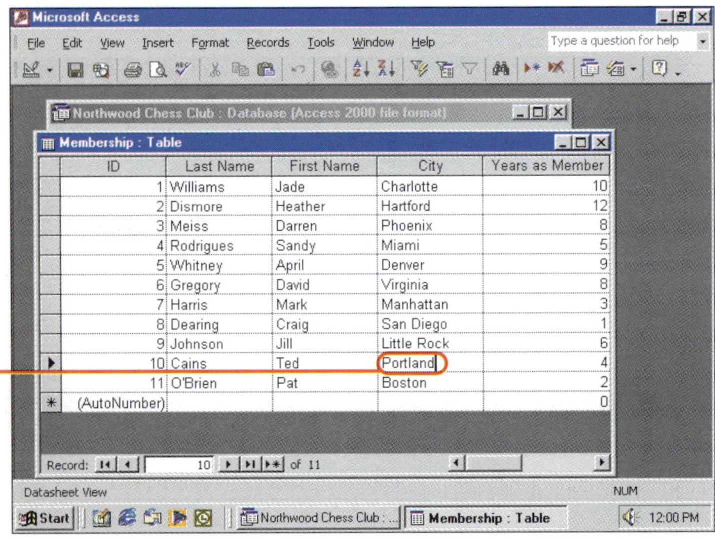

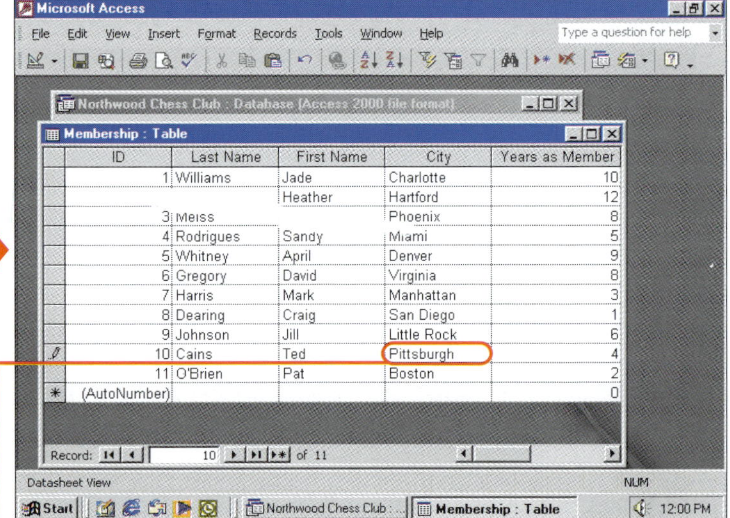

1 Haga clic en la localización de la celda donde desea editar los datos.

■ Aparece un punto de inserción intermitente en la celda.

Nota: Puede presionar las teclas ← *o* → *para mover el punto de inserción hacia donde desea editar los datos.*

2 Para eliminar el carácter hacia la izquierda del punto de inserción, presione la tecla `←Backspace`.

3 Para agregar los datos donde se halla el punto de inserción, solo digítelos.

4 Cuando termine de hacer los cambios a los datos, presione la tecla `Enter`.

¿Qué son los símbolos que aparecen a la izquierda de los registros?

Este es el registro actual.

Usted está editando este registro.

Usted puede introducir datos en un nuevo registro aquí.

¿Por qué no puedo editar los datos de una celda?

Es posible que esté tratando de editar datos en un campo que tiene los datos tipo Autonumber (Autonuméricos). Un campo que tenga este elemento activado numera automáticamente los registros. No es posible editar los datos en un campo de este tipo. Para más detalles sobre tipos de datos, vea la página 291.

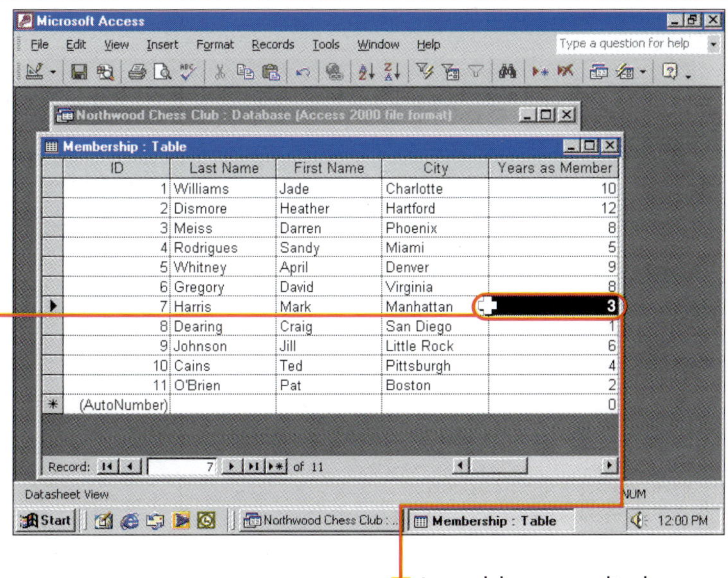

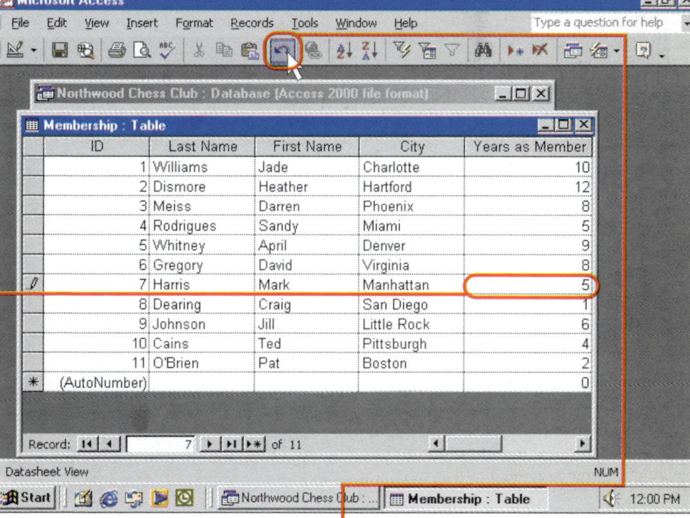

**REEMPLAZAR TODOS
LOS DATOS DE UNA CELDA**

1 Coloque el I del mouse sobre el borde de la celda que contenga los datos que desea sustituir (I cambia a ⬚) y haga clic para seleccionar la celda.

■ La celda es resaltada.

2 Digite los nuevos datos y presione la tecla **Enter**.

DESHACER CAMBIOS

1 Haga clic en 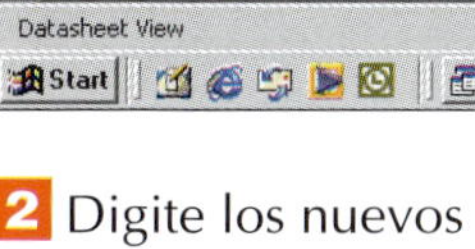 para deshacer inmediatamente el cambio más reciente.

281

AGREGAR UN REGISTRO

Debe agregar un registro nuevo al final de la tabla. Después de agregar un registro, puede acomodar los registros para cambiar su orden. Para acomodar registros, vea la página 312.

AGREGAR UN REGISTRO

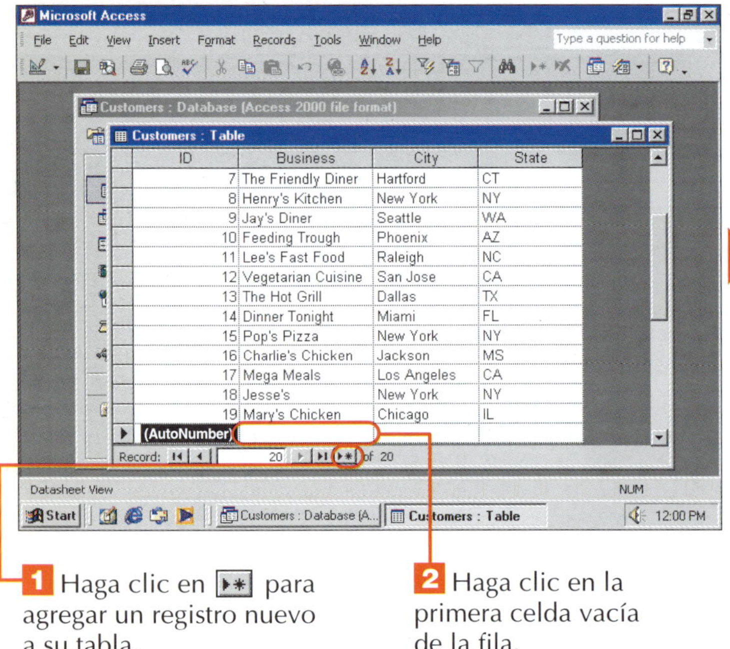

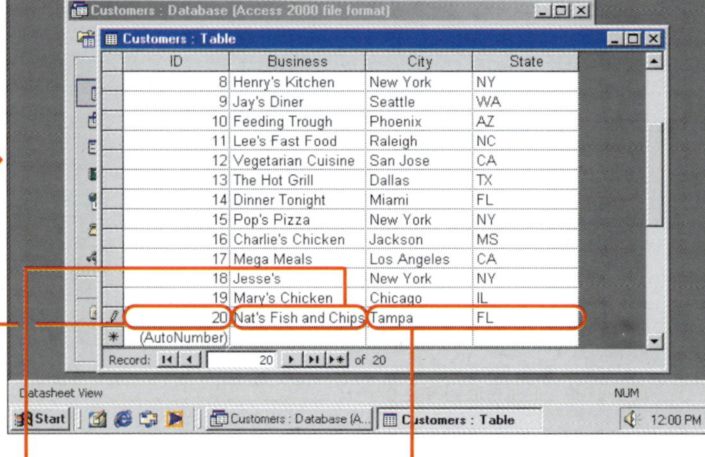

1 Haga clic en ▶* para agregar un registro nuevo a su tabla.

2 Haga clic en la primera celda vacía de la fila.

3 Digite los datos que correspondan al campo y presione la tecla **Enter** para moverse hacia la siguiente celda.

■ En este ejemplo, el campo Autonumérico agrega automáticamente un número al registro.

4 Repita el paso **3** hasta que termine de introducir todos los datos del registro.

■ Access guarda automáticamente cada registro nuevo que agregue a la tabla.

ELIMINAR UN REGISTRO

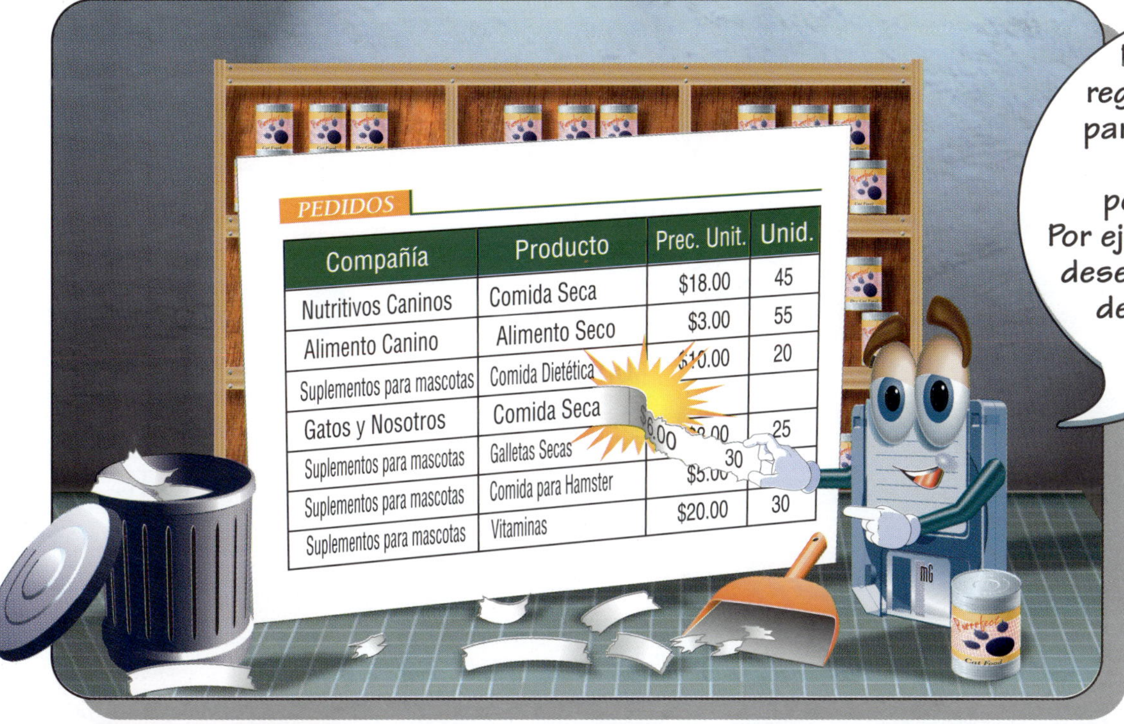

Borrar registros libera espacio de almacenamiento en su computadora y evita que su base de datos se sature con datos innecesarios.

ELIMINAR UN REGISTRO

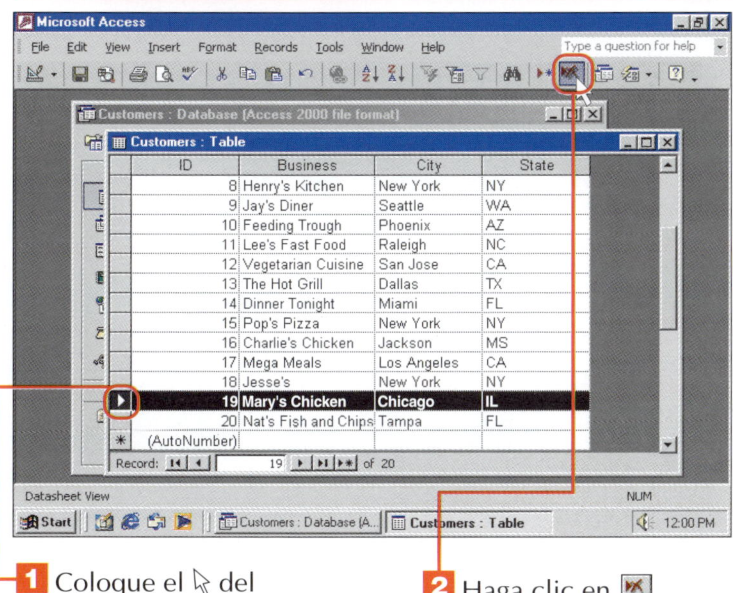

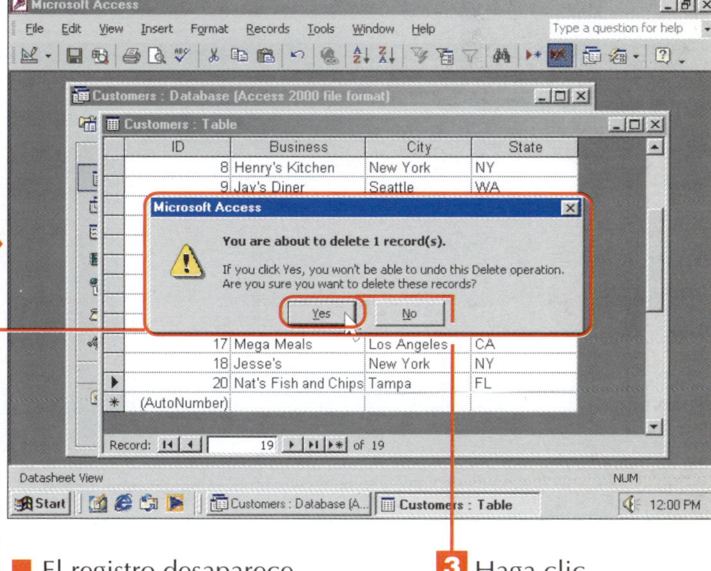

1 Coloque el ☐ del mouse sobre el área ubicada a la izquierda del registro que desea eliminar (☐ cambia a ➡) y haga clic para seleccionar el registro.

2 Haga clic en ☒ para eliminar el registro.

■ El registro desaparece de la tabla.

■ Un cuadro de diálogo de advertencia aparece, confirmando la eliminación.

3 Haga clic en **Yes** (Sí) para eliminar el registro permanentemente.

CAMBIAR EL ANCHO DE UNA COLUMNA

Reducir el ancho de una columna le permite observar más campos de la pantalla al mismo tiempo.

CAMBIAR EL ANCHO DE UNA COLUMNA

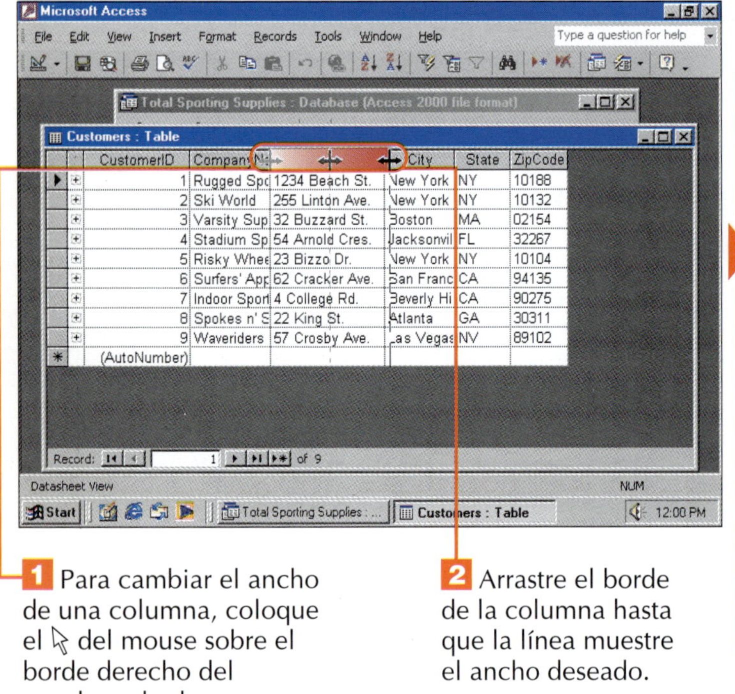

1 Para cambiar el ancho de una columna, coloque el del mouse sobre el borde derecho del encabezado de una columna (cambia a).

2 Arrastre el borde de la columna hasta que la línea muestre el ancho deseado.

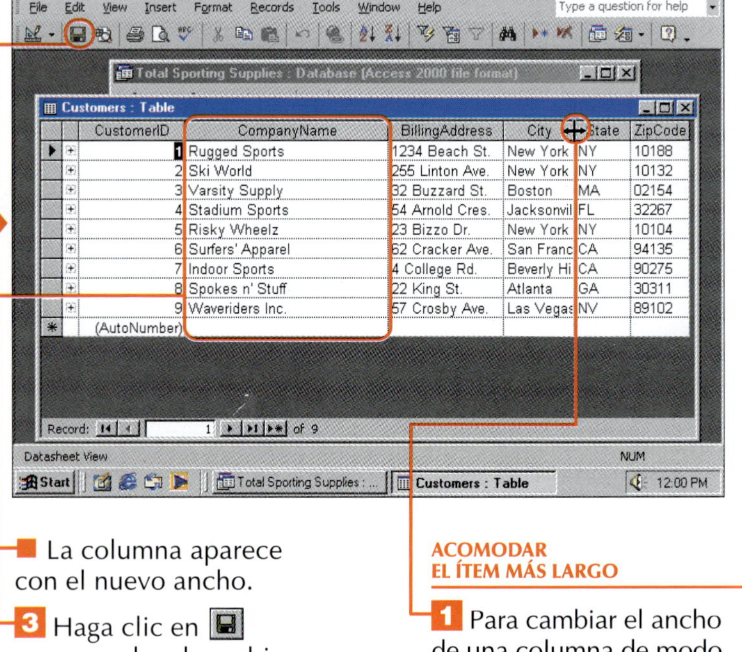

■ La columna aparece con el nuevo ancho.

3 Haga clic en para guardar el cambio.

ACOMODAR EL ÍTEM MÁS LARGO

1 Para cambiar el ancho de una columna de modo que el ítem más largo calce en ella, haga doble clic en el borde derecho del encabezado de la columna.

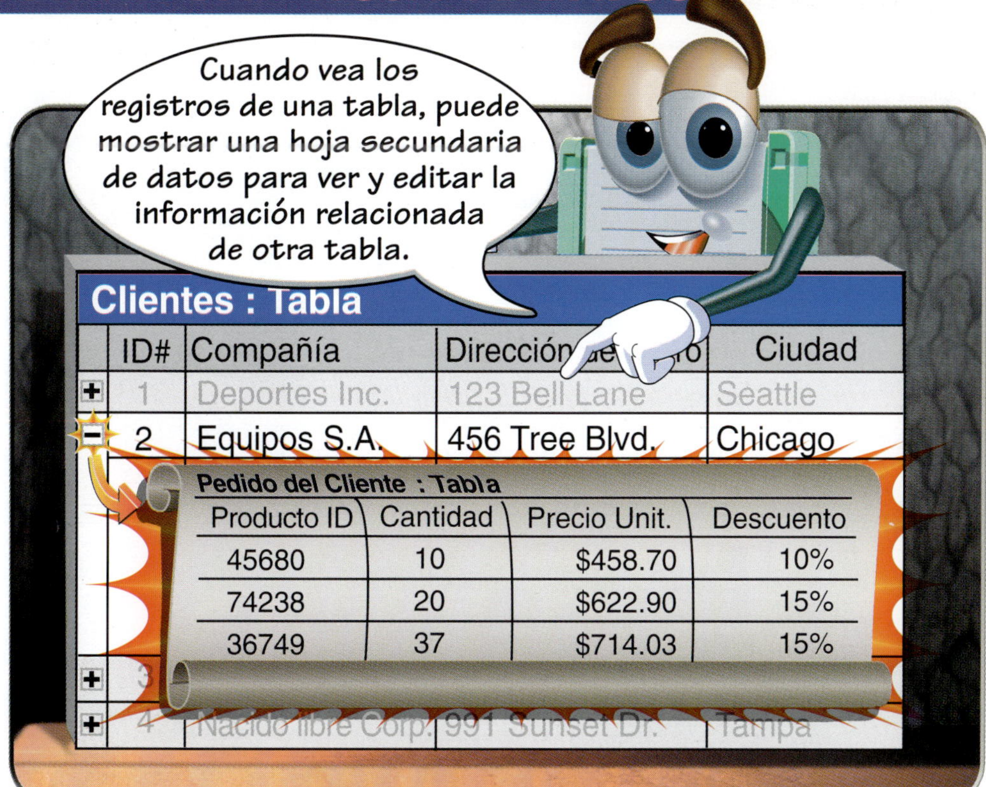

Por ejemplo, en una tabla que contenga datos sobre clientes, puede observar una hoja secundaria para ver las órdenes del cliente.

Solo puede observar una hoja secundaria cuando la tabla que está utilizando tenga una relación con otra tabla de su base de datos. Para información sobre relaciones, vea la página 300.

MOSTRAR UNA HOJA DE DATOS SECUNDARIA

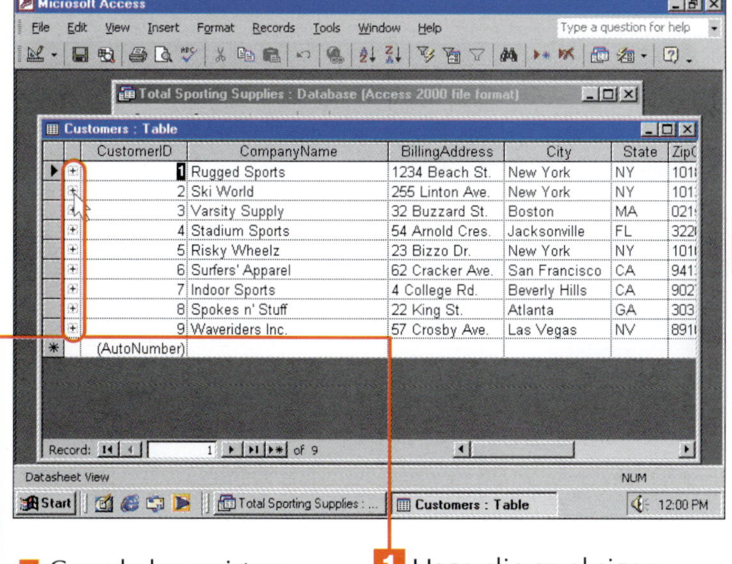

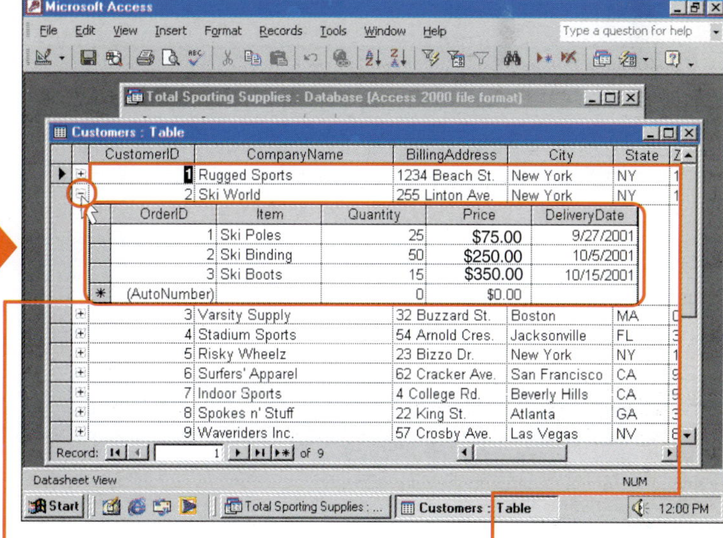

■ Cuando los registros de una tabla se refieran a los datos de otra tabla, un signo de más (+) aparece junto a cada registro.

1 Haga clic en el signo de más (+) ubicado junto al registro, para observar los datos relacionados de otra tabla (+ cambia a −).

■ Los datos relacionados de otra tabla aparecen. Puede revisarlos y editarlos. Para editar datos, vea la página 280.a

2 Para ocultar de nuevo los datos relacionados, haga clic en el signo de menos (−) junto al registro.

CAMBIAR LA VISTA DE UNA TABLA

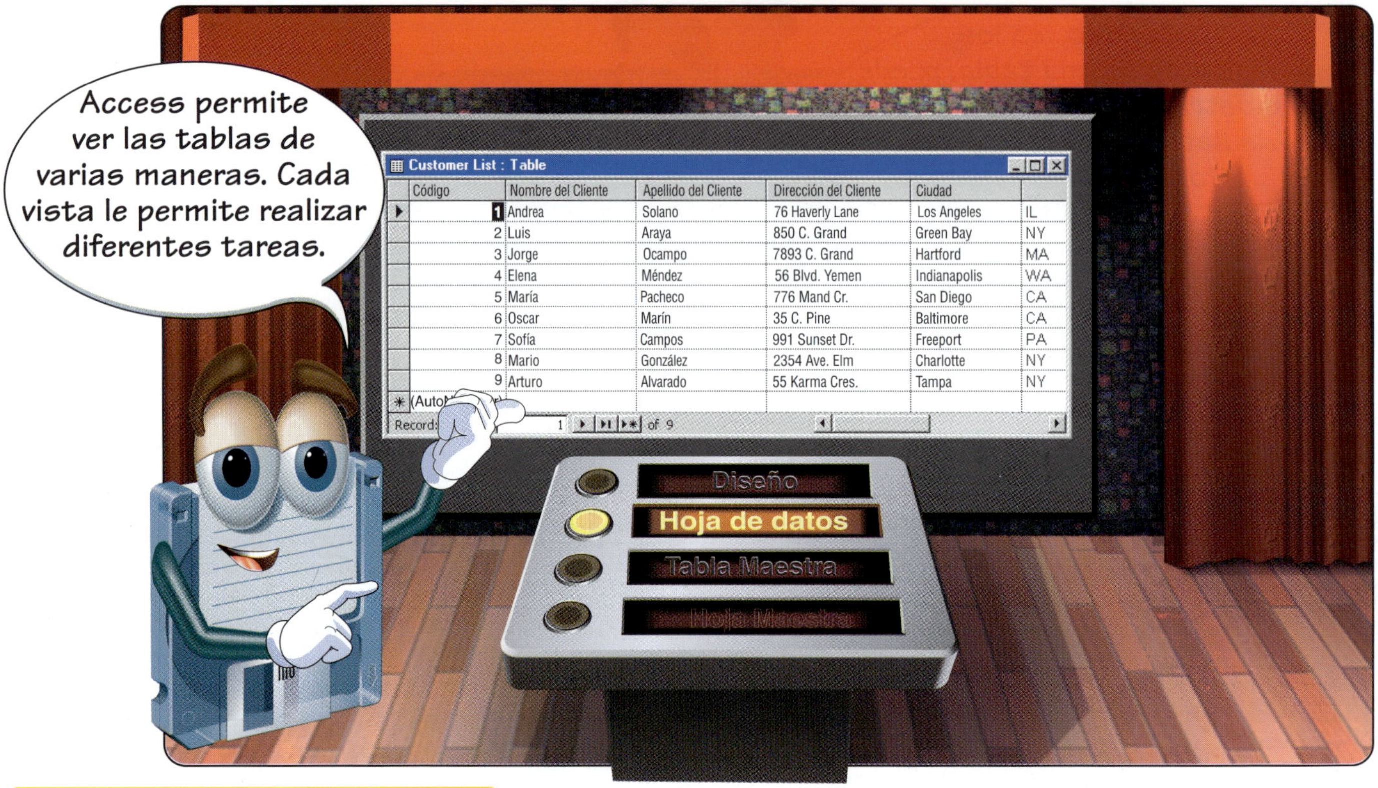

CAMBIAR LA VISTA DE UNA TABLA

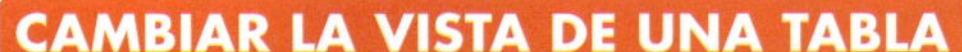

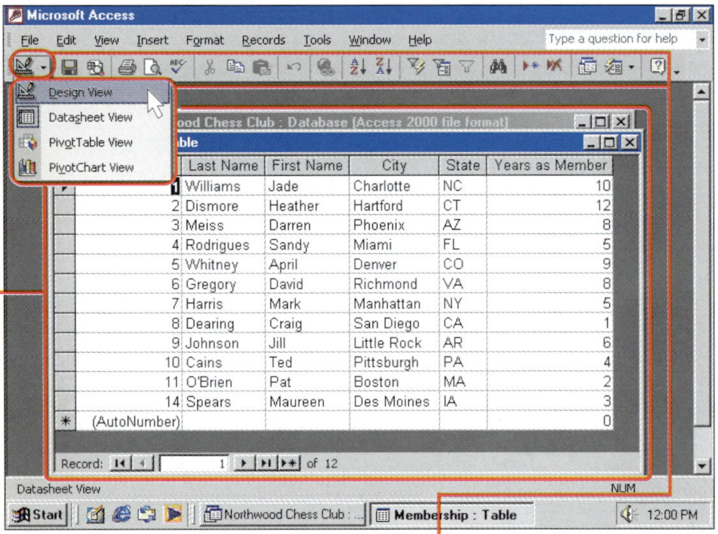

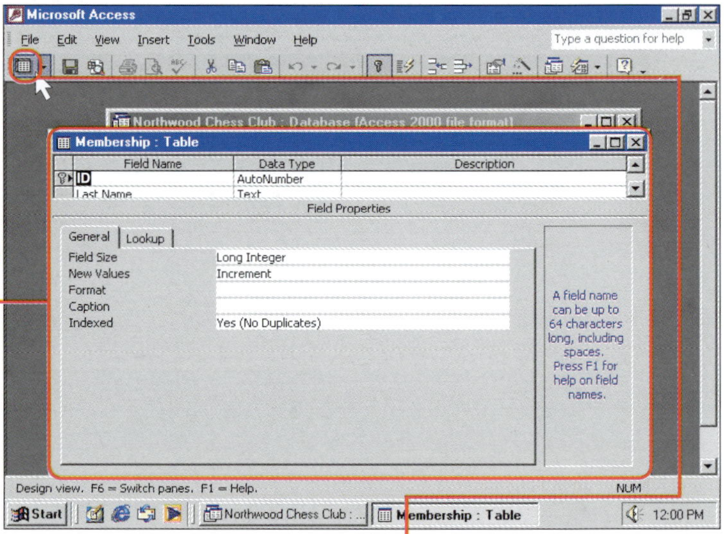

■ En este ejemplo, la tabla aparece en la vista Datasheet (Hoja de datos).

1 Para cambiar la vista de su tabla, haga clic en ▾ en esta área.

2 Haga clic en la vista que desea usar.

■ La tabla aparece con la vista seleccionada.

■ En este ejemplo, el botón de vista ( ) cambia a ( ). Puede hacer clic en el botón de vista para cambiar entre las vistas de Hoja de datos ( ) y de Diseño ( ).

LAS VISTAS DE LA TABLA

Vista Diseño

La vista de diseño muestra la estructura de una tabla. Usted puede cambiar la configuración de esta vista para especificar el tipo de datos que puede introducir en la tabla.

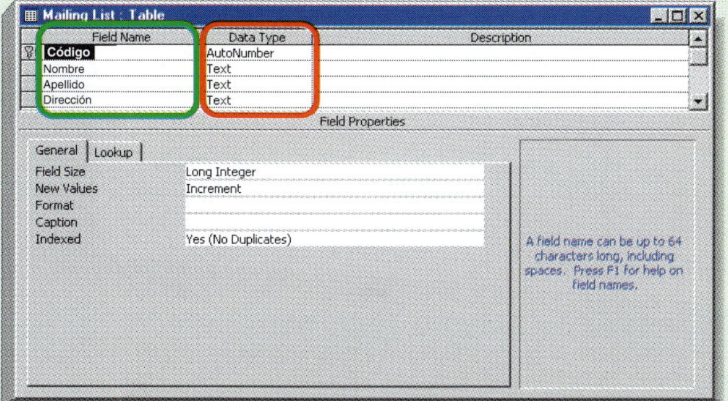

El área del **Nombre del campo** muestra el nombre de cada campo de la tabla.

El área **Tipo de datos** muestra los datos de cada campo.

Vista Hoja de datos

Esta vista muestra todos los registros de una tabla. Usted puede introducir, editar y revisar los registros en esta vista.

Vista Tabla dinámica

Esta vista le permite analizar y realizar sumarios con los datos de la tabla. La primera vez que utilice esta vista en una tabla, debe especificar los campos que desea abrir. Para información sobre usar la vista tabla dinámica, vea la página 292.

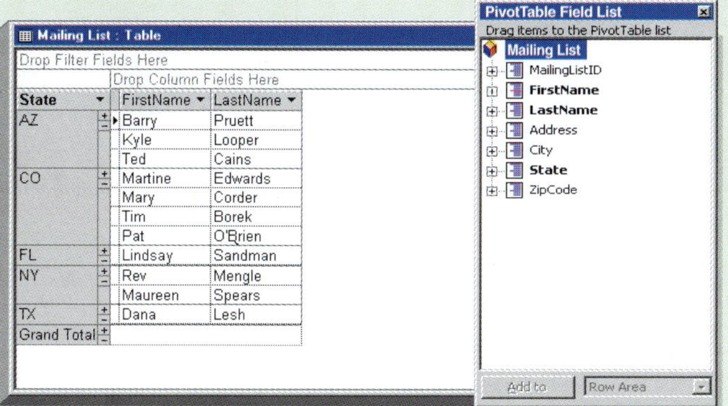

Vista Gráfico dinámico

Esta vista le permite observar un resumen gráfico de los datos de su tabla. La primera vez que muestre una tabla con esta vista, debe especificar los campos que desea observar. Para más información sobre este tipo de vista, vea la página 296.

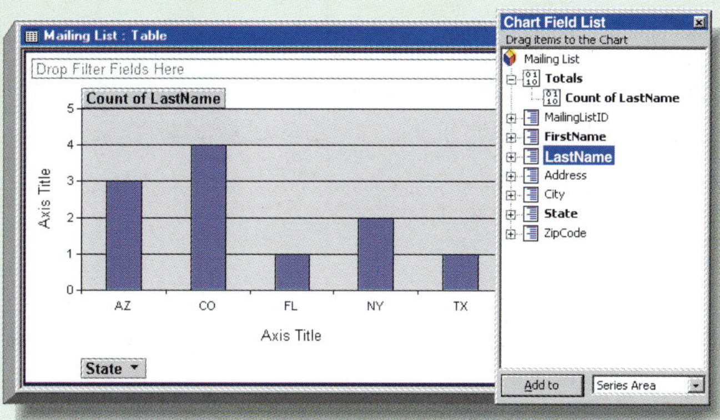

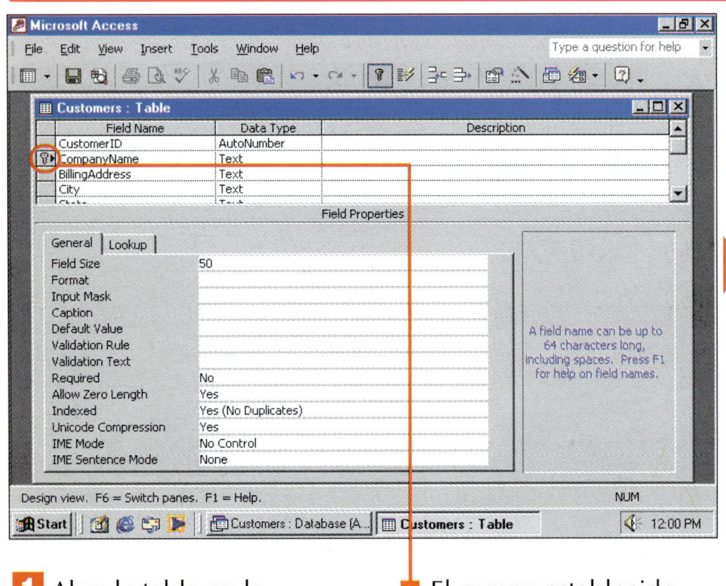

Access no le permitirá introducir el mismo valor en una clave principal más de una vez.

ESTABLECER UNA CLAVE PRINCIPAL

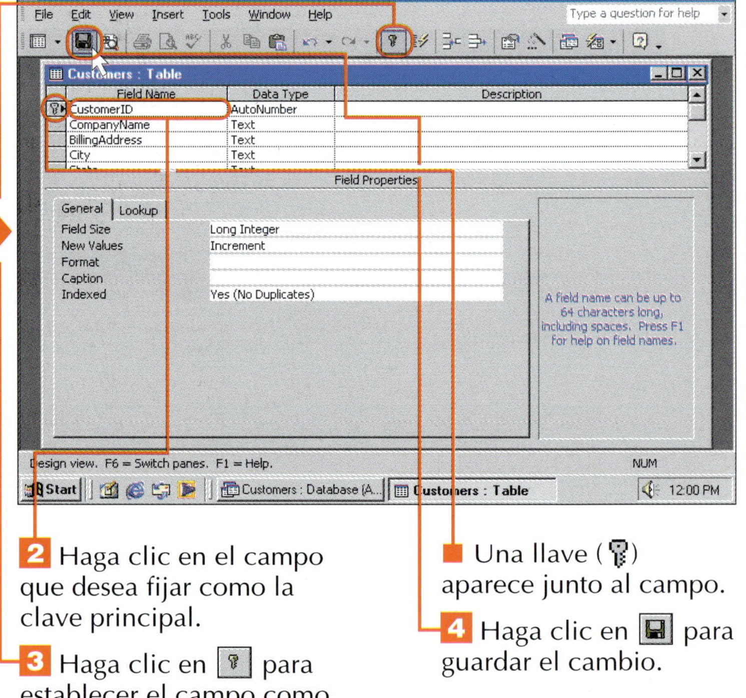

1 Abra la tabla en la vista Diseño. Para cambiar la vista de una tabla, vea la página 286.

■ El campo establecido como clave principal muestra una llave (🔑).

Nota: Access quizás ya haya establecido una clave principal cuando usted creó la tabla.

2 Haga clic en el campo que desea fijar como la clave principal.

3 Haga clic en 🔑 para establecer el campo como la clave principal.

■ Una llave (🔑) aparece junto al campo.

4 Haga clic en 💾 para guardar el cambio.

¿Por qué todas las tablas de mi base de datos deben tener una clave principal?

Access utiliza la clave principal de cada tabla para crear relaciones entre las tablas; estas le permiten unir datos relacionados de su base de datos. No debe cambiar la clave principal de una tabla que tenga una relación con otra tabla de la base de datos. Para información sobre relaciones, vea la página 300.

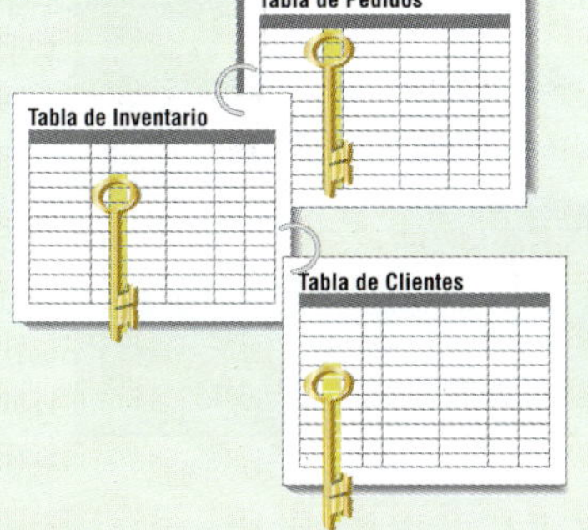

¿Qué tipos de claves principales puedo crear?

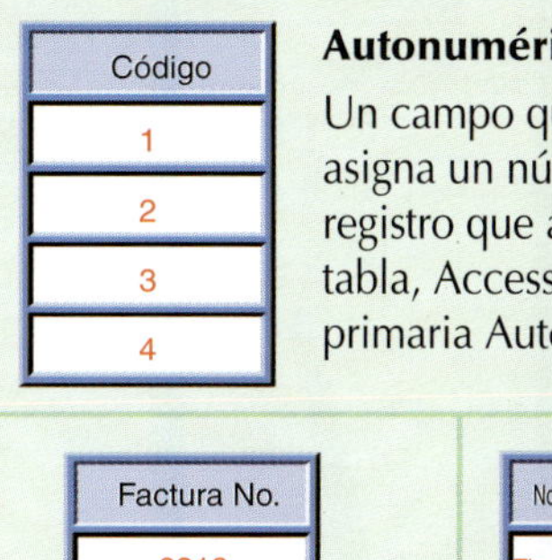

Autonumérico

Un campo que automáticamente asigna un número único a cada registro que agregue. Cuando cree una tabla, Access puede crear una clave primaria Autonumérica para usted.

Campo sencillo

Es un campo que contiene un valor individual para cada registro.

Campo múltiple

Dos o más campos unidos que conforman un valor único en cada registro.

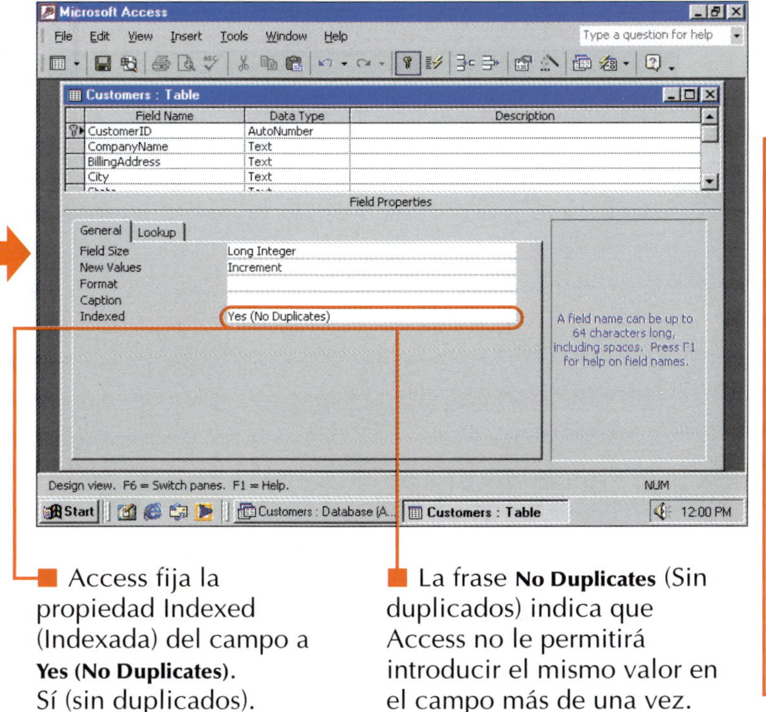

■ Access fija la propiedad Indexed (Indexada) del campo a **Yes (No Duplicates).** Sí (sin duplicados).

■ La frase **No Duplicates** (Sin duplicados) indica que Access no le permitirá introducir el mismo valor en el campo más de una vez.

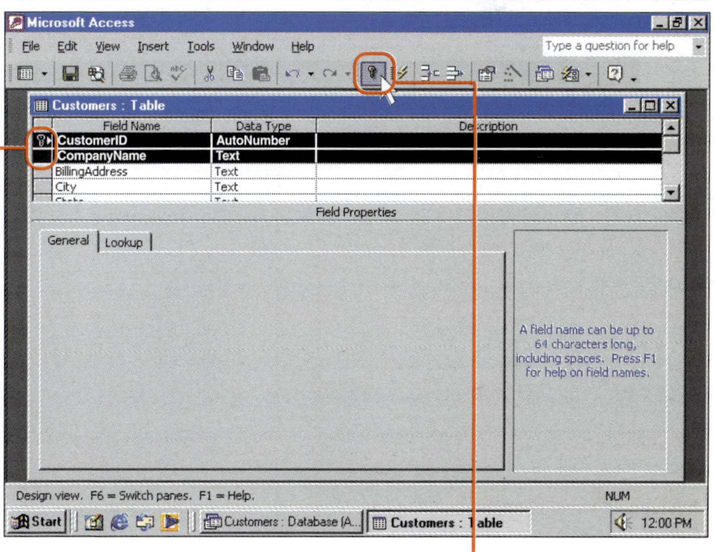

Puede establecer más de un campo como clave principal.

1 Mantenga presionada la tecla **Ctrl**.

2 Mientras presiona la tecla **Ctrl**, haga clic en el área a la izquierda de cada campo que desea establecer como clave principal.

3 Haga clic en para establecer los campos como claves principales.

■ Una llave aparece junto a cada campo.

CAMBIAR EL TIPO DE DATOS DE UN CAMPO

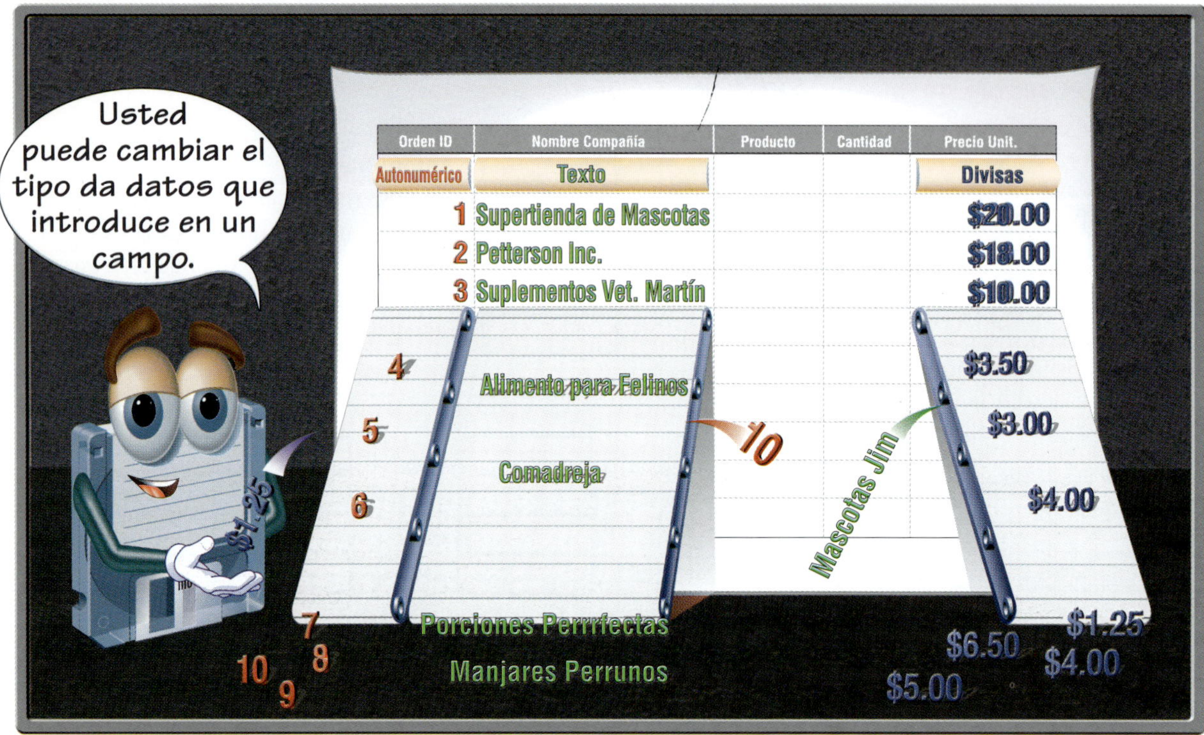

Access solo aceptará que introduzca el tipo de datos que especificó para cada campo. Esto le ayuda a evitar errores al introducir datos. Por ejemplo, no puede introducir texto en un campo con el tipo de datos Número.

CAMBIAR EL TIPO DE DATOS DE UN CAMPO

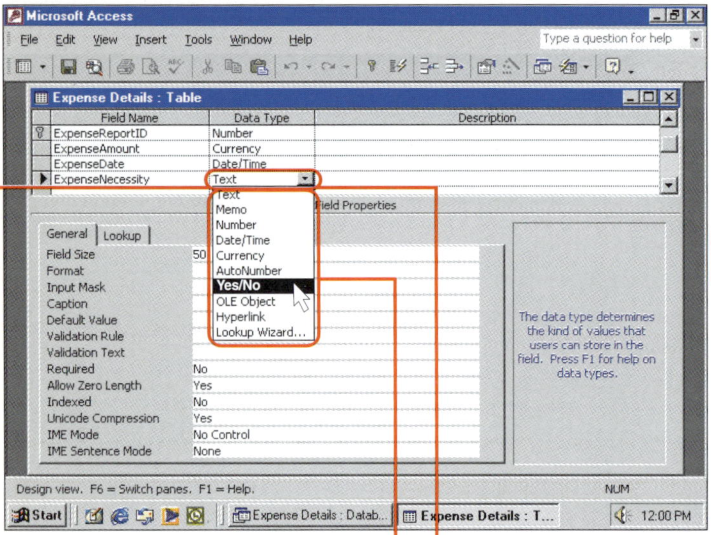

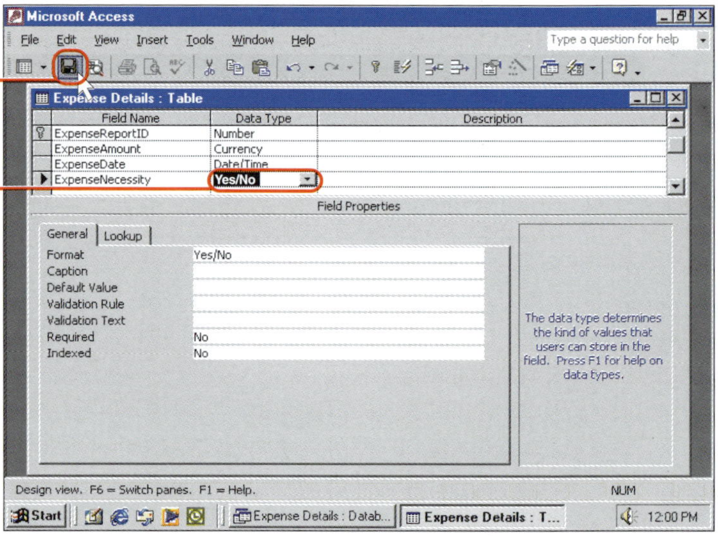

1 Muestre con vista de Diseño la tabla que contiene el campo que desea cambiar.

2 Haga clic en el área Data Type (Tipo de datos) del campo que desea cambiar. Aparece una flecha ( ).

3 Haga clic en la flecha ( ) para mostrar una lista de tipos de datos.

4 Haga clic en el tipo de datos que desea usar.

■ El campo cambia al nuevo tipo de datos.

5 Haga clic en ( ) para guardar sus cambios.

*Nota: Si cambia el tipo de datos de un campo que contenía información, Access mostrará un mensaje de error, en caso de encontrar errores al convertir esa información. Haga clic en **Yes** (Sí) para continuar o haga clic en **No** para cancelar el cambio.*

TIPOS DE DATOS

Texto

Acepta textos de hasta 255 caracteres, incluyendo combinaciones de textos y números (como direcciones). Use este tipo de datos con números que no vaya a utilizar en cálculos (números telefónicos o códigos postales).

Autonumérico

Numera de modo automático cada registro hecho.

Memo

Acepta entradas de hasta 65.536 caracteres, las cuales pueden incluir combinaciones de textos y de números, como notas, comentarios o descripciones largas.

Si/No

Solo acepta uno de dos valores posibles: Sí/No, Verdadero/Falso o Activado/Desactivado.

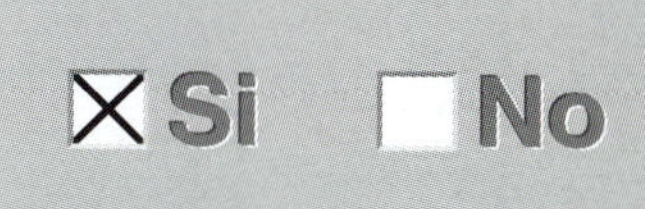

Número

Acepta números que puede utilizar en cálculos.

Objeto OLE

Solo acepta objetos OLE. Un objeto OLE es un elemento creado en otro programa, como un documento creado en Word o una hoja creada en Excel. Los objetos OLE también pueden incluir sonidos o imágenes.

Fecha/Hora

Solo acepta fechas y horas.

Hipervínculo

Acepta hipervínculos que se pueden seleccionar para saltar hasta otro documento o a una página Web.

Moneda

Acepta únicamente valores monetarios.

La primera vez que observe una tabla con la vista tabla dinámica, no aparecen campos. Usted deberá agregar los campos que desee observar en este tipo de vista.

También puede usar el método mostrado abajo para observar una consulta o una fórmula en la vista tabla dinámica.

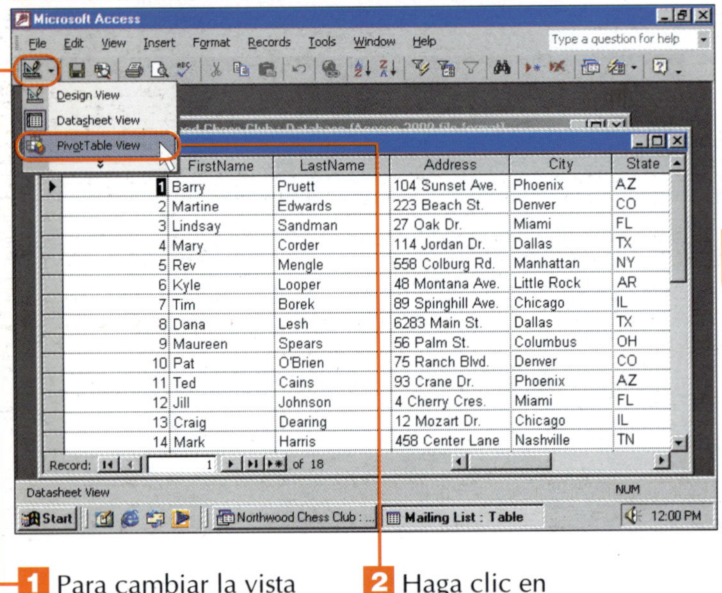

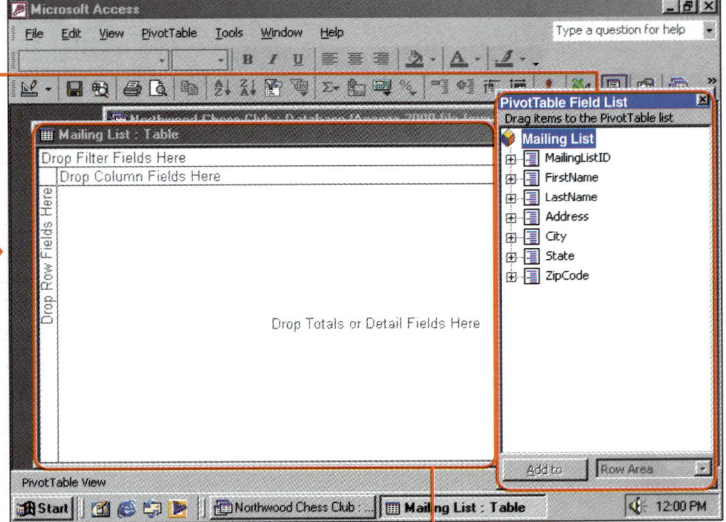

■ **1** Para cambiar la vista de una tabla, haga clic en ▾ en esta área.

■ **2** Haga clic en **PivotTable View**. (Vista Tabla dinámica).

■ El cuadro de diálogo PivotTable View (Vista Tabla dinámica) aparece, mostrando el nombre de cada campo de su tabla.

*Nota: Si el cuadro de diálogo PivotTable Field List (Lista de campos de tabla dinámica) no aparece, haga clic en **View** y en **Field List** (Lista de campos).*

■ Esta ventana muestra las áreas que puede utilizar para realizar sumarios con los datos de su tabla.

Nota: Para información sobre las áreas que puede utilizar para hacer sumarios de datos, vea la parte superior de la página 293.

¿Qué áreas puedo usar para resumir mis datos?

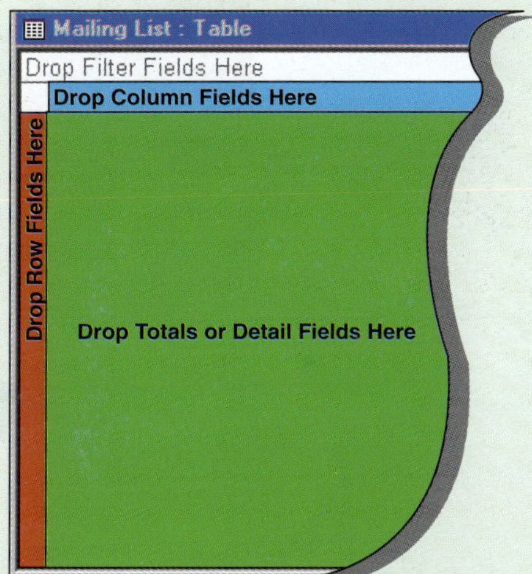

Área de detalle

Puede utilizar el área de detalles para especificar los datos que desea resumir.

Área de fila

Esta área se usa para especificar el campo que desea usar para resumir los datos del área de detalle.

Área de columna

Se usa el área de columna para especificar el campo que desea usar para resumir los datos del área de detalle.

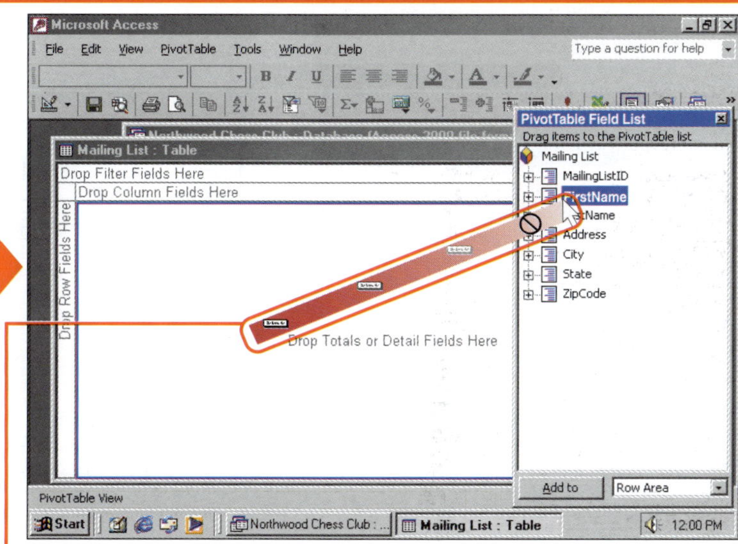

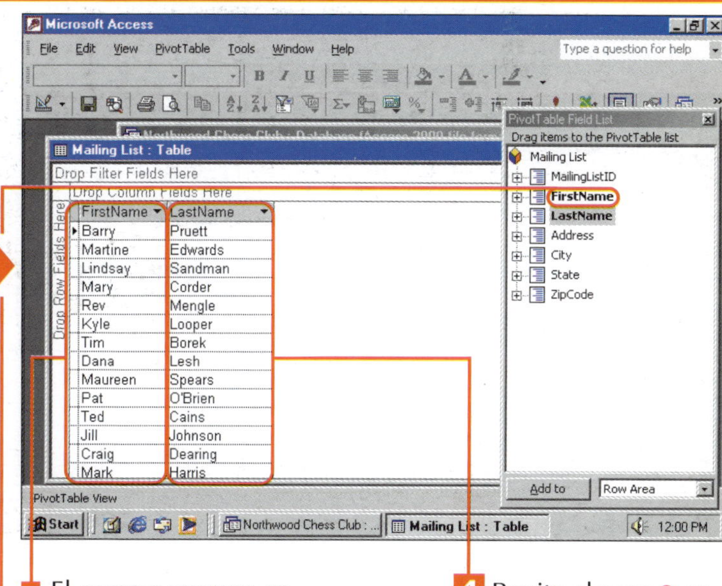

3 Para agregar a la vista PivotTable (Tabla dinámica) un campo que contenga datos que desee resumir, coloque el ⇲ del mouse sobre el nombre del campo del cuadro de diálogo PivotTable Field List (Lista de campos de tabla dinámica). Después, arrastre el nombre del campo al área de Detalle.

■ El campo aparece en el área de Detalle.

■ El nombre del campo del cuadro de diálogo PivotTable Field List (Lista de campos de tabla dinámica) aparece en negrita.

4 Repita el paso **3** en cada campo que desee agregar al área de Detalle.

CONTINÚA

293

Resumir datos en la vista PivotTable (Tabla dinámica) no afecta la tabla que contiene los datos.

USO DE LA VISTA TABLA DINÁMICA (CONTINUACIÓN)

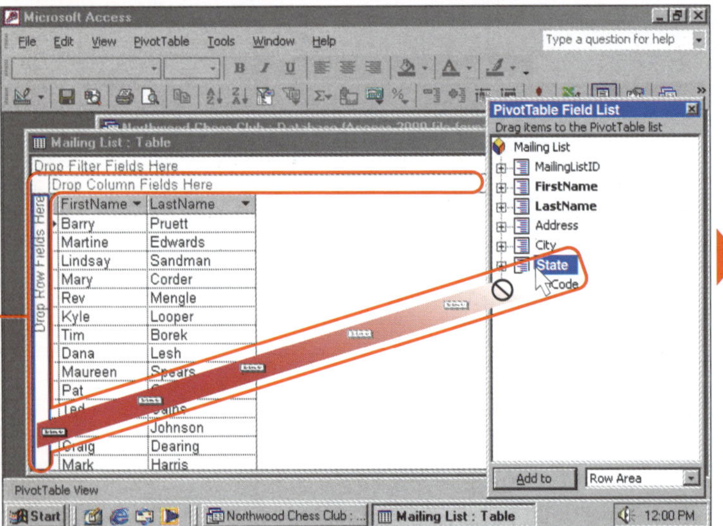

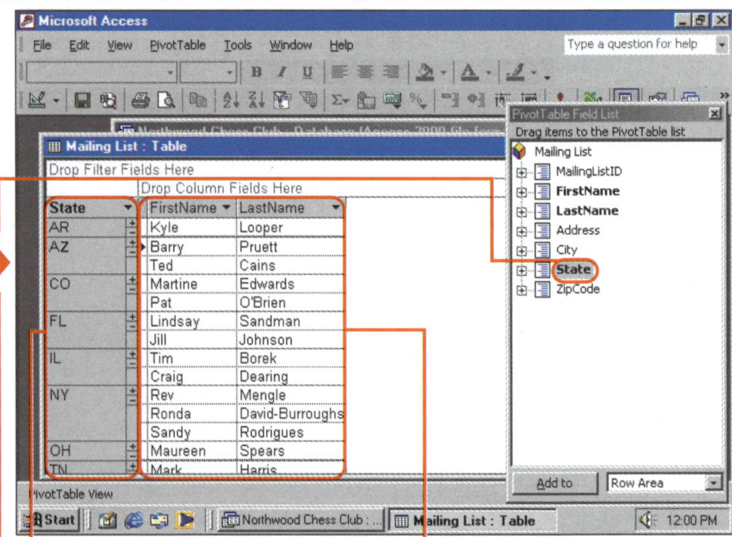

5 Para agregar algún campo que desee usar para resumir los datos de un área de Detalle, coloque el ▷ del mouse sobre el nombre del campo del cuadro de diálogo PivotTable Field List (Lista de campos de tabla dinámica). Después arrastre el nombre del campo al área de Fila o de Columna.

■ El nombre y los datos del campo aparecen el área de Fila o de Columna.

■ El nombre del campo del cuadro de diálogo PivotTable Field List (Lista de campos de tabla dinámica) aparece en negrita.

■ La vista PivotTable (Tabla dinámica) muestra el sumario de datos. Estos son resumidos por el campo que seleccionó en el paso 5.

■ En este ejemplo, los nombres están agrupados según el campo State.

¿Puedo eliminar un campo de una vista de Tabla dinámica?

Usted puede eliminar un campo de las áreas de Detalle, Fila o Columna de la vista Tabla dinámica. Pero el campo no será borrado de la tabla.

1 Haga clic en el nombre del campo que desea eliminar de la vista Tabla dinámica.

■ El campo se resalta.

2 Presione la tecla `Delete`.

■ El campo desaparece de la vista Tabla dinámica.

¿Puedo resumir datos en más de un campo?

Sí. Usted puede agregar más de un campo a las áreas de Fila o de Columna para resumir datos. Por ejemplo, puede agrupar datos de los campos Estado y Ciudad. Para resumir datos de más de un campo, repita el paso **5** de la página 294 hasta que la vista Tabla dinámica muestre los campos que desea.

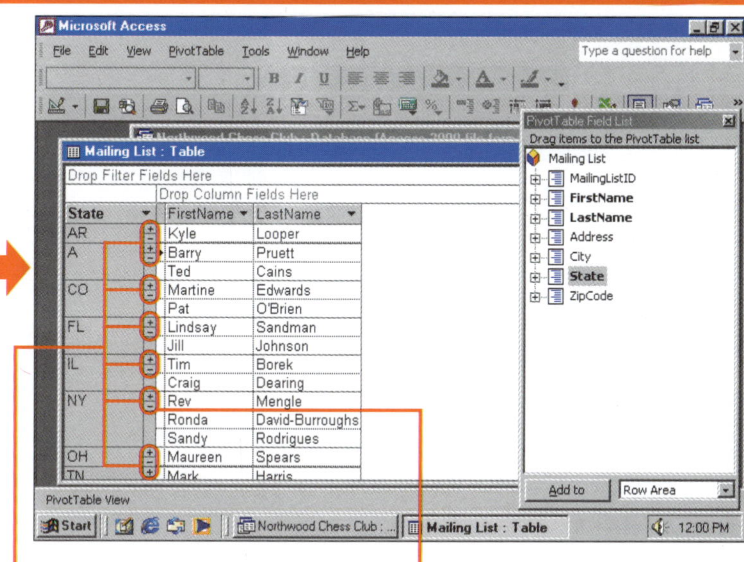

■ Cada grupo de datos muestra un signo de más (+) y un signo de menos (−).

6 Para ocultar los datos de un grupo, haga clic en el signo de menos (−).

■ Puede hacer clic en el signo de más (+) para mostrar de nuevo los datos.

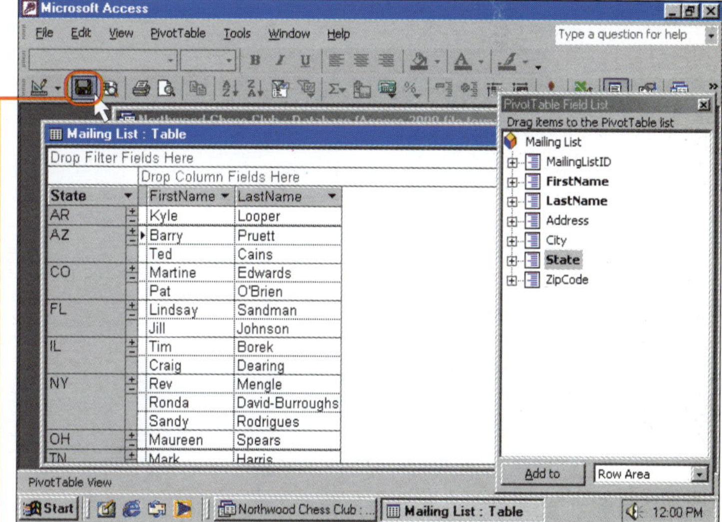

GUARDAR EL DISEÑO DE UNA VISTA DE TABLA DINÁMICA

1 Haga clic en ■ para guardar el diseño de la vista de Tabla dinámica.

■ La próxima vez que observe la tabla en la vista de Tabla dinámica, los campos de la tabla aparecerán según el diseño guardado.

Nota: Cuando usted muestra un formulario en la vista de Tabla dinámica, el diseño queda guardado automáticamente.

USO DE LA VISTA GRÁFICO DINÁMICO

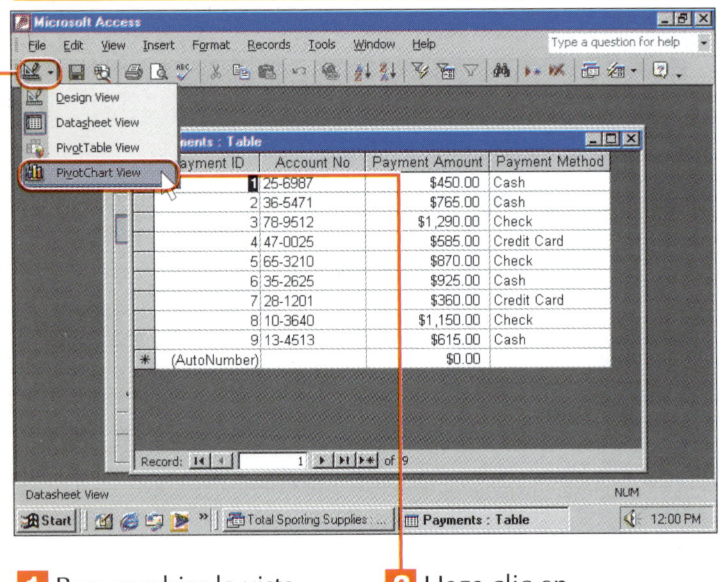

La primera vez que observe una tabla en la vista Gráfico dinámico no aparecerán campos. Usted debe agregar los campos que desea que aparezcan.

También puede usar el método que aparece abajo para mostrar una consulta o un formulario en la vista Gráfico dinámico.

USO DE LA VISTA GRÁFICO DINÁMICO

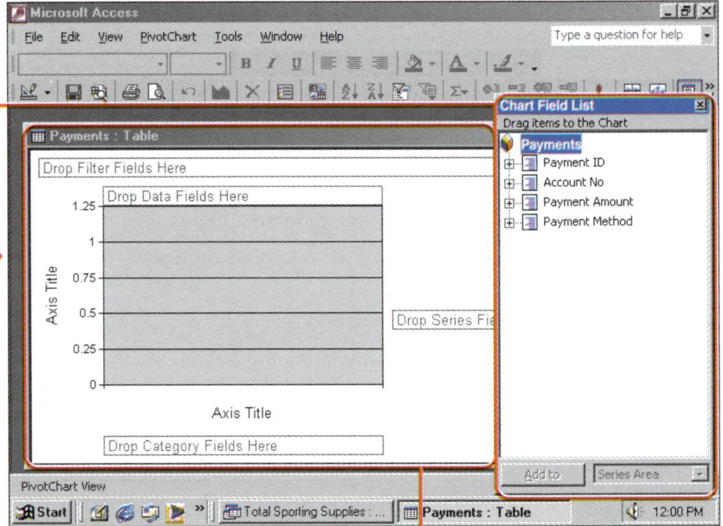

1 Para cambiar la vista de una tabla, haga clic en ▾ en esta área.

2 Haga clic en **PivotChart View** (Vista Gráfico dinámico).

■ El cuadro de diálogo Chart Field List (Lista de campos de gráfico) aparece, mostrando el nombre de cada campo de la tabla.

*Si no aparece el cuadro de diálogo Chart Field List (Lista de campos de gráfico), haga clic en **View** (Ver) y, luego, en **Field List** (Lista de campos).*

■ Esta ventana muestra las áreas que puede usar para crear un gráfico que resuma los datos de su tabla.

Nota: Para más información sobre las áreas que puede usar para crear un gráfico, vea la parte superior de la página 297.

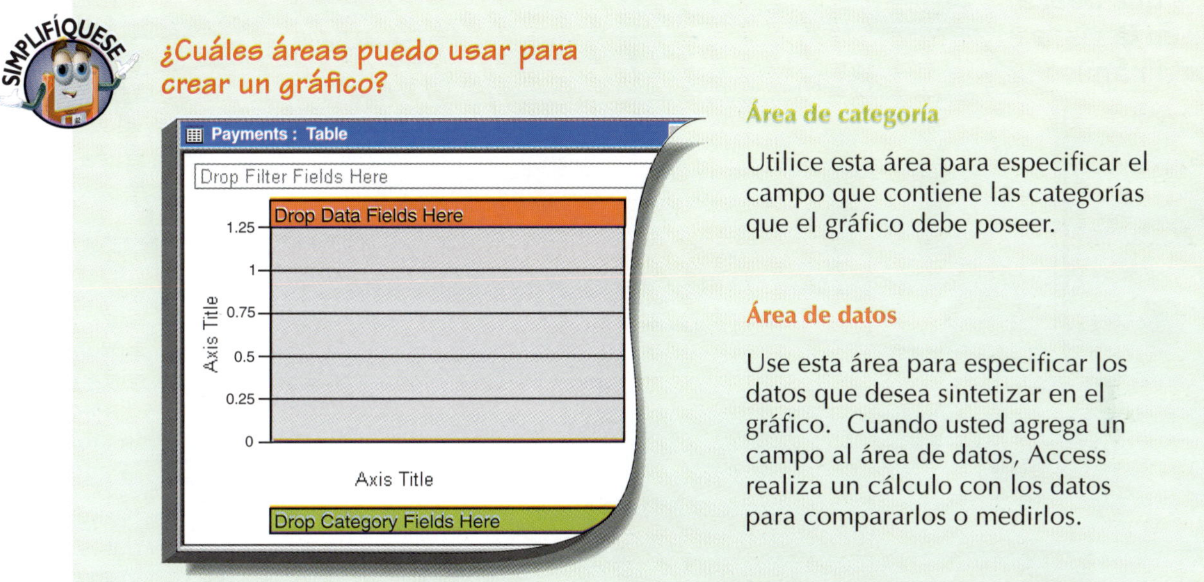

¿Cuáles áreas puedo usar para crear un gráfico?

Área de categoría

Utilice esta área para especificar el campo que contiene las categorías que el gráfico debe poseer.

Área de datos

Use esta área para especificar los datos que desea sintetizar en el gráfico. Cuando usted agrega un campo al área de datos, Access realiza un cálculo con los datos para compararlos o medirlos.

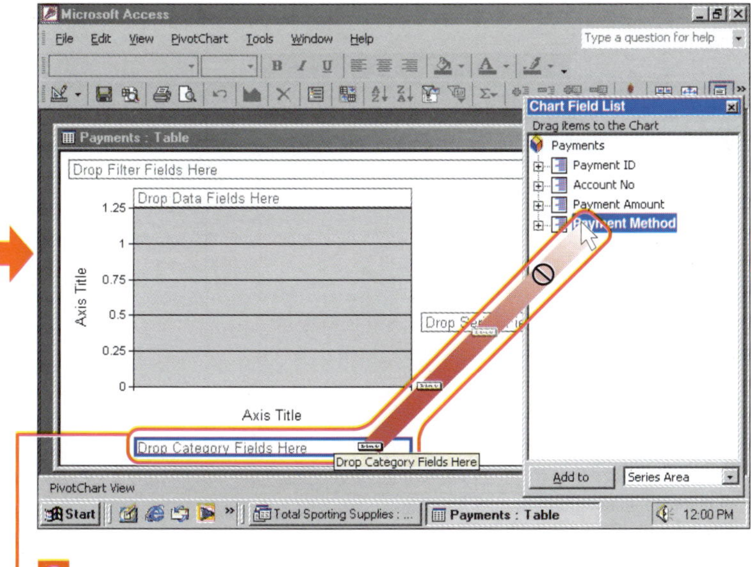

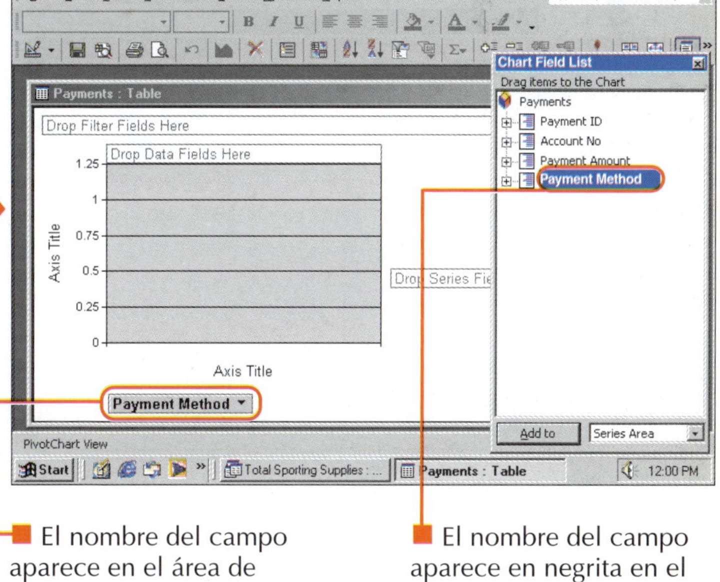

3 Para agregar un campo que contenga categorías para el gráfico, coloque el ⇗ del mouse sobre el nombre del campo en el cuadro de diálogo Chart Field List (Lista de campos de gráfico). Luego arrastre el nombre del campo al área de Categoría.

■ El nombre del campo aparece en el área de Categoría.

■ El nombre del campo aparece en negrita en el cuadro de diálogo Chart Field List (Lista de campos de gráfico).

CONTINÚA

297

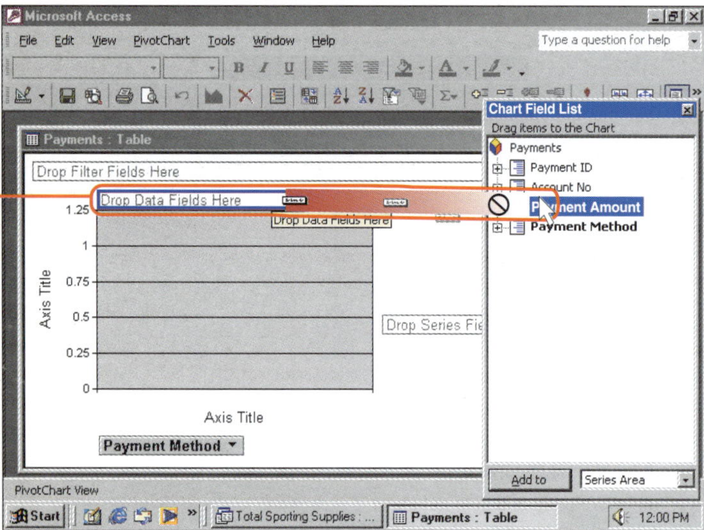

Resumir datos en la vista Gráfico dinámico no afecta la tabla que contiene la información.

No puede editar datos en este tipo de vista.

USO DE LA VISTA GRÁFICO DINÁMICO

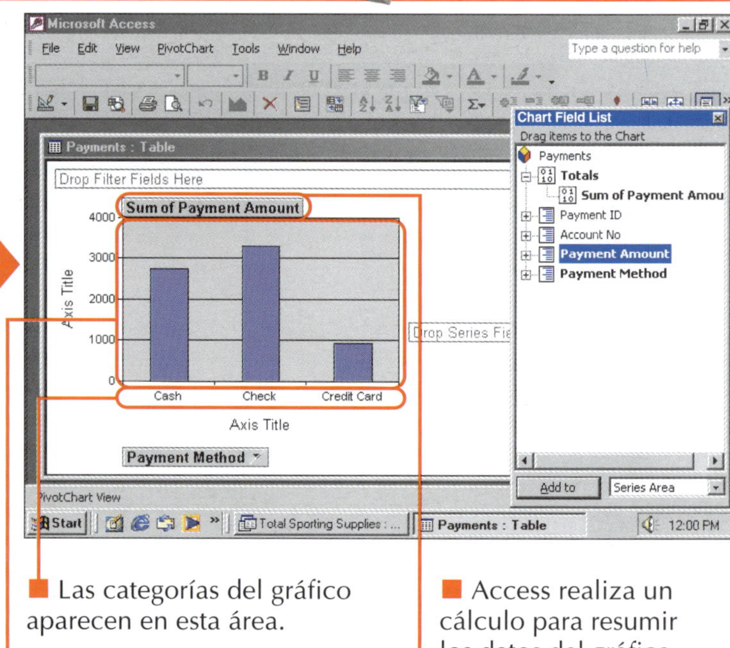

4 Para agregar un campo que contenga los datos que desea resumir en el gráfico, coloque el ⊳ del mouse sobre el nombre del campo en el cuadro Chart Field List (Lista de campos de gráfico). Luego arrastre el nombre del campo al área de Datos.

■ Las categorías del gráfico aparecen en esta área.

■ En esta área aparecen los datos resumidos del campo seleccionado en el paso **4**.

■ Access realiza un cálculo para resumir los datos del gráfico.

■ En el área de datos aparecen el tipo de cálculo que Access realizó y el nombre del campo que seleccionó en el paso **4**.

¿Puedo eliminar un campo de la vista Gráfico dinámico?

Puede eliminar un campo de las áreas de Categoría o Datos de este tipo de vista. Al eliminar un campo de la vista Gráfico dinámico, no se borrará el campo de la tabla.

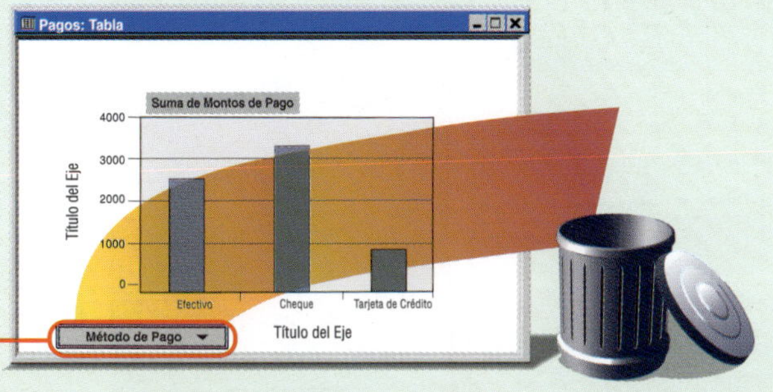

1 Haga clic en el nombre del campo que desea eliminar de la vista Tabla dinámica.

■ El campo se resalta.

2 Presione la tecla `Delete`.

■ El campo desaparece de la vista Gráfico dinámico.

¿Puedo mover el cuadro de diálogo Chart Field List para que no cubra el gráfico?

Para mover ese cuadro de diálogo, coloque el ⬉ del mouse sobre la barra de título y arrastre el cuadro hacia otro sitio.

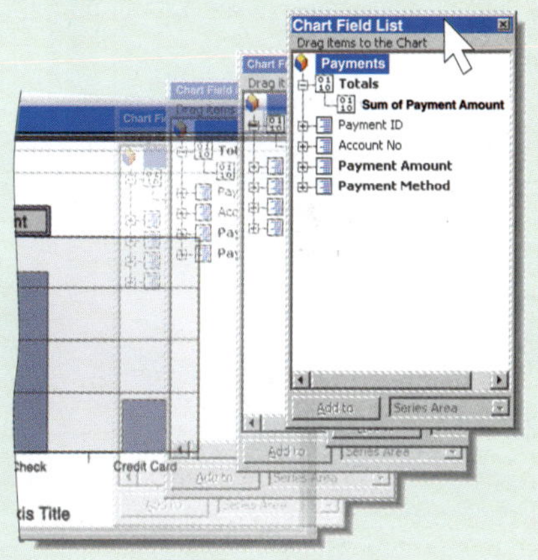

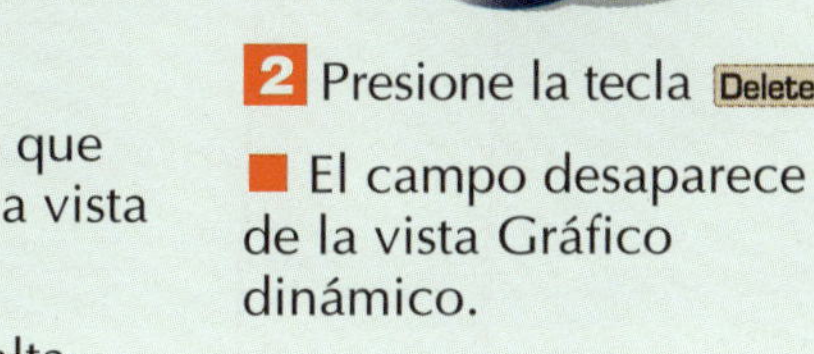

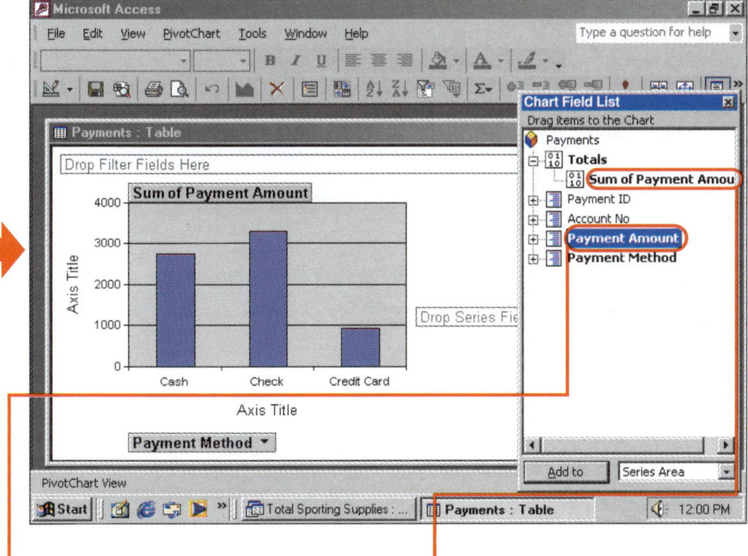

■ El nombre del campo seleccionado en el paso **4** aparece en negrita en el cuadro de diálogo Chart Field List (Lista de campos de gráfico).

■ El tipo de cálculo que Access realizó también aparece en el cuadro de diálogo Chart Field List.

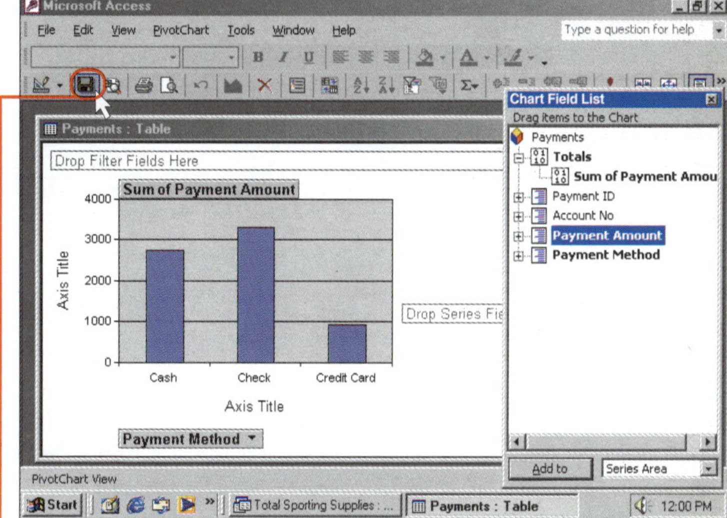

GUARDAR EL DISEÑO DE UNA VISTA DE GRÁFICO DINÁMICO

1 Haga clic en 🖫 para guardar el diseño de la vista de Gráfico dinámico.

■ La próxima vez que observe la tabla en la vista de Gráfico dinámico, los campos de la tabla aparecerán según el diseño guardado.

Nota: Cuando usted muestra un formulario en la vista de Gráfico dinámico, el diseño queda guardado automáticamente.

Las relaciones entre las tablas son esenciales para crear formularios, consultas o reportes que usen información de más de una tabla de la base de datos.

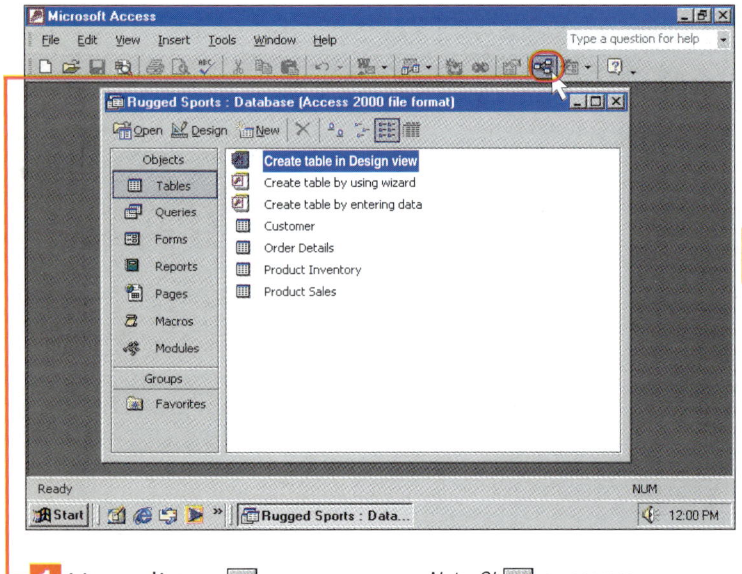

1 Haga clic en 🔗 para observar la ventana Relationships (Relaciones).

Nota: Si 🔗 no aparece, asegúrese de que la ventana de base de datos está abierta y que no tiene otras ventanas abiertas en la pantalla. Puede presionar la tecla **F11** *para observar la ventana de Base de datos.*

■ La ventana Relationships (Relaciones) aparece. Si existe alguna relación entre las tablas de su base de datos, en la pantalla aparecerá un cuadro de cada tabla.

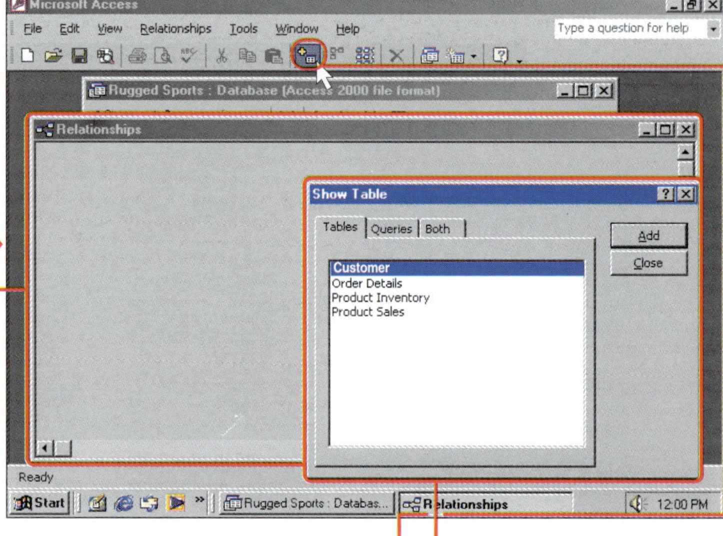

■ El cuadro de diálogo Show Table (Mostrar tabla) también puede aparecer, con la lista de las tablas de su base de datos.

2 Si este cuadro de diálogo no aparece, haga clic en 🔲.

¿Por qué en mi base de datos ya hay relaciones entre las tablas?

Si utilizó Database Wizard (el Asistente para bases de datos) para crearla, este creó automáticamente relaciones entre las tablas. Para información sobre el Asistente para bases de datos, vea la página 256.

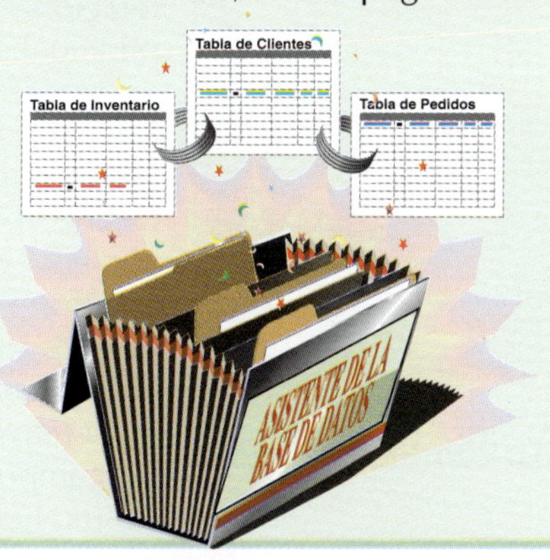

Accidentalmente agregué una tabla en la ventana Relationships (Relaciones). ¿Cómo elimino la tabla de la ventana?

Puede eliminarla fácilmente. Haga clic en el cuadro de la tabla que desea eliminar y presione la tecla Delete. Al eliminar una tabla de esta ventana no borrará la tabla de la base de datos.

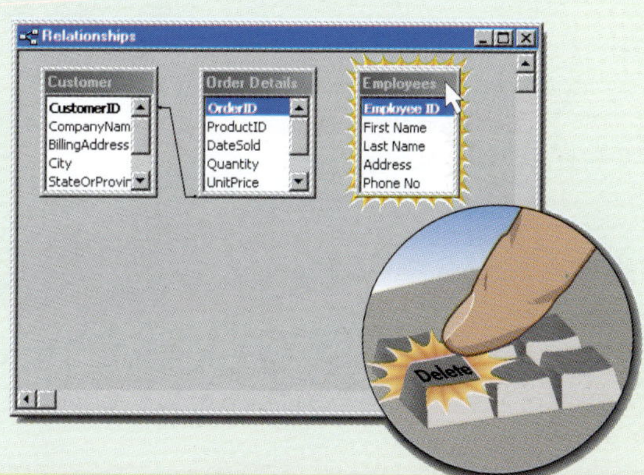

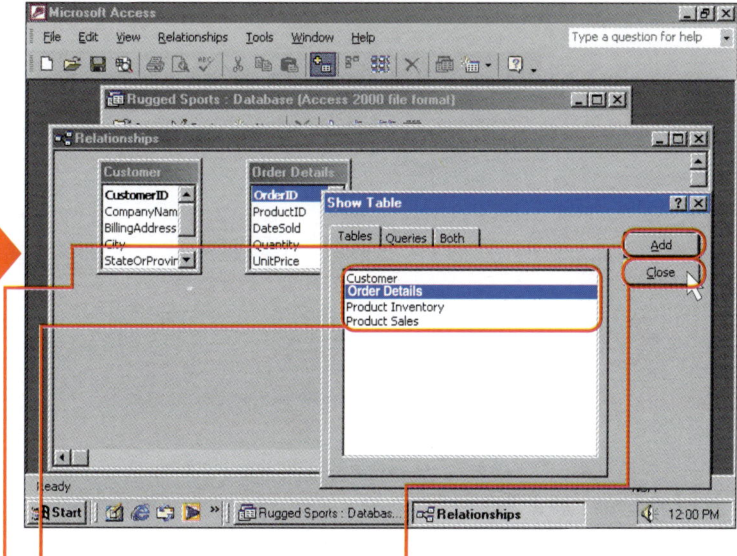

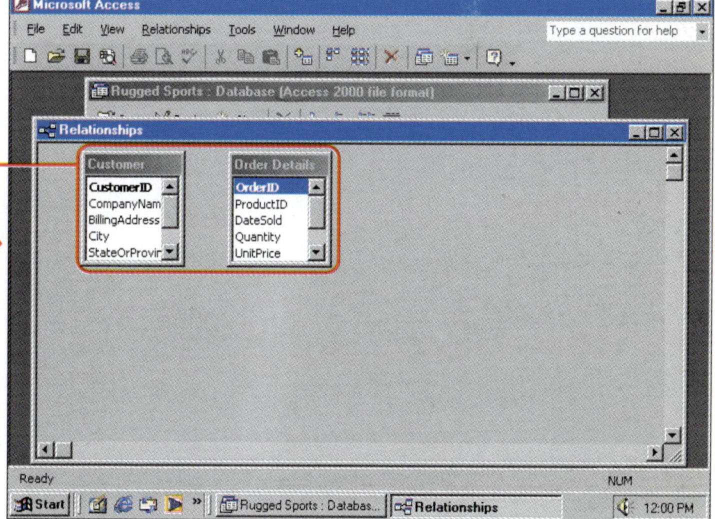

3 Haga clic en la tabla que desea agregar a la ventana Relationships (Relaciones).

4 Haga clic en **Add** (Agregar) para agregar la tabla a la ventana.

5 Repita los pasos **3** y **4** para cada tabla que desee agregar.

6 Cuando termine de agregar tablas a la ventana Relationships, haga clic en **Close** (Cerrar) para eliminar el cuadro de diálogo Show Table (Mostrar tabla).

■ La ventana Relationships (Relaciones) muestra un cuadro para cada tabla. Cada cuadro muestra los campos de una tabla.

■ La clave principal de cada tabla aparece en **negrita**. La clave principal identifica cada registro de la tabla.

CONTINÚA

301

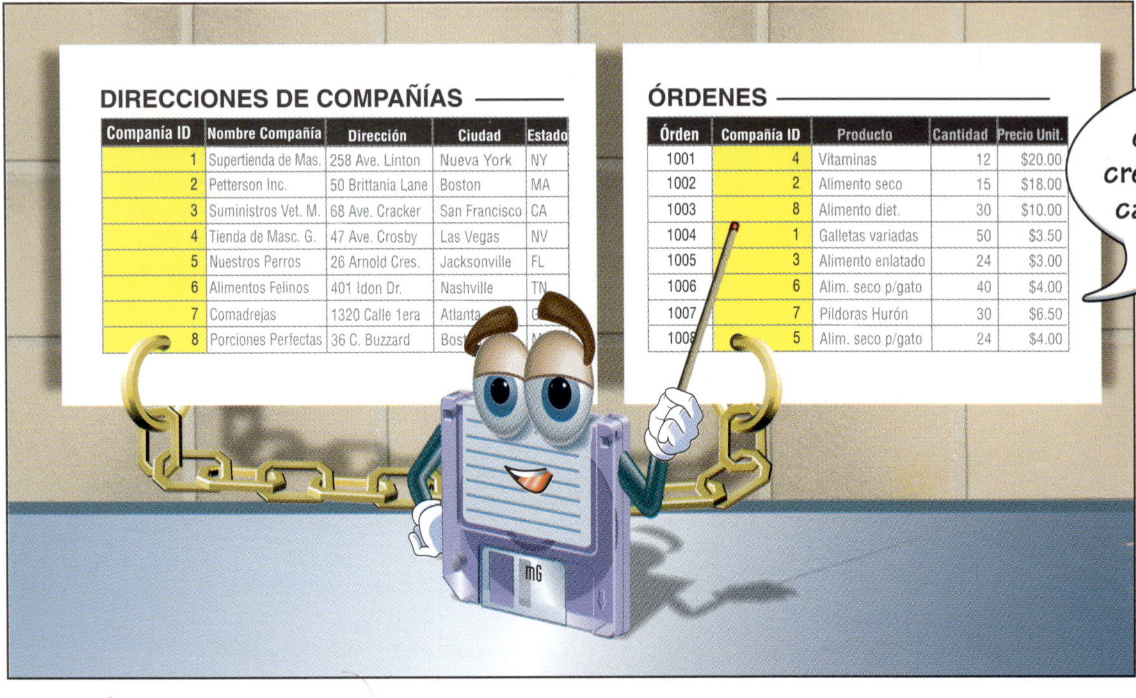

Compañía ID	Nombre Compañía	Dirección	Ciudad	Estado
1	Supertienda de Mas.	258 Ave. Linton	Nueva York	NY
2	Petterson Inc.	50 Brittania Lane	Boston	MA
3	Suministros Vet. M.	68 Ave. Cracker	San Francisco	CA
4	Tienda de Masc. G.	47 Ave. Crosby	Las Vegas	NV
5	Nuestros Perros	26 Arnold Cres.	Jacksonville	FL
6	Alimentos Felinos	401 Idon Dr.	Nashville	TN
7	Comadrejas	1320 Calle 1era	Atlanta	G
8	Porciones Perfectas	36 C. Buzzard	Bos	

Órden	Compañía ID	Producto	Cantidad	Precio Unit.
1001	4	Vitaminas	12	$20.00
1002	2	Alimento seco	15	$18.00
1003	8	Alimento diet.	30	$10.00
1004	1	Galletas variadas	50	$3.50
1005	3	Alimento enlatado	24	$3.00
1006	6	Alim. seco p/gato	40	$4.00
1007	7	Píldoras Hurón	30	$6.50
1008	5	Alim. seco p/gato	24	$4.00

Usualmente, usted relacionará la clave principal de una tabla con un campo de otra tabla que coincida con ella. Los campos deben usar el mismo tipo de datos y contener la misma clase de información. Para más detalles sobre tipos de datos, vea la página 290. En la mayoría de los casos, los campos tendrán el mismo nombre.

CREAR RELACIONES ENTRE LAS TABLAS (CONTINUACIÓN)

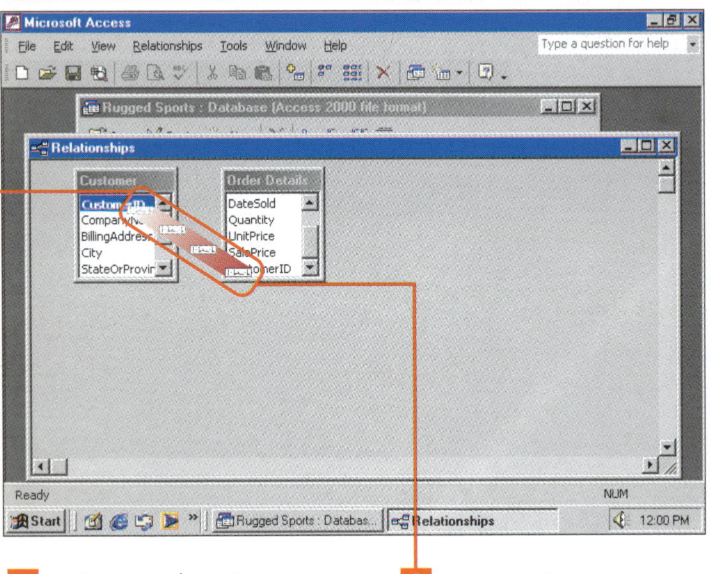

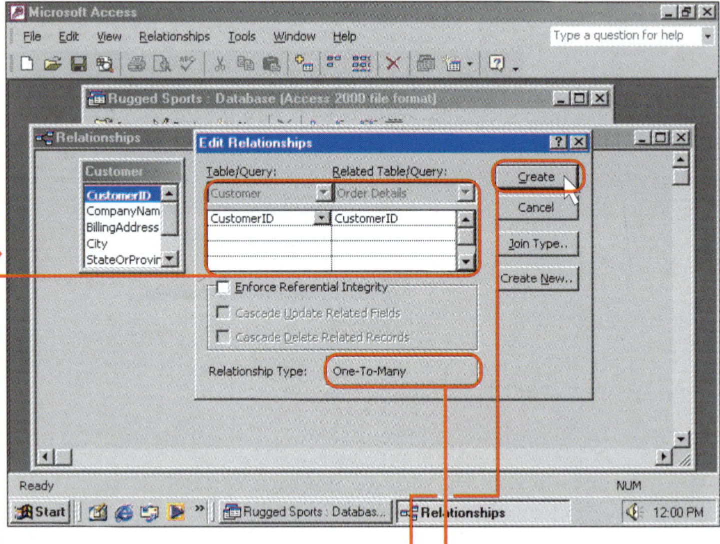

7 Coloque el del mouse sobre el campo que desea usar para crear una relación con otra tabla.

8 Arrastre el campo sobre la otra tabla hasta que un pequeño cuadro aparezca sobre el campo coincidente.

■ Aparece el cuadro de diálogo Edit Relationships.

■ Esta área muestra los nombres de los campos coincidentes y de las tablas entre las cuales está creando la relación.

■ Esta área muestra el tipo de relación. Para más información, vea la parte superior de la página 303.

9 Haga clic en **Create** (Crear) para crear la relación.

¿Qué tipos de relaciones entre tablas puedo crear?

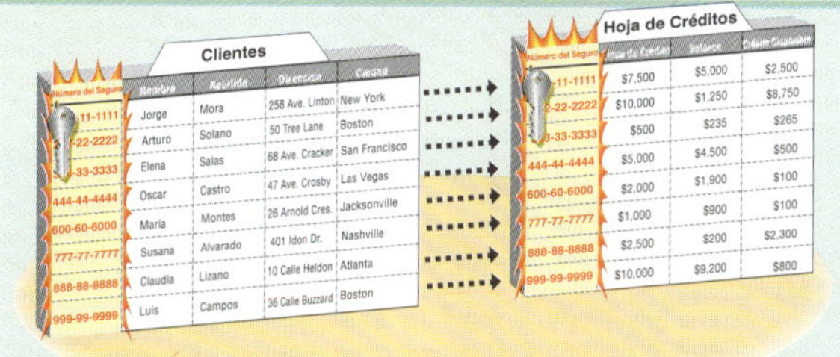

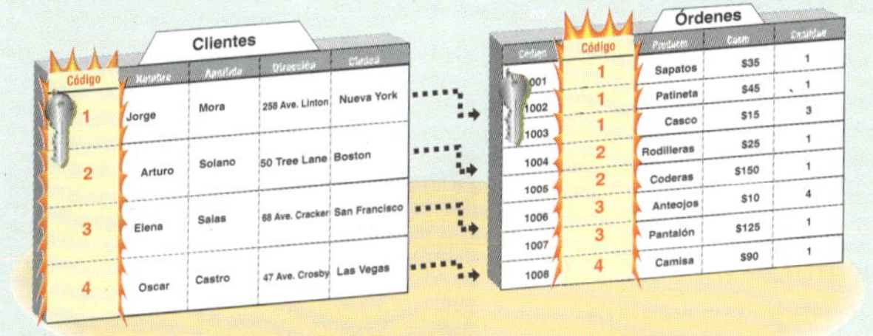

De uno a uno

Cada registro de una tabla se relaciona con otro registro de otra tabla. Por ejemplo, un cliente solo tiene un registro de crédito. Las relaciones de este tipo se crean al relacionar la clave principal de dos tablas.

De uno a muchos

Cada registro de una tabla se relaciona con uno o más registros de otra tabla. Este es el tipo más común de relación. Por ejemplo, cada cliente puede haber hecho más de una compra. Este tipo de relaciones se crea al relacionar la clave principal de una tabla con un campo coincidente en otra tabla.

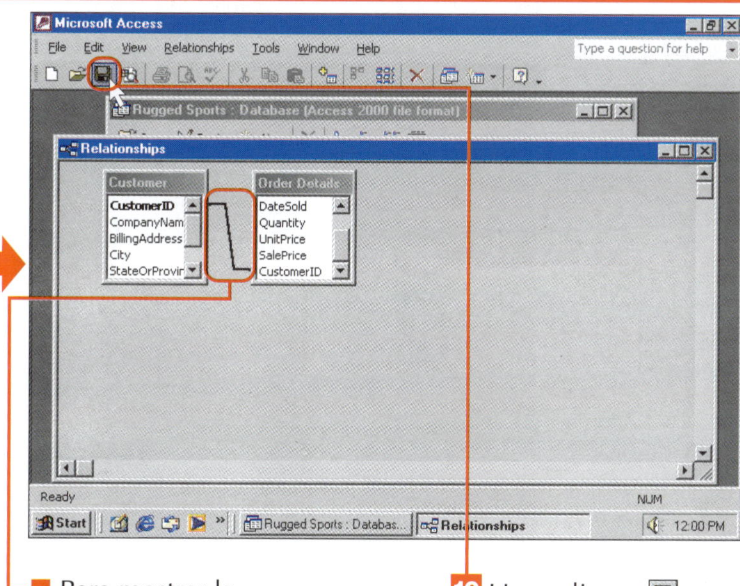

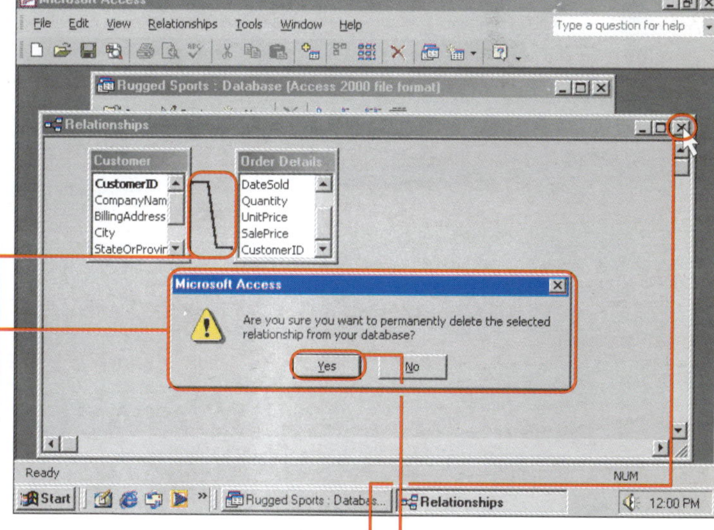

■ Para mostrar la relación, una línea conecta los campos de las dos tablas.

10 Haga clic en 🖫 para guardar los cambios.

ELIMINAR UNA RELACIÓN

1 Haga clic en la línea de la relación que desea eliminar.

2 Presione la tecla Delete.

■ Un cuadro de diálogo de advertencia aparece para confirmar la eliminación.

3 Haga clic en **Yes** (Sí) para borrar la relación de manera permanente.

■ Cuando termine de trabajar en la ventana Relationships (Relaciones), haga clic en ☒ para cerrar la ventana.

Un formulario presenta los datos de una tabla en un formato atractivo y fácil de usar. Puede usar los formularios para ver, cambiar, agregar o eliminar la información de una tabla. Muchas personas consideran que es más fácil trabajar con formularios que con tablas.

CREAR UN FORMULARIO

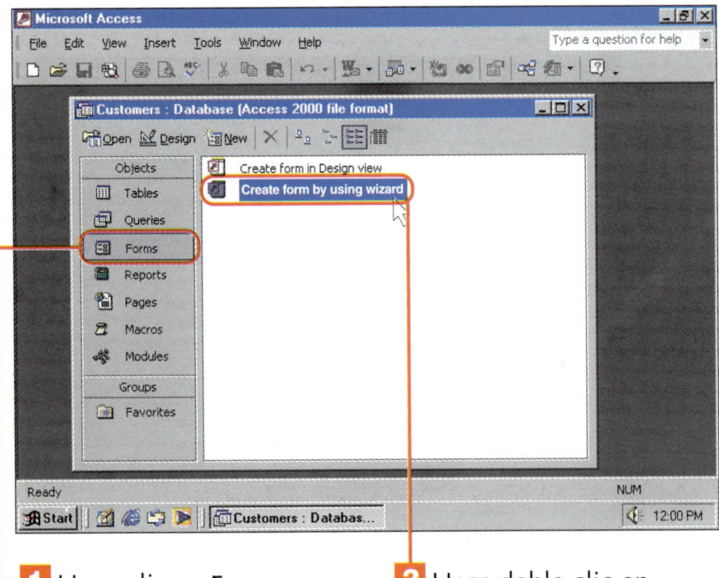

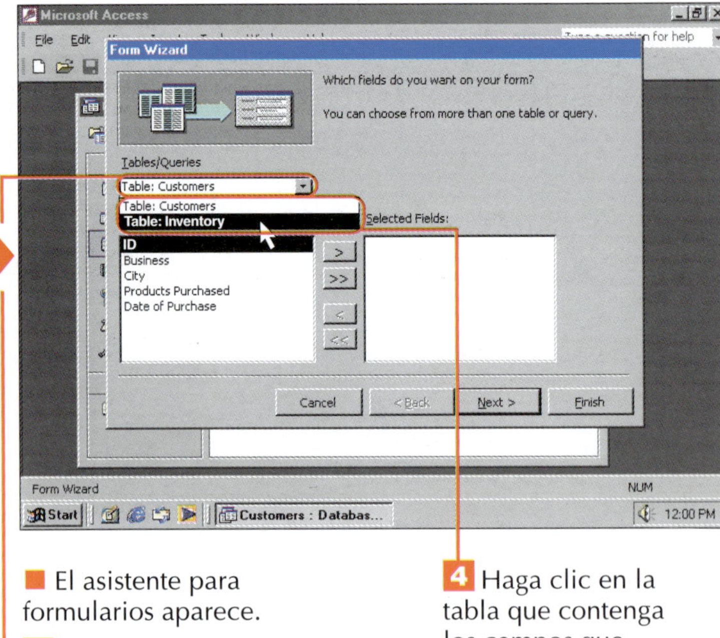

1 Haga clic en **Forms** (Formularios), en la ventana Database (Base de Datos).

2 Haga doble clic en **Create form by using wizard** (Crear un formulario usando un asistente).

■ El asistente para formularios aparece.

3 Haga doble clic en ▾ en esta área para observar la lista de las tablas de su base de datos.

4 Haga clic en la tabla que contenga los campos que desea incluir en el formulario.

¿En que orden aparecerán en mi formulario los campos seleccionados?

El orden en que seleccione los campos en el Asistente para formularios determina el orden en que los campos aparecerán en el formulario. Asegúrese de seleccionar los campos en el orden que desee que estos aparezcan en el formulario.

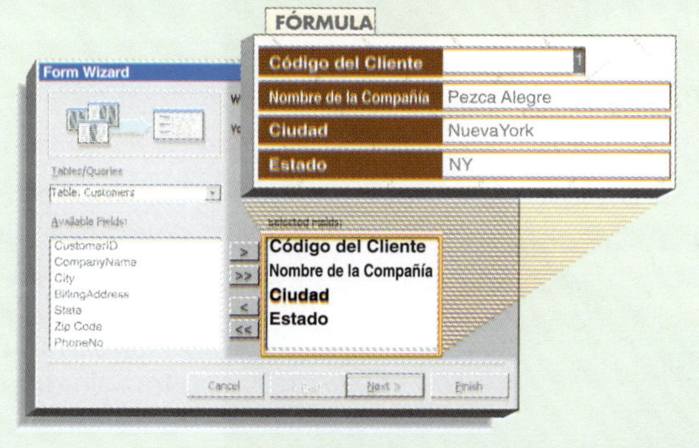

¿Puedo crear un formulario que incluya campos de más de una tabla?

Sí. Realice los pasos del 1 al 5 de la parte inferior para seleccionar los campos que quiere incluir en una tabla. Luego repita los pasos del 3 al 5 hasta que haya seleccionado todos los campos que quiera incluir en el formulario. Cuando crea un formulario que usa campos desde más de una tabla, esta tabla estará relacionada. Para información sobre relaciones, vea la página

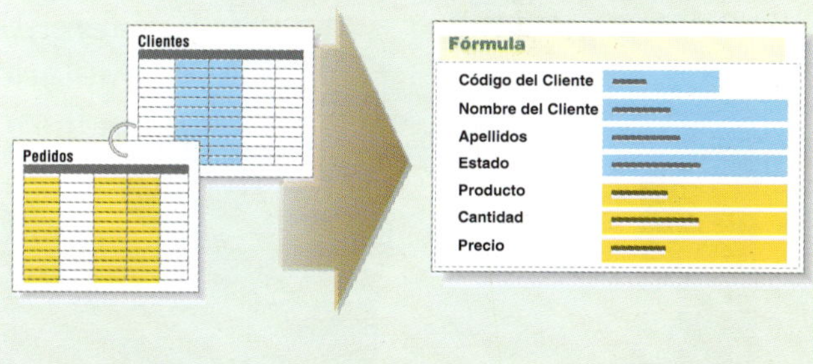

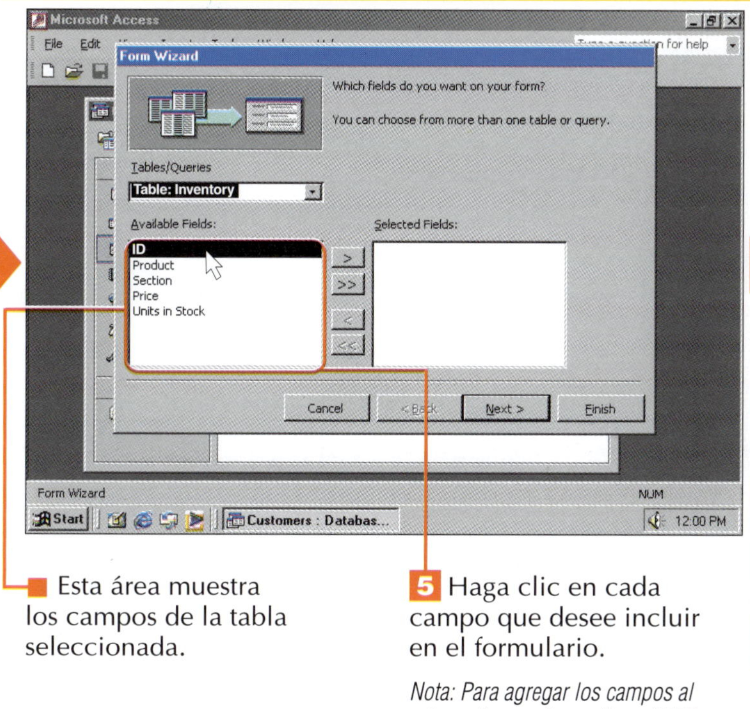

■ Esta área muestra los campos de la tabla seleccionada.

5 Haga clic en cada campo que desee incluir en el formulario.

Nota: Para agregar los campos al mismo tiempo, haga clic en `>>` .

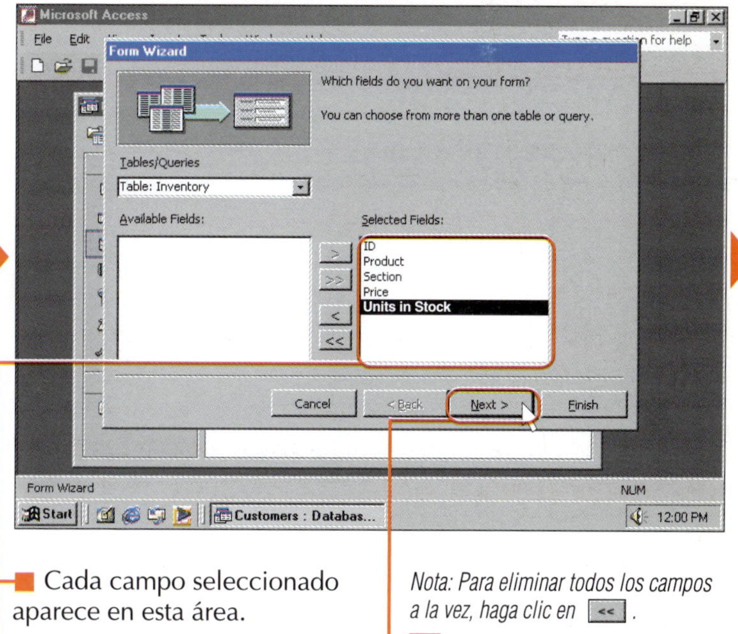

■ Cada campo seleccionado aparece en esta área.

6 Para eliminar un campo que haya seleccionado accidentalmente, haga clic en el campo de esta área.

Nota: Para eliminar todos los campos a la vez, haga clic en `<<` .

7 Haga clic en Next (Siguiente) para continuar.

CONTINÚA

Los diseños En columnas y Justificado muestran un registro a la vez. En cambio, los diseños Tabular y Hoja de datos muestran varios registros.

CREAR UN FORMULARIO (CONTINUACIÓN)

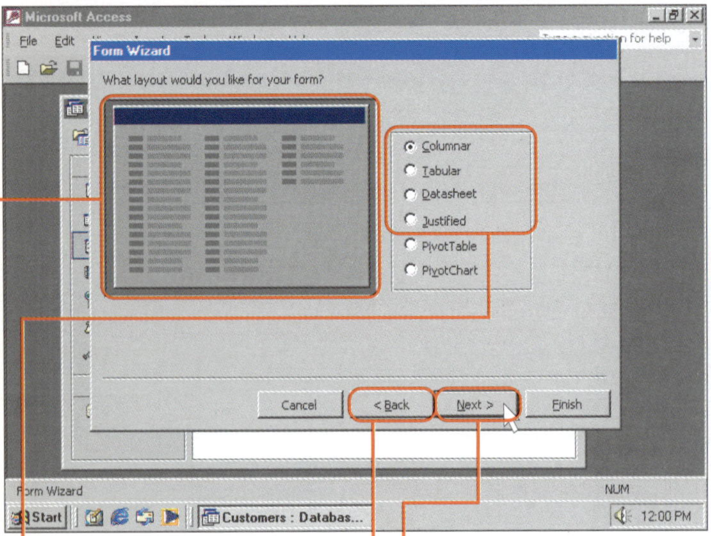

8 Haga clic en el diseño que desea usar en su formulario (○ cambia a ⊙).

■ Esta área exhibe una muestra del diseño seleccionado.

9 Haga clic en **Next** (Siguiente) para continuar.

■ Puede hacer clic en **Back** (Atrás) en cualquier momento para volver al paso previo y hacer cambios.

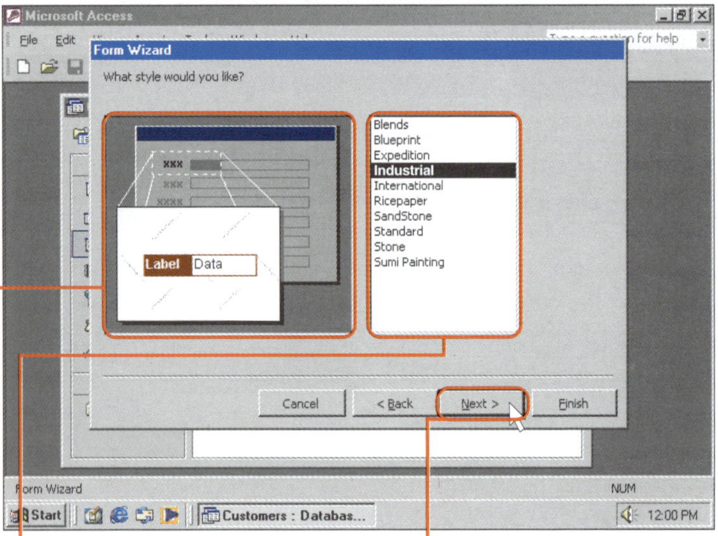

10 Haga clic en el estilo que desea usar en su formulario.

■ Esta área exhibe una muestra del estilo seleccionado.

11 Haga clic en **Next** (Siguiente) para continuar.

¿Para qué sirven los diseños de tabla y gráfico dinámicos?

Estos diseños son vistas especiales que se pueden usar para analizar los datos del formulario. La vista Tabla dinámica le permite reorganizar y resumir los datos de su formulario. La vista Gráfico dinámico le permite observar un resumen gráfico de los datos del formulario. Para información sobre las vistas Tabla dinámica y Gráfico dinámico vea, respectivamente, las páginas 292 y 296.

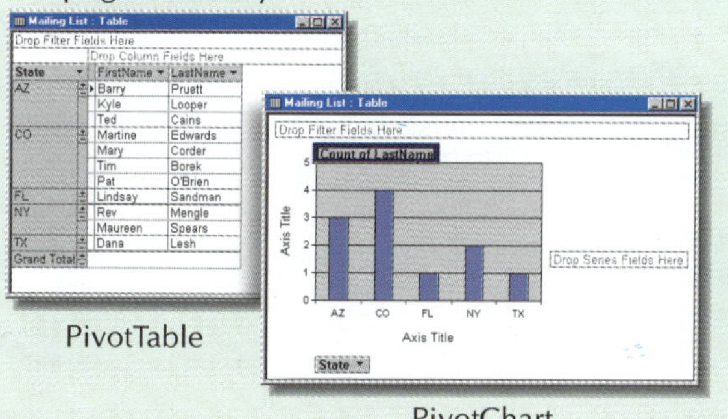

PivotTable

PivotChart

¿Cómo elimino un formulario de mi base de datos?

Cada formulario que usted crea aparece en la ventana Base de datos. Si ya no necesita uno, puede eliminarlo de manera permanente de la base de datos.

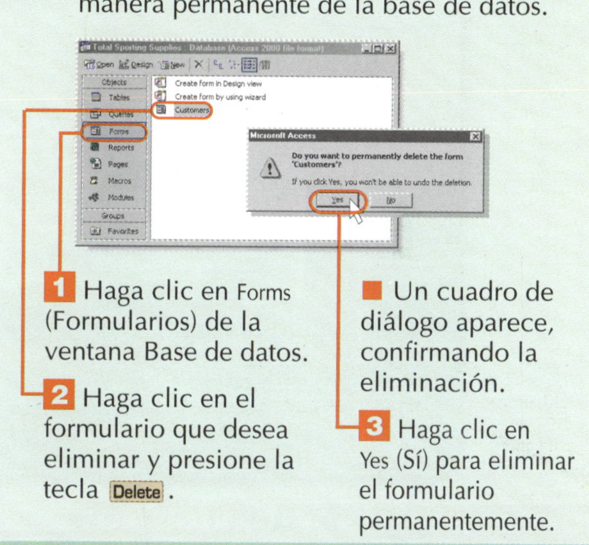

1 Haga clic en Forms (Formularios) de la ventana Base de datos.

2 Haga clic en el formulario que desea eliminar y presione la tecla `Delete`.

■ Un cuadro de diálogo aparece, confirmando la eliminación.

3 Haga clic en Yes (Sí) para eliminar el formulario permanentemente.

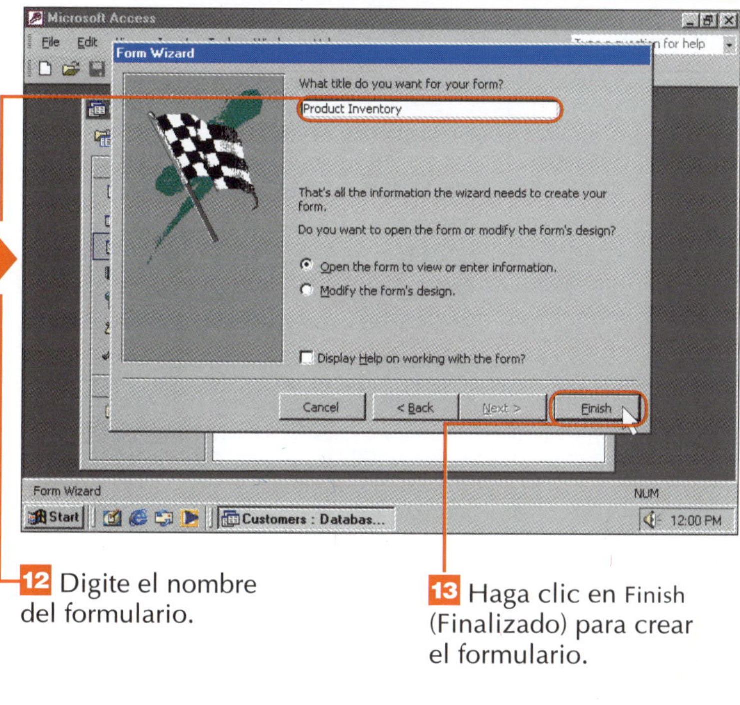

12 Digite el nombre del formulario.

13 Haga clic en Finish (Finalizado) para crear el formulario.

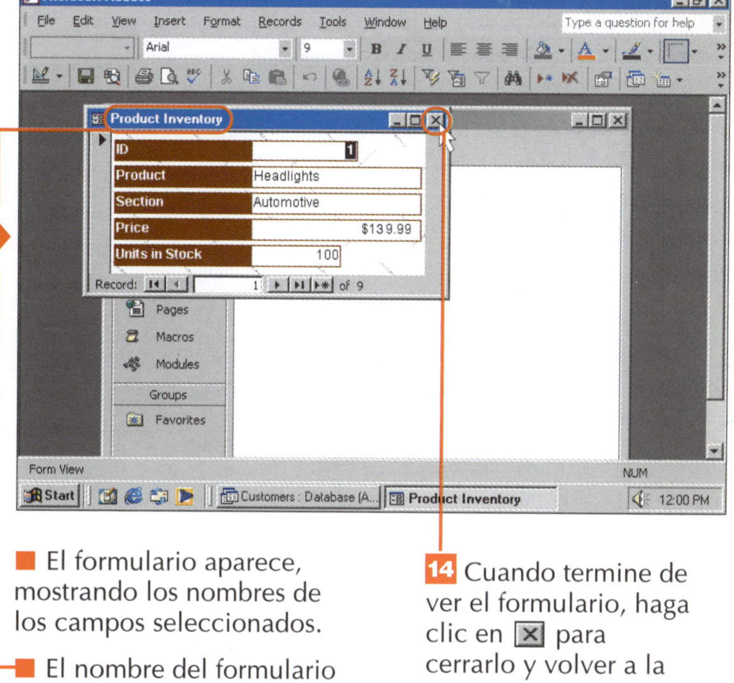

■ El formulario aparece, mostrando los nombres de los campos seleccionados.

■ El nombre del formulario aparece en esta área.

14 Cuando termine de ver el formulario, haga clic en ⊠ para cerrarlo y volver a la ventana Base de datos.

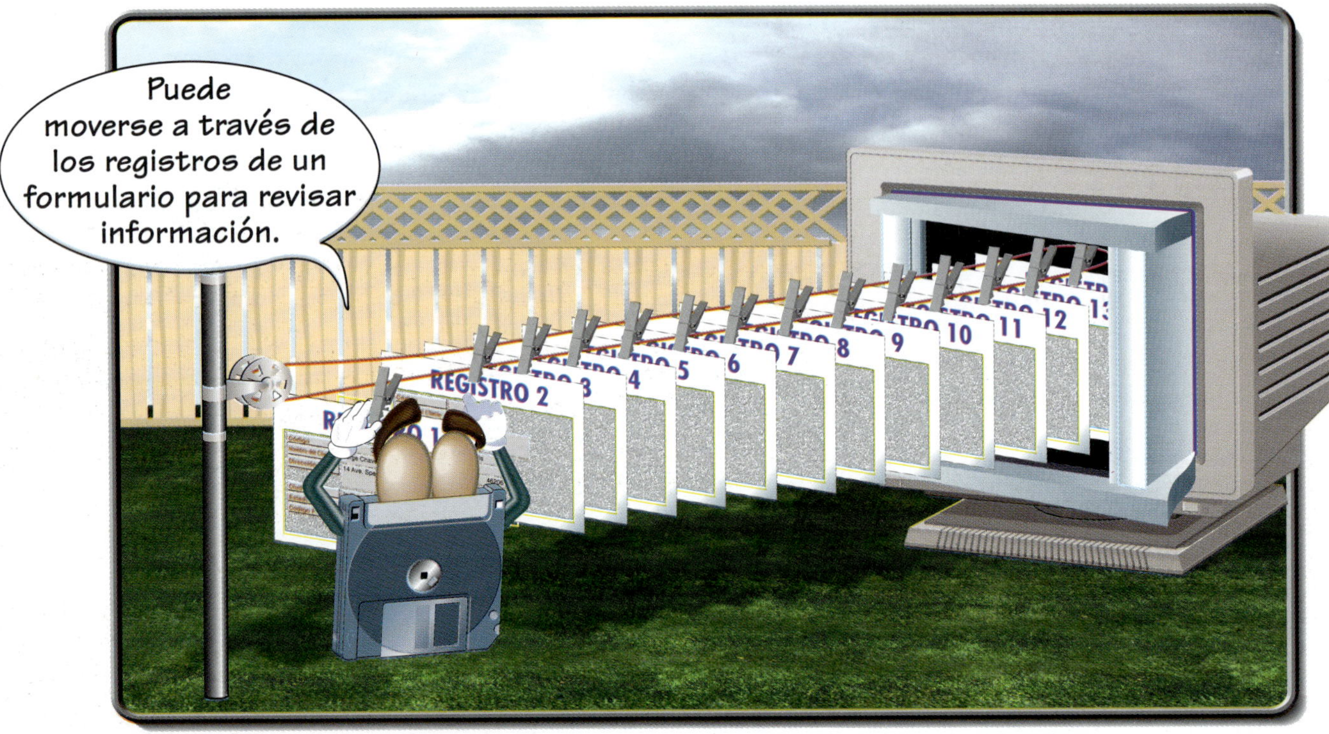

MOVERSE A TRAVÉS DE LOS REGISTROS

MOVERSE A TRAVÉS DE LOS REGISTROS

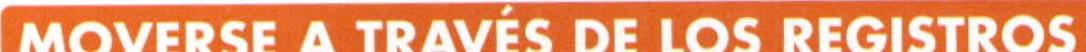

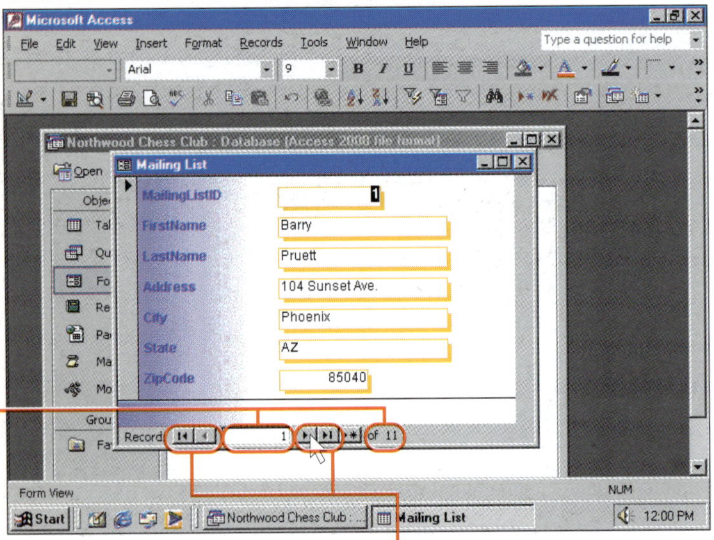

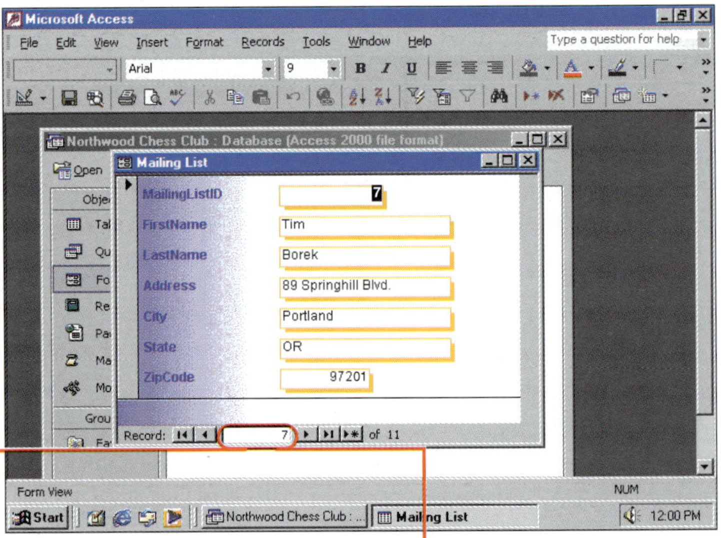

■ Esta área muestra el número del registro actual y el número completo de registros.

1 Para moverse hacia otro registro, haga clic en uno de los siguientes botones.

- ⏮ Primer registro
- ◀ Registro previo
- ▶ Siguiente registro
- ⏭ Último registro

MOVERSE HACIA UN REGISTRO ESPECÍFICO

1 Arrastre el I del mouse sobre el número del registro actual.

2 Digite el número del registro que desea mover y presione la tecla **Enter**.

EDITAR DATOS

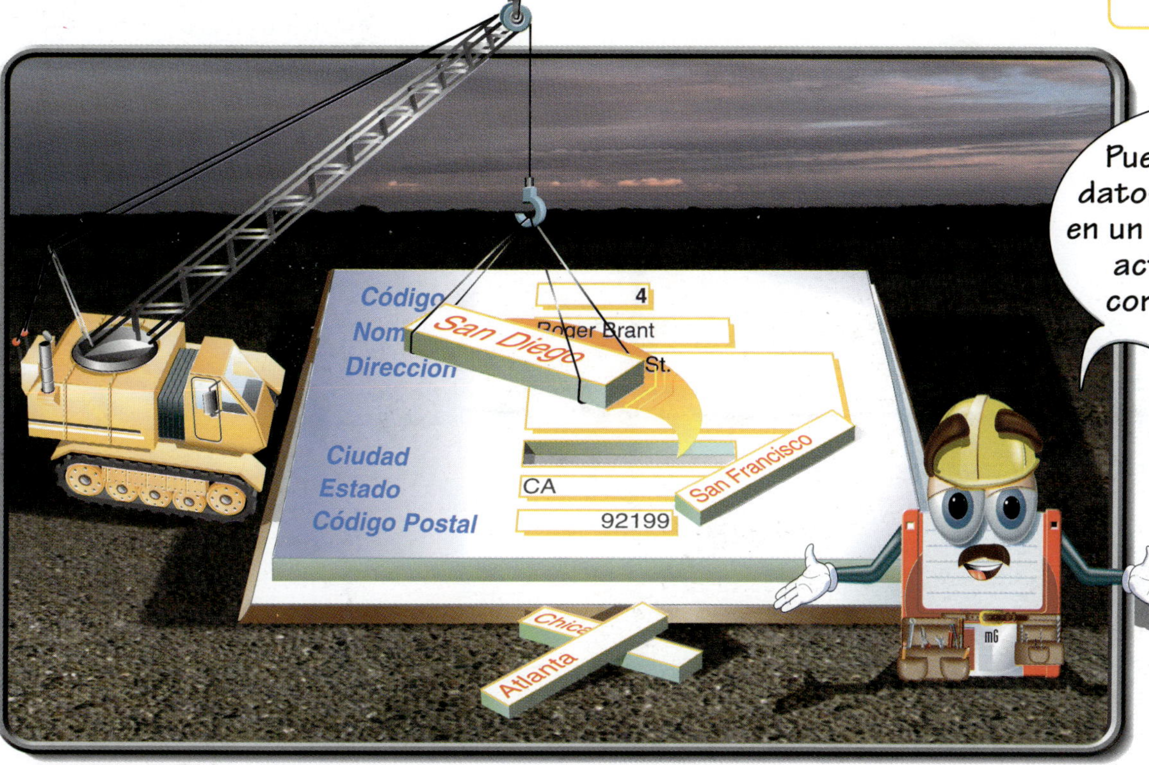

Cuando cambie los datos de un formulario, Access también cambiará los datos de la tabla que utilizó para crearlo.

Access automáticamente guarda los cambios hechos a los datos de un formulario.

EDITAR DATOS

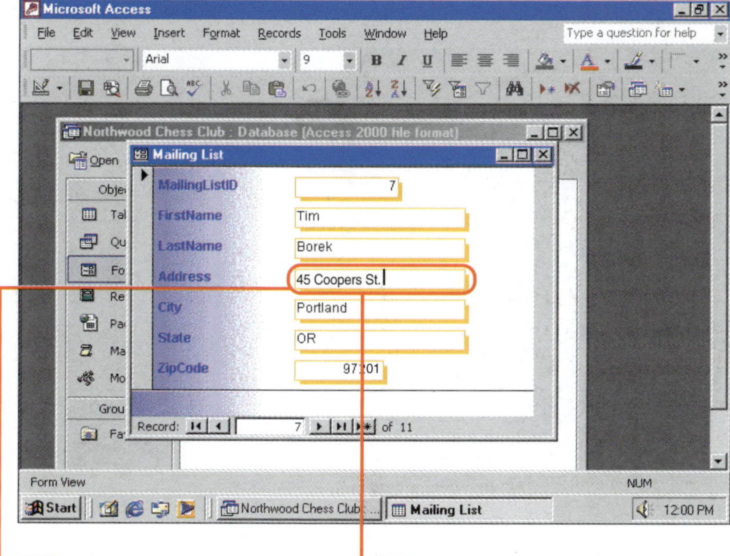

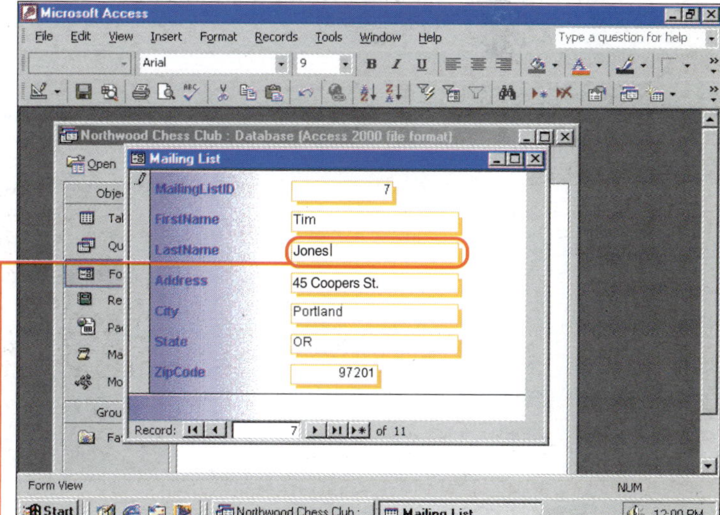

1 Haga clic en la localización del campo donde desea editar la información.

■ En el campo aparece un punto de inserción.

Nota: Puede presionar las teclas ← o → para mover el punto de inserción.

2 Para eliminar el carácter ubicado a la izquierda del punto de inserción, presione la tecla **←Backspace**.

3 Para agregar datos donde aparece el punto de inserción, simplemente digítelos.

REEMPLACE TODOS LOS DATOS DE UNA CELDA

1 Arrastre el I del mouse sobre los datos hasta que todos estos queden resaltados en el campo.

2 Digite los datos nuevos.

■ Los datos digitados reemplazan los datos del campo.

Cuando utilice un formulario para agregar un registro, Access agrega el registro a la tabla que usted usó para crear el formulario.

AGREGAR UN REGISTRO

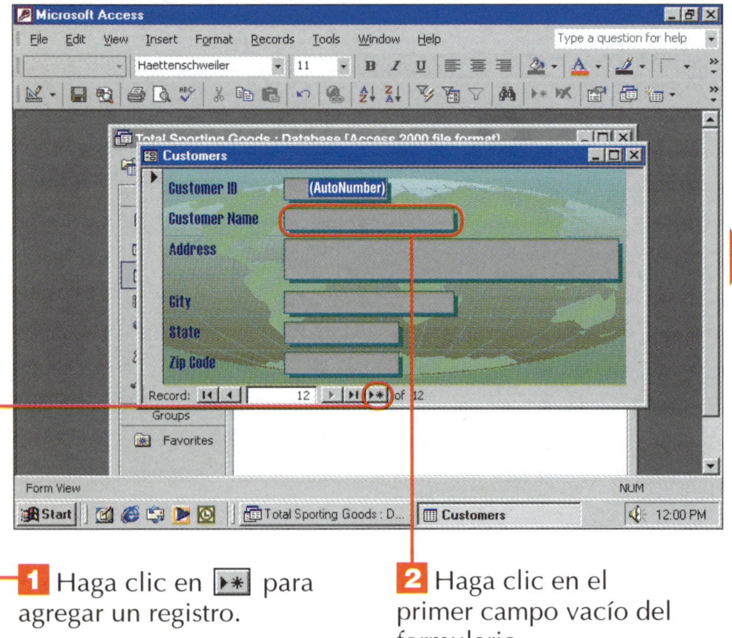

1 Haga clic en ▸∗ para agregar un registro.

■ Un formulario en blanco aparece.

2 Haga clic en el primer campo vacío del formulario.

3 Digite los datos que correspondan al campo y presione la tecla **Tab** para trasladarse hacia el siguiente campo.

■ En este ejemplo, el campo Autonumérico agrega automáticamente un número al registro nuevo.

4 Repita el paso 3 hasta que termine de introducir los datos al registro.

■ Access automáticamente guarda cada registro nuevo que se agregue al formulario.

ELIMINAR UN REGISTRO

Eliminar registros le ahorra espacio de almacenamiento en la computadora y evita que la base de datos se sature con información innecesaria.

Cuando elimine un registro de un formulario, Access elimina el registro de la tabla que usted usó para crear el formulario.

ELIMINAR UN REGISTRO

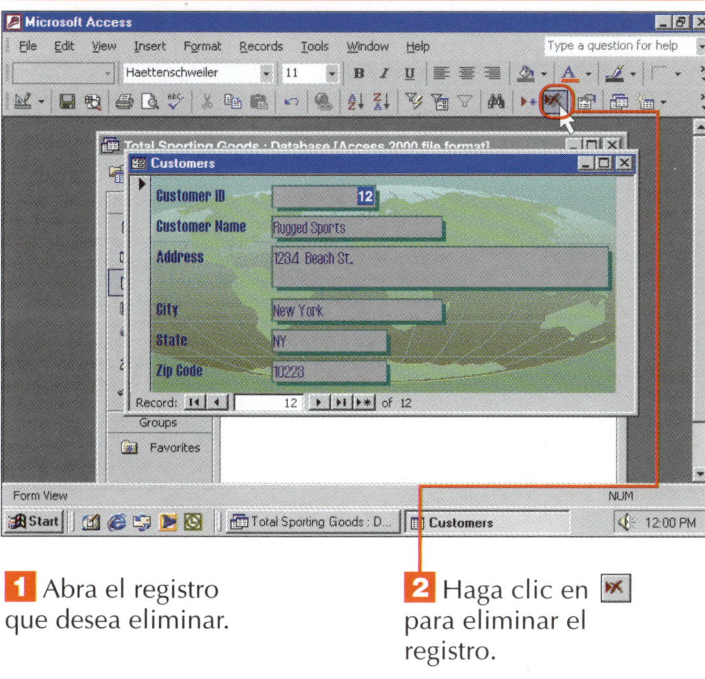

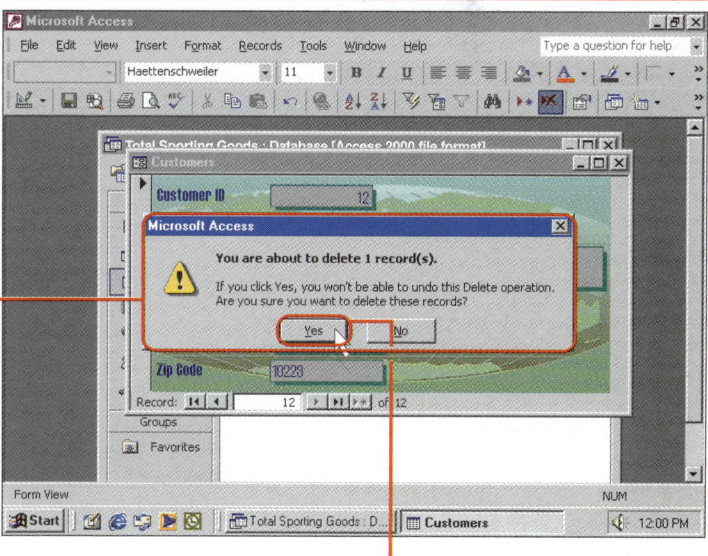

1 Abra el registro que desea eliminar.

2 Haga clic en 🗙 para eliminar el registro.

■ El registro desaparece del formulario.

■ Un cuadro de diálogo de advertencia aparece, confirmando la eliminación.

3 Haga clic en **Yes** (Sí) para eliminar el registro permanentemente.

CLASIFICAR REGISTROS

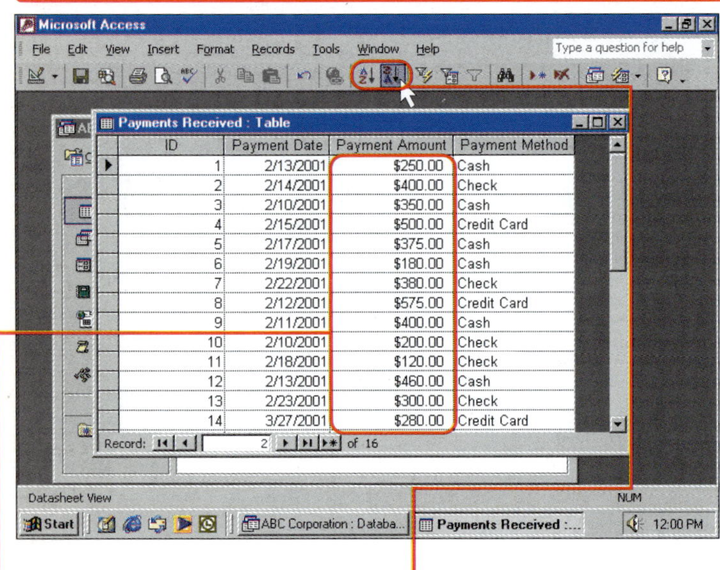

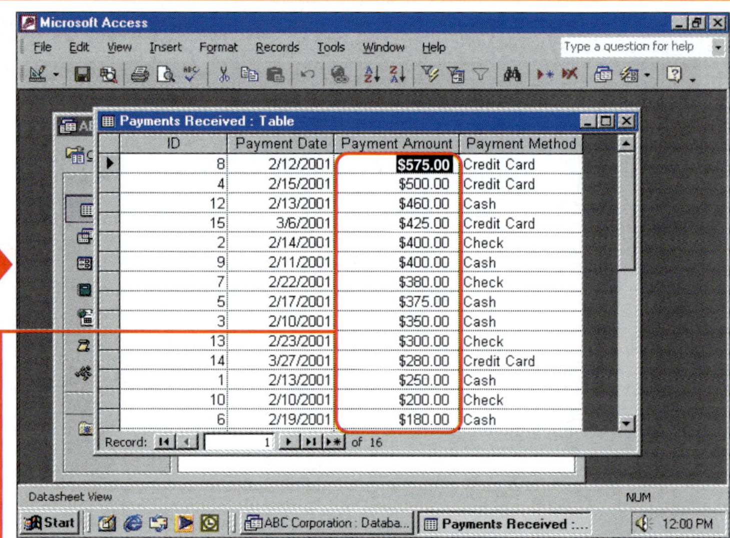

CLASIFICAR EN UN CAMPO

1 Haga clic en el campo que desea usar para organizar los registros.

2 Haga clic en alguno de los siguientes botones.

Organiza de la A a la Z y de 1 a 9

Organiza de la Z a la A y de 9 a 1

■ Los registros aparecen en el orden nuevo. En este ejemplo, los registros están organizados por el monto del pago.

¿Cómo elimino la clasificación de los registros?

Aunque los registros estén clasificados, se puede volver al orden anterior en cualquier momento.

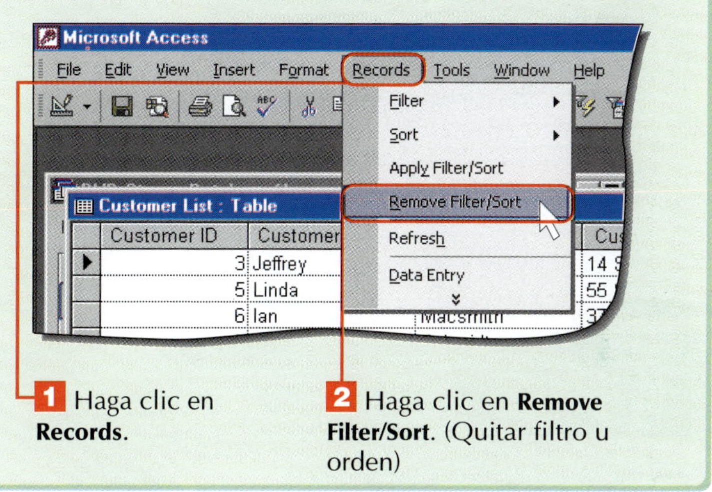

1 Haga clic en **Records**.

2 Haga clic en **Remove Filter/Sort**. (Quitar filtro u orden)

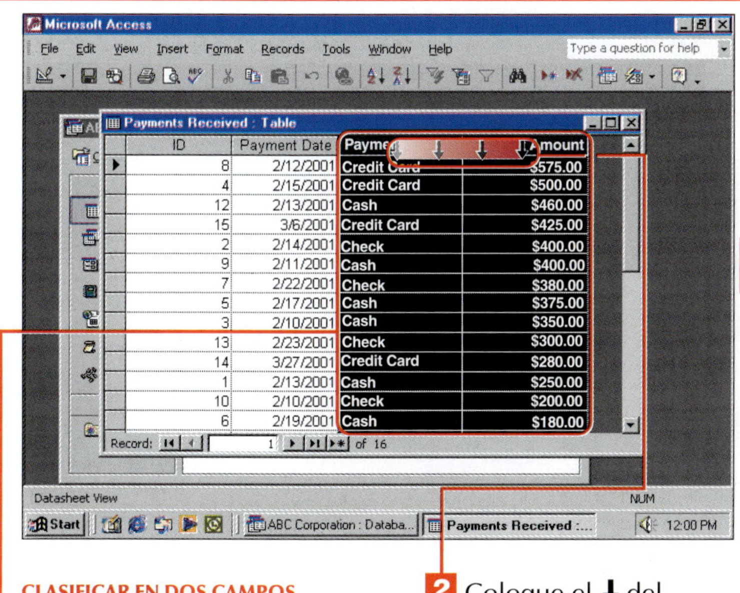

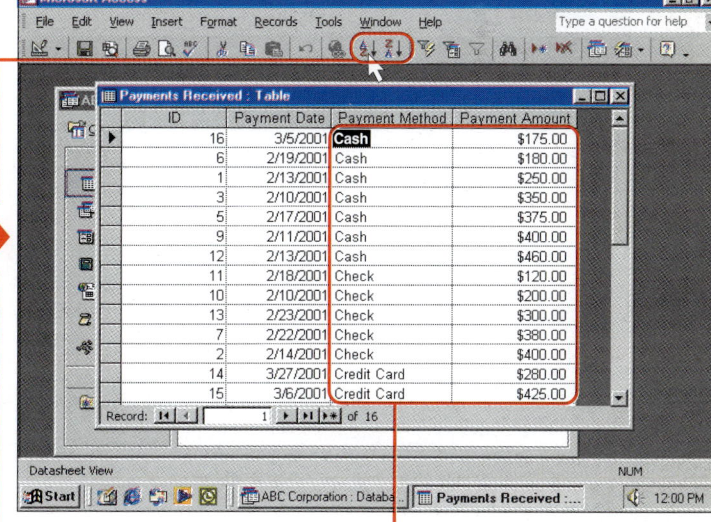

CLASIFICAR EN DOS CAMPOS

1 Coloque juntos los campos que desea usar para clasificar los registros y en el orden en que usted desee llevar a cabo la clasificación.

2 Coloque el ↓ del mouse sobre el nombre del primer campo que desea usar para clasificar los registros. Luego, arrastre el ↓ del mouse hasta que el segundo campo quede resaltado.

3 Haga clic en uno de los siguientes botones.

↓ Organiza de la A a la Z y de 1 a 9

↓ Organiza de la Z a la A y de 9 a 1

■ Los registros aparecen en el nuevo orden. En este ejemplo los registros están organizados por el método del pago. Todos los registros que tengan el mismo método de pago aparecerán organizados según este.

313

BUSCAR DATOS

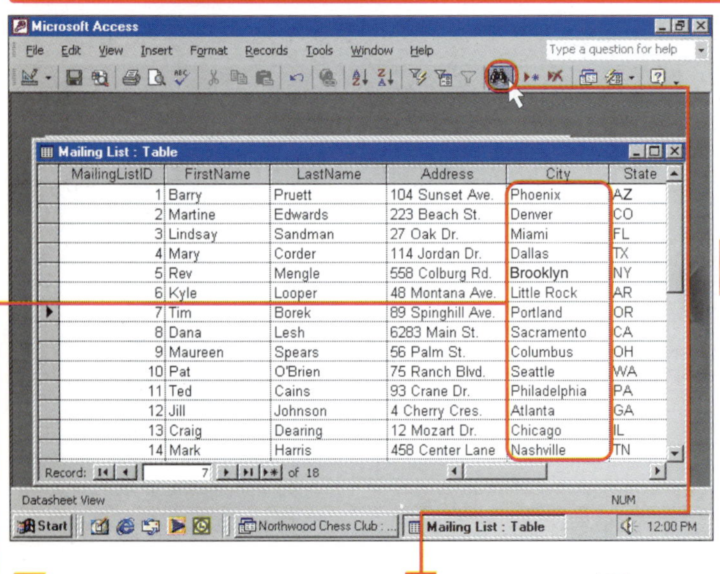

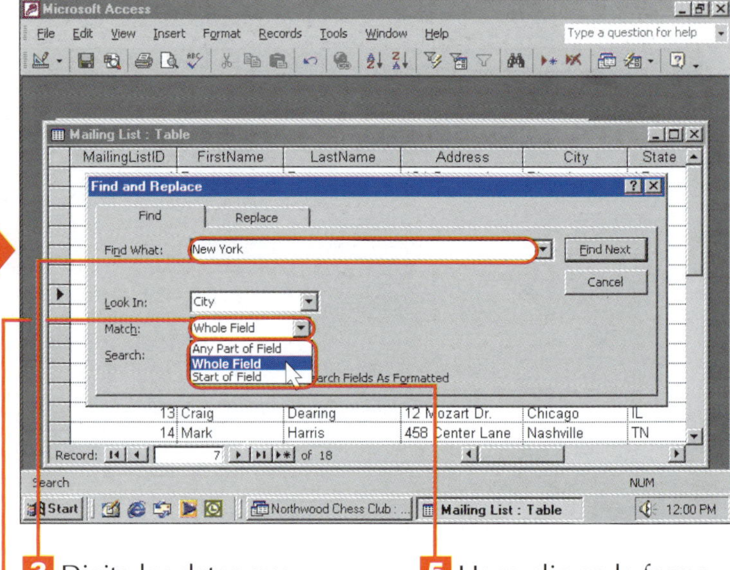

1 Haga clic en el campo que contenga los datos que desea encontrar.

2 Haga clic en 🔍 para encontrar los datos.

■ El cuadro de diálogo Find and Replace (Buscar y reemplazar) aparece.

3 Digite los datos que desea buscar.

4 Para especificar cómo desea buscar los datos, haga clic en esta área.

5 Haga clic en la forma en que desea buscar los datos.

Nota: Para información sobre las formas en que pueden buscarse datos, vea la parte superior de la página 315.

¿De qué formas puede Access buscar los datos de un campo?

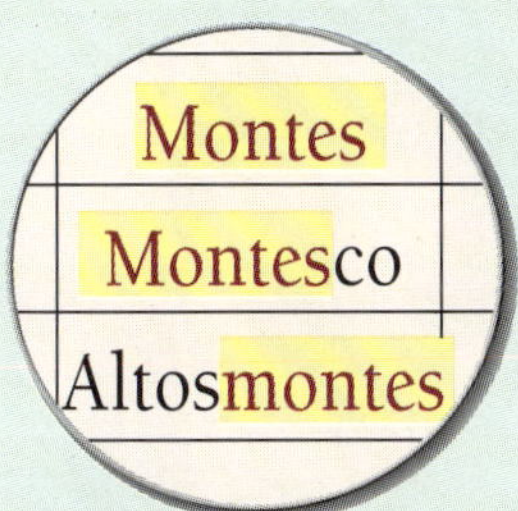

Cualquier parte del campo

Busca datos ubicados en cualquier sitio del campo. Por ejemplo, al buscar **smith** encuentra **Smith**, **Smithson** y **Macsmith**.

Hacer coincidir todo el campo

Encuentra solo los datos que son iguales a los que especificó. Por ejemplo, una búsqueda de **Smith** encuentra **Smith,** pero no **Smithson** ni **Macsmith**.

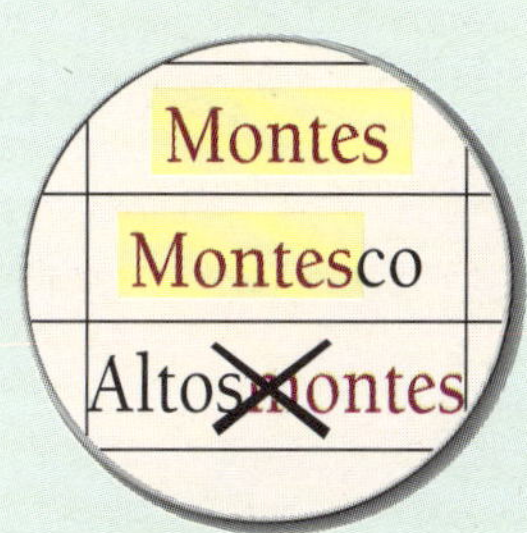

Comienzo del campo

Solamente encuentra datos al inicio del campo. Por ejemplo, una búsqueda de **smith** encuentra **Smith** y **Smithson**, pero no **Macsmith**.

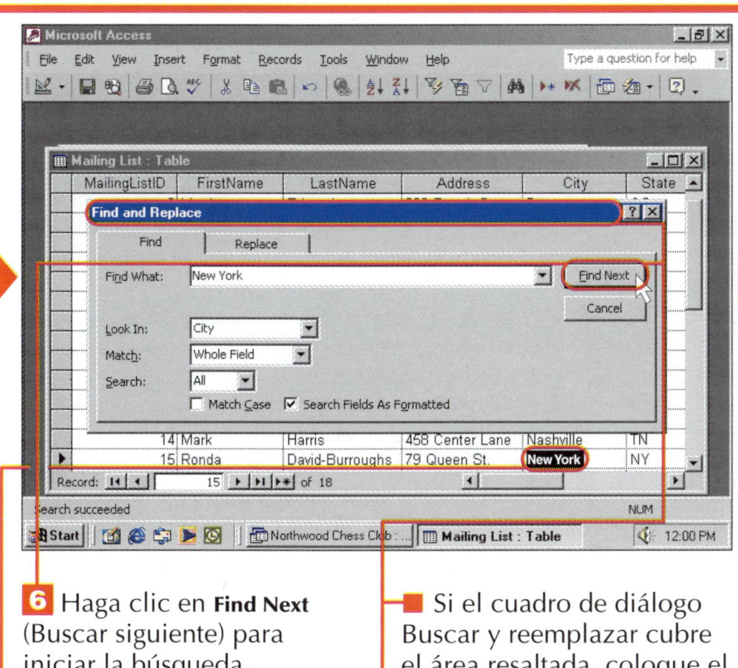

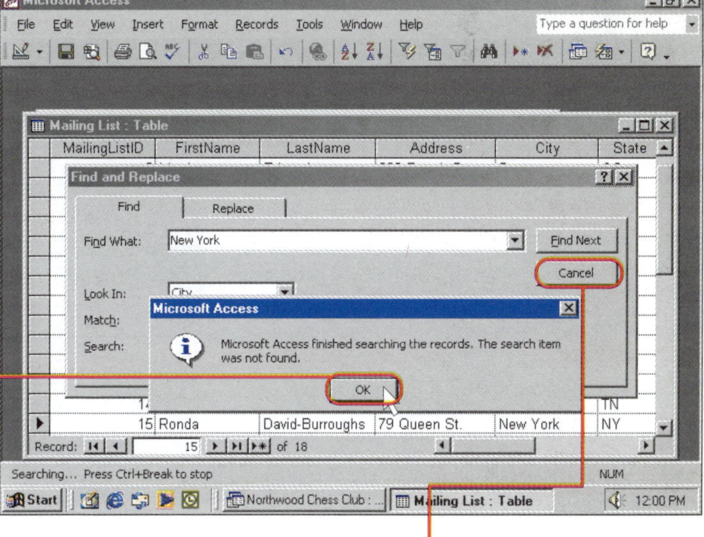

6 Haga clic en **Find Next** (Buscar siguiente) para iniciar la búsqueda.

■ Access resalta el primer dato encontrado del campo.

■ Si el cuadro de diálogo Buscar y reemplazar cubre el área resaltada, coloque el del mouse sobre la barra de título y arrastre el cuadro a una nueva localización.

7 Haga clic en **Find Next** (Buscar siguiente) para buscar la siguiente palabra del campo.

8 Repita el paso **7** hasta que un cuadro de diálogo aparezca, indicándole que la búsqueda ha concluido.

9 Haga clic en **OK** (Aceptar) para cerrar el cuadro de diálogo.

10 Haga clic en **Cancel** (Cerrar) para cerrar el cuadro de diálogo Find and Replace (Buscar y reemplazar).

FILTRAR LOS DATOS POR SELECCIÓN

Por ejemplo, puede mostrar solo los registros de los clientes que vivan en California.

FILTRAR DATOS POR SELECCIÓN

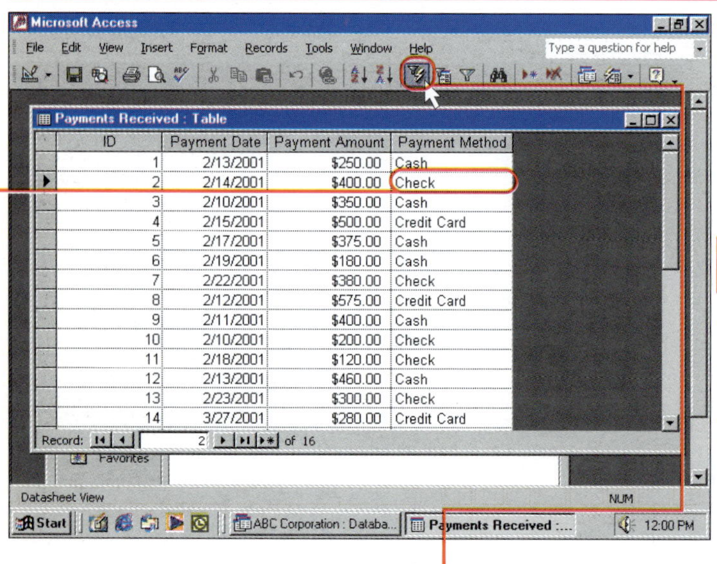

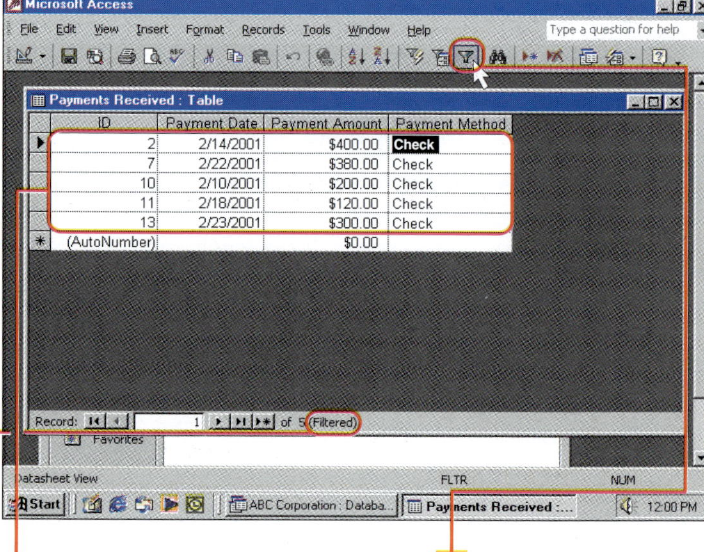

1 Haga clic en los datos que desea usar para filtrar los registros. Access solo mostrará los registros que contengan exactamente los mismos datos.

2 Haga clic en para filtrar los registros.

■ Access solo muestra los registros que contengan los datos. Los demás registros son ocultados.

■ La palabra **Filtered** (Filtrado) aparece en esta área para indicar que se están observando registros filtrados.

3 Cuando termine de revisar los registros filtrados, haga clic en para observar de nuevo todos los registros.

FILTRAR DATOS USANDO CRITERIOS

Puede usar criterios para observar los datos de una tabla, un formulario o de los resultados de una consulta. Los criterios son condiciones que identifican los registros que se desea que aparezcan.

FILTRAR DATOS USANDO CRITERIOS

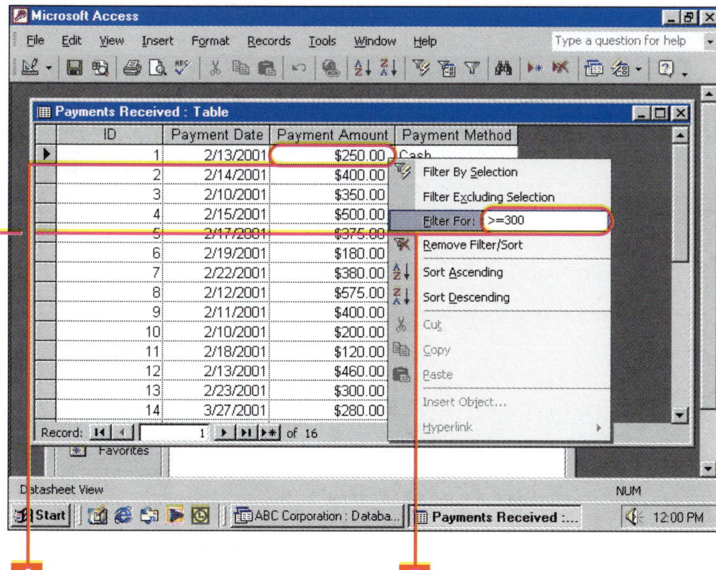

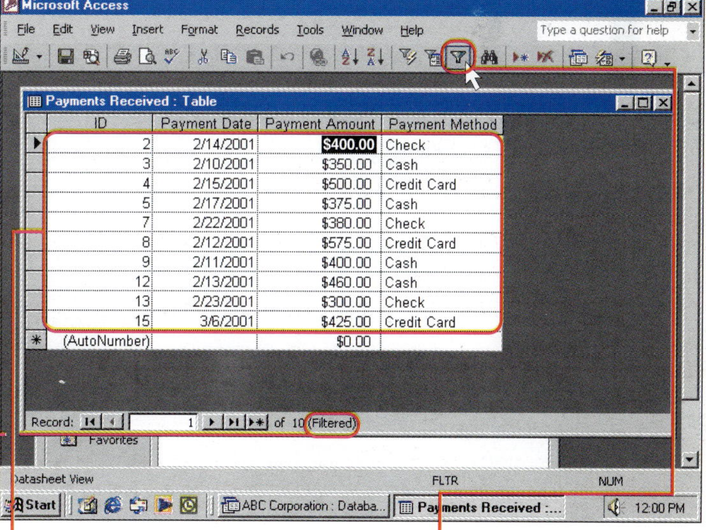

1 Haga clic derecho en el campo que desea usar para filtrar los registros. Aparece un menú.

2 Haga clic en esta área.

3 Digite los criterios que desea usar para filtrar los registros. Luego, presione la tecla **Enter**.

Nota. Para ejemplos de criterios que se pueden usar, vea la página 327.

■ Access solo muestra los registros que cumplen con los criterios especificados. Los demás registros no aparecen.

■ La palabra **Filtered** (Filtrado) aparece en esta área para indicar que se están observando registros filtrados.

4 Cuando termine de revisar los registros filtrados, haga clic en ▼ para observar de nuevo todos los registros.

317

Cuando cree una consulta, puede hacer que Access encuentre información que cumpla con ciertos criterios o condiciones específicas.

CREAR UNA CONSULTA

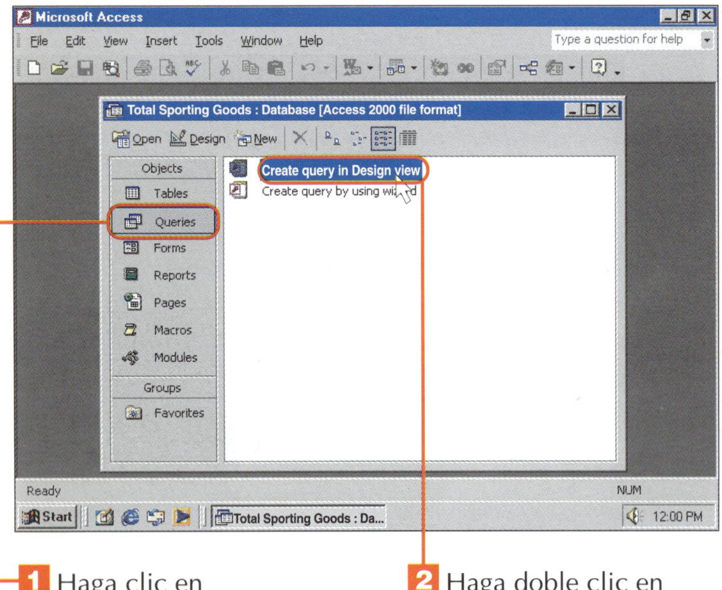

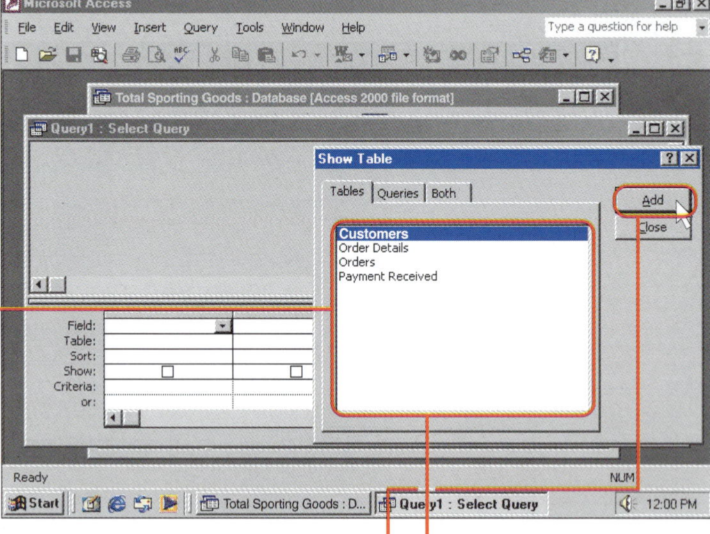

1 Haga clic en **Queries** (Consultas) en la ventana Base de Datos.

2 Haga doble clic en **Create query in Design view** (Crear una consulta en vista diseño).

■ Aparecen la ventana Select Query (Seleccionar consulta) y el cuadro de diálogo Show table (Mostrar tabla).

■ Esta área lista todas las tablas de su base de datos.

3 Haga clic en la tabla que contenga la información que desea usar en la consulta.

4 Haga clic en **Add** (Agregar) para añadir la tabla a su consulta.

¿Por qué hay una línea uniendo las tablas de la ventana Seleccionar consulta?

Si las tablas que piensa usar en la consulta están relacionadas, Access mostrará una línea que unirá los campos relacionados de las tablas. Cuando se crea una consulta que utiliza más de una tabla, estas deben estar relacionadas. Para información sobre relaciones, vea la página 300.

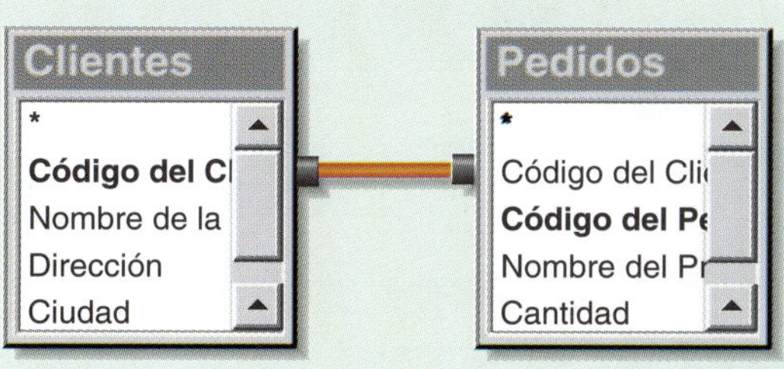

¿Cómo agrego otra tabla a mi consulta?

Puede hacer clic en ![icono] para ver de nuevo el cuadro de diálogo Show table (Mostrar tabla) y agregar otra tabla a la consulta. Para agregar otra tabla, realice los pasos **3** y **4** de la página 318.

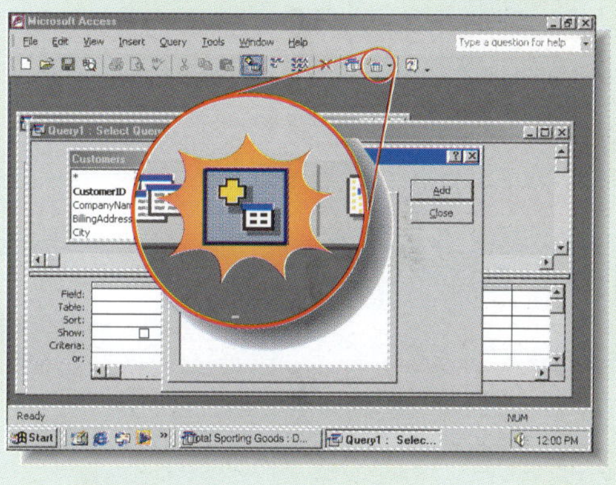

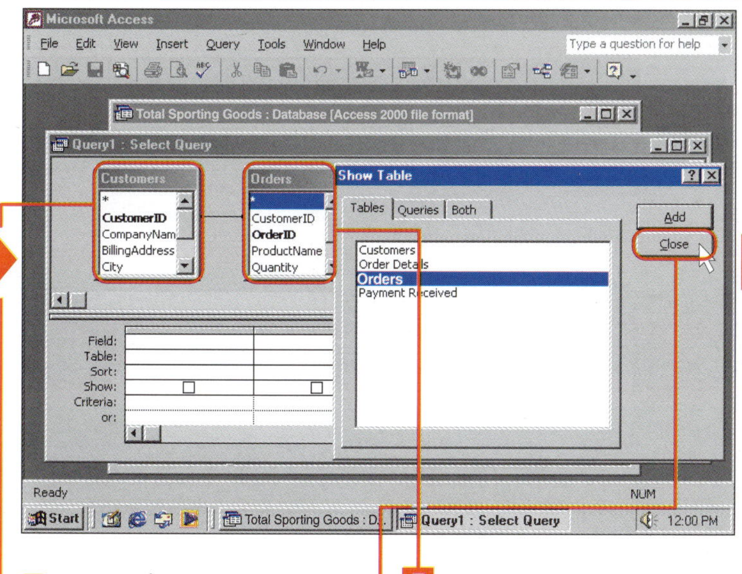

■ Un cuadro aparece en la ventana Select Query (Seleccionar consulta), esta muestra los campos de la tabla que escogió.

5 Repita los pasos **3** y **4** en cada tabla que desee usar en la consulta.

6 Haga clic en **Close** (Cerrar) para ocultar el cuadro de diálogo Show table (Mostrar tabla).

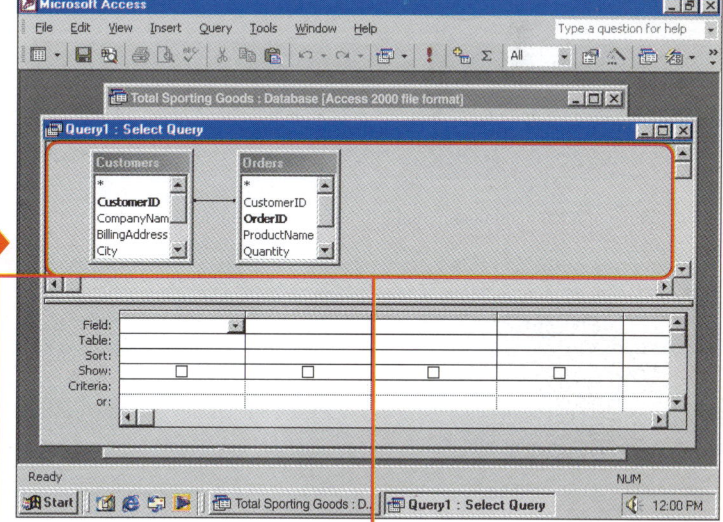

■ Cada cuadro de esta área muestra los campos de la tabla.

■ Si accidentalmente agregó una tabla a la consulta. Haga clic en la tabla y presione la tecla Delete. Esto eliminará la tabla de la consulta pero no de la base de datos.

CONTINÚA

Por ejemplo, es posible que desee incluir solo el nombre y el número telefónico de cada cliente

CREAR UNA CONSULTA (CONTINUACIÓN)

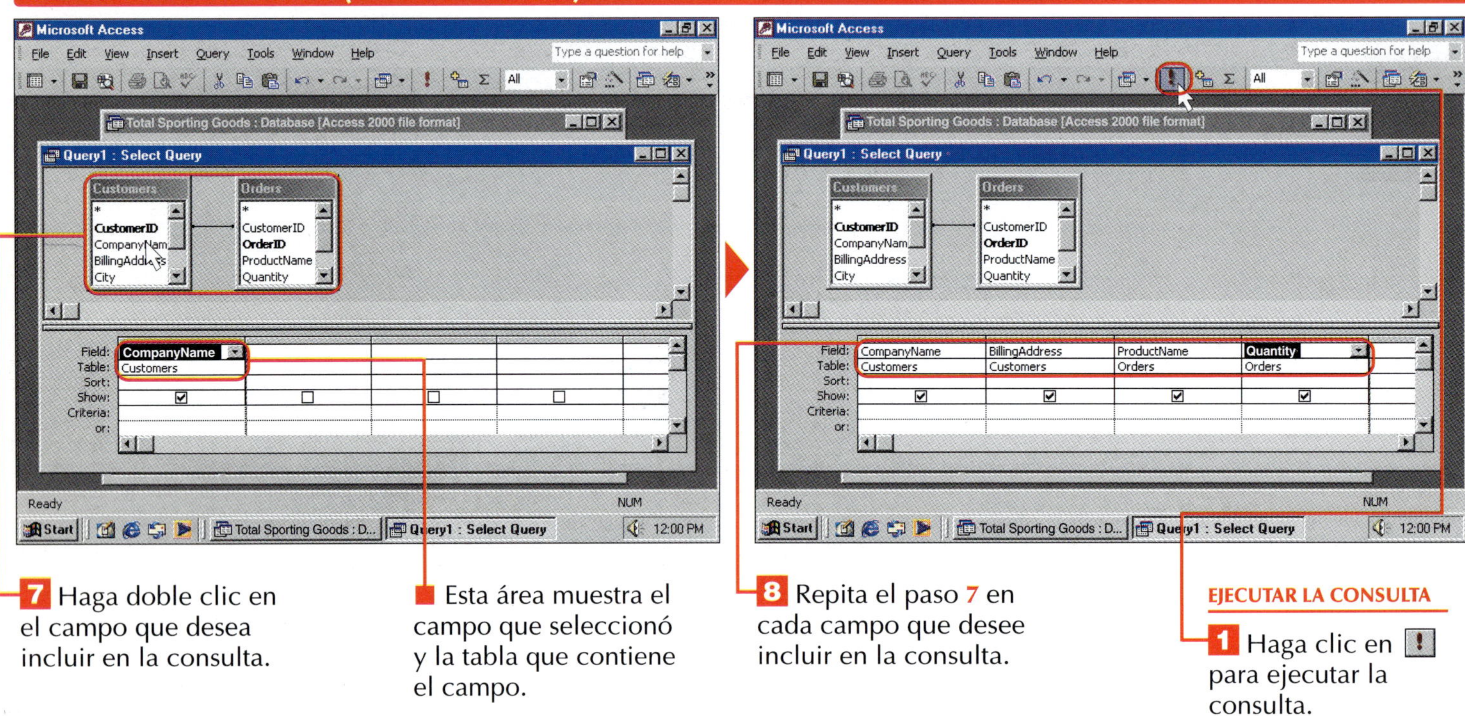

7 Haga doble clic en el campo que desea incluir en la consulta.

■ Esta área muestra el campo que seleccionó y la tabla que contiene el campo.

8 Repita el paso **7** en cada campo que desee incluir en la consulta.

1 Haga clic en 🔣 para ejecutar la consulta.

¿Las consultas almacenan datos?

No. Cuando se guarda una consulta, Access solo guarda el diseño de esta. Cada vez que ejecute una consulta, Access usa los datos más actuales de su base de datos para determinar los resultados de la consulta. Usted puede abrir una consulta guardada para ejecutarla. Para abrir los objetos de una base de datos, vea la página 264.

¿Cómo elimino una consulta de la base de datos?

Cada consulta que se guarda aparece en la ventana de base de datos. Si ya no necesita una consulta, puede eliminarla permanentemente de la base de datos.

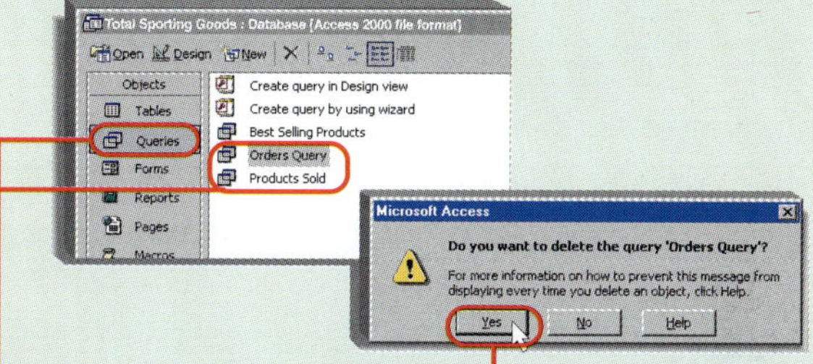

■ **1** Haga clic en **Queries** (Consultas) de la ventana Base de datos.

■ **2** Haga clic en la consulta que desea borrar y presione la tecla `Delete`.

■ Aparece un cuadro de diálogo, confirmando la eliminación.

■ **3** Haga clic en **Yes** (Sí) para eliminar la consulta definitivamente.

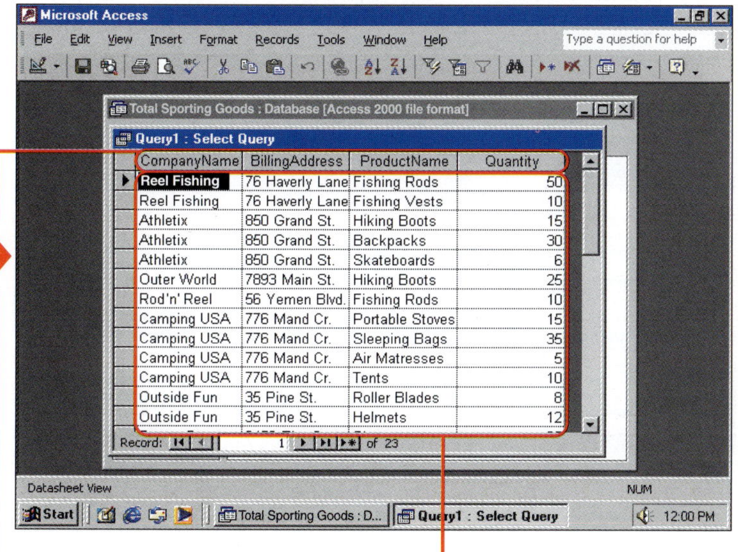

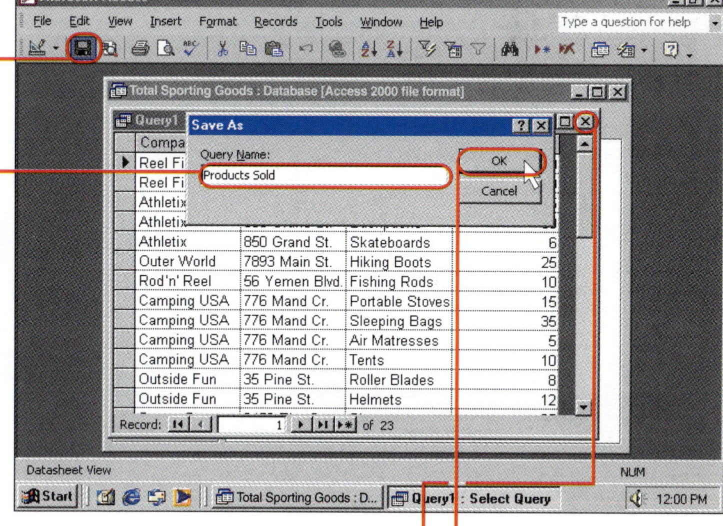

■ El resultado de la consulta aparece.

■ Esta área muestra los nombres de los campos que incluyó en la consulta.

■ Los registros que coinciden con las condiciones especificadas aparecen en esta área.

GUARDAR UNA CONSULTA

■ **1** Haga clic en 🖫 para guardar la consulta y poder ejecutar después.

■ El cuadro de diálogo Save As (Guardar como) aparece.

■ **2** Digite el nombre de la consulta.

■ **3** Haga clic en OK (Aceptar) para guardar la consulta.

■ **4** Cuando termine de ver los resultados de su consulta, haga clic en ⊠ para cerrarla y regresar a la ventana Base de datos.

CAMBIAR LA VISTA DE UNA CONSULTA

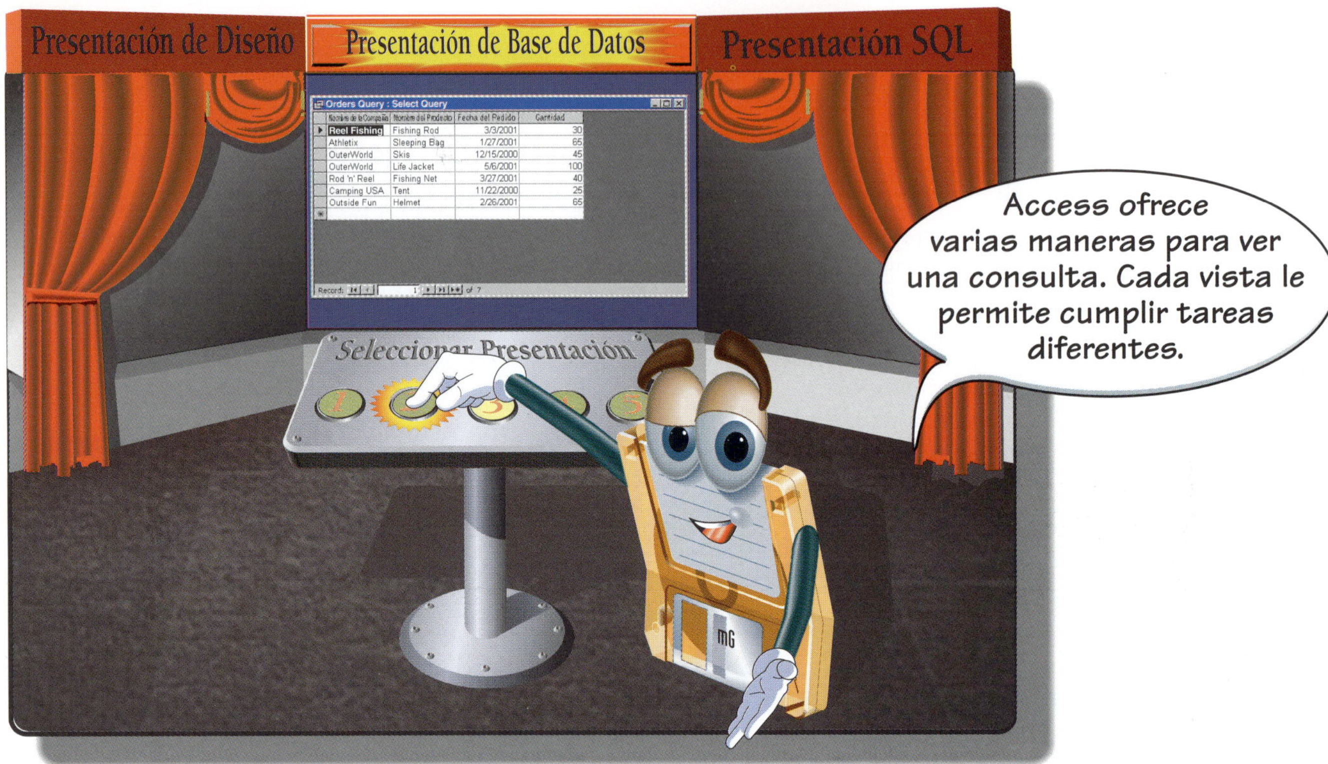

CAMBIAR LA VISTA DE UNA CONSULTA

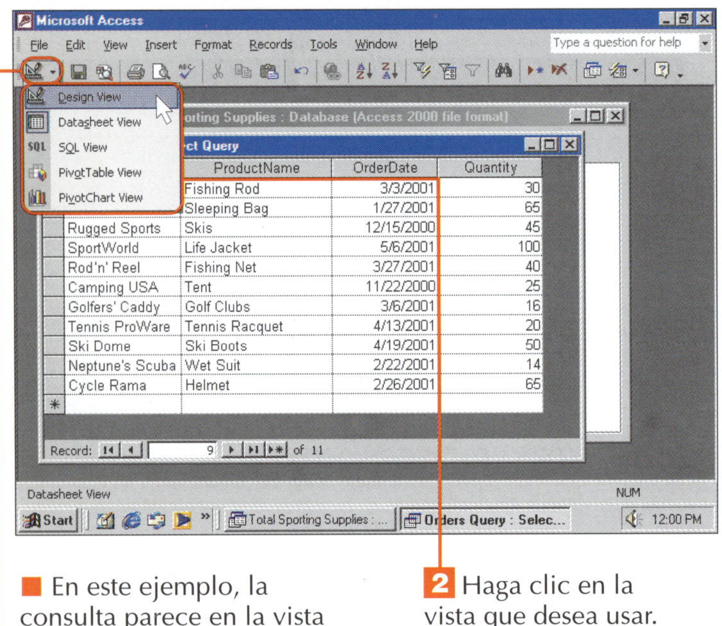

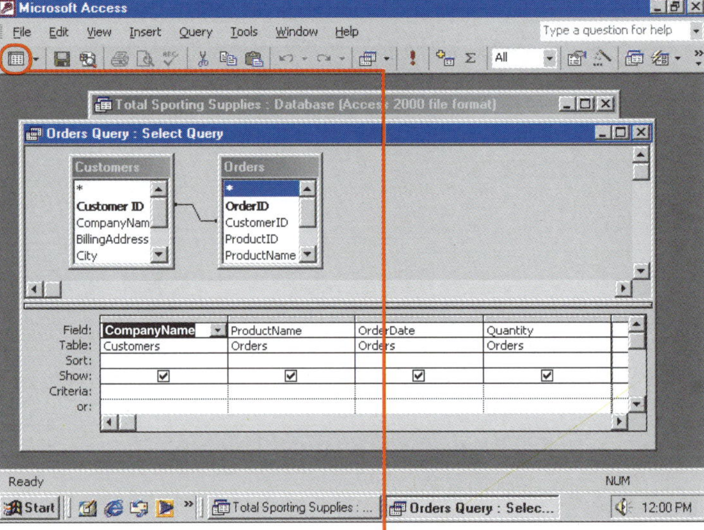

■ En este ejemplo, la consulta parece en la vista Datasheet (Hoja de datos).

1 Para cambiar la vista de la consulta, haga clic en ⏷ , en esta área.

2 Haga clic en la vista que desea usar.

■ La consulta aparece en la vista escogida.

■ En este ejemplo, el botón de vista ( ) cambia a ( ). Puede hacer clic en el botón de Vista para cambiar la Hoja de datos ( ) y la vista Diseño .

LAS VISTAS DE LAS CONSULTAS

Vista Diseño

Esta vista le permite planear la consulta. Puede usar esta vista para especificar los datos que desea encontrar.

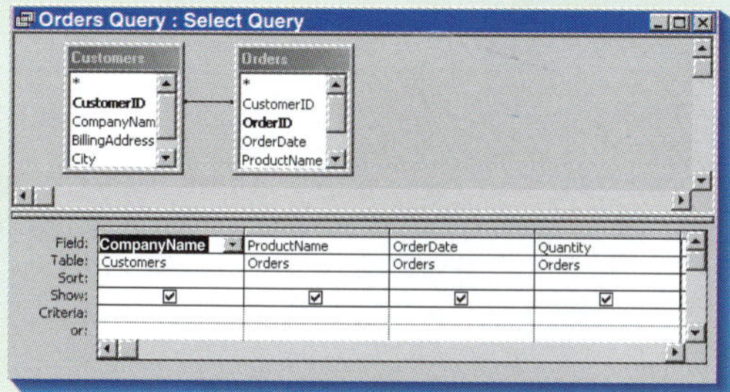

Vista Hoja de datos

La vista Hoja de datos muestra los resultados de la consulta. Cada fila muestra la información de un registro que coincida con las condiciones que usted haya especificado.

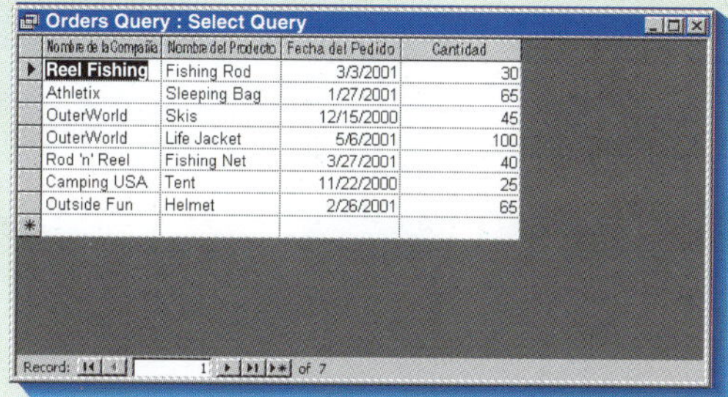

Vista SQL

La vista SQL (sigla en inglés de Lenguaje Estructurado de Consultas) es un lenguaje informático usado para trabajar con la información de las bases de datos. Cuando se crea una consulta, Access crea las declaraciones SQL que describan la consulta. Esta vista le permite observar las declaraciones SQL de su consulta.

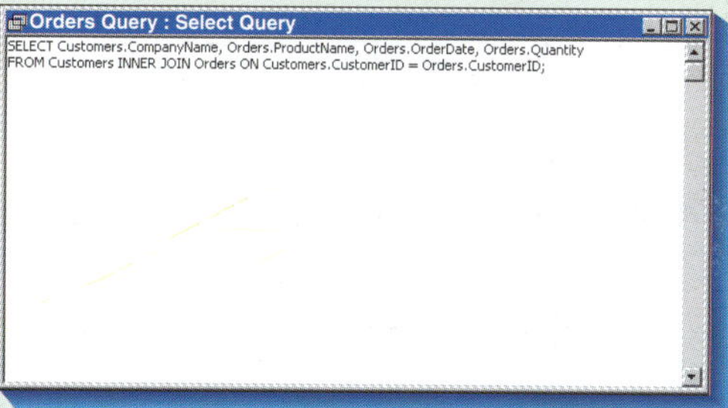

Vista Tabla dinámica

Esta vista le permite analizar y resumir los datos de su consulta. La primera vez que visualice los resultados de la consulta en esta vista, debe especificar los campos que desea abrir. Para información sobre usar la vista tabla dinámica, vea la página 292.

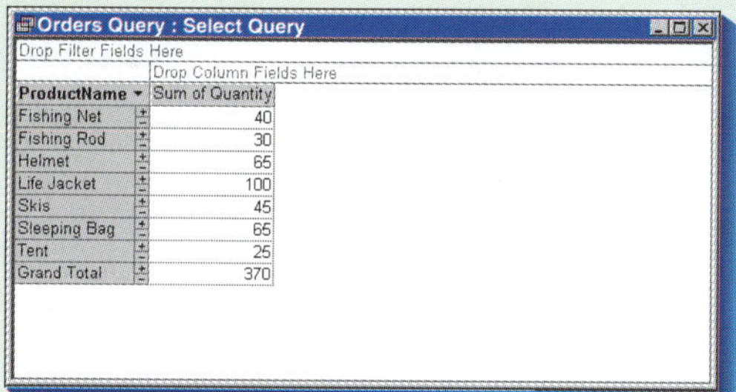

Vista Gráfico dinámico

Esta vista le permite observar un sumario gráfico de los resultados de su consulta. La primera vez que mire los resultados de la consulta en esta vista, debe especificar los campos que desea abrir. Para información sobre usar la vista gráfico dinámico, vea la página 296.

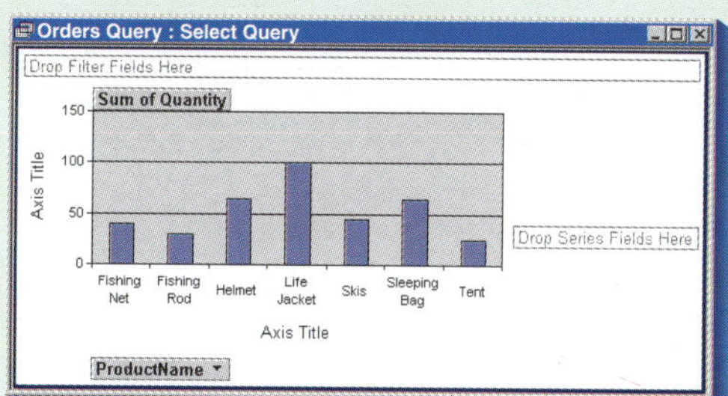

CLASIFICAR LOS RESULTADOS DE UNA CONSULTA

Hay dos maneras de clasificar los resultados de una consulta.

Ascendente
Ordena de A a Z, 1 a 9

Descendente
Ordena de Z a A, 9 a 1

CLASIFICAR LOS RESULTADOS DE UNA CONSULTA

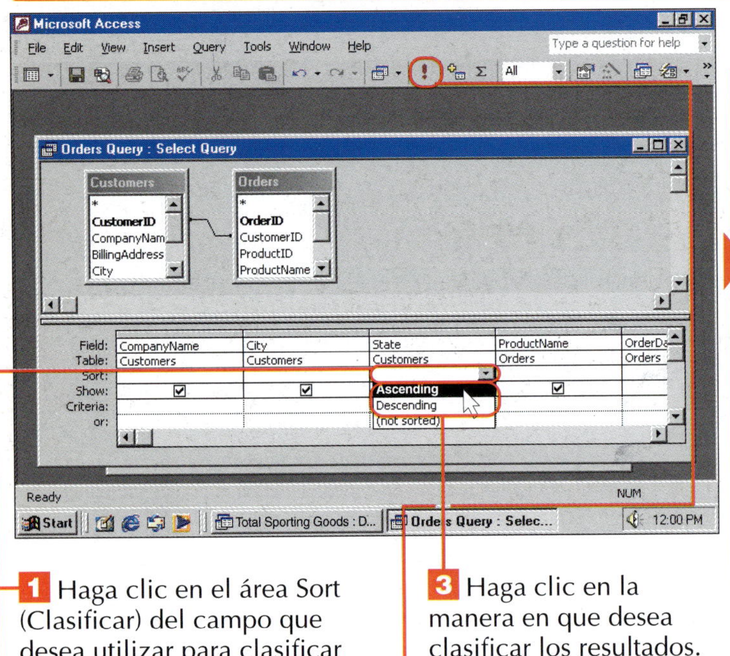

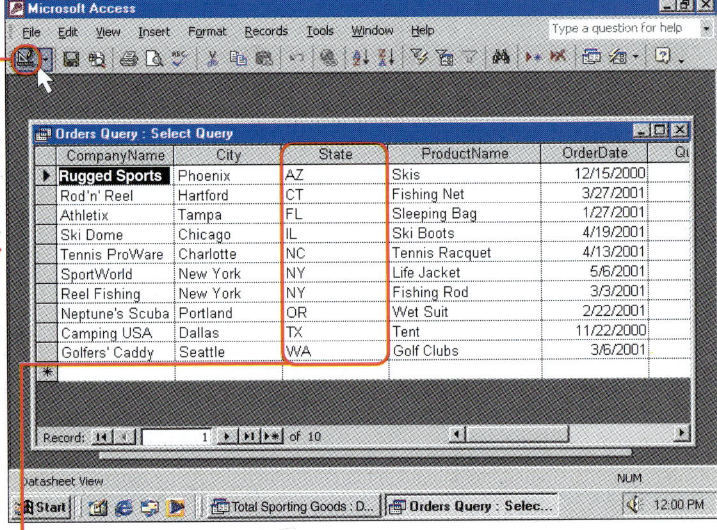

1 Haga clic en el área Sort (Clasificar) del campo que desea utilizar para clasificar los resultados de su consulta. Aparece una flecha (▾).

2 Haga clic en la flecha (▾).

3 Haga clic en la manera en que desea clasificar los resultados.

4 Haga clic en ! para ejecutar la consulta.

■ El registro aparece en el orden especificado. En este ejemplo, los registros son clasificados alfabéticamente, por estado.

■ Para regresar a la vista Diseño, haga clic en ⊠.

■ Para ya no usar un campo para clasificar los resultados de una consulta, repita los pasos del **1** al **3**, pero seleccionando (**not sorted**) en el paso **3**.

324

ELIMINAR UN CAMPO

Si borra un campo de una consulta, este no será eliminado de la tabla que utilizó para crear la consulta.

ELIMINAR UN CAMPO

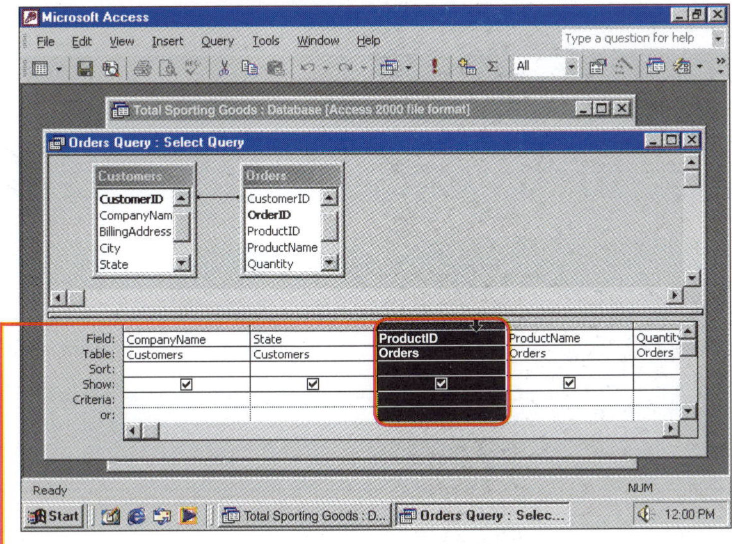

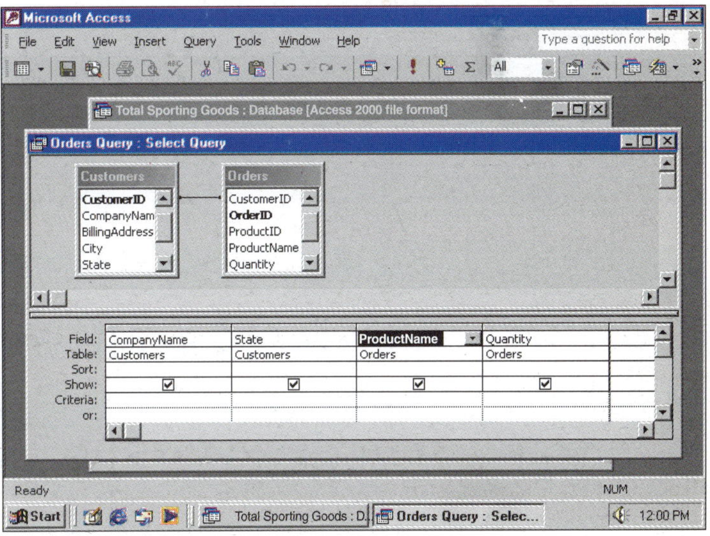

1 Coloque el ▯ del mouse directamente sobre el campo que desea borrar (▯ cambia a ↓) y haga clic para seleccionarlo.

2 Presione la tecla `Delete`.

■ El campo desaparece de la consulta.

USAR CRITERIOS

Por ejemplo, puede utilizar criterios para buscar los clientes que viven en California.

USAR CRITERIOS

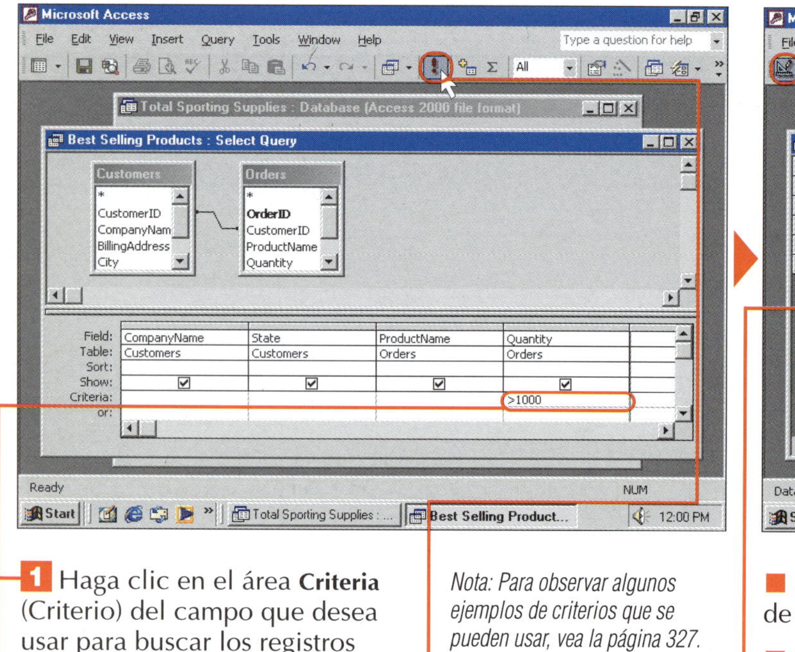

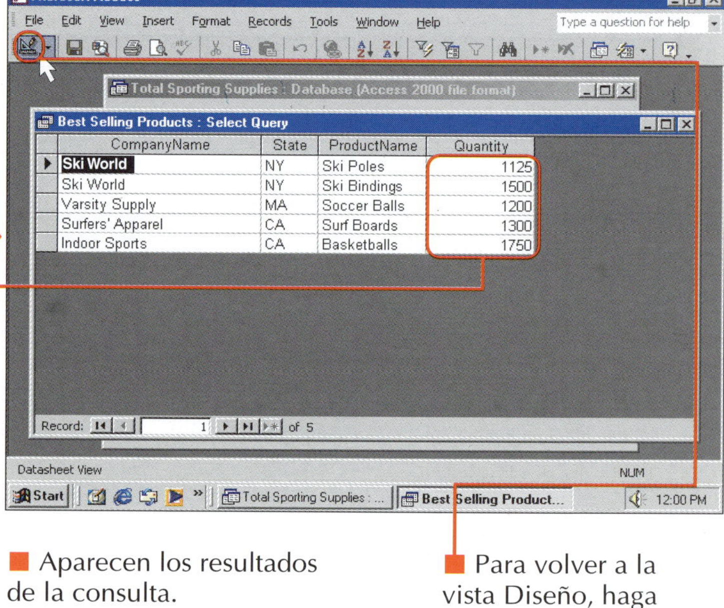

1 Haga clic en el área **Criteria** (Criterio) del campo que desea usar para buscar los registros específicos.

2 Digite el criterio y presione la tecla **Enter**. Es posible que Access agregue comillas (" ") o símbolos numéricos (#) al criterio que digitó.

Nota: Para observar algunos ejemplos de criterios que se pueden usar, vea la página 327.

3 Haga clic en ▶ para ejecutar la consulta.

■ Aparecen los resultados de la consulta.

■ En este ejemplo, Access encontró clientes que ordenaron más de mil unidades.

■ Para volver a la vista Diseño, haga clic en ▨.

326

EJEMPLOS DE CRITERIOS

Estos son algunos ejemplos de criterios que se pueden usar para buscar registros en la base de datos.

Correspondencias exactas

=100   Busca el número 100.

=Puerto Rico   Busca Puerto Rico.

=5/9/2001   Busca la fecha 9 de mayo de 2001.

Menor que

<100   Busca números menores de 100.

<N   Busca textos que empiecen con las letras de la A a la M.

<5/9/2001   Busca fechas anteriores al 9 de mayo de 2002.

Menor o igual que

<=100   Busca números menores o iguales a 100.

<=N   Busca la letra N y los textos que empiecen con las letras de la A a la M.

<=5/9/2001   Busca la fecha 9 de mayo de 2002 y anteriores.

Mayor que

>100   Busca números mayores de 100.

>N   Busca textos que empiecen con las letras de la N a la Z.

>5/9/2001   Busca fechas posteriores al 9 de mayo de 2002.

Mayor o igual que

>=100   Busca números menores o iguales a 100.

>=N   Busca la letra N y textos que empiecen con las letras de la A a la M.

>=5/9/2001   Busca la fecha 9 de mayo de 2002 y interiores.

No igual a

<>100   Busca números diferentes de 100.

<>Puerto Rico   Busca texto que sea diferente de "Puerto Rico".

<>5/9/2001   Busca fechas que no sean el 9 de mayo de 2002.

Campos vacíos

Está anulado   Busca registros que no contengan datos en el campo.

No está anulado   Busca registros que sí contengan datos en el campo.

Buscar listas de ítemes

En (100,101)   Busca números de 100 a 101.

En (Puerto Rico, PR)   Busca "Puerto Rico" y "PR".

En (#5/9/2001#, #5/10/2001#)   Busca las fechas del 9 y el 10 de mayo de 2002.

Entre... y...

Entre 100 y 200   Busca números entre 100 y 200.

Entre A y D   Busca la letra D y el texto que empiece con las letras de la A a la C.

Entre 5/9/2002 y 5/15/2002   Busca las fechas entre el 9 y el 15 de mayo de 2002.

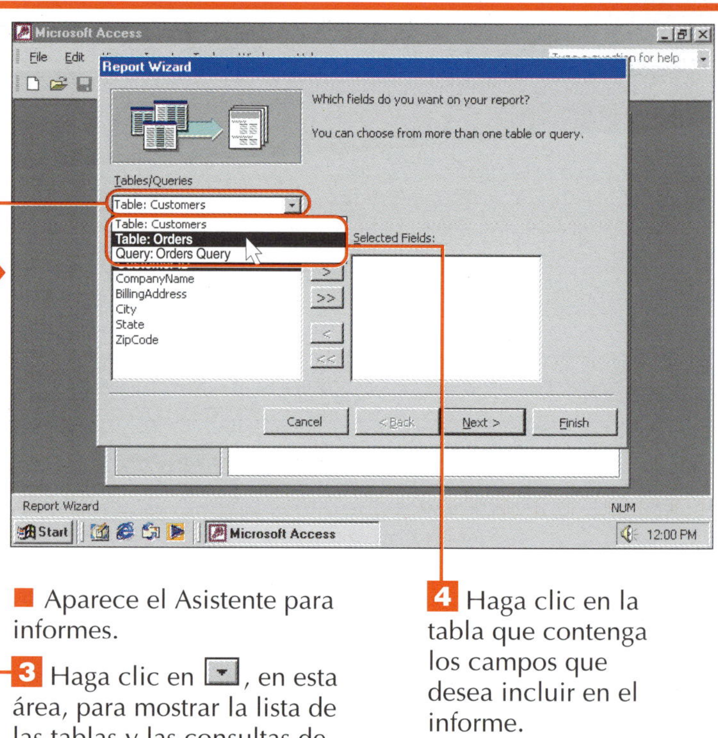

El Asistente para informes le hace una serie de preguntas y luego crea el informe basándose en sus respuestas.

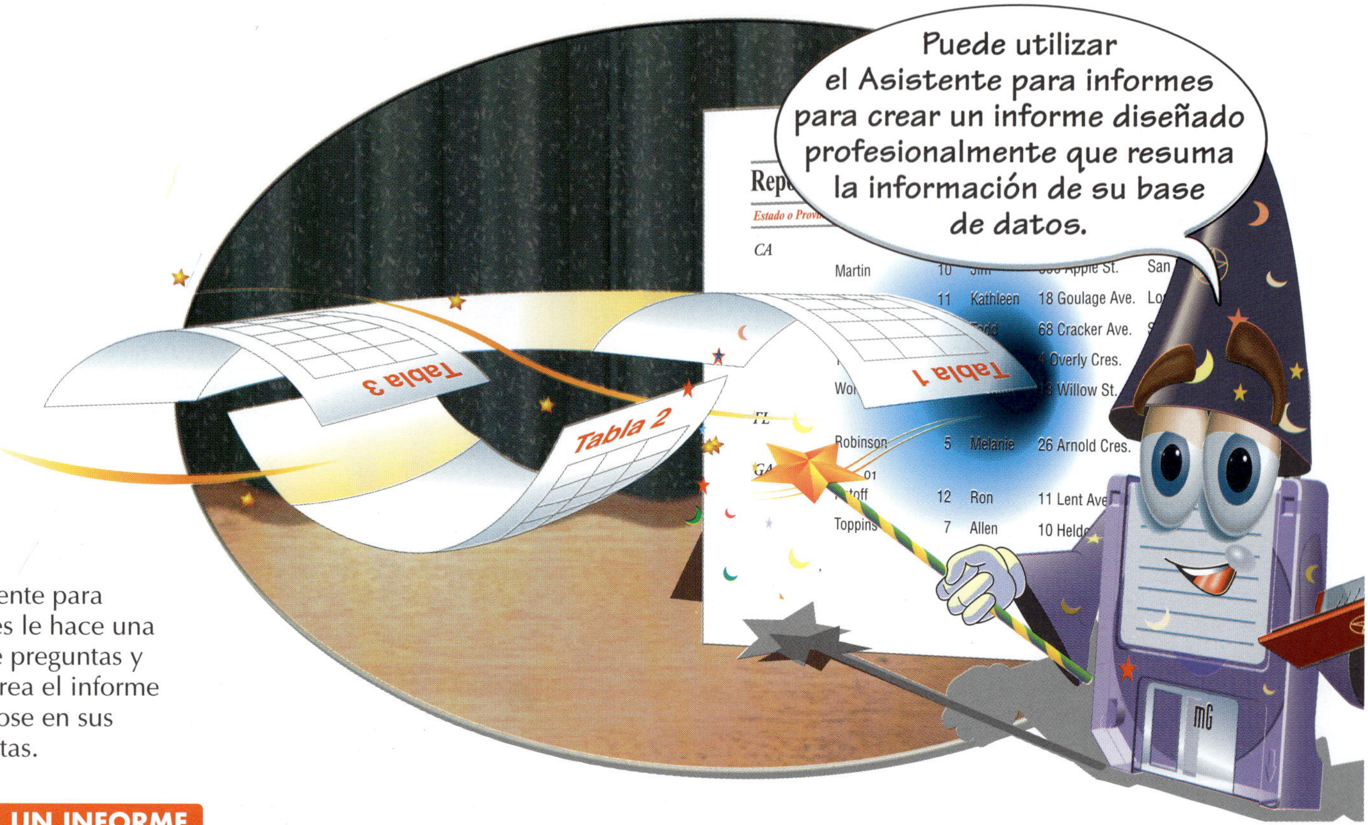

CREAR UN INFORME

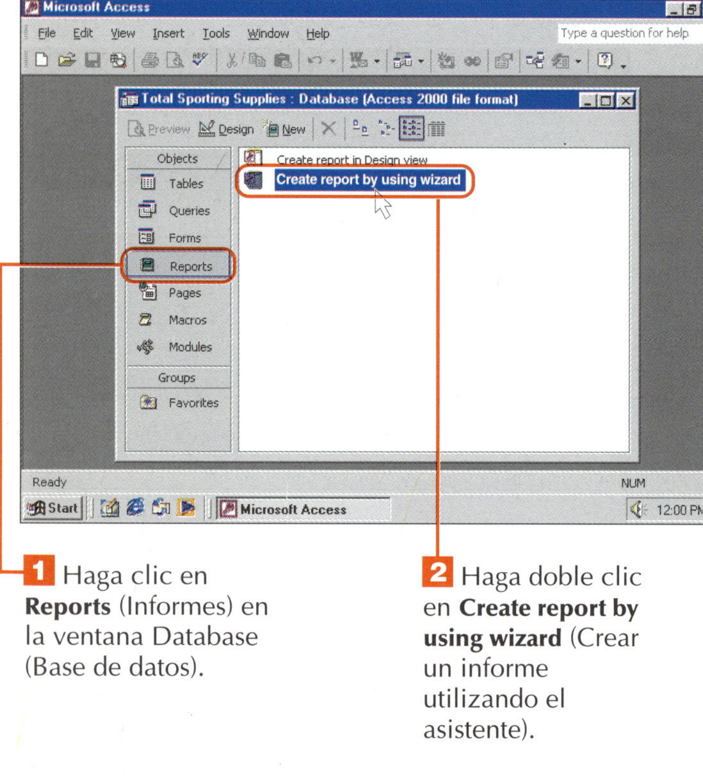

1 Haga clic en **Reports** (Informes) en la ventana Database (Base de datos).

2 Haga doble clic en **Create report by using wizard** (Crear un informe utilizando el asistente).

■ Aparece el Asistente para informes.

3 Haga clic en ▾, en esta área, para mostrar la lista de las tablas y las consultas de la base de datos.

4 Haga clic en la tabla que contenga los campos que desea incluir en el informe.

¿Cuáles tablas de la base de datos puedo usar para crear el informe?

Puede usar cualquier tabla de su base de datos para hacerlo. Cuando haga un informe que utilice datos de más de una tabla, las tablas deben estar relacionadas. Para información sobre relaciones, vea la página 300.

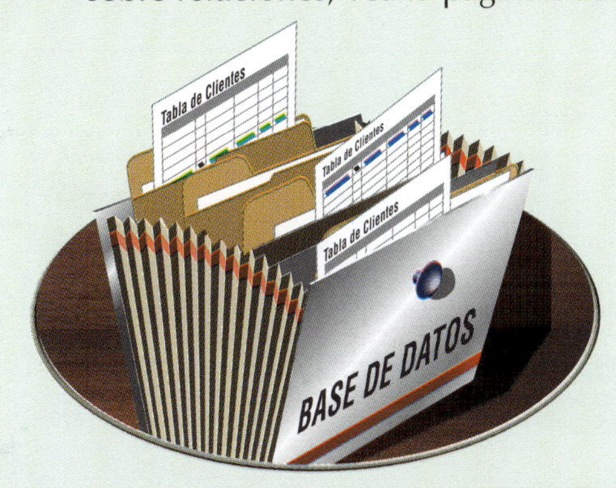

¿Puedo usar una consulta para crear un informe?

Sí. Una consulta comparte la información de la base de datos que cumpla con ciertos criterios o condiciones. Para más información sobre consultas, vea de la página 318 a la 321. Para usar una consulta para crear informes, realice los pasos del **1** al **3** de la página 328. En la lista de las tablas y consultas de la base de datos, haga clic en la consulta que desee usar. Luego, para finalizar con el informe, puede llevar a cabo los pasos del **5** al **28**, empezando en esta página.

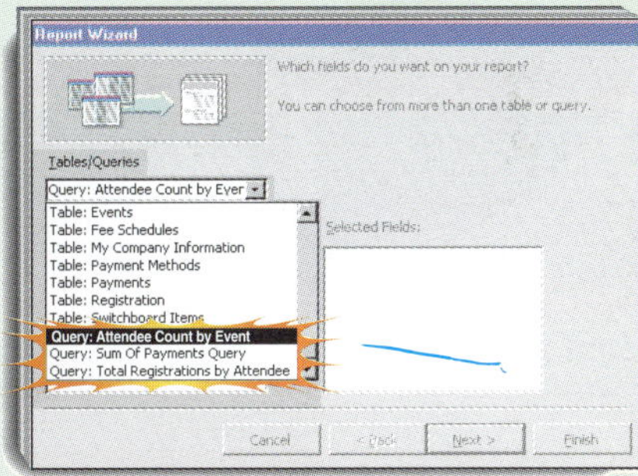

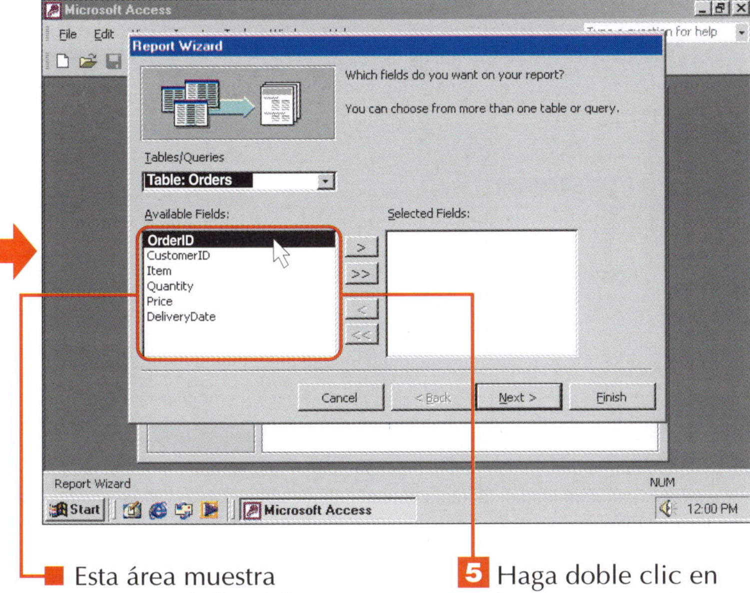

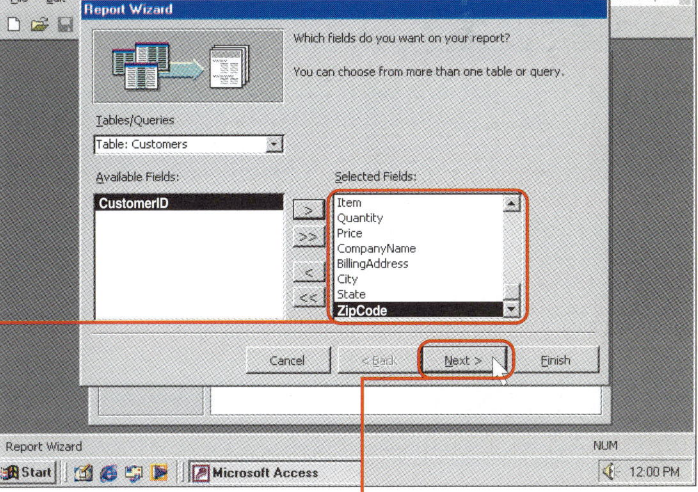

■ Esta área muestra los campos de la tabla que seleccionó.

5 Haga doble clic en cada campo que desee incluir en el informe.

Nota: Para agregar todos los campos a la vez, haga clic en >> .

■ Cada campo seleccionado aparece en esta área.

■ Para eliminar algún campo que haya seleccionado accidentalmente, haga doble clic en el campo de esta área.

Nota: Para eliminar todos los campos a la vez, haga clic en << .

6 Para agregar los campos de otras tablas, repita los pasos del **3** al **5** en cada tabla.

7 Haga clic en **Next** (siguiente) para continuar.

CONTINÚA

CREAR UN INFORME (CONTINUACIÓN)

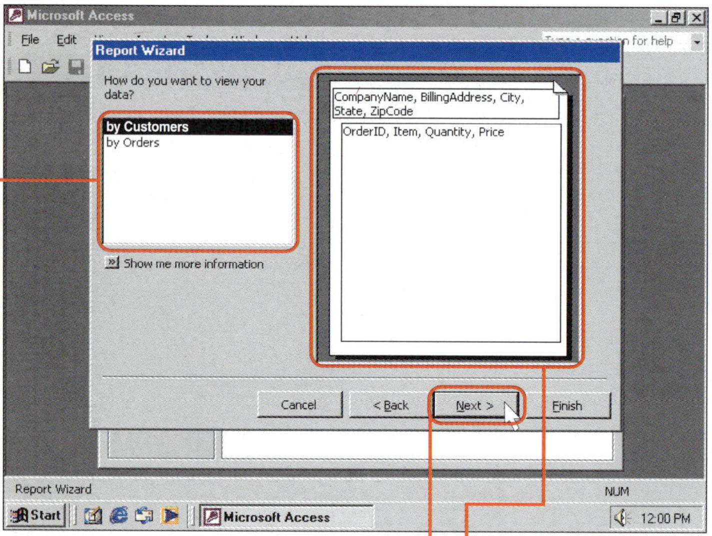

■ Si seleccionó campos de más de una tabla, puede escoger en cuál de ellas se agruparán los datos del informe.

Nota: Si esta pantalla no aparece, pase al punto 10.

8 Haga clic en la tabla que desea usar para agrupar los datos del informe.

■ Esta área muestra la forma en que Access agrupará los datos.

9 Haga clic en **Next** (Siguiente) para continuar.

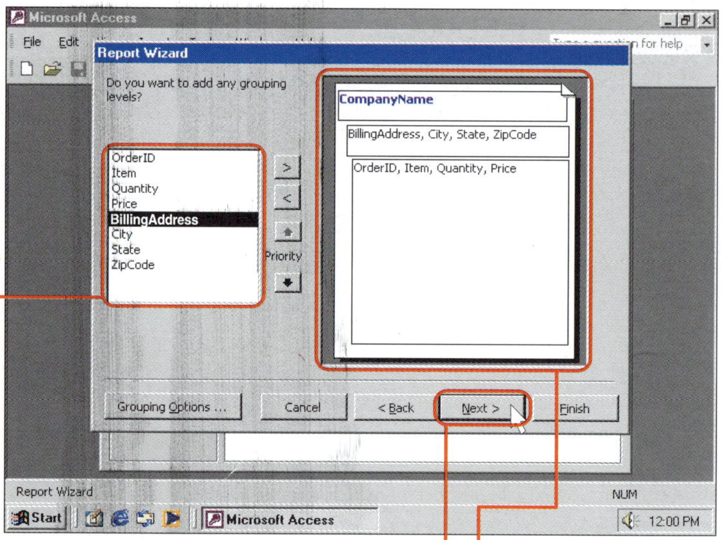

10 Para usar un campo específico para agrupar los datos del informe, haga doble clic en el campo que desee usar.

■ Esta área muestra la forma en que Access agrupará los datos del informe.

11 Haga clic en **Next** (Siguiente) para continuar.

¿Para qué debo agrupar los datos de mi informe?

Para organizar y resumir mejor los datos que aparecen en él. Agrupar datos le permite ubicar juntos en el informe los datos relacionados. Por ejemplo, puede agrupar datos por el campo del estado o la provincia, para poner juntos a todos los clientes que provengan del mismo lugar.

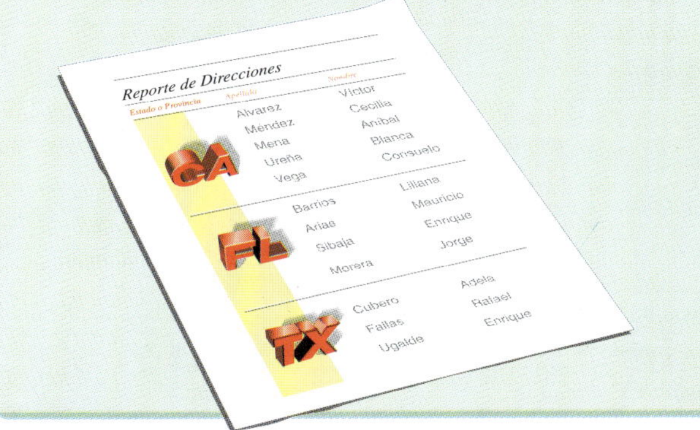

¿Para qué debo organizar los registros del informe?

Para organizar la información de manera más eficaz. Por ejemplo, puede organizar alfabéticamente los registros, utilizando un campo para los apellidos, de modo que resulte fácil localizar a un cliente de interés. Si el mismo apellido aparece más de una vez en el campo, puede organizarlos utilizando un segundo campo, por ejemplo: Nombre.

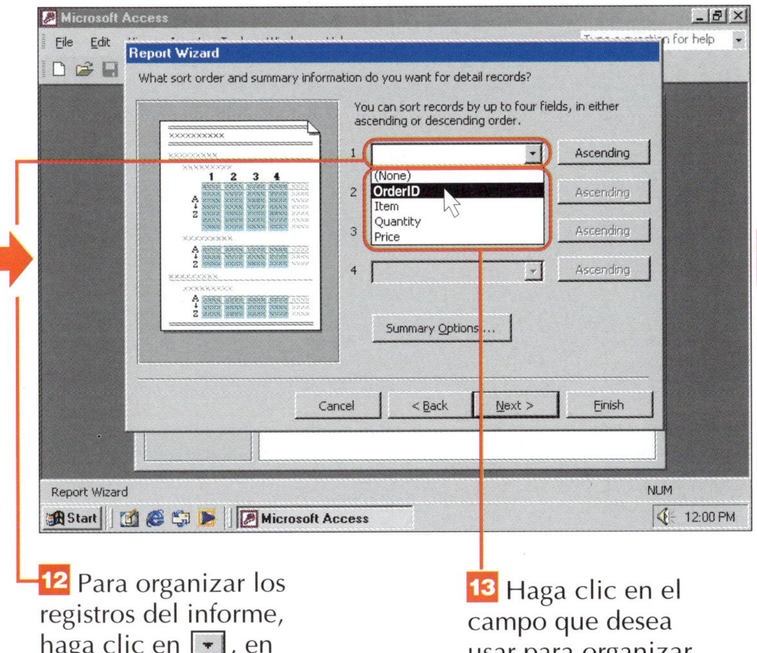

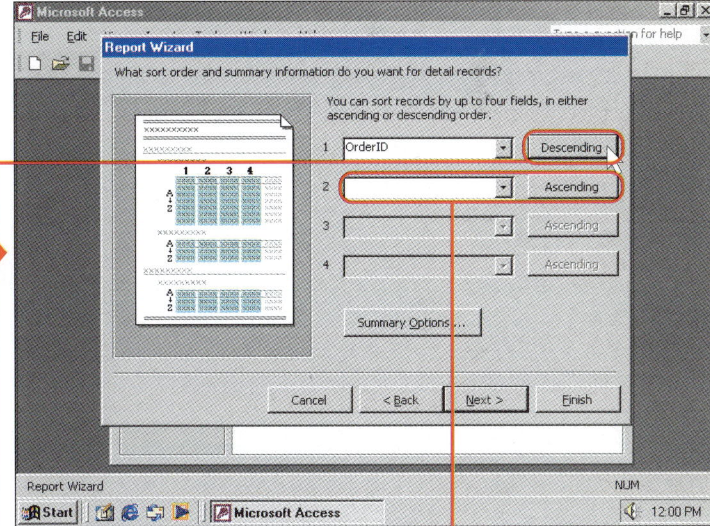

12 Para organizar los registros del informe, haga clic en ▾ , en esta área.

13 Haga clic en el campo que desea usar para organizar los registros.

14 Haga clic en este botón hasta que aparezca del modo en que desee organizar los registros.

Ascending - organiza de la A a la Z y del 1 al 9

Descending - organiza de la Z a la A y del 9 al 1

15 Para organizar datos a través de un segundo campo, repita los pasos del **12** al **14** en esta área.

CONTINÚA

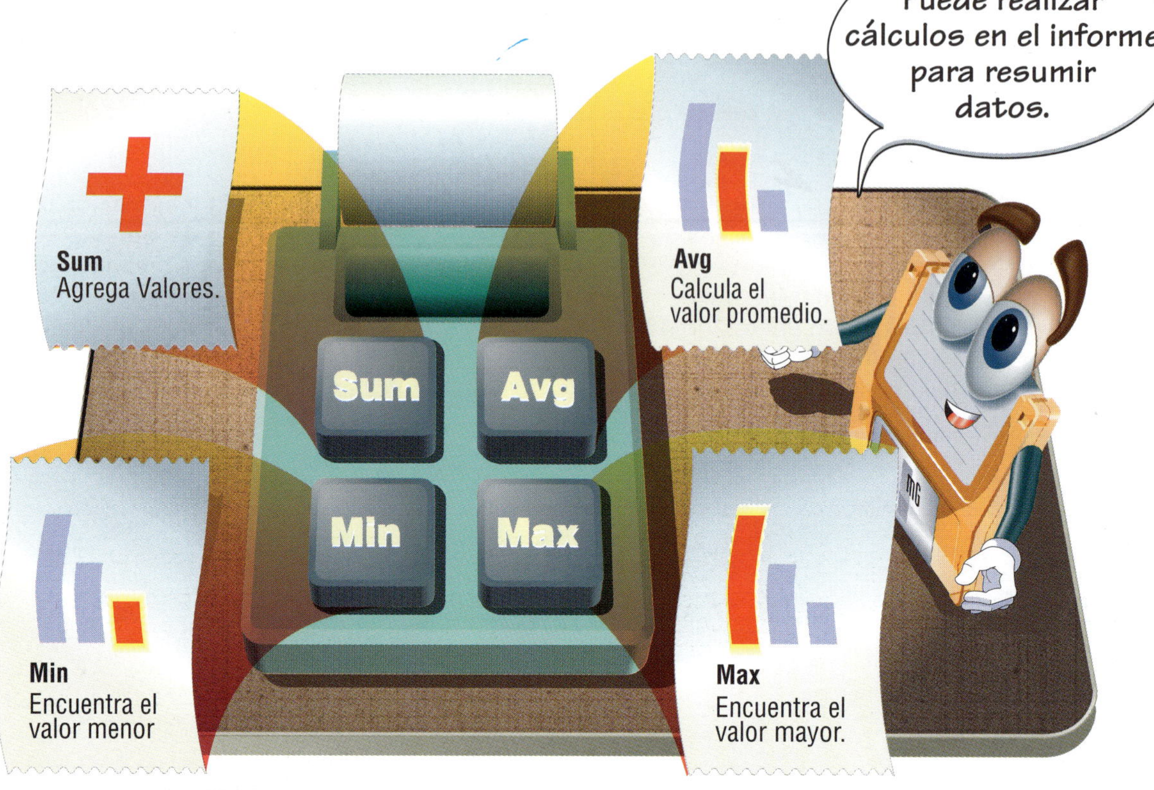

CREAR UN INFORME (CONTINUACIÓN)

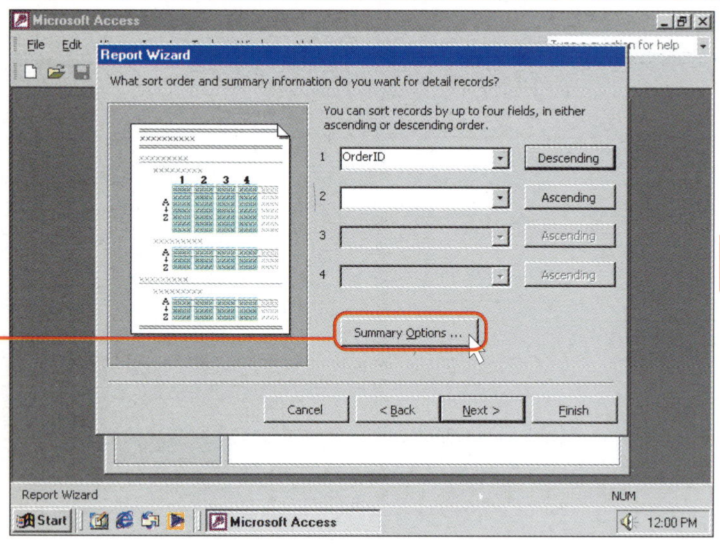

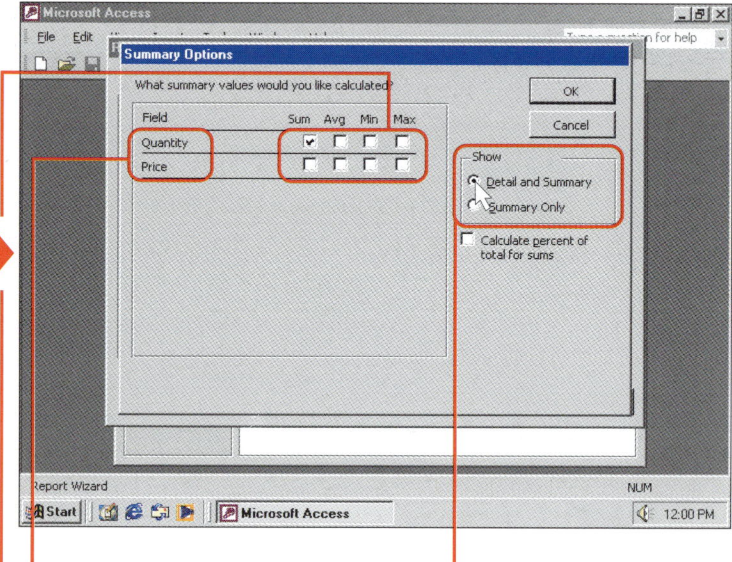

16 Para realizar cálculos en el informe, haga clic en **Summary Options**.

Nota: Es posible que el botón Summary Options no aparezca en ciertos informes. De ser así, para continuar creando el informe, pase al punto número 21.

■ Esta área muestra los campos en los que puede realizar cálculos.

■ Esta área muestra los campos en los que puede realizar cálculos.

17 Haga clic en el cuadro (☐) para cada cálculo que desee realizar (☐ cambia a ☑).

18 Haga clic en una opción para especificar que desea mostrar, ya sea, todos los registros y el sumario, o bien, solo el sumario (○ cambia a ⊙). Para más información vea la página 333.

¿Cuando realizo cálculos en el informe, qué información puedo incluir?

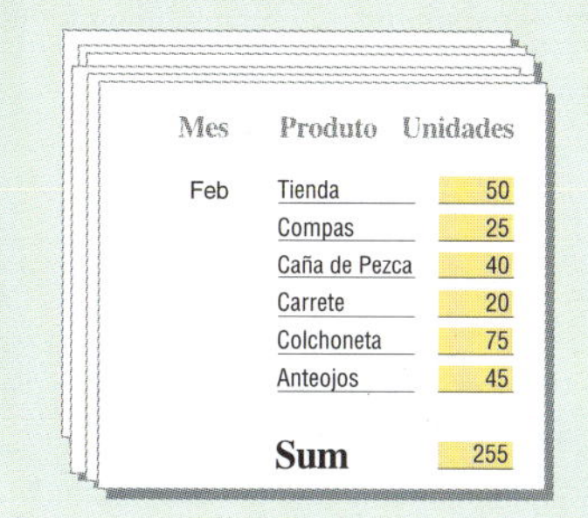

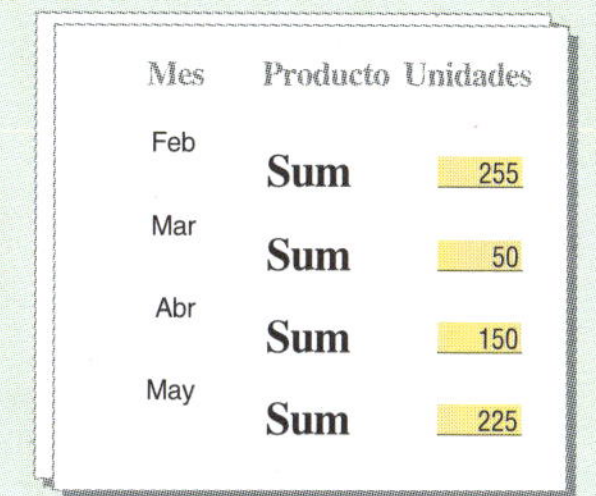

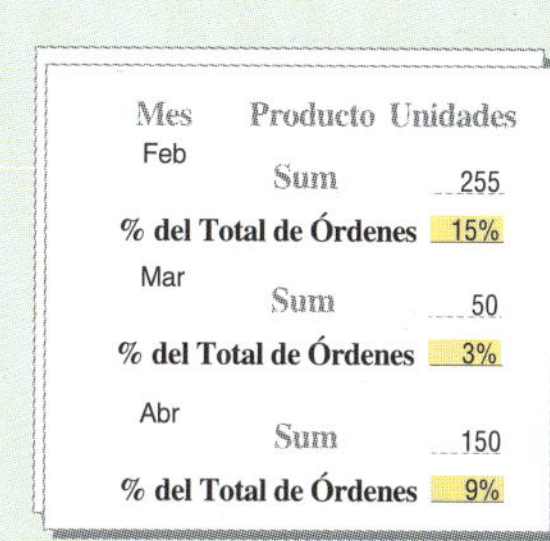

Detalles y resumen

Muestra todos los registros y el sumario. Por ejemplo, muestra todas las órdenes y, además, las órdenes totales de cada mes.

Solo el resumen

Muestra solo el resumen. Por ejemplo, muestra solo las órdenes totales de cada mes.

Cálculo porcentual del total

Muestra el porcentaje del total que representa cada grupo. Por ejemplo, muestra el porcentaje del total de órdenes que cada mes representa.

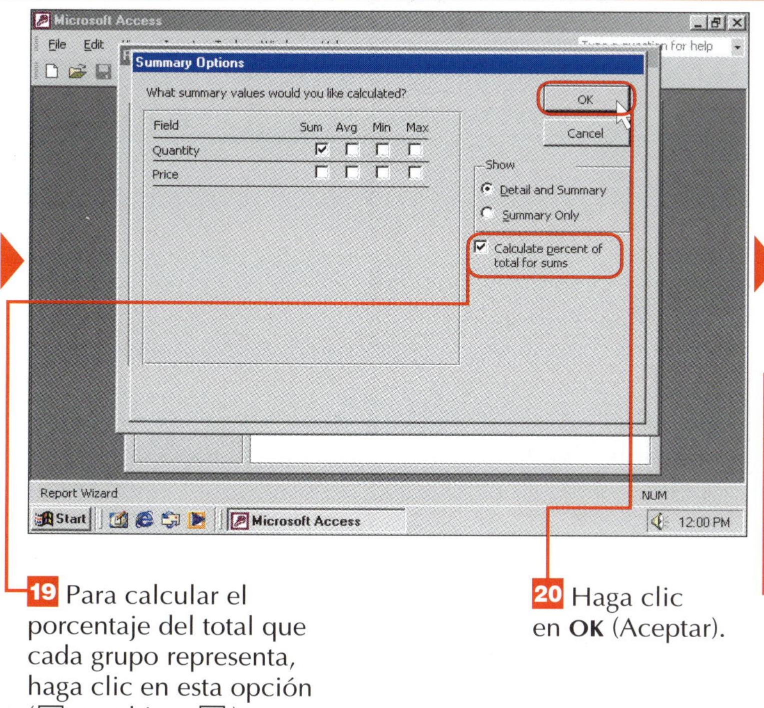

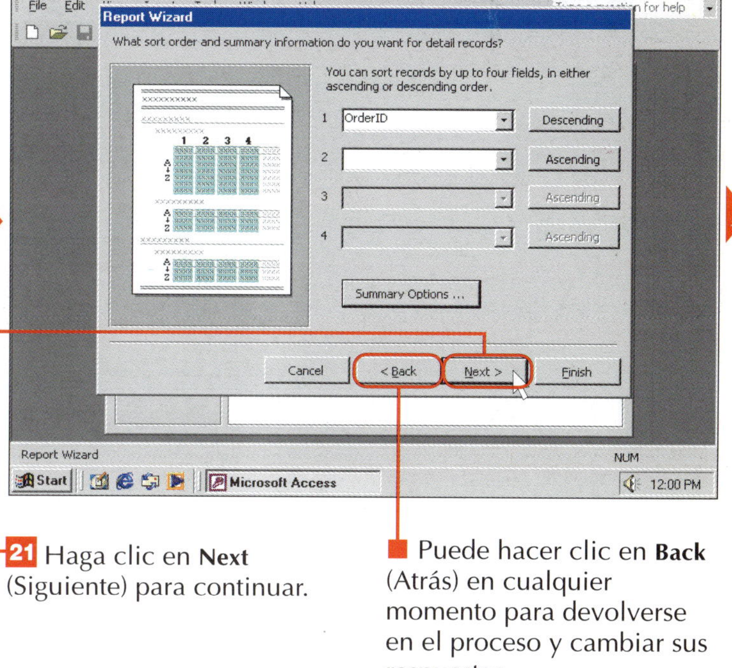

19 Para calcular el porcentaje del total que cada grupo representa, haga clic en esta opción (☐ cambia a ☑).

20 Haga clic en **OK** (Aceptar).

21 Haga clic en **Next** (Siguiente) para continuar.

■ Puede hacer clic en **Back** (Atrás) en cualquier momento para devolverse en el proceso y cambiar sus respuestas.

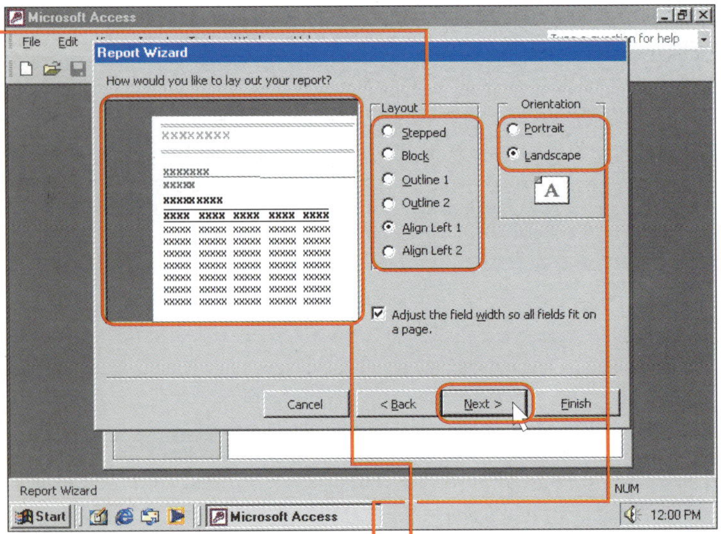

22 Haga clic en el diseño que desea utilizar en su informe (○ cambia a ⊙).

Nota: Los diseños disponibles dependen de las opciones que escogió para crear el informe.

■ Esta área muestra un ejemplo del diseño seleccionado.

23 Haga clic en la orientación de la página que desea usar (○ cambia a ⊙).

24 Haga clic en **Next** (Siguiente) para continuar.

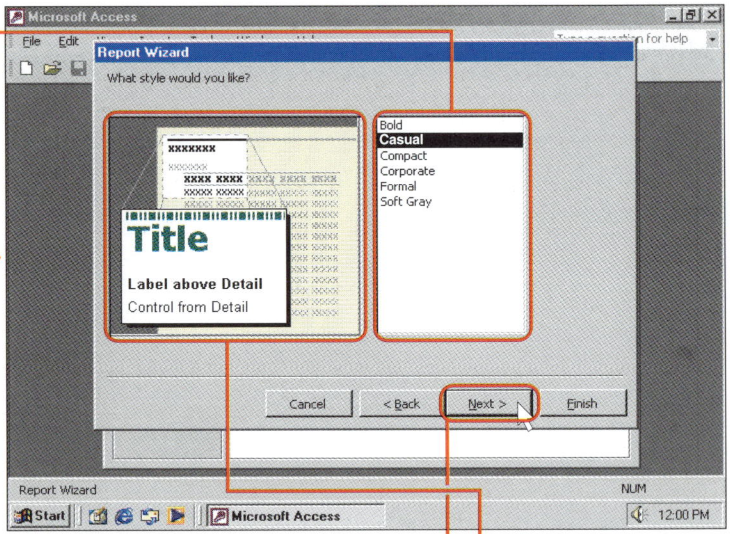

25 Haga clic en el estilo que desee utilizar en el informe.

26 Haga clic en **Next** (Siguiente) para continuar.

■ Esta área muestra un ejemplo del diseño seleccionado.

¿Debo crear un nuevo informe cada vez que cambie la información de la base de datos?

No. Cada vez que abra el informe, Access automáticamente reunirá los datos más recientes de la base de datos para crear el informe. Esto permite confiar en que el informe siempre estará actualizado. Para más información sobre abrir objetos de una base de datos, vea la página 264.

¿Cómo elimino un informe de la base de datos?

Cada informe que cree aparece en la ventana de la base de datos. Si ya no necesita un informe, puede eliminarlo permanentemente.

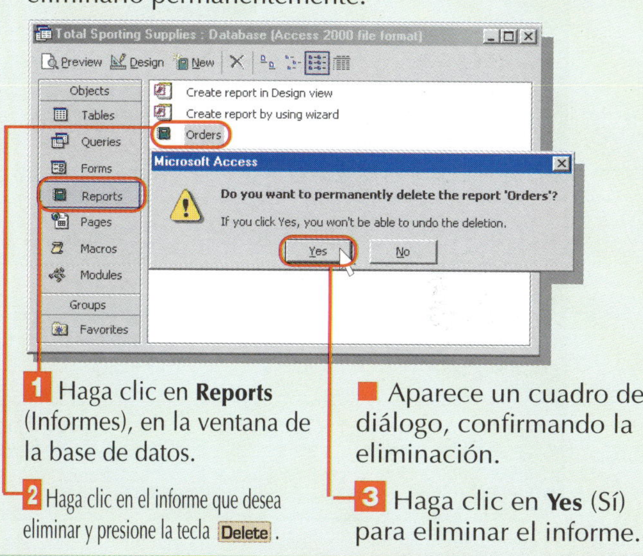

1 Haga clic en **Reports** (Informes), en la ventana de la base de datos.

2 Haga clic en el informe que desea eliminar y presione la tecla **Delete**.

■ Aparece un cuadro de diálogo, confirmando la eliminación.

3 Haga clic en **Yes** (Sí) para eliminar el informe.

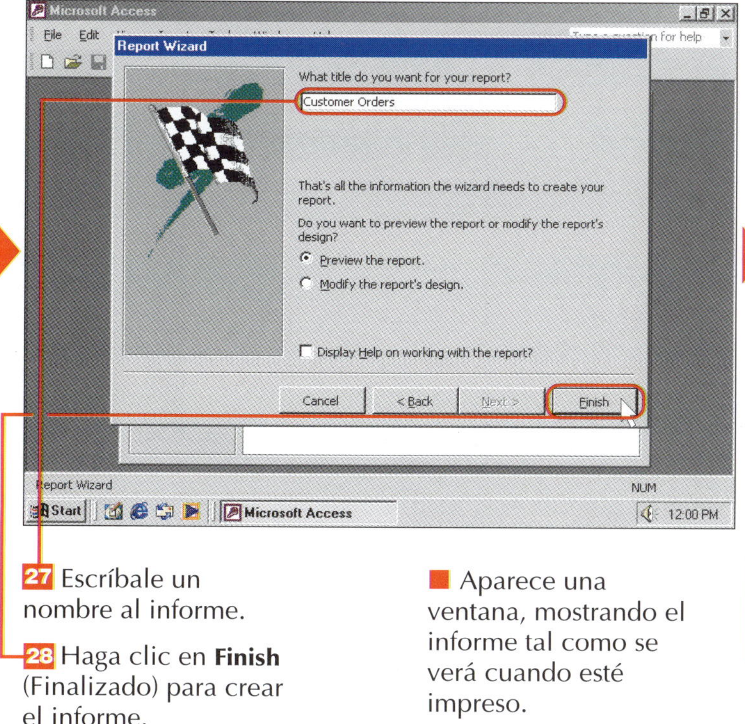

27 Escríbale un nombre al informe.

28 Haga clic en **Finish** (Finalizado) para crear el informe.

■ Aparece una ventana, mostrando el informe tal como se verá cuando esté impreso.

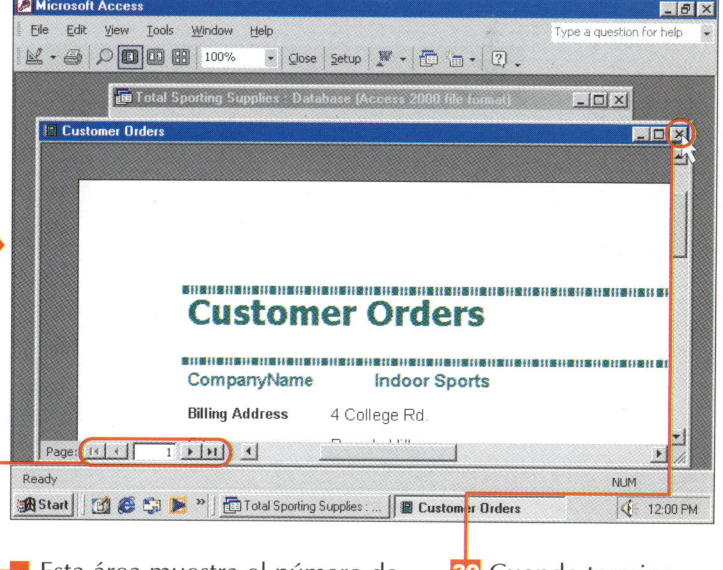

■ Esta área muestra el número de la página abierta en la pantalla.

29 Si su informe contiene más de una página, haga clic en uno de estos botones para ver otras páginas.

Primera página

Página previa

Página siguiente

Última página

30 Cuando termine de ver el informe, haga clic en ☒ para cerrarlo y regresar a la ventana de la base de datos.

También puede utilizar el método descrito abajo para imprimir una tabla, un formulario, o una consulta de su base de datos.

Antes de imprimir, asegúrese de que la impresora esté encendida y de que contenga papel.

IMPRIMIR UN INFORME

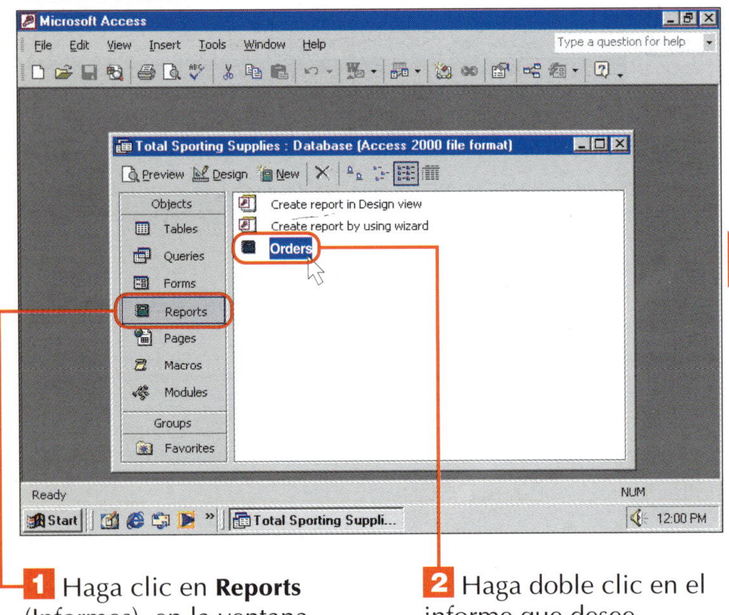

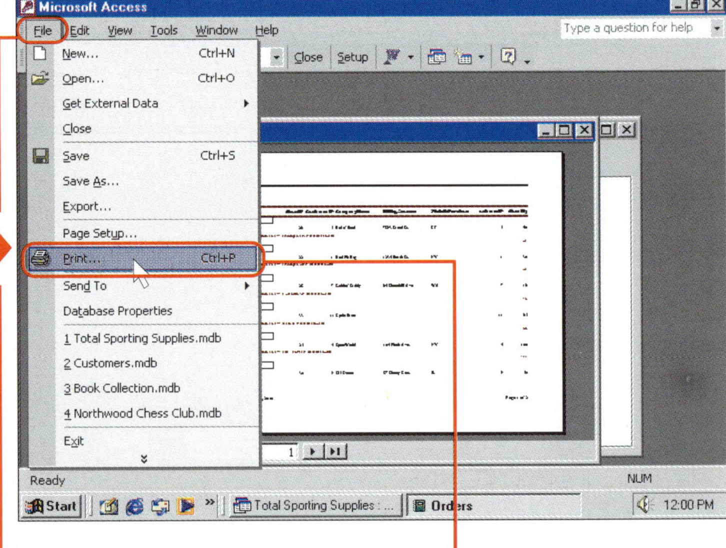

1 Haga clic en **Reports** (Informes), en la ventana Database (Base de datos).

2 Haga doble clic en el informe que desee imprimir.

■ El informe se abre y aparece en la pantalla.

3 Haga clic en **File** (Archivo).

4 Haga clic en **Print** (Imprimir).

■ El cuadro de diálogo Print (Imprimir) aparece.

¿Cuál opción de impresión debo utilizar?

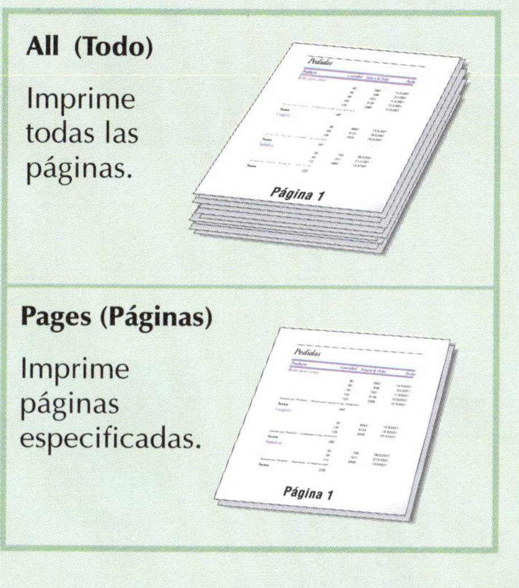

All (Todo)

Imprime todas las páginas.

Pages (Páginas)

Imprime páginas especificadas.

¿Cómo puedo imprimir varias copias de un informe?

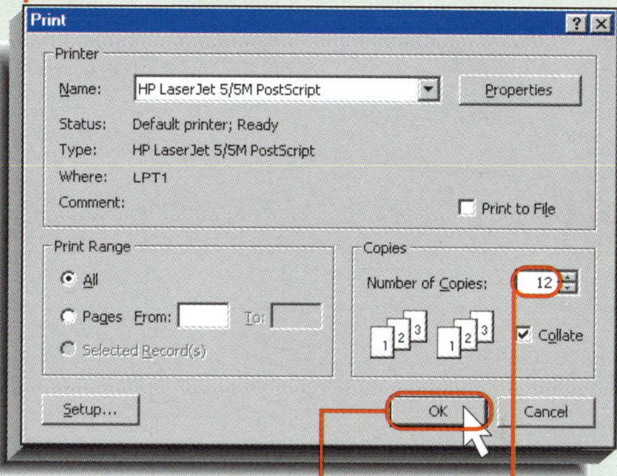

1 Realice los pasos del **1** al **5** (descritos en la página anterior) para que aparezca el cuadro de diálogo Print (Imprimir) y especifique las páginas que desea imprimir.

2 Haga doble clic en esta área y digite el número de copias que quiera imprimir.

3 Haga clic en **OK** (Aceptar) para imprimir varias copias del informe.

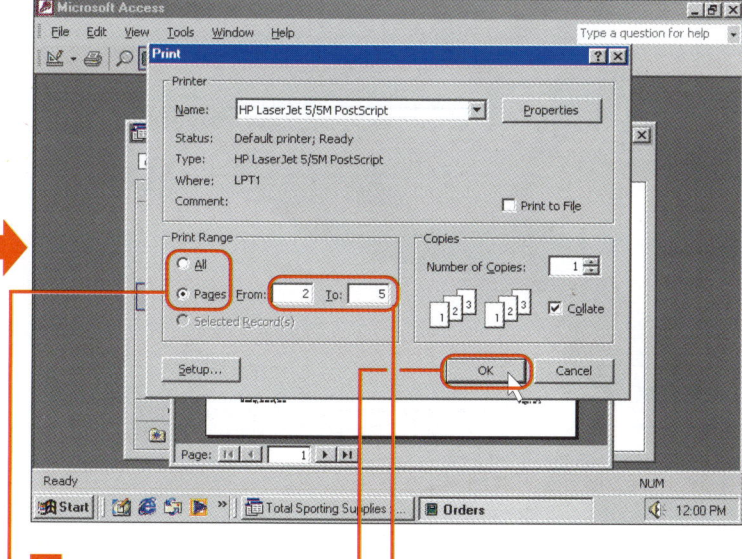

5 Haga clic en la opción de impresión que desea utilizar (○ cambia a ⊙).

Nota: Para información sobre las opciones de impresión, vea la parte superior de esta página.

■ Si seleccionó **Pages** (Páginas) en el paso **5**, digite el número de la primera página que desee imprimir. Presione la tecla `Tab` y digite el número de la última página que se debe imprimir.

6 Haga clic en **OK** (Aceptar).

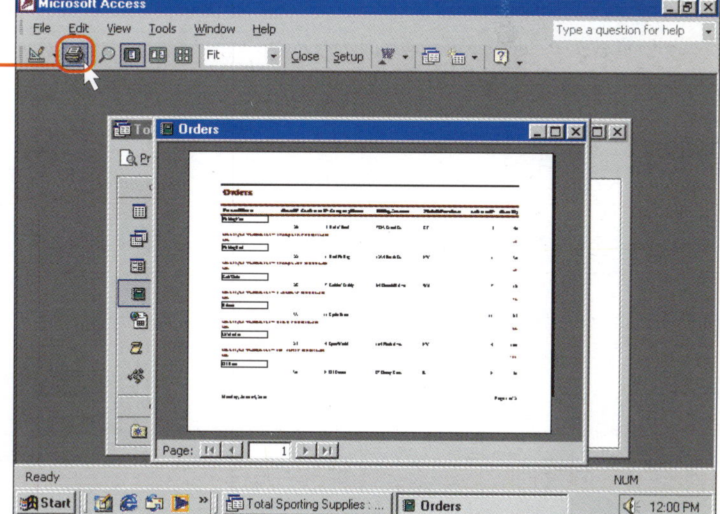

IMPRIMIR RÁPIDAMENTE UN INFORME COMPLETO

1 Haga clic en 🖨 para imprimir de una manera rápida el informe completo, tal como aparece en la pantalla.

alendario
Mayo 2001
1
2
6
7
8
13
14
15
22
Cita con el
Doctor
Martes 2pm
3:50
Presentación
6:00
Cena con Elena
Reunión de Merc

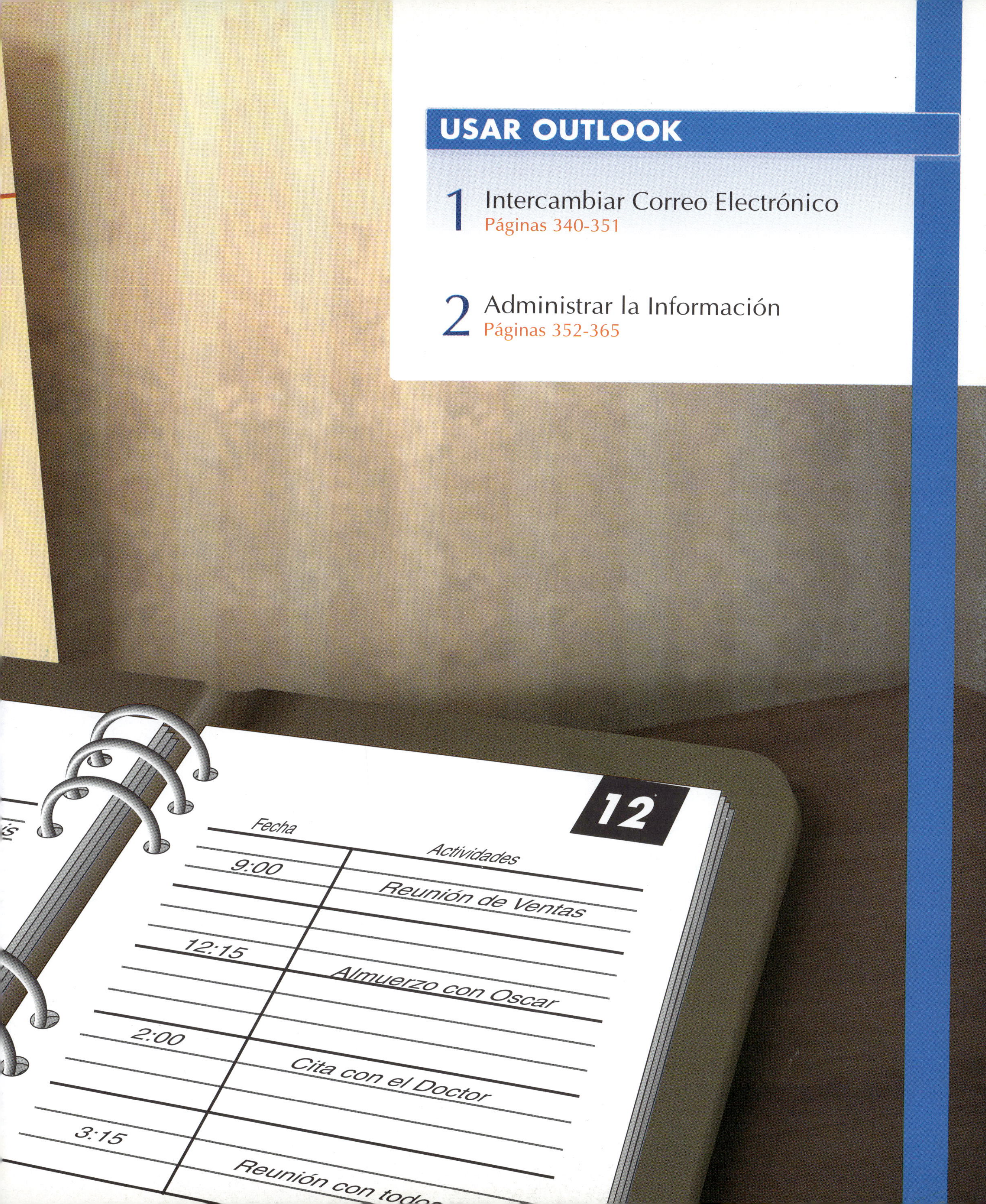

USAR OUTLOOK

Intercambiar correo electrónico

Puede usar Outlook para intercambiar mensajes de correo electrónico con amigos, familiares y colegas. Puede crear un mensaje nuevo que quiera enviar o contestar un mensaje que haya recibido. Outlook proporciona varias carpetas para ayudarle a organizar sus mensajes de correo electrónico. Rápidamente puede suprimir mensajes para prevenir que sus carpetas se desordenen demasiado.

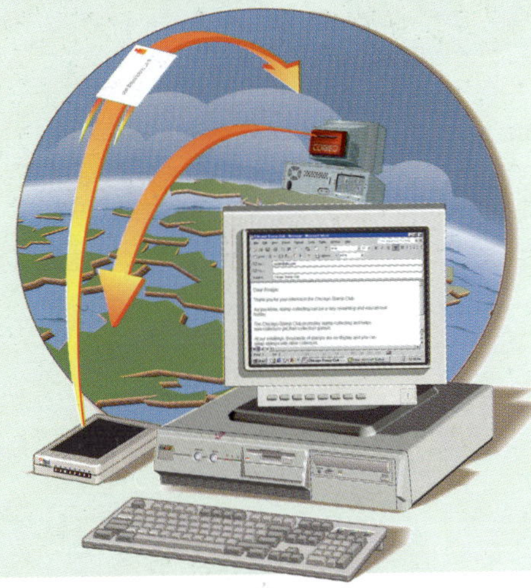

Administrar la información

Outlook ofrece muchas funciones que le permiten administrar la información. Puede seguir la pista de sus citas, almacenar la información de sus contactos y crear una lista de tareas pendientes. También puede crear notas para almacenar trozos de información, como recordatorios o ideas.

La ventana de Outlook muestra varios ítemes que le ayudarán a realizar tareas eficazmente.

Barra de títulos

Muestra el nombre del elemento de Outlook con el que está trabajando actualmente.

Barra de menús

Le proporciona acceso a las listas de comandos disponibles en Outlook y muestra un área donde puede digitar preguntas para obtener información de ayuda.

Barra de herramientas

Contiene botones para ayudarle a seleccionar comandos comunes, como Print (Imprimir) y Delete (Eliminar).

Cuadro de Vista

Muestra el elemento de Outlook con el que está trabajando actualmente.

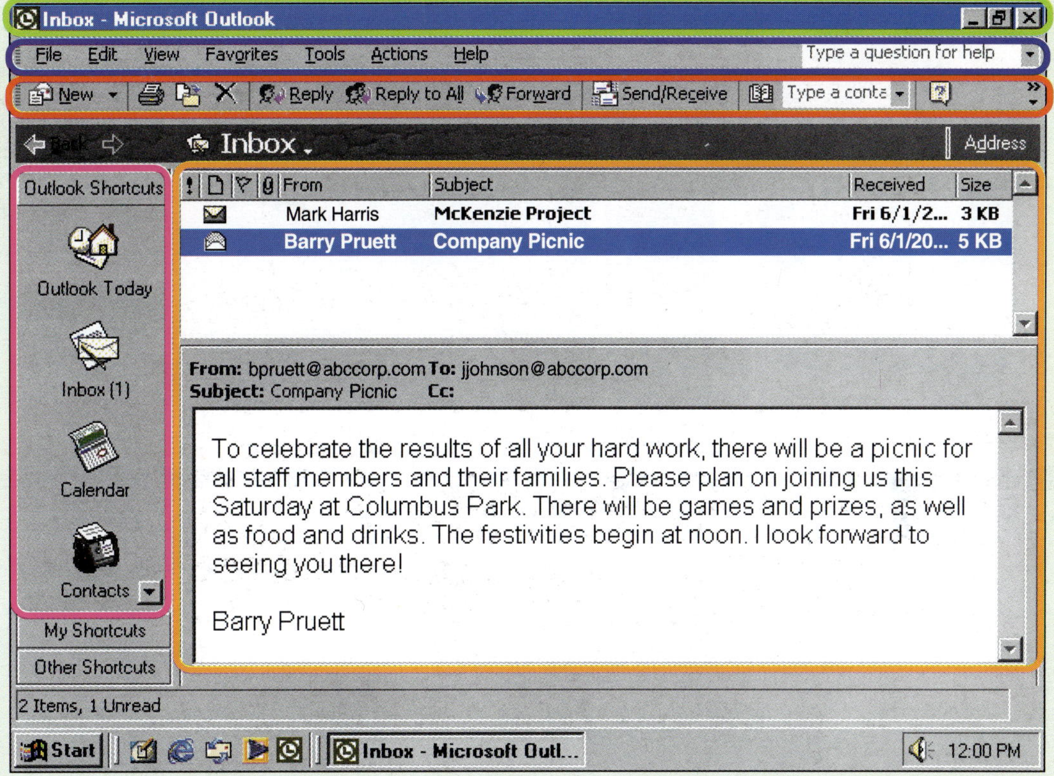

La barra de Outlook

Proporciona acceso a los elementos incluidos en Outlook. Puede hacer clic en el, en la Barra de Outlook para explorar a través de los diversos elementos.

El Outlook de hoy

Le permite ver un resumen del día actual.

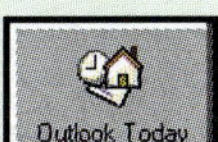

Bandeja de entrada

Le permite componer mensajes de correo electrónico y almacenar los mensajes que recibe.

Calendario

Le permite programar y recordar sus citas.

Contactos

Contiene un libro de direcciones donde se puede almacenar información de los contactos.

Tareas

Le permite crear una lista de tareas pendientes.

Notas

Le permite crear y almacenar concisas notas recordatorias.

Elementos eliminados

Almacena los elementos que se han eliminado.

LEER MENSAJES

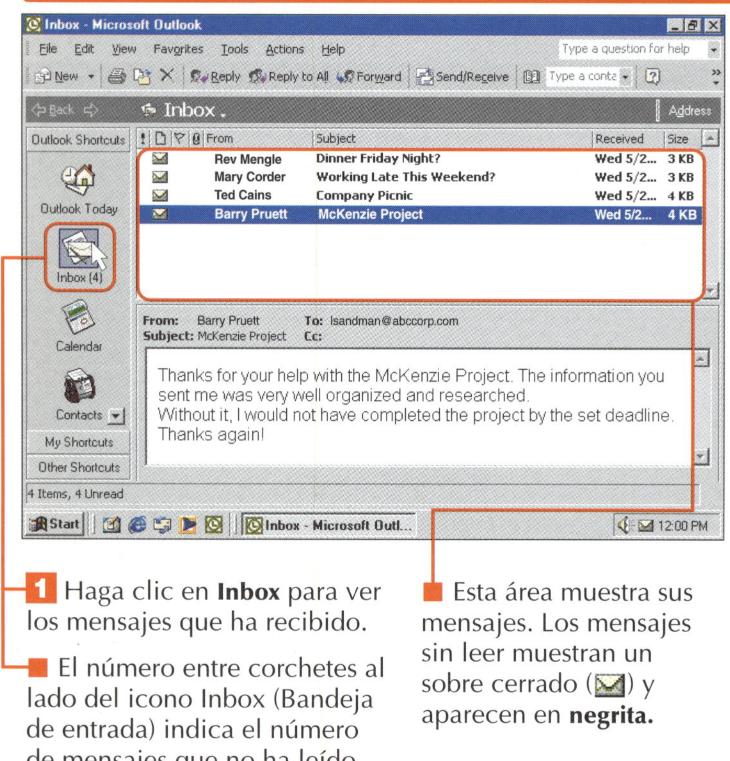

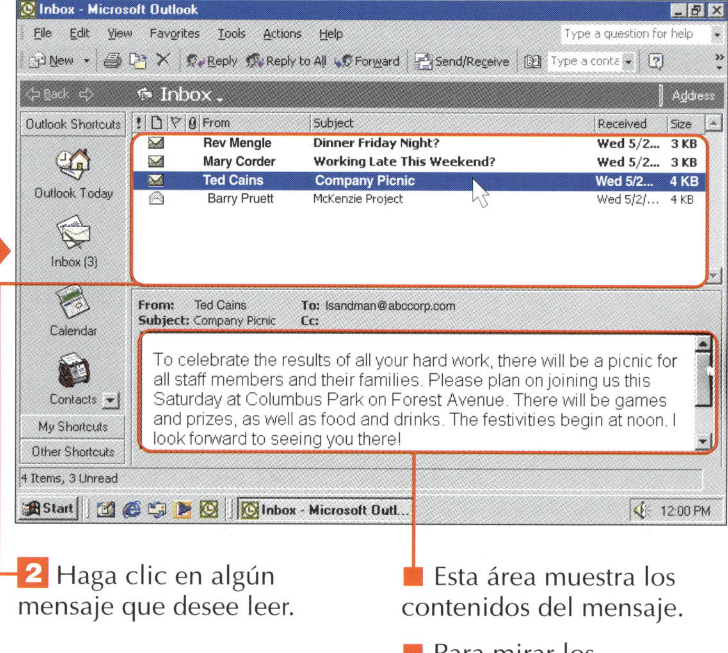

1 Haga clic en **Inbox** para ver los mensajes que ha recibido.

■ El número entre corchetes al lado del icono Inbox (Bandeja de entrada) indica el número de mensajes que no ha leído.

■ Esta área muestra sus mensajes. Los mensajes sin leer muestran un sobre cerrado (✉) y aparecen en **negrita.**

2 Haga clic en algún mensaje que desee leer.

■ Esta área muestra los contenidos del mensaje.

■ Para mirar los contenidos de otro mensaje, haga clic en él.

¿Cuáles son las carpetas de correo que Outlook usa para almacenar mis mensajes?

Borradores

Almacena mensajes que aún no se han acabado de redactar.

Bandeja de salida

Temporalmente, almacena mensajes que aún no han sido enviados.

Elementos enviados

Almacena copias de los mensajes que ha enviado.

¿Cómo puedo revisar los mensajes nuevos?

Para revisar los mensajes nuevos, haga clic en el botón **Send/Receive** (Enviar y recibir). Una ventana de diálogo puede aparecer, pidiendo su contraseña. Escriba la contraseña de su cuenta de correo electrónico y presione la tecla **Enter**.

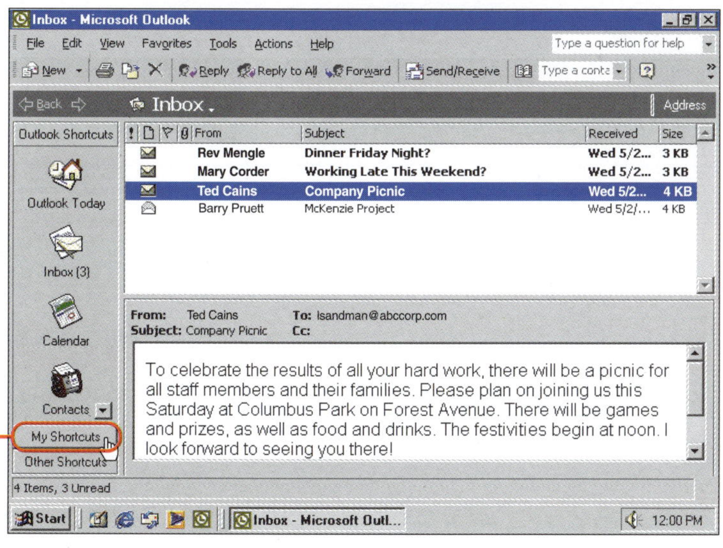

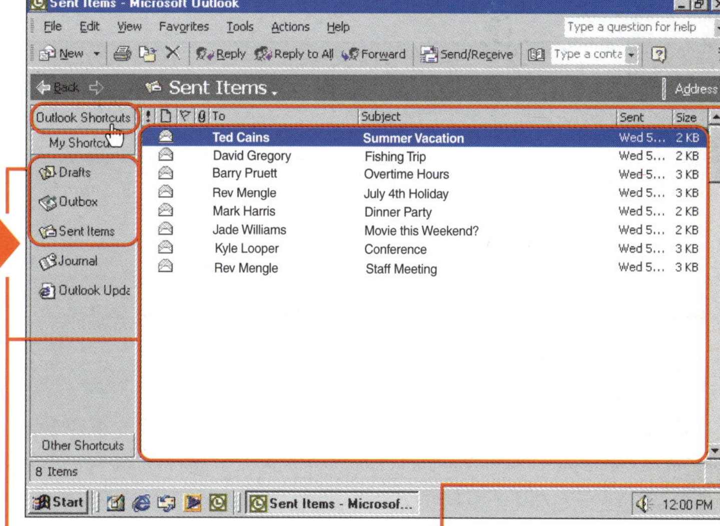

MOSTRAR LAS CARPETAS DE CORREO

1 Para leer los mensajes de otras carpetas, haga clic en **My Shortcuts** (Mis accesos directos) para observar las carpetas.

■ Las carpetas de correo aparecen.

2 Haga clic en la carpeta que contenga los mensajes que desea leer.

■ Esta área muestra los mensajes de la carpeta seleccionada. Para ver los contenidos de un mensaje, haga doble clic en él.

3 Para observar de nuevo el icono de la Bandeja de entrada, haga clic en **Outlook Shortcuts** (Accesos directos de Outlook).

ENVIAR UN MENSAJE

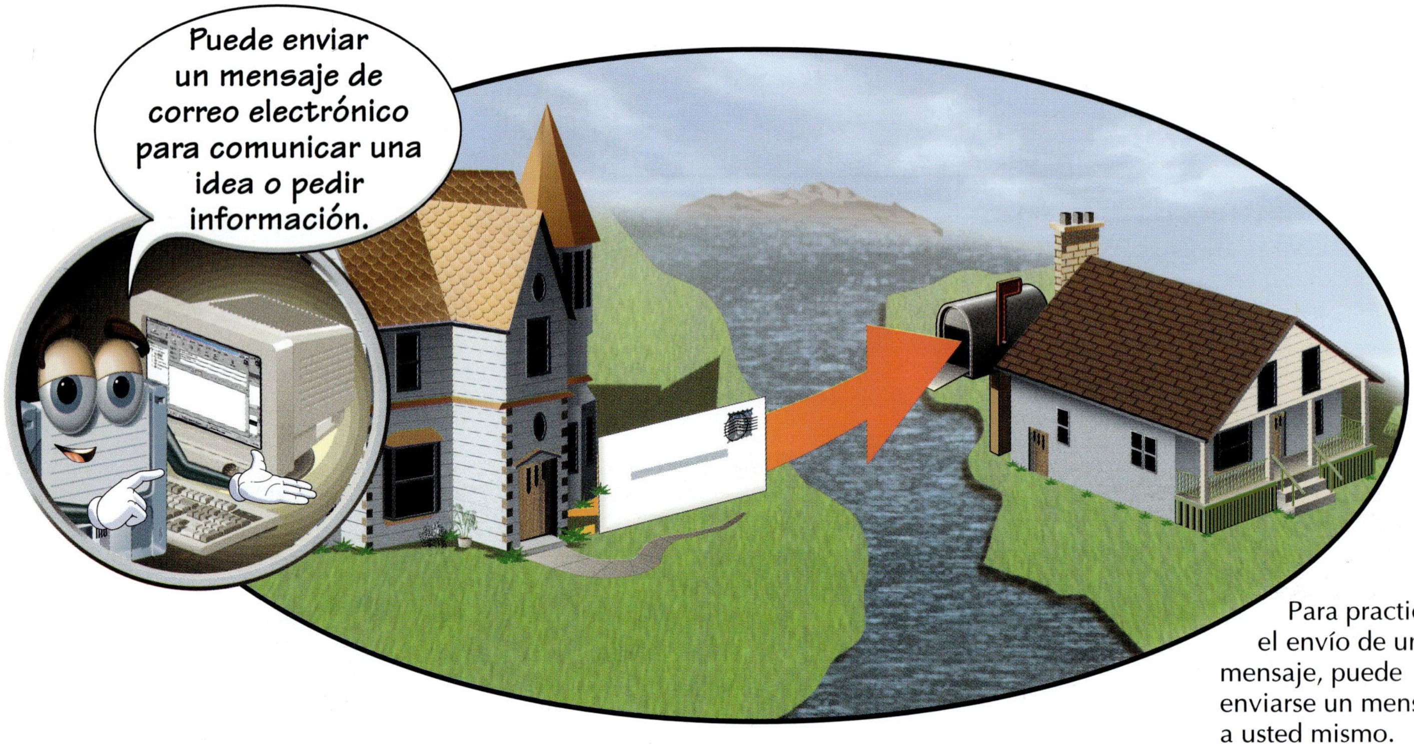

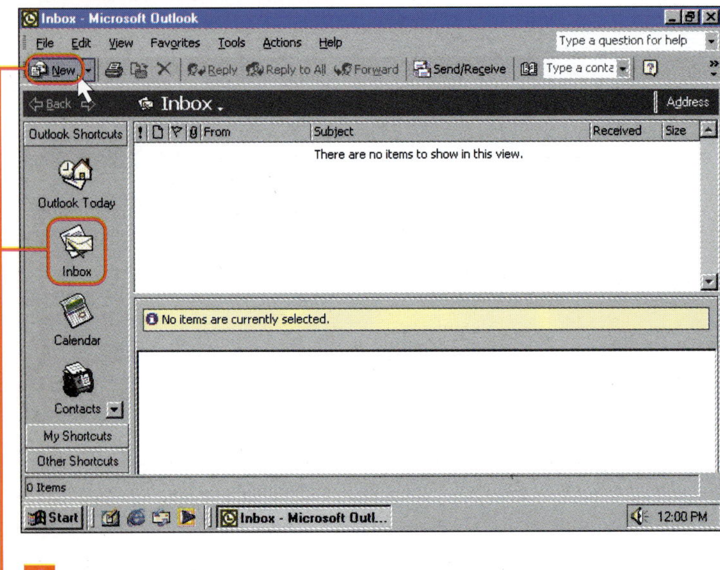

Para practicar el envío de un mensaje, puede enviarse un mensaje a usted mismo.

ENVIAR UN MENSAJE

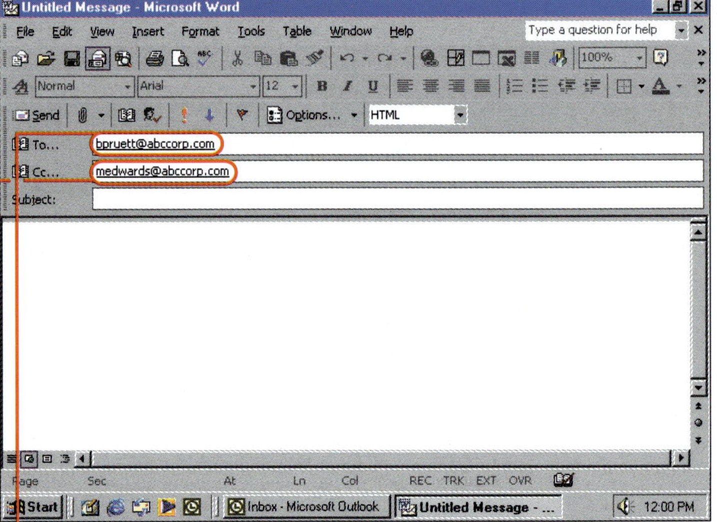

1 Haga clic en **Inbox** (Bandeja de entrada).

2 Haga clic en **New** (Nuevo) para enviar un mensaje nuevo.

■ Aparece una ventana en la que puede redactar el mensaje.

3 Digite la dirección de correo electrónico de la persona a quien desea enviar el mensaje.

4 Para enviar una copia del mensaje a una persona que no esté directamente involucrada pero que estaría interesada en él, haga clic en esta área y, luego, digite la dirección de correo electrónico de esa persona.

*Nota: Para enviar el mensaje o una copia del mensaje a más de una persona, en el paso **3** o **4**, separe cada dirección con un punto y coma (;).*

¿Cómo puedo expresar emociones en los mensajes de correo electrónico?

Usted puede usar caracteres especiales, llamados "smileys" o caritas sonrientes, para expresar emociones en los mensajes de correo electrónico. Estos caracteres se parecen a rostros humanos de costado.

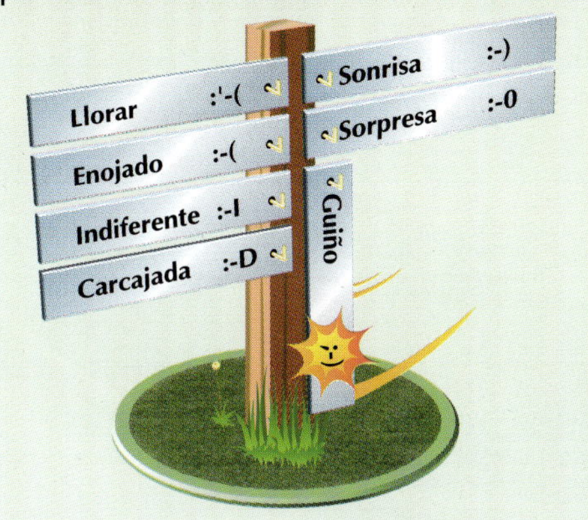

¿Por qué aparecen unas líneas rojas onduladas debajo de algunas palabras de mis cartas electrónicas?

conforme usted escribe, Outlook va revisando si sse cometen errores ortográficos. Las palabras mal escritas muestran ese subrayado. Además, Outlook corrige los errores comunes de escritura, como escrivir (escribir) y mensage (mensaje).

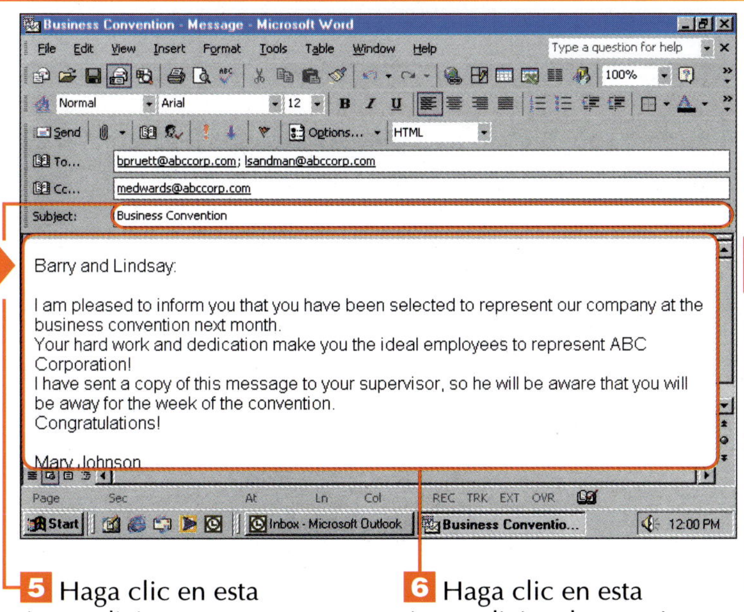

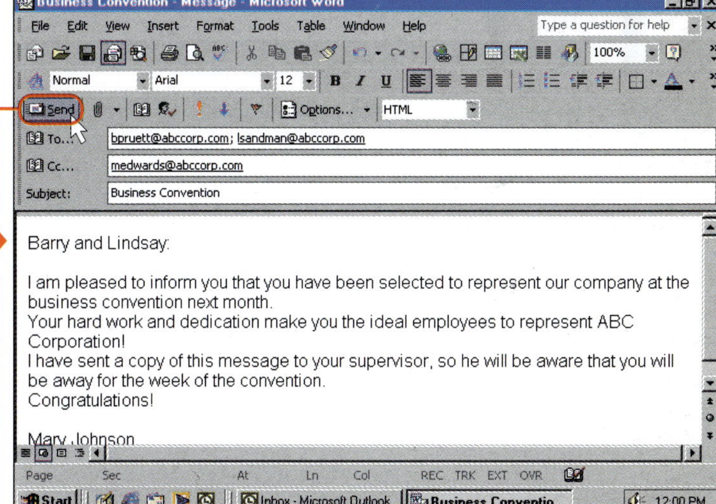

5 Haga clic en esta área y digite un asunto para el mensaje.

6 Haga clic en esta área y digite el mensaje.

Nota: Debería usar letras mayúsculas y minúscula al digitar el mensaje. Un mensaje escrito todo en LETRAS MAYÚSCULAS es molesto y difícil de leer.

7 Haga clic en **Send** (Enviar) para enviar el mensaje.

■ Outlook envía el mensaje y almacena una copia de este en la carpeta Sent Items (Elementos enviados).

Nota: Para observar los mensajes de la carpeta Sent Items (Elementos enviados), vea la página 343.

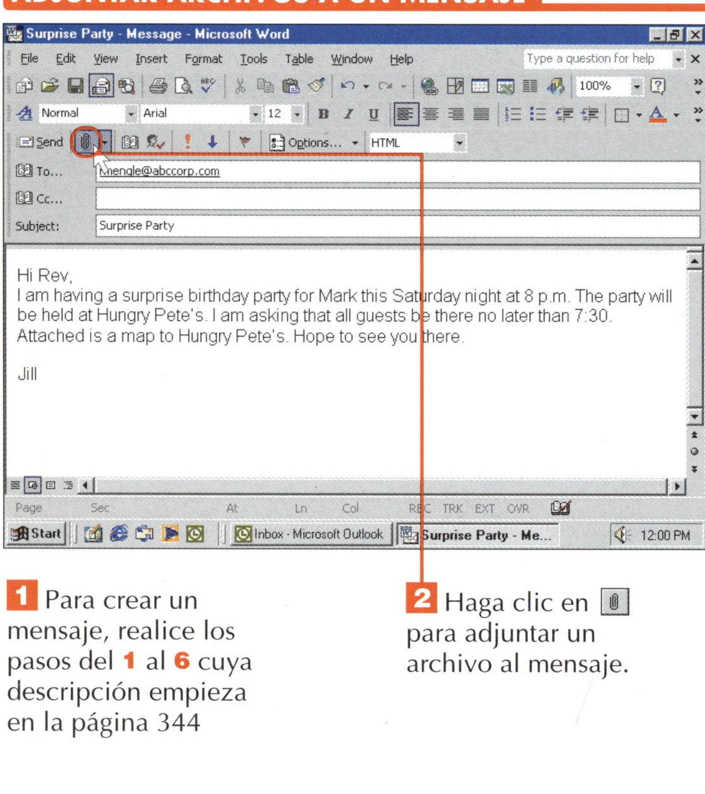

Puede adjuntar muchos tipos de archivos a un mensaje, incluyendo documentos, imágenes, videos y sonidos. La computadora que reciba el mensaje debe tener el hardware y el software necesarios para abrir y ejecutar el archivo que se adjunte.

ADJUNTAR ARCHIVOS A UN MENSAJE

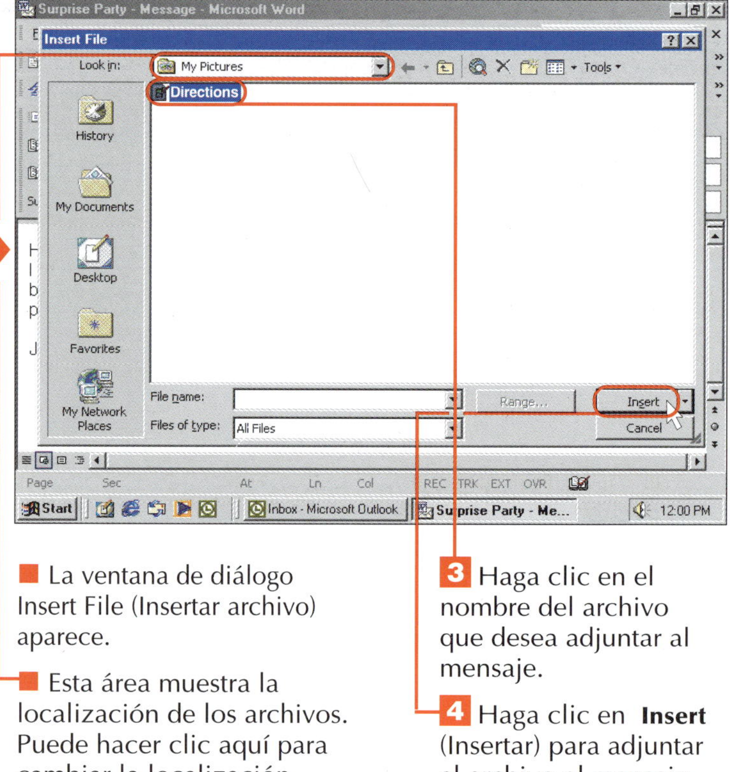

1 Para crear un mensaje, realice los pasos del **1** al **6** cuya descripción empieza en la página 344

2 Haga clic en 🖉 para adjuntar un archivo al mensaje.

■ La ventana de diálogo Insert File (Insertar archivo) aparece.

■ Esta área muestra la localización de los archivos. Puede hacer clic aquí para cambiar la localización.

3 Haga clic en el nombre del archivo que desea adjuntar al mensaje.

4 Haga clic en **Insert** (Insertar) para adjuntar el archivo al mensaje.

¿Por qué apareció una ventana de diálogo diciendo que es posible que el receptor no pueda abrir el archivo que adjunté?

Algunos tipos de archivos adjuntos, como los archivos de programa, potencialmente pueden contener virus, lo cual puede dañar la información de la computadora del destinatario. Si el destinatario de su mensaje usa Outlook, entonces su programa de Outlook le ayudará a proteger la computadora del acceso a esos virus bloqueando esos tipos de archivos. Si aún desea enviar el archivo, haga clic en **Yes,** en el cuadro de diálogo.

¿Qué debo considerar antes de abrir un archivo adjunto?

Debe asegurarse de que el archivo sea de buena fuente. Aunque Outlook bloquea el acceso a archivos adjuntos que puedan contener virus, es posible que desee usar un programa antivirus para comprobar si un archivo adjunto tiene virus. Los programas antivirus, como McAfee VirusScan o Norton AntiVirus, pueden adquirirse en tiendas de computación y en Internet.

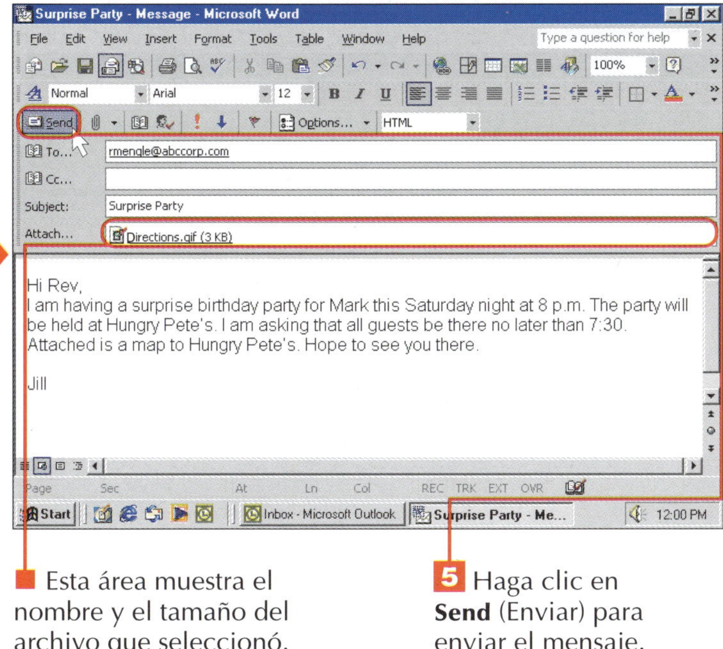

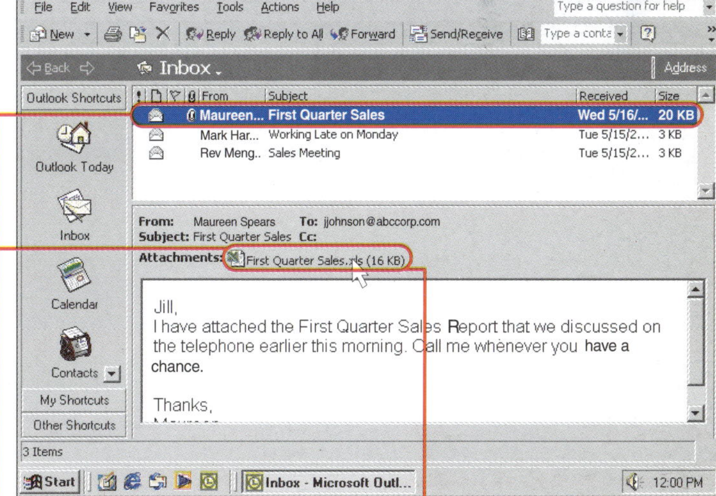

■ Esta área muestra el nombre y el tamaño del archivo que seleccionó.

■ Para adjuntar archivos adicionales al mensaje, repita los pasos del **2** al **4** para cada archivo que desee adjuntar.

5 Haga clic en **Send** (Enviar) para enviar el mensaje.

ABRIR UN ARCHIVO ADJUNTO

1 Haga clic en algún mensaje con archivo adjunto. Los mensajes con archivos adjuntos muestran el icono de un clip (📎).

■ En esta área aparece el nombre del o los archivos adjuntos al mensaje.

2 Para abrir un archivo adjunto, haga doble clic en el nombre del archivo.

■ Una ventana de diálogo puede aparecer, preguntándole si desea abrir o guardar el archivo.

347

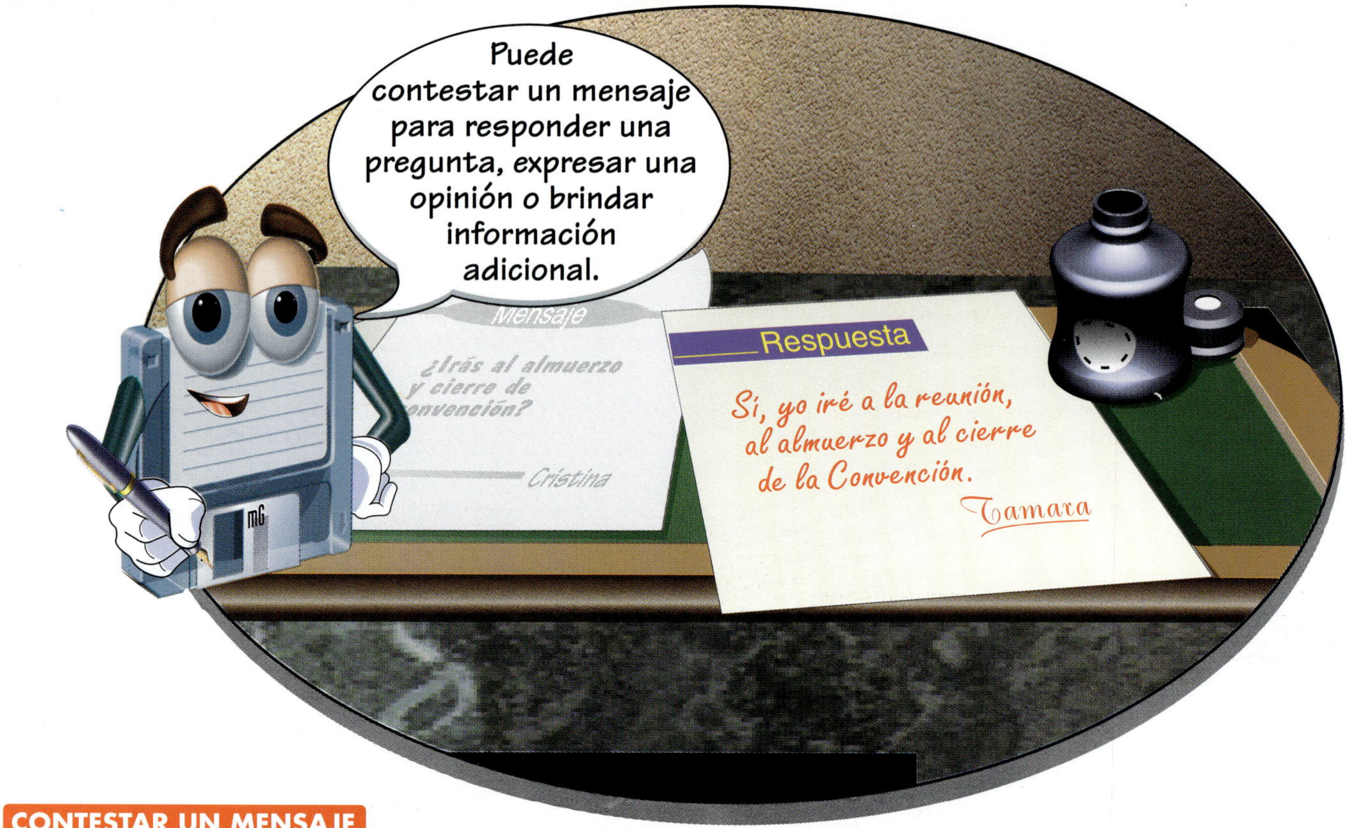

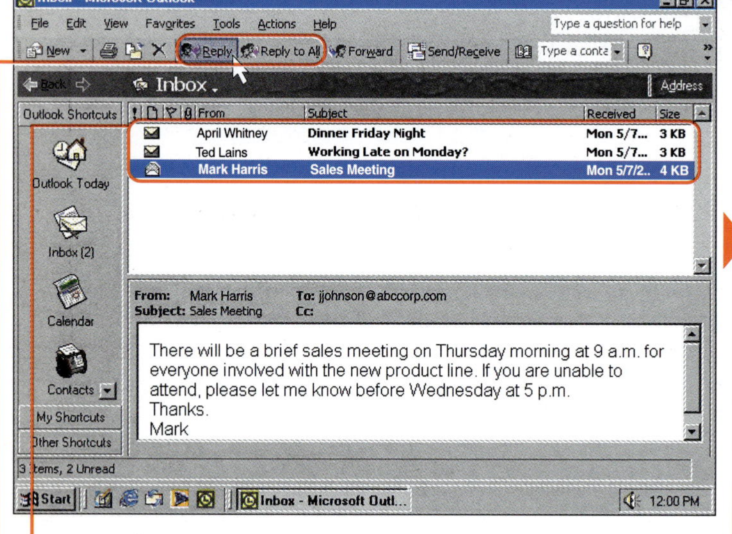

CONTESTAR UN MENSAJE

CONTESTAR UN MENSAJE

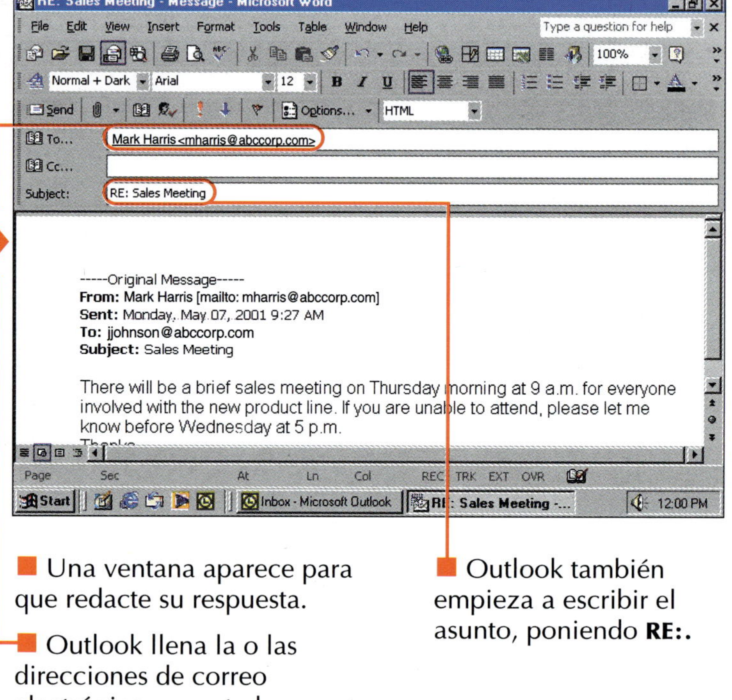

1 Haga clic en el mensaje al que desea contestar.

2 Haga clic en uno de estos botones.

Reply Responder - Envía una respuesta solo al autor del texto original.

Reply to All - Responder a todos Envía una respuesta al autor y a todos los que recibieron el mensaje original.

Nota: Si el botón que necesita no aparece, haga clic en » en la barra de herramientas para observar todos los botones.

■ Una ventana aparece para que redacte su respuesta.

■ Outlook llena la o las direcciones de correo electrónico por usted.

■ Outlook también empieza a escribir el asunto, poniendo **RE:**.

¿Cómo puedo ahorrar tiempo cuando digito un mensaje?

Las abreviaturas se usan comúnmente para ahorrar tiempo al digitar mensajes.

Abreviación	Significado
ASAP	as soon as possible
BTW	por cierto
FAQ	preguntas frecuentemente formuladas
FOAF	amigo de una amiga
FWIW	por lo que vale la pena
FYI	para su información
IMHO	en mi humilde opinión
IMO	en mi opinión

Abreviación	Significado
JK	just kidding
KIT	keep in touch
L8R	later
LOL	riéndome en voz alta
ROTFL	revolcándome de la risa
SO	otro significado
WRT	con respecto a

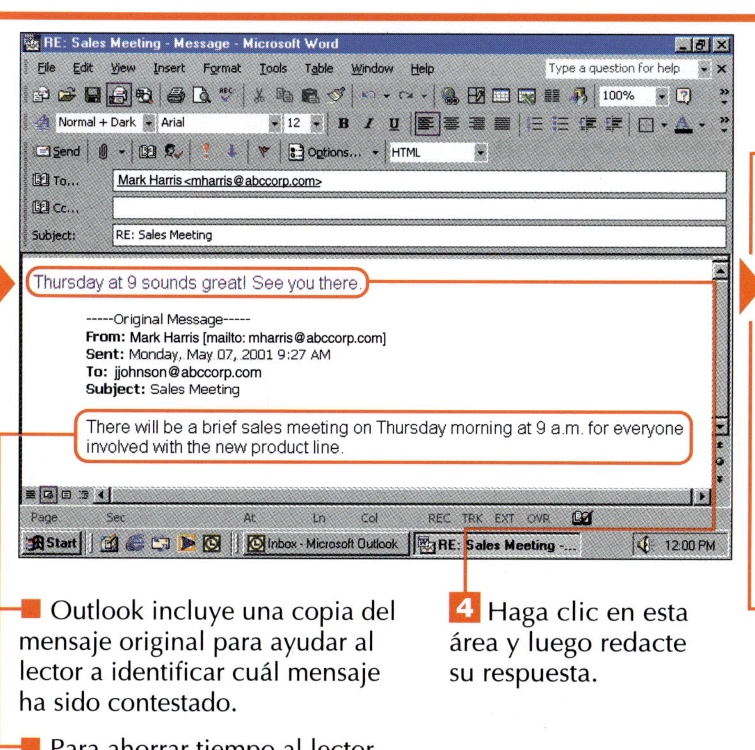

■ Outlook incluye una copia del mensaje original para ayudar al lector a identificar cuál mensaje ha sido contestado.

■ Para ahorrar tiempo al lector, elimine las partes del mensaje original que no guarden relación directa con su respuesta.

4 Haga clic en esta área y luego redacte su respuesta.

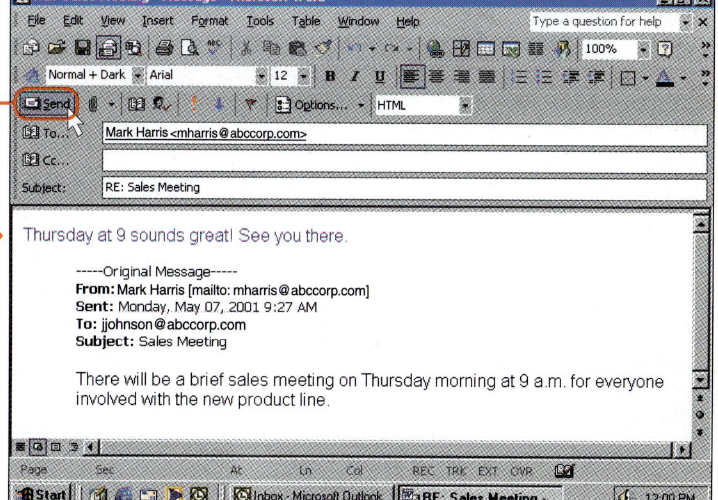

5 Haga clic en **Send** (Enviar) para enviar una respuesta.

■ Outlook envía la respuesta y almacena una copia de esta en la carpeta Sent Items (Elementos enviados).

Nota: Para mostrar los mensajes de la carpeta Sent Items (Elementos enviados), vea la página 343.

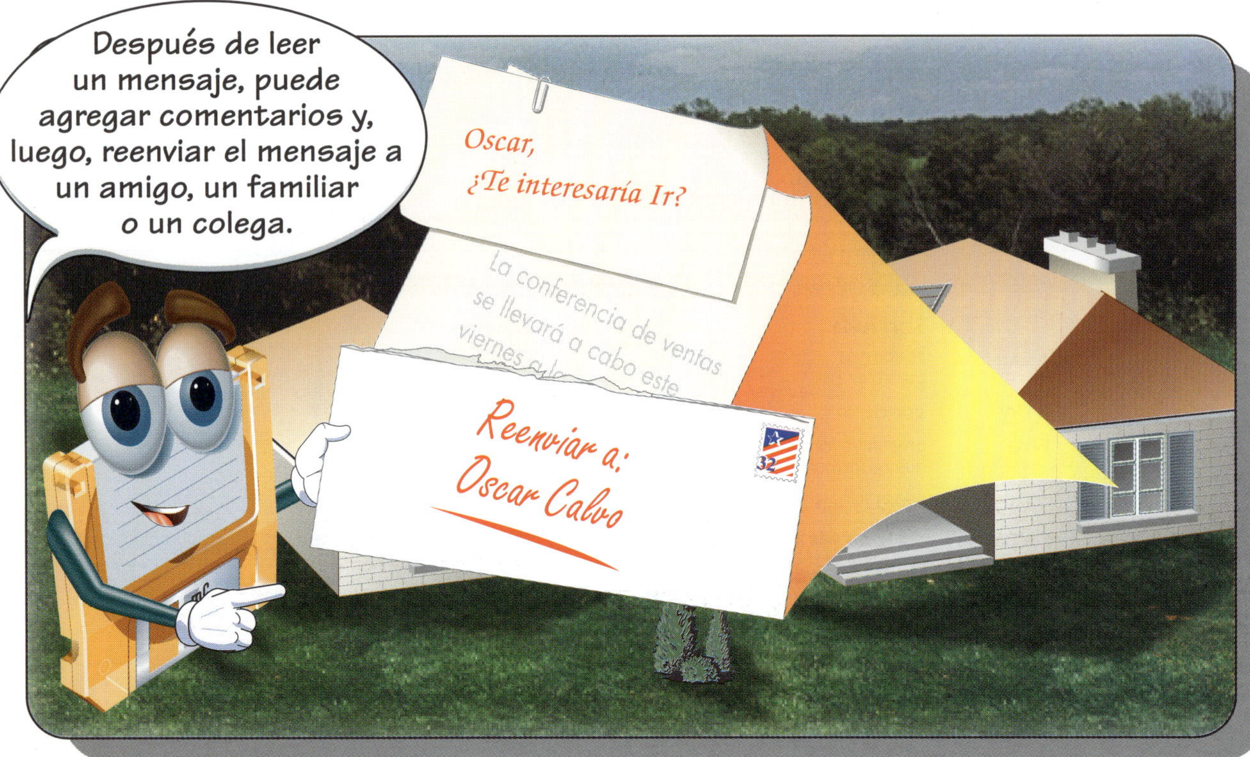

REENVIAR UN MENSAJE

Reenviar un mensaje es útil cuando otra persona esta interesada en los contenidos del mensaje.

REENVIAR UN MENSAJE

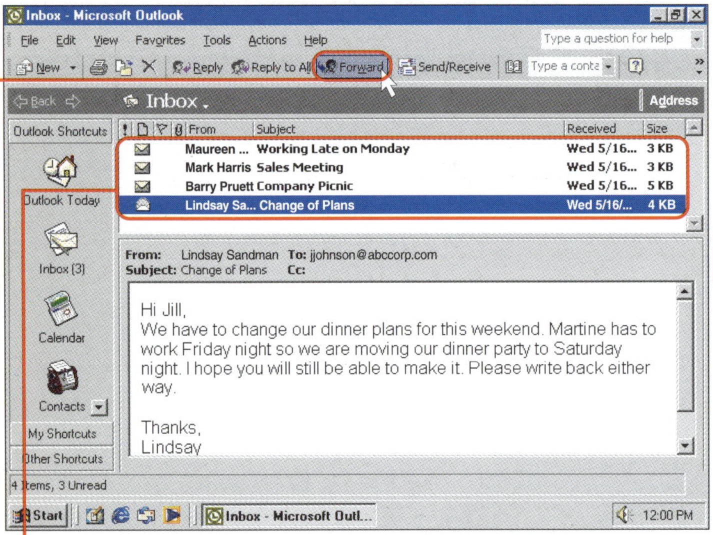

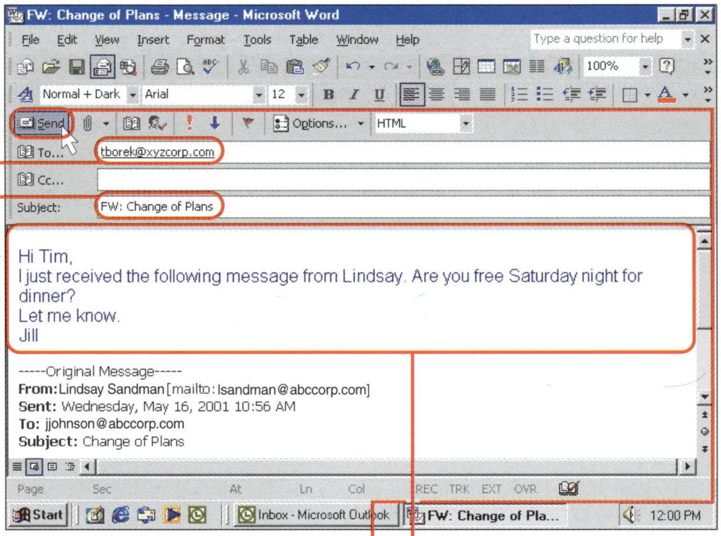

1 Haga clic en el mensaje que desea reenviar.

2 Haga clic en **Forward** (Reenviar).

Nota: Si el botón Forward (Reenviar) no aparece, haga clic sobre [»], en la barra de herramientas para que aparezcan todos los botones.

■ Una ventana aparece, mostrando los contenidos del mensaje que reenvía.

3 Digite la dirección de correo electrónico de la persona a quién desea enviar el mensaje.

■ Outlook empieza a redactar el asunto, iniciando con **FW:**.

4 Haga clic en esta área y digite algún comentario sobre el mensaje.

5 Haga clic en **Send** (Enviar) para reenviar el mensaje.

ELIMINAR UN MENSAJE

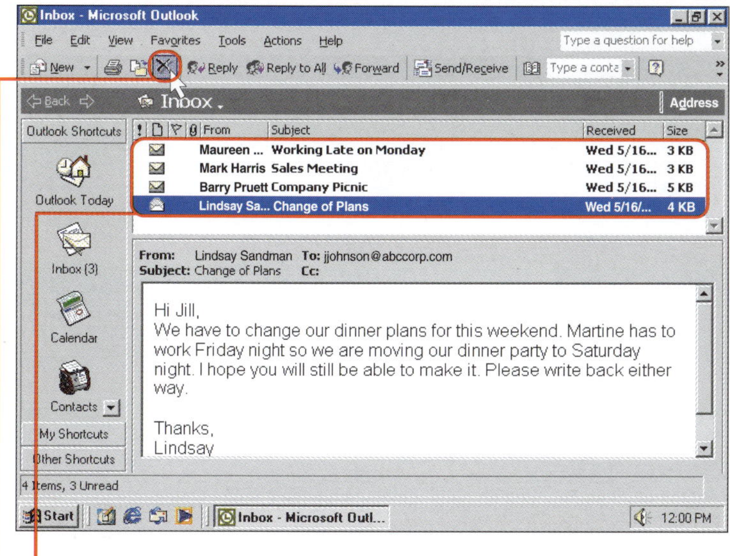

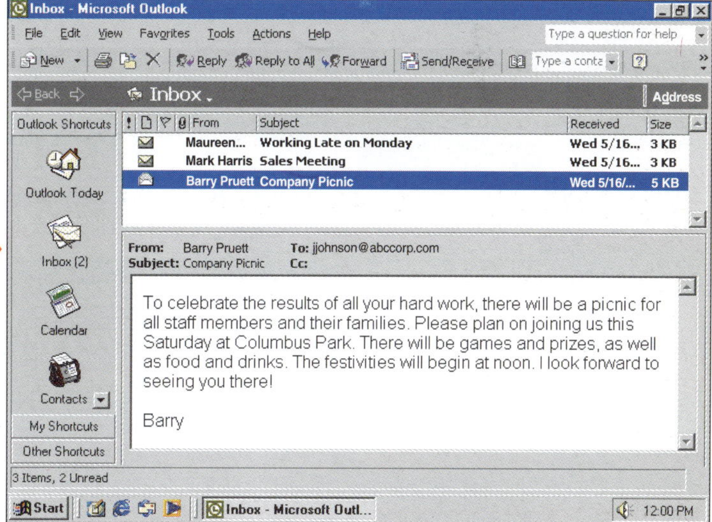

1 Haga clic en el mensaje que desea suprimir.

2 Haga clic en ☒ para suprimir el mensaje.

Nota: Si ☒ *no aparece, haga clic en* ⏩ *para observar todos los botones.*

■ El mensaje desaparece.

■ Outlook coloca el mensaje en la carpeta Deleted Items (Elementos eliminados). Para información sobre la carpeta Deleted Items, vea la página 364.

Outlook usa la fecha y la hora determinadas en su computadora para establecer la fecha del día actual. Para cambiar la fecha y la hora de su computador, consulte su manual de Windows.

MOSTRAR EL CALENDARIO

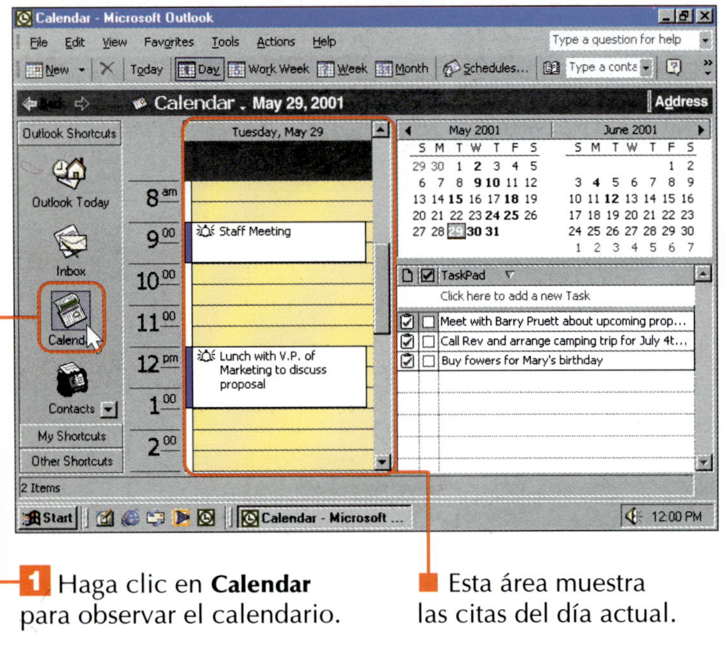

1 Haga clic en **Calendar** para observar el calendario.

■ Esta área muestra las citas del día actual.

Nota: Para agregar una cita, vea la página 354.

■ Esta área muestra los días del mes en curso y del entrante. Los días en que hay citas aparecen en **negrita**.

2 Para mostrar las citas de otro día, haga clic en el día. El día que usted seleccione aparece resaltado.

■ El día actual muestra un contorno rojo.

¿De qué formas puedo mirar el calendario?

Puede cambiar la vista del calendario para mostrar sus citas según una de las siguientes apariencias.

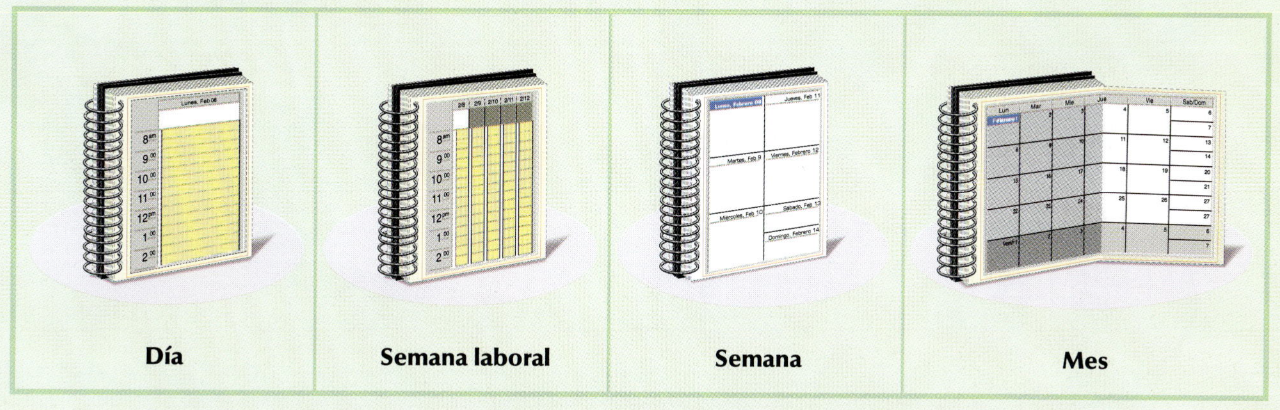

Día **Semana laboral** **Semana** **Mes**

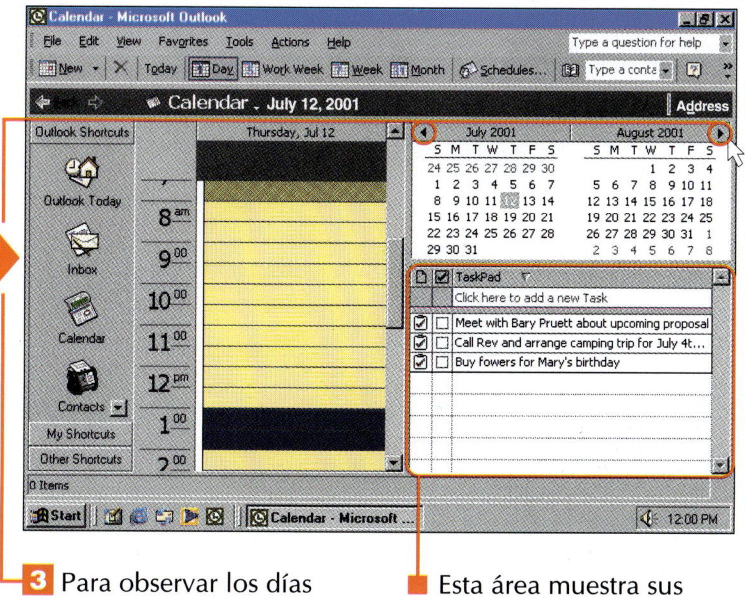

3 Para observar los días de otro mes, haga clic en una de las siguientes opciones.

◄ Muestra el mes previo

► Muestra el mes próximo

■ Esta área muestra sus tareas. Para información sobre las tareas, vea la página 360.

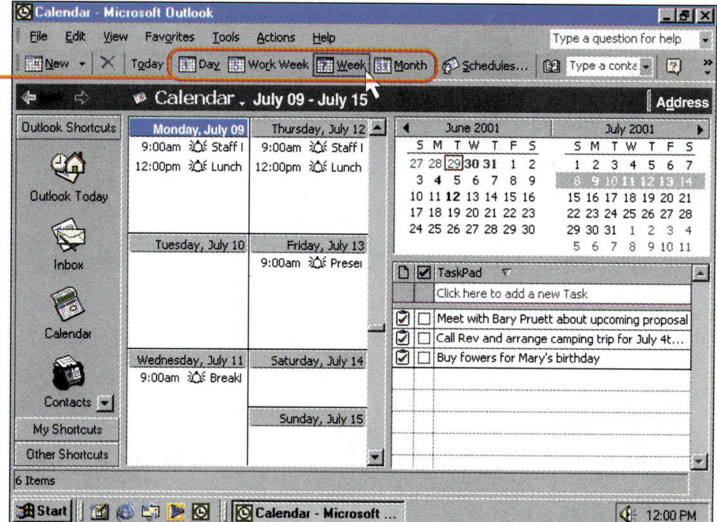

CAMBIAR LA VISTA DEL CALENDARIO

1 Haga clic en la forma en que desea ver el calendario.

Day — Día

Work Week — Semana laboral

Week — Semana

Month — Mes

Nota: Si el botón que necesita no aparece, haga clic en ⚡ *, de la barra de herramientas, para que aparezcan todos los botones.*

CONTINÚA ►

USAR EL CALENDARIO

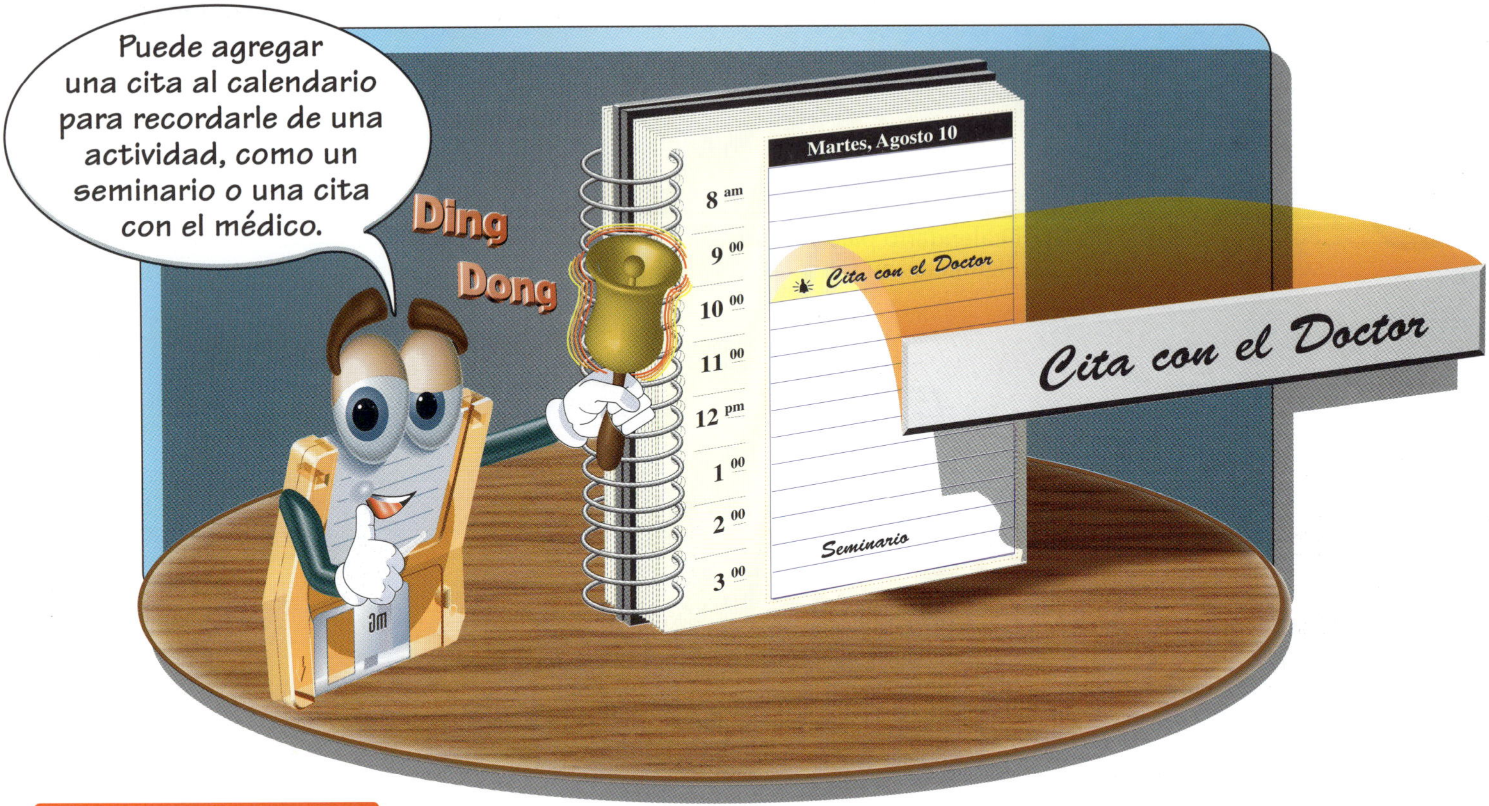

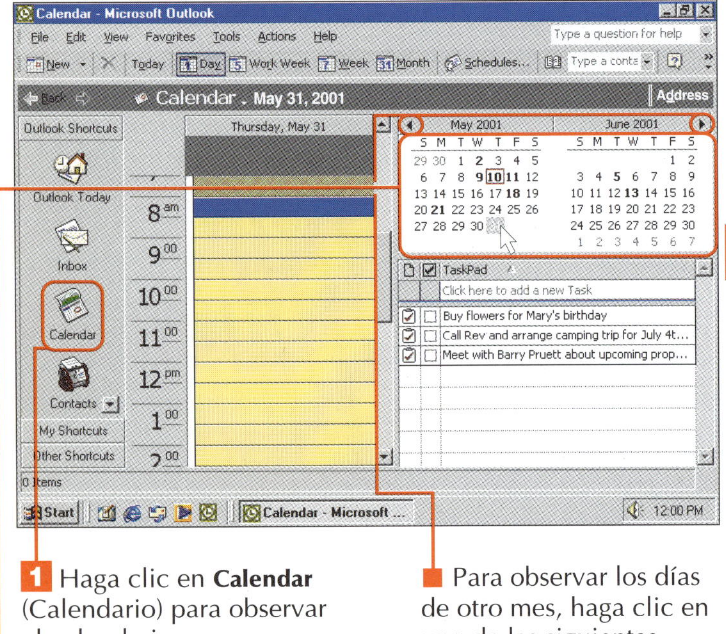

PROGRAMAR UNA CITA

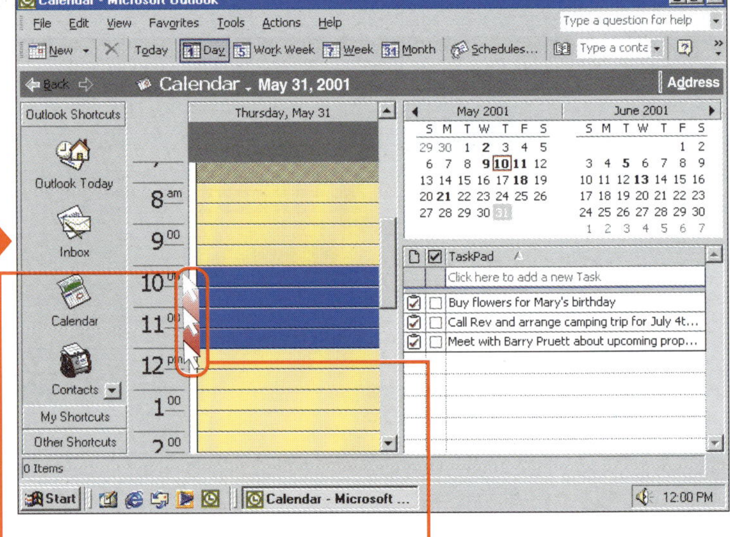

1 Haga clic en **Calendar** (Calendario) para observar el calendario.

2 Haga clic en el día en que desea tener la cita.

■ Para observar los días de otro mes, haga clic en una de las siguientes opciones.

◄ Mostrar el mes previo

► Mostrar el mes próximo

3 Coloque el ↖ del mouse sobre el tiempo de inicio de la cita.

4 Arrastre el ↖ del mouse para escoger la cantidad de tiempo que desea establecer para la cita.

¿Outlook me recordará de alguna cita que haya programado?

Outlook emitirá un sonido breve y mostrará la ventana de diálogo Reminder 15 minutos antes de una cita programada.

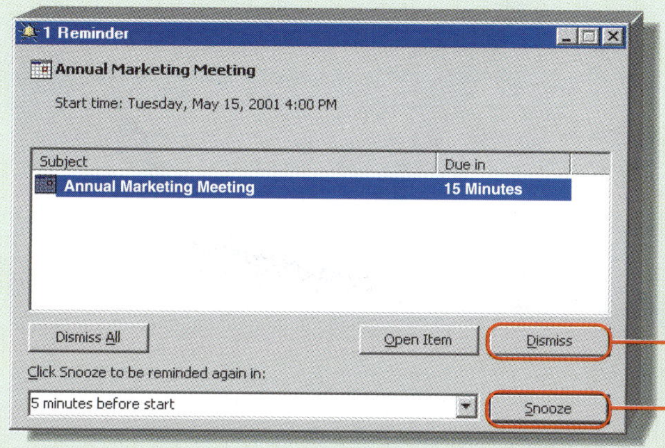

■ Para cerrar la ventana de diálogo Reminder, haga clic en una de las siguientes opciones.

Dismiss - Cierra el recordatorio.

Snooze - Le recuerda otra vez, cinco minutos antes de la cita.

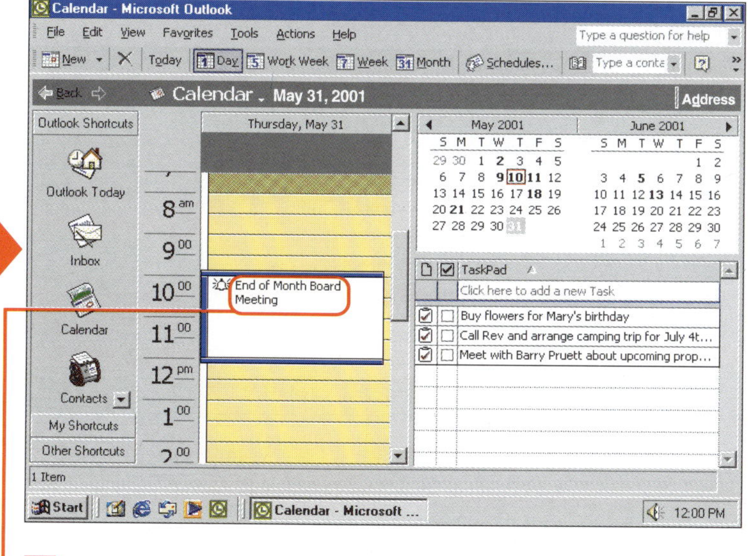

5 Digite un asunto para la cita y luego presione la tecla `Enter`.

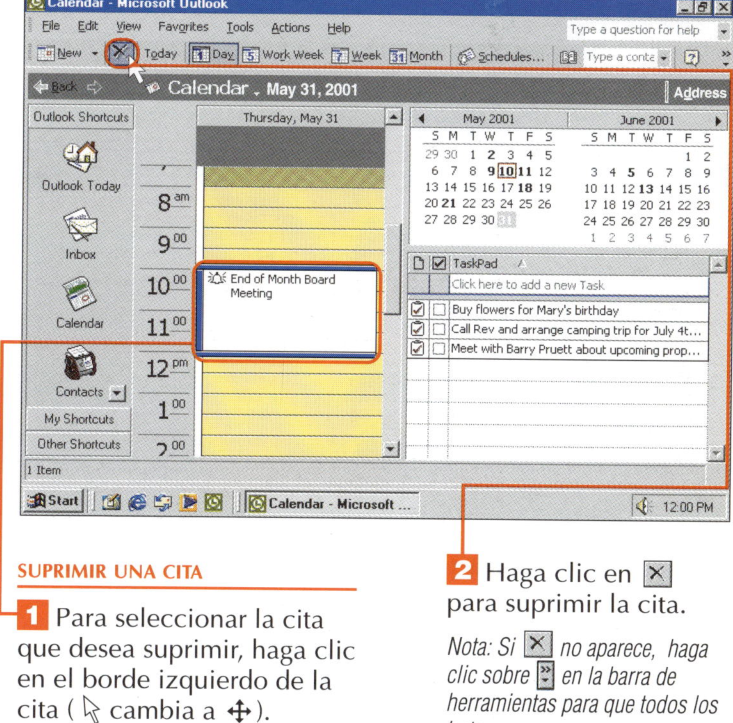

1 Para seleccionar la cita que desea suprimir, haga clic en el borde izquierdo de la cita (⟍ cambia a ✛).

2 Haga clic en ☒ para suprimir la cita.

Nota: Si ☒ no aparece, haga clic sobre ⟩⟩ en la barra de herramientas para que todos los botones aparezcan.

USAR LOS CONTACTOS

CREAR UN CONTACTO NUEVO

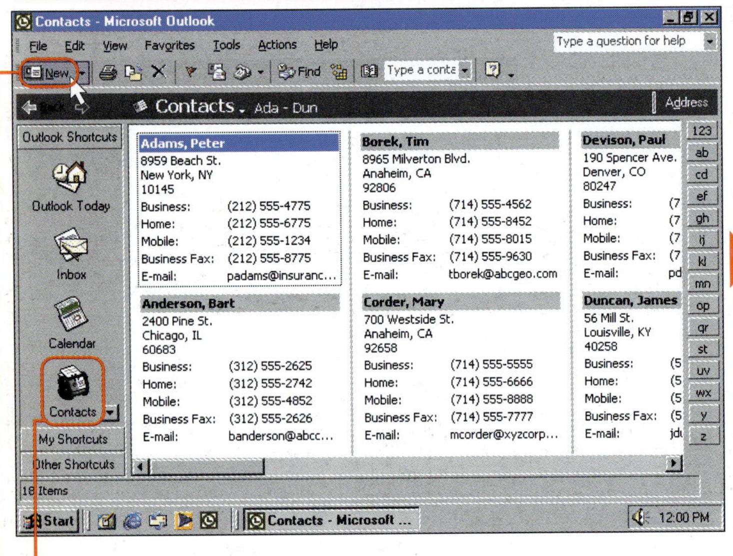

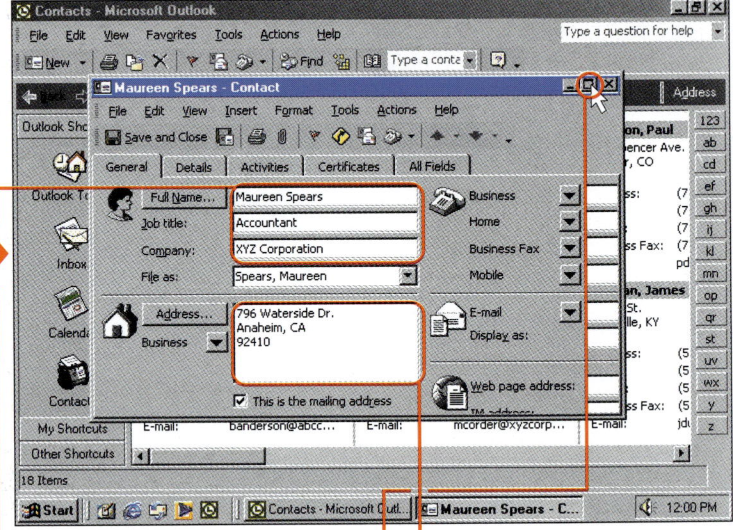

1 Haga clic en **Contacts** (Contactos) para mostrar sus contactos.

2 Haga clic en **New** (Nuevo) para crear un contacto nuevo.

■ La ventana de contactos aparece, mostrando áreas donde puede introducir información acerca de un contacto.

Nota: No necesita introducir información en todas las áreas.

3 Haga clic en una área y digite el nombre completo del contacto, el puesto laboral y el nombre de su compañía.

4 Haga clic en esta área y digite la dirección del contacto.

5 Para aumentar la ventana, de modo que pueda observar claramente todas las áreas, haga clic en ▣.

¿Por qué apareció la ventana de diálogo Check Address después de que introduje una dirección?

Si la dirección que usted introdujo está incompleta, Outlook muestra la ventana de diálogo Check Address (Revisar dirección) para ayudarle a completar la dirección.

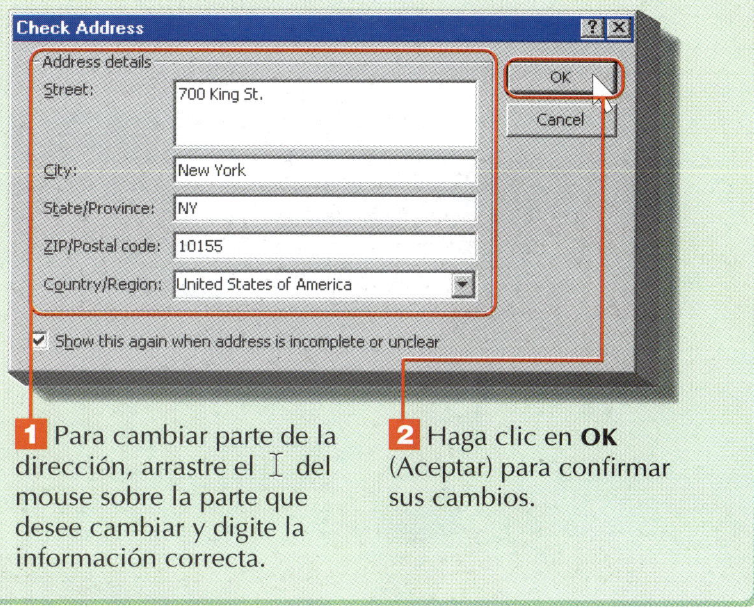

1 Para cambiar parte de la dirección, arrastre el I del mouse sobre la parte que desee cambiar y digite la información correcta.

2 Haga clic en **OK** (Aceptar) para confirmar sus cambios.

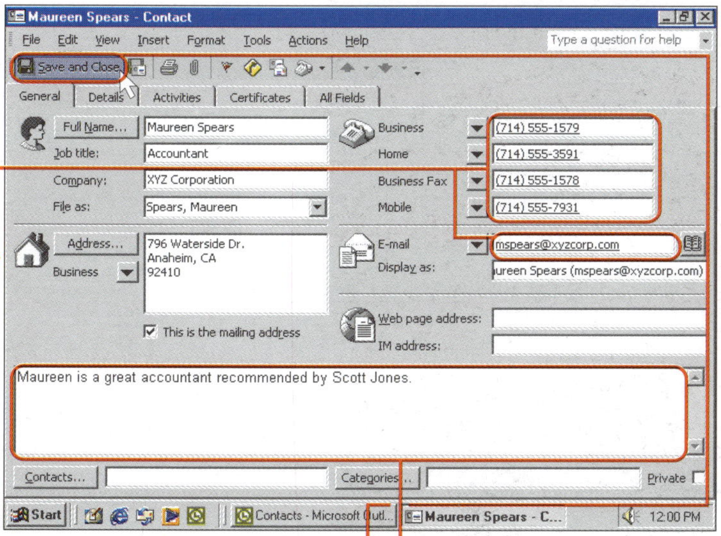

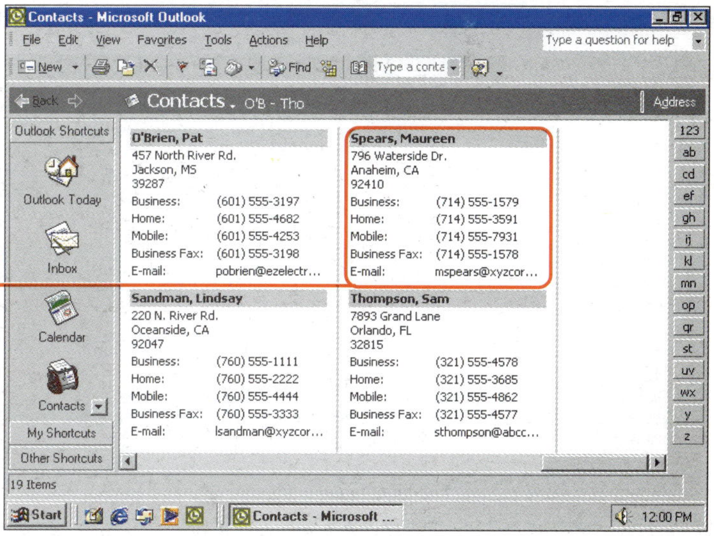

6 Haga clic en una área y digite los números telefónicos de la empresa y del hogar del contacto, así como los números de fax y del teléfono celular.

7 Haga clic en esta área y digite la dirección de correo electrónico del contacto.

8 Haga clic en esta área y digite cualquier comentario sobre el contacto.

9 Cuando termine de digitar información sobre el contacto, haga clic en **Save and Close** (Guardar y cerrar) para guardar su información.

■ El contacto aparece en la lista de contactos.

CONTINÚA

USAR CONTACTOS

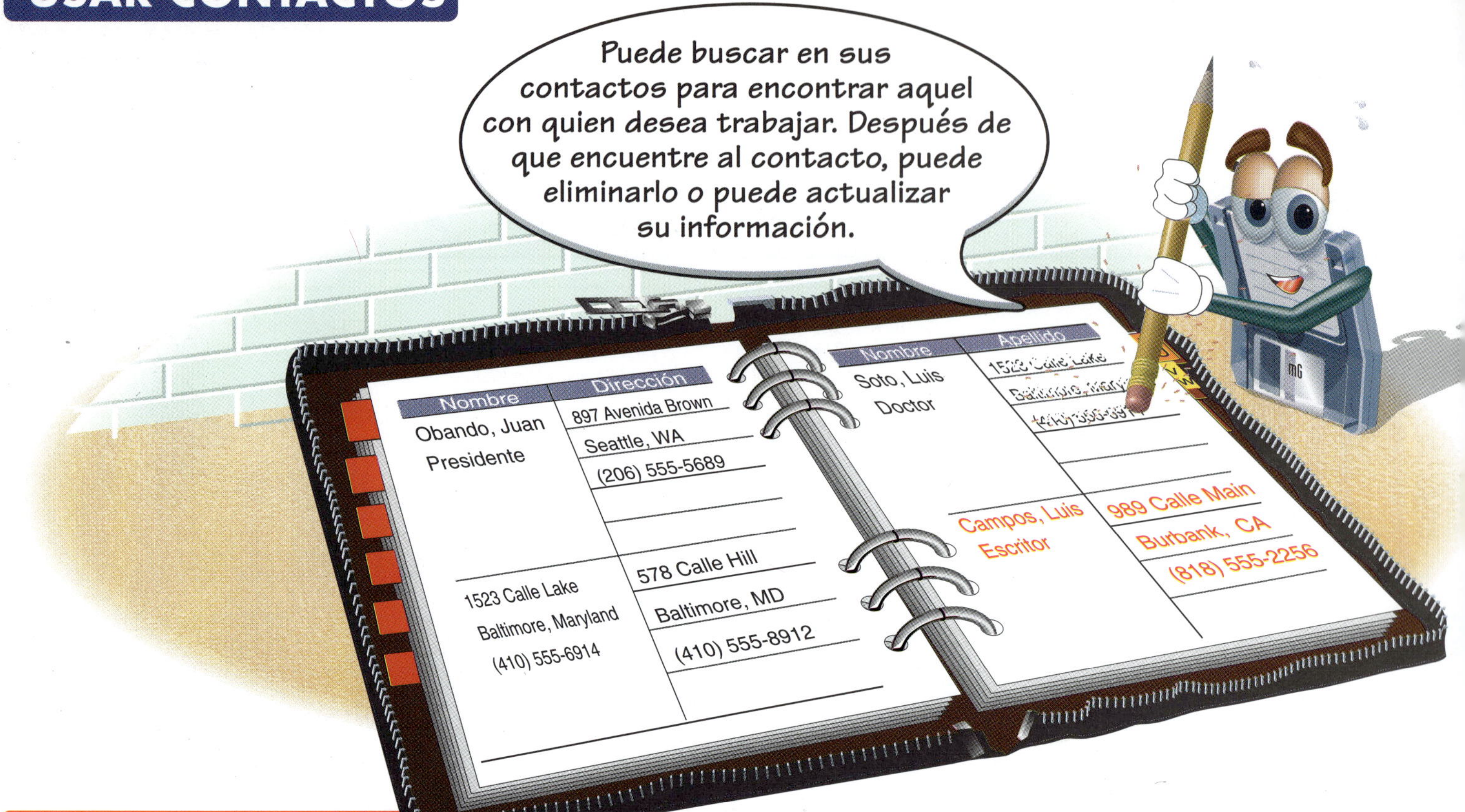

TRABAJAR CON CONTACTOS

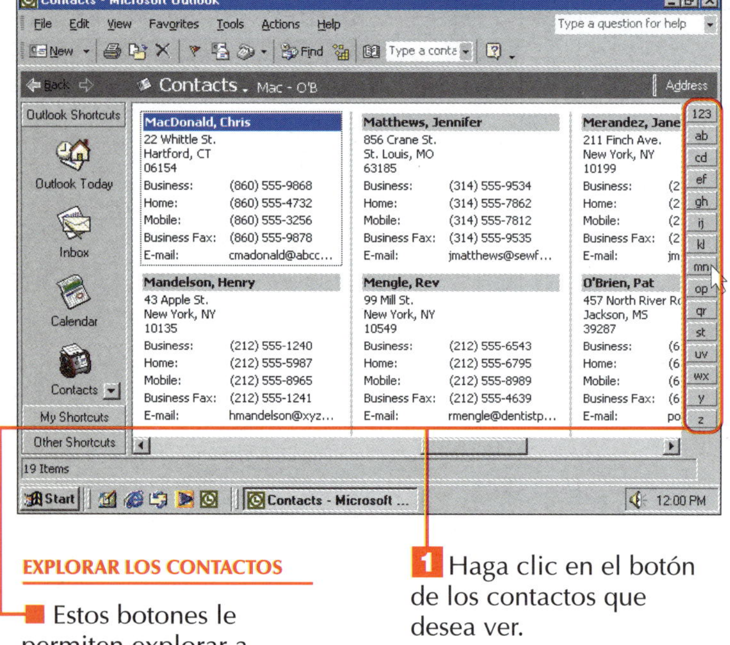

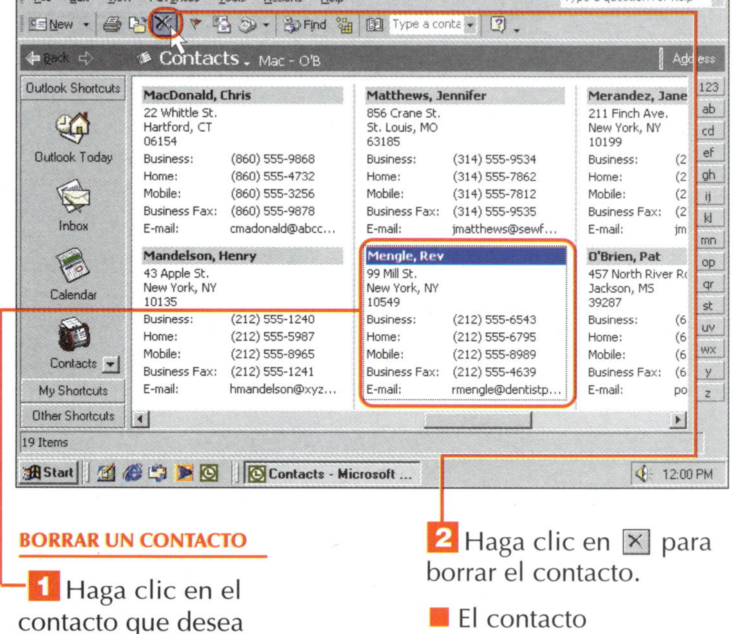

EXPLORAR LOS CONTACTOS

■ Estos botones le permiten explorar a través de sus contactos alfabéticamente.

1 Haga clic en el botón de los contactos que desea ver.

■ Los contactos cuyos nombres comienzan con la letra (o letras) que seleccionó aparecen.

BORRAR UN CONTACTO

1 Haga clic en el contacto que desea borrar.

2 Haga clic en ☒ para borrar el contacto.

■ El contacto desaparece de la lista.

¿Puedo desplegar un mapa que muestre la dirección de un contacto?

Al ver la información de un contacto, puede exhibir un mapa con la dirección de este.

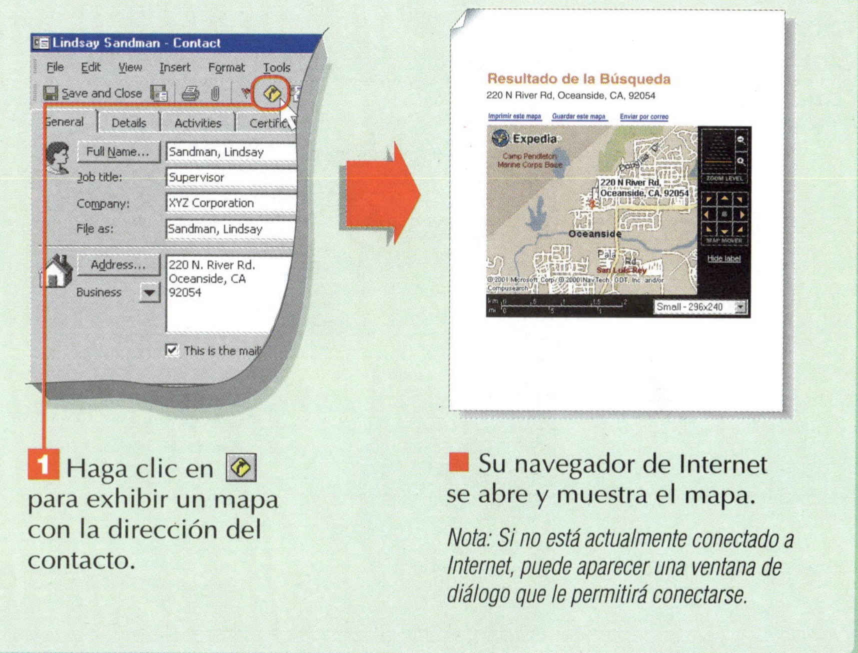

1 Haga clic en 🗺 para exhibir un mapa con la dirección del contacto.

■ Su navegador de Internet se abre y muestra el mapa.

Nota: Si no está actualmente conectado a Internet, puede aparecer una ventana de diálogo que le permitirá conectarse.

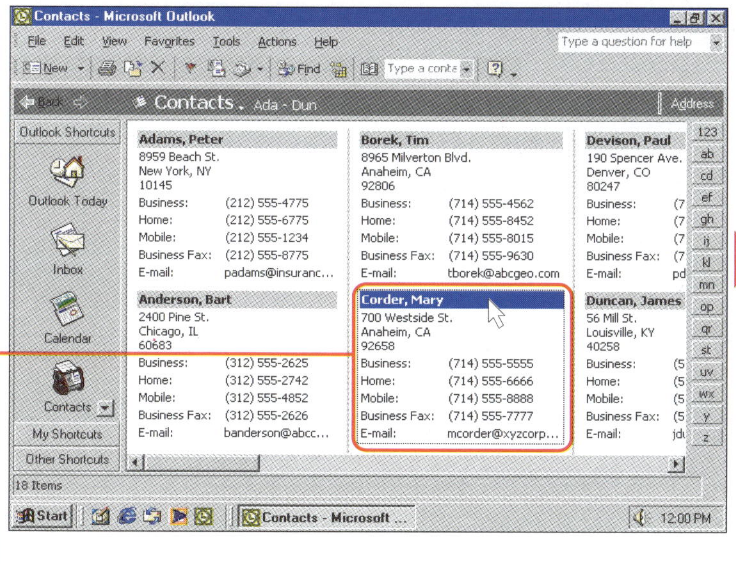

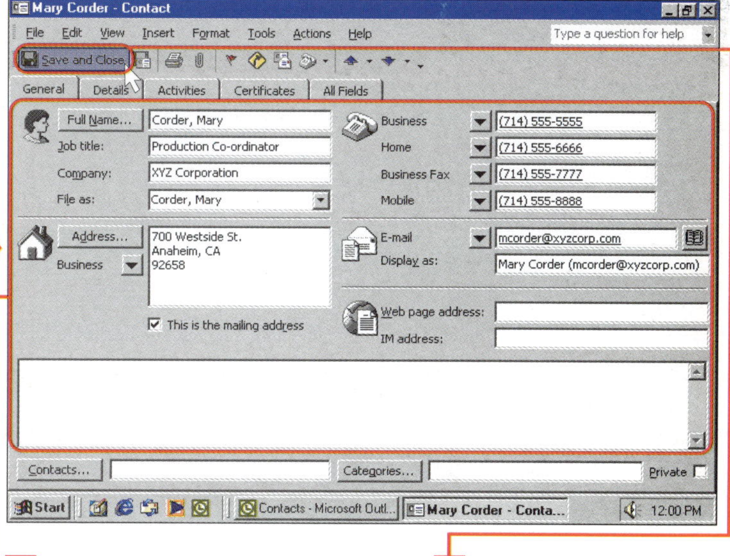

ACTUALIZAR LA INFORMACIÓN DE UN CONTACTO

1 Para actualizar la información de un contacto, haga doble clic sobre él.

■ La ventana del Contacto aparece, mostrando su información.

2 Arrastre el I del mouse sobre la información que desea cambiar y digite la información nueva.

3 Haga clic en **Save and Close** para guardar sus cambios.

USAR TAREAS

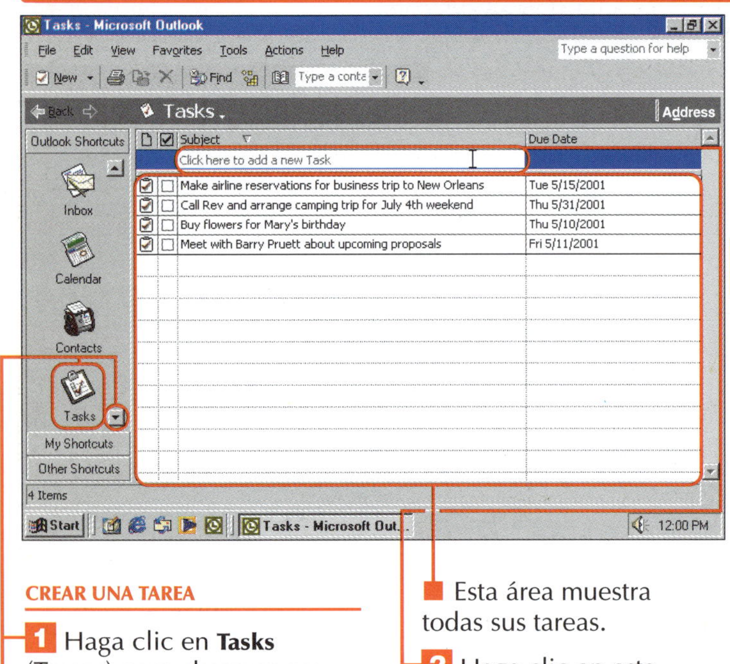

CREAR UNA TAREA

1 Haga clic en **Tasks** (Tareas) para observar sus tareas.

■ Si el icono Tasks (Tareas) no aparece, haga clic en ▾ hasta que el icono aparezca.

■ Esta área muestra todas sus tareas.

2 Haga clic en esta área para agregar una tarea nueva.

3 Digite un tema para la tarea.

4 Haga clic en esta área para introducir una fecha de vencimiento de la tarea. Digite la fecha de vencimiento.

5 Presione la tecla Enter para terminar de crear la tarea.

■ La tarea aparece en la lista.

¿Hay una forma rápida de introducir la fecha de vencimiento de una tarea?

Sí. En lugar de digitar una fecha, puede escribir una descripción breve de la fecha, como "el viernes", "mañana", "el próximo jueves", "dentro de un mes" o "el día de los enamorados".

¿Cómo puedo encontrar fácilmente una tarea en mi lista de tareas?

Puede clasificar las tareas de su lista de tareas por el asunto o por la fecha de vencimiento para ayudarle a encontrar las tareas de interés.

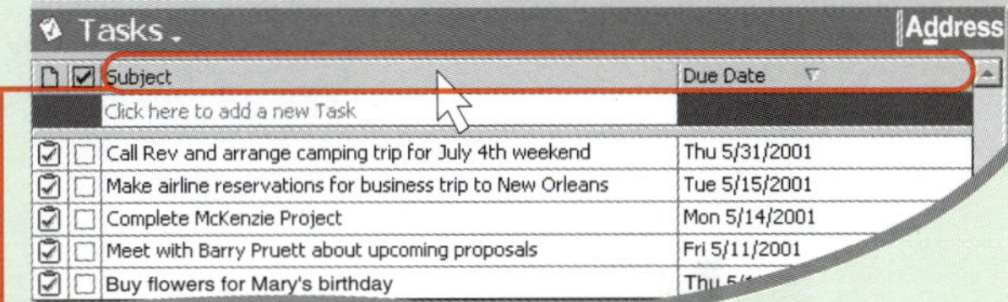

1 Para clasificar sus tareas, haga clic en el encabezado de columna que desea usar para clasificar las tareas.

■ Usted puede hacer clic en el encabezado otra vez para clasificar las tareas en el orden opuesto.

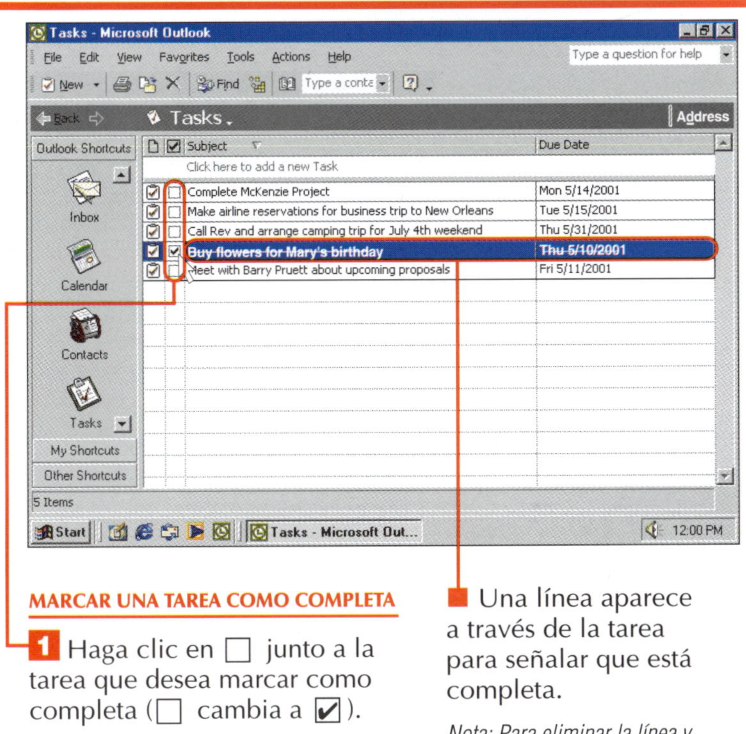

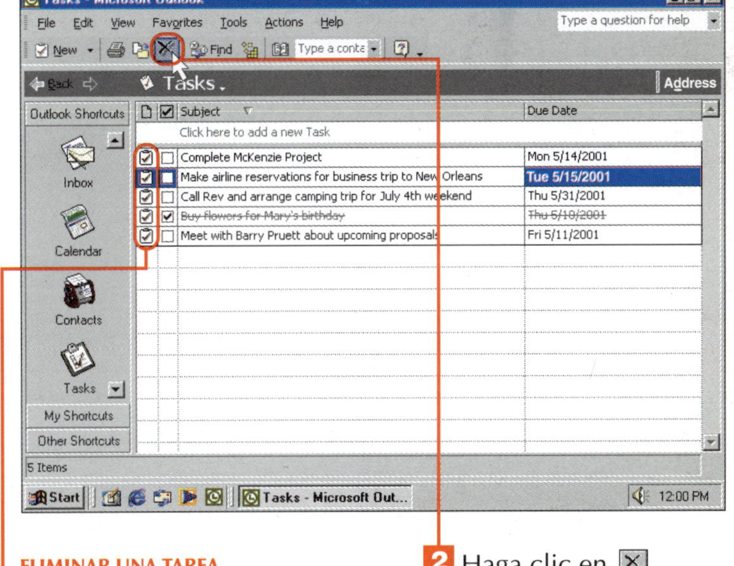

MARCAR UNA TAREA COMO COMPLETA

1 Haga clic en ☐ junto a la tarea que desea marcar como completa (☐ cambia a ☑).

■ Una línea aparece a través de la tarea para señalar que está completa.

Nota: Para eliminar la línea y otra vez mostrar la tarea como incompleta, repita el paso 1 (☑ cambia a ☐).

ELIMINAR UNA TAREA

1 Haga clic en ☑, al lado de la tarea que desea suprimir.

2 Haga clic en ☒ para eliminar la tarea.

■ La tarea desaparece de la lista.

Las notas son útiles para almacenar fragmentos de información como recordatorios, preguntas, ideas e instrucciones.

USAR NOTAS

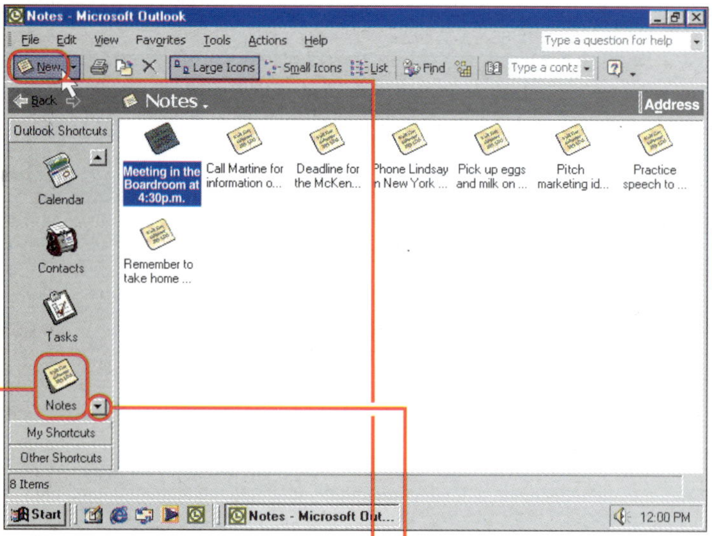

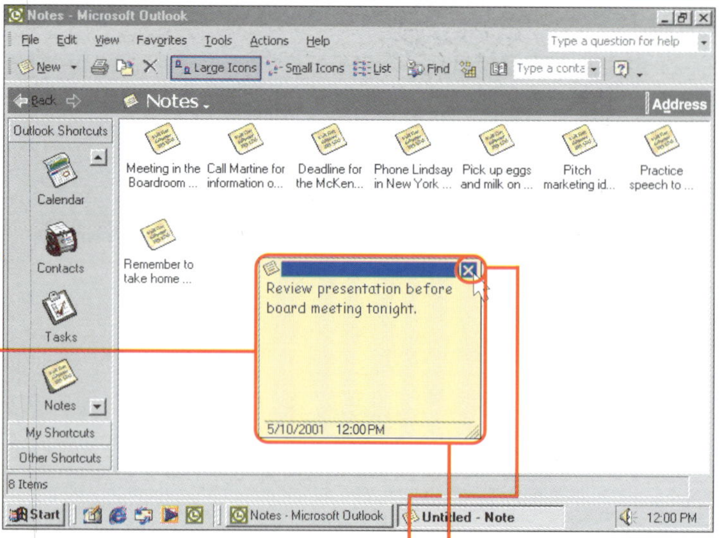

CREAR UNA NOTA

1 Haga clic en **Notes** (Notas) para observar sus notas.

■ Si el icono Notes (Notas) no aparece, haga clic en ▾ hasta que el icono aparezca.

2 Haga clic en **New** (Nuevo) para crear una nota nueva.

■ Aparece una ventana en la que puede digitar el texto de la nota. La parte inferior de la ventana muestra la fecha y la hora actuales.

3 Digite el texto de la nota.

4 Cuando termine de digitar el texto, haga clic en ☒ para cerrar la nota.

¿Cómo cambio el tamaño de una nota?

Posicione el ⌖ del mouse sobre la esquina inferior derecha de la nota (⌖ cambia a ⬉) y arrastre la esquina hasta que la nota exhiba el tamaño deseado. Cambiar el tamaño de una nota es útil cuando esta es muy pequeña para mostrar todo el texto que contiene.

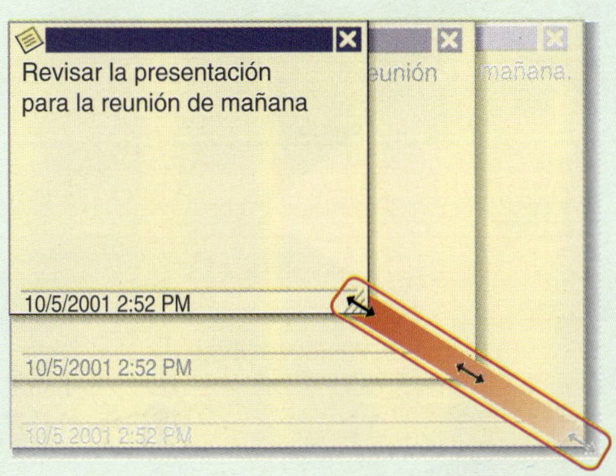

¿Cómo suprimo una nota?

Para suprimir una nota, haga clic en el icono de la nota que desea suprimir y presione la tecla `Delete`. Outlook coloca la nota en la carpeta Deleted Items (Elementos eliminados). Para información sobre esta carpeta, vea la página 364.

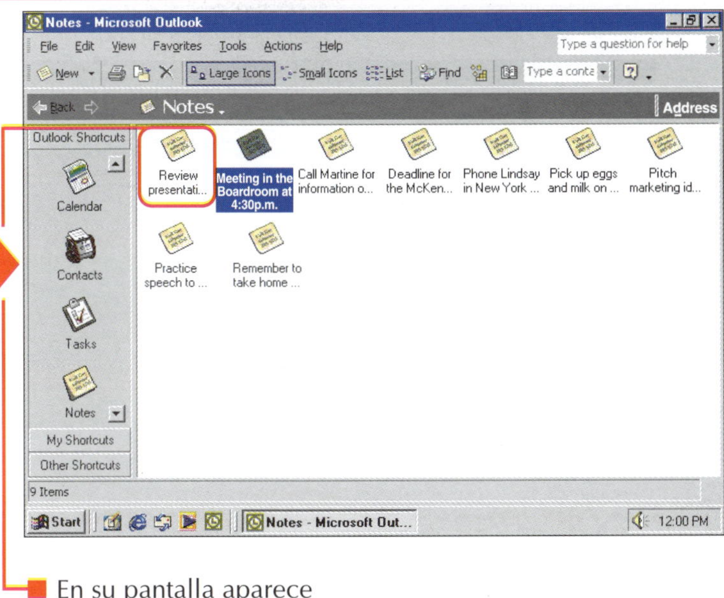

■ En su pantalla aparece un icono para la nota.

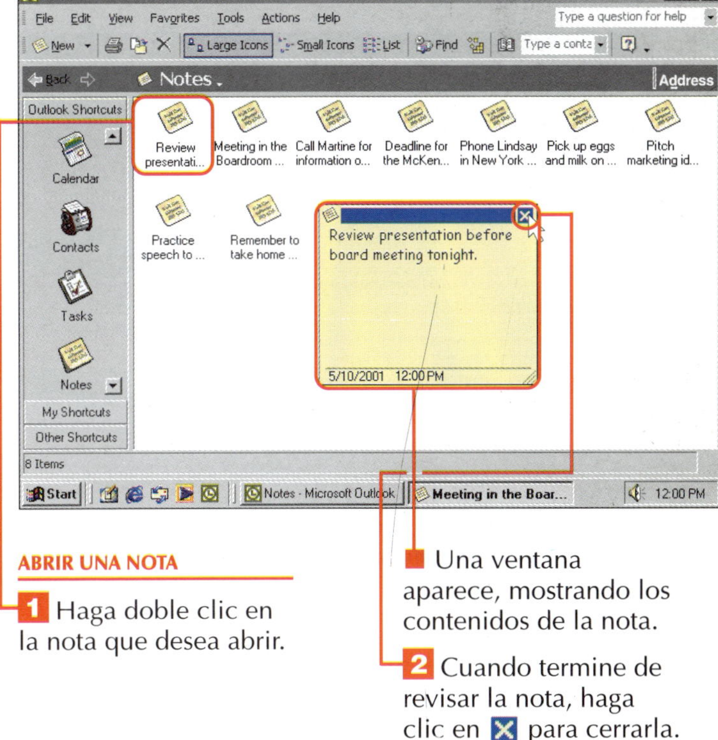

ABRIR UNA NOTA

1 Haga doble clic en la nota que desea abrir.

■ Una ventana aparece, mostrando los contenidos de la nota.

2 Cuando termine de revisar la nota, haga clic en ✖ para cerrarla.

También puede vaciar la carpeta Deleted Items para borrar permanentemente todos los ítemes de la carpeta.

Regularmente debería vaciar la carpeta para liberar espacio de su computadora.

USAR ÍTEMES ELIMINADOS

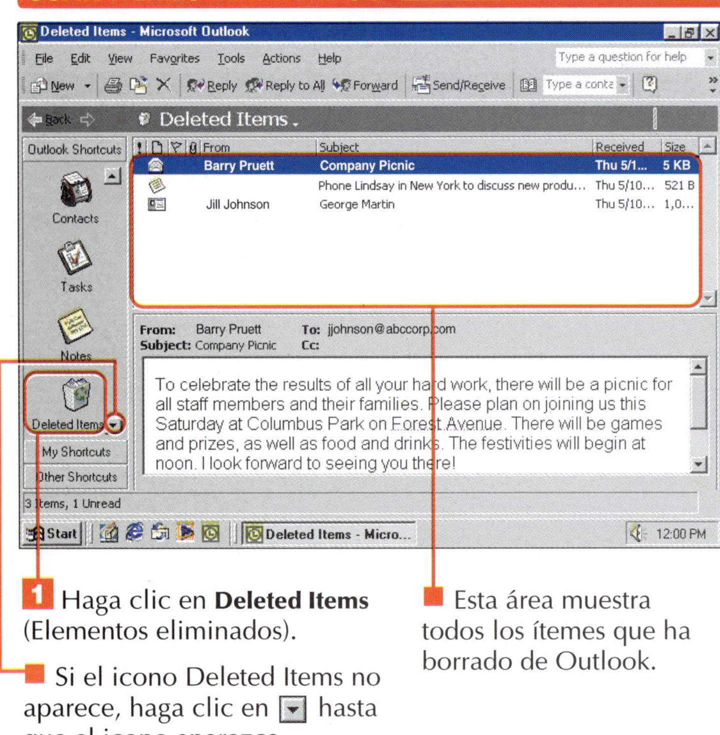

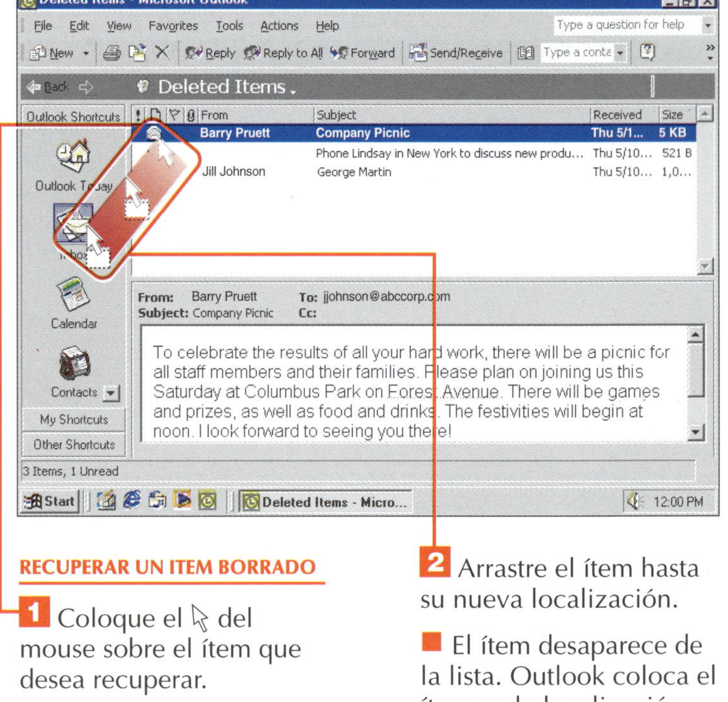

1 Haga clic en **Deleted Items** (Elementos eliminados).

■ Si el icono Deleted Items no aparece, haga clic en ▾ hasta que el icono aparezca.

■ Esta área muestra todos los ítemes que ha borrado de Outlook.

1 Coloque el ▷ del mouse sobre el ítem que desea recuperar.

2 Arrastre el ítem hasta su nueva localización.

■ El ítem desaparece de la lista. Outlook coloca el ítem en la localización que seleccionó.

¿Cómo puedo identificar los ítemes de la carpeta Deleted Items?

Un símbolo aparece al lado de cada ítem borrado para ayudarle a identificarlos.

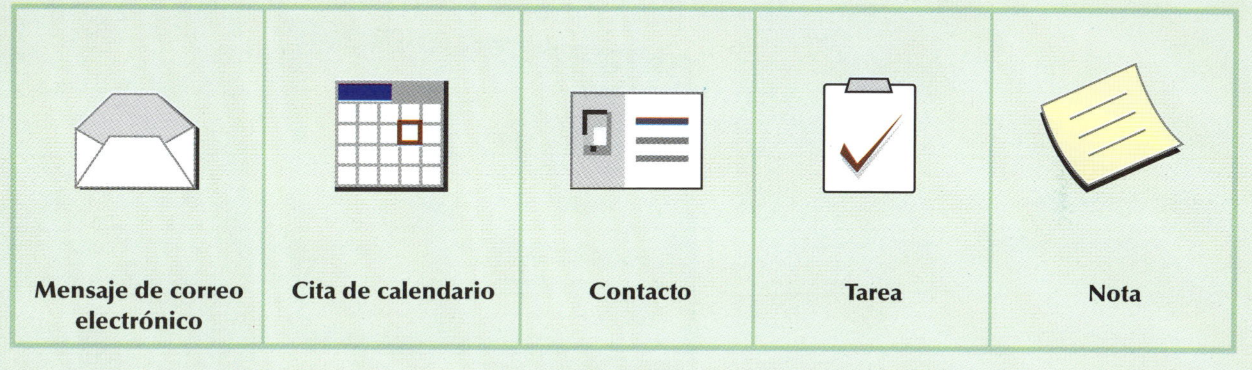

Mensaje de correo electrónico	**Cita de calendario**	**Contacto**	**Tarea**	**Nota**

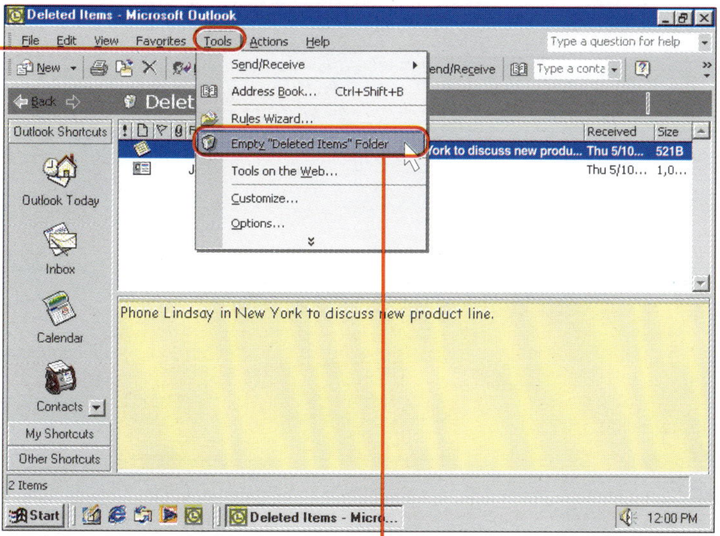

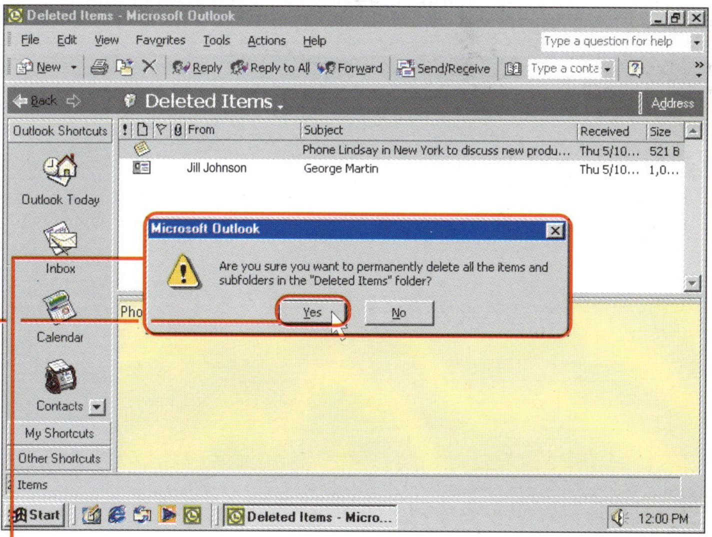

VACIAR LA CARPETA DE ELEMENTOS ELIMINADOS

1 Haga clic en **Tools** (Herramientas).

2 Haga clic en **Empty "Deleted Items" Folder** (Vaciar carpeta "Elementos eliminados") para eliminar todos los ítemes de la carpeta.

■ Un cuadro de diálogo de confirmación aparece.

3 Haga clic en **Yes** (Sí) para borrar todos los ítemes de la carpeta.

■ Los ítemes son borrados definitivamente de su computadora.

No Instalado
Instalado
Reconocimiento de Voz
Word
Excel
PowerPoint
Access
Outlook
Bass
Treble
On/Off

USAR RECONOCIMIENTO DE VOZ
1 Usar Reconocimiento de Voz
Páginas 368-377

Antes de proceder, asegúrese de que haya un micrófono y unos parlantes conectados a la computadora.

Aproximadamente, se tarda 15 minutos en instalar el reconocimiento de voz.

INSTALAR EL RECONOCIMIENTO DE VOZ

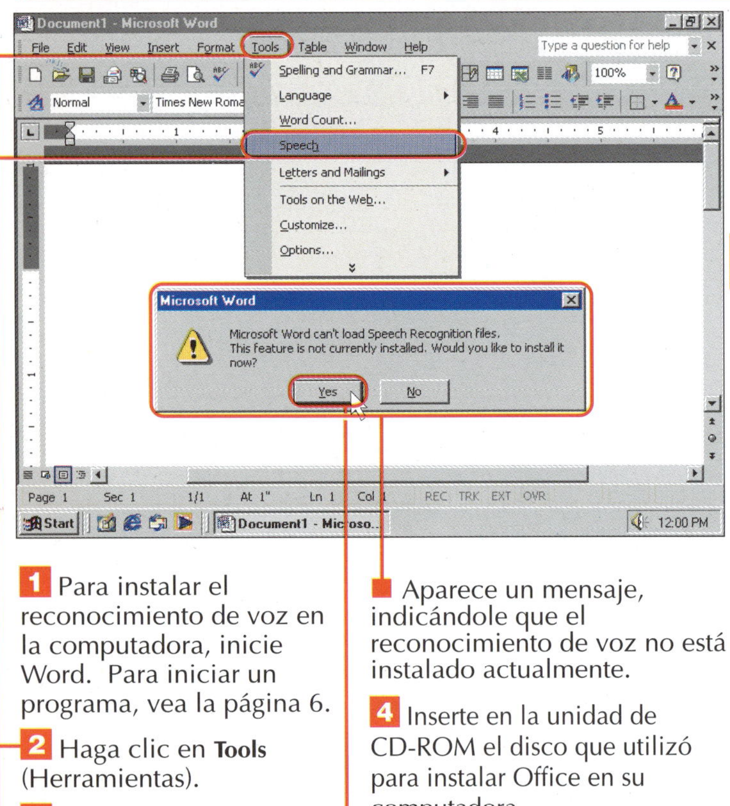

1 Para instalar el reconocimiento de voz en la computadora, inicie Word. Para iniciar un programa, vea la página 6.

2 Haga clic en **Tools** (Herramientas).

3 Haga clic en **Speech**.

■ Aparece un mensaje, indicándole que el reconocimiento de voz no está instalado actualmente.

4 Inserte en la unidad de CD-ROM el disco que utilizó para instalar Office en su computadora.

5 Haga clic en **Yes** (Sí) para instalar el reconocimiento de voz.

■ Cuando la instalación esté concluida, el cuadro de diálogo Welcome to Office Speech Recognition aparece.

■ Esta área describe el proceso de instalación del reconocimiento de voz en su computadora.

6 Para empezar la instalación, haga clic **Next** (Siguiente).

¿Por qué este cuadro de diálogo aparece cuando trato de instalar el reconocimiento de voz?

Este cuadro de diálogo aparece si la computadora no cumple con los requerimientos mínimos de hardware que se necesitan para instalar el reconocimiento de voz. La instalación no puede llevarse a cabo si estos no se cumplen.

¿Necesito instalar el reconocimiento de voz en cada programa de Office?

No. Una vez que instale el reconocimiento de voz en Word, este quedará disponible en todos los demás programas.

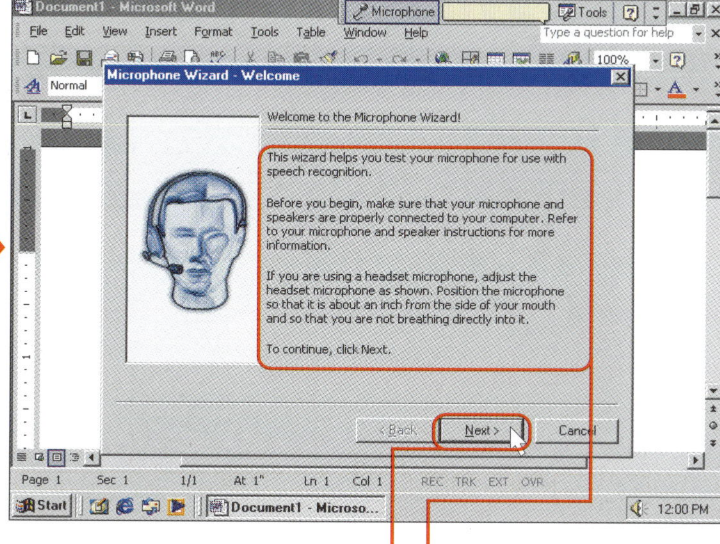

■ El Microphone Wizard (Asistente para micrófonos) aparece. El asistente le ayudará a instalar el micrófono para usar el reconocimiento de voz.

■ Esta área describe el asistente y proporciona instrucciones para instalar el micrófono de casco auricular.

7 Para empezar a instalar el micrófono, haga clic en **Next** (Siguiente).

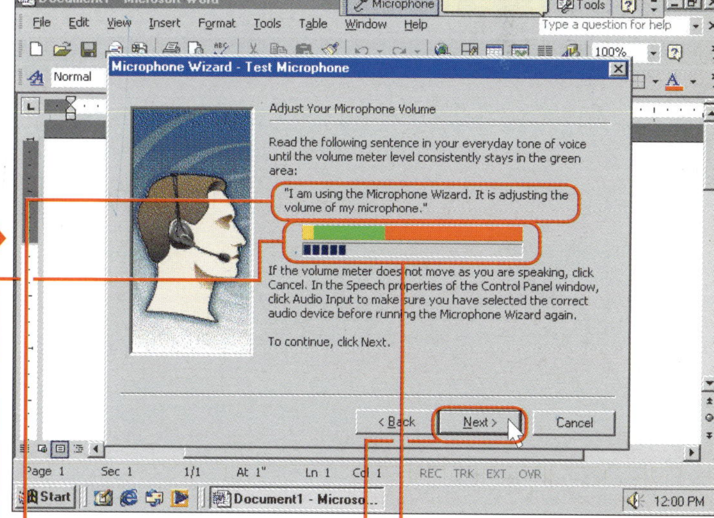

8 Lea el texto que aparece en esta área para ajustar el volumen de su micrófono.

■ Esta área muestra un medidor de volumen. Conforme vaya leyendo, el medidor indicará el volumen del micrófono.

9 Repita el paso **8** hasta que el nivel del micrófono aparezca de manera consistente en el medidor.

10 Haga clic en **Next** (Siguiente) para continuar.

Puede escuchar una oración de ejemplo para calcular cómo debe hablar durante el entrenamiento.

INSTALAR EL RECONOCIMIENTO DE VOZ (CONTINUACIÓN)

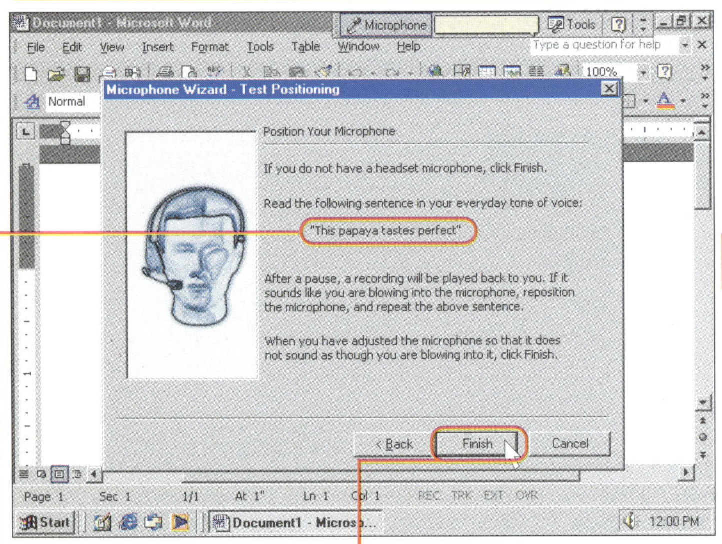

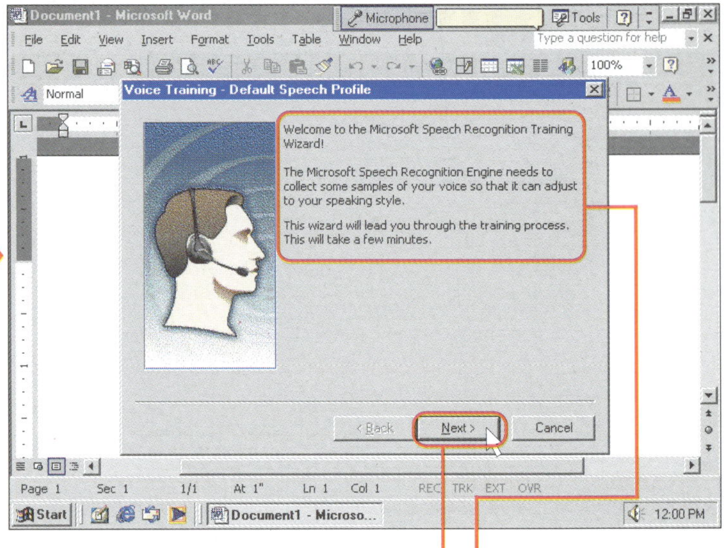

11 Si está utilizando un micrófono con casco, lea este texto en voz alta para probar la posición del micrófono.

Nota: Si no está usando casco, pase al punto número **12***.*

■ Después de unos momentos, su voz será reproducida. Si suena como si estuviera soplándole al micrófono, ajuste la posición del micrófono y repita el paso **11**.

12 Cuando haya terminado de colocar el micrófono, haga clic en **Finish** (Finalizado).

13 El Asistente para entrenamiento del reconocimiento de voz de Microsoft aparece. Este asistente le ayudará a entrenar al sistema para que reconozca la manera en que usted habla.

■ Esta área describe al asistente.

14 Para empezar el entrenamiento, haga clic en **Next** (Siguiente).

¿Qué tipo de micrófono debo usar con el reconocimiento de voz?

Debe usar un micrófono con casco auricular, puesto que este tipo de dispositivo permanece en la posición correcta aunque usted mueva la cabeza. Para mejores resultados, coloque el micrófono a una pulgada de su boca, de modo que no respire directamente sobre el micrófono.

¿Cómo debo hablar durante el proceso de entrenamiento?

Hable como lo hace normalmente, pronunciando las palabras con claridad y sin hacer pausas entre ellas. También debe hablar a una velocidad consistente.

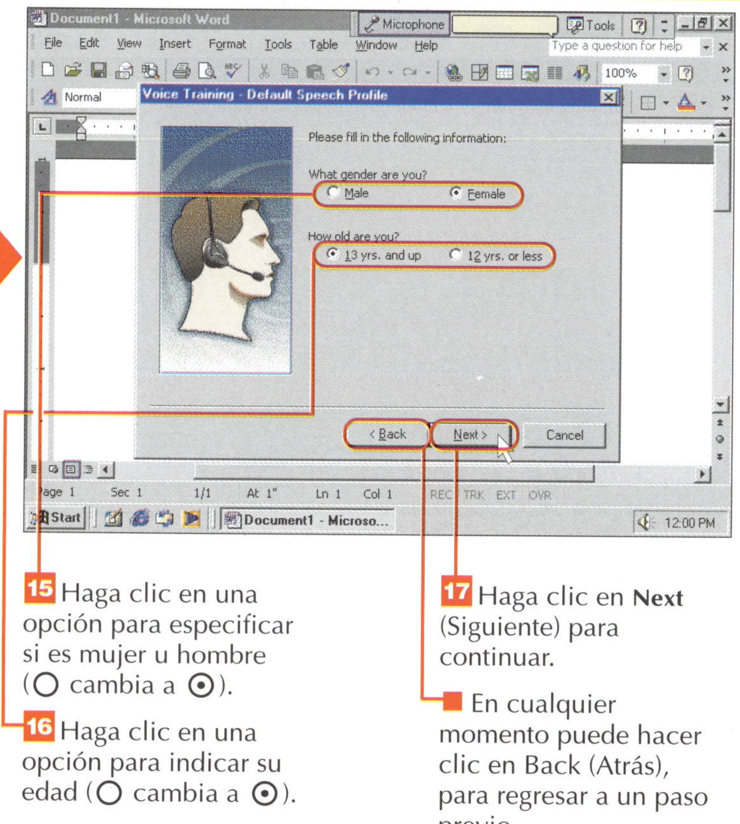

15 Haga clic en una opción para especificar si es mujer u hombre (○ cambia a ⊙).

16 Haga clic en una opción para indicar su edad (○ cambia a ⊙).

17 Haga clic en **Next** (Siguiente) para continuar.

■ En cualquier momento puede hacer clic en Back (Atrás), para regresar a un paso previo.

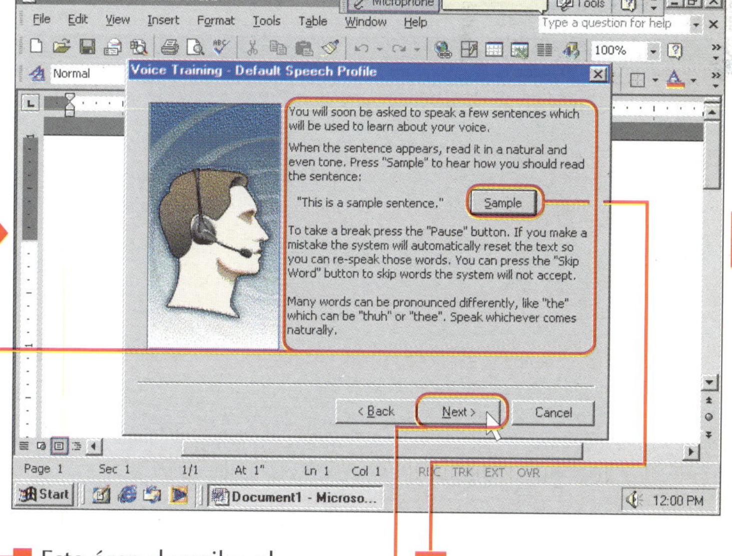

■ Esta área describe el proceso de entrenamiento.

18 Para escuchar una prueba de cómo debe hablar durante el entrenamiento, haga clic en **Sample**.

19 Haga clic en **Next** (Siguiente) para continuar.

El Asistente para entrenamiento del reconocimiento de voz de Microsoft le proporciona textos que debe leer en voz alta para entrenar el sistema.

Debe entrenar el sistema de reconocimiento de vo... en un área silenciosa, de modo que los ruidos del fondo no interfieran con el sonido de su voz.

INSTALAR EL RECONOCIMIENTO DE VOZ (CONTINUACIÓN)

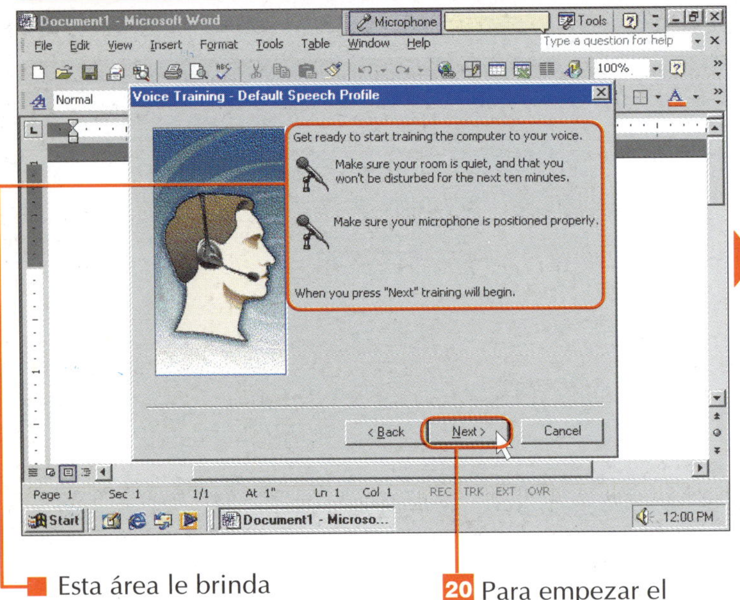

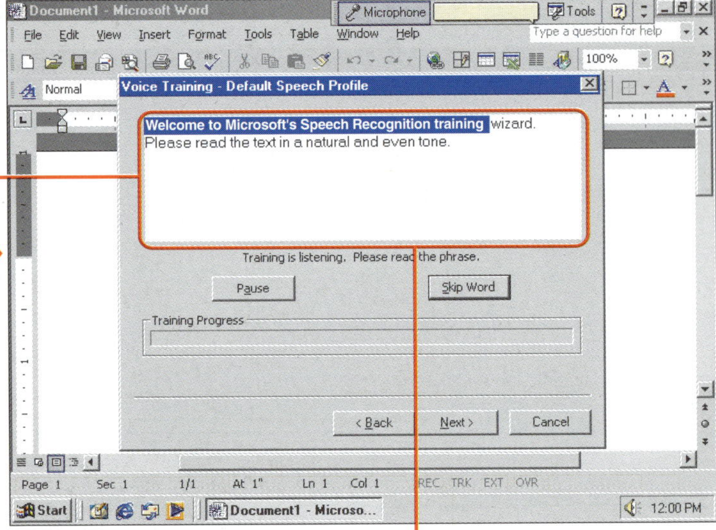

■ Esta área le brinda instrucciones sobre cómo prepararse para el entrenamiento.

20 Para empezar el entrenamiento, haga clic en **Next** (Siguiente).

■ El asistente desplegará una serie de pantallas con textos para que usted los lea en voz alta.

21 Lea en voz alta cada texto que aparece en cada pantalla.

■ Conforme usted lea en voz alta, el asistente resalta las palabras que reconozca.

■ Si el asistente no reconoce una palabra, dejará de resaltar el texto. Si esto ocurre, lea de nuevo el texto, empezando con la primera palabra que no está resaltada.

He repetido una palabra varias veces, pero el asistente aún no la reconoce. ¿Qué puedo hacer?

Si el asistente no puede reconocer lo que usted le dice, haga clic en el botón **Skip Word** para ir a la siguiente palabra.

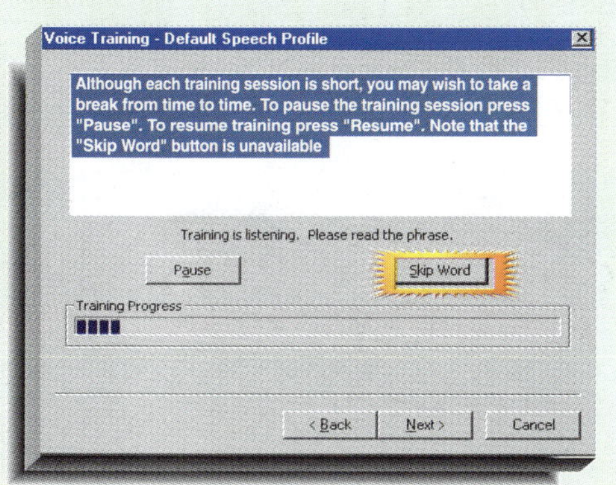

¿Puedo llevar a cabo más entrenamientos?

El elemento de reconocimiento de voz proporciona sesiones de entrenamiento adicionales que se pueden realizar para afinar la capacidad del reconocimiento.

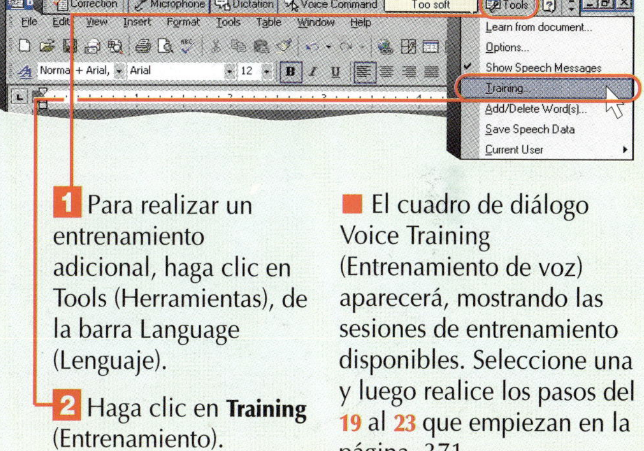

1 Para realizar un entrenamiento adicional, haga clic en Tools (Herramientas), de la barra Language (Lenguaje).

2 Haga clic en **Training** (Entrenamiento).

■ El cuadro de diálogo Voice Training (Entrenamiento de voz) aparecerá, mostrando las sesiones de entrenamiento disponibles. Seleccione una y luego realice los pasos del **19** al **23** que empiezan en la página 371.

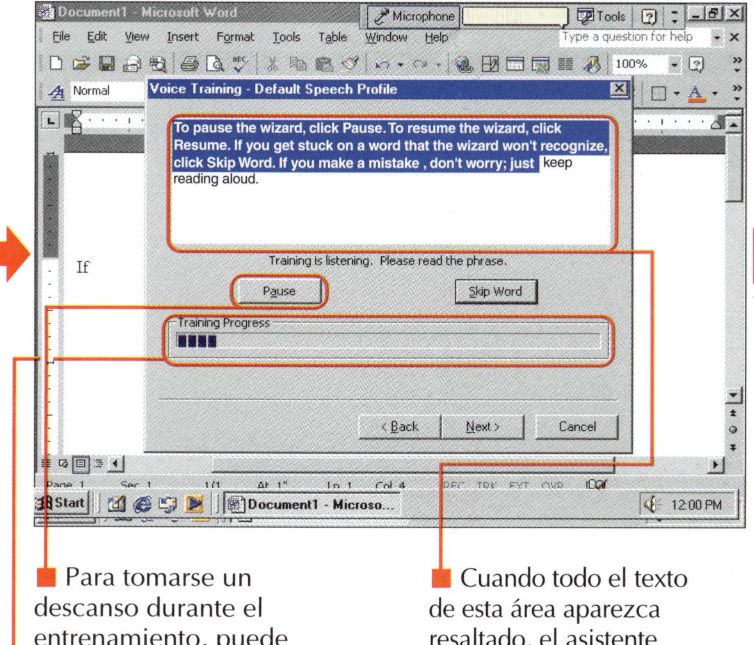

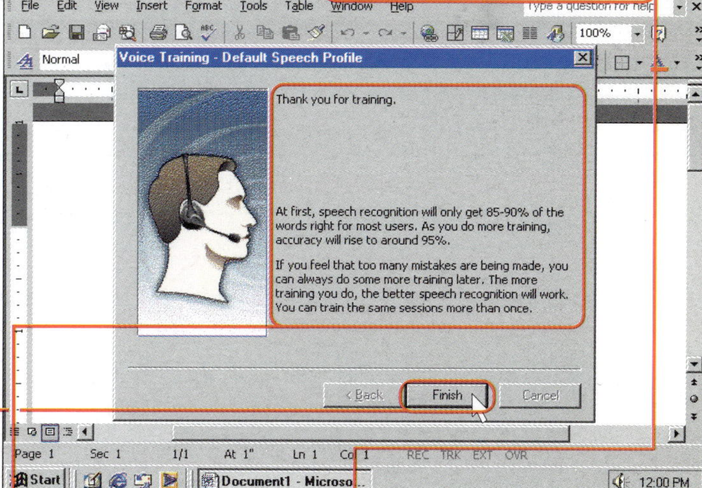

■ Para tomarse un descanso durante el entrenamiento, puede hacer clic en **Pause** (Pausa).

*Para ver un resumen del entrenamiento, haga clic en **Resume**.*

■ Esta área muestra el progreso del entrenamiento.

■ Cuando todo el texto de esta área aparezca resaltado, el asistente automáticamente muestra la siguiente pantalla de texto.

22 Repita el paso **21** hasta que haya leído todo el texto del entrenamiento.

■ Cuando el entrenamiento haya concluido, aparecerá este mensaje.

23 Haga clic en Finish (Finalizado) para cerrar el Asistente para entrenamiento del reconocimiento de voz de Microsoft.

■ Esta área muestra la barra de Language (Lenguaje). Esta barra contiene botones que pueden usarse para realizar tareas usando el reconocimiento de voz.

Nota: Puede aparecer una ventana, mostrando un video de introducción en el reconocimiento de voz. Cuando concluya el video, puede hacer clic en [X] para cerrar la ventana.

El reconocimiento de voz está diseñado para ser usado junto con el mouse y el teclado. Puede usar su voz para introducir texto en un programa de Office y luego usar el mouse y el teclado para editar el texto que ha introducido.

USAR EL MODO DE DICTADO

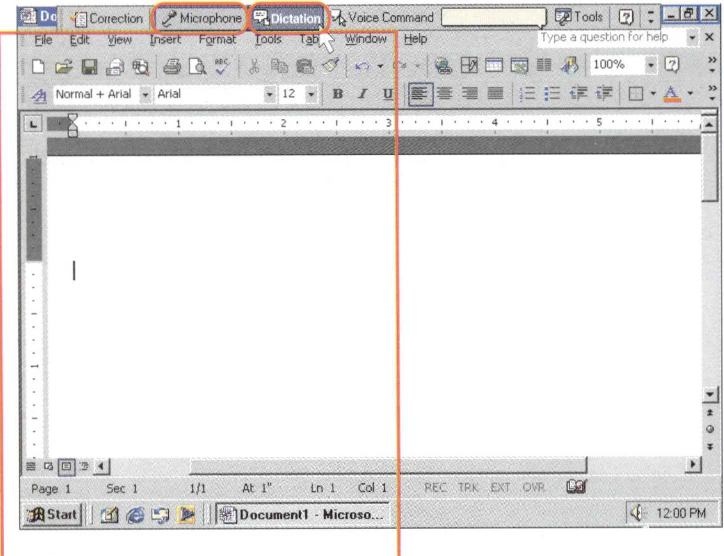

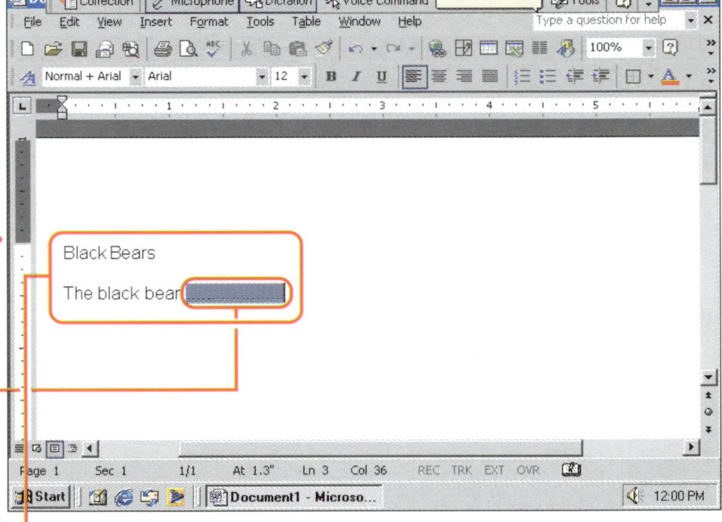

1 Inicie el programa de Office en donde quiere introducir el texto con su voz. Para empezar un programa vea la página 6.

2 Si el micrófono está apagado, enciéndalo haciendo clic en **Microphone** (Micrófono) en la barra de Lenguaje.

Nota: Cuando el micrófono esté encendido, los botones Dictation (Dictado) y Voice Command (Comando de voz) aparecerán en la barra de Lenguaje.

3 Haga clic en **Dictation** (Dictado) para activar el modo de dictado.

4 Hable en el micrófono para introducir texto en el programa de Office.

■ Conforme hable, una barra azul aparecerá en la pantalla para indicar que la computadora está procesando su voz. Usted puede continuar hablando mientras la barra azul aparezca en la pantalla.

■ No debe usar el mouse o el teclado mientras la barra azul aparezca.

¿Cuáles son los signos de puntuación que puedo introducir con la voz?

Para introducir:	Diga:
.	"Period"
,	"Comma"
:	"Colon"
;	"Semi-colon"
?	"Question mark"
!	"Exclamation point"
(	"Open parenthesis"
)	"Close parenthesis"
"	"Open quote"
"	"Close quote"
línea nueva	"New line"
párrafo nuevo	"New paragraph"

¿Cómo debo hablar cuando utilice el reconocimiento de voz?

Hable con su tono cotidiano de voz, pronunciando las palabras claramente y sin hacer pausas. También debe hablar a una velocidad consistente. Si habla muy rápido o muy despacio, es posible que la computadora no sea capaz de reconocer sus palabras.

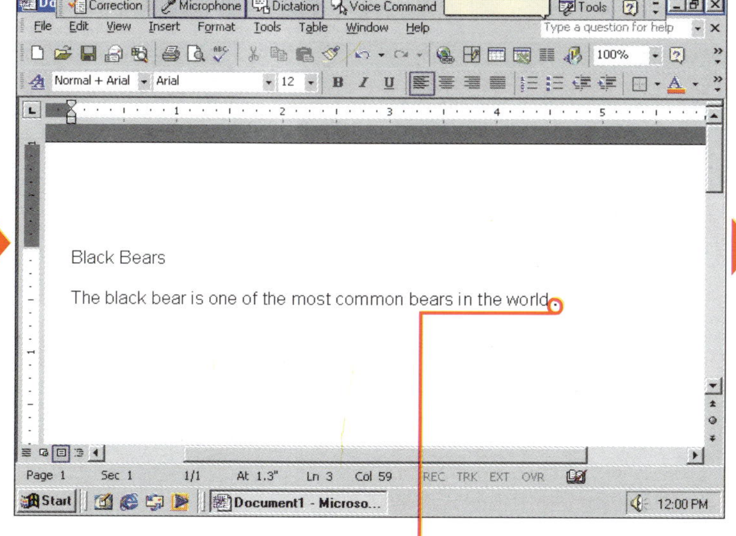

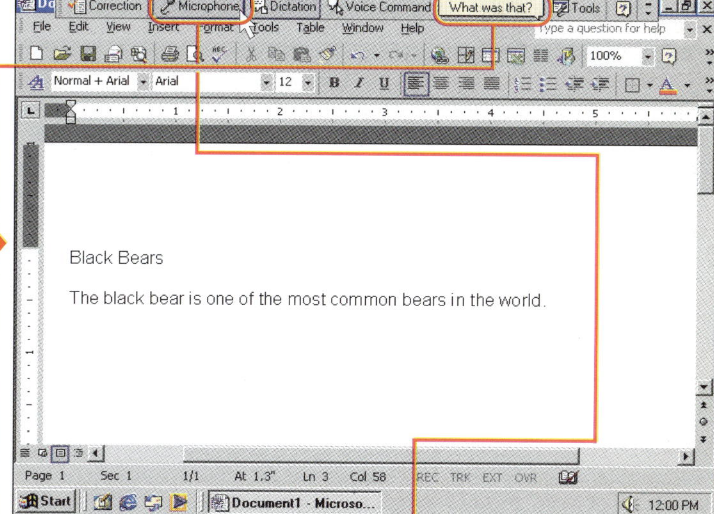

■ Conforme la computadora procese su voz, las palabras aparecerán en la pantalla.

5 Para introducir puntuación, diga el nombre del signo de puntuación que desea usar.

Nota: Arriba encontrará una lista con los signos de puntuación que puede utilizar.

■ Conforme introduzca texto con la voz, es posible que en esta área aparezca uno de los siguientes mensajes, los cuales le ayudarán con el dictado.

Too soft - Hable más alto

Too loud - Hable más bajo

Too fast - Hable más despacio

What was that? - Repita sus últimas palabras

6 Cuando termine de introducir texto con la voz, haga clic en **Microphone** para apagar el micrófono.

■ Ahora puede editar el texto que introdujo usando su voz, tal como lo haría con cualquier otro texto.

USAR EL MODO DE COMANDO DE VOZ

También puede usar el Comando de voz para seleccionar opciones de un cuadro de diálogo.

USAR EL MODO DE COMANDO DE VOZ

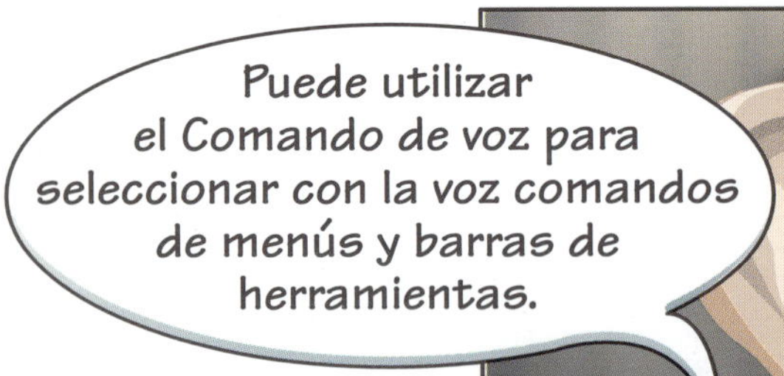

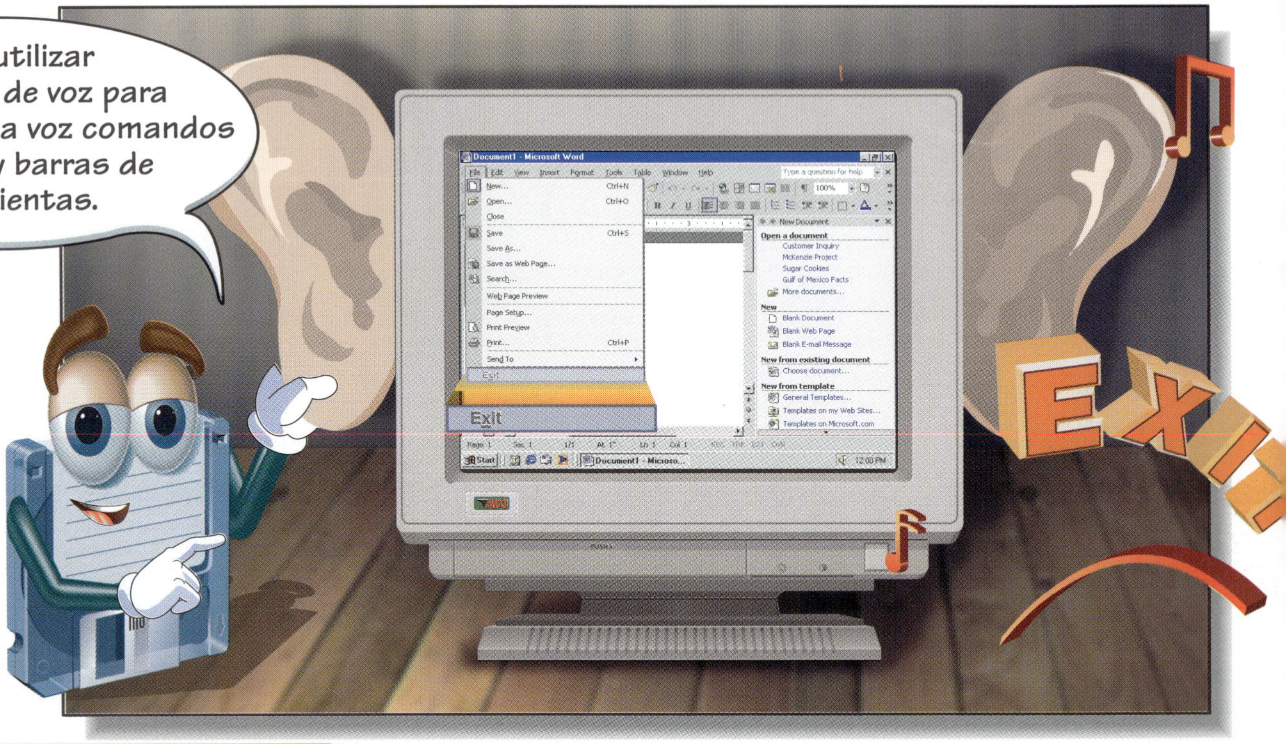

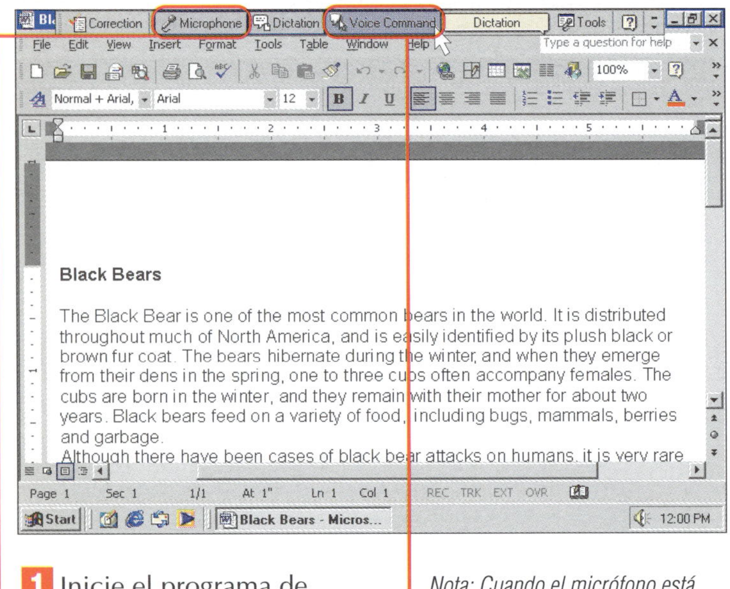

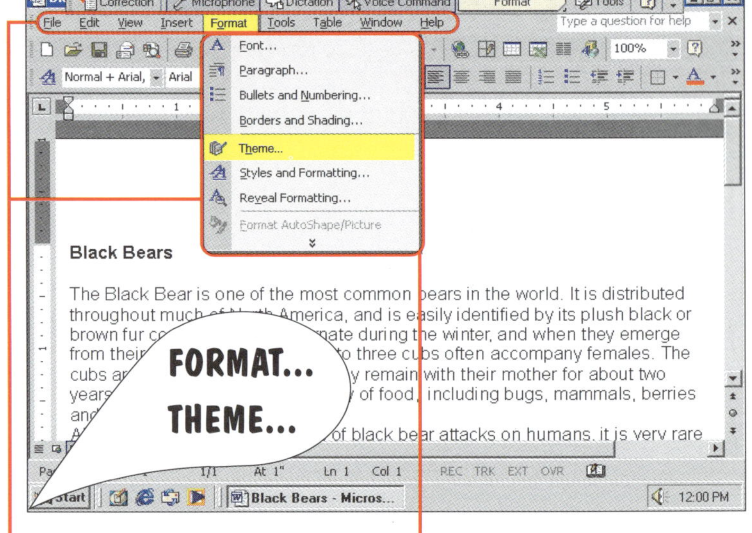

1 Inicie el programa de Office en el cual desea introducir comandos a través de su voz. Para iniciar un programa, vea la página 6.

2 Si el micrófono está apagado, haga clic en **Microphone**, en la barra Language para encenderlo.

Nota: Cuando el micrófono está encendido, los botones de Dictado y de Comando de voz aparecen activados en la barra de herramientas Language.

3 Haga clic en **Voice Command** (Comando de voz) para activar el Modo comando de voz.

SELECCIONAR LOS COMANDOS DE UN MENU

1 Para seleccionar el comando de un menú, diga el nombre del menú.

■ Aparece una versión corta del menú, mostrando los comandos más usados.

Nota: Para expandir el menú y observar todos los comandos, diga "expand".

2 Para seleccionar un comando del menú, diga el nombre del comando.

¿Puedo utilizar el modo de comando de voz para seleccionar una opción de un panel de tareas?

Sí. Los paneles de tareas muestran vínculos que le permiten realizar tareas comunes. Para seleccionar el vínculo de un panel de tareas usando su voz, diga el nombre completo del vínculo. Para más información sobre paneles de tares, vea la página 12.

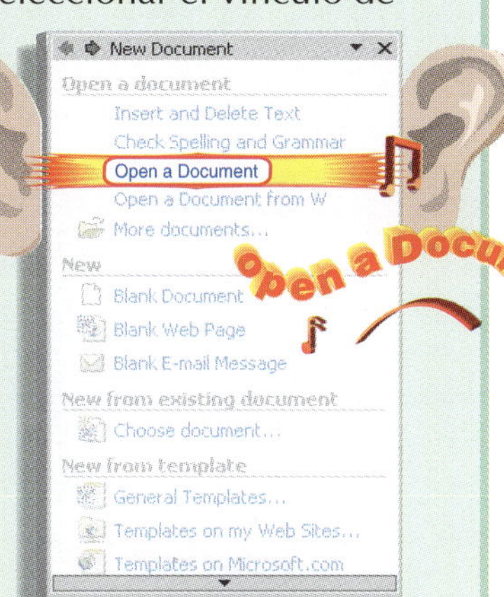

¿Puedo usar el modo de comando de voz para realizar otras tareas?

Sí. Además de seleccionar comandos, puede usar el modo de comando de voz para realizar las siguientes tareas.

Para:	Diga:
Subir una línea	"Up"
Bajar una línea	"Down"
Moverse una posición hacia la izquierda	"Left"
Moverse una posición hacia la derecha	"Right"
Introducir una tabulación	"Tab"
Introducir un espacio en blanco	"Space"
Eliminar un carácter	"Backspace"

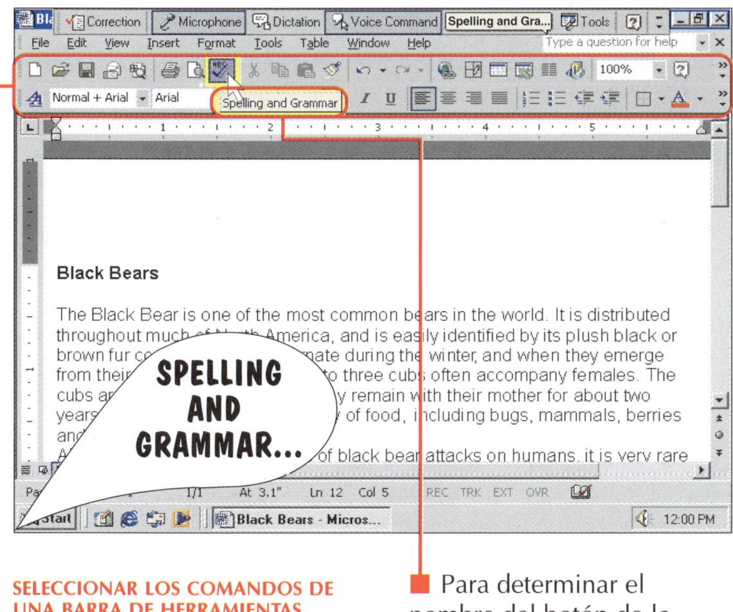

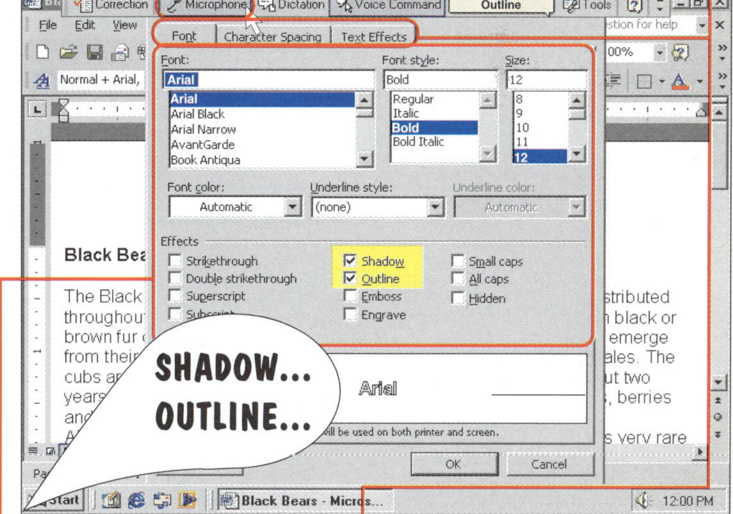

SELECCIONAR LOS COMANDOS DE UNA BARRA DE HERRAMIENTAS

1 Para seleccionar el comando de una barra de herramientas, diga el nombre del botón de la barra.

■ Para determinar el nombre del botón de la barra de herramientas, coloque el del mouse sobre el botón. Después de unos segundos, el nombre del botón aparece en un cuadro amarillo.

SELECCIONAR LAS OPCIONES DE UN CUADRO DE DIALOGO

■ Es posible que aparezca un cuadro de diálogo cuando seleccione el comando de un menú o de una barra de herramientas.

1 Para seleccionar la opción de un cuadro de diálogo, diga el nombre de la opción.

■ Si el cuadro de diálogo contiene etiquetas, puede decir el nombre de la etiqueta para mostrarla.

2 Cuando termine de seleccionar los comandos usando la voz, haga clic en **Microphone** para apagar el micrófono.

377

Quarterly Review - Microsoft Internet Explorer
File Edit View Favorites Tools Help
Back Forward Stop Refresh Home Search Favorites History Mail Print
Address C:\WINDOWS\TEMP\Word\QuarterlyReview.htm
Go Links
ABC Corporación
INFORME TRIMESTRAL
¡Las ventas han aumentado $140.000
por promera vez en la historia de la compañía!
Esto se debe a nuestro plan de mercadeo y
a las excelentes relaciones con los compradores.
Esperamos continuar nuestra productividad a
lo largo del año.
Tabla de P
$150,000.00
$100,000.00
$50,000.00
$-
NETO
BRUTO
Done
Internet
AD3
ABC Incorporado
INFORME TRIMESTRAL
¡Las ventas han aumentado $140.000
por promera vez en la historia de la
compañía!
Esto se debe a nuestro plan de
mercadeo y a las excelentes relaciones
con los compradores.
Esperamos continuar nuestra
productividad a lo largo del año.
Tabla de Presupuesto
$150,000.00
$100,000.00
$50,000.00
$-
Enero Febrero
NETO
PHONES VOL BUSY
POWER RESET
AD3
disc

MICROSOFT OFFICE
Y LA INTERNET

1 Microsoft Office y la Internet
Páginas 380-385

CREAR UN HIPERVÍNCULO

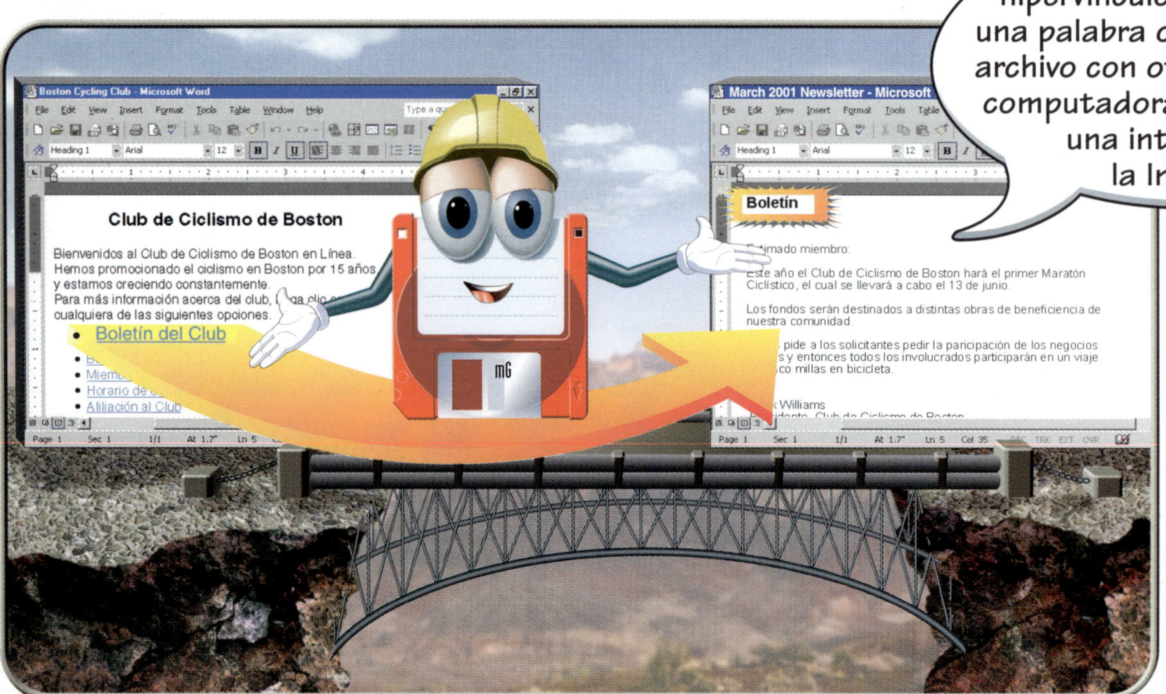

Una intranet es una versión más pequeña de Internet que existe dentro de una compañía u organización.

Puede utilizar el método descrito abajo para crear hipervínculos en Word, Excel o PowerPoint.

CREAR UN HIPERVÍNCULO

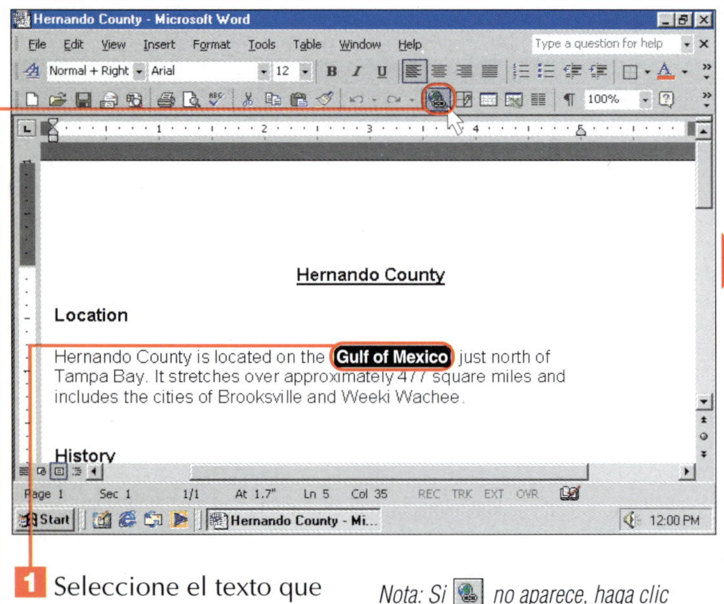

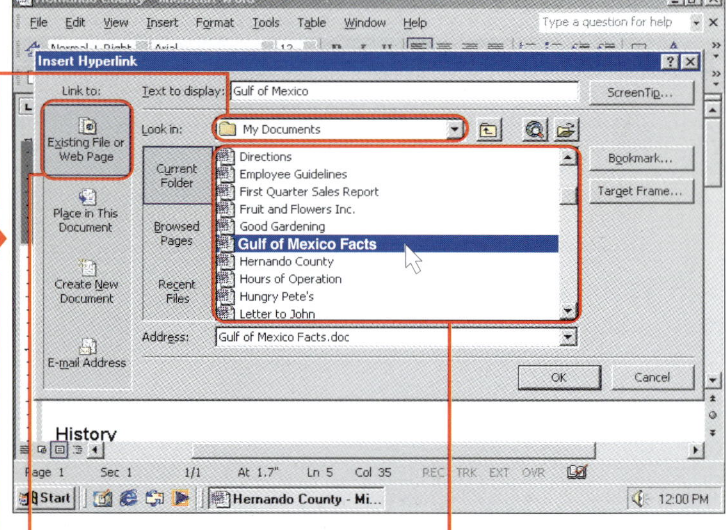

1 Seleccione el texto que desea convertir en hipervínculo.

2 Haga clic en el botón para crear el hipervínculo.

Nota: Si el botón no aparece, haga clic en el botón, de la barra de herramientas Standard (Estándar), para observar todos los botones.

■ Aparece el cuadro de diálogo Insert Hyperlink (Insertar hipervínculo)

3 Haga clic en **Existing File or Web Page** (Archivo o página Web existente) para vincular el texto con un archivo existente.

■ Esta área muestra la localización de los archivos disponibles. Puede hacer clic en esta área para cambiar la localización.

4 Para vincular el texto con el archivo de su computadora o de su red, haga clic en el archivo.

¿Los programas de Office pueden crear automáticamente un hipervínculo?

Cuando usted digite la dirección de un archivo ubicado en su red o en Internet, el programa de Office automáticamente convertirá el texto de la dirección en un hipervínculo.

¿Por qué no pasa nada cuando hago clic en el hipervínculo de una diapositiva de PowerPoint?

Si hace clic en un hipervínculo mientras observa su presentación en las vistas Normal o Clasificador de diapositivas, el archivo o la página Web conectada al hipervínculo no aparecerá. Debe mostrar la presentación en la vista Presentación para abrir el archivo o la página Web conectada al hipervínculo. Para información sobre mostrar una presentación en la vista Presentación, vea la página 188.

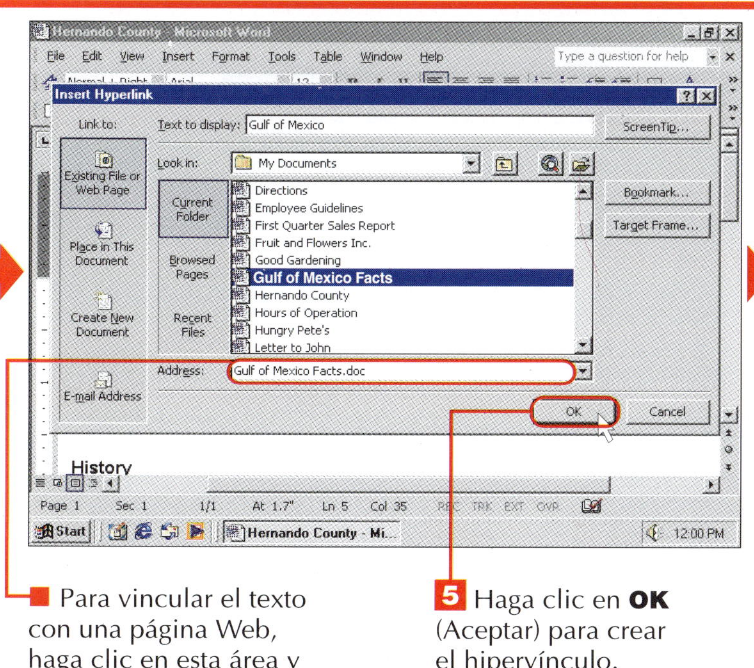

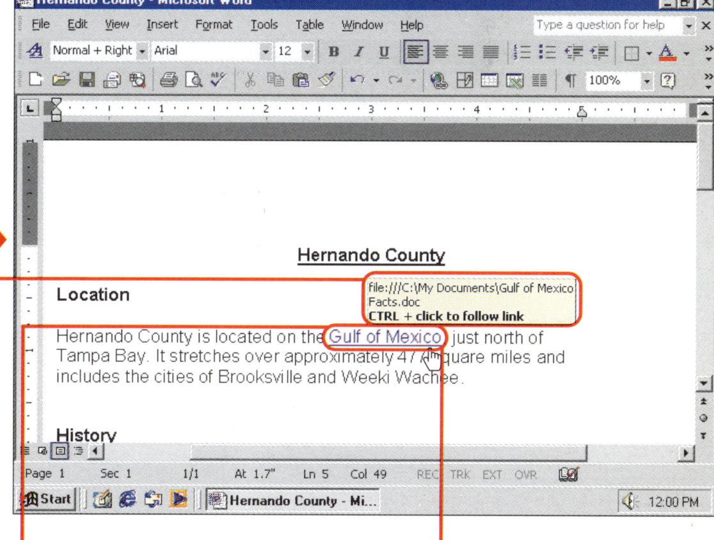

■ Para vincular el texto con una página Web, haga clic en esta área y digite la dirección de la página Web.

5 Haga clic en **OK** (Aceptar) para crear el hipervínculo.

■ El programa de Office crea el hipervínculo. Los hipervínculos del texto aparecen subrayados y a color.

■ Cuando coloque el cursor del mouse sobre el hipervínculo, un cuadro amarillo aprecerá, indicando a dónde lo llevará el hipervínculo.

■ Para observar el archivo o la página Web conectada al hipervínculo, haga clic en él.

Nota: En Word, debe presionar la tecla **Ctrl** *antes de hacer clic en el hipervínculo.*

Una intranet es una versión más pequeña de Internet que existe dentro de una compañía u organización.

Puede utilizar el método descrito abajo para ver como páginas Web archivos creados con Word, Excel o PowerPoint.

VER ARCHIVOS COMO PÁGINAS WEB

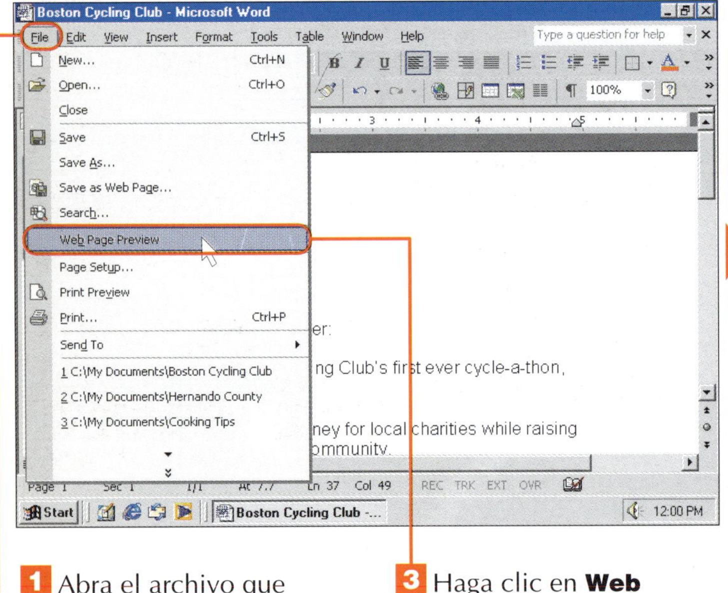

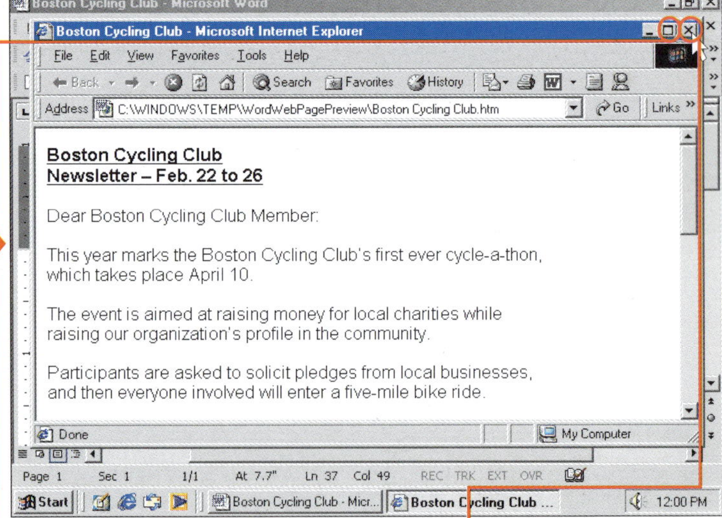

1 Abra el archivo que desea ver como una página Web.

2 Haga clic en **File** (Archivo).

3 Haga clic en **Web Page Preview** (Vista previa de la página Web), para observar su archivo como una página Web.

■ La ventana de su explorador Web aparece, mostrando el archivo como si fuera una página Web. En este ejemplo, un documento de Word es mostrado como si fuera una página Web.

■ Para maximizar la ventana del explorador de la Web de modo que llene la pantalla, haga clic en ▢.

4 Cuando termine de ver su archivo como si fuera una página Web, haga clic en ☒ para cerrar el explorador de la Web.

¿Mi página Web se verá siempre igual si se abre con diferentes exploradores de la Web?

No. Es posible que los exploradores muestren su página Web de manera diferente. Hay muchos exploradores de Internet, pero los dos más populares son Microsoft Internet Explorer y Netscape Navigator.

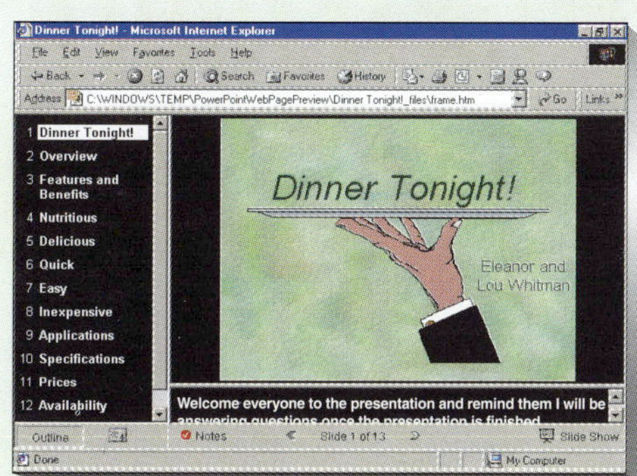

Microsoft Internet Explorer

Netscape Navigator

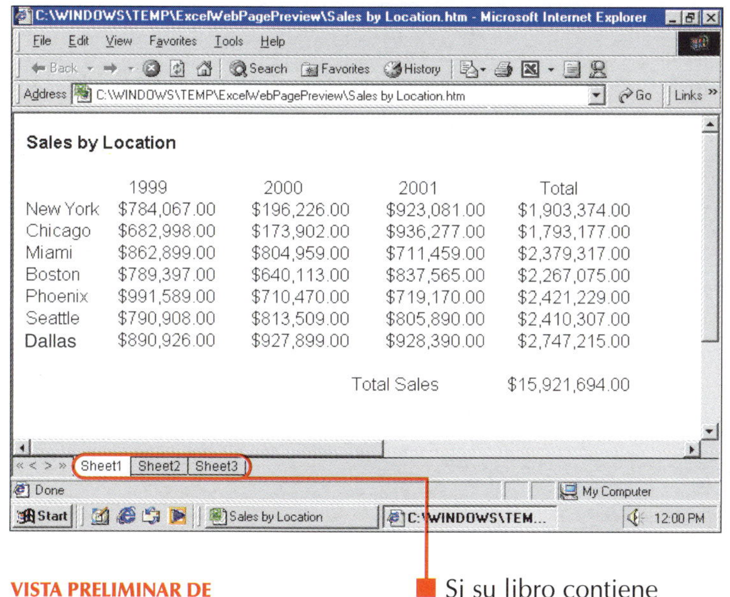

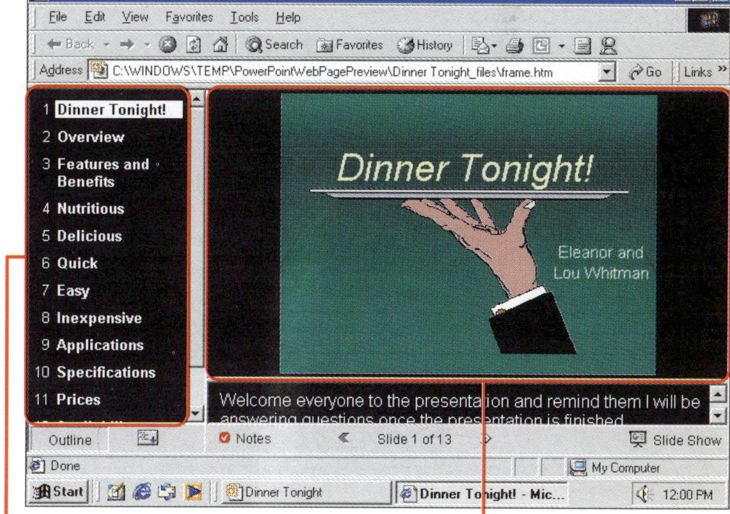

VISTA PRELIMINAR DE UN LIBRO DE EXCEL

■ Cuando vea un libro de Excel como una página Web, no aparecerá el cuadriculado de cada celda.

■ Si su libro contiene datos de más de una hoja de trabajo, esta área mostrará las etiquetas de las hojas. Puede hacer clic en cada etiqueta para observar una hoja diferente.

VISTA PRELIMINAR DE UNA PRESENTACIÓN DE POWERPOINT

■ Cuando vea una presentación de PowerPoint como una página Web, esta área mostrará el título de cada diapositiva de la presentación. Puede hacer clic en un título para ver una diapositiva diferente.

■ Esta área muestra la diapositiva actual.

Una intranet es una versión más pequeña de Internet que existe dentro de una compañía u organización.

Puede utilizar el método descrito abajo para guardar como páginas Web archivos creados con Word, Excel o PowerPoint.

GUARDAR UN ARCHIVO COMO PÁGINA WEB

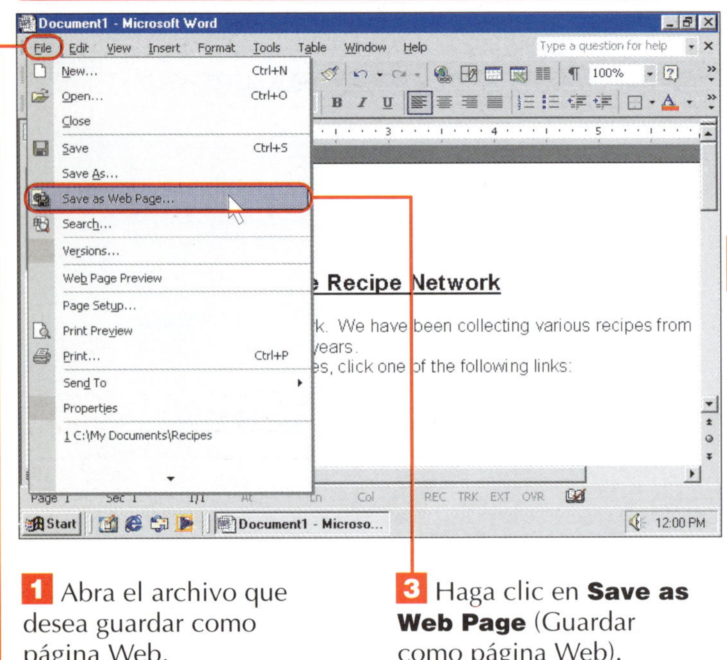

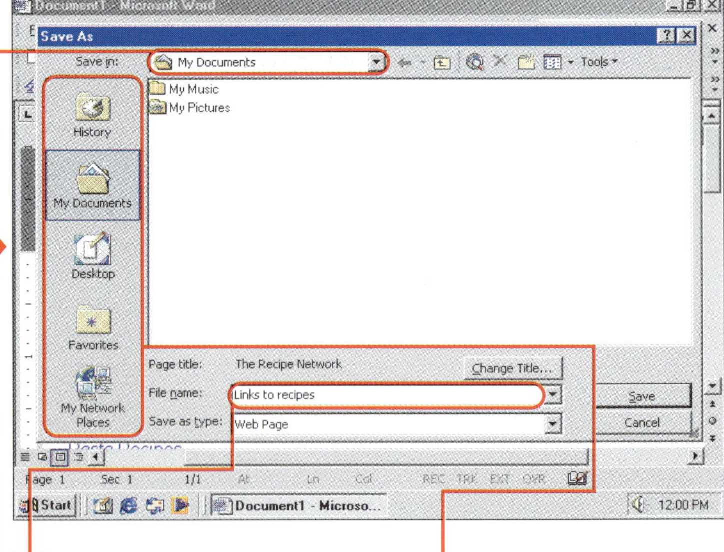

1 Abra el archivo que desea guardar como página Web.

2 Haga clic en **File** (Archivo).

3 Haga clic en **Save as Web Page** (Guardar como página Web).

■ El cuadro de diálogo Save as (Guardar como) aparece.

4 Póngale nombre al archivo que guardará como página Web.

■ Esta área muestra la localización donde el programa de Office almacenará el archivo.

■ Esta área le permite acceder a las localizaciones más comunes. Puede hacer clic en una localización para guardar la página Web en ella.

¿Cuál es la diferencia entre el nombre del archivo y el título de la página Web?

El nombre del archivo es el nombre que se usa para almacenar la página Web en su computadora. El título es el texto que aparecerá en la parte superior de la ventana de su explorador de Internet cuando una persona vea la página Web.

¿Cómo hago para que otras personas puedan ver la página?

Después de guardar un archivo como página Web, puede transferir la página a una computadora que almacena páginas Web, es decir, a un servidor Web. Una vez que la página Web esté guardada en el servidor, otras personas podrán ver la página. Para información acerca de transferir una página Web a un servidor Web, contacte con el

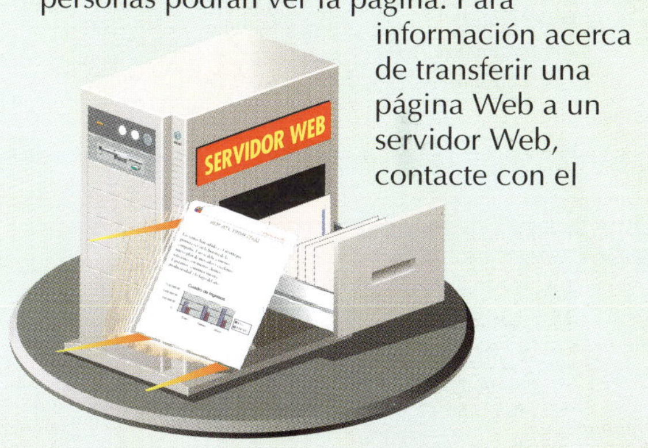

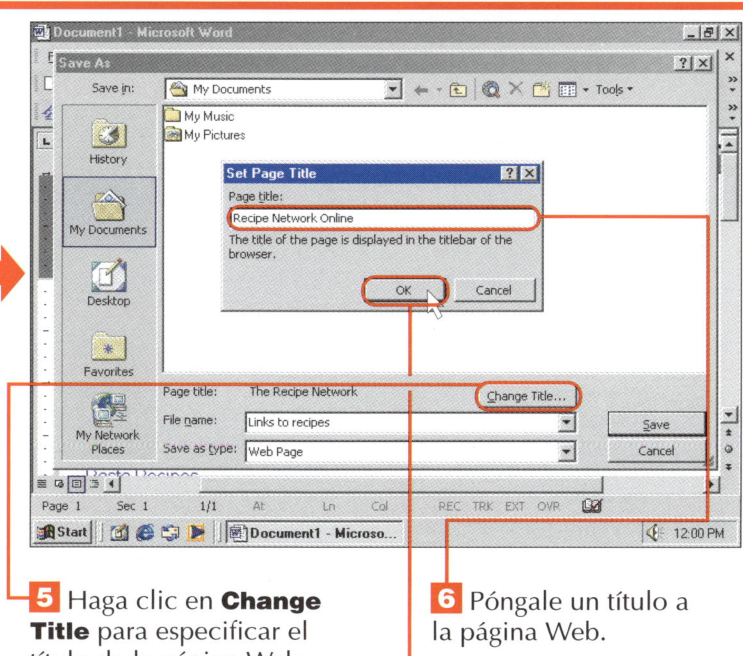

5 Haga clic en **Change Title** para especificar el título de la página Web.

■ El cuadro de diálogo Set Page Title (Establecer título de la página) aparece.

Nota: Es posible que en el cuadro de diálogo aparezca un título predeterminado.

6 Póngale un título a la página Web.

7 Haga clic en **OK** (Aceptar) para confirmar el título.

■ Esta área muestra el título que le puso a la página Web.

8 Haga clic en **Save** (Guardar) para guardar el archivo como una página Web.